KB177530

스피노자(1632~1677)

암스테르담 유대인 역사박물관이 있는 유대인 거리

암스테르담에서 태어난 스피노자는 엄격한 유대교 신앙을 가진 부모 밑에서 정통유대교 교육을 받았지만, 유대교에서 파문당하고 1656년 24세의 나이에 이교도의 견해를 가졌다는 이유로 유대공동체에서 쫓겨났다.

하이델베르크 대학교

1673년 스피노자는 하이델베르크 대학에서 교수직을 제안받았으나 거절하였다. 당시 독일에서 가장 역사가 깊고 유럽에서 명문인 이 대학으로부터 교수직을 제안받은 것이다.

〈음악적 사고〉 얀 스텐

스피노자 당시의 네덜란드는 자유 사상가들의 안식처였다. 이들 중 특히 프랑스의 철학자로서 네덜란드에 정착한 데카르트는 스피노자에게 중요한 영향을 끼쳤다. 스피노자 또한 다른 나라에 있었더라면 철학 저작을 펴내지 못했을 것이다. 얀 스텐의 이 그림은 이러한 상대적인 자유 분위기를 잘 전해준다.

▲레인스뷔르흐에 있는 집
스피노자는 암스테르담으로부터 추방조치가 풀리자, 레이덴 교외에 있는 이 집으로 옮겨와 1660~63년까지 살면서 레이덴 대학의 학생들에게 데카르트 철학을 강의했다. 이때의 강의노트를 정리하여 《데카르트의 철학원리》(1663)를 출간한다.

◀데카르트(1596~1650)
프랑스의 철학자·수학자·물리학자이며 근대 철학의 아버지. 합리주의 철학의 길을 열었다. 그 무렵 표현의 자유가 있는 네덜란드에 정착하여 자연과학과 철학을 연구했다.

스피노자 동상 헤이그
프랑스의 철학자 들뢰즈(1925~1955)는 스피노자를 '철학자들의 예수'라 칭했다.

◀스피노자의 집
1671~77년 스피
노자가 마지막 숨
을 거둘 때까지
살았던 헤이그에
있는 집. 2층 창문
아래 하얀색 명판
이 보인다.

▼스피노자의 무
덤 헤이그

TERRA HIC
BENEDICTI DE SPINOZA
IN ECCLESIA NOVA OLIM SEPULTI
OSSA TEGIT

E T H I C E S

Pars Tertia,

D E

Origine, & Naturâ

A F F E C T U U M.

P R Æ F A T I O.

Lerique, qui de Affectibus, & hominum viven-
di ratione fcripferunt, videntur, non de rebus
naturalibus, quæ communes naturæ leges fe-
quuntur, fed de rebus, quæ extra naturam funt,
agere. Imò hominem in naturâ, veluti imperi-
um in imperio, concipere videntur. Nam hominem naturæ or-
dinem magis perturbare, quàm fequi, ipfumque in fuas acti-
ones abfolutam habere potentiam, nec aliunde, quàm à fe ipfo
determinari, credunt. Humanæ deinde impotentiæ, & incon-
ftantiæ caufam non communi naturæ potentiæ, fed, nefcio cui
naturæ humanæ vitio, tribuunt, quam propterea flent, rident,
contemnunt, vel, quod plerumque fit, deteftantur; &, qui huma-
næ Mentis impotentiam eloquentiùs, vel argutiùs carpere no-
vit, veluti Divinus habetur. Non defuerunt tamen viri præ-
ftantiffimi (quorum labori, & induftriæ nos multùm debere
fatemur), qui de rectâ vivendi ratione præclara multa fcripfe-
rint, & plena prudentiæ confilia mortalibus dederint; verùm
Affectuum naturam, & vires, & quid contrà Mens in iifdem
moderandis poffit, nemo, quòd fciam, determinavit. Scio equi-
dem celeberrimum Cartefium, licet etiam crediderit, Mentem

《에티카》(1677) 제3부 '감정의 기원과 그 본성에 관하여' 시작 페이지
1663~75년에 집필했으나 출판하지 않았다. 1677년 스피노자가 죽은 해 《정치론》과 함께 유고집으로 출간되었다.

TRACTATUS POLITICUS

IN QUO DEMONSTRATUR, QUOMODO SOCIETAS, UBI IMPERIUM MONARCHICUM LOCUM HABET, SICUT & EA, UBI OPTIMI IMPERANT, DEBET INSTITUI, NE IN TYRANNIDEM LABATUR, & UT PAX, LIBERTASQUE CIVIUM INVIOLATA MANEAT.

CAPUT I

AFFECTUS, QUIBUS CONFLICTAMUR, concipiunt Philosophi veluti vitia, in quæ homines suâ culpâ labuntur; quos propterea ridere, flere, carpere, vel (qui sanctiores videri volunt) detestari solent. Sic ergo se rem divinam facere, & sapientiæ culmen attingere credunt, quando humanam naturam, quæ nullibi est, multis modis laudare, & eam, quæ reverâ est, dictis lacessere nôrunt. Homines namque, non ut sunt, sed, ut eosdem esse vellent, concipiunt: unde factum est, ut plerumque pro Ethicâ Satyram scripserint, & ut nunquam Politicam conceperint, quæ possit ad usum revocari; sed quæ pro Chimærâ haberetur, vel quæ in Utopiâ, vel in illo Poëtarum aureo sæculo, ubi scilicet minimè necesse erat, institui potuisset. Cùm igitur omnium scientiarum, quæ usum habent, tum maximè Politices Theoria ab ipsius Praxi discrepare creditur, & regendæ Reipublicæ nulli minùs idonei æstimantur, quàm Theoretici, seu Philosophi. ¶ II. At Politici contrà hominibus magis insidiari, quàm consulere creduntur, & potiùs callidi, quàm sapientes æstimantur. Docuit nimirùm eosdem experientia, vitia fore,

I

《정치론》(1677) 시작 페이지

1670년 출간된 《신학 정치론》은 신을 모독했다 하여 금서처분을 받는다. 《정치론》은 스피노자가 죽은 해 유고집으로 출간되었으나 이 유고집 또한 금서가 된다.

세계사상전집017

Benedictus de Spinoza

ETHICA IN ORDINE GEOMETRICO DEMONSTRATA

TRACTATUS POLITICUS

에티카/정치론

스피노자/추영현 옮김

동서문화사

디자인 : 동서랑 미술팀

에티카/정치론
차례

에티카

정치론

스피노자의 생애와 사상

Ethica in Ordine Geometrico Demonstrata
에티카

이 《에티카》의 텍스트는 *Die Ethik* Schriften und Briefe Herausgegeben von Friedrich Bülow affred Kroöner Verlog Stuttgart. 1955를 주로 사용하였고, The Hafner Library of Classics, Hafner Publishing Company. New York, 1957. Editied with an Introduction by James Gutmann professor of philosophy, Columbia University와 畠中 尚志 번역 일본판(岩波文庫)을 참조하였다.

제1부
신(神)에 관하여

정의(定義)

1. 자기원인(自己原因)이란 그 본질에 존재가 포함된 것, 또는 그 본성이 존재한다고 생각할 수밖에 없는 것이라 이해한다.[*1]

2. 동일한 본성을 지닌 어떤 다른 것에 의하여 한정될 수 있는 것은, 자기의 유(類) 안에서 **유한**(有限)하다고 일컬어진다. 예를 들면 물체는 유한하다고 말할 수 있다. 왜냐하면 우리는 언제나 보다 더 커다란 다른 물체를 생각할 수 있기 때문이다. 마찬가지로 사상은 다른 사상에 의해 한정된다. 그러나 물체는 사상에 의하여 한정되지 않고, 사상 또한 물체에 의하여 한정되지 않는다.

3. 실체(實體)란, 그 자신 안에 존재하며 자기 자신만에 의하여 사유(思惟)되는 것이다. 달리 말하면 자신의 개념을 형성하기 위하여 다른 아무런 개념도 필요로 하지 않는 것이다.

4. 속성(屬性)이란, 지성(知性)이 실체에 관하여 그 본질을 구성하고 있다고 지각하는 것이다.[*2]

5. 양태(樣態)란, 실체의 여러 변화상태〔변양(變樣)＝변체(變體)〕이다. 곧 다른 것 안에 존재하며, 다른 것에 의해서 사유될 뿐이다.[*3]

6. 신(神)이란, 절대 무한한 존재자이다. 즉 그 하나하나가 영원하고 무한한 본질을 표현하는, 무한히 많은 속성으로 이루어진 실체이다.

설명：나는 **절대 무한**이라고 말하며 결코 자기 유(類)에 있어서의 무한이라고는 하지 않는다. 왜냐하면 우리는 자기 유 속에서만 무한한 것에 대해서는, 무한히 많은 속성을 부정할 수 있기 때문이다. 다시 말하면 우리는 그것의 본성에 속하지 않는 무한히 많은 속성을 생각할 수 있다. 그러나 이와 달리 절대적으로 무한한 것의 본질에는, 본질을 표현하고 아무런 부정도 포함

하지 않는 모든 것을 그 본질에 귀속시킬 수 있다.

7. 자유(自由)란, 자기 본성의 필연성만으로 존재하며, 자기 자신에 의해서만 행동하려고 하는 것이다. 이에 반하여 필연적 혹은 강제라는 말은, 일정한 방법으로 존재하고 작용하게끔 다른 무언가에 의하여 결정되는 것을 말한다.[4]

8. 영원(永遠)이란, 존재 자체이다. 다만 이 경우의 존재는, 영원이란 정의로부터만 필연적으로 파생된다고 생각되는 존재이다.[5]

설명 : 왜냐하면 이와 같은 존재는 사물의 본질처럼 영원한 진리로서 인식되며, 그렇기에 비록 지속(持續)이 아무리 시작과 끝이 없다 해도 그와 같은 존재는 지속이나 시간에 의하여 설명될 수는 없기 때문이다.[6]

공리(公理)

1. 존재하는 모든 것은 자기 자신만으로 존재하거나, 혹은 다른 것 안에 포함되어 존재한다.[7]

2. 다른 사람에 의해서 사고〔이해(理解)〕되지 않는 것은 그 자신에 의해서 사고되어야 한다.

3. 주어진 일정한 원인으로부터 필연적으로 어떤 결과가 파생된다. 반대로 일정한 원인이 주어지지 않는다면 결과의 파생은 불가능하다.

4. 결과의 인식은 원인의 인식에 의존하며, 또 그 인식을 포함한다.[8]

5. 상호 공통성이 없다면 서로의 인식이 불가능하다. 왜냐하면 한쪽의 개념은 다른 쪽의 개념을 포함하지 않기 때문이다.[9]

6. 참된 개념은 그 대상과 항상 일치해야 한다.

7. 존재하지 않는다고 생각되는 것의 본질은 존재를 포함하지 않는다. 즉 그 본질이 존재를 포함하지 않는 것을 뜻한다.

정리1 실체는 본성상(본질상) 변체(變體=變樣=변화상태)에 선행한다.
증명 : 이것은 정의3과 5에 의해서 명백하다.

정리2 서로 다른 속성을 지니는 두 개의 실체는 아무런 공통점을 갖지 않는다.

증명 : 이것은 정리3에 의해서 명백하다. 왜냐하면 각 실체는 그 자신만으로 존재하며, 그 자신에 의하여 사유되어야 하기 때문이다. 다시 말하면 한 실체의 개념은 다른 실체의 개념을 포함하지 않기 때문이다.

정리3 서로 공통점이 없는 것은 상호 다른 것의 원인이 될 수 없다.
증명 : 서로 공통점을 갖지 않는다면〔공리5에 의해〕서로 인식될 수 없다. 따라서〔공리4에 의해〕그것들은 서로의 원인이 될 수 없다. 이로써 이 정리는 증명되었다.

정리4 서로 다른 두 개 혹은 더 많은 것들이 각각 다른 모습으로 구별되는 것은, 실체의 속성이 다르거나 또는 속성의 변체〔변화상태〕가 서로 다르기 때문이다.
증명 : 존재하는 것은 모두 그 자신만으로 존재하거나, 다른 것 안에 존재한다〔공리1에 의함〕. 곧〔정의3과 5에 의해〕지성 이외에는 실체와 그 변체〔변화상태＝변양〕만이 존재한다. 그러므로 많은 사물들이 서로 구별될 수 있는 것은 지성 이외에 실체 혹은〔정의4에 의해〕그것의 속성*10과 변체가 있기 때문이다. 이로써 이 정리는 증명되었다.

정리5 자연계에는 똑같은 본성 및 똑같은 속성을 갖는 두 개 또는 그 이상의 실체가 결코 존재할 수 없다.
증명 : 만일 많은 다른 실체가 존재한다면 그것은 속성 및 변체〔변화상태〕의 차이로 말미암아 서로 구별되지 않으면 안 된다〔앞 정리에 의해〕. 만약 속성의 차이에 의해서 구별된다면 같은 속성을 지니는 실체는 하나밖에 존재할 수 없을 것이다. 또한 변체의 차이에 의해서 구별된다면 실체는 본성상 그 변체에 선행하기 때문에〔정리1에 의해〕변체를 도외시하고 실체 그 자체를 고찰할 때, 다시 말하면〔정의3과 공리6에 의해〕실체의 참된 본질을 고찰해 볼 때, 그 실체가 다른 것으로부터 구별된다고는 할 수 없을 것이다. 곧〔앞 정리에 의해〕같은 본성 및 같은 속성을 갖는 실체는 다수가 아니라 오직 하나만이 존재할 뿐이다. 이로써 이 정리는 증명되었다.

정리6 하나의 실체는 다른 실체로부터 산출될〔낳아질〕수 없다.

증명 : 자연에는 같은 속성을 갖는 두 개의 실체가 존재할 수 없다〔앞 정리에 의함〕. 곧〔정리2에 의해〕상호 어떤 공통성을 갖는 두 개의 실체는 존재할 수 없다. 따라서〔정리3에 의해〕하나의 실체는 다른 실체의 원인이 될 수 없다. 동시에 하나의 실체는 다른 실체로부터 산출될 수 없다. 이로써 이 정리는 증명되었다.

계 (보충) : 이것의 귀결로써 실체가 다른 것으로부터 산출될 수 없다는 사실이 명백해졌다. 왜냐하면 공리1과 정의3과 5에서 밝혀진 것처럼 자연에는 실체와 그것의 변체 이외는 아무것도 존재하지 않기 때문이다. 또한 실체는 실체로부터 산출될 수 없다〔앞 정리에 의함〕. 그러므로 실체는 다른 어떤 것으로부터도 결코 산출될 수 없다. 이로써 이 계는 증명되었다.

다른 증명 : 이것은 또한 그 반대가 불합리하기 때문에 간단히 증명될 수 있다. 즉 실체가 만일 다른 것으로부터 산출될 수 있다면 실체에 관한 인식은 그 원인의 인식에 의존해야 한다〔공리4에 의함〕. 따라서 그것은〔정의3에 의해〕실체가 아니다.

정리7 실체의 본성은 존재이다.

증명 : 실체는 다른 것으로부터 산출될 수 없다〔앞 정리의 계에 의함〕. 그러므로 그것은 자기원인이다. 즉〔정의1에 의해〕그것의 본질은 필연적으로 존재를 포함하고 있다. 다시 말해 그의 본성은 존재이다. 이로써 이 정리는 증명되었다.

정리8 모든 실체는 필연적으로 무한하다.

증명 : 같은 속성을 갖는 실체는 오로지 하나만 존재한다〔정리5에 의함〕. 그리고 그것의 본성은 존재이다〔정리7에 의함〕. 때문에 실체의 본성은 유한한 것으로 존재하든가 무한한 것으로 존재하든가 그 둘 중 하나이다. 그러나 결코 유한한 것은 아니다. 왜냐하면 이 경우〔정의2에 의해〕실체는 같은 본성을 갖는 다른 실체에 의하여 한정되지 않으면 안 된다. 아울러 그 후자도 필연적으로 존재해야 한다〔정리7에 의함〕. 따라서 같은 속성을 갖는 두 개의 실체가 존재하게 된다. 그러나 이것은 불합리하다〔정리5에 의함〕. 그러므로

실체는 무한한 것으로 존재한다. 이로써 이 정리는 증명되었다.

주해1 : 유한(有限)이란 어떤 존재의 부분적인 부정을 뜻하며, 무한이란 어떤 존재의 절대적 긍정을 의미한다. 그러므로 정리7에만 의거해도 모든 실체가 무한하다는 귀결이 이루어진다.[11]

주해2 : 사물들에 관하여 혼란한 판단을 일삼거나 그 사물들을 제1원인으로부터 인식하지 못하는 사람들은, 정리7의 증명을 이해하지 못할 것이다. 왜냐하면 그들은 실체의 양태적 변체[12]와 실체 그 자체를 구별하지 못하고, 또 사물들이 어떻게 하여 산출되는가를 알지 못하기 때문이다. 그 결과 그들은 자연계의 사물들에 시초가 있음을 보고, 실체에도 시초가 있을 것이라고 상상하였다. 따라서 사물의 참된 원인을 알지 못하는 사람들은 모든 것을 혼동하며, 또한 아무런 지적인 반발 없이 수목이 인간처럼 대화하는 모습을 허구(虛構)하기도 한다. 그들은 인간이 돌이나 씨앗 따위로 구성된다고 상상하며, 어떤 형상이 다른 형상으로 변화된다고도 상상한다. 마찬가지로 신적 본성을 인간의 본성으로 혼동하는 사람들은 쉽게 인간의 감정을 신에 귀속시킨다. 특히 감정이 어떻게 하여 정신 내부에서 일어나는가를 그들이 알지 못하는 데서 오는 결과이다.

이에 반하여 실체의 본성에 유의하는 사람들은 정리7의 진리성을 조금도 의심하지 않을 것이다. 뿐만 아니라 이 정리는 모든 사람들에게 통용되는 공리가 되고, 공통개념(公通概念)[13] 속에 더해질 것이다. 왜냐하면 그들은 실체를 그 자신만으로 존재하면서 자신에 의해 이해되는 것, 즉 그것을 인식하기 위하여 다른 것의 인식을 필요로 하지 않는 것으로 이해하기 때문이다. 그들은 양태적 변체를 다른 것 속에 존재하는 것, 그리고 그 개념은 자신이 속한 속성의 개념에 의하여 형성되는 것으로 이해하고 있을 것이다. 그 때문에 우리들은 존재하지 않은 양태적 변체에 대해서도 참된 인식을 할 수 있다. 양태적 변체가 지성의 외부에 현실적으로 존재하지 않아도 그 본질이 다른 것 속에 포함되어 있어 그것에 의해서 생각될 수 있기 때문이다.

반면에 실체는 오직 자기 자신으로 인해 사유〔이해〕되기 때문에, 실체의 진리는 지성 이외에는 실체 자신 속에만 머물고 있다. 그러므로 만약 어떤 사람이 '자신은 실체에 대하여 명료하고 판연한 관념, 즉 참된 관념을 갖고 있지만 이런 실체가 존재하는지는 의심스럽다'고 말한다면, 이것은 '자신이 참된 관념을 갖고 있지만, 그것이 잘못된 관념은 아닌지 의심스럽다'라는 말과 같은 뜻이다(이는 사려 깊은 사람에게는 자명한 사실이다). 또는 어떤 사람이 '실체가 창조된다'고 주장한다면, 그 사람은 동시에 '잘못된 관념이 참된 관념이 되어 버렸다'고 주장하고 있는 셈이다. 그러나 이것은 더할 나위 없이 부조리하다. 따라서 실체의 존재는 그 본질과 같이 영원한 진리로 인정되지 않으면 안 된다.

이상의 이유로 우리는 같은 본성을 갖는 실체가 오직 하나뿐이라는 것을 다른 방법으로 결론지을 수 있다. 그 방법을 여기서 밝히는 것은 보람된 일이라 생각한다. 그런데 이를 질서정연하게 하려면 다음 사항에 주의해야 한다.

(1) 모든 사상(事象)에 관한 참된 정의는, 정의되는 것의 본성 이외에 아무 것도 포함하지 않으며 또 아무것도 표현하지 않는다. 이로 말미암아 다음이 성립된다.

(2) 어떤 정의도 정의되는 본성 이외의 다른 것을 표현하지 않으므로, 그것은 일정한 수의 개체(個體)*14를 포함하지도 않고 표현하지도 않는다. 예를 들면 삼각형의 정의는 삼각형의 단순한 본성만을 표현하지, 어떤 일정 수의 삼각형을 표현하지는 않는다.

(3) 존재하는 모든 것은, 그것이 존재하는 특정 원인을 필연적으로 포함하고 있음을 유의해야 한다.

(4) 끝으로 어떤 사상(事象＝事物)의 존재원인은, 존재하는 사상의 본성 또는 정의 그 자체에 포함되어 있거나—물론 이것은 존재하는 사상이 그 본성에 속하는 경우이다—아니면 존재하는 사상의 외부에 있어야 한다는 점에 유의해야 한다.*15

이런 내용의 전제로부터 다음과 같은 점이 귀결된다. 즉 자연에 일정한 수의 개체가 존재한다면, 무엇 때문에 그런 개체가 존재하며 어째서 그 수가 그보다 많지도 적지도 않게 존재하는가의 원인이 반드시 존재해야 된다. 예를 들어 자연 안에 20명의 사람이 존재한다면(보다 알기 쉽게 하기 위하여, 20명이 동시에 존재하고 다른 사람이 지금까지 자연 속에 존재하지 않았다고 가정한다) 왜 20명의 사람이 존재하는지 이유를 드는 데에는 일반적으로 인간 본성의 원인을 제시하는 것만으로는 불충분할 것이다. 게다가 20명보다 많지도 적지도 않은 사람이 왜 존재하느냐 하는 원인까지 제시할 필요가 있다. 왜냐하면〔앞의 (3)에 의해〕사람들은 저마다 자신이 왜 존재하는지의 원인을 필연적으로 가져야 하기 때문이다. 그러나 이 원인은〔앞의 (2)와 (3)에 의해〕인간의 본성 그 자체에는 포함되어 있지 않다. 왜냐하면 인간의 참된 정의에는 20이라는 수가 포함되어 있지 않기 때문이다. 따라서〔앞의 (4)에 의해〕이들 20명이 왜 존재하는지, 또 어째서 그들 각자가 별개로 존재하는지의 원인은 반드시 각 사람들의 외부에서 구해져야 한다. 때문에 같은 본성을 갖는 다수의 개체가 존재할 경우, 그들은 존재의 원인을 필연적으로 외부에서 가져야 한다. 이것이 일반적인 결론이다.

그런데〔이 주해에서 이미 제시한 것처럼〕실체의 본성은 존재이기 때문에, 그 정의는 필연적으로 존재를 포함해야 한다. 따라서 그 정의로부터 실체 자신의 존재가 결론지어져야 한다. 그리고 이 정의로부터〔앞의 (2)와 (3)에서 제시한 것처럼〕많은 실체의 존재가 나올 수는 없다. 이런 이유로 같은 본성을 갖는 실체는 오직 하나만 존재할 따름이다.

정리9 사물이 보다 많은 실재성이나 존재를 가질수록, 그만큼 많은 속성이 그것에 따른다.

증명 : 이것은 정의4에 의하여 명백하다.

정리10 실체의 각 속성은 그 자신에 의하여 사고〔이해〕되어야 한다.

증명 : 왜냐하면 속성이란, 지성이 실체에 대하여 그 본질을 구성하고 있음을 인식하는 것이다〔정의4에 의함〕. 따라서 속성은〔정의3에 의해〕그 자신에 의해 생각되어야 한다. 이로써 이 정리는 증명되었다.

주해 : 이로부터 명백해지는 사실은 다음과 같다. 즉 두 개의 속성이 실재적으로 구별되어 생각될지라도, 다시 말해 하나의 속성이 다른 속성의 도움 없이 생각된다 해도, 그 때문에 두 개의 속성이 두 개의 본질 혹은 두 개의 상이한 실체를 구성하는 것으로 결론지을 수는 없다. 왜냐하면 실체의 각 속성이 그 자신에 의하여 생각되는 것이 실체의 본성이기 때문이다. 실체가 지니고 있는 모든 속성은 언제나 동시에 실체 안에 있고, 하나의 속성은 다른 속성을 산출할 수 없으며, 오히려 각각의 속성이 실체의 실재성과 존재를 표현하고 있는 것이다.

그러므로 하나의 실체에 많은 속성을 귀속시키는 것은 조금도 모순되지 않는다. 그러기는커녕 모든 본질은 어떤 무엇인가의 속성으로 말미암아 생각되어야 하고, 본질이 보다 많은 실재성이나 존재를 가질수록 그만큼 필연성이나 영원성 및 무한성을 표현하는 속성을 많이 가지게 된다. 자연에서 이보다 더 명백한 사실은 있을 수 없다. 따라서 또한 〔정의6에서 말했던 것처럼〕 절대 무한한 존재자는, 각각 일정한 영원 및 무한의 본질을 표현하는 무한히 많은 속성들로 이루어진 존재자라고 필연적으로 정의되어야 한다. 이보다 더 자명한 것은 있을 수 없다.

만약 지금 누군가가 '어떤 기호로써 여러 실체들의 차이를 식별할 수 있는가' 하고 묻는다면, 그 사람은 다음의 여러 정리들을 읽어야 할 것이다. 자연에는 오직 하나의 실체만 존재한다는 사실, 그리고 그 실체는 절대 무한하며 따라서 그와 같은 기호를 구하는 것은 부질없는 일이란 사실을 다음 정리들이 밝혀 줄 것이다.

정리11 신(神), 또는 하나하나가 영원하고 무한한 본질을 표현하는 무한히 많은 속성으로 이루어진 실체가 필연적으로 존재한다.

증명 : 이것을 부정하는 사람들은 가능하다면 신의 존재를 부인해 보라. 그러면 〔공리7에 의해〕 신의 본질에는 존재가 포함되지 않는다. 그러나 이것은〔정리7에 의해〕 불합리한 것이 되고 만다. 그러므로 신은 필연적으로 존재한다. 이로써 이 정리는 증명되었다.

다른 증명 : 모든 것〔사물〕에 대해서는 왜 그것이 존재하는가, 또는 어째서 그것이 존재하지 않는가 하는 원인이나 이유가 제시되어야 한다.*16

예를 들어 삼각형이 존재한다면, 그 삼각형이 어째서 존재하는지의 이유 또는 원인이 있어야 한다. 만약 그것이 없다면, 그 존재를 방해하거나 제거하는 이유 또는 원인이 있어야 한다. 그런데 이 이유나 원인은, 사물의 본성에 포함되어 있든지 아니면 그것의 외부에 있어야 한다. 예컨대 네모난 원이 존재할 수 없는 이유는 네모난 원의 본성 자체에 의해 제시되어 있다. 즉 그러한 원의 본성 자체가 모순되기 때문이다.

반대로 실체가 존재하는 이유도 오로지 실체의 본성에서 찾아낼 수 있다. 곧 실체의 본성은 존재를 포함하고 있기 때문이다〔정리7을 볼 것〕. 하지만 원이나 삼각형의 존재 또는 비존재의 이유는, 그 원과 삼각형의 본성에서 발견되지 않고 대개 물체적 자연의 질서로부터 도출된다. 삼각형이 지금 필연적으로 존재한다든가 현재 존재 불가능하다든가 하는 이유는, 이 질서로부터 도출되어야 한다. 이 사실은 그 자체로 보아 자명하다.

이상의 귀결로써 그것의 존재를 방해하는 아무런 이유와 원인이 없다면, 그것은 필연적으로 존재하게 된다. 그러므로 신의 존재를 방해하거나 배제하는 아무런 이유도 원인도 없다면, 신의 필연적인 존재는 절대적인 것으로 귀결되어야 한다. 만일 그런 이유나 원인이 있다면, 그것은 신의 본성 그 자체 안에 있거나 혹은 그 외부, 즉 다른 본성을 갖는 다른 실체 안에 있어야 할 것이다. 왜냐하면 만약 그것이 동일한 본성을 갖는 실체라면, 그것만으로도 신의 존재가 인정되기 때문이다. 그러나 신의 본성과는 다른 본성을 소유한 실체는, 신과의 공통점을 하나도 갖지 않는다〔정리2에 의함〕. 따라서 그것은 신의 존재를 정립하거나 거부할 수 없다. 그러므로 신적인 존재를 거부하는 이유와 원인은, 신적 본성의 외부에는 있을 수 없다. 만일 신이 틀림없이 존재하지 않는다면, 그 이유나 원인은 반드시 신의 본성 그 자체에 내포되어 있어야 할 것이다. 만약 그렇다면 신의 본성은 〔우리의 제2의 예에 의해〕 모순을 지니게 된다. 그러나 절대 무한하며 최고 완전자(完全者)인 존재자에 대해 위와 같이 주장하는 것은 불합리하다. 그러므로 신의 존재를 거부하는 원인이나 이유는, 신의 내부에도 신의 외부에도 있을 수 없다. 따라서 신은 필연적으로 존재하게 되는 것이다. 이로써 이 정리는 증명되었다.

다른 증명 : 존재할 수 없는 것은 무능력이요, 반대로 존재할 수 있는 것은 능력이다〔그 자체로 명백한 것처럼〕. 따라서 필연적인 존재가 유한한 존재에 불과하다면, 그 유한한 존재자는 절대 무한한 존재자보다 유능한 것이다. 그러나 이것은 〔그 자체가 명백한 것처럼〕 불합리하다. 그러므로 아무것도 존재하지 않든가 또는 절대 무한한 존재자가 필연적으로 존재하든가, 둘 중 하나여야 한다. 그런데 우리는 우리 자신만에 의해 존재하든가 혹은 필연적으로 존재하는 다른 것에 내포되어 존재하든가 한다〔공리1과 정리7 참조〕. 따라서 절대 무한한 존재자, 즉 〔정의6에 의해〕 신은 필연적으로 존재한다. 이로써 이 정리는 증명되었다.

주해 : 나는 마지막 증명에서, 증명이 보다 쉽게 이해될 수 있도록 신의 존

재를 아 포스테리오리(a posteriori)*¹⁷로 명백하게 하려 했다. 물론 이것은 같은 근거에서 신의 존재가 아 프리오리(a priori)로 귀결될 수 없다는 뜻은 아니다. 왜냐하면 존재할 수 있는 것은 능력을 의미하기에 다음 사실이 도출 되기 때문이다. 즉 어떤 본성에 보다 많은 실재성이 부여된다면, 그것은 존 재할 힘을 그만큼 많이 그 자신 속에 지니게 된다. 따라서 절대 무한한 존재 자, 즉 신(神)은 존재에 관한 절대 무한의 능력을 자신 안에 갖게 되며, 그 때문에 신은 절대적으로 존재하게 된다.

하지만 많은 사람들은 아마 이 증명의 자명성을 간단히 이해할 수 없을 것 이다. 왜냐하면 그들은 외부의 원인에 의해 생겨나는 것만을 관상(觀想 : _{순수한 이성의 활동에 의해 진리나 실제를 인식하는 일})하는 습관에 젖어 있기 때문이다. 그리하여 그들은 사물 가운 데 빨리 생성되는 것, 즉 존재하기 쉽고 또 파멸되기 쉬운 것을 눈으로 보고 는, 반대로 많은 속성을 갖추고 있는 사물은 그만큼 생성되기 힘든 것으로, 다시 말하면 그만큼 존재하기 곤란한 것으로 판단한다. 그런데 그들을 이와 같은 편견에서 해방시키기 위하여 다음을 명백하게 해 둘 필요는 없다. 즉 빨리 생성되는 것은 빨리 파멸된다는 명제가 어떤 의미에서 진리인지를, 또 모든 자연을 고려한다면 일체의 것은 균등하게 존재하기 쉬운지 또는 그 반 대인지를, 명백하게 해 둘 필요는 없는 것이다.

여기서 내가 문제삼고 있는 것은, 외적 원인에 의하여 생성되는 것이 아니 라 (정리6에 의해) 오히려 외적 원인에 의해서 결코 산출될 수 없는 실체이 다. 이 점에 유의한다면 그것만으로 충분하다. 왜냐하면 외적 원인에 의해서 생성되는 것은, 그런 부분이 많건 적건 그 완전성과 실재성에 관한 것은 모 두 외부의 원인에 달려 있다. 따라서 그 존재는 외적 원인의 완전성에 의해 서 생성되는 것이지, 그 자신의 완전성에 의해서 생성되는 것은 아니다.

이에 반하여 실체는, 자신이 지니는 완전성 가운데 어느 하나도 외적 원인 에 의존하지 않는다. 그러므로 존재도 그 자신의 본성에서 도출되어야 한다. 따라서 실체의 존재는 곧 그것의 본질이다. 때문에 완전성은 사물의 존재를 제거하기는커녕 반대로 그것을 정립한다. 반면에 불완전성은 사물의 존재를 제거한다. 따라서 우리는 절대 무한하거나 완전한 존재자, 즉 신의 존재보다 사물의 존재가 더 확실하다고 말할 수 없다. 왜냐하면 신의 본질은 모든 불 완전성을 배제하고 절대적인 완전성을 내포하는 것이며, 바로 이런 이유로 말미암아 그 존재를 회의(懷疑)하는 온갖 원인은 제거되고 그 존재에 관한 최고의 확실성이 부여되기 때문이다. 이에 다소라도 유의하는 사람들에게는, 이것이 명백한 사실로 이해되리라 믿는다.

정리12 실체를 분할되게 하는 실체의 속성은 생각될 수 없다.

증명 : 왜냐하면 속성 때문에 실체가 부분적으로 분할된다면, 그 부분은 실체의 본성을 지니고 있든지 또는 없든지, 둘 중 하나이다. 첫째 경우[즉 부분이 실체의 본성을 지니는 경우에는], [정리8에 의해] 각 부분은 무한이며 또 [정리6에 의해] 자기원인이어야 한다. 그리고 그것은 [정리5에 의해] 다른 속성으로 이루어져야 한다. 따라서 이 경우 하나의 실체로부터 많은 실체가 구성된다. 이것은 [정리6에 의해] 불합리하다. 게다가 그 여러 부분들은 [정리6에 의해] 전체와 같은 아무런 공통점도 갖지 않는 것이 되며, 전체는 [정리4와 10에 의해] 그 부분이 없어도 존재할 수 있고 또 생각될 수 있게 된다. 이런 사실이 불합리하다는 것은 아무도 의심하지 않으리라. 이와 반대로 둘째 경우, 즉 여러 부분들이 실체의 본성을 지니지 않을 때를 가정한다면 어떨까. 이 경우 전체로서의 실체는 같은 부분으로 분할되어 실체의 본성을 잃고 존재하기를 중지할 것이다. 이것은 [정리7에 의해] 불합리하다.

정리13 절대 무한의 실체는 분할될 수 없다.

증명 : 만약 실체가 분할된다면, 그 분할된 여러 부분들은 절대 무한한 실체의 본성을 지니든가 지니지 않든가 둘 중 하나일 것이다. 첫째 경우엔 같은 본성을 갖는 많은 실체가 존재하게 될 것이다. 그러나 이는 [정리5에 의해] 불합리하다. 둘째 경우를 가정한다면, 위에서 설명했듯이 절대 무한의 실체는 존재를 중지할 것이다. 이것도 [정리11에 의해] 불합리하다.

계 : 그러므로 모든 실체는, 따라서 모든 물체적 실체도 그것이 실체인 한 분할될 수 없다.

주해 : 실체의 이 불가분성(不可分性)은, 실체의 본성은 무한한데 실체의 부분[可分性]은 유한한 실체일 수밖에 없다는 점에서 간단하게 이해될 수 있다. 이 실체의 가분성에 관한 말은 [정리8에 의해] 명백하게 모순된다.

정리14 신 이외에는 어떤 실체도 존재하지 않으며, 또 생각될 수도 없다.

증명 : 신은 실체의 본질을 표현하는 모든 속성을 지니고 있는 절대 무한의 존재자이다〔정의6에 의함〕. 그리고 신은 필연적으로 존재한다〔정리11에 의함〕. 만일 신 이외에 다른 실체가 존재한다면, 그것은 신의 어떤 속성에 의해 설명되어야 한다. 그러면 같은 속성을 갖는 두 개의 실체가 존재하게 될 것이다. 그러나 이는 〔정리5에 의해〕 불합리하다. 따라서 신을 제외한 다른 실체란 존재할 수 없으며, 또 생각될 수 없다. 만약 그런 실체가 생각된다면 그것은 필연적으로 존재하는 것으로 생각되어야 한다. 그러나 이는 이 증명의 앞 부분으로 미루어 보아 불합리하다. 그러므로 신 이외의 어떤 실체도 존재할 수 없으며, 생각될 수도 없다. 이로써 이 정리는 증명되었다.

계1 : 여기서 다음 사실이 대단히 명료하게 도출된다. 첫째로 신은 유일한 것이다. 다시 말해〔정의6에 의해〕자연에는 다만 하나만의 실체가 존재할 뿐이며, 더욱이 그것은 절대 무한하다. 이 사실은 정리10의 주해에서 이미 암시되어 있다.*18

계2 : 둘째로 연장(延長)과 사유는 신의 속성이거나 또는〔공리1에 의해〕 신의 속성의 변체이다.

정리15 모든 존재는 신에 내재되어 있다. 그리고 어떤 것도 신이 없이는 존재할 수 없고 생각될 수도 없다.

증명 : 신을 제외한 어떤 실체도 존재할 수 없으며, 생각될 수 없다〔정리14에 의해〕. 다시 말하면〔정의3에 의해〕그 자신 안에 내재하며, 그 자신에 의해서 생각되는 것은 신 이외에는 전혀 존재할 수 없다. 한편 양태는〔정의5에 의해〕실체가 없으면 존재할 수 없다. 그러므로 양태는 신의 본성 속에 내재하며 그 내재에 의해서만 생각될 수 있다. 그런데 실체와 양태 이외엔 어떤 것도 존재하지 않는다〔공리1에 의해〕. 그러므로 신이 없이는 어떤 것도 존재할 수 없으며, 생각될 수 없다. 이로써 이 정리는 증명되었다.

주해 : 신이 인간처럼 신체와 정신을 갖고, 감정에 예속되어 있다고 상상하는 사람들이 있다. 그러나 그들이 참된 신의 인식으로부터 얼마나 동떨어져 있는가는 지금까지의 증명을 통하여 충분히 밝혀졌다. 나는 그들의 의견을 내버려 두겠다. 왜냐하면 신의 본성에 관하여 다소라도 사려해 본 사람이

라면, 모두 신이 신체를 소유하고 있음을 부정하기 때문이다. 그들은 이것을 다음의 논거에 의해 증명하고 있다. 즉 물체란 길이·넓이·깊이를 가지고 일정한 형태로 한정되어진 어떤 분량인데, 절대 무한의 존재자인 신을 이런 물체로 논한다는 것은 매우 불합리한 일이라고 논증한다.

한편 그들은 또한 다른 별개의 이유에 의해서 물체적 혹은 연장적 실체 그 자체가 신의 본성에서 아주 멀리 떨어져 있음을 밝히고, 그것이 신에 의하여 창조되었음을 주장한다. 그러나 그들은 그 실체가 신의 어떤 능력에 의해 창조되는 것인지를 전혀 알지 못하고 있다. 이는 분명히 그들이 자신의 말을 이해 못하고 있음을 의미한다.

나는 어떤 실체도 다른 사람에 의해 산출되거나 혹은 창조될 수 없음을, 적어도 내 생각에는 충분히 명료하게 증명해 두었다〔정리6의 계와 정리8의 주해 2를 볼 것〕. 또 나는 정리14에서 신 이외의 어떤 실체도 존재할 수 없고 생각될 수 없다는 것도 해명하여 두었다. 따라서 나는〔이 장의 같은 정리의 계2에 의해〕연장적 실체를 신의 무한히 많은 속성 중의 하나라고 결론지었다.

그러나 나는 이를 보다 자세히 설명하기 위하여, 반대자들의 의론(議論)을 반박하련다. 그들의 의론은 대체로 다음과 같다.

첫째 의론을 살펴보자.*19 그들은 물체적 실체가 실체로서 부분으로 구성되어 있다고 생각한다. 그러므로 그들은 물체적 실체가 무한할 수 있다는 것과, 그것이 신에 귀속될 수 있다는 것을 부정한다. 그들은 이것에 대하여 많은 예를 들어 설명하고 있다. 이들 예 가운데 한두 가지를 인용해 보겠다.

그들은 주장한다. 만약 물체적 실체가 무한하며 두 개의 부분으로 분할된다고 생각된다면, 그 각 부분은 유한이거나 무한이거나 어느 한쪽일 것이다. 만일 그 부분이 유한하다면, 무한은 두 개의 유한한 부분으로 성립되는 셈이다. 그러나 이것은 불합리하다.

만약 후자의 경우〔즉 각 부분이 무한일 경우〕, 다른 무한보다 두 배로 커다란 무한이 존재하게 된다. 이것도 역시 불합리하다.

다시 무한한 양을 피트 단위로 측정한다면, 그것은 무한히 많은 피트로 이루어져 있어야 할 것이다. 이것은 인치의 단위로 측정한다 해도 같은 결론일 것이다. 따라서 하나의 무한수는 다른 무한수보다 열두 배나 많은 것이 된다. 이것도 역시 불합리하다.

끝으로 만일 어떤 무한한 양의 한 점에서 출발하는 AB, AC 두 선이 처음은 어떤 일정한 거리를 두고 멀어지면서 무한히 연장된다고 생각해 보라. 이 경우 BC간의 거리는 끊임없이 증대되며, 마침내 일정한 거리에서 무제한한 거리로 되고 말 것이다.

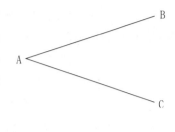

그들의 생각에 따른다면 이와 같은 부조리는, 무한한 양을 상정함으로써 일어나는 것이다. 그러므로 결국 그들은 물체적 실체가 유한이어야 하며, 신의 본질에 속하지 않은 것으로 결론짓는다.

둘째 의론으로 그들은 신의 최고 완전성에서 결론을 연역하고 있다. 그들에 의하면, 신은 최고로 완전한 존재자이기에 다른 것으로부터 작용을 받을 수 없다. 그러나 물체적 실체는 분할되기 때문에 작용을 받을 수 있다. 그러므로 물체적 실체는 신의 본질에 속하지 않는다.

이것이 그들의 연역적인 결론이요, 그들 저작자들의 의론이다. 이런 논점에 의거하여, 그들은 물체적 실체가 신의 본성을 가질 자격이 없으며, 또 그것이 신의 본성에 속할 수 없음을 명시하려고 했다. 그러나 만일 누구든지 사태를 올바르게 주시한다면, 그는 이미 내가 이 문제에 답했음을 알게 될 것이다. 왜냐하면 이들 의론은 물체적 실체가 부분으로 구성된다는 가정(假定)만을 기초로 하고 있는데, 이 가정이 불합리하다는 사실은 내가 이미〔정리12와 13의 계에서〕밝혀 두었기 때문이다. 따라서 누군가가 사태를 올바르게 숙고하려 한다면 이 모든 불합리한 점, 즉〔지금 그것에 관해 논쟁하지는 않겠지만, 그것들이 모두 불합리하다면〕연장적 실체의 유한성을 연역하려는 그들의 부조리한 모든 의견은, 무한한 양에 대한 상정(想定)으로부터 결코 생겨날 수 없고, 오히려 무한한 양이 측정 가능하며 그것이 유한한 여러 부분으로 구성된다는 가정에서 생겨난다는 결론을 내릴 것이다. 따라서 그들이 그 부조리로부터 얻을 수 있는 결론은, 무한한 양은 측정할 수 없으며 유한한 여러 부분으로 구성될 수 없다는 것뿐이다. 이것은 이미 앞〔정리12 및 여러 곳〕에서 증명한 사실이다. 그러므로 그들이 나에게 던진 화살이 실은 그들 자신에게 던져진 셈이다.

그럼에도 불구하고 만일 그들이 이 부조리한 것에서부터 연장적 실체가 유한해야 한다는 결론을 맺으려 한다면, 그것은 원이 사각형의 성질을 갖는다고 가정하며 원의 중심점—그것에서 원둘레를 향하여 그린 모든 직선은 같다—이 존재하지 않는다는 것과 같은 말이다. 왜냐하면 무한하고 유일하며 불가분하다고밖에 생각될 수 없는 물체적 실체를〔정리5, 8 및 12를 볼 것〕유한한 것으로 결론짓기 위하여, 그들은 그것이 유한한 부분으로 되어 있고 다양하며 가분적인 것이라고 가정하고 있기 때문이다. 마찬가지로 다른 사람들은 선(線)이 점(點)으로 이루어져 있다고 상정하고, 그로 인하여 선이 무한히 분할될 수 없음을 밝혀 주는 많은 논거를 찾아볼 수 있다. 그런데 사실 물체적 실체가 물체 혹은 부분으로 이루어졌다는 가정은, 물체가 평면으로, 평면이 선으로, 선이 점으로 이루어진다는 가정 못지않게 불합리한 것이다.

이와 같은 사실은 명석한 추론에는 오류가 없음을 아는 사람들과, 공허한 공간을 부정하는 사람들에게는 반드시 승인되어야 한다.[20] 만약 물체적 실체가 그 부분들이 실제적으로 구별되게끔 분할된다면,[21] 그 일부분이 소멸되었을 때 나머지 다른 여러 부분은 여전히 상호 결합되어 있는 일도 가능해지기 때문이다. 또 그런 경우에는 공허가 존재하지 않게끔 모든 부분이 잘 접합되어 있어야 할 이유도 없어진다. 실제적으로 상호 구별되는 것의 어떤 부분은 다른 부분 없이도 존재할 수 있으며, 또 그 상태를 유지할 수도 있다.

그러나 자연에는 공허가 존재하지 않으며〔이것은 다른 곳에서 말하겠다〕, 모든 부분은 공허가 존재하지 않도록 상호 밀착해야 한다. 따라서 이들 부분은 실제로 구별될 수 없다는 결론, 즉 물체적 실체가 실체인 이상 분할될 수 없다는 결론이 나온다.

그러나 만일 어떤 사람이, 우리는 나면서부터 양을 분할하고자 한다는 사실을 왜 부정하느냐고 묻는다면, 나는 그 사람에게 다음과 같이 대답할 것이다. 즉 우리는 양을 두 가지 방법으로 생각할 수 있다. 하나는 추상적인 혹은 피상적인 사고방식이다. 그에 따르면 양은 일상적인 것으로 생각된다. 다른 하나는 양이 실체로서 생각되는 것이며, 이것은 오직 지성에 의해서만〔상상력의 도움 없이〕생각된다. 그러므로 만일 양을 오직 상상력에 의해서—이것은 빈번히 또 보다 쉽게 행해진다—파악하면, 양은 유한하고 분할 가능하며 부분으로 이루어진 것으로 보일 터이다. 반대로 양을 지성에 의해서 있는 그대로 파악하고 실체로서 생각한다면, 이미 증명한 것처럼 양은 무한하고 유일하며 불가분적인 것으로 보일 터이다. 이런 사실은 상상력과 지성을 구별할 줄 아는 사람들에게는 충분히 명백하게 이해될 것이다. 특히 물질은 어디서나 동일하며, 그것으로부터 여러 부분이 구별되는 것은 물질이 여러 방법으로 변화한다는 전제가 있어야만 가능해진다. 따라서 그것의 여러 부분은 양태적으로만 구별되고 실제적으로는 구별되지 않음을 고려한다면, 앞의 설명이 훨씬 명료하게 이해될 것이다. 예를 들어 우리는 물이 물로서 분할되고, 그것의 여러 부분들이 서로 분리된다고 생각된다. 그러나 물체적 실체로 간주되는 것으로서의 물은 분리도 분할도 될 수 없다. 게다가 물은 물로서는 생성하며 소멸한다. 그러나 실체로서의 물은 생성도 소멸도 하지 않는다.

이로써 나는 둘째 의론에도 해답한 것으로 믿는다. 왜냐하면 그들의 의론은 실체로서의 물질이 분할 가능하며 또 부분으로 이루어져 있다는 근거 위에 세워져 있기 때문이다. 그러나 또한 그렇지 않다 해도 신 이외에는 신의 본성에 작용할 아무런 실체도 존재하지 않는 이상〔정리14에 의해〕, 물질이 어째서 신의 본성에 어울리지 않는가를 나는 밝힐 수 없다. 나는 다음과 같이 주장한다. 존재하는 모든 것은 신 안에 내재한다고. 생성하는 모든 것은 신의 무한한 본성의 여러 법칙에 따르며, 이는 곧 신적 본질의 필연성에 의한 귀결이다〔나는 곧 이를 증명할 것이다〕. 그러므로 신이 다른 것의 작용을 받는다느니 연장적 실체가 신의 본성에 어울리지 않는다느니 하는 것은 어떤 이유로도 성립될 수 없다. 가령 연장적 실체가 분할된다고 가정한다 해도, 그 실체의 영원성과 무한성을 인정하기만 한다면. 지금은 이로써 충분하다.

정리16 신적(神的) 본성의 필연성에서 무한히 많은 것〔즉 무한한 지성에 의해 파악될 수 있는 모든 것〕이 무한히 많은 방법으로 생겨나지 않으면 안된다.

증명: 이 정리는 다음 사실을 주의한다면 누구에게나 명백하게 될 것이다. 즉 지성은 모든 것의 주어진 정의로부터 많은 특질—실제로 특질은 그 정의로부터〔바꾸어 말하면 사물의 본질 그 자체로부터〕 필연적으로 생겨나는 것이지만—을 결론짓는다는 사실, 그리고 사물의 정의가 보다 많은 실재

성을 표현함에 따라, 다시 말해 정의된 사물의 본질에 보다 많은 실재성이 포함됨에 따라, 그만큼 많은 특질이 도출된다는 사실을 말이다. 그런데 신의 본성은 그 하나하나가 자신의 유(類)에 있어서 무한한 본질을 표현하는 절대 무한수의 속성을 갖고 있으므로[정의6에 의해], 그 신의 본성의 필연성에서 무한히 많은 것이[즉 무한 지성에 의해 파악될 수 있는 모든 것이] 무한히 많은 방법에 의해서 생겨나와야 한다. 이로써 이 정리는 증명되었다.

계1 : 이상의 귀결로 첫째, 신은 무한 지성에 의해 파악될 수 있는 모든 사물들의 동력인(動力因)이다.

계2 : 둘째, 신은 그 자체에 의한 원인이며, 우연에 의한 원인이 아니다.

계3 : 셋째, 신은 절대적으로 제1 원인이다.

정리17 신은 오직 자신의 본성의 법칙에 따라서만 활동하고, 누구에게도 강제되어 활동하지 않는다.

증명 : 신의 본성의 필연성에 의해서만, 혹은 [같은 뜻이지만] 신의 본성의 여러 법칙에 의해서만, 무한히 많은 것이 절대적으로 생겨난다는 사실을 나는 정리16에서 명시했다. 또 정리15에서 나는 신의 존재가 없다면 아무것도 존재할 수 없고 생각될 수도 없으며, 따라서 모든 것이 신 안에 내재하고 있음을 증명하였다. 그러므로 신 이외에 신의 활동을 결정하고 강제하는 것은 결코 존재하지 않는다. 따라서 신은 자신의 본성의 여러 법칙에 따라 활동할 뿐, 누구에게도 강제되어 활동하지 않는다. 이로써 이 정리는 증명되었다.*22

계1 : 이상의 결론으로 첫째, 신 그 자신의 본성의 완전성 이외에는 신을 외부나 내부로부터 활동하게 하는 어떤 원인도 존재하지 않는다. 오히려 신은 자신의 완전성의 힘에 의해서만 동력인이 된다.

계2 : 둘째, 신만이 자유원인이란 결론이 성립된다. 왜냐하면 신만이 자신의 본성의 필연성에 의해서 존재하고[정리11과 14의 계1에 의해], 자신의 본성의 필연성에 의해서 활동하기 때문이다[앞 정리에 의해]. 따라서 [정의7에 의해] 신만이 자유원인이다. 이로써 이 계는 증명되었다.

주해 : 다른 사람들도 신을 자유원인이라고 생각한다. 다만 그들은 그 이유를 이렇게 말한다. 신의 본성에서 생겨나는 것 혹은 신의 능력 안에 있는 것을, 신이 생겨나지 못하도록 하거나 스스로 산출할 수 없게끔 하기 때문이

라고. 그러나 이는 신이 삼각형의 본성에서 그 내각의 합이 180도가 되지 않도록 결론짓는다든가 또는 주어진 원인에서 결과가 생겨나지 못하도록 할 수 있다고 함과 같은 말이다. 그러나 이것은 불합리하다. 나는 다음에서 이 정리의 도움 없이, 신의 본성에는 지성도 의지도 속하지 않음을 제시할 것이다.*23

물론 나는 신의 본성에 최고의 지성과 자유의지가 속한다는 것을 증명할 수 있다고 믿는 많은 사람들을 알고 있다. 그들은 왜 그렇게 생각하는가. 그들은 우리들 자신의 최고 완전성 이외에, 신에 귀속시킬 수 있는 더 이상의 완전성을 알지 못하기 때문이다. 그러나 그들은 현실적으로 신이 최고 지성의 소유자라 생각하면서도, 신이 실제로 인식하는 모든 것을 존재하게끔 한다고는 믿지 않는다. 왜냐하면 그들은 그렇게 믿음으로써 신의 능력을 파괴한다고 생각하기 때문이다. 그들은 신이 그의 지성 안에 있는 모든 것을 창조했다면, 그 이상은 아무것도 창조할 수 없다고 말한다. 그들은 이것이 신의 완전성에 어긋난다고 믿고 있다. 따라서 신은 모든 것에 대하여 무관심하고, 어떤 절대적 의지에 의해 창조하기로 결의한 것 이외엔 아무것도 창조하지 않는다고 그들은 주장하게 되었다.

그러나 신의 최고 능력 또는 무한한 본성에서부터 무한히 많은 것이 무한히 많은 방법으로, 즉 일체의 모든 것이 필연적으로 유출되어 나오며 혹은 언제나 같은 필연성에 의해 생겨나온다는 것을—예를 들면 삼각형의 본성에서 그 내각의 합이 180도임이 영원으로부터 영원히 귀결됨과 같이—나는 내 나름대로 충분히 밝혀 두었다〔정리16을 볼 것〕. 그러므로 신의 전능은 영원에서부터 현실적으로 존재하며 또 영원히 동일한 현실성에 머무른다. 이 방식으로 신의 전능은 적어도 내 판단에 의하면 훨씬 완전하게 확립된 셈이다. 이에 비해 반대자들은 신의 전능을 〔정확하게 말한다면〕 부정하고 있는 것처럼 보인다. 왜냐하면 그들은 신의 무한한 피조물을 인식하면서도 신이 그것들을 결코 창조할 수 없음을 주장하기 때문이다. 왜냐하면 만약 그 반대로 신이 자신의 생각한 바를 모조리 창조해 버렸다면, 신은 자신의 전능을 전부 사용하여 버린 나머지 불완전해질 것이라고 그들은 믿기 때문이다. 그러므로 그들은 신의 완전성을 주장하려 하면서, 동시에 신이 스스로 할 수 있는 모든 것을 할 수 없음을 주장하는 셈이다. 어떤 가설도 이 이상 모순된 것은 없으며, 이보다 더 신의 전능에 어긋나는 것은 없으리라.

지금 나는 여기서 다시 일반적으로 신에 속해 있는 지성과 의지에 관하여 약간의 의견을 덧붙이고자 한다. 만일 신의 영원한 본질에 지성과 의지가 속해 있다면, 이 두 속성은 사람들이 보통 생각하는 것과 달리 이해되어야 한다. 왜냐하면 신의 본질을 구성하는 지성 및 의지는 우리들 인간의 지성과 의지와는 천양지차이며, 따라서 양자 사이에는 명칭 이외에는 전혀 공통점이 없기 때문이다. 이것은 마치 하늘의 별자리인 개(犬)와, 현재 짖고 있는 동물인 개의 명칭이 일치함과 같은 것이다. 이것을 나는 다음과 같이 증명하려 한다. 만일 지성이 신의 본성에 속한다면, 그 지성은 우리들의 지성처럼 본성상 그 대상 다음에 오거나 (대부분 사람들이 주장하듯이) 혹은 그 대상과 동시에 있을 수 없을 것이다. 신은 원인으로서 모든 것에 선행하기 때문이다(정리16의 계1에 의해). 오히려 반대로 진리와 사물의 형상적 본질은, 그것이 신의 지성 속에서 있는 그대로 관념적으로 존재하고 있기에*24 그렇게 존재하는 것이다. 그러므로 신의 지성은 그것이 신의 본질에 속하는 이상 사물의 원인, 즉 그 본질과 존재의 원인이다. 이 말은 신의 지성, 의지, 능력이 같은 것이라고 주장하는 사람들에게도 승인될 것으로 생각한다.*25 이리하여 신의 지성이 사물의 유일한 원인, 즉 (방금 말한 것처럼) 사물의 본질과 존재의 원인인 이상, 그것은 필연적으로 본질에 관해서나 존재에 관해서나 모든 사물과는 상이한 것이라야 한다. 왜냐하면 결과는 원인을 가짐으로써 바로 원인과 구별되기 때문이다(그렇기에 결과는 그와 같은 원인의 결과라 불린다). 예를 들면 인간은 다른 인간의 존재원인이지만, 그 본질의 원인은 아니다. 왜냐하면 본질은 영원의 진리이기 때문이다. 따라서 인간은 본질에 관해서는 서로 일치하지만, 존재에 관해서는 서로 다른 것이라야 한다. 따라서 한 사람의 인간 존재가 소멸된다 해도, 다른 인간의 존재는 소멸되지 않을 것이다. 그러나 한 사람의 인간 본질이 파괴되고 그것이 허위로 바뀐다면 다른 인간의 본질도 파괴될 것이다. 그러므로 어떤 결과의 본질 및 존재의 원인이란, 그 결과와는 본질에 관해서나 존재에 관해서나 구별되어야 한다. 그런데 신의 지성은 우리들 지성의 본질 및 존재원인이다. 그러므로 신의 지성이 신의 본질을 구성한다고 이해되는 이상, 그것은 우리의 지성과 본질에 관해서나 존재에 관해서나 상이하다. 즉 앞서 주장했듯이 우리의 지성은 신의 지성과 명칭만 같을 뿐이다.

의지에 관해서도 같은 방법으로 의론을 전개할 수 있음은 누구나 쉽게 이해할 것이다.

정리18 신은 모든 것의 내재적 원인이며, 초월적인 원인은 아니다.*26

증명 : 모든 존재는 신 안에 내재하며 신에 의해 생각되어야 한다〔정리15에 의거함〕. 따라서 〔이 장의 정리16의 계1에 의해〕 신은 자신 안에 내재하는 모든 것의 원인이다. 이것이 첫째 증명의 요인이다.

다음으로, 신 이외에는 어떤 실체도 있을 수 없다〔정리14에 의함〕. 즉 〔정의3에 의해〕 신의 바깥에서 자기 자신만으로 존재하는 것은 없다. 이것이 증명의 둘째 요인이다. 그러므로 신은 모든 것의 내재원인(內在原因)이며, 결코 초월적 원인이 아니다. 이로써 이 정리는 증명되었다.

정리19 신 및 신의 모든 속성은 영원하다.

증명 : 왜냐하면 신은 〔정의6에 의해〕 실체이며, 실체는 필연적으로 존재한다〔정리11에 의함〕. 바꾸어 말하면 〔정리7에 의해〕 실체의 본성은 존재인 것이다. 혹은〔같은 뜻이지만〕 그 정의로부터 존재가 발생한다. 따라서 신은 〔정의8에 의해〕 영원하다.

그리고 신의 속성은 〔정의4에 의해〕 신적 실체의 본질을 표현하는 것으로, 즉 실체에 속하는 것으로 이해되어야 한다. 나는 이것들이 속성 자체 안에 포함되어야 한다고 주장한다. 그런데 실체의 본성에는 〔이미 정리7에서 증명한 것처럼〕 영원성이 속해 있다. 그러므로 하나하나의 속성은 각자 영원성을 내포하고 있어야 한다. 따라서 모든 속성은 영원하다. 이로써 이 정리는 증명되었다.

주해 : 이 정리는 내가 신의 존재를 증명한 방법〔정리11〕에 의해서도 명백하게 이해된다. 그 증명을 통하여, 신의 존재는 그 본질처럼 영원의 진리로 확립된다. 또한 나는 다른 방법으로도 《데카르트 철학 원리》 정리19〕 신의 영원성을 증명했다.*27 그러나 이것을 여기서 되풀이할 필요는 없을 것이다.

정리20 신의 존재와 본질은 같은 것이다.

증명 : 신과 신의 모든 속성은 영원하다〔앞 정리에 의거함〕. 바꾸어 말하면 신의 각 속성은 〔정의8에 의해〕 존재를 표현한다. 그러므로 신의 영원한 본질을 표현하여 주는 신의 속성〔정의4에 의해〕은, 동시에 신의 영원한 존재를 표현해 준다. 즉 신의 본질을 구성하는 것은 동시에 그 존재를 구성한다. 따라서 신의 존재와 본질은 같은 것이다. 이로써 이 정리는 증명되었다.

계1 : 이상의 결론으로 첫째, 신의 존재는 그 본질과 같이 영원한 진리이다.

계2 : 둘째, 신 및 신의 모든 속성은 불변이다. 만일 그들이 존재에 대하여 변화한다면, 본질에 대해서도 변화해야 할 것이다〔앞 정리에 의함〕. 즉 〔그 자체 명백한 것처럼〕 참에서 거짓이 생겨나야 할 것이다. 이것은 불합리하다.

정리21 신의 어떤 속성의 절대적 본성에서 생겨나는 모든 것은, 언제나 무한한 것으로 존재하지 않으면 안 된다. 바꾸어 말하자면 그것은 그 속성으로 말미암아 영원하고 무한해야 한다.*28

증명 : 이 정리를 부정하고자 하는 사람은, 신의 어떤 속성 안에서, 그의 절대적 본성에 의해 유한하고 한정된 존재 혹은 지속을 소유하는 어떤 것이 생겨난다고 생각해 보라. 예를 들면 사유 안에서 신의 관념이 생겨난다고 생각해 보는 것이다. 사유는 신의 속성으로 가정되어 있으므로〔정리11에 의해〕, 그것은 본성상 필연적으로 무한하다. 그러나 사유는 신의 관념을 갖고 있는 한, 유한한 것으로 가정되어 있다. 그런데 사유가 유한한 것으로 생각되는 것은〔정의2에 의해〕, 그것이 사유 자신에 의하여 한정될 경우만이다. 그런데 사유는 신의 관념을 구성하는 경우의 사유 그 자신에 의해서는 한정되지 않는다. 왜냐하면 그럴 경우의 사유는 유한한 것으로 가정되어 있기 때문이다. 따라서 그것은 신의 관념을 구성하지 않는 경우의 사유에 의해 한정되는 것이다. 그러므로 이 사유도 〔정리11에 의해〕 필연적으로 존재해야 한다. 그렇다면 신의 관념을 구성하지 않는 사유가 존재하게 된다. 따라서 신의 관념은 절대적인 경우의 사유의 본성에서 필연적으로 생겨나지는 않는 것이 된다〔왜냐하면 이 경우 신의 관념을 구성하는 사유와 구성하지 않는 사유가 생각될 수 있기 때문이다〕. 이것은 가정에 어긋난다. 그러므로 신의 관념이 사유 안에서, 혹은 어떤 것이〔이 증명은 일반적이므로 무엇을 예로 들어도 같다〕 신의 어느 속성 안에서, 그 속성의 절대적 본성으로 인해 필연적

으로 생겨난다면, 그것은 필연적으로 무한해야 한다. 이것이 증명의 첫째 요인이다.

다음으로 어떤 속성의 본성에 따른 필연성에서 지금과 같은 방법으로 생겨나는 것은 한정된 존재와 지속을 가질 수 없다. 이를 부정하는 사람이 있다면 어떤 속성의 본성에 의한 필연성에서 생겨나는 것이 신의 어떤 속성 안에 존재한다고, 예를 들면 사유 안에 신의 관념이 존재한다고 생각해 보라. 또 그것이 어느 때는 존재하지 않았거나 혹은 언젠가 존재하지 않을 것이라고 가정해 보라. 그런데 사유는 신의 속성으로 간주되고 있으므로 필연적으로, 그리고 불변적으로 존재하지 않으면 안 된다〔정리11과 정리20의 계2에 의함〕. 그러므로 신의 관념이 지속하는 경우 이외에〔왜냐하면 신의 관념은, 어느 때 존재하지 않았거나 언젠가 존재하지 않을 것이라고 가정되어 있으므로〕, 사유는 신의 관념이 없어도 존재하지 않으면 안 될 것이다. 그러나 이것은 가정에 위배된다. 왜냐하면 사유가 주어질 경우, 그로부터 필연적으로 신의 관념이 생겨난다고 가정되어 있기 때문이다. 그러므로 사유에 내재된 신의 관념, 혹은 신의 어떤 속성의 절대적 본성에서 필연적으로 생겨나는 것은 한정된 지속을 가질 수 없다. 오히려 그것은 그 속성으로 말미암아 영원하다. 이것이 증명의 둘째 요인이다.

신의 절대적 본성으로 인해서 신의 어떤 속성 안에 필연적으로 생겨나는 모든 것에 대해서도, 이와 같이 주장될 수 있음을 유의해야 한다.

정리22 신의 어떤 속성이, 그 속성으로 말미암아 필연적이면서 무한하게 존재하는 양태적 변체로 양태화하는 한, 이 속성에서 생겨나는 모든 것은 똑같이 필연적이면서 무한하게 존재하지 않으면 안 된다.*29

증명 : 이 정리는 앞 정리의 증명과 같은 방법으로 증명된다.

정리23 필연적으로 무한하게 존재하는 모든 양태는, 필연적으로 신의 어떤 속성의 절대적 본성에서 생겨나든가, 또는 필연적으로 무한하게 존재하는 양태적 변체로 양태화된 신의 어떤 속성에서 생겨나든가 한다.*30

증명 : 왜냐하면 양태는 다른 것 안에 있으며, 다른 것에 의해 이해되어야 하기 때문이다〔정의5에 의함〕. 바꾸어 말하면〔정리15에 의해〕양태는 신 안

에 내재하며, 신에 의해서만 이해되기 때문이다.

그러므로 양태가 필연적으로 무한하게 존재한다고 본다면, 이 두 가지는 필연적으로 무한성과 필연성, 즉 〔정의8에 의하면 같은 것이지만〕 영원성을 표현하는 것으로 생각되는 경우의, 바꾸어 말하면〔정의6과 정리19에 의해〕 절대적으로 고찰되는 경우의 신의 어떤 속성에 의해서 필연적으로 결론지어지거나 이해되거나 해야 한다. 따라서 필연적으로 무한하게 존재하는 양태는, 신의 어떤 속성의 절대적 본성에서부터 생겨나지 않으면 안 된다. 그리하여 그것은 신으로부터 직접 생겨나든가〔이에 대해서는 정리21을 볼 것〕, 또는 신의 절대적 본성에서 생겨나는 양태적 변체 곧 〔앞 정리에 의해〕 필연적으로 무한히 존재하는 어떤 양태적 변체를 매개로 하여 간접적으로 생겨나지 않으면 안 된다. 이로써 이 정리는 증명되었다.

정리24 신에게서 산출되는 사물들의 본질엔 존재가 포함되지 않는다.

증명 : 이것은 정의1에 의해 명백하다. 왜냐하면 본성〔그 자신에 의해 고찰되는〕에 존재를 내포하는 것은 자기원인이며, 그것은 단순히 그 본성의 필연성에 의해서 존재하기 때문이다.

계 : 이것으로 다음의 결론이 나온다. 신은 사물이 존재하기 시작하는 원인일 뿐 아니라, 그 존재를 지속시키는 원인이기도 하다. 혹은 〔스콜라 학파의 용어를 빌린다면〕 신은 사물의 존재원인이라고도 할 수 있다. 왜냐하면 사물이 존재하건 존재하지 않건 간에, 그것의 본질에 주의한다면 우리는 곧 그것이 존재도 지속도 포함하지 않음을 발견할 수 있기 때문이다. 따라서 사물의 본질은 그 존재의 원인도 지속의 원인도 될 수 없다. 오직 존재를 본성으로 하는 신만이 그들의 원인일 수 있다〔정리14 계1에 의해〕.

정리25 신은 존재물의 존재원인일 뿐 아니라 그 본질의 동력인이다.

증명 : 이를 부정한다면, 신은 존재물이 갖는 본질의 원인이 아니다. 따라서 〔공리4에 의해〕 신의 존재가 없어도 우리는 그 존재물의 본질을 생각할 수 있다. 그러나 이것은 〔정리15에 의해〕 불합리하다. 그러므로 신은 존재물〔사물〕의 본질의 원인이다. 이로써 이 정리는 증명되었다.

주해 : 이 정리는 정리16에 의거하여 더욱 명백하게 도출된다. 왜냐하면

그 정리에 의해, 신의 본성이 주어진다면 사물의 본질과 존재는 그로부터 필연적으로 결정되어 나오기 때문이다. 한 마디로 말하면 자기원인이란 의미에서 신은 또한 모든 것의 원인이라고 주장되어야 한다. 이 사실은 다음 계에서 더욱 명료해질 것이다.

계 : 개체는 신의 속성의 변체〔변화상태〕혹은 신의 속성을 일정한 방법으로 표현하는 양태에 지나지 않는다. 이는 정리15와 정의5에 의해 증명된다.

정리26 어떤 작용을 하도록 결정된 것은, 신에 의해서 필연적으로 그렇게 하게끔 결정된 것이다. 그리고 신에 의해 결정되지 않는 것은, 그 자신을 작용하게끔 결정할 수 없다.

증명 : 무엇인가 작용하게끔 결정하는 것은 필연적으로 적극적인 것이다〔그 자체로 명백한 것처럼〕. 따라서 신은 그 본성의 필연성에서 사물과 존재의 동력인이다〔정리25와 16에 의해〕. 이것이 증명하려는 첫째 요인이다. 이로부터 둘째 요인이 더욱 명료하게 도출된다. 왜냐하면 신에 의하여 결정되지 않는 것이 자기 자신을 결정할 수 있다면, 이 정리의 처음 부분은 잘못된 것이 된다. 이것은 내가 이미 밝혔듯이 불합리하다.

정리27 신으로 말미암아 무엇인가 작용하게끔 결정된 것은, 자기 자신을 결정되지 못하게 할 수 없다.

증명 : 이 정리는 공리3으로 볼 때 명백하다.

정리28 모든 개체, 즉 유한하며 한정적인 존재를 지닌 모든 것은, 자기처럼 유한하며 한정적인 존재를 갖는 다른 원인에 의해서 존재와 작용이 결정되고, 이로 인하여 비로소 존재할 수 있으며 또 그 작용이 결정될 수 있다. 그리고 이 원인도 유한하며 한정된 존재를 지닌 다른 원인에 의하여 존재와 작용이 결정되지 않는다면, 이 원인 역시 존재할 수 없으며 또 작용을 결정할 역할도 할 수 없다. 이와 같은 논법이 계속된다.

증명 : 존재 또는 작용이 결정되는 것은 모두 신에 의하여 그와 같이 결정되는 것이다〔정리26과 정리24의 계에 의함〕. 그러나 유한하며 한정된 존재를 갖는 모든 것은 신의 어떤 속성의 절대적 본성에서 산출될 수 없다. 왜냐하면

신의 어떤 속성의 절대적 본성으로부터 생겨나는 것은 모두 무한하며 영원하기 때문이다〔정리21에 의함〕. 따라서 그것은 신의 어떤 속성이 어떤 양태로 변한 것으로 간주되는 한, 그런 경우의 신이나 혹은 신의 어떤 속성에서 생겨나지 않으면 안 된다. 왜냐하면 실체와 그 양태를 제외하곤 아무것도 존재할 수 없으며〔공리1과 정의3과 5에 의해〕, 양태는 〔정리25의 계에 의해〕 신의 속성의 변체에 지나지 않기 때문이다. 그러나 그것은 신의 어떤 속성이 영원하고 무한한 양태적 변체로 변하는 한, 그런 신 또는 신의 어떤 속성에서 생겨날 수 없다〔정리22에 의해〕. 그러므로 그것은 신의 어떤 속성이 한정된 존재를 갖는 유한한 양태적 변체로 변하는 경우의 신 또는 그런 신의 속성에서 생겨나지 않으면 안 되고, 또 존재와 작용에 대해 결정되지 않으면 안 된다. 이 것이 증명의 첫째 요인이다. 다음으로 이 원인이나 양태도 〔이 정리의 앞 부분에서 내가 이미 증명했던 것과 같은 방법에 의해〕 똑같이 유한하며 한정된 존재를 갖는 다른 원인에 의해서 결정되어야 한다. 역시 이 후자도 〔같은 이유에서〕 다른 원인에 의해 결정되어야 한다. 이런 일이 항상 〔같은 이유에 의해〕 무한히 계속된다.*31 이로써 이 정리는 증명되었다.

주해 : 어떤 것은 신에서부터 직접 산출되어야 한다. 즉 그것은 신의 절대적 본성에서부터 필연적으로 생겨나온다. 그리고 다른 것은 신에게서 직접 산출된 것을 매개로 해서 생겨나는데, 이것도 신이 없다면 존재할 수도 사고할 수도 없다. 이상으로 다음과 같은 결론이 나온다. 첫째, 신은 신 자신이 직접 산출한 것의 절대적인 최근 원인(最近原因)이 된다. 나는 〔절대적인 최근 원인이라고 하지〕 소위 자기의 유(類)에 있어서의 최근 원인이라고는 하지 않는다. 왜냐하면 신의 결과는 그 원인으로서의 신 없이는 존재할 수도 사고할 수도 없기 때문이다〔정리15와 정리24의 계에 의함〕.

둘째, 신을 개체의 원격원인(遠隔原因)으로 보는 것은, 신이 직접 산출한 것 혹은 오히려 신의 절대적 본성에서 생겨나는 것과 일반 개체를 구별하기 위한 목적이 아닌 이상 본디 적당하지 않다. 왜냐하면 우리는 원격원인을 결과와는 아무런 관계도 없는 원인으로 이해하고 있기 때문이다. 그러나 존재하는 모든 것은 신 안에 내재하며, 신이 없으면 존재할 수도 생각할 수도 없을 만큼 오로지 신에 의지하고 있다.*32

정리29 자연에는 우연한 것은 존재하지 않는다. 존재하는 모든 것은 신적 본성의 필연성에 의해 일정한 방법으로 존재하고 작용하게끔 결정되어 있다.

증명: 모든 존재는 신 안에 내재하고 있다〔정리15에 의해〕. 그런데 신을 우연적인 것이라곤 말할 수 없다. 왜냐하면 〔정리11에 의해〕 신은 필연적으로 존재하지 우연적으로 존재하지 않기 때문이다. 그리고 신의 본성의 양태도 신의 본성에서 필연적으로 생겨나지 우연적으로 생겨나지는 않는다〔정리16에 의해〕. 이는 신의 본성이 절대적으로 작용하게 결정되든〔정리21에 의해〕, 또는 일정한 방식으로 작용하도록 결정되든〔정리27에 의해〕 마찬가지다. 더욱이 신은 이들 양태가 단순히 존재하는 데 있어서도〔정리24의 계에 의해〕 그들 양태의 원인일 뿐 아니라, 그들이 어떤 작용을 하게끔 결정될 때에도〔정리26에 의해〕 그들 양태의 원인이다. 만일 그들이 신에 의해 결정되지 않았다면, 그들은 자신들을 결정할 수 없으며 우연히 그렇게 될 수도 없다〔같은 정리에 의해〕. 반대로 그들이 신에 의해 결정되었다면, 그들이 자신들을 결정되어 있지 않게끔 하는 것은 불가능하며 마찬가지로 우연히 그렇게 되는 일도 없다〔정리27에 의해〕. 그러므로 모든 것은 신적 본성의 필연성에 의해 존재하게끔 결정될 뿐 아니라, 일정한 방법에 의해 존재하고 작용하도록 결정되며, 따라서 우연한 것은 하나도 존재할 수 없다. 이로써 이 정리는 증명되었다.

주해: 다른 이론을 더 전개하기 전에 능산적 자연(能産的自然) 및 소산적 자연(所産的自然)을 어떻게 해석해야 할지 여기서 설명하련다.*33 혹은 오히려 그것을 상기시키려 한다. 왜냐하면 지금까지 설명한 것으로 말미암아 이미 다음 것이 명백하리라 생각되기 때문이다. 즉 우리는 능산적 자연을 그 자신만으로 존재하고 그 자신에 의해서 생각되는 것, 혹은 영원하고 무한한 본질을 표현하는 실체의 여러 속성, 즉 〔정리14의 계1과 정리17의 계2에 의해〕 자유원인이라고 생각되는 그런 경우의 신으로 이해되어야 한다. 이에 반하여 소산적 자연은 신의 본성 또는 신의 각 속성의 필연성에서 생겨나는 모든 것, 바꾸어 말하면 신 안에 내재하며 신 없이는 존재할 수도 생각될 수도 없는 것으로 간주되는 경우의 신의 여러 속성의 모든 양태인 것이다.

정리30 현실적으로 유한한 지성이건 무한한 지성이건 간에, 지성은 신의 여러 속성과 신의 변체[변용]를 파악하지 않으면 안 된다. 그리고 이것을 제외하곤 아무것도 파악할 수 없다.

증명 : 참된 관념은 그 대상과 일치해야 한다[공리6에 의함]. 즉 [그 자체로 명백한 것처럼] 지성 안에 관념적으로 포함되는 것은 필연적으로 자연 안에서도 존재해야 한다.*34 그러나 자연 안에는 [정리14의 계1에 의해] 다만 하나의 실체, 즉 신만이 존재한다. 또한 신 안에 내재하며 신이 없으면 존재도 사고도 될 수 없는 변체[정리15에 의해], 이것 이외에 어떤 변체도 존재하지 않는다[같은 정리에 의해]. 그러므로 현실적으로 유한한 지성이건 무한한 지성이건, 지성은 신의 여러 속성과 신의 변체를 파악해야 한다. 이것 이외의 어떤 것도 파악할 수 없다. 이로써 이 정리는 증명되었다.

정리31 현실적인 지성은, 가령 그것이 유한하건 무한하건 간에 의지, 욕망, 사랑처럼 능산적 자연이 아니라 소산적 자연으로 간주되어야 한다.

증명 : 지성은 [그 자체로 자명한 것처럼] 절대적인 사유로는 생각되지 않는다. 그것은 다만 사유의 어떤 양태, 즉 욕망과 사랑처럼 다른 사유의 양태로부터 구별되는 양태로 생각된다.*35 따라서 [정리5에 의해] 지성은 절대적 사유에 의해 생각되어야 한다. 즉 [정리15와 정의6에 의해] 사유의 영원하고 무한한 본질을 표현하는 신의 어떤 속성에 의해서 생각되어야 한다. 게다가 그 속성이 없다면, 지성은 존재할 수도 사고할 수도 없다고 간주되어야 한다. 따라서 [정리29의 주해에 의해] 지성은 사유의 다른 여러 양태처럼, 능산적 자연이 아니고 소산적 자연으로 간주되어야 한다. 이로써 이 정리는 증명되었다.

주해 : 여기서 내가 현실적인 지성에 관해서 이야기함은, 가능적인 지성*36의 존재를 인정했기 때문은 아니다. 오히려 여러 혼란을 피하기 위하여 우리가 대단히 명료하게 지각하는 것, 즉 우리가 다른 무엇보다 명료하게 지각하는 지성의 작용 그 자체를 설명하려 했기 때문이다. 우리가 인식하는 모든 것은 지성의 작용에 대한 우리의 인식을 보다 완전하게 만드는 데에 기여한다.

정리32 의지는 자유원인이 아니라 오히려 필연적인 원인이다.

증명 : 의지는 지성처럼 사유의 양태에 지나지 않는다. 따라서 〔정리28에 의해〕 각 의지의 작용은 다른 원인 없이 존재할 수도 작용으로 결정될 수도 없다. 이 원인은 또 다른 원인으로 인하여 결정되고, 이렇게 하여 무한히 계속된다. 만약 의지가 무한한 것으로 가정된다 해도, 그것은 절대 무한의 실체인 신에 의해서가 아니고, 사유의 무한하며 영원한 본질을 표현하는 속성을 갖는 경우의 신에 의해 그 존재와 작용이 결정되어야 한다〔정리23에 의해〕. 그러므로 의지는 유한하건 무한하건, 존재와 작용으로 결정되기 위해서는 원인을 필요로 한다. 따라서 〔정의7에 의해〕 의지는 자유원인이 아니고, 다만 필연적인 원인 혹은 강제된 원인으로 불릴 수밖에 없다.*37 이로써 이 정리는 증명되었다.

계1 : 이것으로 첫째, 신은 의지의 자유로 인하여 작용하지는 않는다는 결론이 나온다.

계2 : 둘째, 의지 및 지성이 신의 본성에 대해 갖는 관계는, 운동과 정지, 또는 일반적으로 말하면 신으로 말미암아 일정한 방법에 의해 존재와 작용으로 결정되어야 하는 모든 자연물〔정리29에 의해〕이 신의 본성에 대해 갖는 관계와 같은 것이다. 왜냐하면 의지는 다른 모든 것처럼, 일정한 방법에 따라 존재와 작용으로 결정되기 위해서 원인을 필요로 하기 때문이다. 가령 주어진 의지나 지성에서 무한히 많은 것이 생겨난다 해도, 그것 때문에 신이 의지의 자유에 의해 작용한다고는 할 수 없다. 이것은 운동과 정지에서 어떤 것이 생겨난다 해도〔왜냐하면 운동과 정지에서 무한히 많은 것이 생겨나기 때문이다〕, 신이 운동과 정지의 자유에 의해 작용한다고는 할 수 없음과 같다. 그러므로 의지는 다른 자연물의 경우와 마찬가지로 신의 본성에 속하지 않는다. 오히려 신의 본성에 대한 의지의 관계는 운동과 정지, 또는 신의 본성의 필연성으로 말미암아 생겨나고 그 본성으로 인하여 일정한 방법에 의해 존재하고 작용하도록 결정되는 다른 모든 것의 신에 대한 관계와 같은 것이다.

정리33 존재물은 현재 산출된 것과 다른 별개의 방법, 또는 상이한 질서에 의해서 신으로부터 산출되지 않는다.

증명 : 왜냐하면 모든 것은 주어진 신의 본성에서 필연적으로 생겨나는 것

이며〔정리16에 의해〕, 역시 신의 본성의 필연성에 의해 일정한 방법으로 존재하고 작용하게끔 결정된다〔정리29에 의해〕. 그러므로 만일 존재물〔산물〕이 다른 본성을 가지거나 상이한 방법으로 작용되도록 결정되어 그 결과 자연의 질서가 현재 것과 판이하다면, 신의 본성도 현재 것과 전혀 다를 것이다. 따라서〔정리11에 의해〕현재의 것과 상이한 신의 본성도 존재해야 할 것이다. 이 경우에는 둘 혹은 그보다 많은 신이 존재하게 된다. 이것은〔정리14의 계1에 의해〕불합리하다. 그러므로 사물들은 다른 방법에 의해서도, 다른 질서에 의해서도 존재할 수 없다. 이로써 이 정리는 증명되었다.

주해1 : 이것으로 나는, 사물에는 우연한 것이 결코 존재할 수 없음을 대단히 명료하게 밝혔다. 이제 우연을 어떻게 이해할 것인가를 몇 마디 말로 설명해 두려 한다.*38 그러나 이에 앞서 필연과 불가능이 어떻게 이해되어야 하는가를 말해 두겠다. 어떤 것을 필연적이라고 말할 때, 그것은 본질에 관한 말이거나 원인에 관한 말이거나 둘 중 하나이다. 왜냐하면 사물의 존재는 그 본질과 정의에서, 혹은 주어진 동력인에서 필연적으로 생겨나기 때문이다.

다음으로, 사물을 불가능이라고 말할 때도 이유는 마찬가지이다. 즉 그 사물의 본질 혹은 정의가 모순을 내포하거나, 혹은 그런 것을 산출하도록 결정된 외적 원인이 하나도 존재하지 않는 것이다. 이에 반하여 사물이 우연이라 불리는 이유는 우리들 인식의 결함을 제외하곤 그 어떤 이유도 없다. 그 본질이 모순을 내포하고 있음을 우리가 알지 못하는 사물, 혹은 그것이 아무런 모순도 내포하지 않지만 원인의 질서가 우리에게 알려져 있지 않기에, 우리로서는 그 존재에 관하여 무엇 하나 확실한 것을 주장할 수 없는 사물, 이런 것은 우리들에게 결코 필연적인 것으로도 불가능한 것으로도 생각할 수 없다. 따라서 우리는 그런 것을 가리켜 우연이니 가능이니 하고 부른다.

주해2 : 이상의 결론으로 존재물은, 주어진 가장 완전한 본성에서 필연적으로 생겨나는 것이므로 최고 완전성인 신에서 산출된 것이 명백하다. 이 말은 어떤 불완전성도 신에게 부여될 수 없다는 뜻이다. 왜냐하면 신의 완전성이 우리들에게 이를 주장하기 때문이다. 확실히 반대의 주장을 근거로 삼는다면〔내가 제시했던 것처럼〕, 신이 최고 완전자가 아닌 것이 명백하다. 곧 사물이 별개의 방법으로 산출된다면, 그때 신에 귀속되는 본성은, 우리가 최고 완전한 존재자로 고찰할 때 당연히 신에게 귀속시켰던 본성과는 전혀 다를 것이다. 그러나 많은 사람들은 이와 같은 의견을 불합리한 의견으로 받아들이지도 않을 것이며, 그것을 진지하게 생각하려고도 않을 것이다. 그들은 내가 말했던〔정의7〕 자유와 전혀 다른 자유를, 즉 절대적인 의지를 신에게 부여하고 있기 때문이다. 그러나 그들이 사태를 반성하고 내가 되풀이했던 여러 증명을 바르게 숙고하려 한다면, 그들은 신에 속한다고 생각했던 자유를 그저 어리석음의 결과로 치부할 뿐 아니라, 지식의 장해로서 철저히 배격할 것이다.

정리17의 주해에서 언급했던 것을 되풀이할 필요는 없으리라. 그러나 내가 그들을 위하여 명시하고 싶은 것은, 가령 의지가 신의 본질에 속해 있음을 인정한다 해도, 사물이 서로 다른 방법 및 질서에 의하여 신에게로부터 창조될 수는 없다는 사실이다. 이는 신의 완전성에 근거한 결론이다. 이것은 그들 반대자 자신이 인정하는 것, 즉 모든 것이 현재 있는 그대로 존재한다는 말은 신의 결의와 의지에만 의존하고 있음을 고찰한다면 쉽게 명백해질 것이다. 왜냐하면 그렇지 않고서는 신이 만물의 원인이 될 수 없을 테니까 말이다. 다음으로 신의 모든 결의는 영원에서부터 신 자신에 의해 결정되어 있다. 만일 그와 같지 않다면, 신은 그의 불완전성과 불안전성으로 말미암아 책망당하게 될 테니까. 그런데 영원에는 어느 때, 이전, 이후 같은 말이 존재하지 않는다. 이 사실 즉 신의 단순한 완전성에서 볼 때 신은 결코 다른 것을 결의할 수 없으며 또 했을 수도 없었고, 신은 그 결의 이전에는 존재하지 않았으며, 또한 그 결의가 없으면 존재할 수 없다는 결론이 나온다.

그러나 그들 반대자들은 다음과 같이 말할 것이다. 신이 지금과 다른 자연을 창조하고 혹은 영원에서부터 자연과 그 질서에 관하여 다른 결의를 했다고 가정해도, 그 때문에 신 안에 불완전성이 생겨날 리는 결코 없다고 말이다. 그러나 그들이 진정으로 이런 말을 한다면, 그들은 동시에 신이 그의 결의를 변경할 수 있음을 인정하고 있는 셈이다. 왜냐하면 만일 신이 자연과 그 질서에 관하여 자신이 결의한 것과 달리 결의한다면, 바꾸어 말해 자연에 관하여 지금과 다른 것을 뜻하고 생각한다면, 신은 지금 자신이 지니고 있는 것과 다른 지성, 다른 의지를 필연적으로 갖고 있는 셈이기 때문이다. 그리고 만일 신의 본질과 완전성을 그대로 놔둔 채 신에게 서로 다른 지성과 의지의 귀속을 허용한다면, 신이 피조물에 관하여 그의 결의를 변경하면서도 같은 완전성을 유지 못할 이유가 어디 있겠는가? 확실히 피조물과 그 질서에 관한 신의 지성과 의지는 어떻게 생각되건, 신의 본질과 완전성에 아무런 영향도 미칠 수 없다.

다음으로 내가 아는 철학자들*[39]은, 신의 내부에 가능적 지성이 존재하지 않으며 오히려 현실적 지성만이 존재한다는 것을 인정한다. 그러나 그들도 인정하듯이 신의 지성과 의지는 본질로부터 구별되지 않으므로, 신이 다른 지성과 다른 의지를 갖는다면 신의 본질도 필연적으로 다른 것이 되어야 한다. 따라서 〔내가 처음부터 주장한 것처럼〕 사물이 현재의 존재와 다른 방법으로 신에서 산출된다면 신의 지성과 의지는, 즉 〔사람들이 인정하듯이〕 신의 본질은 별개의 것이어야 한다. 이것은 불합리하다.

이로써 사물은 어떤 상이한 방법과 다른 질서에 의해 신에서 산출될 수 없으며, 이 사실의 진리는 신의 최고 완전성에서 당연히 도출된다. 따라서 신이 자신의 지성에 내재한 일체 사물들을, 그에 대한 인식과 같은 완전성으로 창조하기를 원치 않았다는 주장은, 건전한 이성의 소유자에겐 결코 승인될 수 없다.

그러나 그들은 다음과 같이 주장할 것이다. 존재물 안엔 완전함도 불완전함도 없으며, 오히려 존재물이 완전하다든가 불완전하다든가, 혹은 선하다든가 악하다든가 하고 평가되는 것은, 오로지 신의 의지에 달려 있는 것이다. 따라서 만일 신이 뜻한다면, 신은 현재의 완전을 매우 불완전한 것으로 만들거나 그 반대의 일〔현재 사물의 불완전한 것을 극히 완전한 것으로 바꾸는 일〕을 실현할 수 있다. 이것이 그들의 주장이다. 그러나 이것은 자신의 의지를 필연적으로 인식하는 신이, 그 의지의 요구에 따라 존재물을 실제의 인식과 상이한 방법으로 인식할 수 있음을 주장함과 같다. 이는 〔여기서 밝힌 것처럼〕 매우 불합리하다. 그러므로 나는 그들의 논증을 다음과 같이 그들 자신에게 되던져 버릴 수 있다. 즉 모든 것은 신의 능력에 의존한다. 그러므로 사물이 다른 상태로 존재할 수 있게 하려면 신의 의지도 필연적으로 다른 방법을 취하지 않을 수 없다. 그러나 신의 의지는 다른 방법을 취할 수 없다〔신의 완전성을 바탕으로 대단히 명료하게 제시했듯이〕. 그러므로 존재물은 별개의 방법으론 존재할 수 없다.

모든 것을 신의 무관심한 의지에 예속시키고 그것들이 신의 의지에 의존한다고 주장하는 이 의견은, 신이 모든 것을 선의 견지에서 행한다고 주장하는 사람들의 의견보다 더 진리에 가깝다는 사실을 나는 인정한다.*40 왜냐하면 후자는 신에 의존하지 않는 것, 신이 행위할 때 자신의 모범 또는 목표로 삼아 지향하며 노력하고 있는 대상을, 신의 외부에 상정하고 있는 것처럼 생각되기 때문이다. 이 말은 신을 운명에 얽어매어 두는 것에 지나지 않는다. 내가 지금까지 밝혀 온 사실과 이 이상 모순된 것은 없다. 즉 모든 사물의 본질과 존재의 제1원인이며 유일한 자유원인인 신에 관하여 그런 주장을 하는 것은 모순이다. 그러므로 나는 이런 불합리한 것을 반박하기 위해서 더 이상 시간을 허비할 필요가 없다.

정리34 신의 능력은 그의 본질 자체이다.

증명 : 왜냐하면 신의 본질의 필연성으로 말미암아 신은 자기원인이며〔정리11에 의해〕, 따라서 〔정리16과 그 계에 의해〕 다른 모든 것의 원인이 되기 때문이다. 그러므로 신의 능력—그것으로 인하여 신 자신과 다른 일체의 것이 존재하고 활동한다—은 신의 본질 그 자체이다. 이로써 이 정리는 증명되었다.

정리35 신의 능력 안에 있다고 생각되는 모든 것은 필연적으로 존재한다.

증명 : 왜냐하면 신의 능력 안에 있는 모든 것은 〔앞 정리에 의해〕 신의 본질에서 필연적으로 생겨나도록 그 본질 안에 포함되어 있어야 한다. 따라서 그들은 필연적으로 존재한다. 이로써 이 정리는 증명되었다.

정리36 그 본성에서 어떤 결과가 필연적으로 생겨나지 않는 것은 아무것도 존재하지 않는다.

증명 : 존재하는 모든 것은, 신의 본성 혹은 신의 본질을 일정한 방법으로 표현한다〔정리25의 계에 의해〕. 바꾸어 말하면 〔정리34에 의해〕 모든 존재는 모든 것의 원인인 신의 능력을 일정한 방법으로 표현한다. 따라서 〔정리16에 의해〕 존재하는 모든 것에서는 결과가 생겨나야 한다. 이로써 이 정리는 증명되었다.

부록

지금까지 나는 신의 본성과 그 특질에 관하여 설명하였다. 즉 신의 존재의 필연성과 유일성, 오직 그 본성의 필연성으로 인한 신의 존재와 활동, 그리고 신이 모든 것의 자유원인이란 것, 모든 것은 신에 내재하며 신 없이는 존재도 사고도 불가능할 만큼 신에 의존하고 있다는 것, 끝으로 모든 것은 신으로 말미암아 예정되어 있는데, 그것은 자유의지나 절대적인 재량이 아닌, 오히려 신의 절대적 본성 또는 무한의 능력에 의한 것이라는 사실 등을 설명하였다. 또한 나는 기회 있을 때마다, 내 자신의 증명을 이해하는 데 방해될지 모르는 여러 편견을 제거하려고 노력하였다. 그러나 아직 적지 않은 편견이 남아 있다. 그 편견은 내가 설명한 방법으로 사람들이 사물의 연결을 생각하는 일을 대단히 심하게 방해할 수도 있었으며, 또 현재 방해할 수도 있다. 그렇기 때문에 나는 그러한 편견을 여기서 이성에 비추어 검토해 보는 것도 무익하지 않을 것으로 생각한다.

이제 내가 이야기하려는 온갖 편견은 다음 한 가지 사실에 근거하고 있다. 즉 사람들은 일반적으로 모든 자연물이 자기들처럼 목적 때문에 작용한다고 보고, 신 자신이 모든 것을 어떤 일정한 목적으로 확실히 이끌어 간다고 믿는다는 점이다. 왜냐하면 그들은 신이 모든 것을 인간을 위해서 창조하고, 또 신을 숭배하도록 인간을 창조했다고 믿기 때문이다. 여기서 나는 다음을 생각해 보고자 한다. 첫째, 어째서 많은 사람들이 이런 편견으로 만족하는가, 왜 많은 사람들이 나면서부터 이런 편견에 빠져 버리는가를 탐구해 보겠다. 둘째, 이 편견이 잘못되었음을 밝히고, 끝으로 이 편견에서 선과 악, 공(功)과 죄, 칭찬과 비난, 질서와 혼란, 미와 추(醜), 그 밖의 이와 유사한 여러 편견이 어째서 생겨나는가를 밝히려 한다.

그러나 지금은 위와 같은 것을, 인간 정신의 본성에서 이끌어 낼 단계가 아니다. 여기서는 다음 사실을 기초로 하여 의론을 전개시키면 충분할 것이다. 어느 사람이나 인정해야 하는 이 사실이란, 모든 사람은 사물의 원인에 관해 본디 무지(無知)하며, 또 자신의 이익을 추구하려는 충동을 갖고, 그것을 의식하고 있다는 것이다. 이런 사실로부터 다음 결론이 도출된다. 첫째, 인간은 자신을 자유라고 생각한다. 이 말은 그들이 자신들의 의욕과 충동을 의식하지만, 자신들을 그 충동과 욕구로 몰아넣는 원인에 관해서는 알지 못하므로 꿈 속에서도 그 원인에 대해 생각하지 않기 때문이다. 둘째로 인간은 일체를 어떤 목적 때문에, 즉 자신이 욕망하는 이익 때문에 행한다. 이로 말미암아 그들은 언제나 완성된 것의 목적인만을 알려고 하며, 그것을 들으면 안심한다. 그들에게는 그 이상 의심할 이유가 없기 때문이다. 이에 반하여 목적인을 다른 사람으로부터 들을 수가 없는 경우, 그들은 자기를 자신을 돌아보며 자신이 평소에 그와 비슷하게 결정되어 있는 것은 어떤 목적이 있을 때인지를 반성할 수밖에 없다. 이와 같이 그들은 필연적으로 자신의 성격을 기준으로 타인의 성격을 판단한다. 또한 그들은 자신의 이익을 추구하기 위하여 적지 않은 유용한 수단을 무수히 자신의 안팎에서 발견한다. 즉 사물을 보기 위한 눈(目), 사물을 씹기 위한 치아(齒牙), 영양(營養)을 위한 식물과 동물, 사물을 비추기 위한 태양, 물고기를 기르기 위한 바다 등을 발견한다(이 이외의 다른 모든 것에 관해서도 같으며, 그들에게는 그들 자연적 원인을 의심할 이유가 하나도 없다). 이런 이유에서 그들은 모든 자연물을 자기의 이익을 위한 수단으로 생각하게 되었다. 그리하여 이들 수단은 그들에 의해 발견되었다. 하지만 그들은 자기들이 이것들을 마련하지 않았음을 알고 있기 때문에, 다른 누군가가 그 수단을 자기들이 사용하도록 준비한 것으로 믿게 되었다. 다시 말해 그들은 사물을 수단으로 생각하자마자, 곧 그것이 자연적으로 생겨났다고 생각하지 않게 되었다. 오히려 그들은 평소 자신들이 수단을 마련하는 모습에 비추어, 인간적인 자유를 누리는 하나 혹은 몇몇 자연의 지배자의 존재를 전제하고, 이들 지배자가 그들을 위하여 모든 것을 숙고하고 그들이 사용하게끔 모든 것을 창조했다는 결론을 내리게 되었다. 그러나 그들은 이들 지배자의 성격에 관해서는 아무것도 들은 바가 없었으므로, 이를 자신의 성격으로 미루어 판단해야 했다. 그래서 그들은 이렇게 믿게 되었다. 신들은 인간에게 은혜를 베풀어 빚을 지움으로써 최고의 존경을 받을 수 있도록 인간이 사용한 일체를 창조했다고. 이 결과 각 인간은, 신이 자신을 다른 누구보다도 사랑하여 모든 자연을 자신의 맹목적인 욕망과 끝없는 탐욕에 맞춰 창조해 주게끔, 신 숭배의 잡다한 양식을 자기 자신의 성격에서 미루어 생각해 내게 되었다. 이런 편견은 마침내 미신으로 전락하여 인간의 마음 깊숙이 뿌리박고 말았다. 이리하여 각 사람은 모든 것에 관하여 목적인을 인식하고, 그것을 설명하는 데 최대의 노력을 기울이게 되었다.

그러나 자연에는 무익한 것〔즉 인간에게 무용한 것〕이 하나도 있을 수 없음을 제시하려 했던 그들의 시도는, 도리어 자연과 신이 인간과 마찬가지로 오류투성이임을 나타내는 데 그쳤다. 사태가 어떤 결과에 도달했는지 보라. 그들은 자연의 많은 유용물 가운데 적지 않는 유해물, 즉 폭풍우, 지진, 질병 등을 발견해야만 했다. 이런 유해물은, 신들에게〔그들이 자기들과 비슷하다고 생각하는 신들〕 끼친 인간의 모욕 때문에, 혹은 신을 숭배할 때 범한 죄과 때문에 신들이 분해서 일어난 것이라고 그들은 주장한다. 그러나 일상생활의 경험은 반대이다. 이런 재난은 유용물과 무용물, 경건한 사람과 경건치 못한 사람에게 똑같이 무차별적으로 일어난다. 이러한 무수한 사례를 예증해도, 그들은 좀처럼 낡은 편견에서 빠져 나오려 하지 않는다. 왜냐하면 그들에게는 이런 사실들이 그 용익(用益)을 알 수 없는 어떤 불가지(不可知)한 것으로 여겨져 그들의 내재적인 무지의 상태를 유지하는 것이, 그런 낡은 조직 전체를 파괴해서 새로운 조직으로 대치하는 것보다 그들로서는 훨씬 편했기 때문이다.

이 때문에 그들은 신의 판단이 인간의 이해력을 훨씬 능가한다고 확신했다. 목적에 관계없이 다만 도형의 본질과 특질만을 문제삼는 수학이, 인간에게 진리에 관한 다른 규범을 명시하지 않았더라면, 위와 같은 이유 하나만으로도 진리는 인류에게 영원히 감추어진 채로 있었을 것이다. 그리하여 우리는 수학 이외에도, 인간이〔전(全)인류에 비해 극소수의 인간이지만〕 이런 공통적인 편견을 자각하여 사물의 참된 인식으로 나아갈 수 있게끔 해 주는 다른 여러 원인을 들 수 있게 되었다〔그러나 그 원인들을 여기서 소개할 필요는 없을 것이다〕.

이상으로 나는 일차적으로 약속했던 내용을 충분히 설명했다. 그러므로 자연이 자신을 위한 아무런 목적도 지니지 않으며, 또한 모든 목적인이 인간의 상상물에 불과함을 명시하기 위해, 우리는 이제 더 이상 많은 의론을 필요치 않는다. 왜냐하면 이것은 내가 이 편견의 근원으로서 제시한 근거와 원인에 의해, 또 정리16과 정리32의 두 개의 계로 말미암아, 더 나아가 자연의 일체가 어떤 영원한 필연성과 완전성에서 생겨남을 명시할 때 사용되었던 여러 이유들을 통하여 이미 충분히 해명되었을 것이기 때문이다.

그러나 나는 이 목적에 관한 학설이 자연에 관한 사고방식을 전도(顚倒)해 버렸음을 부언하여 둔다. 왜냐하면 이 목적론은, 실제 원인을 결과로 보며 또 반대로도[결과를 원인으로] 보기 때문이다. 게다가 이 학설은, 그 본성에서 볼 때 앞 단계인 것을 뒷 단계로 삼는다. 그리고 마지막으로 그것은, 최고 최대의 완전을 최대의 불완전으로 만들어 버린다. 왜냐하면[앞 두 견해는 그 자체로 자명하기에 생략한다] 정리21, 22, 23에서 밝혀 두었던 것처럼 신에서 직접 낳아진 것이 가장 완전하며, 산출되기까지 보다 많은 중간원인을 필요로 하는 것은 그만큼 불완전하기 때문이다. 그런데 위의 목적론에 따라, 신이 직접 산출한 것도 자신의 목적 달성을 위하여 창조한 것이라고 생각하면, 최초의 것은 나중의 것을 위해 창조된 셈이다. 따라서 최후의 것은 필연적으로 모든 것 중에서도 가장 가치 있는 것이 된다.

다음으로 이 학설은 신의 완전성을 없애 버린다. 왜냐하면 신이 목적을 위해 작용한다면, 그는 자신에게 결핍된 것을 필연적으로 욕구하고 있는 것이 되기 때문이다. 사실 신학자와 형이상학자들은 필요의 목적과 동화의 목적을 구별하지만, 역시 그들도 신이 피조물 때문이 아니라 신 자신 때문에 일체를 행했다고 고백한다. 왜냐하면 창조 이전의 세계에서는, 신이 작용하게끔 할 만한 대상은 오직 신밖에 존재하지 않았기 때문이다. 즉 그들로서는 다른 대상을 명시할 수 없는 것이다. 따라서 신이 무언가를 위한 수단을 준비했다면, 신은 그 대상이 자신에게 결핍되어 있기에 그것을 욕구한 것이라고 그들은 인정할 수밖에 없다. 이것은 그 자체로 명백한 것이다.

여기서 그대로 지나칠 수 없는 점이 있다. 목적을 설명하는 데에서 자신의 재능을 과시하고자 한 이 학설의 지지자들은 이 이론을 증명하기 위해 새로운 증명 방법을 고안해 낸 것이다. 그것은 상대 학설의 불가능을 입증하는 방법이 아니고, 상대의 무지를 폭로하는 방법이다. 이것은 그들의 학설을 증명할 방법이 하나도 없음을 의미한다. 한 예로 만일 어떤 집의 지붕에서 돌이 누군가의 머리에 떨어져 그 사람이 죽었다고 하자. 그들은 돌이 그 사람을 죽이기 위하여 떨어졌다고 주장하고, 이를 다음과 같이 증명할 것이다. 만일 돌이 신의 의지에 따라 그를 죽이기 위해 떨어진 것이 아니라면, 어떻게 이와 같은 많은 사정이[왜냐하면 여러 사정이 겹치는 경우가 많았으므로] 우연히 동시에 생길 수 있겠는가? 이것이 그들의 증명이다. 이에 대해 우리가, 그때는 바람이 불고 있었는데 바로 그때 그 사람이 그곳을 지났기 때문에 그런 일이 일어났다고 대답할 것이다. 그러면 그들은 또 왜 바람이 불었느냐, 왜 그 사람이 그곳을 그때 통과했느냐고 힐문(詰問 : 트집 잡아 따지고 물음)할 것이다. 만일 이것에 대하여 그 전날은 날씨가 좋았는데 바다가 난폭해지기 시작하여 바람이 불어왔다든가, 그 사람이 친구의 초대를 받아 그곳을 통과했다고 대답한다면, 그들은 또 왜 바다가 난폭했느냐, 왜 그 사람이 그 시각에 초대되었느냐고 힐문할 것이다. 질문에는 제한이 없으니까. 이와 같이 원인의 원인을 묻고, 신의 의지 즉 무지의 피난소(避難所)에 이르기까지 그들의 힐문은 그칠 줄 모른다. 마찬가지로 그들은 인간의 신체 구조를 보고 경탄하며 눈을 감을 것이다. 왜냐하면 그들이 그 신체 구조의 기술적인 원인을 알지 못하기 때문이다. 그들은 인간의 신체 구조가 기계적인 기술이 아니고, 신적인 혹은 초자연적인 기술에 의해서 창조되고, 하나의 부분이 다른 부분과 모순되지 않도록 조직되어 있다고 결론짓는다. 이런 사고방식에서 초탈하여 경이(驚異)의 참된 원인을 탐구하는 사람, 다시 말하면 무지한 사람처럼 자연물을 멍청하게 있는 그대로 보려는 사람이 아니라 학자로서 그것을 이해하려고 하는 사람은 이단자이자 신앙심이 없는 사람으로 간주되고, 소위 자연과 신들의 해석자로서 민중의 존경을 받고 있는 사람들에게까지도 그런 비난을 받게 된다. 왜냐하면 그들은 무지[혹은 어리석음]가 없어지면 놀라움도 없어진다는 사실, 즉 그들이 자기들의 권위를 증명하고 유지하는 유일한 수단도 없어짐을 알기 때문이다[그러나 나는 위와 같은 증명법이 어느 정도의 가치가 있는지는 그들 자신들의 판단에 일임한다]. 나는 이것을 이 정도로 그치고 제3의 문제에 넘어가고자 한다.

인간은 존재하는 모든 것이 자기 때문에 생겨난 것으로 추정한다면, 인간은 그것들 중에 자기에게 가장 유용한 것을 중요한 것으로 판단하고, 자기에게 가장 즐겁게 작용하는 것을 제일 가치 있는 것으로 보아야 한다. 그리하여 그들은 사물의 본성을 설명하는 수단으로서, 선·악·질서·혼란·따뜻함·추위·아름다움·추함 등의 개념을 만들지 않으면 안 되었다. 그리고 그들은 자기들이 자유라고 생각했다. 여기서 칭찬과 비난, 죄과와 공로 같은 개념이 생겨났다. 후자에 관해서는 인간의 본성을 다루고 난 다음에 설명하기로 하고, 여기서는 전자에 관해서 간단히 설명하려 한다.

그들은 건강과 경건에 필요한 일체의 것을 선, 그 반대를 악이라고 불렀다. 그리고 사물의 본성에 관하여 다만 표상(表象)할 뿐 이해〔인식〕하지 못하는 사람들은, 그 사물 자체에 관해 무엇이라 주장할 수 없다. 또한 그들은 표상력을 지성으로 받아들이기 때문에, 사물과 자신의 본성에 대해 무지한 채로, 질서가 사물에 내재해 있다고 확신한다. 우리들이 사물을 감각에 의해서 파악할 때, 그 사물을 쉽게 표상함으로써 쉽게 생각해 낼 수 있다면, 우리는 그것을 잘 정돈된 질서라고 부르며, 만일 그 반대라면 무질서 혹은 혼란이라고 말한다. 그리고 우리로서는 표상하기 쉬운 것이 그 반대의 경우보다 즐겁기 때문에 인간은 혼란보다 질서를 택한다. 마치 질서가 우리들의 표상력과는 무관계로 자연 안에 존재하고 있는 것처럼. 그들은 또한 신이 일체를 질서에 따라 창조했다고 하면서 부지불식간에 신에게 표상력을 귀속시켰다. 만약 그러지 않았다면, 그들은 신이 인간의 표상력에 대한 깊은 배려에서 일체의 것을 인간이 가장 표상하기 쉽도록 질서정연하게 만들었다고 할 것이다. 그러나 그들은 우리들의 표상력을 훨씬 뛰어넘는 것이 무한히 많이 존재하며, 또 우리들의 표상력은 약하기 때문에 이를 혼란시키는 극히 많은 사물이 존재한다는 점에 관해서는 아무런 언급도 할 수 없을 것이다. 그러나 이것에 대해서는 이미 충분히 논했다.

이외의 다른 개념들에 관해서 말하면, 그 개념들도 표상력을 여러 방법으로 자극하는 표상의 양식에 지나지 않는다. 그러나 무지한 사람들의 눈에는 그것들이 사물의 중요한 속성으로 보인다. 왜냐하면 이미 언급한 것처럼, 그들은 모든 것이 자신들을 위해 창조된 것으로 믿고, 사물로부터 받는 영향에 따라 그 사물의 본성을 선·악·건강·부패·퇴폐라고 말하기 때문이다. 가령 눈에 비치는 대상에서 신경이 받는 자극이 건강에 도움이 된다면, 그 자극을 일으키는 대상은 아름답다고 할 수 있다. 따라서 그 반대 자극을 일으키는 것은 추한 것이다. 다음으로 그들은, 코를 통해 감각이 자극되는 것은 향기 혹은 악취라 한다. 혀를 통해 얻어지는 것은 단맛과 쓴맛이며 혹은 맛이 좋은 것, 맛이 나쁜 것으로 불린다. 촉각에 의한 것은, 단단하거나 연하거나 혹은 거칠거나 미끈하다고 표현된다. 끝으로 귀를 자극하는 것은 소음, 음향 혹은 화음이라 불린다. 이 가운데 화음은 신도 이것을 좋아한다는 이야기가 나올 정도로 인간의 마음을 사로잡았다. 천체의 운행이 화음을 낳는다고 믿는 철학자도 있었다. 이처럼 각 인간은 자신의 두뇌 상태에 따라 사물을 판단하거나, 혹은 오히려 표상력에 가해지는 자극을 사물 그 자체로 받아들이거나 한다. 그러므로 〔참고로 유의해 두자면〕 우리가 경험한 것처럼, 사람들 사이에서 많은 논쟁이 생기고 그로부터 회의론이 대두되는 것을 조금도 놀랍게 생각할 필요가 없다. 왜냐하면 인간의 신체는 많은 공통점을 갖고 있지만, 많은 차이점도 지니고 있기 때문이다. 따라서 어떤 사람이 좋다고 생각하는 것을 다른 사람은 나쁘다고 한다. 또 어떤 사람에겐 질서 있다고 생각되는 것이 다른 사람에겐 혼란한 것으로 생각된다. 어떤 사람에게 유쾌한 것이 다른 사람에게 불쾌한 것이 되기도 한다. 다른 경우도 역시 마찬가지이다. 그러나 이것에 대해서 나는 이 정도로 그치고 싶다. 왜냐하면 여기는 그런 것을 상세히 논할 곳이 아닌 데다 그것은 이미 많은 사람이 충분히 경험했기 때문이요, 또 '각인각색(各人各色)', '누구나 자신의 의견으로 충만하다', '미각은 두뇌 못지않게 갖가지이다', 이런 격언이 사람들의 입을 통해 되풀이되고 있기 때문이다. 이 격언들은 인간이 두뇌의 정도에 따라 사물을 판단하고, 사물을 지성에 의해 인식하기보다 도리어 감각적으로 표현하고 있음을 잘 보여 준다. 왜냐하면 그들이 사물을 지성에 따라 인식한다고 하면, 그 사물들은 마치 수학에서처럼 그들에게 같은 확신을 줄 것이기 때문이다. 설령 그들을 완전히 설득하지는 못하더라도.

그러므로 우리는 민중이 자연을 설명할 때 일반적으로 사용하는 모든 개념이, 단순한 표상의 양식과 표상력의 상태만을 나타낼 뿐 사물의 본성을 하나도 나타내지 않음을 알게 된다. 이들 개념은 표상력의 외부에 존재하는 실체를 가리키는 듯한 명칭을 갖고 있으므로, 이성의 존재라기보다 표상력의 존재라고 나는 말하고 싶다. 우리는 이와 유사한 개념을 근거로 하여, 우리에게 반대하는 모든 의론을 쉽게 물리칠 수 있다. 왜냐하면 많은 사람들은 평소 다음과 같이 말하기 때문이다.

만일 모든 것이 신의 최고 완전한 본성의 필연성에서 생겨났다면, 자연의 많은 불완전성—즉 악취를 풍기는 부패, 구역질날 정도의 추악함, 혼란, 해악, 죄악 등—은 대체 어디서 생겨났단 말인가. 그것이 그들의 반론이다. 그러나 이미 말했듯이 그들에게 반박을 하는 것은 쉬운 일이다. 왜냐하면 사물의 완전성은, 그것의 본성과 능력에 의하여 평가되어야 하기 때문이다. 따라서 사물이 인간의 감각을 즐겁게 하든 괴롭게 하든 또 인간의 본성에 접합하든 부적합하든, 그 완전성이 증감되지는 않는다. 또한 신은 모든 인간을 오로지 이성의 선도(先導)에 의해서만 이끌리게끔 창조하지 않은 이유가 무엇이냐고 누가 묻는다면, 나는 그 사람에게 다음과 같이 대답할 수밖에 없다. 신은 최고의 완전성에서 최저 단계에 이르기까지의 모든 것을 창조하기에 충분한 자격을 가졌기 때문이라고. 이를 더욱 적절한 방법으로 표현하면, 신의 본성의 여러 법칙은 정리16에서 증명되었듯이, 무한한 지성에 의해 생각될 수 있는 모든 것을 산출할 만큼 포괄적이기 때문이다. 이것이 나의 대답이다.

이상이 내가 소개하고자 한 여러 편견들이다. 혹시 이런 편견들이 아직 얼마쯤 남았다 해도 조금만 반성하면 누구라도 정정할 수 있을 것이다.

⟨주⟩

*1 스콜라 철학자들은 자기원인을 다만 원인을 갖지 않은 소극적인 것으로 해석했다. 데카르트는 신이 존재하기 위하여 다른 원인을 필요로 하지 않는다는 적극적인 의미로 이를 해석했다. 스피노자의 자기원인이란, 데카르트의 적극적인 의미처럼 해석된다. 하지만 스피노자는 이를 뛰어넘어 신의 본질을 단적으로 존재 그 자체라고 했다. 따라서 스피노자의 경우 자기원인, 신 및 실체는 동일한 것으로 해석된다.

*2 일반적으로 실체의 속성이라고 간주되는 유일성, 무한성, 영원성 등은 스피노자에 의하면 실체의 성질을 나타내는 것이요, 결코 실체의 본질을 구성하는 것이 아니다. 속성은 실체의 본질을 구성하는 것이며, 이 속성의 수는 무한히 많은 수(數)이다. 그러나 인간에 의하여 인식되는 속성의 수는 사유(思惟)와 연장(延長) 둘뿐이다.

*3 양태란 보통 존재의 양식을 나타내는 말로 사용되지만, 스피노자에 의하면 그것은 일반적으로 신에 의하여 산출되는 유한자(有限者)를 의미한다. 실체가 그 자신으로 존재하고 다른 것을 필요로 하지 않는 데 반하여 양태는 다른 것 속에 즉, 신 안에 존재한다. '……안에'나 '……속에' 란 말은 그 밖의 다른 원인을 필요로 한다는 뜻까지도 포함하고 있다.

*4 자유와 필연은 보통 대립 개념이다. 하지만 스피노자의 경우, 자유에는 강제가 대립되고 필연은 오히려 자유와 합치한다.

*5 영원이란, 그 본질이 존재요, 존재하기 위하여 다른 것을 필요로 하지 않는 자기원인·실체·신을 의미한다.

*6 지속이란, 유한자의 존재 양식을 나타내며, 그것은 시간적인 계속의 의미로 이해된다.

이에 반하여 영원은 무시간성을 의미하고 시간적 존재와 무관계인 무한자의 존재 양식이다.

＊7 스피노자의 경우 존재하는 것은 자기 자신 안에서 존재하는 실체와 다른 사람 안에 존재하는 양태의 둘뿐이다. 이때 다른 사람 안이란 결국 신·실체 안이란 뜻이요, 따라서 존재하는 모든 양태는 신, 즉 실체 안에 존재하게 된다. 그러나 이 경우 양태는 신 안에 포함되지만 결코 신의 일부분으로 존재하는 것이 아니고 변체로 존재하는 것이다.

＊8 스피노자가 여기서 말하는 인식은 참된 인식만을 의미한다. 그에 의하면 참된 인식이 '원인으로부터'의 인식을 가능하게 하기 때문이다.

＊9 상호 공통적이란 것은 동일한 본성을 갖고 있는 것, 또는 똑같은 속성에 포함되고 있는 것을 말한다. 예를 들면 모든 물체는 연장(延長)이란 속성 속에 포함되어 있는 점에서는 공통적이요, 개별적인 사상은 사유의 속성에 포함된다는 점에서는 공통적이다.

＊10 속성은 실체와 변체 사이의 중간자가 아니다. 그것은 실체와 똑같다. 이는 속성이 실체의 본질을 구성하는 것으로 여겨지고 있는 이상 당연한 이치이다.

＊11 만일 실체를 유한이라고 가정한다면, 그 본성으로부터 본다면 존재로서의 본질은 부분적으로 부정되어야 한다. 이것은 앞 정리에 의하여 불합리하다.

＊12 이 양태적 변체라는 말의 원어는 modification이며, 그 의미는 정의5에 나오는 양태(modus)와 거의 같다.

＊13 스피노자는 이 주해처럼 공통개념을 대체로 공리의 뜻과 같이 사용하였다.

＊14 개체(個體)란, 한 개의 속성에 속하는 개물(個物)을 뜻한다.

＊15 신(神)의 경우에는 그 본질이 존재이다. 당연히 그 존재는 신의 정의에서 볼 수 있다. 그러나 양태의 경우 그 본질은 존재를 포함하지 않는다. 따라서 그 정의로부터 존재를 이끌어 낼 수 없다. 이처럼 양태의 존재는 외적 원인에서 이끌어 내지지 않으면 안 된다.

＊16 스피노자는 이따금 원인과 이유를 등치시켰다. 따라서 그의 경우 원인과 결과의 관계는, 곧 논리적인 이유와 귀결의 관계이다. 원인과 이유와의 등치는, 양자의 혼돈을 의미하는 것이 아니다. 우리는 오히려 그의 심신 병행론(心身並行論)의 입장에서 이를 이해해야 한다. 즉 물체의 세계에서 형상적으로 존재하는 원인은, 관념의 세계에서는 객관적인 이유로 보아져야 한다.

＊17 오늘날 아 포스테리오리(a posteriori)는 후천적, 아 프리오리(a priori)는 선천적이라고 보통 해석된다. 하지만 스피노자 시대 사람들은 전자를 결과로부터 원인에 이르는 것으로, 후자를 원인으로부터 결과에 이르는 것으로 해석했다.

＊18 스피노자의 존재는 신(神)＝실체(實體)와 그것의 변체(變體＝變樣＝변화상태)뿐이다. 그런데 후자는 전자 안에 포함된다. 그러므로 자연 안에는 하나만의 실체가 존재하며, 이것은 결국 자연＝신＝실체가 동일한 것을 의미한다. 그리스도교 철학에서는

자연이 신의 창조물이지만, 스피노자 철학에서는 신(神)이 곧 자연이다.

＊19 스피노자는 무한을 다음과 같은 종류로 나누었다.

㉮자신의 본성 또는 자신의 정의에 의해 무한인 것.

㉯자신의 본성이 아닌 다른 원인에 의해 무한인 것.

㉰아무런 한계도 없기에 무한인 것.

㉱어떤 것의 최대와 최소는 알려져 있지만 그 부분이 어떤 수(數)로도 셀 수 없이 많은 것.

지금 예거한 가운데 ㉮는 본성상 무한으로, 신(神)의 무한성을 나타낸다. ㉯는 원인에 의한 무한으로, 무한양태의 무한성을 나타낸다〔무한양태에 관한 것은 이 장의 정리21~23을 보라〕. 다만 이 무한은, 신으로부터 추상(抽象)하여 생각한다면 부분으로 분할되며, 유한한 무한이라 할 수 있다. ㉰의 한계가 없다는 의미의 무한은, 앞의 ㉮의 본성상 무한과 ㉯의 원인에 의한 무한도 내포하고 있으며, 또《데카르트 철학 원리》제1부 26, 27에서 명시된 무제한적인 무한도 당연히 여기에 포함될 것이다. ㉱의 무한을 스피노자는 다만 무제한적 무한이라고 말했다.

＊20 공허한 공간은 예부터 논의의 대상이 된 개념이다. 데카르트는 연장과 물체를 동일한 것으로 보았기 때문에, 연장을 갖지 않는 공허한 공간을 무(無)로 생각했다. 스피노자는 데카르트의 말을 인정하면서도, 그와 달리 연장의 불가분성과 무한성에 근거하여 공허한 공간을 부정하였다.

＊21 실체적 구별이란, 물체와 정신처럼, 어느 하나가 다른 것 없이도 생각되고 존재할 수 있는 경우의 구별이다. 즉 어떤 부분은 다른 부분이 소멸되어도 존재할 수 있다. 다시 말해 각 부분은 실체적으로 존재하고 있다. 이에 반하여 양태적 구별이란, 같은 속성에 속하는 양태 간의 구별이다.

＊22 우리는 정리16에서 신의 정의로부터 무한히 많은 특질이 생겨남을 밝혔다. 그러나 신 자체는 결코 정적인 존재가 아니다. 오히려 신은 그 자체로 동적인 존재이다. 신의 정의로부터 모든 것이 필연적으로 이끌어 내어지며, 신의 활동에 의해 모든 것이 산출된다.

＊23 스피노자에 의하면 신은 지성과 의지에 의해 작용되지 않는다. 지성과 의지는 사유의 속성의 양태일 뿐 신의 본질을 구성하는 것은 아니다. 따라서 만일 신이 지성과 의지를 원리로 하여 활동한다면, 신은 수동적이라고 할 수 있다. 이는 스피노자에 의하면 스스로의 본성의 필연성에 의해 활동하는 신의 능동성과 모순된다. 따라서 (이 주해의 후반에 설명되지만) 지성과 의지가 무한한 신의 본질을 구성한다면, 신의 지성과 의지는 유한한 인간의 지성과 의지와 무한히 동떨어져 있으며, 다만 명칭만 일치함에 지나지 않는다. 신은 인간적인 것—지성과 의지를 포함하여—을 아무것도 갖지 않는다.

＊24 형상적 본질은 정신 이외에 현실적 존재의 본질, 즉 실재적 본질을 의미한다. 관념적

(객관적)이란 말은, 사물이 사유 내용으로서 정신 안에 있는 것을 의미하고, 요즘 표현을 빌린다면 '주관적'이란 의미이다.

＊25 스피노자는 《형이상학적 사상》[제2부 7장의 주(註)와 8장]에서 신의 지성·의지·능력 등이 신의 활동적 본질을 표시하며, 그것들은 같은 것이라고 주장한다. 이는 스피노자 자신의 사상이 아니고, 중세 이후 일반적으로 인정된 사상에 지나지 않다. 그러나 스피노자의 경우에는 이미 이 장에서 밝힌 것처럼, 지성과 의지는 설령 무한이라 해도 사유의 양태에 지나지 않는다[제1장 정리31 참조]. 그러므로 옛 사람들이 신의 본질을 구성하는 것으로 생각해 온 지성·의지·능력의 셋 중 지성과 의지를 제외한 능력만을 스피노자는 신의 활동적 본질로 보았다[제1장 정리31 참조].

＊26 초월적 원인이란 자신의 외부에 결과를 산출하는 원인을 뜻한다. 그리스도교의 신은 이런 의미로 피안적(彼岸的) 존재이자 초월적 원인이지만, 스피노자의 신(神)은 결과를 자신의 내부에 산출한다. 산출된 결과로부터 신을 본다면, 신은 세계에 내재하고 있다. 그러므로 스피노자의 신은 내재신(內在神)이라 불리어진다. 다시 말하면 신과 세계는 같은 곳에 있다고 할 수 있다.

＊27 스피노자는 《데카르트 철학 원리》 제1장 정리19에서 다음과 같이 말하고 있다. 신은 영원하다.

증명 : 신은 최고 완전한 존재자이다[정의8에 의함]. 이 귀결로서 신은 필연적 존재이다[정의5에 의해]. 만일 한정되지 않더라도, 신은 자기 자신에 의하여 인식되지 않으면 안 된다[정리9에 의해]. 왜냐하면 신은 전지이기 때문이다. 그런데 신은 그의 한계 밖에서는 자신을, 즉 [정의8에 의해] 최고 완전의 존재를 존재하지 않은 것으로 인식할 것이다. 이것은 불합리하다[정리5에 의함]. 신은 한정된 존재가 아니라 무한의 존재인 것이요, 우리는 이 무한 존재를 영원이라고 부른다.

＊28 이 정리21부터 23까지는 이른바 무한양태의 정리이다. 정리21은 신의 절대적 본성에서 생겨나는 직접 무한양태에 대한 정리이다. 스피노자는 그 예로 '사유에 있어서는 절대 무한한 지성, 연장에 있어서는 운동 및 정지'를 들었다.

＊29 정리22는, 직접 무한양태를 매개로 하여 신의 본성으로부터 생겨나는 간접 무한양태에 관한 정리이다. 스피노자는 이를 '무한히 많은 변화를 하면서도 항상 동일함을 유지하는 우주의 모습'이라고 했다. 이것은 연장에서의 간접 무한양태, 즉 물체적 자연의 세계를 나타내 주는 데 지나지 않다. 이 때문에 사유의 속성에 내재하고 있는 간접 무한양태는, 그에 의하면 개물의 세계를 의미하고, 개물은 이 세계에서 신에 의하여 양태화 혹은 개체화되어 있다.

＊30 이 정리 맨 처음의 '필연적으로 무한히 존재하는 양태'란 말은, 직접 무한양태와 간접 무한양태를 지시하고 있다. 그리고 여기서는 그 둘이 모두 필연적이요 무한하지만, 그 성립의 근거에는 차이가 있음을 말하고 있다.

*31 신은 만물의 원인이지만, 자신과 본성상 전혀 다른 유한자를 직접 산출할 수 없다. 스피노자의 경우 유한자는 어디까지나 유한자 상호간의 인과관계에서 생겨난다. 그러나 그 인과관계는 다만 기계론적인 것이 아니고 오히려 '……한(限)의 신'이란 개념을 사용하므로 기계론과는 동떨어져 있다. 즉 유한자는 유한자로부터 생겨난다 해도, 유한적이며 한정된[제한된] 존재를 갖는 양태적 변체로 변하는 한의 신으로서의 유한자로부터 생겨난다. 즉 아무리 기계론적인 인과관계에서 생겨난 것이라 해도 실은 신으로부터 결정된 것이다. 그래서 이 '……한의 신[즉 한정된 신]'이란 말은, 신이 만물의 원인임을 설명하는 특수 개념이다.

*32 이 주해의 문제점은 첫째로 신이 직접 산출한 무한양태의 최근 원인이란 것, 둘째로 개체도 또한 무한양태와 다른 의미의 신을 최근 원인으로 하고 있다는 것이다.

*33 능산적 자연(能產的自然 natura naturans, wirkende natur)과 소산적 자연(所產的自然 natura naturata, gewirkter natur)이란 무엇인가. 중세 스콜라 철학자[특히 토마스 아퀴나스]는 의도와 목적을 갖고 모든 것을 창조하는 보편적인 원인으로서의 신을 능산적 자연이라 말하고, 신에 의해 창조된 세계를 소산적 자연이라고 말했다. 스피노자도 세계를 나타내기 위해 능산적 자연과 소산적 자연이란 말을 썼다. 그러나 그는 신, 즉 능산적 자연을 스콜라 학파가 의미하는 예지적(叡智的)·합목적적(合目的的)인 보편적인 원인으로 생각하지 않고, 그 자신의 본성의 필연성에 의해 활동하는 자유원인으로 생각했다. 그리하여 소산적 자연을 신의 필연성에서 생겨나는 모든 것, 즉 신의 모든 양태라고 생각했다.

*34 스피노자에 의하면 객관적 본질이 인간 지성 안에 존재할 경우, 그것은 또한 형상적으로도 존재한다. 즉 관념이 존재한다면, 그 대상은 당연히 관념 밖에서 형상적으로, 말하자면 실제로 존재해야 한다는 것이다.

*35 스피노자는 지성 혹은 관념을 사유의 속성 중 가장 직접적인 양태라 하고, 의지·욕망·사랑 등 다른 사유의 양태를 이 지성 혹은 관념으로부터 산출되는 이차적인 양태라고 했다. 예를 들어 사람을 사랑한다 해도, 사랑받는 사람의 관념 혹은 인식이 없다면, 사랑은 생겨나지 않는다. 즉 지성의 인식은 의지·욕망·사랑 등에 선행하고 대상에 관계하지만, 후자는 이와 달리 대상에 직접 관계하지 않는다.

*36 가능적 지성은 사유 활동을 하기 전의 지성의 상태를 말하고, 현실적 지성은 현실적으로 사유 활동을 하고 있는 지성의 상태를 말한다. 그러나 스피노자는 아리스토텔레스 이래의 위와 같은 지성에 대해, 지성은 현실적인 것밖에 없다고 생각했다.

*37 의지의 자유는 아우구스티누스 이래의 문제였다. 스피노자는 의지를 사유의 양태로 보았다. 따라서 그것은 다른 양태처럼 자유로운 것이 아니다.

*38 여기서는 우연적과 가능적이라는 말을 엄밀하게 구별하지 않았지만, 제4부 정의3과 4에서 이를 엄밀하게 구별하였다.

*39 내가 아는 모든 철학자들이란 스피노자가 영향을 받은 철학자들을 지칭하는데, 그들은 주로 유대와 아랍 철학자들이다. 특히 그가 영향받은 철학자로는 중세의 유대계 스콜라 학자 마이모니데스(1135~1204)이다. 그는 중세의 유대 최대 철학자이고 신학자이며, 스피노자는 그로부터 스콜라적 신학에 관해 많은 영향을 받았다.

*40 모든 것이 신에게서 필연적으로 생겨난다고 주장한 스피노자의 견해는, 다른 사람들의 의견인 이 두 의견과 대단히 대립된다. 첫째 의견에 의하면, 사물은 그 자체로선 완전도, 불완전도, 선도, 악도 아니다. 다만 신의 의지에 의해서 사물은 있는 그대로 존재하며, 신이 다른 것을 의도한다면 그 사물은 다른 것으로 창조될 수 있다. 한편 둘째 의견은 신이 선의 입장에서 활동한다는 것이다. 즉 신이 자체의 외부에 목적을 두고 그 목적을 지향하여 활동함을 의미한다. 전자의 경우, 모든 것은 신의 의지의 직접적인 결과로 간주되며 여기서는 어떤 목적도 생각될 수 없다. 그러나 후자의 경우, 목적이 생각되고 신은 이 목적 때문에 도리어 부자유한 것이 된다. 스피노자는 신에 대하여 이런 목적을 설정하는 것이, 신의 무한성과 완전성에 반대된다고 주장한다. 이 목적론의 부정이 운명론의 부정으로 발전한다.

제2부

정신의 본성과 그 기원에 관하여

이제 나는 신(神)의 본질, 바꾸어 말하면 영원하고 무한한 존재자(存在子)의 본질에서 필연적으로 생겨나야 하는 것들을 설명하련다. 그러나 그 모든 것들을 전부 설명할 수는 없다. 왜냐하면 나는 제1부 정리16에서, 그 본질로부터 무한히 많은 것이 무한히 많은 방법에 의하여 생겨나야 하는 이유를 이미 증명하였기 때문이다. 그러므로 여기서는 다만 인간 정신과 인간의 최고 행복에 관한 인식을 향해, 우리의 손을 잡고 이끌어 줄 길잡이만을 설명하려고 한다.

정의(定義)

1. **물체**란, 신이 연장하는〔공간적인〕것으로 간주되는 한(限)에서의 신의 본질을 일정한 방법으로 표현하는 양태(樣態)이다〔제1부 정리25의 계를 볼 것〕.

2. 존재물의 **본질**이란, 그것이 주어진다면 존재물은 필연적으로 정립되고, 그것이 제거된다면 존재물은 필연적으로 소멸되는 것을 뜻한다. 즉 본질이 없다면 존재물은 존재할 수도 사고될 수도 없고, 거꾸로 존재물이 없다면 본질은 생각될 수도 존재할 수도 없다.

3. **관념**이란, 사유를 본질로 하는 정신이 형성하는 정신의 개념이다.

설명 : 나는 **지각**(知覺)이란 말보다 오히려 **개념**이란 말을 쓴다. 왜냐하면 **지각**이란 말은 정신이 대상의 작용을 받는 것처럼 보이지만, **개념**은 이에 반하여 정신의 능동을 표현하고 있는 것처럼 생각되기 때문이다.[*1]

4. **타당한 관념**이란, 그것이 그 자체로서 대상과의 관계를 떠나 고찰되는 한, 참된 관념의 모든 특질 또는 내적 특징을 지니고 있는 관념이다.[*2]

설명 : 내가 **내적 특징**이라고 말함은 관념과 그 대상의 일치라는 외적 특징

을 제외하기 위해서이다.

5. 지속이란, 존재의 무제한적인 계속을 뜻한다.

설명 : 나는 무제한적 계속[무규정적 연속]*3이라고 말한다. 왜냐하면 존재의 계속은 존재하는 것의 본성 자체에 의해서는 결코 한정되지 않으며, 또 동력인(動力因)에 의해서도 한정되지 않기 때문이다. 즉 동력인은 사물의 존재를 필연적으로 정립하지만 제거하지는 못한다.

6. 실재성과 완전성은 같은 것으로 이해된다.*4

7. 개물(個物)이란, 유한하며 한정적(限定的=제한적)인 존재를 갖는 것을 뜻한다. 만일 많은 개체(個體=개물)가 모두 동시에 어떤 하나의 결과의 원인이 되게끔 하나의 활동으로 함께 작용한다면, 나는 그들 모두를 하나의 개물이라고 간주한다.

공리(公理)

1. 인간의 본질은 필연적인 존재를 내포하지 않는다. 즉 이 사람 저 사람이 존재하는 것도 존재하지 않는 것도, 똑같이 자연의 질서에 따라 일어날 수 있다.

2. 인간은 사유한다[바꾸어 말하면 우리는 자신이 사유함을 안다].

3. 사랑이나 욕망과 같은 사유의 양태, 그 밖에 감정이란 이름으로 불리는 다른 모든 것은, 같은 개체 안에 사랑받고 욕구하는 관념이 없다면 존재할 수 없다. 그러나 관념은 다른 사유의 양태 없이도 존재할 수 있다.

4. 우리는 어떤 물체(신체)가 여러 방식으로 자극받는 것을 느낀다.

5. 우리는 물체와 사유의 양태 이외에 어떤 개물도[혹은 소산적 자연(所産的自然)에 속하는 어떤 것도] 감각할 수 없고, 지각할 수도 없다[정리13 뒤의 공준(公準)을 볼 것].

정리1 사유는 신의 속성이다. 혹은 신은 사유하는 것이다.

증명 : 개개의 사상, 즉 이 사상 저 사상은 신의 본성을 일정한 방법으로 표현하는 양태이다[제1부 정리25의 계에 의해]. 그러므로 신에게는 [제1부 정의5에 의해] 하나의 속성이 귀속된다. 그 속성이란 그것의 개념이 모든 각 사상 속에 포함되어 있으며, 그것으로 인하여 이들 사상이 이해되는 속성을

말한다. 따라서 사유는 신의 무한히 많은 속성 가운데 하나요, 그것은 신의 영원하고 무한한 본질을 표현한다〔제1부 정의6을 볼 것〕. 혹은 신은 사유하는 것이다. 이로써 이 정리는 증명되었다.

주해 : 또한 이 정리는 우리가 사유하는 무한의 존재자를 사고할 수 있으므로 명백하다. 왜냐하면 사유하는 존재자가 보다 많은 것을 사유할 수 있음에 따라, 그 존재자는 그만큼 더 많은 실재성 및 완전성을 포함할 수 있다고 생각되기 때문이다. 그러므로 무한히 많은 것을 무한히 많은 방법으로 사유할 수 있는 존재자의 경우, 필연적으로 사유하는 힘〔力〕도 무한하다. 이처럼 우리는 오로지 사유에 유의하여 무한의 존재자를 생각하기 때문에, 사유는 우리가 이미 증명하였던 것처럼 필연적으로 〔제1부 정의 4와 6에 의해〕 신의 무한히 많은 속성 중의 하나이다.

정리2 연장은 신의 속성이다. 혹은 신은 연장된〔공간적인〕 것이다.
증명 : 이 정리의 증명은 앞 정리의 증명과 같은 방법으로 할 수 있다.

정리3 신에겐 신의 본질적인 관념과,*⁵ 그 본질로부터 필연적으로 생겨나는 모든 사물들의 관념들이 반드시 존재한다.
증명 : 왜냐하면 신은 〔제2부 정리1에 의해〕 무한히 많은 것을 무한히 많은 방법으로 사유할 수가 있다. 혹은 〔제1부 정리16에 의해〕 스스로의 본질적 관념과, 그 본질로부터 필연적으로 생겨나는 모든 사물의 관념을 구성할 수 있다. 그런데 신의 능력에 포함되는 모든 것은 필연적으로 존재한다〔제1부 정리35에 의해〕. 그러므로 이와 같은 관념은 필연적으로 존재한다. 그러나 그것은 〔제1부 정리15에 의해〕 오로지 신 안에서만 존재할 뿐이다. 이로써 이 정리는 증명되었다.

주해 : 사람들은 신의 능력을 신의 자유의지 및 만물에 대한 신의 권능으로서 이해하고 있다. 이 때문에 그들은 일반적으로 모든 사물들을 우연적인 것이라 생각한다. 왜냐하면 그들은 신이 모든 것을 파괴하여 무(無)로 돌릴 수 있는 능력을 지니고 있음을 주장하기 때문이다. 그들은 또 신의 능력과 제왕의 능력을 자주 비교하곤 한다. 그러나 우리들은 이를 제1부 정리32의 계1과 2에서 반박하였고, 또 제1부 정리16에서 신이 자기 자신을 인식함과

같은 필연성을 갖고서 활동한다는 사실을 밝혔다. 즉 신의 자기인식이 신의 본성의 필연성으로 인해 일어나는 것처럼〔이것은 모든 사람이 인정하는 사실이다〕, 신이 무한히 많은 것을 무한히 많은 방법으로 행하는 것도 똑같은 필연성에 의해 일어난다. 다음으로 제1부 정리34에서 우리는 신의 능력이 곧 신의 활동적 본질임을 밝혀 두었다. 따라서 신의 비활동성에 관한 사고는 신의 비존재에 대한 사고와 같은 것이므로 불가능하다. 이를 더욱 깊이 추구한다면, 사람들이 신에게 귀속시켰던 그 능력은 인간적인 능력〔이것은 신이 인간 혹은 인간과 같은 것으로 생각됨을 의미한다〕일 뿐 아니라 오히려 무능력을 뜻함이 여기서 밝혀질 것이다. 그러나 나는 같은 말을 되풀이하지 않겠다. 다만 나는 독자들에게 제1부 정리16에서 그 부(部) 끝까지, 이것에 관하여 언급된 내용을 거듭 숙고하기를 바랄 뿐이다. 왜냐하면 신의 능력을 제왕이 갖는 인간적인 능력 혹은 권능과 혼동하지 않도록 극히 주의하지 않는 사람은, 나의 말을 결코 올바르게 이해할 수 없을 것이기 때문이다.

정리4 무한히 많은 것을 무한히 많은 방법으로 생겨나게 하는 신의 관념은 오로지 하나뿐이다.

증명 : 무한 지성은 신의 속성과 그것의 변체(變體) 이외엔 아무것도 이해하지 않는다〔제1부 정리14에 의해〕. 그런데 신은 유일하다〔제1부 정리14에 계1에 의해〕. 그러므로 무한히 많은 것을 무한히 많은 방법으로 생겨나게 하는 신의 관념은 다만 하나뿐이다. 이로써 이 정리는 증명되었다.

정리5 관념의 형상적 존재는,*6 다만 사유하는 것으로 고찰되는 경우의 신을 원인으로 하고, 다른 속성에 의해 설명될 때의 신을 원인으로 하지 않는다. 바꾸어 말하면 신의 속성의 관념도, 개물의 관념도, 관념화된 자신〔대상 자체〕 혹은 지각된 것 자체를 동력인으로 인정하지 않고, 오히려 사유하는 경우의 신을 동력인으로 인정한다.

증명 : 이것은 제2부의 정리3으로 보아 명백하다. 왜냐하면 우리는 그곳에서 신 자신의 본질의 관념 및 그 본질에서 필연적으로 생겨나는 모든 사물의 관념을 신이 구성할 수 있음을, 신이 그 관념의 대상이 아니라 도리어 사유하는 것이라는 사실에 의거하여 밝혔기 때문이다. 그러므로 관념의 형상적

존재는 다만 사유하는 경우의 신을 그 원인으로 한다.

이것은 또 다른 방법에 의해서 다음과 같이 증명된다. 관념의 형상적 존재는 사유의 양태이다〔그 자체로 명백하다〕. 바꾸어 말하면 그것은〔제1부 정리25의 계에 의해〕 다만 사유하는 것으로서의 신의 본성을 일정한 방법으로 표현하는 양태이다. 이때 〔제1부 정리10에 의해〕 관념의 형상적 존재는, 다른 어떤 신의 속성의 개념도 포함하지 않는다. 따라서 그것은 〔제1부 공리4에 의해〕 사유 이외의 어떤 속성의 결과도 아니다. 그러므로 관념의 형상적 존재는, 다만 사유하는 것으로 간주되는 경우의 신만을 원인으로 인정한다. 이로써 이 정리는 증명되었다.

정리6 모든 속성의 양태는, 자신이 나타내고 있는 속성을 근거로 신이 고찰되는 경우에 한해 신을 원인으로 한다. 그것은 다른 속성을 근거로 고찰되는 경우의 신을 원인으로 하지 않는다.

증명 : 왜냐하면 모든 속성은 다른 속성의 도움을 빌리지 않고 그 자체로 생각된다 〔제1부 정리10에 의함〕. 그러므로 모든 속성의 양태는 그 속성의 개념을 포함하고, 다른 속성의 개념을 포함하지 않는다. 따라서 양태는 〔제1부 공리4에 의해〕, 자신이 나타내고 있는 속성을 근거로 신이 고찰되는 경우

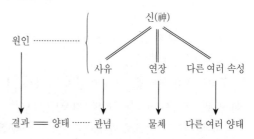

〈그림1〉 신의 사유는 물체의 원인이 되지 않는다. 또 연장이 관념의 원인이 될 수 없다.

에 한해 신을 원인으로 하고, 다른 속성을 근거로 고찰되는 경우의 신은 원인으로 하지 않는다. 이로써 이 정리는 증명되었다.

계 : 이를 연유로 다음이 도출된다. 즉 사유의 양태가 아닌 사물의 형상적 존재는 신의 본성이 사물을 이미 인식했으므로 신의 본성에서 생겨나는 것이 아니다. 도리어 관념의 대상물은 (이미 제시한 것처럼) 관념이 사유의 속성에서 생겨나는 것과 같은 방법과 필연성에 의해서 자신이 속해 있는 속성에서 생겨나고 또 도출된다.

정리7 관념의 질서 및 연결은, 사물의 질서 및 연결과 같은 것이다.*⁷

증명 : 이 정리는 제1부 공리4로 미루어 보아 명백하다. 왜냐하면 각 사물의 결과로서의 관념은, 그 결과를 낳는 원인의 인식에 의존하기 때문이다.

계 : 이 결과로 신이 사유하는 능력은 신이 활동하는 현실적인 능력과 같다. 바꾸어 말하면 신의 무한한 본성에서 형상적으로 생겨나는 모든 것은, 신의 관념에서 같은 질서와 같은 연결에 의해 신 안에서 객관적으로 생겨나는 것이다.

주해 : 고찰을 더 진행하기 전에, 우리는 지금까지의 내용을 한번 간추려 볼 필요가 있다. 우선 실체의 본질을 구성하고 있으며 무한 지성에 의해 지각되는 모든 것은, 오직 하나의 실체에 속해 있다. 따라서 사유하는 실체와 연장하는 실체는 같은 실체이며 이것이 어느 때는 이 속성, 어느 때는 저 속성으로 이해된다. 마찬가지로 연장의 양태와 그 양태의 관념은 같은 것이며, 다만 그것은 두 방법에 의해 표현된 것에 불과하다. 두서너 명의 히브리 사람들도 이 사실을 어렴풋이나마 짐작하고 있는 것처럼 보인다.*⁸ 그들은 신과, 신의 지성과, 신에 의해서 인식된 것은 모두 같은 것이라 주장하기 때문이다. 예를 들면 자연 안에 존재하는 원(圓)과 신 안에 존재하는 원의 관념은 같은 것인데, 그것이 다른 속성에 의해서 설명되는 것이다. 자연이 연장의 속성으로 생각되건, 사유의 속성으로 생각되건, 혹은 다른 어떤 속성으로 생각되건 상관없다. 어쨌든 우리는 같은 질서를, 혹은 여러 원인의 동일한 연결을, 즉 동일한 것이 상호 계기(繼起 : 잇달아 일어남)하는 것을 보게 될 것이다.

앞에서 신은 오로지 사유하는 경우에 한하여만 원의 관념의 원인이며, 또 다만 연장하는 경우에 한하여 원의 원인이라고 나는 말했다. 이것은 다음 이유 때문이다. 곧 원의 관념의 형상적 존재는 그것의 최근 원인으로서의 다른 사유의 양태에 의해서만 지각되고, 이 후자[최근 원인]도 역시 다른 사유의 양태에 의해서 지각되며 이렇게 무한히 계속된다. 그 결과 사물이 사유의 양태로 고찰되는 한, 모든 자연의 질서 혹은 여러 원인의 연결은 사유의 속성에 의해서만 설명되어야 한다. 또 사물이 연장의 양태로 보이는 경우에는, 모든 자연의 질서는 오로지 연장의 속성에 의해서 설명되어야 한다. 이런 사실은 다른 여러 속성에도 적용될 수 있을 것이다. 그러므로 신은 무한량의 속성으로 구성되어 있는 한, 실제로 그 자체로서 있는 그대로 존재하는 사물들의 원인이다. 나는 이것을 더 이상 명백하게 설명할 수 없다.

정리8 존재하지 않는 개물이나 양태의 관념은, 개물이나 양태의 형상적 본질이 신의 속성에 포함되는 것과 마찬가지로 신의 무한한 관념 안에 포함되어 있어야 한다.

증명 : 이 정리는 앞 정리로 보아 명백하다. 또한 앞 정리의 주해에 의하여 보다 분명히 이해된다.

계 : 이 귀결로 개물의 존재가 신의 속성 속에 포함되어 있는 경우에만 존재한다면, 그 개물의 객관적 존재 혹은 관념도 신의 무한한 관념이 존재할 때에만 존재하게 된다. 그러나 개물이 신의 여러 속성 속에 포함되어 존재할 뿐 아니라 시간적으로 지속된다고 일컬어질 때에도 존재한다면, 개물의 관념도 역시 지속된다고 불리는 존재를 포함하게 된다.

주해 : 만일 어떤 사람이 이것을 더 자세히 설명해 주는 실례를 요구한다 해도 내가 여기서 언급한 것은 특수한 것이므로 이를 충분히 설명해 주는 어떤 실례도 들기 힘들다. 그러나 나는 가능한 한 하나의 예를 들어 설명하고자 한다.

원(圓)은, 그 안에서 직교(直交)하는 모든 직선의 선분으로 이루어진 도형이 서로 닮았다는 본성을 갖고 있다. 그런 까닭으로 원 안에는 서로 닮은 무한량의 도형이 포함되어 있다. 그러나 이런 도형은 원이 존재하는 경우에만 존재한다고 할 수 있다. 이런 도형의 관념 역시 그것이 원의 관념 속에 포함되어 있을 때만 존재한다고 할 수 있다. 이제 무한

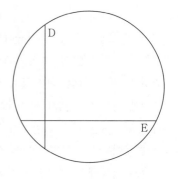

히 많은 도형에서 두 개만, 즉 선분 E와 D로 이루어지는 도형만이 (현실적으로) 존재한다고 생각하자. 그러면 그런 도형의 관념도 다만 원의 관념 속에 포함되어 있을 경우에 한해서만 존재할 뿐 아니라, 그런 도형의 존재를 포함할 경우에 존재한다. 그리고 이로 말미암아 그들 도형의 관념은 다른 도형의 관념으로부터 구별된다.

정리9 실제로 현존하는 개물의 관념은, 무한한 경우의 신을 원인으로 하지 않고 실제로 현존하는 다른 개물의 관념으로 변양한 경우의 신만을 원인으로 한다. 또 이 관념도 다른 관념으로 변양한 경우의 신을 원인으로 하고, 이렇게 무한히 계속된다.

증명 : 실제 현존하는 개물의 관념은 사유의 어떤 특수 양태이며, 다른 양태로부터 구별된다〔이 부의 정리8의 계와 주해에 의해〕. 따라서〔이 부의 정리6에 의해〕 그것은 사유하는 존재인 한에서만 신을 원인으로 한다. 그러나〔제1부 정리28에 의해〕 그 신은 절대적으로 사유하는 신이 아니고, 오히려 다른 유한한 사유의 양태로 변양했을 때의 신이다. 그리고 이 사유의 양태의 원인도 다른 것으로〔유한한 사유의 양태로〕 변양했을 때의 신이다. 이렇게 무한히 계속된다. 그런데 관념의 질서 및 연결은〔이 부의 정리7에 의해〕 원인의 질서 및 연결과 같은 것이다. 그러므로 개물의 관념의 원인은, 다른 관념 혹은 다른 관념으로 변양했다고 간주될 때의 신이다. 그리고 이 관념의 원인도 다른 관념으로 변양한 경우의 신이다. 이렇게 무한히 계속된다. 이로써 이 정리는 증명되었다.

계 : 모든 관념의 대상 안에서 생겨나는 것에 대한 인식은, 신이 바로 그 대상의 관념을 소유하는 경우에 한하여 신 안에 존재한다.

증명 : 각 관념의 대상 안에서 일어나는 모든 것은 신 안에 그 관념이 있다〔이 부의 정리3에 의해〕. 그러나 그 신은 무한한 신이 아니고, 개물이 다른 관념으로 변양했다고 간주되는 신이다〔앞 정리에 의해〕. 그런데 관념의 질서 및 연결은〔이 부의 정리7에 의해〕 사물의 질서 및 연결과 같은 것이다. 그러므로 개개의 대상 속에서 생겨나는 것에 대한 인식은, 신이 오직 그의 대상에 대한 관념을 가질 경우에만 신 안에 있는 것이다. 이로써 이 계는 증명되었다.

정리10 인간의 본질에는 실체적 존재가 귀속되지 않는다. 다른 말로 실체는 인간의 형상을 구성하지 않는다.

증명 : 왜냐하면 실체적 존재는 필연적인 존재를 포함하기 때문이다〔제1부 정리7에 의함〕. 그러므로 만일 인간의 본질에 실체적인 존재가 귀속된다면, 실체가 존재함과 더불어 인간도 필연적으로 존재할 것이다〔이 부의 정의2에

의해). 따라서 인간은 필연적으로 존재할 것이다. 이 말은 〔이 부의 공리1에 의해〕 불합리하다. 이로써 이 정리는 증명되었다.

　　주해 : 이 정리는 또 제1부 정리5로 미루어 보아도 증명된다. 그 정리에 의하면 같은 본성을 지니는 두 개의 실체는 존재하지 않는다. 그런데 세상에는 많은 사람들이 존재할 수 있다. 그러므로 인간의 형상을 구성하는 것은 실체적 존재가 아니다. 게다가 이 실체의 다른 특질로 미루어 보아도, 즉 실체가 그 본성상 무한하고, 불변하며, 불가분적인 것으로 미루어 보아도 이 정리는 명백하다. 이런 사실은 누구나 쉽게 이해할 것이다.

　　계 : 이 사실의 귀결로서 인간의 본질은, 신의 속성의 어떤 양태적 변체에 의해 구성된 것이다. 왜냐하면 실체적 존재는 〔앞 정리에 의해〕 인간의 본질에 속할 수 없기 때문이다. 그러므로 〔제1부 정리15에 의해〕 인간은 신 안에 내재하고 신 없이는 존재할 수도 생각될 수도 없다. 바꾸어 말하면 〔제1부 정리25의 계에 의해〕 인간은 신의 본성을 일정한 양식으로 표현하는 변체 〔변양=변화상태〕 혹은 양태이다.

　　주해 : 물론 모든 사람들은, 신의 존재가 없다면 아무것도 존재할 수 없고 생각될 수도 없음을 인정해야 한다. 왜냐하면 신이 모든 것의 본질이며 유일한 원인이다. 다시 말하면 신이 모든 생성에 관해서뿐 아니라 존재에 관해서도 사물의 원인이란 것을 모든 사람들이 인정하고 있기 때문이다.[*9] 그러나 그럼에도 불구하고 많은 사람들은, 어떤 사물이 존재할 수도 생각될 수도 없는 이유를 사물의 본성 때문이라고 한다. 따라서 그들은 신의 본질이 피조물의 본질에 속한다고 믿든가, 혹은 신 없이도 피조물이 존재하거나 생각될 수 있다고 믿든가, 혹은 (아마 이 가능성이 가장 높지만) 이런 문제에 관해 충분한 확신이 없든가, 셋 중 하나일 것이다. 이 입장에 빠진 원인은 대체로 그들이 철학적인 사색의 질서를 지키지 않았기에 일어난 것이다. 왜냐하면 신의 본성은 인식으로 보나 본성으로 보나 최초의 것이다. 그러므로 모든 것에 선행하여 관상(觀想)되어야 한다. 그러나 그들은 그것을 인식의 순서상 최후의 것으로 믿고, 감각의 대상을 모든 것의 최초의 것으로 믿었다. 그 결과 그들은 자연물을 관상할 때 신의 본성에 관해서는 추호도 생각하지 않았다. 그리고 최후로 신의 본성을 관상하려 할 때에는, 자연물의 인식을 구성할 때 근거로 삼았던 최초의 온갖 상상물(象想物=관상물)에 대해선 조금도

생각하지 못했다. 왜냐하면 그런 상상물은 신의 본성을 인식하는 데 아무런 도움도 되지 못했기 때문이다. 따라서 그들이 도처에서 자기모순에 빠져 있는 것을 보더라도 우리는 조금도 놀랄 필요가 없다.

그러나 나는 이런 것을 방임하겠다. 왜냐하면 나의 의도가 그들을 논박함이 아니고, 다만 내가 "그것 없이는 사물의 존재와 사고가 불가능해지는 무언가가 사물의 본질에 속해 있다"라고 말하지 않는 이유를 제시하는 것뿐이기 때문이다. 그 이유란, 개물은 신 없이는 존재도 사고도 불가능한데, 사물의 본질에는 신이 속하지 않는다는 것이다. 이 때문에 나는 그것이 주어진다면 사물이 정립되고 그것이 제거된다면 소멸되는 것, 혹은 그것 없이는 사물이 존재할 수도 생각될 수도 없으며 그 반대의 경우도 마찬가지인 것, 바로 그런 것이 사물의 본질을 필연적으로 구성한다고 했다.

정리11 인간 정신의 현실적 존재를 구성하는 최초의 것은 현실적으로 존재하는 개물의 관념이다.

증명 : 인간의 본질은 〔앞 정리의 계에 의해〕 신의 속성의 양태로 구성되어 있다. 즉 〔이 부의 공리2에 의해〕 사유의 양태로 이루어져 있다. 이들 모든 사유의 양태에서 관념은 〔이 부의 공리3에 의해〕 본성상 최초의 것이다. 그리하여 관념이 주어진다면, 다른 나머지 여러 양태〔이들은 본성상 관념에 뒤따른다〕는 같은 개체 안에 존재하지 않으면 안 된다〔이 부의 공리3에 의함〕. 따라서 관념은 인간 정신의 존재를 구성하는 최초의 것이다.

그런데 그것은 존재하지 않는 것의 관념이 아니다. 왜냐하면 그땐 〔이 부의 정리8의 계에 의해〕 관념 그 자체가 존재한다고 할 수 없기 때문이다. 그러므로 관념은 현실적으로 존재하는 것의 관념이다. 또한 그것은 무한한 것의 관념이 아니다. 왜냐하면 무한한 것은 〔제1부 정리21과 22에 의해〕 항상 필연적으로 존재해야 하기 때문이다. 그러나 인간에게 그런 말을 적용하는 것은〔이 부의 공리1에 의해〕 불합리하다. 그러므로 인간 정신의 현실적 존재를 구성하는 최초의 것은 현실적으로 존재하는 개물의 관념이다. 이로써 이 정리는 증명되었다.

계 : 이것으로서 인간 정신은 신의 무한 지성의 일부라는 결론이 나온다. 따라서 인간 정신이 이것 혹은 저것을 지각한다고 말할 때 그것은 다음 사실을

뜻할 뿐이다. 즉 무한한 경우의 신이 아니라 인간 정신의 본성에 의해서 설명되는 한(限)의 신이, 혹은 인간 정신의 본질을 구성하는 한의 신이, 이것 혹은 저것의 관념을 갖고 있음에 불과하다. 그리하여 우리가 "신이 인간 정신의 본성을 구성하는 경우뿐만 아니라, 인간 정신과 동시에 다른 사물의 관념을 가질 경우에 있어서도, 이것 혹은 저것의 관념을 갖는다"고 말할 때, 그것은 인간 정신이 사물을 부분적으로 혹은 불충분하게 지각함을 가리킨다.*10

주해 : 여기서 독자들은 틀림없이 주춤할 것이요, 많은 반대 사실들을 떠올릴 것이다. 그런 고로 나는 독자들에게 나와 함께 천천히 보조를 같이 하고, 전체를 읽기까지 이것에 대한 판단을 내리지 말도록 부탁하고 싶다.

정리12 인간 정신을 구상하는 관념의 대상 속에 생겨나는 모든 것은 인간 정신에 의해서 지각되어야 한다. 혹은 그 사물에 대한 관념은 인간 정신 속에 필연적으로 존재할 것이다. 만약 인간 정신을 구성하는 관념의 대상이 신체라면, 그 신체 안에는 어떤 일도 생겨날 수 없을 것이다.

증명 : 왜냐하면 어떤 관념의 대상 속에 생겨나는 사물의 인식은, 〔이 부의 정리9에 계에 의해〕 신이 그 대상의 관념으로 변체 혹은 변양했다고 간주되는 한(限), 즉 〔이 부의 정리11에 의해〕 신이 그 사물의 정신을 구성하는 한 신 안에 필연적으로 존재한다. 그러므로 인간 정신을 구성하는 관념의 대상 속에서 생겨나는 모든 존재물에 관한 인식은, 인간 정신의 본성을 구성하는 경우의 신 안에 필연적으로 존재한다. 즉 〔이 부의 정리11의 계에 의해〕 그 인식은 필연적으로 정신 속에 있을 것이다. 다시 말해 정신이 그것을 지각한다. 이로써 이 정리는 증명되었다.

주해 : 이 정리는 이 부의 정리7의 주해에 의해서도 한층 명료하게 이해된다. 그 부분을 볼 것.

정리13 인간 정신을 구성하는 관념의 대상은 신체이다. 혹은*11 실제로 현존하는 연장의 어떤 양태이다. 이것 이외에는 아무것도 아니다.

증명 : 신체가 인간 정신의 대상이 아니라면 신체의 변체(變體=변화상태)에 대한 여러 관념은, 우리들의 정신을 구성하는 경우의 신 안에는 없을 것이다〔이 부의 정리9에 의함〕. 그 관념은 오히려 다른 사물의 정신을 구성하

는 경우의 신 안에 있을 것이다. 즉〔이 부의 정리11의 계에 의해〕신체의 변체〔변양=변화상태=변태〕에 대한 여러 관념은, 우리들 정신 안에는 없을 것이다. 그러나〔이 부의 공리4에 의해〕우리에게는 신체의 변체에 관한 여러 관념이 있다. 그러므로 인간 정신을 구성하는 관념의 대상은 신체이다. 게다가 그것은〔이 부의 정리11에 의해〕현실적으로 존재하는 신체이다.

다음으로 만일 신체 이외에 정신의 대상이 있다면,〔제1부 정리36에 의해〕결과가 생겨나지 않는 원인은 존재하지 않기 때문에,〔이 부의 정리12에 의해〕필연적으로 그 대상의 결과에 대한 관념은 우리들 정신 가운데 있어야 한다. 그러나〔이 부의 공리5에 의해〕그와 같은 관념은 결코 존재하지 않는다. 그러므로 우리들 정신의 대상은 존재하는 신체이며, 그것 이외에는 아무것도 없다. 이로써 이 정리는 증명되었다.

계 : 이것으로서 인간은 정신과 신체로 구성되며, 또 인간 신체는 우리가 그것을 감지[*12]하는 그대로 존재한다.

주해 : 이상으로 우리는 인간 정신과 신체의 합일을 이해할 뿐 아니라, 정신과 신체의 합일을 어떻게 이해해야 할지를 알게 되었다. 그러나 먼저 우리들의 신체의 본성에 대한 충분한 인식 없이는, 누구도 이 합일을 충분히 혹은 명백하게 이해할 수 없을 것이다. 왜냐하면 지금까지 우리가 제시한 것은 매우 일반적인 것이며, 인간만이 아니라 다른 개체에도 적용될 수 있기 때문이다. 그리고 정도의 차(差)가 어떻든 간에 모든 개체에는 영혼이 머물러 있다.[*13] 왜냐하면 모든 사물의 관념은 필연적으로 신 안에 있으며, 그 관념의 원인은 인간 신체 관념의 원인과 마찬가지로 신이기 때문이다. 따라서 인간 신체의 관념에 관해서 언급한 모든 논리가, 모든 사물의 관념에 대해서도 필연적으로 타당하지 않으면 안 된다.

그러나 여러 관념들은 대상 자체처럼 서로 상이하며, 하나의 대상이 다른 대상보다 훌륭할 수도 있다. 즉 전자가 후자보다 좀더 많은 실재성을 포함함에 따라, 전자의 관념은 후자의 관념보다 우수하며, 따라서 그것이 보다 많은 실재성을 내포하고 있음을 우리는 부정할 수 없다. 그러므로 무엇 때문에 인간의 정신이 다른 정신과 상이하며 또 후자보다 더 훌륭한가를 결정하려면, 이미 기술한 것처럼 그 대상의 본성을, 즉 인간 신체의 본성을 알지 않으면 안 된다. 그러나 그것을 여기서 자세하게 설명할 수는 없으며, 또 그 설명이 나의 증명에 필요한 것도 아니다. 다만 나는 다음을 일반론으로서 설명하여 두고 싶다. 즉 신체가 동시에 많은 작용을 하거나 받을 때 다른 신체보다 유능하다면, 같은 원리로 그 정신도 많은 것을 동시에 지각함에 있어 다른 정신보다 유능한 것이다. 그리고 한 신체의 활동이 그 자신의 신체에 대한 의존도가 높고 다른 신체와의 협동률(協同律＝共作用度)이 낮으면 낮을수록, 그 정신은 판연한 인식을 그만큼 유능하게 수행할 수 있다. 이로써 우리는 하나의 정신이 다른 정신보다 우수함을 알 수 있으며, 또 우리들은 자기의 신체에 대해 극히 혼란한 인식밖에 갖지 못하는 이유와, 이에 따라 앞으로 설명될 많은 사실들을 알게 될 것이다. 이 때문에 나는 이것들에 대한 상론(詳論)과 증명을 시도해 봄이 헛된 일이 아닐 것으로 생각한다. 하지만 그러려면 먼저 여러 물체의 본성에 관해서 다소 언급할 필요가 있다.*14

공리1 모든 물체는 운동하고 있거나 정지해 있다.

공리2 모든 물체는 어느 때는 천천히, 또 어느 때는 빨리 운동한다.

보조정리1 물체는 운동과 정지 또는 빠름과 느림에서는 서로 구별되지만 실체에 관해서는 구별되지 않는다.
증명: 이 보조정리의 앞부분은 그 자체로 명백할 것이다. 그리고 물체가 실체에 관해 구별되지 않는다 함은, 제1부의 정리5 및 정리8에 의해 명백하다. 또 이것은 제1부 정리15의 주해에 의거하여 더욱 명백하다.

보조정리2 모든 물체는 여러 가지 점에서 서로 일치한다.
증명: 모든 물체는 같은 속성의 개념을 포함한다는 점에 일치한다〔제1부 정의1에 의해〕. 그리고 물체는 어느 때는 천천히, 또 어느 때는 빠르게 운동한다는 점에 일치한다. 더 일반적으로 말하면 물체는 어느 때는 운동하고, 어느 때는 정지한다는 점에 일치한다.

보조정리3 운동하거나 혹은 정지하고 있는 물체는, 다른 물체에 의해서 운동이나 정지로 결정되어야 한다. 또 이 물체도 다른 물체에 의하여 운동이나 혹은 정지로 결정되고, 또 후자도 역시 다른 물체에 의해서 결정된다. 이렇게 무한히 계속한다.

증명 : 물체는 〔이 부의 정의1에 의해〕개물이다. 그것은 〔보조정리1에 의해〕운동과 정지로 인하여 상호 구별된다. 따라서 〔제1부 정리28에 의해〕모든 물체는 다른 개물로 말미암아, 즉 〔공리1에 의해〕똑같이 운동 혹은 정지 중 하나의 개물로 말미암아 〔이 부의 정리6에 의해〕필연적으로 운동이나 정지 중 하나로 결정된다. 그런데 이 물체도 또한 〔같은 이유로 인하여〕다른 물체에 의해 결정되지 않았다면, 운동도 정지도 할 수 없었을 것이다. 그리하여 이 물체도 〔같은 이유로 인하여〕다른 물체에 의해 결정되고, 이렇게 무한히 계속한다. 이로써 이 정리는 증명되었다.

계 : 이것으로 운동하고 있는 물체는 다른 물체에 의해서 정지될 때까지 운동하고, 또 정지하고 있는 물체는 다른 물체에 의해서 움직여질 때까지 정지한다는 결론에 이른다.*[15] 이 사실도 역시 자명하다. 예컨대 내가 어떤 물체 A를 정지한다고 가정하고 다른 운동하는 물체를 도외시한다면, 나는 A라는 물체를 정지해 있다고밖에 말할 수 없을 것이다. 만일 얼마 뒤에 물체 A가 운동한다 해도, 그 운동이 A의 정지에서 일어난 것이라고는 결코 말할 수 없을 것이다. 왜냐하면 물체 A의 정지 자체에서는 아무런 운동도 일어날 수 없기 때문이다. 또 내가 거꾸로 A의 운동을 가정하고 A만을 주시한다면, 나는 A의 운동을 주장할 수밖에 없다. 만일 얼마 뒤에 A의 정지가 이루어진다 해도 그것은 A의 운동에서 일어난 것이라 할 수 없다. 왜냐하면 그 운동에서는 A가 운동한다는 사실 이외에 아무것도 일어날 수 없기 때문이다. 그러므로 그것은 A 속에 없던 것에서부터, 즉 운동하고 있는 물체 A를 정지시킨 외적 원인에서 일어난 것이다.

공리1 어떤 물체가 다른 물체로 인하여 움직여지는 모든 양식은, 움직여지는 물체의 본성과 동시에 움직이게 하는 물체의 본성에서 생겨난다. 이 때문에 같은 물체는, 그것을 움직이게 하는 물체의 본성이 서로 다르므로 다른 방식으로 움직여진다. 반대로 다른〔相異〕물체는 같은 물체에 의하여 다른 방식으로 움직여진다.

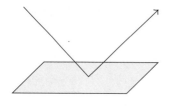

공리2 만일 운동하는 물체가 정지 중인 다른 물체에 충돌하여 운동을 계속할 수 없을 경우, 그것은 튕겨나와 자신의 운동을 계속한다. 그리고 튕겨나온 운동의 선과 충돌한 정지 물체의 평면 사이의 각도는, 충돌하는 운동의 선〔낙하하는 선〕과 평면 사이의 각도와 같다.

이상의 여러 명제는 최단순 물체(最單純物體),*16 즉 다만 운동과 정지, 빠름과 느림에 따라 서로 구별되는 물체에 관한 것이다. 지금부터는 복합물체에 관하여 설명해 보겠다.

정의 : 크기가 같거나 혹은 서로 다른 몇 개의 물체가 다른〔他〕 물체로부터 서로 결합하도록 압력을 받을 경우, 또는 그들 몇 개의 물체가 같거나 혹은 서로 다른 속도로 운동할 경우, 자신들의 운동을 어떤 일정한 비율로 서로 전달하도록 압력받을 경우, 우리는 그들 물체가 서로 합일하고 있다고 말하며, 따라서 모든 물체가 동시에 하나의 물체 혹은 개체를 조직하고 있다고 말한다. 그리고 이 물체 혹은 개체는, 여러 물체의 이런 합일에 의해서 다른 물체와 구별된다.*17

공리3 개체 또는 복합 물체의 여러 부분은, 상호간 좀더 크거나 좀더 작은 표면으로 결합되어 있다. 그리고 그 결합의 정도에 따라, 결합된 부분들의 강제적인 위치 변경의 난이도가 결정된다. 따라서 결합된 개체 자체가 다른 형상으로 분리되는 난이도도 역시 같다. 그러므로 우리는 표면이 커다란 부분들에 의해서 결합된 물체는 단단하다〔硬〕고 하고, 표면이 작은 부분들에 의해서 결합된 물체는 연하다〔軟〕고 하며, 끝으로 여러 부분이 서로 운동하고 있는 물체는 유동적이라 말한다.

보조정리4 만일 많은 물체로 조직된 물체 혹은 개체로부터 얼마의 물체가 분리되고, 동시에 같은 본성을 갖는 등량의 다른 물체가 그 자리를 채운다면, 그 개체는 아무런 형상 변화도 없이 이전과 같은 본성을 지닐 것이다.

증명 : 왜냐하면 물체는 〔보조정리1에 의해〕 실체에 관해선 구별되지 않기 때문이다. 한편 개체의 형상을 구성하는 일은 다만 여러 물체의 합일에 의존

한다〔앞 정의에 의함〕. 그런데 〔가정에 의해〕 이 합일은, 여러 물체의 부단한 변화에도 불구하고 유지된다. 그러므로 개체는, 실체에 관해서도 양태에 관해서도 이전과 같은 본성을 유지할 것이다. 이로써 이 정리는 증명되었다.

보조정리5 개체를 조직하는 여러 부분이 커지거나 작아진다 해도, 그 모든 부분이 이전과 같은 운동과 정지의 비율을 상호 유지하고 있다면, 그 개체는 아무런 형상의 변화 없이 이전과 같은 본성을 가질 것이다.

증명 : 이 보조정리의 증명은 앞 보조정리의 증명과 같다.

보조정리6 만일 개체를 조직하는 얼마간의 물체가 어떤 방향의 운동을 다른 방향으로 돌려, 자신의 운동을 계속하고 그 운동을 이전과 같은 비율로 서로 전달한다면, 그 개체는 아무런 형상의 변화 없이 자신의 본성을 지닐 것이다.

증명 : 이것은 그 자체로 자명하다. 왜냐하면 이 개체는, 개체의 형상을 구성하는 요소로서 우리가 위의 개체의 정의에서 말했던 모든 요소를 갖추고 있다고 전제되어 있기 때문이다〔보조정리4 이전의 정의를 볼 것〕.

보조정리7 이렇게 조직된 개체가 전체로서 운동하거나 정지하거나 혹은 이 방향 저 방향으로 운동하거나 해도, 각 부분이 자기의 운동을 유지하여 이전과 마찬가지로 다른 부분에 전달하기만 한다면 자신의 본성은 유지된다.

증명 : 이것도 보조정리4의 앞 정의에 의해서 명백하다.

주해 : 이상으로 우리는 복합적인 개체가 여러 방법으로 움직여짐에도 불구하고, 어째서 자신의 본성을 지니고 있는가를 이해할 수 있다.

지금까지 우리는 운동과 정지, 빠름과 느림에 따라서 상호 구별되는 물체, 즉 단순 물체만으로 조직된 개체를 생각해 왔다. 그러나 지금 본성이 상이한 많은 개체들로 조직되는 다른 개체를 생각한다면, 그 개체도 그만큼 많은 다른 방식으로 움직여짐에도 불구하고 그 자신의 본성을 언제나 지니고 있음을 우리는 알게 될 것이다. 왜냐하면 그 개체의 각 부분이 많은 물체에 의해 조직되어 있기 때문이다. 따라서 〔앞 보조정리에 의해〕 그 각 부분은 개체의 본성을 유지한 채 어느 때는 천천히, 어느 때는 빠르게 운동하고, 그에 따라 자신의 운동을 보다 빠르게, 또는 보다 느리게 다른 여러 부분에 전달할 수 있을 것이다.*18 더 나아가 제2종(種)의 개체〔복합적 존재〕로 조직된 제3종의 개체를 생각한다면, 그 개체가 자신의 형상을 조금도 바꾸지 않고 다른 많은 양식으로 움직여짐을 볼 수 있을 것이다. 이렇게 우리의 이론을 무한히 전개한다면, 전(全)자연은 하나의 개체*19이며〔〈그림2〉 참조〕 그것의 여러 부분 즉 모든 물체는, 전체로서의 개체에 아무런 변화도 끼치지 않고 무한히 많은 양식으로 변화한다는 사실을 우리는 쉽게 이해할 수 있을 것이다.

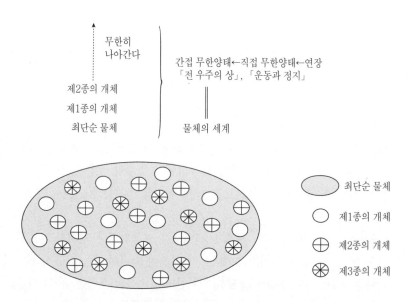

〈그림2〉 스피노자의 물체의 세계 스피노자가 이 개체로서의 전 자연을
간접 무한양태로 생각하고 있는 것은 《서간(書簡)》64로 보아 확실하다.

만일 내가 〔물질 혹은〕 물체에 관해 전문적으로〔특별히〕 논할 의도*20라면, 나는 이것을 더욱 상세하게 설명하고 증명해야 할 것이다. 그러나 이미 진술한 것처럼, 나의 의도는 이와 별개의 것이며, 내가 이 내용을 언급한 까닭은 나의 증명을 쉽게 만들기 위해서일 뿐이다.

공준(公準)

1. 인간 신체는 〔상이한 본성을 갖는〕 매우 많은 개체로 조직되어 있다.

그리고 그 각 개체도 대단히 복잡한 조직으로 구성되어 있다.

2. 인간 신체를 조직하는 개체 가운데 어떤 것은 유동적이며, 또 어떤 것은 연(軟)하고, 혹은 딱딱〔硬〕하다.

3. 인간 신체를 조직하는 개체는, 즉 인간 신체 그 자체는 외부의 물체에 의해서 대단히 많은 방법으로 자극된다.

4. 인간 신체는 자신을 유지하기 위하여 대단히 많은 다른 물체를 필요로 하고, 이들 물체로 말미암아 인간은 끊임없이 새롭게 변한다.

5. 인간 신체의 유동적인 부분이 외부의 물체로 말미암아 빈번히 다른 연한 부분과 충돌하게끔 결정된다면, 그 유동적인 부분은 연한 부분의 표면을 변화시켜 충돌 운동을 일으키는 외부 물체의 흔적 비슷한 것을 그 연한 부분에 새겨 놓는다.

6. 인간 신체는 극히 많은 유형으로 외부의 물체를 움직이고, 또 매우 많은 방법으로 그것에 영향을 줄 수 있다.

정리14 인간 정신은 대단히 많은 사물들을 지각하는 데 적합하다. 그리고 이 능력은 신체가 보다 많은 방법으로 영향 받으면 받을수록 그만큼 커진다.

증명 : 왜냐하면 인간 신체는 〔공준3과 6에 의해〕 대단히 많은 양식〔종류〕으로 외부의 물체에 의하여 자극되고, 또 반대로 외부의 물체를 자극하는 상태에 있다. 그런데 인간 정신은 인간 신체에서 일어나는 모든 것을 지각해야 한다〔이 부의 정리12에 의해〕. 그러므로 인간 정신은 매우 많은 것을 지각하는데 적합하다. 그리하여 이 능력은 〔인간 신체의 적성의 크기에 따라〕 그만큼 커진다. 이로써 이 정리는 증명되었다.

정리15 인간 정신의 형상적 존재를 구성하는 관념은 단순한 것이 아니다. 도리어 그 존재는 대단히 많은 관념에 의해서 구성되어 있다.

증명 : 인간 정신의 형상적 존재를 구성하는 관념은 신체의 관념이다〔이 부의 정리13에 의해〕. 그리고 인간 신체는 〔공준1에 의해〕 대단히 많고 복잡한 개체로 조직되어 있다. 그런데 신체를 조직하는 각 개체의 관념은 필연적으로 신 안에 내재한다〔이 부의 정리8의 계에 의해〕. 그러므로 〔이 부의 정리7에 의해〕 인간 신체의 관념은, 이들 신체를 조직하는 여러 부분에 대한

대단히 많은 관념에서 구성되어 있다. 이로써 이 정리는 증명되었다.

정리16 인간의 신체가 외부의 여러 물체로 말미암아 자극되는 모든 양식의 관념은, 인간 신체의 본성과, 아울러 외부의 여러 물체의 본성을 포함해야 한다.

증명 : 어떤 물체가 자극되는 모든 양식은, 자극되는 물체의 본성과 자극하는 물체의 본성에서 생겨난다〔보조정리3의 계 다음의 공리1에 의해〕. 그러므로 이들 양식의 관념은 〔제1부 공리4에 의해〕 필연적으로 두 물체의 본성을 포함하고 있다. 따라서 인간 신체가 외부의 물체로부터 자극되는 모든 양식의 관념은, 인간 신체와 외부 물체의 본성을 포함한다. 이로써 이 정리는 증명되었다.

계1 : 이 귀결로서 첫째, 인간 정신은 자기 자신의 본성과 매우 많은 물체의 본성을 지각한다.

계 2 : 둘째로 외부 물체에 대한 우리들의 여러 관념은, 외부의 여러 물체의 본성보다도 오히려 우리들 신체의 상태를 보다 많이 나타낸다. 이것은 제1부 부록에서 많은 예를 들어 설명했다.

정리17 만일 인간 신체가 어떤 외부 물체의 본성을 포함하는 방법으로 자극된다면, 그 인간 신체가 이 외부 물체의 존재 혹은 현존 배제(排除)하는 자극을 받을 때까지, 인간 정신은 그 외부 물체를 현실적인 존재로서 혹은 자신 앞에 현존하는 것으로서 관상할 것이다.

증명 : 이 정리는 명백하다. 인간 신체가 이런 방식으로 자극되는 동안, 인간 정신은 〔이 부의 정리12에 의해〕 신체의 이 변화상태〔변체=변양〕를 관상할 것이다. 즉 〔앞 정리에 의해〕 정신은 실제로 존재하는 자극 상태에 대하여, 외부 물체의 본성을 포함하는 양태의 관념을 가질 것이다. 바꾸어 말하면 정신은 외부 물체의 존재 혹은 현존을 배제하지 않고, 오히려 그것을 정립하는 관념을 가질 것이다. 따라서 정신은 〔앞 정리 계1에 의해〕 신체가 외부 물체의 존재 혹은 현존을 배제하는 상태에 이르기까지 외부 물체를 실제로 존재하는 것으로, 혹은 현존하는 것으로 관상할 것이다. 이로써 이 정리는 증명되었다.

계 : 인간 신체를 자극하는 외부의 물체가 가령 존재하지 않거나 현존하지 않는다 해도, 정신은 그것을 실제 현존하고 있는 것처럼 관상할 수 있다.

증명 : 인간 신체의 유동적인 부분이 신체의 연한 부분과 빈번히 충돌되도록 외부 물체가 압력을 가한다면, 그 연한 부분의 표면은 〔공준5에 의해〕 변화한다. 그 결과 유동적인 부분은, 연한 부분의 표면에 부딪쳐 이전과는 상이한 방식으로 튕겨진다. 그 뒤로 이 유동적인 부분이 그의 자발적인 운동으로 인하여 이 연한 부분의 새로운 표면에 부딪친다면, 그것은 마치 외부의 물체에 의해서 그 표면에 부딪칠 때와 같은 방식으로 튕겨나온다〔보조정리3의 계 다음의 공리2를 볼 것〕. 따라서 이와 같이 튕겨나오는 운동을 계속하는 동안엔, 그것은 〔이전에 다른 물체에 의해 운동했을 때와〕 같은 방법으로 인간 신체를 자극하게 된다. 이것을 정신은 〔이 부의 정리12에 의해〕 다시 인식할 것이다. 즉 〔이 부 정리17에 의해〕 정신은, 다시금 외부의 물체를 현실적인 것으로서 관상할 것이다. 그리고 이와 같은 일은 인간 신체의 유동적인 부분이 자발적인 운동에 의해서 그 연한 부분의 표면에 충돌할 때마다 일어날 것이다. 그러므로 가령 인간 신체를 자극하는 외부 물체가 존재하지 않아도 신체의 이런 활동이 되풀이될 때, 정신은 외부 물체를 현재적인 것으로 관상할 것이다. 이로써 이 계는 증명되었다.

주해 : 이로써 우리들은 자주 경험하는 현상인, 존재하지 않는 것을 실제 현존하는 것으로 관상하는 일이 어떻게 일어날 수 있는지를 알게 되었다. 그리고 이런 현상은 다른 원인으로도 일어날 수 있다. 그러나 여기서는 이 현상을 참된 원인으로 설명했을 때와 같은 효과를 낳는 단 하나의 원인을 제시하는 것으로 충분하다. 다만 나는 자신이 참된 원인에서 멀리 벗어났다고 생각하지는 않는다. 왜냐하면 내가 예증한 모든 공준(共準)은 경험에 의해서 확증된 것이 대부분이며, 인간 신체가 우리의 감각 그대로 존재하고 있음을 밝혔는데도 불구하고 그 경험에 대해 의심을 품는 것은 허용되지 않기 때문이다〔이 부의 정리13의 다음 계를 볼 것〕.*21

게다가 〔앞 계와 이 부의 정리16의 계2로부터〕 예를 들면 베드로 자신의 정신의 본질을 구성하는 베드로의 관념과 바울로 같은 다른 인간 안에 있는 베드로 자신의 관념과의 차이가 어떤 것인지 분명히 이해된다.*22 전자는 베드로 자신의 신체의 본질을 직접 설명하고, 베드로의 존재 기간 동안만 존재를 포함하고 있다. 이에 반하여 후자는 베드로의 본성보다 바울로의 신체의 상태를 보다 많이 나타내고 있다〔이 부의 정리16의 계2를 볼 것〕. 따라서 바울로의 이 신체 상태가 계속되는 동안, 베드로의 존재 없이도 바울로의 정신은 베드로를 자기에겐 현재적인 것으로 관상할 수 있다.

또한 일상적으로 사용되는 말을 보존하기 위해, 인간 신체의 변화상태〔변양=변체〕는—그 변양의 관념이, 외부의 물체를 우리에게 마치 현재적인 것처럼 나타내는 것이지만—사물의 형체를 재현하지는 않지만, 우리는 그것을 사물의 상(像)이라고 부를 것이다. 그리고 정신이 이런 방법으로 물체를 관상할 때, 우리는 정신이 표상하고 있다고 말할 것이다.*23

여기서 오류가 무엇인가를 밝히기 위해서는 먼저 다음에 주의해야 한다. 즉 정신의 표상은 그 자체로 본다면 아무런 오류도 포함하지 않는다. 정신은 표상하기 때문에 오류를 범하고 있는 것이 아니다. 도리어 정신은 자신에게 현재적인 것으로서 무언가를 표할 때에 그 존재를 배제하는 관념을 가지지 않는다는 점에서만, 오류를 범할 수 있다. 왜냐하면 정신은 비존재를 자신에게 현재적인 것으로 표상할 때, 그것이 실제 비존재란 것을 알고 있다면, 정신은 이 표상 능력을 자신의 본성의 결점으로서가 아니라 장점으로 볼 것이다. 특히 이 표상 능력이 정신의 본성에만 의존하고 있다면, 즉 〔제1부 정의 7에 의해〕 만일 정신의 이 표상 능력이 자유롭다면 더욱 그럴 것이다.

정리18 만일 인간의 신체가 둘 또는 그 이상의 물체로 말미암아 동시에 자극되고 얼마 뒤에 정신이 그 가운데 어느 하나를 표상한다면, 정신은 즉시 다른 하나도 상기할 것이다.

증명 : 정신이 〔앞 계에 의해〕 어떤 물체를 표상하는 것은, 과거에 외부의 물체가 인간 신체의 어느 부분을 자극했을 때와 같은 자극 및 영향을, 신체가 외부 물체의 흔적을 통해 받는 일에 근거하고 있다. 그러나 〔가정에 의하면〕 신체는 과거에, 정신이 두 물체를 동시에 표상하는 상태에 놓여 있었다. 그러므로 정신은 지금도 동시에 두 개의 물체를 표상할 수 있을 것이다. 그리고 그중 하나를 상상할 경우 즉시 다른 것을 상기할 수 있을 것이다. 이로써 이 정리는 증명되었다.*24

주해 : 이것으로 우리는 기억이 무엇인지를 명료하게 이해할 수 있다. 기

억이란, 인간 신체의 외부에 존재하는 사물의 본성을 포함하는 여러 관념의 어떤 연결이다. 이 연결은 인간 신체의 변양〔변화상태〕의 질서와 연결에 대응하여 정신 안에 생겨난다.

나는 첫째로 이렇게 주장한다. 그것은 인간 신체의 외부에 존재하는 사물의 본성을 포함하는 여러 관념의 연결이며, 결코 인간 신체의 외부에 존재하는 사물의 본성을 설명하는 관념의 연결이 아니라고. 왜냐하면 그런 관념은, 실제로〔이 부의 정리16에 의해〕인간 신체의 본성과 외부의 여러 물체의 본성을 포함하는 인간 신체의 변양의 관념이기 때문이다. 둘째로 나는 이 연결이 인간 신체의 변양〔변화상태〕의 질서와 연결에 대응하여 생겨난다고 주장한다. 그것은 이 연결을 지성의 질서—이 질서를 근거로 정신은 사물을 그것의 제일원인으로부터 지각하며, 이 지성의 질서는 모든 사람에게 동일하다—에 대응하여 생겨나는 여러 관념의 연결과 구별하기 위해서이다.

이로부터 우리는, 정신이 왜 어떤 사물을 인식할 때 그것과 닮지 않는 다른 사물을 즉시 인식하게 되는지를 명료하게 이해하게 된다. 예를 들면 어째서 로마 사람은 '사과(pomum)'라는 단어에 대한 인식에서 즉시 어떤 과일에 대한 인식으로 이동하는 것일까. 이 과일은 그 사과라는 발음과 실제 닮지 않았고, 또 공통성도 갖지 않는다. 다만 같은 인간의 신체가 이 둘〔二〕로 말미암아 빈번히 자극되어 있을 뿐이다. 즉 그 사람이 그 과일을 볼 때, 동시에 빈번히 '사과'라는 말을 들은 것에 불과하다. 이처럼 자신의 습관이 사물의 상을 신체 안에 질서 있게 갖추어 놓으므로, 모든 사람은 이에 따라 어떤 인식에서 다른 인식으로 이동할 수 있다. 이를테면 군인은 모래 위의 말 발자국을 보고 즉시 말의 인식에서 기사(騎士)의 인식으로, 또 그것에서 전쟁과 기타 다른 인식으로 옮겨 갈 수 있다. 그러나 농부는 말의 인식에서 쟁기와 농지(農地) 등의 인식으로 옮겨 갈 것이다. 이처럼 모든 사람은 사물의 상을 이런저런 방법으로 결합하고 연결하도록 습관화됨에 따라, 어떤 하나의 인식에서 이러저러한 인식으로 옮겨 갈 수 있다.

정리19 인간 정신은 신체가 받는 자극〔변양〕의 관념만으로 인간 신체 그 자체를 인식하고, 또 신체의 존재를 인식한다.

증명 : 왜냐하면 인간 정신은 인간 신체의 관념 혹은 인식 그 자체이기 때문

이다[이 부 정리13에 의해]. 그리하여 이 관념 혹은 인식은 [이 부의 정리9에 의해] 틀림없이 다른 개물의 관념으로 변양[변체=변화]한 것으로 보이는 한의 신 안에 내재한다. 또는 [공준4에 의해] 인간 신체는 항상 끊임없이 새로워지면서 이를 위해 대단히 많은 물체를 필요로 하고, 관념의 질서 및 연결은 [이 부 정리7에 의해] 원인의 질서 및 연결과 동일하기 때문에, 이 관념은 대단히 많은 개물의 관념으로 변양한 경우의 신 안에 내재할 것이다. 이런 신은 인간 정신의 본성을 구성하는 경우에 한해서가 아니라, 매우 많은 다른 관념으로 변양한 경우에 한해서만 인간 신체의 관념을 갖고 그 신체를 인식한다. 바꾸어 말하면 [이 부의 정리11의 계에 의해] 인간 정신은 인간 신체를 인식하지 않는다. 그러나 신체의 변화상태[변양]의 관념은, 인간 정신의 본성을 구성하는 한의 신 안에 내재한다. 따라서 인간 정신은 그와 같은 변화상태를 지각한다[이 부의 정리12에 의해]. 그 결과 [이 부의 정리16에 의해] 인간 정신은 인간의 신체 그 자체를 지각하고, 그것을 [이 부의 정리17에 의해] 실제 현존하는 것으로 지각한다. 그러므로 오직 이런 경우에 한해서 인간 정신은 인간 신체 그 자체를 지각한다. 이로써 이 정리는 증명되었다.

정리20 신 안에는 인간 정신에 대한 관념이나 인식이 있다. 그리고 이 관념 혹은 인식은 인간 신체의 관념 혹은 인식과 같은 방식으로, 신 안에서 생겨나고 또 신에 귀속된다.*25

증명: 사유는 신의 속성이다[이 부의 정리1에 의해]. 그러므로 [이 부의 정리3에 의해] 사유와 사유의 모든 변양에 대해서도, 따라서 또 [이 부의 정리11에 의해] 인간 정신에 대해서도, 필연적으로 신 안에 그 관념이 없어서는 안 된다. 다음으로 이 정신의 관념 혹은 인식은 무한할 경우의 신 안에서가 아니라, 오히려 다른 개물의 관념으로 변화[변양]된 경우의 신 안에서만 존재한다[이 부의 정리9에 의함]. 그런데 관념의 질서 및 연결은 원인의 질서 및 연결과 같다[이 부 정리7에 의함]. 그러므로 이 정신의 관념 혹은 인식은, 신체의 관념 혹은 인식과 같이, 신 안에서 생겨나고 신에 귀속된다. 이로써 이 정리는 증명되었다.

정리21 정신의 이 관념은 정신 그 자체가 신체와 합일되어 있는 것과 같은 방법으로, 정신과 합일하고 있다.

증명 : 우리는 정신과 신체의 합일을, 신체가 정신의 대상이란 점에서 명백하게 밝혔다〔이 부의 정리12와 13을 볼 것〕. 따라서 이와 같은 이유에 의해 정신의 관념은 정신 그 자체와 신체 사이의 합일과 같은 방법으로, 그것의 대상인 정신 그 자체와 합일되어 있어야 한다. 이로써 이 정리는 증명되었다.

주해 : 이 정리는, 이 부의 정리7의 주해에서 설명되었으므로 더욱 명료하게 이해될 것이다. 우리는 그곳에서 신체의 관념과 신체, 바꾸어 말하면〔이 부의 정리13에 의해〕정신과 신체가 같은 개체이며, 그것이 어느 때는 사유의 속성 밑에서, 어느 때는 연장의 속성 밑에서 생각됨을 명시했다. 마찬가지로 정신의 관념과 정신 그 자체는 같은 것이다.*26 그리고 그것이 같은 속성, 즉 사유의 속성 밑에서 생각된다. 따라서 정신의 관념과 정신 그 자체는, 같은 사유 능력에서 같은 필연성으로 인하여 신 안에서 생겨난다. 왜냐하면 실제 정신의 관념, 즉 관념의 관념은, 대상과의 관계를 이탈하여 사유의 양태로 보일 때의 관념의 형상〔본질〕이기 때문이다. 어떤 사람은 무엇을 알자마자 그것으로 인하여 자신이 그것을 알고 있음을 알고, 동시에 또한 그것을 자신이 알고 있다는 것을 알고 있다. 이런 식으로 무한히 계속된다. 그러나 이것에 대해서는 나중에 설명하겠다.*27

정리22 인간 정신은 신체의 변화상태〔변양〕뿐 아니라, 이 변화상태의 관념도 지각한다.

증명 : 변양〔변화상태〕의 관념의 관념은, 변양의 관념 그 자체와 같은 방법으로 신 안에 생겨나고 또 신에 귀속된다. 이것은 이 부의 정리20과 같은 방법으로 증명된다. 그런데 신체의 변양의 관념은 인간 정신 가운데 있다〔이 부의 정리12에 의해〕. 곧 그것은 인간 정신의 본질을 구성하는 경우의 신 안에 내재한다〔이 부의 정리11의 계에 의해〕. 그러므로 이들 관념의 관념은, 인간 정신의 인식 혹은 관념을 갖는 한의 신 안에 내재할 것이다. 즉 그것은 〔이 부의 정리21에 의해〕인간 정신 그 자체 안에 있을 것이다. 그러므로 인간 정신은 신체의 변양〔변화상태〕뿐 아니라 그 변양의 관념도 지각한다. 이로써 이 정리는 증명되었다.

정리23 정신은 신체의 변양[변화상태]의 관념을 지각하는 경우에 있어서만 자기 자신을 인식한다.

증명 : 정신의 관념이나 인식은 [이 부의 정리20에 의해] 신체의 관념이나 인식과 같은 방식으로 신 안에서 생겨나고 신에 귀속된다. 그런데 [이 부의 정리19에 의해] 인간 정신은 신체 그 자체를 인식하지 않는다. 즉 [이 부의 정리11의 계에 의해] 인간 신체의 인식은 신이 인간 정신의 본성을 구성하는 경우에 한해서는 신에 귀속되지 않는다. 바로 이 이유에서 정신의 인식도, 인간 정신의 본질을 구성할 때의 신에 귀속되지 않는다. 따라서 [이 부의 정리11의 계에 의해] 인간 정신은 그럴 경우에는 자기 자신을 인식하지 않는다. 다음으로 신체가 받는 자극[변양]의 관념은 인간 신체 그 자체의 본성을 포함하고 있다[이 부의 정리16에 의해]. 바꾸어 말하면 그것은 [이 부의 정리13에 의해] 정신의 본성과 일치한다. 그런 고로 이들 관념의 인식은 정신의 인식을 필연적으로 포함한다. 그런데 [앞 정리에 의해] 이들 관념의 인식은 인간 정신 그 자체 안에 있다. 따라서 인간 정신은 그럴 경우에 한하여 자기 자신을 인식한다. 이로써 이 정리는 증명되었다.

정리24 인간 정신은 인간 신체를 조직하는 여러 부분에 대한 충분한 인식을 포함하지 않는다.

증명 : 인간 신체를 조직하는 여러 부분은 그 자신의 운동을 일정한 비율로 서로 전달하는 경우에 한해서, 신체 자체의 본질에 속하고 있다[보조정리3의 계 뒤에 있는 정의를 볼 것]. 그러나 그것들의 여러 부분은 인간 신체와의 관계를 떠나 개체로서 고찰될 때 신체의 본질에 속하지 않는다. 왜냐하면 인간 신체의 여러 부분은 극히 복잡한 구조를 갖는 개체이며[공준1에 의해], [보조정리4에 의해] 신체의 본성 및 형상을 그대로 유지한 채 인간 신체에서 분리될 수 있으며, 또 자신의 운동을 [보조정리3 다음의 공리1에 의해] 서로 다른 방법으로 다른 물체에 전달할 수 있기 때문이다. 따라서 [이 부의 정리3에 의해] 신체의 각 부분에 대한 관념이나 인식은 신 안에 있을 것이다. 그리고 자연의 질서로 보아 이런 부분에 선행하는[이 부의 정리7에 의해] 다른 개물의 관념으로 변화[변양]된 것으로 보이는 경우에 이러한 여러 부분이 있을 것이다[이 부의 정리9에 의해].

더 나아가 인간의 신체를 조직하는 개체 자체의 각 부분에 대해서도 같은 말을 할 수 있다. 따라서 인간의 신체를 조직하는 각 부분에 대한 인식은 다만 인간 신체의 관념을, 즉 〔이 부의 정리13에 의해〕 인간 정신의 본성을 구성하는 관념을 가질 때가 아니라, 대단히 많은 사물들의 관념으로 변양〔변화상태〕한 경우의 신 안에 있다. 따라서 〔이 부의 정리11의 계에 의해〕 인간 정신은, 인간 신체를 조직하는 여러 부분에 대한 충분한 인식을 포함하지 않는다. 이로써 이 정리는 증명되었다.

정리25 인간 신체의 각 변양〔자극상태〕에 대한 관념은 외부 물체에 대한 충분한 인식을 포함하지 않는다.

증명 : 이미 제시했던 것처럼 인간 신체의 변양에 대한 관념은 외부 물체가 인간 신체를 일정한 방법으로 자극하는 경우를 한해서, 그 외부 물체의 본성을 포함하고 있다〔이 부의 정리16을 볼 것〕. 그러나 외부 물체가 본디 인간 신체와 관계 없는 개체인 한, 그 관념 혹은 인식은—〔이 부의 정리7에 의해〕 그 본성에서 보아 그 외부 물체 자체에 선행하는—다른 사물의 관념으로 변양한 것으로 보이는 경우의 신 안에 있다〔이 부의 정리9에 의해〕. 그러므로 외부 물체에 대한 충분한 인식은, 신이 인간 신체의 변양의 관념을 가질 경우에는 신 안에 없다. 바꾸어 말하면, 인간 신체의 변양〔자극상태〕의 관념은 외부 물체에 대한 충분한 인식을 포함하지 않는다. 이로써 이 정리는 증명되었다.

정리26 인간 정신은 자기 신체의 변양의 관념을 통해서만 외부 물체를 실제 현존하는 것으로 파악한다.

증명 : 만약 인간 신체가 외부 물체에 의해서 어떤 방법으로도 자극되지 않는다면, 〔이 부의 정리7에 의해〕 인간 신체의 관념 즉 〔이 부의 정리13에 의해〕 인간 정신도 어떤 방법에 의해서나 외부 물체라는 존재의 관념에 자극되지 않는다. 다시 말해 인간 정신은 그런 외부 물체의 존재를 어떤 방법에 의해서도 지각〔파악〕할 수 없다. 이에 반하여 인간 신체가 어느 외부 물체로부터 어떤 방법으로 자극되는 한 〔이 부의 정리16과 계1에 의해〕 인간 정신은 외부의 물체를 지각한다. 이로써 이 정리는 증명되었다.

계 : 인간 정신은 외부의 물체를 표상하는 경우 그 물체에 대한 충분한 인식을 갖지 못한다.

증명 : 인간 정신이 자기 자신의 변양[변체=변화상태]의 관념에 의해서 외부 물체를 관상할 때, 우리는 정신이 물체를 표상한다고 말한다[이 부의 정리17의 주해를 볼 것]. 정신은 그 이외의 방법으로는[앞 정리에 의해] 외부 물체를 실제 현존하는 것으로 표상할 수 없다. 따라서 [이 부의 정리25에 의해] 정신은 외부 물체를 표상하는 한, 그 물체에 대한 충분한 인식을 갖지 못한다. 이로써 이 계는 증명되었다.

정리27 인간 신체의 어떤 변양[자극상태]의 관념은 인간 신체 그 자체의 충분한 인식을 포함하지 않는다.

증명 : 인간 신체의 어떤 변양의 관념은 인간 신체 그 자체가 일정한 방법으로 자극된다고 사고되는 경우에 한해 인간 신체의 본성을 포함하고 있다[이 부의 정리16을 볼 것]. 그러나 인간 신체가 다른 많은 방법으로 자극될 수 있는 개체인 경우 그 관념은 그렇지 않다. 이 부의 정리25의 증명을 볼 것.

정리28 인간 신체의 변양의 관념이 오직 인간 정신에만 관계되는 경우, 그 관념은 명료하고 판연한 것이 못 된다. 도리어 혼란스럽다.

증명 : 인간 신체의 변양의 관념은, 외부 물체 및 인간 신체 그 자체의 본성을 포함하고 있다[이 부의 정리16에 의함]. 그리고 그것은 인간 신체의 본성뿐 아니라, 신체의 여러 부분의 본성을 포함하지 않으면 안 된다. 왜냐하면 변양은 인간 신체의 여러 부분, 따라서 신체 전체가 자극되는 양식이기 때문이다[공준3에 의해]. 그런데 [이 부의 정리24와 25에 의해] 외부 물체의 충분한 인식과 인간 신체를 조직하는 여러 부분의 충분한 인식은, 인간 정신으로 변양한 것으로 보이는 경우의 신 안이 아니라, 다른 여러 관념으로 변양한 것으로 보이는 경우의 신 안에 있다. 즉 [이 부의 정리13에 의해] 이 인식은 인간 정신의 본성을 구성하는 경우의 신 안에는 존재하지 않는다. 그러므로 이 변양의 관념은 인간 정신에만 관계되는 한, 말하자면 전제 없는 결론과도 같다. 바꾸어 말하면 그 관념은 [그 자체로 자명한 것처럼] 혼란스러운 관념이다. 이로써 이 정리는 증명되었다.

주해 : 인간 정신의 본성을 구성하는 관념은, 단순히 그것 자체만 고찰한 다면 명료하지 않다는 사실이 같은 방법으로 증명된다. 그와 마찬가지로 인간 정신의 관념과 인간 신체의 변양의 관념에 대한 관념도, 오직 정신에만 관계되는 경우에 한해서는 명료하지 않다〔즉 혼란하다〕. 이것은 누구나 쉽게 이해할 수 있는 사실이다.

정리29 인간 신체의 어떤 변양(變樣―변화상태)의 관념에 대한 관념은, 인간 정신의 충분한 인식을 포함하지 않는다.

증명 : 인간 신체의 변양의 관념은 〔이 부의 정리27에 의해〕 신체 그 자체의 충분한 인식을 포함하지 않는다. 또는 그 본성을 충분히 표현하지 않는다. 바꾸어 말하면 〔이 부의 정리13에 의해〕 그것은 정신의 본성과 완전히 일치하지 않는다. 따라서 〔제1부 공리6에 의해〕 이 관념의 관념도 또한 인간 정신의 본성을 충분히 표현하지 않는다. 또는 그것에 관해 충분한 인식을 포함하지 않는다. 이로써 이 정리는 증명되었다.

계 : 이 귀결로서 인간 정신은 사물을 자연의 공통적인 질서에*28 따라 지각할 때 언제나 자기 자신과 자기의 신체 또는 외부의 물체에 대한 충분한 인식을 갖지 못하고, 오히려 혼란하고 기형적인 인식만을 갖게 된다. 왜냐하면 정신은 오로지 신체의 변양의 관념을 지각하는 경우에 한해서만 〔이 부 정리23에 의해〕 정신 자신을 인식하기 때문이다. 또 정신은 신체의 변양의 관념에 의해서만 자신의 신체를 지각한다〔이 부 정리19에 의해〕. 그리고 또 정신은 그 신체의 변양의 관념에 의해서만〔이 부 정리26에 의해〕 외부 물체를 지각한다. 따라서 정신은 신체의 변양의 관념을 갖는 경우 정신 자체에 관해서도〔이 부의 정리29에 의해〕, 자신의 신체에 대해서도〔이 부 정리27에 의해〕, 외부의 물체에 관해서도〔이 부 정리25에 의해〕 충분한 인식을 갖지 못한다. 그것은 다만 〔이 부의 정리28과 그 주해에 의해〕 기형적이고 혼란한 인식만을 가질 뿐이다. 이로써 이 계는 증명되었다.

주해 : 나는 다음과 같이 분명히 주장한다. 정신은 자연의 공통적 질서에 따라 사물을 지각할 때마다, 바꾸어 말하면 외면적인 사물과의 우연한 접촉으로 인하여 이것저것을 관상하게끔 결정될 때마다, 자기 자신과 자기의 신체 및 외부의 물체에 대한 충분한 인식을 갖지 못한다. 그것은 다만 혼란하

고 기형적인 인식밖에 갖지 않는다. 그러나 반대로 많은 물체를 동시에 관상하는 것처럼 내부로부터 결정될 때처럼*29 사물의 일치점, 차이점, 반대점을 알게끔 결정될 경우에는 그렇지 않다. 왜냐하면 정신이 이런저런 방법에 따라 내면적으로 결정될 때마다 사물은 명료하게 관상되기 때문이다. 이것은 추후 명시할 예정이다.

정리30 우리는 우리 신체의 지속에 관하여 매우 불충분한 인식만을 갖고 있다.

증명: 우리들 신체의 지속은 신체의 본질에 의존하지 않는다[이 부의 공리1에 의해]. 또 신의 절대적 본성에도 의존하지 않는다[제1부 정리21에 의해]. 오히려 [제1부 정리28에 의해] 신체는 다른 원인에 의하여 일정한 방식으로 존재하고 작용하도록 결정된다. 이 원인도 다시 다른 원인으로 인하여 결정되고 이렇게 무한히 계속된다. 그러므로 우리들 신체의 지속은 자연의 공통적 질서와 사물의 배열 상태에 의존한다. 그러나 사물이 어떤 방식으로 배열되어 있는가에 대한 충분한 인식은, 인간 신체의 관념만을 갖는 경우의 신 안에서가 아니라 [이 부 정리9의 계에 의해] 모든 사물의 관념을 갖는 경우의 신 안에 내재한다. 그런 까닭으로 우리들 신체의 지속에 관한 인식은, 인간 정신의 본성만을 구성하는 것으로 보일 때의 신 안에서는 매우 불충분하다. 다시 말해 [이 부의 정리11의 계에 의해] 이 인식은 우리의 정신 안에서는 지극히 불충분하다. 이로써 이 정리는 증명되었다.

정리31 우리는 우리의 외부에 있는 개물의 지속에 관하여 매우 불충분한 인식밖에 갖지 못한다.

증명: 왜냐하면 각 개물은 인간 신체처럼 다른 개물로 인하여 스스로의 존재와 작용에 있어 일정한 방법으로 결정되어야 하며, 또 이 개물도 다른 개물에 의하여 결정되고 이렇게 무한히 계속되기 때문이다[제1부 정리28에 의해]. 그런데 나는 앞 정리에서 우리가 갖는 우리 자신의 신체의 지속에 대한 대단히 불충분한 인식을, 이 개물의 공통적인 특질에 의해서 증명했다. 그러므로 개물의 지속에 관해서도 같은 결론이어야 한다. 즉 우리는 개물의 지속에 관하여 매우 불충분한 인식밖에 갖지 못한다. 이로써 이 정리는 증명되었다.

계 : 이 귀결로서 모든 개물은 우연적이며 소멸 가능한 것이 된다. 왜냐하면 우리는 개물의 지속에 관한 충분한 인식을 하나도 가질 수가 없으며〔앞 정리에 의해〕, 바로 이 이유로 말미암아 사물의 우연성과 소멸 가능성을 가정할 수밖에 없기 때문이다〔제1부 정리33의 주해1을 볼 것〕. 실제로〔제1부 정리29에 의해〕 이런 의미가 아니고서는 우연적인 것은 하나도 없기 때문이다.

정리32 모든 관념은 신과 관계를 맺고 있는 경우에 한해서는 참된 것이된다.

증명 : 신 안에 있는 모든 관념은, 그것의〔대상, 바꾸어 말하면〕 관념화된 것과 완전히 일치하고 있다〔이 부의 정리7의 계에 의해〕. 따라서 〔제1부 공리6에 의해〕 이러한 모든 관념은 참(眞)이다. 이로써 이 정리는 증명되었다.

정리33 관념 안에는 그 관념을 허위로 만들 만한 적극적인 것이 하나도 없다.

증명 : 만일 이것을 부정한다면—가능하다면—오류와 허위의 형상을 구성하는 사유의 어떤 적극적인 양태가 있다고 생각해 보라. 이 사유의 양태는 신 안에 존재하지 않는다〔앞 정리에 의해〕. 그러나 그것은 신의 외부에 있는 것도 아니며 또 그렇게 생각될 수도 없다〔제1부 정리15에 의해〕. 따라서 관념 안에는 그 관념을 허위로 만들 만한 적극적인 것이 하나도 없다. 이로써 이 정리는 증명되었다.

정리34 우리들이 갖는 절대적이며 충분하고 완전한 모든 관념은 참된 것이다.

증명 : 우리들 안에 완전하고 충분한 관념이 존재한다고 말할 때, 그것은 〔이 부의 정리11의 계에 의해〕 우리들 정신의 본질을 구성하는 경우의 신 안에 충분하고도 완전한 관념이 존재함을 의미한다. 따라서 그것은 곧 〔이 부의 정리32에 의해〕 이런 관념이 참이라고 주장하는 것이다. 이로써 이 정리는 증명되었다.

정리35 허위는 불충분하고 기형적이며 혼란된 관념이 포함하는 인식의 결핍에 있다.

증명 : 관념 안에는 허위의 형상을 구성하는 아무런 적극적인 것도 없다〔이 부의 정리33에 의해〕. 그런데 허위는 〔인식의〕 절대적인 결핍에는 있을 수 없다. 왜냐하면 우리가 잘못되거나 기형적이라고 말할 때, 그 대상은 신체가 아니라 정신이기 때문이다. 또 허위는 절대적인 무지 속에도 있을 수 없다. 왜냐하면 무지와 오류는 별개의 것이기 때문이다. 그러므로 허위란, 사물의 불충분한 인식, 혹은 불충분하고 혼란된 관념을 포함하는 인식의 결핍에 있는 것이다. 이로써 이 정리는 증명되었다.

주해 : 나는 이 부의 정리17의 주해에서 어떤 이유로 오류가 인식의 결핍으로 인하여 일어나는가를 설명했다. 이를 보다 자세히 설명하기 위해서 예를 들어 보겠다.

자신이 자유라고 생각하는〔즉 자신이 자유의지로써 어떤 것을 하거나 하지 않거나 한다고 생각하는〕 사람들이 있다면, 그들은 잘못된 사람들이다. 이런 잘못된 의견을 말하는 것은, 그들이 자신들의 행동만 의식할 뿐 자신들을 그런 방향으로 결정짓는 여러 원인을 알지 못하기 때문이다. 그러므로 그들의 자유에 대한 관념은, 그들이 자신들의 행동 원인을 알지 못하는 데서 연유한다. 왜냐하면 그들이 "인간의 행동을 의지에 의존한다"고 말할 때, 그것은 단순한 주장일 뿐 그들은 그것의 의미는 전혀 이해하지 못하고 있으며 또 의지가 무엇인지, 의지가 신체를 어떻게 움직이는지를 전혀 알지 못하기 때문이다. 그리고 그것을 안다고 뻐기면서 영혼의 자리나 거주지를 생각해 내는 사람들은 주위의 조소와 짜증을 불러일으킬 뿐이다.

마찬가지로 태양을 볼 때 우리는, 태양이 우리들로부터 200피트 정도 떨어져 있다고 표상한다. 이런 오류는 그 표상 자체 안에 있는 것이 아니다. 그 오류의 원인은 오히려 우리가 이렇게 태양을 표상할 때 그 참된 거리와 이 표상의 원인을 알지 못하기 때문이다. 그 다음에 태양이 지구의 직경의 600배 이상이나 우리로부터 떨어져 있음을 인식한다 해도, 우리는 태양을 가까이 있는 것처럼 표상할 것이다. 우리가 태양까지의 참된 거리를 알지 못해서 태양을 가까이 있는 것처럼 상상하는 것은 아니다. 그 이유는 도리어 우리 신체의 변양이, 신체 그 자체가 태양으로부터 자극되는 경우에 한에서 태양의 본질을 포함하고 있기 때문이다.

정리36 불충분하고 혼란스러운 관념은 충분하고 명료한 관념과 같은 필연성에 의해서 생겨난다.

증명 : 모든 관념은 신 안에 내재한다〔제1부 정리15에 의해〕, 그리고 그 관념은 신과 관계를 맺는 한 참된 것이며〔이 부 정리32에 의해〕, 또〔이 부의 정리7의 계에 의해〕 충분하다. 따라서 그 관념은 어느 인간의 개별적인 정신에 관계되는 한 불충분하고 혼란스럽다〔이것에 대해서는 이 부의 정리24와 28을 볼 것〕. 그러므로 모든 관념은, 그것이 충분한 관념이거나 불충분한 관념이든 모두 같은 필연성〔이 부 정리6의 계에 의해〕에서 생겨난다. 이로써 이 정리는 증명되었다.

정리37 모든 사물에 공통적이며〔이것에 대해서는 앞의 보조정리2를 볼 것〕, 부분 안에서나 전체 안에서나 동일하게 존재하는 것은 결코 개물의 본질을 구성하지 않는다.

증명 : 이를 부정한다면—가능하다면—그런 것이 어떤 개물의 본질, 예를 들면 B의 본질을 구성한다고 생각해 보라. 그렇다면〔이 부의 정의2에 의해〕 그것은 B가 없다면 존재도 생각도 불가능해진다. 그러나 이는 가정(假定)에 위반된다. 그러므로 그것은 B의 본질에 속하지 않으며, 또 다른 개물의 본질도 구성하지 않는다. 이로써 이 정리는 증명되었다.

정리38 모든 것에 공통적이며 부분에서나 전체에서나 같은 방식으로 존재하는 것은, 충분하다고 말할 수 있다.

증명 : A가 모든 물체에 공통적이며, 각 물체의 부분에서나 전체에서나 동일하게 존재하는 것으로 가정하자. 이런 경우 나는 A를 충분한 것으로밖에 생각할 수 없다. 왜냐하면 A의 관념은〔이 부의 정리7의 계에 의해〕 인간 신체의 관념을 갖는 경우의 신 안에서나, 또한〔이 부의 정리16, 25, 27에 의해〕 인간 신체의 본성과 외부 물체의 본성을 부분적으로 포함하는 신체의 변양〔자극상태〕의 관념을 갖는 경우의 신 안에서 필연적으로 충분할 것이다. 즉〔이 부의 정리12와 13에 의해〕 이 관념은, 인간 정신을 구성하는 경우의 신 안에서, 혹은 인간 정신 안에 있는 여러 관념을 갖는 경우의 신 안에서 필연적으로 충분할 것이다. 그러므로〔이 부 정리11의 계에 의해〕 정신은 A

를 필연적으로 충분히 지각한다. 그리고 그것은 정신이 자기 자신을 지각하는 경우에도, 또 자신의 신체 혹은 외부의 물체를 지각하는 경우에도 역시 마찬가지이다. 그리고 A는 그것 이외의 방법으론 생각되지 않는다. 이로써 이 정리는 증명되었다.

계 : 이것에 대한 결론으로서 모든 사람에게 공통적인 몇 개의 관념 혹은 개념이 존재하게 된다. 왜냐하면 〔보조정리2에 의해〕 모든 물체는 몇 가지 점에서 일치하고, 〔앞 정리에 의해〕 이런 사실은 모든 사람에 의해 충분히 혹은 명료하게 지각되어야 하기 때문이다.

정리39 인간 신체 및 항상 인간 신체를 자극하는 몇 개의 외부 물체에 공통적이며 특유한 것, 그리고 이들 각 물체의 부분에서나 전체에서나 동일하게 존재하는 것. 이런 존재물에 대한 관념도 또한 정신 안에서 충분하다.

증명 : 인간 신체에게도 외부의 몇몇 물체에게도 공통적이며 특유하고, 인간 신체 안에서나 외부의 여러 물체 안에서나 동일하게 존재하며, 또 외부 각 물체의 부분에나 전체에나 동일하게 존재하는 존재물 A를 가정하자.

A 자신에 관해서 볼 때, 신이 인간 신체의 관념을 갖는 경우이건, 또 앞서 기술한 외부 여러 물체의 관념을 갖는 경우이건, 신의 내부엔 그것에 대한 충분한 관념이 있을 것이다〔이 부 정리7의 계에 의해〕. 이제 인간 신체가 외부의 물체와 공통적으로 갖는 것, 예를 들면 A에 의해서 외부 물체로부터 자극된다고 가정하자. 이 자극〔변양〕의 관념은 A라는 특질을 포함할 것이다 〔이 부의 정리16에 의해〕. 따라서 〔이 부의 정리7의 계에 의해〕 A라는 특질을 포함하는 한 이 변양의 관념은, 인간 신체의 관념으로 변양된 경우의 신 안에서, 바꾸어 말하면 〔이 부의 정리13에 의해〕 인간 정신의 본성을 구성하는 경우의 신 안에서 충분한 것이다. 따라서 〔이 부의 정리11의 계에 의해〕 이 관념은 인간 정신 안에서도 충분하다. 이로써 이 정리는 증명되었다.

계 : 이로부터 다음의 결론이 나온다. 즉 신체가 다른 여러 물체와 함께 공통적인 점을 좀더 많이 가질수록, 정신도 그만큼 충분히 여러 가지 사물들을 지각할 것이다.

정리40 정신 안의 충분한 여러 관념에서부터 정신 안에 생겨나는 모든 관념은 언제나 충분하다.

증명 : 이것은 명백하다. 우리가 인간 정신의 내부에 있는 충분한 여러 관념들 중에서 하나의 관념이 정신 안에 생겨난다고 말할 때, 그 관념은 〔이 부의 정리11의 계에 의해〕 무한한 경우의, 또는 대단히 많은 개물의 관념에 의하여 변양된 경우의 신이 아니고, 오히려 인간 정신의 본질만을 구성하는 경우의 신을 원인으로 하는 관념이기 때문이다. 이 관념은 신의 지성 그 자체 안에 존재한다고밖에 말할 수 없다〔그러므로 그것은 충분해야 한다〕.

주해1 : 이상으로써 나는 공통개념*30이라 불리며, 또한 우리들 추론의 기초가 되는 개념의 원인을 설명했다. 그런데 어떤 종류의 공리나 개념에는 그것 이외의 다른 원인이 있다. 이 원인을 우리들의 이와 같은 방법에 따라 설명함이 유익할 것이다. 왜냐하면 이런 방법으로 인하여 어떤 개념이 다른 개념보다 유익한지, 또 어떤 개념이 전혀 무용한지가 밝혀지기 때문이다. 따라서 어떤 개념이 〔모든 사람들에게〕 공통적이며, 어떤 개념이 편견 없는 사람들에게만 명료하고 판연한지, 끝으로 어떤 개념이 불안전한 기초 위에 놓여 있는지 이런 의문들도 밝혀질 것이다.

그 밖에 제2차 개념이라고 불리는 개념과*31 그 개념을 기초로 하는 공리가 어디에 그 근원을 두고 있는지도 해명될 것이다. 그리고 내가 이런 것들에 대해 지금까지 고찰해 온 다른 사실들도 밝혀질 것이다. 그러나 나는 이와 같은 문제들에 관해서는 다른 논문에서 논하려고 한다.*32 따라서 이런 사실들에 관해 너무 장황하게 논하여 사람들을 싫증나게 만들 수는 없으니, 여기서는 이를 생략하고자 한다.

그럼에도 불구하고 알 필요가 있는 것을 하나도 버리지 않기 위하여 나는 존재, 사물 어떤 것 등의 소위 초월적인 명사(名辭)*33가 어째서 생겨나는 것인지 그 원인을 간단하게 진술하고 싶다. 이들 명사가 생겨나는 까닭은, 인간 신체는 유한하므로 그 안에는 일정수의 상〔상이 어떤 것이지에 관해서는 이 부의 정리17의 주해에서 설명했다〕만이 동시에 판연하게 형성될 수 있기 때문이다. 이런 일정수를 초월한다면 이들 상은 혼란해지기 시작할 것이다. 그리하여 만일 상의 수가 신체 속에 동시에 판연하게 형성될 수 있는 상의 수를 훨씬 초월한다면, 모든 상은 서로 뒤죽박죽이 될 것이다. 이런 이유로 인간 정신이 신체 안에서 동시에 형성되는 상과 같은 수만큼의 물체만을 동시에 판연하게 표상할 수 있음은, 이 부의 정리17의 계와 정리18로 미루어 보아 명백하다. 상이 신체 내에서 완전히 혼란스러워지면 정신도 혼란하여 여러 물체를 무차별적으로 표상할 것이다. 그리하여 그것들을 하나의 속성 즉 존재나 사물의 속성 밑에 포괄시켜 버릴 것이다. 이런 결론은 상이 언제나 활발하지는 않다는 데서도, 또 이와 유사한 원인에서도 이끌어 낼 수 있다. 그러나 이들 원인에 관해서는 여기서 설명할 필요가 없다. 왜냐하면 우리들이 추구하는 목적을 위해서는, 다만 하나의 원인을 고찰하는 것만으로 충분하기 때문이다. 어떤 원인이든, 그 명사들이 대단히 혼란된 관념을 표현하고 있음을 가르쳐 주기는 마찬가지니까.

　다음으로 위와 유사한 원인에서 인간·말·개와 같은 보편개념이 생겨난다. 즉 그것은 표상력을 훨씬 초월할 정도로 많은 것은 아니지만, 어느 정도 그것을 초월하는 많은 상이다. 예를 들어 인간의 상이 인간의 신체 내에서 동시에 형성되는 경우를 보자. 이 경우 정신은, 개인의 사소한 차이점〔즉 각자의 피부색, 크기 등〕 및 일정수의 인간을 상상할 수 없다. 다만 정신은 신체가 그들 인간으로부터 자극을 받는 경우에 한해서 생겨나는 모든 사람이 일치점만을 판연하게 표상할 것이다. 이 이유는 그 일치점으로 말미암아 인체가 가장 많이 각 개인으로부터 자극되기 때문이다. 우리 정신은 이런 일치점을 인간이란 명사로 표현하고, 그것을 무수한 개인에게 귀속시킨다. 왜냐하면 방금 언급했던 것처럼 정신은 일정수의 개인을 상상할 수 없기 때문이다. 그러나 다음 사실에 유의해야 한다. 즉 이들 개념은, 모든 사람에 의하여 같은 방법으로 형성되는 것이 아니고, 도리어 신체를 빈번히 자극하여 정신에 의해 더 한층 쉽게 표상되고 상기되는 것에 따라, 각 사람들에게는 다르게 표현되는 것이다. 예를 들면 좀더 빈번히 인간의 모습을 경탄하면서 관상하는 사람은, 인간이란 명사를 직립보행하는 모습의 동물로 이해할 것이다. 그러나 별개의 방식으로 인간을 관상하는 습관이 든 사람은, 인간에 관하여 다른 공통적인 상을 형성할 것이다. 즉 그는 인간을 웃는 동물, 날개 없는 이족동물(二足動物), 이성적 동물 등으로 표상할 것이다. 그리고 다른 여러 것들에 대해서도 각 사람들은 그의 신체 상태에 따라, 사물의 일반적 표상을 형성할 것이다. 그러므로 자연물을 단순한 상에 의해서 설명하려 했던 철학자들 사이에 그런 많은 논쟁이 생겨났다는 사실도 놀랄 것이 못된다.

주해2 : 이상의 여러 진술에서 명백하게 드러난 것처럼 우리는 많은 것을 지각하고 보편개념을 형성한다. 그 수단은 다음과 같다.

(1)이 개념은 감각에 의해서 손상되고 혼란해져 지성적인 질서 없이 우리들 앞에 나타나는 개물에서 형성된다[이 부의 정리29의 계를 볼 것]. 따라서 나는 이런 지각을 확실치 않는[모호한] 경험에서 오는 인식이라고 즐겨 부른다.

(2)이 개념은 기호에서 발생한다. 예를 들면 우리가 어떤 말을 듣든가 읽든가 하여 사물을 회상하고, 그것에 따른 어떤 관념—그 관념은 우리가 사물을 표상할 때의 관념과 비슷함—을 형성한다[이 부의 정리18의 주해를 볼 것].

나는 사물을 관상하는 이런 두 양식을 이제부터 제1종의 인식, 다른 말로 의견(opinio) 혹은 표상(imaginatio)이라고 부를 것이다.

(3)끝으로 이 개념은 우리가 사물의 특질에 관하여 공통개념 및 충분한 관념을 갖는 데서 형성된다[이 부의 정리38의 계, 39와 그 계, 그리고 정리40을 볼 것]. 이를 나는 이성 혹은 제2종의 인식이라고 부른다.

이상의 두 인식 이외에 제3종의 인식이 있다. 우리는 그것을 직관지(直觀知, scientia intuitiva)라고 부른다. 그리고 이 제3종의 인식은, 신의 몇 가지 속성의 형상적 본질에 관한 충분한 인식에서부터 사물의 본질에 관한 충분한 인식으로 옮겨 간다.

이 사실들을 나는 하나의 예로써 설명하겠다. 예를 들면 세 가지 수가 주어져 있다고 하자. 이제 첫째 수에 대한 둘째 수의 관계와 같은 것을, 셋째 수에 대해 가지는 넷째 수를 구하려 한다. 이때 상인들은 틀림없이 둘째 수에 셋째 수를 곱하여 그 결과를 첫째 수로 나눌 것이다. 그 이유는 상인들이 선생으로부터 아무런 증명 없이 들은 것을 잊지 않았든가, 혹은 그런 일을 간단한 수로써 자주 경험했든가, 또《유클리드》제7권의 정리19의 증명*34에 나오는 비례수의 공통적 특질에서 배웠든가 셋 중 하나일 것이다. 그러나 극히 간단한 수의 경우 이런 일은 전혀 불필요하다. 예를 들면 1, 2, 3의 수가 주어질 경우 네 번째 비례수가 6이란 것을 누구나 즉시 이해할 수 있다. 이 방법은 첫째 수의 둘째 수에 대한 관계 그 자체를 어떤 종류의 직관에 의해서 간파하고, 그것으로 인하여 넷째 수 자체를 이끌어 내므로 다른 방법보다 훨씬 명료하다.

정리41 제1종의 인식은 허위[오류]의 유일한 원인이다. 이에 반하여 제2종, 제3종의 인식은 필연적으로 참된 인식이다.

증명: 앞 정리의 주해에서 우리는 불충분하고 혼란한 모든 관념은 제1종의 인식에 속한다고 했다. 따라서 [이 부의 정리35에 의해] 이 인식은 허위의 유일한 원인이다. 다음으로 우리는 제2종, 제3종의 인식에는 충분한 관념이 따른다고 했다. 그러므로 [이 부의 정리34에 의해] 이들 인식은 필연적으로 참이다. 이로써 이 정리는 증명되었다.

정리42 우리들에게 허위와 참의 구별을 가르쳐 주는 것은, 제1종의 인식이 아니라 제2종과 제3종의 인식이다.

증명: 이 정리는 그 자체로서 자명하다. 왜냐하면 참과 허위의 구별을 안다는 것은, 참과 허위에 대한 충분한 관념을 갖고 있음을 의미하기 때문이다. 이 경우 우리는 [이 부의 정리40의 주해2에 의해] 참과 허위를 제2종과 제3종의 인식에 의해서 인식해야 한다.

정리43 참된 관념을 갖는 사람은, 동시에 자신이 참된 관념을 지니는 것을 알고 있으며 그 사실의 진리를 의심할 수 없다.

증명: 우리들이 갖는 참된 관념은 신의 내부에, 즉 인간 정신의 본성에 의하여 설명되는 경우의 신에 내재된 충분한 관념이다[이 부의 정리11의 계에 의해]. 그러면 인간 정신의 본성에 의해서 설명되는 경우의 신의 내부에 충분한 관념 A가 존재한다고 가정해 보자. 이 관념에 대해서도, 이것과 같은 방식으로 신에 귀속되는 관념이 신에 내재되어 있어야 한다[이 부의 정리20에 의거 이 증명은 일반적이다]. 그런데 가정에 따르면 관념 A는, 인간 정신의 본성에 의하여 설명되는 경우의 신에 귀속된다. 그러므로 관념 A의 관념도 역시 같은 방식으로 신에 귀속되어야 한다. 즉 [이 부의 정리11의 같은 계에 의해] 이 관념 A에 대한 충분한 관념은, 충분한 관념 A를 갖는 정신 가운데 존재할 것이다. 따라서 충분한 관념을 갖는 사람은, 바꾸어 말하면 [이 부의 정리34에 의해] 사물을 참되게 인식하는 사람은 동시에 자신의 인식에 대한 충분한 관념 혹은 참된 인식을 가져야 한다. 또는 [그 자체 명백한 것처럼] 동시에 그것에 대하여 확실하지 않으면 안 된다. 이로써 이 정리

는 증명되었다.

주해 : 이 부의 정리21의 주해에서 나는 관념의 관념이 무엇인지를 설명했다. 그런데 우리는 앞 정리가 그 자체로 충분히 명백하다는 사실에 주의해야한다. 왜냐하면 참된 관념을 갖는 사람은 누구나, 참된 관념이 최고의 확실성을 포함하고 있음을 알기 때문이다. 왜냐하면 참된 관념을 갖는 것이, 사물들을 완전히 혹은 가장 올바르게 인식함을 의미하기 때문이다. 실제 관념을 화판(畫板) 위의 그림처럼 침묵하는 것으로 생각지 않고, 그것을 사유의 양태 즉 인식 그 자체로 생각한다면, 누구나 기술한 사실을 의심하지 않을 것이다. 그리고 나는 이렇게 묻겠다. 자신이 이전에 어떤 것을 인식하지 않았다면, 자신이 그것을 지금 인식하고 있음을 어느 누가 알 수 있겠는가? 바꾸어 말하면 이전에는 그 사실에 관하여 확실하지 않았는데, 지금 그에 대한 자신의 확실성을 누가 알 수 있단 말인가? 또 진리의 규범으로서, 참된 관념 이상으로 명료하고 확실한 것이 달리 또 있단 말인가? 실제 빛이 빛 자신과 어두움을 밝혀 주는 것처럼, 진리는 진리 자신과 허위와의 규범 역할을 한다.

이상으로 나는 다음 문제에 답한 셈이다. 즉 만일 참된 관념이 [사유의 양태인 경우가 아니라] 다만 그 대상과 일치한다고 여겨지는 경우에만, 허위의 관념과 구별된다면, 참된 관념은 실재성과 완전성에 관하여 허위의 관념 이상의 것을 [양자는 내적 특징에 의해서 구별되지 않고 외적 특징에 의해 구별되기 때문에] 하나도 갖지 않는가 하는 문제이다. 또 이에 따라 참된 관념을 갖는 인간[또는 인간 정신]이, 다만 허위의 관념만 갖는 인간보다 실재성 혹은 완전성에 관하여 우수하지는 않은가 하는 문제이다. 다음으로 인간이 허위의 관념을 갖는 것은 어떤 근거를 바탕으로 이루어지는가 하는 문제이다. 그리고 끝으로 인간이 자기 자신과 그 대상[혹은 객체] 사이의 일치하는 관념을 가진다는 것을 무엇에 의해서 확실히 알 수 있을까 하는 문제이다.

이 문제들에 관하여 나는 이미 답을 제시했다고 생각한다. 왜냐하면 참된 관념과 허위의 관념과의 차이에 관해서는 이 부의 정리35에서 명시했기 때문이다. 즉 참된 관념이 허위의 관념에 대해 가지는 관계는, 존재가 비존재에 대해 가지는 관계와 동일하다는 사실이 밝혀졌다. 또 허위의 원인에 관해서는, 정리19에서 35와 그 주해에 이르기까지 충분히 명료하게 제시했다.

또한 이로부터 참된 관념을 소유하는 사람과 허위의 관념을 지니는 사람과의 차이점도 명백해졌다.

최후의 문제도 그렇다. 사람은 자신이 〔그 객체 혹은〕 대상과 일치하는 관념을 가진다는 사실을 어떻게 알 수 있는가. 이에 관해서는 사람은 자신이 〔그 객체 또는〕 대상과 일치하는 관념을 갖고 있으며, 또는 진리가 진리 자신의 규범이라는 점에서 이미 충분히 밝혀졌다. 더욱이 우리의 정신은, 사물을 참되게 지각하는 경우에 한해서 신의 무한지성(無限知性)의 일부이다〔이 부의 정리11의 계에 의해〕. 따라서 필연적으로 정신의 명료하고 판연한 관념은 신의 관념과 똑같이 참된 것이다.

정리44 이성의 본성은 사물을 우연적이 아니라, 필연적인 것으로 관상한다.

증명 : 이성의 본성은 사물을 참되게 지각하는 것이다〔이 부의 정리41에 의해〕. 즉 그것은 〔제1부 공리6에 의해〕 사물을 있는 그대로 지각하는 것, 바꾸어 말하면 〔제1부 정리29에 의해〕 사물을 우연이 아니라 필연으로서 지각하는 것이다. 이로써 이 정리는 증명되었다.

계1 : 이것의 결론으로서, 우리가 사물을 과거와 미래에 관하여 우연적인 것으로 관상하는 현상은 오로지 표상력에 의존한다.

주해 : 그러나 이런 일이 일어나는 이유를 여기서 나는 다소나마 설명하고자 한다. 우선 우리는 〔이 부의 정리17과 그 계에서〕 사물의 현존재를 제거하는 원인이 나타나지 않는다면, 가령 그 사물이 현재 존재하지 않는다 해도 정신은 그 사물을 항상 자신에게 현재적인 것으로 표상함을 증명하였다.

다음으로 〔이 부의 정리18에서〕 만약 인간 신체가 과거에 외부의 두 물체로부터 동시에 자극받고, 정신이 이후에 그중 하나를 표상할 때 즉시 다른 하나의 물체를 회상한다는 것도 명시했다. 즉 양자의 현존재를 제거하는 원인이 나타나지 않는다면, 그 양자가 자신에게 현재적인 것으로 고찰됨을 밝혀 두었다.

그리고 우리들이 시간을 표상한다는 사실에 대해서는 아무도 의심하지 않는다. 즉 우리는 어떤 물체가 다른 물체보다 느리게 혹은 빠르게, 또 같은 속도로 운동하는 것을 생각함에 따라, 시간을 표상하는 셈이 된다.*35

어떤 아이가 전날 아침에 처음 베드로를 보고, 한낮에 바울로를, 저녁에 시몬을, 그리고 오늘 아침에 다시 베드로를 보았다고 가정하자. 이 부의 정리18로 인하여 명백해졌듯이, 그 아이는 아침 빛을 보자 즉시, 태양이 전날과 같은 하늘의 궤도를 운행하고 있음을 표상할 것이다. 또는 하루 전체의 경과를 표상하고, 아침이 되면 동시에 베드로를, 한낮에 바울로를 저녁에 시몬을 표상할 것이다. 그는 바울로와 시몬의 존재를 미래의 시간에 관련지어 표상할 것이다. 반대로 그가 저녁에 시몬을 본다면, 과거의 시간과 동시에 바울로와 베드로를 상상하고, 그들 두 사람을 과거의 시간에 관련지을 것이다. 그리고 이 세 사람의 인간을 그가 이런 순서로 되풀이하여 만난다면, 이러한 표상결합은 좀더 확고해질 것이다.

그러나 그가 어떤 날 저녁에 시몬 대신에 야곱을 한 번이라도 본다면, 그는 그 다음 날 저녁 시간을 생각할 때 시몬이나 야곱 중 누군가를 표상하지만, 양자를 동시에 표상할 수는 없을 것이다. 왜냐하면 그는 저녁에 두 사람 가운데 한 사람을 봤을 뿐, 그 두 사람을 동시에 본 것으로 가정되어 있지 않기 때문이다. 이로써 그의 표상은 동요하고, 닥쳐올 미래의 저녁을 생각할 때 이 사람 혹은 저 사람을 표상할 것이다. 즉 그는 두 사람 가운데 누가 확실하게 나타나리라 생각할 수 없다. 그래서 그는 그들 중 어느 사람이 우연적으로 나타나리라 생각할 것이다. 그리하여 이런 표상의 동요는, 우리가 이같은 방법으로 과거나 현재에 관해서 관상하는 사물에 대해 표상할 때면 언제나 동일하게 나타날 것이다. 따라서 우리는 사물을 현재와 과거, 미래에 관해서 어느 때나 우연적인 것으로 상상할 것이다.

계2 : 이성의 본성은 사물을 어떤 영원한 상(像) 아래에서 지각하는 것이다.

증명 : 이성의 본성은 사물을 우연적인 것이 아니고 필연적인 것으로 관상하는 것이다(앞 정리에 의해). 그런데 이성은 사물의 필연성을 [이 부의 정리41에 의해] 참되게, 즉 [제1부 공리6에 의해] 그 자신에게 있는 그대로 지각한다. 그런데 [제1부 정리16에 의해] 사물의 이 필연성은 신의 영원한 본성의 필연성 그 자체이다. 그러므로 이성의 본성은 이 영원의 상 아래에서 사물을 관상하는 것이다.

게다가 이성의 기초는 개념이다(이 부의 정리38에 의해). 그 개념은 모든 사물의 공통적인 것을 설명하고〔이 부 정리37에 의해〕, 어떤 개물의 본질은 설명하지 않는다. 그러므로 그들 개념은 시간과 아무런 관계 없이, 어떤 영원한 상(相)을 근거로〔상 밑에서〕*36 생각되지 않으면 안 된다. 이로써 이 계는 증명되었다.

정리45 현실적으로 현존하는 모든 물체 혹은 개물에 대한 관념은, 신의 영원하고 무한한 본질을 필연적으로 포함하고 있다.

증명: 현실적으로 현존하는 개물의 관념은, 그 개물의 본질 및 존재를 필연적으로 포함하고 있다〔이 부의 정리8의 계에 의해〕. 그런데 개물은〔제1부 정리15에 의해〕신 없이는 생각될 수 없다. 그리고 개물은〔이 부의 정리6에 의해〕자신이 그 양태로 되어 있는 속성 밑에서〔즉 근거로〕생각되는 경우의 신을 그의 원인으로 하고 있다. 이 때문에 개물의 관념은〔제1부 공리4에 의해〕자신이 속해 있는 속성의 개념, 즉〔제1부 정의6에 의해〕신의 영원하고 무한한 본질을 필연적으로 포함하지 않으면 안 된다. 이로써 이 정리는 증명되었다.

주해: 여기서 말하는 존재는 지속이 아니다. 즉 추상적으로 생각되는 경우의 존재, 이른바 일종의 양(量)으로 생각되는 경우의 존재가 아니다. 왜냐하면 존재의 본성, 바꾸어 말하면 신의 영원한 본성의 필연성에서 무한히 많은 것이 무한히 많은 방식으로 생겨난다는 사실로부터〔제1부 정리16을 볼 것〕, 개물에 귀속되는 존재의 본성에 대해 나는 언급하고 있기 때문이다. 즉 나는 신 안에 내재되어 있는 경우의 개물의 존재 그 자체에 관하여 언급하고 있는 것이다.*37 왜냐하면 모든 개물은, 다른 개물에 의하여 일정한 방식으로 존재하게끔 결정되어 있다고 하지만, 그 개물이 각기 존재를 고집하는 힘은 신의 본성의 영원한 필연성에서 생겨나기 때문이다〔이에 관해서는 제1부 정리24의 계를 볼 것〕.

정리46 모든 관념이 함유하는 신의 영원하고 무한한 본질에 관한 인식은 충분〔타당〕하고 완전하다.

증명: 이 정리의 증명은 일반적이다. 그리하여 가령 사물이 부분적으로 혹은 전체적으로 고찰된다 해도 그 사물의 관념은, 전체에 관해서나 부분에

관해서나 〔앞 정리에 의해〕 신의 영원하고 무한한 본질을 포함하고 있다. 그러므로 우리에게 신의 영원하고 무한한 본질에 관한 인식을 주는 것은, 모든 사물에 공통적이며 부분에서나 전체 안에서나 동일하게 존재한다. 따라서 〔이 부의 정리38에 의해〕 이런 인식은 충분한 것이다. 이로써 이 정리는 증명되었다.

정리47 인간 정신은 신의 영원하고 무한한 본질에 관한 충분한〔타당한〕인식을 갖고 있다.

증명 : 인간 정신은 〔이 부의 정리23에 의해〕 자기 자신과 〔이 부의 정리19에 의해〕 자신의 신체와〔이 부의 정리16의 계1과 정리17에 의해〕 외부 물체를 현실적으로 존재하는 것으로 지각하는 여러 관념을 갖고 있다〔이 부의 정리22에 의해〕. 따라서 〔이 부의 정리45와 46에 의해〕 인간 정신은, 신의 영원하고 무한한 본질에 관한 충분한 인식을 갖고 있다. 이로써 이 정리는 증명되었다.

주해 : 이런 사실로부터 우리는 신의 무한한 본질과 그 영원성이 모든 사람들에게 인식됨을 알 수 있다. 그런데 모든 것은 신 안에 내재하며 신으로 말미암아 생각되기 때문에, 그 결론으로서 우리는 이 인식에서 충분한 인식을 이끌어 내고, 따라서 제3종의 인식을 형성할 수 있다. 이 제3종의 인식에 관해서는 이 부의 정리40의 주해2에서 논술했는데, 그 가치와 효용에 대해서는 제5부에서 언급할 것이다.

그러나 사람들은 신에 대해서는 공통개념보다 더 명료한 인식을 가질 수 없다. 그 이유*38는 사람들이 신을 물체처럼 상상할 수 없으며, 신의 명칭을 자신들이 습관적으로 보아온 사물들의 상(像)에 결부하여 왔기 때문이다. 이런 사실은 인간에게는 불가피한 일이다. 왜냐하면 인간은 끊임없이 외부 물체로부터 자극되기 때문이다.

실제 대부분의 오류는, 사람들이 사물의 명칭들을 바르게 부르지 않는 데에서 비롯된다. 왜냐하면 누군가가 원(圓)의 중심에서 원주를 향하여 그어진 모든 선(線)이 같지 않다고 말할 때, 마찬가지로 누군가가 틀림없이 원을 수학자와는 다른 방식으로 이해하고 있는 것이다. 마찬가지로 누군가가 잘못 계산할 때, 그것은 그의 정신 안의 수와 종이 위의 수가 다름을 의미한다. 그러므로 만일 그대가 그의 정신을 본다면, 그에게는 잘못이 없음을 알 수 있다. 그럼에도 불구하고 그가 잘못된 것으로 보이는 까닭은, 그가 종이 위의 수와 똑같은 수를 정신 안에 보유하고 있다고 우리가 생각하기 때문이다. 그렇게 생각하지 않고서는 그의 오류를 믿을 수 없을 것이다.

최근 나는 어느 사람이 '우리 뜰이 이웃집 닭한테로 날아 들어갔다'고 외치는 소리를 들었다. 나는 그가 잘못되었다고 생각하지 않는다. 왜냐하면 나는 그의 말을 충분히 잘 이해하기 때문이다. 그리고 이런 사실로 말미암아 많은 논쟁이 생겨나는 원인은, 사람들이 자신들의 정신을 바르게 설명하지 않든가, 또는 다른 사람의 정신을 오해하고 있든가 둘 중 하나이다. 왜냐하면 그들이 심각하게 대립하고 있을 때도 사실은 같은 것을 생각하든가, 또는 전혀 상이한 주제에 대해 생각한다. 결국 서로가 상대에게 있다고 생각하는 오류와 부조리는 실제 존재하지 않는 것이다.

정리48 정신 속에는 절대적인 의지, 즉 자유의지가 존재할 수 없다. 오히려 정신은 이것저것을 의도하게끔 하는 원인으로 말미암아 결정되고, 이 원인은 또 다른 원인에 의해서 결정되고, 다시 이것은 다른 원인에 의해 결정된다. 이렇게 무한히 진행된다.

증명 : 정신은 사유의 한 양태이다〔이 부의 정리11에 의해〕. 따라서 〔제1부 정리17의 계2에 의해〕 정신은 자기 활동의 자유원인이 될 수도 없으며, 또 의도하거나 의도하지 않거나 하는 절대적 능력도 가질 수 없다. 오히려 정신은 이것저것을 의도하도록 〔제1부 정리28에 의해〕 원인에 의하여 결정되지 않으면 안 된다. 그리고 이 원인도 또 다른 원인으로 인하여 결정되고 그 원인도 역시 다른 원인으로 말미암아 결정되어야 한다. 이렇게 계속된다. 이로써 이 정리는 증명되었다.

주해 : 정신 속에는 인식하고 욕구하며 사랑하는 따위의 절대적 능력이 있을 수 없음이 같은 방법으로 증명된다. 이로써 다음과 같은 결론이 나온다. 이들 능력 및 이들과 유사한 능력은 순전한 상상물이든가, 다른 말로 형이상학적 존재이든가, 혹은 우리가 언제나 개별적인 것으로부터 형성하려 하는 보편개념에 지나지 않는다. 따라서 지성이 이것 혹은 저것의 관념에 대해, 또는 의지가 이것 혹은 저것의 의지작용에 대해 갖는 관계는, 돌〔石〕 일반의

이 돌 저 돌에 대한 관계와 같고 인간 일반의 베드로와 바울로에 대한 관계와 같은 것이다. 참고로 인간이 자신을 자유라고 사고하는 이유는 제1부의 부록에서 설명했다.

그런데 더 계속하기 전에 의지가 욕망이 아니고, 긍정과 부정의 능력이란 점을 여기서 주의해 두고자 한다. 즉 나는 의지를, 진실과 허위에 대해 긍정하거나 부정하는 정신의 능력으로 이해하고, 결코 사물을 욕구하거나 거부하는 욕망으로 이해하지 않는다. 이들 능력이 개별적인 것에서 형성된 보편개념으로, 개별적인 것에서 구별되지 않는다는 사실은 이미 증명되어 있다. 그러므로 우리는 이제 의지작용 그 자체가, 사물의 관념 그 자체와 서로 다른지의 여부를 탐구해야 한다. 즉 정신 속에 관념으로서의 관념이 함유하는 긍정 혹은 부정 외에 다른 긍정이나 부정이 존재하는지 탐구해야 한다.

이것에 관해서는 다음의 정리와 이 부의 정의3을 참조하길 바란다. 그리하여 사유가 상징적인 표현으로 전락하지 않도록 배려해야 한다. 왜냐하면 나는 관념을 눈(眼)에서 만들어진 상으로—또는 뇌(腦)의 중심부에서 만들어진 상이라 해도 된다—이해하지 않고 사유의 개념으로 이해하고 있기 때문이다.

정리49 정신 안에는 관념으로서의 관념이 포함하는 것 이외의 어떤 의지작용도, 즉 긍정 및 부정도 존재하지 않는다.

증명 : 정신의 내부에는 [앞 정리에 의해] 의도하거나 의도하지 않거나 하는 절대적 능력은 존재하지 않는다. 다만 개개의 의지작용, 즉 이것 또는 저것의 긍정이나 부정이 존재할 뿐이다. 그럼 여기서 어느 하나의 의지작용, 즉 정신에 의하여 삼각형의 내각의 합이 이직각(二直角)과 같다는 것을 긍정하게 하는 사유의 양태를 생각해 보자. 이 긍정은 삼각형의 개념 또는 관념을 포함하고 있다. 즉 그것은 삼각형의 관념이 없다면 생각될 수 없다. 왜냐하면 만일 A가 B의 개념을 포함해야 한다고 말할 때, 그것은 B 없이는 A가 생각될 수 없음을 뜻하기 때문이다. 그리고 이 긍정은 [이 부의 공리3에 의해] 삼각형의 관념 없이는 존재할 수 없다. 그러므로 이 긍정은 삼각형의 관념이 없다면 존재도 생각도 불가능해진다. 또한 이 삼각형의 관념은 같은 긍정, 즉 삼각형의 내각의 합이 이직각과 같다는 긍정을 포함하지 않으면 안

된다. 그러므로 반대로 이 삼각형의 관념은, 이 긍정이 없다면 존재도 생각도 불가능해진다. 따라서 [이 부의 정의2에 의해] 이 긍정은 삼각형의 관념의 본질에 속하고, 결국 삼각형의 관념 그 자체이다. 이 의지작용에 관한 논술은 [우리가 이 의지작용을 임의로 골랐으므로] 모든 의지작용에 대해서도 타당하다. 즉 의지작용은 관념 이외의 다른 무엇도 아니다. 이로써 이 정리는 증명되었다.

계 : 의지와 지성은 같은 것이다.

증명 : 의지는 개개의 의지작용이며, 지성은 개별적인 관념이다[이 부의 정리48과, 같은 정리의 주해에 의해]. 그런데 개별적인 의지작용과 관념은 [앞 정리에 의해] 같은 것이다. 그러므로 의지와 지성은 동일한 것이다. 이로써 이 계는 증명되었다.

주해 : 이것으로 우리는 일반적인 오류의 원인을 제거했다. 그런데 이미 진술한 것처럼 허위[오류]란, 기형적이고 혼란스러운 관념이 내포하는 결핍에서 생겨난다. 그러므로 잘못된 관념은 허위이기 때문에 확실성을 포함하지 않는다. 만일 인간이 잘못된 관념에 만족하여 그것에 대해 의심하지 않는다면, 그것은 그가 확실한 상태이기 때문이 아니라 그가 그것에 대하여 의심하지 않는다고 하는 것에 불과하다. 혹은 그의 표상을 흔들리게 하는 원인[그가 그것을 의심하는 원인]이 전혀 존재하지 않기 때문에, 그는 잘못된 관념에 만족하고 있다고 말하는 데 불과하다. 이에 대해서는 이 부의 정리44의 주해를 보라. 그러므로 어떤 사람이 허위의 관념을 끝까지 고집한다고[즉 그것을 의심하지 않는다고] 가정한다 해도, 우리는 그가 그것에 대해 확실성을 지닌다고 말할 수 없다. 왜냐하면 우리는 확실성을 어떤 적극적인 것으로만 이해하지[이 부 정리43과 그 주해를 볼 것] 회의의 결핍으로 이해하지는 않기 때문이다. 우리는 확실성의 결핍을 허위로 이해한다.

그런데 앞 정리를 좀 더 상세히 설명하려면 두세 가지 유의점을 살펴봐야 한다. 또한 우리의 이 의견에 대한 온갖 반대론에도 답해야 한다. 끝으로 모든 의심을 제거하기 위하여, 이 설(說)의 효용을 약간이나마 지적하는 것도 가치있는 일이라고 생각한다. 나는 약간의 효용이라고 말하겠다. 왜냐하면 가장 중요한 효용은 제5부에서 분명히 이해되기 때문이다.

첫째로 관념 혹은 정신의 개념과 우리가 표상하는 사물의 상(像)을 정확하게 구별하도록 주의하기 바란다. 둘째로 관념과 우리들이 사물을 표시할 때 사용하는 낱말을 구별할 필요가 있다. 왜냐하면 이들 세 가지, 즉 사물의 상, 말, 관념이 많은 사람들에 의하여 완전히 혼동되어 있거나 또는 충분히 정확하게〔신중하게〕구별되어 있지 않아서 다음 현상이 일어나기 때문이다. 즉 이 의지에 관한 설은 사색을 위해서도〔학문을 위해서도〕현명한 삶의 설비를 위해서도 꼭 알 필요가 있음에도 불구하고, 그들은 그것들에 관하여 전혀 무지하다. 관념을 물체와의 접촉에 의하여 우리의 뇌수에서 생겨나는 상이라고 생각하는 사람들은, 우리들이 그것과 유사한 상을 무엇하나 만들 수 없는 것에 대한 관념이 실은 관념이 아니라, 다만 자유의지에 의해 임의로 허구된 상상물에 불과하다고 주장한다. 그러므로 그들은 관념을 화판 위의 말없는 그림처럼 생각하고 있다. 이런 편견 때문에 그들은 관념으로서의 관념이 긍정 혹은 부정을 포함하고 있음을 알지 못한다. 또한 관념 및 관념이 함유하는 긍정 그 자체와 말〔언어〕을 혼동하는 사람들은, 단순한 말만으로 자신의 감각에 모순된 것을 긍정하거나 부정하자마자, 자신이 감각에 모순하는 것을 의도할 수 있다고 믿고 있는 것이다.

그러나 연장의 개념을 포함하지 않는 사유의 본성에 유의하는 사람은, 이런 편견에서 쉽게 벗어날 수 있을 것이다. 따라서 그는 관념이 사물의 상과 말 속에 없다는 사실을〔관념은 사유의 양태이기 때문〕명료하게 이해할 것이다. 왜냐하면 말과 상의 본질은 사유의 개념을 조금도 포함하지 않는 단순한 신체의 운동만으로 이루어져 있기 때문이다.

이런 사실에 관해서는 이상의 몇 가지 주의로써 충분할 것이다. 다음으로 나는 앞서 예고한 대로 반대론을 살펴보고자 한다.

첫째로 의지는 그 미치는 범위가 지성보다 넓으며, 그런 까닭으로 지성과 의지는 서로 구별된다고 확신하는 사람들이 있다.*39 그런데 그들이 의지를 지성보다 그 미치는 범위가 넓다고 믿는 이유는 다음과 같은 것이다. 그들이 말하기를 경험에 의하면 우리는 지각할 수 없는 무한히 많은 것에 동의하기 위하여, 현재 자신이 갖고 있는 것보다 더 큰 동의능력 혹은 긍정과 부정의 능력을 필요로 하지 않지만 보다 커다란 지적 능력을 필요로 한다. 따라서 지성은 유한하고 의지는 무한하며, 이 점에서 그 둘이 구별된다고 그들은 주장한다.

두 번째 반대론은 다음과 같다. 우리들이 자신의 판단을 보류[연기]하거나, 자신이 지각하는 사물에 동의하지 않거나 할 수 있음은 경험이 명료하게 가르쳐 준다. 사람들이 사물을 지각하는 경우에 한해서는 오류를 범했다고 할 수 없으며, 그것에 동의 혹은 반대하는 경우에 한해 오류를 운운할 수 있다는 점에서도 위 사실이 확증된다. 예를 들면 날개를 갖는 말[馬]을 상상하는 사람은, 그것으로 말미암아 그 말의 존재를 인정하는 것은 아니다. 즉 그가 그런 말을 상상함으로써 오류가 생겨나는 것이 아니고, 그와 동시에 그가 날개를 갖는 말의 실재를 믿는 데서 오류가 발생하는 것이다. 그러므로 의지 곧 동의능력은 자유이며 지성의 능력과 서로 다르다는 점을, 경험이 대단히 명료하게 가르쳐 주고 있다는 것이다.

셋째로 다음과 같은 반대가 가능하다. 우선 하나의 긍정이 다른 긍정보다 더 많은 실재성을 포함한다고는 생각되지 않는다. 다시 말하면 참된 것을 참된 것으로 긍정할 때, 거짓을 참된 것으로 긍정할 때보다 커다란 힘[力]이 필요하다고는 생각되지 않는다. 그러나 [관념의 경우는 별개이다] 우리는 하나의 관념이 다른 관념보다 많은 실재성 혹은 완전성을 포함하고 있음을 지각한다. 왜냐하면 하나의 대상이 다른 대상보다 우수하다면, 그만큼 그 대상의 관념은 다른 대상의 관념보다 완전하기 때문이다. 이런 사실로 미루어 보아도 의지와 지성의 상이점이 확증되는 것으로 생각된다.

넷째로 사람들은 다음과 같은 반대론을 꺼낼 수 있다. 만일 인간이 자유의지로써 행위하지 않는다면, 그가 '뷔리당의 나귀'처럼 평형상태에 있을 경우에는*40 도대체 어떤 일이 일어날 것인가? 그 인간은 굶주림과 갈증으로 죽을 것인가? 내가 그것을 인정한다면, 나는 나귀나 인간의 조상(彫像)만을 생각하고 실제적인 인간을 생각하지 않는 것처럼 보일 것이다. 반대로 내가 만약 그것을 부정한다면 그 사람은 자신에 대한 결정을 내릴 것이다. 따라서 그는 자신이 원하는 곳으로 가는 능력과 의도하는 것을 행할 능력을 가질 수 있을 것이다. 이렇게 그들은 주장한다.

이상의 것 외에도 아마 더 많은 반대 의론이 제기될 것이다. 그러나 나는 온갖 사람이 공상하는 것들을 모두 예증할 의무가 없기 때문에, 다만 지금까지 예를 든 반대론만을 되도록 간단하게 해답하려고 한다.

첫 번째 반대론에 관하여 말하겠다. 만일 사람들이 지성을 오로지 명료하고 판연한 관념으로 이해한다면, 의지가 지성보다 그 미치는 범위가 넓다는 것을 나도 인정한다. 그러나 나는 의지가 지각이나 혹은 인식능력보다도 그 미치는 범위가 넓다는 것을 인정할 수 없다. 아울러 의지능력이 어째서 감각능력보다 무한하다고 하는지 또한 이해할 수 없다. 왜냐하면 무한히 많은 것을 〔물론 하나씩 순서대로, 왜냐하면 우리는 많은 것을 동시에 긍정할 수 없기 때문에〕 동일한 의지능력에 의하여 긍정할 수 있는 것처럼, 우리는 많은 물체를 〔동시에는 불가능하므로 하나하나 차례로〕 같은 감각능력으로 감각하거나 지각할 수 있기 때문이다. 만일 그들이 "우리가 지각할 수 없는 무한히 많은 것이 있다"고 한다면, 우리는 그와 같은 것을 어떤 사유나 의지능력에 의해서도 파악할 수 없다고 나는 답할 것이다.

그러나 그들은 주장한다. 만일 신이 우리에게 그와 같은 것을 지각하게 하려면, 신은 자신이 부여한 것보다 커다란 지각능력을 우리에게 주어야 할 것이라고. 그러나 신은 우리에게 보다 커다란 의지능력을 부여할 필요가 없었음에 틀림없다고 그들은 주장한다. 이 말은 다음과 같은 것이다. 즉 그것은 "신이 다른 무한히 많은 존재자를 우리들에게 인식시키려 의도한다면, 우리가 그것들을 파악할 수 있게끔, 신은 틀림없이 자신이 부여한 것 이상의 커다란 지성을 부여할 필요가 있었을 것이다. 그러나 존재자에 관하여 좀더 보편적인 관념을 부여할 필요는 없었을 것이다"라고 말함과 같은 의미이다. 왜냐하면 우리는 의지가 보편적 존재 혹은, 모든 개개의 의지작용(모든 개개의 의지작용에 공통적인 것)을 설명하는 관념이란 것을 명시하였기 때문이다. 그러므로 그들이 이런 모든 의지작용에 공통적이거나 보편적인 관념을 '우리들의 정신'의 능력이라고 믿을 때, 이 능력이 지성의 한계를 초월하여 무한히 연장된다고 해도 결코 이상한 일이 아니다. 왜냐하면 보편적인 것은, 하나의 개체에도, 다수의 개체에도, 또 무한히 많은 개체에 대해서도 똑같이 타당하기 때문이다.

두 번째 반대론에 대한 나의 답변은, 우리가 판단을 보류할 자유로운 능력을 갖지 않는다는 것이다. 왜냐하면 우리가 '어떤 사람이 판단을 보류한다'고 말할 때, 그것은 '그가 사물을 충분히 지각하고 있지 않음을 인정한다'고 주장함에 불과하기 때문이다. 그런 까닭으로 판단의 보류는 실제로 자유의지가 아니라 지각이다.

이것을 명백하게 이해하기 위하여 날개가 달린 말[馬]을 표상할 뿐, 다른 아무것도 지각하지 못하는 한 소년을 생각해 보라. 이 소년의 표상은 말의 존재를 포함하고 있으며[이 부의 정리17의 계에 의해], 또 그 소년은 말의 존재를 부정하는 어떤 것도 지각하지 못하기 때문에, 그는 필연적으로 그 말을 현존하는 것으로 관상(觀想)할 것이다. 그리하여 그는 그 말의 존재를 확실하게 알지 못하면서도 그것을 의심하지는 못할 것이다. 우리는 이런 일을 꿈 속에서 경험한다. 그러나 꿈을 꾸고 있는 동안에 꿈 속의 무언가에 대한 판단을 중지한다든가, 꿈꾸고 있는 것을 꿈꾸지 않는 것으로 만들 자유로운 능력을 갖고 있다고 생각하는 사람은 없을 것이다. 물론 때로는 꿈 속에서 판단을 중지하는 일이 생기기도 한다. 그러나 그것은 우리가 꿈꾸고 있는 것을 꿈꿀 경우이다. 또한 우리는 지각만을 하는 경우엔 어떤 사람도 잘못됨이 없음을 인정한다. 즉 정신의 표상을 그 자체로 생각한다면, 그것은 어떤 오류도 포함하고 있지 않음을 나는 벌써 언급했다[이 부의 정리17의 주해를 볼 것]. 그런데 나는 인간이 지각하는 한에 있어서 어떤 것도 긍정하고 있지 않다는 말을 부정한다. 왜냐하면 날개 달린 말을 지각한다는 것은, 말의 날개를 긍정함과 아무런 차이점도 없기 때문이다. 만일 정신이 날개 달린 말에 대해 아무것도 경험하지 않았다면, 정신은 그 말을 자기에게 현재적인 것으로 관상할 것이다. 그리하여 그 말의 존재를 의심하는 원인도, 또 그것에 동의치 못하는 능력도 가질 수 없을 것이다. 다만 날개 달린 말의 상상이 그 말의 존재를 부정하는 관념과 결합하거나, 정신이 현재 지니고 있는 날개 달린 말의 관념을 불충분한 것으로 상상한다면, 이야기는 전혀 달라질 것이다. 이때 정신은 그 말의 존재를 필연적으로 부정하든가 혹은 의심하든가 할 것이다.

이상으로 나는 세 번째 반대론에 해답을 한 셈이다. 즉 의지란 모든 관념에 적용되는 무엇인가 보편적인 것, 또 모든 관념에 공통적인 것, 바꾸어 말하면 긍정만을 의미하는 어떤 일반적인 것이다. 그러므로 의지가 이처럼 추상적으로 생각되는 한 의지의 충분한 본질은 모든 관념 안에 존재하지 않으면 안 된다. 그리고 이런 점에서 볼 때, 의지의 본질은 모든 관념에 대하여 동일하지 않으면 안 된다[이것은 인간의 정의가 똑같은 형태로 모든 개인에게 적용되어야 함과 같다. 이로써 우리는 의지가 모든 관념에 있어서 동일하다는 사실을 이해할 수 있다). 물론 의지가 관념의 본질을 구성하는 것으로 생각되는 경우에 한해서는 그렇지 않다. 왜냐하면 그런 경우 개별적인 긍정은 관념 그 자체처럼 서로 다르기 때문이다. 예를 들면 원의 관념이 내포하는 긍정과 삼각형의 관념이 내포하는 긍정은, 원의 관념이 삼각형의 관념과 서로 다른 것처럼 서로 구별되기 때문이다.

또한 나는 우리가 참된 것을 참된 것으로 긍정하는 일이, 거짓된 것을 참된 것으로 긍정하는 일과 같은 정도의 사유능력을 필요로 한다는 주장을 절대 부정한다. 왜냐하면 이 두 개의 긍정은 〔그 말이 아니라〕 그 정신〔만〕을 본다면 존재가 비존재에 대해 가지는 관계와 같기 때문이다. 그 이유는, 허위의 형상을 구성하는 적극적인 것은 관념 안에 하나도 존재하지 않기 때문이다〔이 부의 정리35와 그 주해 및 이 부의 정리47의 주해를 볼 것〕.

그러므로 우리는 보편적인 것을 개별적인 것으로 혼동하거나 이성적인 존재 및 추상적인 존재를 실재적인 존재와 혼동할 때, 우리가 얼마나 쉽게 오류를 범할 수 있는가를 주의해야 할 것이다.

끝으로 네 번째 반대론에 관하여, 나는 그런 평형상태에 놓인 인간이〔즉 굶주리고 목마르며 자신으로부터 같은 거리에 놓여 있는 음식물 이외에 아무것도 지각 못하는 인간〕, 굶주리고 목말라 죽을 것이란 사실을 틀림없이 단언한다. 만일 그들이 "이런 인간은 인간이기보다 오히려 나귀로 간주되어야 하지 않느냐"고 나에게 묻는다면, 스스로 목을 매 죽는 사람을 어떻게 평가할 것인지, 또 어린이, 바보, 미친 사람 등을 어떻게 판단할 것인지를 알지 못하는 것처럼, 나는 그것을 모른다고 대답할 수밖에 없을 것이다.

이제 이 학설의 지식이 인간생활에 얼마나 유용한가를 밝히는 일이 남아 있다. 이 사실은 다음으로 말미암아서 쉽게 알 수 있을 것이다.

(1)이 학설〔가르침〕은 우리들이 신의 명령에 의해서 행동하고 신의 본성을 나누어 가진다는 것, 그리고 우리들이 점차 완전한 행동을 하면 할수록, 신의 인식이 증대되면 될수록 더욱 그러하다는 것을 우리들에게 가르쳐 준다. 그러므로 이 학설은 우리의 심정을 매우 편안하게 해 줄 뿐 아니라 우리의 최고 행복 혹은 지복(至福)이 어디서 성립하는지, 즉 그것은 신에 대한 인식 이외에 달리 없음을 가르쳐 주고 있다. 그리고 이 인식으로 말미암아 우리는 사랑과 경건한 마음의 명령을 따르게 된다. 이런 사실로 미루어 보아,

덕 그 자체와 신에 대한 봉사야말로 행복이자 최고의 자유인 줄도 모르고, 덕과 선행을 가장 곤란한 봉사로 간주하면서 신으로부터 최고의 보수를 받길 기대하는 사람들이, 덕에 관한 참된 평가에서 얼마나 멀리 떨어져 있는가를 우리는 명료하게 이해할 수 있다.

(2)이 학설은 운명에 속하거나 혹은 우리들 능력 가운데 없는 것, 즉 우리의 본성에서 생겨나지 않는 것에 관하여 우리들이 어떤 태도를 취해야 할 것인가를 가르쳐 준다. 즉 우리가 운명의 회전을 태연히 기다리고, 그 운명을 견디어 가는 방법을 가르쳐 준다. 왜냐하면 삼각형의 본질로 인하여 그 내각의 합이 2직각이 되는 것처럼, 모든 것은 그러한 필연성에 의해 신의 영원한 결정에서 생겨나기 때문이다.

(3)이 학설은 사회생활에 공헌한다. 왜냐하면 이 설은 어느 사람에 대해서도 증오·경멸·조소·분노·질투를 일삼지 말도록 가르쳐 주기 때문이다. 이외에 이 학설은 각 사람이 자신의 소유에 만족해야 할 것을 가르쳐 주고 있다. 또한 이웃 사람을 도울 때는 여성적인 동정에서나 편파적인 마음 또는 미신에 의해서가 아니라 이성의 교시에 의해서, 즉 내가 제4부에서 명시하듯이 때와 상황의 요구에 응하여 도울 것을 가르쳐 주고 있다.

(4)끝으로 이 학설은 국가사회를 위해서 적지 않는 공헌을 한다. 왜냐하면 이 학설은 어떤 방법으로 국민을 통치하고 지도하는가를 가르쳐 준다. 즉 사람들을 노예적으로 봉사하게 하기 위해서가 아니라, 자유롭게 최선의 길을 추구하게끔 그들을 통치하고 지도할 것을 가르쳐 주고 있다.

이상으로 나는 이 주해에서 다루려는 것을 모두 끝마쳤다. 이로써 나는 제2부를 끝맺겠다. 나는 이 제2부에서 인간의 본성과 그것의 여러 특질을 충분히 자세하게, 그리고 여러 어려움을 최대한 극복하면서 명료하게 설명하였다. 따라서 많은 탁월한 것, 대단히 유용한 것, 알아 두어야 할 필연적인 결론—이런 것들의 일부는 제3부에서부터 밝혀진다—을 언급했다.

〈주〉

＊1 개념이 수동적 인식으로서의 지각이 아닌 정신의 능동적인 인식을 의미한다면, 그것은 스피노자의 경우에는 타당한 인식만을 의미하는 것이다. 그러므로 타당하지 못한 인식으로 보이는 표상은, 가령 그것이 다른 인식과 같이 신체의 '관념'이라 규정된다 해도

관념은 아니다. 그런데 스피노자는 지각을 수동적인 인식이라 했지만, '지각한다'라는 동사를 반드시 수동적 인식의 뜻으로 사용하지는 않았다.

＊2 내적 특징은 확실하고 따라서 관념의 명료·판명성(判明性)을 의미한다.

＊3 무제한이란 신의 본성상의 무한과는 다르다. 그것은 인간이 다만 그 한계를 알지 못한다는 뜻으로서의 무한이요, 유한의 연장을 의미한다.

＊4 여기서 완전성이란 말은 이성의 존재, 혹은 표상력의 존재가 아니다. 즉 이것은 사물의 본질과 동일시되는 완전성이다.

＊5 신의 본질의 관념은 이미 말한 것처럼〔제1부 정리22의 주1 참조〕사유의 속성의 직접 무한양태(直接無限樣態)이며, 신의 본질로부터 필연적으로 생겨나는 모든 사물들의 관념은 간접 무한양태(間接無限樣態)를 구성하는 관념을 뜻한다.

＊6 이 형상적 존재는 관념적 존재에 대립하는 것이 아니라 대상과의 관계를 떠나 그 자체로 고찰되는 관념이다.

＊7 이 정리가 그의 유명한 심신평행론(心身平行論)의 정리이다. 스피노자는 이 정리를 제1부 공리4에 근거하여 증명하였다. 그래서 이 정리는 형이상학적 평행론이라기보다 인식론적 평행론으로 보인다. 또 이 정리는, 예를 들면 제2부 정리20의 증명 가운데 있는 것처럼 '관념의 질서 및 연결은, 원인의 질서 및 연결과 같은 것이다'라고 고쳐 쓰이기도 한다. 이것이 관념과 사물의 평행선을 근거짓는다면, 원인과 결과는 사물 가까이 즉 자연 안에 형상적으로 존재하지 않으면 안 된다. 그리고 자연 안에 형상적으로 존재하는 원인과 결과의 질서 및 연결이, 관념 안에 관념적으로 존재하는 것이다. 그러나 이 관념과 사물의 평행선이 심신의 평행선이 되기 위해선, 인간 정신이 이 부(部)의 정리13에 제시된 것처럼 신체의 관념으로 규정되어야 한다.

＊8 마이모니데스는 '신에 관해서 말하면 신은 지성, 인식하는 것, 인식되는 것이다. 이 셋은 신에게 있어서 동일한 것이며 결코 복수가 아니다. 이는 철학자에 의해서 표현된 주지의 사실이다'라고 했다.

＊9 이것은 당시 스콜라 학자 수아레스(1548~1617)와 데카르트의 의견을 지칭한 것 같다. 수아레스는 '신이란 일체의 것이 존재와 생성에 있어서 그의 작용에 의존하는 제1원인이다'라고 하였고, 데카르트는 '신은 생성뿐 아니라 존재에 관해서도 피조물의 원인이다'라고 했다.

＊10 정리11의 계에 의해서 정신이라는 어떤 실체적인 것이 존재함이 아니고 개개의 존재에 대한 관념이 인간 정신을 구성하고 있음이 밝혀졌다. 또한 우리는 이 계에서 인간 정신이 충분한 관념을 가질 때와 불충분한 관념을 가질 때를 구별하였다. 가령 A의 관념이 A뿐 아니라 B의 관념까지 포함할 때, 그것은 불충분한 관념이다.

완전한 관념 A의 관념→대상 A, 불완전한 관념 A의 관념→$\begin{cases} 대상\ A \\ 다른\ 것\ B \end{cases}$

＊11 이 정리에서 볼 때 인간 정신은 신체의 관념이다. 정신을 신체의 관념이라 규정지은

것은 비단 스피노자뿐만이 아니다. 그런데 스피노자는 감각적 의미뿐 아니라 정신의 충분한 인식에도 이 규정을 적용했다. 또 이 증명에 의해 명백한 것은, 정신이 외부의 것을 인식할 때 그것을 직접적으로 인식하지 않고, 어디까지나 신체를 통해 인식한다는 사실이다.

＊12 여기서 '감지한다'는 말은 단순한 감각적인 지각만을 의미하는 것이 아니다. 신체의 관념이라는 정신의 정의로부터 넓은 의미의 인식이라는 뜻으로 이해해야 한다.

＊13 인간만이 정신을 갖고 있는 것이 아니라 다른 모든 것도 정신을 갖는다는 이론. 이 만물유심론(萬物唯心論)은 여러 속성들의 평행설에서 도출된 것이다.

＊14 이하 정리14에 이르기까지 스피노자의 물체론이 전개된다. 그의 물체론은 데카르트의 영향을 많이 받았다. 그는 데카르트의 운동 규칙 중 제6 규칙만을 제외하고 전부 승인했다. 그의 자연학이 데카르트의 자연학과 다른 점은 다음 내용뿐이다. 데카르트의 경우 운동은 위치의 이동을 나타내는 데 불과했지만, 스피노자의 경우 그것은 단순한 위치 이동이 아니다. 스피노자는 그것을 물체 혹은 물질을 구성하는 적극적인 것, 다른 말로 힘(力)이라고 해석했다. 이 때문에 그는 물체에 관하여 운동과 정지 이외의 것을 생각할 수 없다고 보았으며, 물체는 운동과 정지의 관계라 규정했다.

＊15 이것은 관성의 법칙이다. 스피노자의 경우 물체도 또한 신의 연장의 양태이기 때문에, 그것은 당연히 제1부 정리28에 제시한 것과 같은 기계론적 인과법칙의 지배를 받는다. 그러나 이 때문에 관성의 법칙이 형이상학적인 존재의 인과법칙에서 나온 것이라고는 속단할 수 없다. 오히려 그와 데카르트의 관계로 보아(그는 데카르트의 형이상학보다 자연학에 많은 영향을 받음), 데카르트의 자연학의 운동 법칙이 스피노자의 형이상학적 기계론적 인과법칙의 기초를 마련해 준 것 같다.

＊16 최단순 물체라는 개념은 당시의 입자론, 특히 데카르트의 입자론에서 암시를 얻은 것 같다. 그러나 데카르트와 스피노자의 차이점은, 데카르트의 입자가 독특한 형상에 평균적인 크기와 동일한 운동량을 갖는 것에 비해, 스피노자의 그것은 다만 운동에 의해서만 구별되고 운동만이 그 물체를 구성하는 유일한 요소이다.

＊17 복합 물체(개체)의 특징은, 최단순 물체처럼 다만 기계론적인 운동 법칙에만 의존하는 것이 아니라, 그 구성 물체(최단순 물체)의 운동 증감에 불구하고 전체로서의 운동과 정지가 일정한 관계에 의하여 확보된다면 그 본성이 유지된다는 것이다. 이 점에서 스피노자는 복합 물체, 즉 보통 물체를 유기체로 생각한 셈이다.

＊18 복합 물체는 최단순 물체로 구성되지만, 결코 최단순 물체의 단순한 기계적인 융화로는 볼 수 없다. 오히려 앞 주(註)에서 명시한 것처럼 복합 물체의 본성, 바꾸어 말해 형상은 구성 물체의 운동과 정지의 관계로 봄이 좋을 것이다. 그러므로 복합 물체의 어떤 부분이 전체에서 분리해도 운동과 정지의 관계가 이전처럼 유지된다면, 그 복합 물체는 자신의 본성 및 본질을 유지하고 있다고 할 수 있다.

*19 스피노자의 물체의 세계는, 최단순 물체→제1종의 개체→제2종의 개체→……무한히 계속→간접 무한양태[전 우주의 상(相)]=물체의 세계이다. 이것은 또 이렇게 표현할 수 있다. 연장→직접 무한양태(운동과 정지)→간접 무한양태[전 우주의 상]=물체의 세계.

*20 현실적으로 존재하는 인간 신체는 외부 물체와의 상호관계에 있어서 성립하고 있다. 이 때문에 신체의 관념으로서의 인간 정신은, 다만 인간 신체의 관념일 뿐 아니라 외부 물체와의 상호관계에 있어서의 신체의 관념, 즉 신체가 자극을 받거나 주거나 하는 신체의 양식[변체=변양]의 관념으로 되어 있다.

*21 이 점으로 보아 스피노자는 단순한 합리주의자가 아니고, 경험을 중시한 합리주의자이다. 그러나 그의 경험은 실험적 방법에 의한 경험이 아니라, 일상 생활에서 우리들이 얻는 소박한 의미의 경험이다.

*22 베드로 자기 자신에 대한 관념→베드로의 신체. 바울로가 갖는 베드로의 관념→바울로의 신체와 베드로의 신체. 즉 베드로가 자기 자신에 대해 가지는 관념의 대상은 베드로 자신의 신체이며, 바울로가 갖는 베드로의 관념은 바울로의 신체의 본성과 베드로의 신체의 본성을 포함한다.

*23 표상력은 보통 이해되는 것과 다르다. 스피노자의 경우 이것은 신체 변양의 관념, 즉 감각적 인식을 뜻한다.

*24 인간 신체의 관념은 인간 신체의 변양의 관념으로서, 인간 신체의 본성과 외부 물체들의 본성을 포함한다.

*25 이 정리는 관념의 관념, 즉 반성적 인식에 관한 정리이다. 스피노자는 이 반성적 인식을 철학적 방법이라고 했다.

*26 신체의 관념과 신체 사이의 관계는 동일물을 서로 다른 속성에서 본 것이다. 그런데 정신의 관념과 정신 사이의 관계는 양자의 본질적 동일성을 의미하고 있다. 즉 신체의 관념은 신체의 형상[본질]을 구성하지 않는데, 정신의 관념은 정신의 본질을 구성한다.

*27 관념의 관념은 관념의 관념처럼 무한히 계속될 수 있다. 그러나 참된 인식을 위해서는 관념의 무한 진행은 불필요하다. 왜냐하면 최초의 관념 안에 이런 작용이 있기 때문이다.

*28 자연의 공통적 질서란, (이 계의 주해에서도 알 수 있듯이) 정신이 사물을 외면적으로, 즉 감각적으로 인식할 때의 질서를 뜻한다. 이 질서는 사물을 참으로 제1원인에서 인식하는 지성의 질서와 다르다.

*29 스피노자에 의하면 신체의 변양의 관념은, 본성상 많은 사물의 관념을 포함하고 있다. 그러므로 그 관념에 의하여 단 하나만의 인식을 할 경우, 이 인식은 부분적이고 추상적이며 불충분한 인식이 된다. 그런데 많은 것을 인식한다는 것은, 이 주해에서

도 밝혔지만 혼란하고 잡다한 인식이 아니고, 사물 상호간의 일치점, 차이점, 반대점을 아는 인식이다. 따라서 당연히 여기서는 지성 그 자체의 작용, 즉 능동적 인식이 문제로 되어야 한다.

*30 공통개념의 특징으로 스피노자는 다음과 같이 말했다. 즉 공통개념은 신체의 변양의 관념이다. 그러나 그것은 수동적인 감각적 인식처럼 부분적인 인식이 아니라, 자타 공통되는 것을 인식하는 능동적 인식이다.

*31 스콜라철학에 의하면 인간·소·꽃 등과 같은 보편개념이 제1차 개념으로 불리고, 제1차 개념을 기초로 한 유(類)·종(種), 종차(種差) 등의 개념이 제2차 개념으로 불린다.

*32 다른 논문이란 그의 《지성개선론》을 말한다.

*33 초월적 명사(超越的名辭, termini transcendentale)는 대단히 일반적인 개념이다. 그렇기에 이것은 아리스토텔레스가 생각했던 10개의 범주조차도 초월하는 보편개념이다. 스피노자는 《형이상학적 사상》 1의 6에서 존재(Seiende)·사물(Ding)·어떤 것(Etwas), 진(眞)·선(善)·미(美)의 여섯 개를 초월적 명사로 썼지만, 《에티카》에서는 존재, 사물, 어떤 것이라는 세 가지를 들었다.

*34 네 개의 수 a, b, c, d가 있고 그들이 $a:b=c:d$의 관계라면, $ad=bc$란 것을 증명하는 정리.

*35 스피노자에 의하면, 우리는 지속을 결정하기 위하여 그 지속을 일정하고 확실한 운동을 하는 다른 것과 비교한다. 이 비교가 시간이다. 그는 운동에 관한 속도의 비교에 의해서 시간의 관념을 얻었다. 그리고 이 시간은 지속을 설명하기 위한 사유의 양태라고도 그는 말했다. 즉 시간은 지속에서 본질적으로 구별되는 것이 아니고, 다만 운동에 의해서 측정되는 지속의 부분에 불과하다.

*36 단순한 '영원한 상(相) 아래에서'가 아니라 '어떤 영원의 상 아래에서'로 표현되어 있다. 이성의 인식은 사물을 필연적으로 충분히 인식한다지만, 직관지처럼 개물의 본질을 인식할 수는 없다. 이 때문에 직관지와는 무엇인가의 유형으로 구별되어야 한다. 그러나 스피노자는 이 두 '영원의 상'을 엄밀하게 구별하지 않고, 이성의 인식에도 '영원의 상 밑에서'라는 표현을 쓰고 있다.

*37 스피노자에 의하면, 지속이란 우리들이 그것으로 인하여 피조물의 존재—피조물이 그것의 현실성을 고집하는 한의—를 지각하는 속성이다. 존재가 그 본질로 되어 있는 신의 경우에 존재는 영원을 의미한다. 그런데 지속은 그 본질이 존재를 포함하지 않는 유한자의 존재양식이라 생각된다. 그러므로 지속은 좀더 크게도 좀더 적게도 생각되고 부분으로 이루어진 것으로도 생각된다. 즉 그것은 양으로 생각된다.

*38 이성은 신을 공통개념으로써 파악한다. 즉 신은 모든 사물 안에 내재해 있는 대단히 공통적인 것으로 생각된다.

＊39 데카르트는 의지가 지성보다 넓은 범위에 영향을 미치며, 또 인간의 의지는 무한하고 지성은 유한하다고 주장했다.

＊40 나귀에게는 자유의지가 없기 때문에, 나귀는 자신으로부터 같은 거리만큼 떨어져 있는 양편의 음식물에 대해 그 가운데 어느 하나도 선택할 수 없어 마침내 굶주리고 목이 타서 죽을 것이다. 이 말은 14세기 스콜라 철학자 뷔리당(Buridan)의 말이다.

제3부

감정의 기원과 그 본성에 관하여

서론

지금까지 감정〔정서〕*1과 인간생활에 관하여 기술(記述)해 온 대다수의 사람들은 보편적인 자연법칙에 따르는 자연의 사물을 고찰의 대상으로 하지 않고, 마치 자연 밖에 있는 사물에 관하여 논술해 온 것처럼 생각된다. 확실히 그들은 자연 안에 내재하고 있는 인간을 국가 안의 국가처럼 이해하고 있는 듯 보인다. 왜냐하면 그들은 인간이 자연의 질서에 따르기보다 오히려 그것을 어지럽히며, 또 자신의 행위를 자기 자신 이외의 어떤 것에 의해서도 규정되지 않는 절대적인 힘의 소유자라는 것을 확신하고 있기 때문이다. 그들은 또한 인간의 무력과 불안정이 보편적인 자연의 힘에 좌우되지 않고, 오히려 인간 본성의 결함—나는 그것이 인간의 어떤 결함에 해당하는지를 알지 못하지만—에 의존한다고 주장하고 있다. 그들은 이 인간 본성의 결함 때문에 눈물을 흘리고, 비웃으며, 경멸하고, (가장 흔한 경우로) 저주한다고 한다. 그러므로 인간 정신의 무력을 좀더 웅변적으로, 또는 좀더 예리하게 비난하는 데 숙달된 사람이 마치 신처럼 간주되어 왔다.

그러나 여태까지 올바른 인간생활 방식에 관하여 많은 뛰어난 사실을 기술하고, 또 인류를 위하여 현명한 조언을 해 온 탁월한 사람들이 없는 것은 아니다. —고백하자면 나도 그 사람들의 노력과 근면에 힘입은 바가 크다. 그러나 감정의 본성과 그 힘에 관하여, 또 감정을 제어할 때 정신이 어떤 역할을 하는지에 관하여 명확하게 밝혀낸 사람은 내가 아는 한 아무도 없다. 물론 고명한 데카르트는 정신이 정신 자신의 활동을 할 때 절대적인 지배력을 지니고 있음을 확신했다. 그럼에도 불구하고 인간의 여러 감정을 그 제1원인에 의해서 설명하려 했으며, 동시에 정신이 감정에 관해 절대적인 지배권을 소유할 수 있는 방법을 제시하려 했던 것을 나는 알고 있다. 그러나 나의 의견으로는, 데카르트는 오로지 그의 위대한 정신적 통찰력만을 보여 주는 데 그쳤다.[2] 이것에 관해서는 나중에 다른 곳에서 설명하려 한다.

여기서 나는 인간의 감정과 행동을 파악하려 하기보다 도리어 비웃고 저주하는 사람들에게 시선을 돌리려 한다. 인간의 과실과 우매한 행위를 기하학적 방법으로 탐구하려는 나의 의도와, 또 다른 사람들이 이성에 모순되는 방식으로 무섭도록 공허하고 불합리하게 잘못 기술했던 사상들을, 이성적인 방법에 따라 논증하려는 나의 의도는, 그들의 눈에는 틀림없이 기이(奇異)해 보일 것이다. 그러므로 나는 이 의도에 대한 충분한 근거를 여기서 제시하려 한다.

자연 안에서 생겨나는 것 가운데 자연 자체의 결함 때문에 발생하는 것은 하나도 없다. 왜냐하면 자연은 언제나 같은 자연이며, 또한 자연의 힘과 그 활동하는 힘은 어느 곳에서나 동일하기 때문이다. 즉 모든 것이 그것에 따라 생겨나며 그것을 바탕으로 하나의 형태에서 다른 형태에로 변화하는, 자연의 여러 법칙과 여러 규칙은 어디서나 항상 같기 때문이다. 따라서 어떤 사물이건 그 사물의 본성을 인식하는 양식도 동일하지 않으면 안 된다. 그리고 그 인식도 역시 보편적인 자연법칙과 규칙에 따라야 한다. 따라서 증오하거나 분노하거나 질투하는 감정도 그 자체로 고찰한다면, 감정 이외의 다른 개물과 같이 자연의 필연성과 힘[力][3]에서 생겨나는 것이다. 이로써 감정은 인식되어야 할 확실한 원인을 전제로 하고, 다만 우리가 관상만으로도 기쁨을 느끼는 대상인 다른 사물의 특질처럼, 우리들의 인식에 유용한 일정 특질을 갖추고 있다.

여기서 감정의 본성과 힘, 그리고 감정에 관한 정신의 지배력에 관해, 나는 지금까지 신과 정신을 다루어 왔던 것과 같은 방법으로 문제해결을 하려 한다. 또한 인간의 행동과 충동에 관해서도 선(線)과 면(面) 혹은 입체의 문제를 다루어 왔던 것과 같은 방법으로 고찰하려 한다.[4]

정의(正義)

1. 내가 **충분한**[타당한] 원인이라고 부르는 것은, 그 결과가 그 원인만으로 명백하게 파악될 수 있는 원인을 의미한다. 반대로 **불충분한 원인** 혹은 **부분적인 원인**은 그 결과가 단지 그 원인만으로 파악될 수 없는 원인을 뜻한다.

2. 스스로 행한다〔작용한다, 능동〕*⁵고 함은, 무엇이 우리의 내부에서나 외부에서 일어날 때 우리가 그것에 관한 충분한 원인일 경우이다. 다시 말하면 〔앞 정의에 따라〕 우리의 본성에 의해서 명료하고 판연하게 이해될 수 있는 어떤 것이, 우리의 내부에서나 외부에서 생겨날 경우이다. 반대로 다른 것에 의해서 **행해짐〔작용됨, 수동〕**은 우리가 부분적인 원인에 불과한 그 무엇이, 우리의 내부에서 혹은 우리의 본성(本性)에서 생겨나는 경우이다.

3. **감정〔정서〕**이란 신체의 활동력을 증대시키거나 감소시키거나 혹은 촉진하거나 억제하는 신체의 변양(變樣=변체=변화상태)이며, 동시에 그런 변양〔자극상태〕의 관념이라고 나는 이해한다.

만일 우리가 이런 변양의 어느 충분한 원인일 수 있다면 이 경우 나는 감정을 **능동**(能動)*⁶으로 해석하고, 그 이외의 경우에는 **수동**(受動)으로 해석한다.

공준(公準)

1. 인간의 신체는 여러 가지 방식으로 자극될 수 있다. 그런 자극으로 말미암아 신체의 활동력은 증대되기도 하고 감소되기도 한다. 또한 신체의 활동력은 증대도 감소도 되지 않는 별개의 양식에 의해서도 자극을 받을 수 있다.

이 공준―혹은 공리―는 제2부 정리13에 뒤따르는 공준1과 보조정리5와 7에 근거하고 있다.

2. 인간의 신체는 다종다양한 변화를 받아들인다. 게다가 그것은 대상의 인상(印象) 혹은 흔적을 〔이것에 관해서는 제2부 공준5를 볼 것〕 지닐 수 있으며, 따라서 사물의 상(像)을 지닐 수 있다. 사물의 상에 관해서는 제2부 정리17의 주해를 참조할 것.

정리1 우리들의 정신은 어느 때는 스스로 작용〔행〕하고, 어느 때는 작용을 받는다. 즉 정신은 충분한〔타당한〕 관념을 갖는 경우에 필연적으로 작용하고, 불충분한 〔타당하지 못한〕 관념을 갖는 경우에는 필연적으로 작용받는다.

증명 : 모든 인간 정신의 관념은, 일부는 충분하고 일부는 기형적이며 혼란에 빠져 있다〔제2부 정리40의 주해에 의함〕. 그런데 신(神)이 정신의 본질을

구성하고 있는 한, 정신의 내부에 있는 충분한 관념은 신 안에서도 충분한 것이다〔제2부 정리11의 계에 의함〕. 다만 그 조건으로서, 신이 그 정신의 본질뿐 아니라 다른 사물의 정신도 자신 속에 동시에 포함하고 있어야 한다.

또한 어떤 관념이 주어진다면, 그것으로 말미암아 필연적으로 각각의 결과가 생겨나야 한다〔제1부 정리36에 의함〕. 이런 결과의 충분한 원인은 신인 것이다〔이 부의 정의1을 볼 것〕. 게다가 이 경우 신이 무한(無限)이라는 조건은 필요없으며, 다만 신이 그 주어진 관념으로 변양한 것만으로도 충분하다〔제2부 정리9를 볼 것〕. 신이 특정한 정신 안에서 충분한 관념으로 변양하는 경우에 한해서 어떤 결과의 원인이라면, 이 정신도 또한 그 결과의 충분한 원인이 된다〔제2부 정리11에 계에 의함〕. 그러므로 우리들의 정신은〔이 부의 정의2에 의해〕 충분한 관념을 형성하는 한 필연적으로 스스로 작용한다. 이것이 증명의 첫째 요인이다.

이어서 신 안의 충분한 관념으로부터 필연적으로 생겨난다고 하는 것에 대하여 살펴보자. 신이 다만 어느 개별적인 인간뿐 아니라 그 인간의 정신과 함께 다른 사물의 정신도 신 자신 속에 포함하는 경우,〔역시 제2부 정리11의 계에 의해〕 그 인간의 정신은 그것의 충분한 원인이 아니고 도리어 부분적인 원인이다. 그러므로〔이 부의 정의2에 의해〕 정신은 불충분한 관념을 갖는 한 불가불 타자에 의해 작용된다. 이것이 증명의 둘째 요인이다. 따라서 우리 정신도 그러하다. 이로써 이 정리는 증명되었다.

계 : 이런 사실로부터 다음 결론이 나온다. 즉 정신은 보다 많은 불충분한 관념을 가질수록 더 많이 다른 것에 의해 작용되고, 반대로 보다 많은 충분한 관념을 지닐수록 더 많이 스스로 작용한다.

정리2 신체에는 정신의 사색활동(思素活動)을 결정하는 능력이 없다. 그리고 정신에도 신체의 운동과 정지 또는 다른 무엇을〔그런 것이 있다면〕 결정하는 능력이 없다.

증명 : 사색활동의 모든 양태는 사유하는 경우의 신, 그 이외의 다른 속성에 의해서는 설명될 수 없는 신을 원인으로 한다〔제2부 정리6에 의해〕. 따라서 정신의 사색활동을 결정하는 것은 사유의 양태이며 연장의 양태는 아니다. 즉〔제2부 정의1에 의해〕 그것은 신체가 아니다. 이것이 증명되어야 할

첫째 요인이다.

　그리고 신체의 운동과 정지는 다른 물체로 인하여 일어나며, 이 물체는 이미 다른 물체에 의해서 운동 또는 정지에 관해 결정되어 있다. 결국 신체 안에서 생겨나는 모든 것은, 연장의 양태로 변양한 경우의 신에서 생겨나지 않으면 안 된다. 이때 신은 사유의 모든 양태로 변양한 경우가 아니다〔제2부 정리6에 따라〕. 바꾸어 말하면 물체의 운동과 정지는, 사유의 양태인 정신에서〔제2부 정리11에 의해〕 생겨날 수 없다. 이것이 둘째 요인이다. 그러므로 신체에는 정신을—. 이로써 이 정리는 증명되었다.

　주해 : 이상의 내용은 제2부 정리7의 주해에서 설명했으므로 훨씬 명백하게 이해될 것이다. 즉 정신과 신체는 동일한 것이며 그것이 어느 때는 사유의 속성 밑에서, 어느 때는 연장의 속성 밑에서 파악된다. 그러므로 자연은 어느 경우엔 이 속성 밑에서, 또 어느 경우엔 저 속성 밑에서 파악되지만, 사물의 질서 또는 결합은 하나뿐이다. 따라서 우리들 신체의 능동 및 수동의 질서는 본래 정신의 능동 및 수동의 질서와 동시에 존재한다. 이것은 우리가 제2부 정리12의 증명에서 사용했던 설명의 방법으로 명백히 밝혀진다.

　그러나 사실이 이러하고 의심할 여지가 없음에도 불구하고 내가 문제를 경험에 의하여 확증하지 않는다면, 사람들은 이런 사실을 이해할 수 없을 것이다. 그들은 그토록 완고하게 신체의 운동과 정지를 단순한 정신의 명령에 따른 것으로 보며, 신체의 행동 대부분이 오로지 정신의 의지와 사고의 기능에 의하여 규정된다고 확신하고 있다. 실제 신체는 무엇을 할 수 있을까. 오늘날까지 신체 능력의 한계를 명확하게 규정한 사람은 없다. 즉 단순히 물체적인 것으로 생각되는 경우의 신체가 자연법칙에 따라 무엇을 할 수 있는지, 또 신체가 정신에 의해 한정되지 않을 경우 무엇을 할 수 없는지에 대해, 아무도 경험을 통해 확정하지는 않았던 것이다.

　실제로 오늘날까지 신체의 모든 기능을 설명할 만큼 신체 구조의 정확한 지식을 갖는 사람이라고는 하나도 없었다. 하물며 인간의 지혜를 훨씬 초월한 많은 것이 동물에게서 빈번히 관찰된다든가, 또 몽유병자가 꿈 속에서 행한 여러 가지를 깨어나서는 한 가지도 실천할 수 없다든가 하는 그런 사실에 관하여 설명할 수 없음은 물론이다. 다만 후자는 분명히 정신마저도 놀랄 정도의 여러 가지를 신체 자신이 자신의 본성의 법칙에 따라서만 할 수 있다는 사실을 제시해 줄 뿐이다. 다음으로 정신은 어떤 방법으로 무엇을 통해 신체를 움직이게 하는지, 또 어느 정도의 운동을 신체에 부여하는지, 어떤 속도로 그것을 움직이게 할 수 있는지를 아무도 알지 못하였다. 이 사실로부터 다음 결론이 나온다.

즉 사람들이 신체의 이런저런 활동 근원을, 신체의 지배력(支配力)을 장악하는 정신에 있다고 말할 때, 자신들이 하는 말조차 이해하지 못하고 있다. 그들은 자신이 그들 활동의 참된 원인에 무지함을 깨닫지도 못하고, 그것을 그럴 듯한 말로 자인(自認)하고 있는 데 불과하다.

그런데 정신이 어떤 방법으로 신체를 움직이게 하는지에 관하여 우리가 알건 모르건 간에, 인간 정신에 사유의 힘이 없다면 신체가 움직이지 않음은 경험적으로 명백하다고 그들은 주장할 것이다. 더욱이 그들은 다음과 같이 말할 것이다. 즉 이야기나 침묵 또는 이와 유사한 여러 가지를 하게끔 하는 힘이 오직 정신 안에 내재하고 있음은 경험으로 미루어 보아 명백하며, 따라서 이런 사실은 정신의 명령에 의존한다고 그들은 확신하며 주장한다.

그런데 첫째 문제점에 관해서 나는 그들에게 다음과 같이 질문하겠다. 만일 반대로 신체가 활발하지 못할 경우 정신이 사유하는 데 적합하지 않음을 경험이 가르쳐 주지 않느냐고 묻는다. 왜냐하면 신체가 잠에 빠져 있을 때, 정신도 동시에 신체와 함께 무의식 상태에 머물어 깨어 있을 때와는 달리 활발하게 작용할 능력이 없기 때문이다.*⁷ 또한 정신은 언제나 반드시 동일한 대상을 동일하게 사색하도록 되어 있는 것이 아니고, 오히려 신체 안에 있는 이런저런 대상의 상을 환기하는 신체의 힘(力)에 따라, 정신도 이런저런 대상을 생각하는 데 더욱 적합한 능력을 갖는다. 이것은 다들 이미 경험했을 것이라 생각된다.

그러나 사람들은 이렇게 말할 것이다. 자연이 물체적인 것으로 생각되는 한, 건축과 그림 등 인간의 기술에 의해서 실현되는 모든 것들의 원인을 오로지 자연법칙에 의해서만 이끌어 낼 수는 없다고. 그리고 인간의 신체가 정신에 의해서 결정되고 유도되지 않는다면, 하나의 사원(寺院)도 건립할 수 없을 것이라고 그들은 주장할 것이다. 하지만 실은 내가 지금까지 제시한 것처럼, 그 반대자들은 신체가 무엇을 할 수 있는지, 그리고 신체의 본성을 관찰하는 데서 무엇을 이끌어 낼 수 있는지에 관하여 전혀 모르는 것이다. 게다가 그들이 정신의 인도(引道) 없이 생겨날 수 없다고 믿는 여러 가지가 오로지 자연법칙에 따라 일어나는 것을 그들은 경험하고 있다. 예를 들면 몽유병자가 꿈 속에서 행한 것을 깨어난 뒤에 보고 깜짝 놀라는 일을 그들은 실제 경험하여 왔을 것이다. 나는 여기서 인간의 신체구조가 인간의 기술로 만들어진 다른 어떤 것보다 복잡하고 정교하다는 사실을 지적해 두고 싶다. 내가 이미 명시한 사실, 즉 자연이 어떤 속성 밑에서 생각되든 간에 그 자연에서는 무한히 많은 것이 생겨난다는 것을 여기서 다시 언급할 필요는 없다.

다음으로 둘째 문제점에 관해서 살펴보자. 만일 침묵과 잡담을 마음대로 하는 힘이 균등하게 사람들에게 구비되어 있다면 인간사(人間事)가 훨씬 잘 풀릴 것이다. 그러나 인간이 말하는 욕구에 대하여 거의 무저항이며 자신의 충동을 제어하는 힘도 거의 없음을, 경험은 우리들에게 남김없이 가르쳐 주고 있다. 이런 이유로 많은 사람들은 적당하게 욕구하는 행위에만 자유(自由)가 있다고 믿는다. 왜냐하면 그들이 생각하기에 그런 것에 대한 충동은, 우리가 자주 생각해 내는 다른 별개의 것을 상기함으로써 쉽게 제한될 수 있기 때문이다. 그런데 격렬한 감정을 갖고 욕구하는 행위에는 자유가 없다. 왜냐하면 여기서 다른 것을 생각해 보았자 그 충동을 진정시킬 수 없기 때문이다. 우리들 인간이 많은 경우 다음 날에 후회할 일을 지금 행하고, 또 상반되는 감정에 사로잡힐 때 좀더 선(善)한 것을 보면서도 좀더 나쁜 것에 따라 행동한다는 사실을 실제로 그들이 체험하지 않았더라면, 인간의 모든 행위는 자유라고 주장하는 그들의 맹신(盲信)을 그 무엇도 전혀 저지하지 못할 것이다.

구체적으로 말하면 그들은 젖먹이가 젖을 열망하는 것을 자유라 생각하며, 화가 난 아이가 복수하려는 것, 겁 많은 아이가 도망하려는 것, 이들 모두를 자유의지에 의한 행동이라고 믿는 것이다. 또한 술 취한 사람이 술이 깨고 난 다음에 후회할 만한 이야기를 취한 김에 횡설수설해 버리는 것도, 정신의 자유에 의한 행동으로 믿고 있다. 동시에 정신착란자, 수다스러운 여자, 아이들, 그리고 이외에 이것들과 유사한 많은 사람들의 행동도, 정신의 자유로운 결정에 의한 것이라고 간주되고 있는 것이다. 사실 그 행동은 자신의 본능을 억제하지 못한 결과인데도 말이다. 그러므로 경험은 스스로 이성에 못지않게 명료히 다음 사실을 가르쳐 주고 있다. 즉 사람들이 자유라고 확신하는 근거는, 그들이 자신들의 행위를 의식하지만 그 행위의 결정원인에 관해서는 무지하기 때문인 것이다.*8 그뿐 아니라 정신의 여러 결정은 충동 이외의 다른 아무것도 아니다. 따라서 신체의 상태가 다양함에 따라, 그만큼 정신의 결정에도 변화가 많다는 사실을 경험이 명백하게 가르쳐 주고 있다. 실제 각 개인은 자기의 감정에 의해서 이끌려지고〔지배되고〕, 상반되는 감정에 휘말린 사람은 자기가 무엇을 욕구하고 있는지 알지 못한다. 또 어떤 감정에도 동하지 않는 사람은 사소한 동기에 의해서도 이곳저곳으로 움직여진다.

이상의 결론으로 의심없이 자명한 사실이 밝혀졌다. 정신의 결정 즉 충동과 신체의 결정은 본성상 동시에 일어나고 혹은 오히려 동일물이다. 그 동일물이 사유의 속성 밑에서 관찰되고 설명될 때, 우리는 이를 결의(decretum)라 부른다. 또 그것이 연장의 속성 밑에서 관찰되고 운동과 정지의 법칙에서 연역될 때, 우리는 이를 결정(determinatio)이라 부른다. 이것은 곧 다시 논할 때 명백하게 밝혀질 것이다.

여기서 내가 주의를 환기해 둘 몇 가지 남겨진 문제들이 있다. 즉 우리는 우리가 생각해 낼 수 있는 것만 정신의 결의에 의해서 실행할 수 있다. 예를 들면 먼저 말을 생각하지 않고는 그 말을 입 밖으로 낼 수 없는 것과 같다. 그리고 어떤 것을 상기하거나 혹은 망각하는 것은, 정신의 자유로운 힘에 의한 것이 아니다. 그 때문에 사람들은 우리가 생각해 내는 것을 오로지 정신의 결의에 따라 침묵하기도 하고 혹은 지껄인다고 믿으며 이것에만 정신의 힘이 미친다고 하는 것이다. 우리는 지껄이는 꿈을 꿀 때에도 역시 정신의 자유로운 결정에 따라 지껄인다고 믿는다. 그러나 사실은 지껄이고 있지 않으며, 만약 그렇다 해도 그것은 신체의 자발적 운동으로 말미암아 일어나는 것이다. 우리는 또 무엇인가를 다른 사람에게 숨기는〔비밀에 붙이는〕 꿈을 꾼다. 그것도 깨어 있을 때 무언가를 숨기려고 하는 경우와 같은 정신의 결의에 따라, 그것을 숨기고 있음을 믿는다. 끝으로 또 우리는 꿈 속에서, 깨어 있을 때 감행할 수 없는 것을 정신의 결의에 의해 실천하는 꿈을 꾼다. 그렇다면 여기에서 의문점이 생긴다. 정신에는 두 종류의 명령 계통이, 즉 공상적인 결의와 자유로운 결의가 있는 것일까. 만일 이런 모순에 찬 결론에 이르기를 원치 않는 사람은 자유라고 믿는 이 정신의 결의가 상상 그 자체, 즉 기억과 구별되지 않는다는 것, 따라서 관념이 관념인 한 필연적으로 포함하는 정신의 긍정이 곧 정신의 결의라는 것을 반드시 승인해야 할 것이다〔제2부 정리49를 볼 것〕. 그러므로 정신의 이런 결의는 사물의 관념이 실제 존재하는 것처럼 필연적으로 정신 안에서 생겨난다. 따라서 정신의 자유로운 결의에 의해서 지껄이거나 침묵하며 혹은 다른 무엇을 할 자유가 있다고 믿는 사람은 눈 뜨고 꿈을 꾸는 것과 마찬가지이다.

정리3 정신의 능동은 오로지 충분한〔타당한〕관념에서 생겨나며, 반대로 정신의 수동은 불충분한〔타당하지 않은〕관념에만 의존한다.

증명 : 정신의 본질을 구성하는 최초의 것은 바로 실제 현존하는 신체의 관념이다〔제2부 정리11과 13에 의해〕. 그리고 이 관념은〔제2부 정리15에 의해〕많은 다른 관념이 복잡하게 결합되어 이루어진다. 그 많은 관념 가운데 어떤 것은 충분한 관념이며〔제2부 정리38의 계에 의해〕, 또 어떤 것은 불충분한 관념이다〔제2부 정리29의 계에 의함〕. 따라서 정신의 본성에서 생겨나고 정신을 최근 원인으로 삼으며, 최근 원인으로 말미암아 파악되어야 하는 모든 것은 충분한 관념이나 불충분한 관념에서 필연적으로 생겨나야 한다. 그런데 정신이 불충분한 관념을 갖는 경우 정신의 작용은 당연히 수동적이다〔이 부의 정리1에 의해〕.*9 따라서 정신의 능동은 오로지 충분한 관념에서 생겨나며, 정신이 불충분한 관념을 가질 때에만 정신의 작용은 수동적이다. 이로써 이 정리는 증명되었다.

주해 : 그러므로 우리는 다음과 같은 것을 알 수 있다. 즉 수동은 부정을 포함하는 그 무엇을 가지는 경우의 정신에만 관계한다. 즉 정신이 다른 것에 의존하지 않고서는(다시 말해 자신만으로는) 결코 명백하게 지각될 수 없는 자연의 일부로 생각되는 한, 그와 같은 정신이 수동과 관계한다. 이 추론으로 수동은 정신과 관계하는 것처럼 개물(個物)에도 관계하며, 이것 이외에 달리 설명될 방법이 없음이 밝혀졌다. 그러나 나는 인간의 정신에 관해서만 문제 삼을 예정이다.

정리4 어떤 사물도 외부로부터의 원인이 없다면 파괴되지 않는다.

증명 : 이 정리는 자체로 보아 자명한 것이다. 실제 각 사물의 정의는 그것이 정의인 이상, 그 사물의 본질을 긍정하는 것이지 부정하지는 않는다. 바

꾸어 말하면 정의는 사물의 본질을 정립하는 것이지, 반대로 본질을 제거하는 것은 아니다. 그러므로 우리는 사물 그 자체만을 바라보고 외부로부터의 원인을 고려하지 않는다면, 사물 안에서 그 사물을 부정하는 어떤 것도 발견할 수 없다. 이로써 이 정리는 증명되었다.

정리5 사물은 한쪽이 다른 쪽을 파괴할 수 있는 관계에 놓여 있는 경우에 한해 대립적 본성을 갖고 있다. 바꾸어 말하면 그와 같은 것은 동일한 주체 내에서 양립할 수 없다.

증명 : 만일 이러한 상황에서 사물이 서로 일치하거나 혹은 동일한 주체 내에서 공존한다면, 그때 동일한 주체 안에는 자신을 파괴할 수 있는 것이 존재하게 된다. 이 사실은 〔앞 정리에 의해〕 불합리하다. 이로써 이 정리는 증명되었다.

정리6 각 사물은 그 자신 안에 존재하고 있는 한, 자신의 존재 안에 남아 있으려고 한다.

증명 : 말하자면 개개의 사물은 양태*¹⁰이며, 이 양태에 의거하여 신의 속성은 일정하고 한정된 방식으로 표현된다〔제1부 정리25의 계에 의함〕. 바꾸어 말하면 〔제1부 정리34에 의해〕 신이 존재하고 활동하는 자신의 힘을 일정하고 한정된 방식으로 표현한다. 그리고 각 사물은 자기를 파괴할 수 있거나 혹은 자기의 존재를 제거하려는 어떤 것도 자기의 내부에 포함하지 않는다〔이 부의 정리4에 의해〕. 오히려 그것은 자신의 존재를 제거하려는 모든 것에 저항한다〔앞 정리에 의해〕. 그러므로 개물은 가능한 한, 그리고 자기의 주체 내에 머무는 한, 자신의 존재 안에 남아 있으려고 한다. 이로써 이 정리는 증명되었다.

정리7 각 사물이 신의 존재 안에서 지속하고자 하는 노력은 사물 자체의 실제적인 본질이다.

증명 : 각 사물에 주어진 본질에서 〔제1부 정리36에 의해〕 필연적으로 무엇인가 이끌어낸다. 그리고 사물은 그 일정한 본성에서 필연적으로 이끌어내는 것 이외에 아무것도 할 수 없다〔제1부 정리29에 의해〕. 그러므로 각 사

물이 단독으로 혹은 다른 것과 함께 무언가를 행하거나 추구하는 능력 및 노력은, 결국 〔이 부의 정리6에 의해〕 각 사물이 자신의 존재 안에서 지속하고자 하는 능력 혹은 노력이며 사물 그 자체의 주어진 실제적인 본질이다. 이로써 이 정리는 증명되었다.

정리8 각 사물이 자신의 존재 안에 지속하고자 하는 노력은 제한된 시간이 아니라 무한정한 시간을 포함한다.

증명 : 만일 이 노력이 사물의 지속을 결정하는 유한한 시간을 포함한다면, 사물은 그 존재의 근거가 되는 능력 자체 때문에 도리어 제한된 시간이 지난 뒤에는 존재할 수 없으며 파괴되어 버린다. 그러나 이것은 〔이 부의 정리4에 의해〕 불합리하다. 그러므로 사물을 존재하게 하는 노력은 자체*11 안에 제한된 시간을 포함하지 않는다. 오히려 사물은 외부의 원인에 의해서 괴멸되지 않는다면 현존하는 것과 같은 능력에 의하여 항상 존속하기 때문에 〔이 부의 정리4에 의해〕, 이 노력은 무한정한 시간을 포함하고 있다. 이로써 이 정리는 증명되었다.

정리9 정신은 명료하고 확연한 관념을 갖고 있건, 혼란한 관념을 갖고 있건 자신의 존재 안에 무한정한 시간 동안 지속하려고 한다. 그리고 정신은 자신의 이런 노력을 자각한다.

증명 : 정신의 본질은 〔이 부의 정리3에서 증명한 것처럼〕 충분한 관념과 불충분한 관념으로 형성되어 있다. 따라서 〔이 부의 정리7에 의해〕 그 관념이 충분하건 불충분하건 정신은 자신의 존재 안에 남아 있으려고 노력한다. 그것도〔이 부의 정리8에 의해〕 어떤 무한정한 지속 안에서의 자신의 존재 안에 있으려고 노력한다. 그런데 정신은〔제2부 정리23에 의해〕 신체의 변양〔자극상태〕의 관념을 통해 자신을 의식한다. 그러므로 정신은〔이 부의 정리7에 의해〕 자신의 노력에 관하여 의식하게 된다. 이로써 이 정리는 증명되었다.

주해 : 이 노력은 단지 정신에만 관계될 때 **의지**라고 하며, 정신과 신체에 동시에 관계될 때 **충동**이라고 한다. 따라서 충동은 곧 인간의 본질이다. 그 충동의 본성에서 자기 보존에 필요한 많은 것이 필연적으로 이끌어 내진다. 즉 충동의 본성은 인간에게 자기 보존을 하게 만드는 인간의 본질이다. 다음

으로 충동과 욕망 사이에는 일반적으로 차이가 없다. 대체로 욕망은 자신의 충동을 의식하는 한 주로 인간에게 관계된다는 것 뿐이다. 따라서 욕망이란 의식을 동반하는 충동으로 정의할 수 있다. 이상의 사실들을 총괄해 볼 때, 우리는 사물이 좋다고〔선하다고〕 판단하기 때문에 그것을 추구하고, 의도하며, 혹은 충동을 느끼거나 욕구하는 것이 아니라, 오히려 노력하고 의지하며 욕구하고 충동을 느끼기 때문에 좋다고〔선하다고〕 판단한다.

정리10 우리 신체의 존재를 배제하는 관념은 정신 안에 존재할 수 없다. 그런 관념은 오히려 정신과 대립한다.

증명 : 우리들의 신체를 파괴하는 어떤 것도 〔이 부의 정리5에 의해〕 동일한 신체 안에 있을 수 없다. 따라서 그런 사물의 관념은, 신이 우리의 신체의 관념을 갖는 한〔제2부 정리9의 계에 의해〕 신의 내부에도 있을 수 없다. 다시 말하면 〔제2부 정리11과 13에 의해〕 그런 사물의 관념은 우리들의 정신 안에서 공존할 수 없다. 오히려 정신의 본질을 구성하는 최초의 것은 〔제2부 정리11과 13에 의해〕 실제 현존하는 신체의 관념이기 때문에, 우리 정신의 출발점이자 가장 중요한 것은 〔이 부의 정리7에서〕 신체의 존재를 긍정하려는 노력이다.*12 따라서 신체의 존재를 부정하는 관념은 우리의 정신과 대립한다. 이로써 이 정리는 증명되었다.

정리11 우리 신체의 활동 능력을 증대시키고 감소시키며 촉진하고 억제하는 사물의 관념은, 정신의 사유하는 능력을 증대시키고 감소시키며 촉진하고 억제한다.

증명 : 이 정리는 제2부 정리7로 미루어 보아 명백하다. 또한 제2부 정리14로 보아도 자명하다.

주해 : 그러므로 우리는 정신이 커다란 변화를 받으며, 어느 때는 보다 큰, 어느 때는 보다 작은 완전성으로 이행할 수 있다는 것을 알게 된다. 이런 정신의 수동은, 우리에게 기쁜 감정과 슬픈〔고통스러운〕 감정〔정서〕이 어떤 것인가를 설명해 준다. 즉 기쁨이란 정신이 좀더 커다란 완전성으로 이행하는 정신의 수동을 뜻하며, 슬픔이란 정신이 좀더 작은 완전성으로 이행하는 정신의 수동을 뜻한다. 또 즐거운〔기쁜〕 감정이 정신과 신체에 동시에 관계할

때, 나는 그것을 **쾌감** 혹은 **상쾌**라고 한다. 그리고 슬픔이 정신과 신체에 동시에 관계할 경우, 나는 그것을 **고통** 혹은 **우울**이라고 한다. 그런데 주의해야 할 사실이 있다. 우리가 인간에 대해 쾌감과 고통을 말할 때, 그것은 신체의 어느 한 부분이 다른 부분보다 강하게 자극될 경우이며, 이와 반대로 상쾌니 우울이니 하는 것은 신체의 모든 부분이 동일하게 자극될 경우에 일어나는 것이다. 다음으로 욕망에 관해서는 이 부의 정리9의 주해에서 설명했다. 이 세 가지〔슬픔, 기쁨(즐거움), 욕망〕이외에 나는 아무런 기초 감정도 인정하지 않는다. 왜냐하면 다음에서 밝히겠지만, 다른 감정은 위의 세 감정에서 파생되는 것이기 때문이다.

그러나 나는 문제를 더 전개하기 전에 이 부의 정리10에 대하여 여기서 더욱 자세히 설명하여, 어떤 이유로 관념이 다른 관념과 대립〔반대〕하는가를 좀더 명료하게 이해할 수 있게 설명할 예정이다.

제2부 정리17의 주해에서 제시한 것처럼, 정신의 본질을 구성하는 관념은, 육체가 존재하는 동안에만 신체의 존재를 포함한다. 그리고 제2부 정리8의 계와 그 주해의 설명에서 다음 결론이 나온다. 즉 우리 정신의 현재 존재는, 정신이 신체의 현실적 존재를 포함하고 있는 사실에 의존하고 있다. 또 정신이 사물을 표상하거나 생각해 내는 능력도 똑같은 사실, 즉 정신이 신체적 존재를 포함한다는 사실에 의존하고 있음을 우리는 명시했다〔제2부 정리17, 18과 그 주해를 볼 것〕. 이런 사실로 말미암아 정신이 신체의 현존재의 긍정을 중지한다면, 즉시 정신의 현존재와 그 표상력은 소멸되고 만다. 그런데 정신이 스스로 신체의 존재의 긍정을 중지하는 이유는, 〔이 부의 정리4에 의해〕 정신 자신에는 있을 수 없으며, 또 신체가 스스로 존재하기를 중지하는 데도 있을 수 없다. 왜냐하면 〔제2부 정리6에 의해〕 정신이 신체의 존재를 긍정하는 원인은 신체의 존재 안에 있지 않기 때문이다. 같은 이유로 정신이 신체 존재의 긍정을 그만둘 이유도, 신체가 존재하기를 중지하는 데에서는 찾을 수 없다. 오히려 〔제2부 정리8에 의해〕 이 원인은 우리 신체의, 따라서 당연히 우리 정신의 현재 존재를 배제하려는 다른 관념에서 생겨난다. 그러므로 이런 관념은 우리 정신의 본질을 구성하는 관념과 대립된다.

정리12 정신은 신체의 활동 능력을 증대시키거나 촉진시키는 것을 가능한 한 표상하려 한다.

증명 : 인간의 신체가 외적 물체의 본성을 포함하는 방식으로 변양하는〔자극되는〕동안, 〔제2부 정리17에 의해〕인간의 정신은 그 물체를 실제 현존하는 것으로 고찰할 것이다. 따라서 〔제2부 정리7에 의해〕인간의 정신이 외적 물체를 마치 현존하는 것처럼 관상(觀想)하는 동안에, 바꾸어 말하면 〔제2부 정리17의 주해에 의해〕그와 같은 외적 물체를 인간의 정신이 현존하는 것으로 표상하는 동안에, 인간 신체는 외적 물체의 본성을 포함하는 방식으로 변양한다〔자극된다〕. 그렇기에 정신이 우리 신체의 활동력을 증대시키거나 촉진할 만한 것을 표상하는 동안, 신체의 변양〔자극상태〕은 자기의 활동력을 증대시키거나 촉진하는 양식에 따른다〔이 부의 공준1을 볼 것〕. 따라서 〔이 부의 정리11에 의해〕그동안 정신의 사유능력은 증대되거나 촉진된다. 이로써 〔이 부의 정리6 혹은 9에 의해〕정신은, 가능한 그런 것을 표상하려고 노력한다. 이로써 이 정리는 증명되었다.

정리13 정신은 신체의 활동 능력을 감소시키거나 억제하는 것을 표상할 때, 가능한 그런 것의 존재를 배제해 주는 사물을 가능한 한 상기하고자 한다.

증명 : 정신이 그런 종류의 것을 표상하는 동안에 〔앞 정리에서 증명한 것처럼〕정신과 신체의 활동 능력은 감소되거나 억제된다. 그럼에도 불구하고 정신은, 그것의 현존재를 배제하는 다른 무엇을 표상할 때까지 그것을 계속 표상할 것이다〔제2부 정리17에 의해〕. 바꾸어 말하면 〔지금 바로 밝힌 것처럼〕정신과 신체의 능력은 그런 어떤 존재를 배제해 주는 다른 것을 정신이 표상할 수 있을 때까지 감소되거나 억제된다. 따라서 정신은 이런 것을 〔이 부의 정리9에 의해〕가능한 표상하거나 생각해 내려고 노력할 것이다. 이로써 이 정리는 증명되었다.

계 : 이것으로서 정신은 정신 자신과 신체의 능력을 감소시키거나 억제하는 것을 표상하고 싶어하지 않는 것이다.

주해 : 이로써 사랑이 무엇인지 증오가 무엇인지를 명확하게 파악할 수 있다. 즉 사랑은 외적 원인의 관념을 동반하는 기쁨〔즐거움〕이다. 또 증오는 외적 원인의 관념을 동반하는 슬픔이다. 또 사랑하는 사람은 필연적으로 사랑하는 대상을 현실에서 소유하고 유지하고자 노력한다. 반대로 증오하는

사람은 당연히 그가 증오하는 것을 제거하려고 노력한다. 이와 같은 사실을 우리는 여기서 잘 알 수 있다. 그러나 이 모든 것에 대한 상세한 검토는 다음에서 하기로 한다.

정리14 정신이 만일 어느 때 두 개의 감정〔정서〕에 의해서 동시에 자극받는다면, 정신은 뒤에 그중 어느 하나의 감정에 의해서 자극받았을 때 다른 하나에 의해서도 반드시 다시 자극받게 될 것이다.

증명: 만일 인간의 신체가 두 개의 물체에 의해서 동시에 자극된다면, 정신은 그 가운데 어느 하나를 표상함으로 인하여 즉시 다른 하나를 떠올릴 것이다〔제2부 정리18에 의함〕. 그런데 정신이 표상하는 상은 외적 물체의 본성을 나타내는 것보다 그 이상으로 신체의 흥분상태를 나타낸다〔제2부 정리16의 계2에 의함〕. 그러므로 만일 신체가 두 개의 감정에 의해서 이전에 한 번 자극되고, 그 다음 그중의 어느 것에 의해서 다시 자극된다면, 그때 신체는 언제나 다른 하나에 의해서도 자극된다. 이런 일은〔이 부의 정의3에 따라〕정신에서도 똑같이 일어난다. 이로써 이 정리는 증명되었다.

정리15 각 사물은 우연에 의해 기쁨과 슬픔 혹은 욕망의 원인이 될 수 있다.

증명: 정신이 두 개의 감정에 의해서 동시에 자극될 때, 그 한쪽은 정신의 활동력을 증대도 감소도 시키지 않는데, 다른 한쪽의 감정은 정신의 그것을 증대 또는 감소시킨다고 상상해 보라〔이 부의 공준1을 볼 것〕. 앞 정리로 미루어 보아 명백한 것은 다음과 같다. 즉 정신이 그 뒤에 자신의 힘으로는 자기의 활동력을 증대도 감소도 할 수 없는〔가정에 의함〕그런 정신의 참된 원인에 의해서 첫 번째 감정의 자극을 받는다면, 정신은 즉시 자신의 사유능력을 증대시키거나 혹은 감소시키는 두 번째 감정, 바꾸어 말하면 기쁨과 슬픔으로 인하여〔이 부의 정리11의 주해 참조〕자극될 것이다. 이로써 전자의 감정상태의 원인이 된 것은, 자기의 힘에 의한 것이 아니라 우연히 기쁨이나 슬픔의 원인이 될 것이다. 또한 그런 것이 우연히 욕망의 원인이 됨도 쉽게 예증될 것이다. 이로써 이 정리는 증명되었다.

계: 우리는 기쁜 감정 혹은 슬픈 감정상태에서 사물을 관상하는 것만으

로, 그 사물은 결코 기쁨과 슬픔의 동력인이 될 수 없는데도 그것을 사랑하고 증오할 수 있다.

증명 : 왜냐하면 〔이 부의 정리14에 의해〕 다만 이런 일〔사물을 어떤 정신 상태에서 관상하는 것〕만으로도 정신은, 위와 같은 것을 추후 표상할 때 기쁨이나 슬픔이란 감정에 자극받기 때문이다. 바꾸어 말하면 〔이 부의 정리 11에 주해에 의해〕 정신과 신체의 힘이 증대하거나 감소하기도 한다. 따라서 〔이 부의 정리12에 의해〕 정신은 그와 같은 것을 표상하려 하거나 〔이 부의 정리13의 계에 의해〕 표상을 거부하기도 한다. 결국 〔이 부의 정리13의 주해에 의해〕 정신은 그것을 사랑하기도 증오하기도 한다. 이로써 이 계는 증명되었다.

주해 : 이로써 우리는 원인도 모르는 채 이른바 동감과 반감에 의해 무언가를 사랑하거나 증오하는 현상을 이해할 수 있다. 우리들에게 기쁨과 슬픔을 부여하는 대상과 부분적으로 유사하다는 이유만으로 기쁨과 슬픔을 부여하는 대상도, 이 동감과 반감과 같은 것으로 간주할 수 있다. 이에 관해서는 다음 정리에서 명시하겠다.

물론 나는 이런 동감과 반감이란 말을 최초로 사용한 저자들이 이 두 낱말로써 사물의 숨겨진 성질을 표현하려 했다는 의도를 잘 알고 있다. 그러나 그럼에도 불구하고 이들 같은 말들로 인하여, 사물에 관해서 우리가 이미 알고 있거나 혹은 근거가 명백해진 성질이 이해될 수 있으리라 믿는다.

정리16 우리는 정신에게 기쁨이나 슬픔을 느끼게 하는 대상물과 어떤 것이 유사하다고 표상하는 것만으로, 비록 그것이 감정의 동력인(動力因)이 아니라 그 대상과 유사점만을 갖는 것일지라도 우리는 그것을 사랑하거나 혹은 증오할 것이다.

증명 : 우리는 어떤 것이 그 대상과 유사하다는 사실을, 가정에 의하면 그 대상 자체에 있어 기쁨이나 슬픔의 감정을 느끼며 관상했다. 그러므로 〔이 부의 정리14에 의해〕 정신이 그런 대상의 상에 의해서 자극된다면, 즉시 기쁨이나 슬픔의 감정으로도 자극될 것이다. 따라서 우리가 이것과 유사하다고 인정한 것은 〔이 부의 정리15에 의해〕 우연히 기쁨이나 슬픔의 원인이 될 것이다. 또 이로부터 〔앞의 계에 의해〕 어떤 대상과 유사점을 갖는 것은 그

것이 감정의 동력인이 아니라 해도, 역시 우리의 사랑 또는 증오를 받을 것이다. 이로써 이 정리는 증명되었다.

정리17 만일 우리에게 언제나 슬픈 감정을 느끼게 하는 것이, 또한 항상 우리에게 동일한 크기의 기쁜 감정을 느끼게 하는 어떤 다른 것과 무엇인가 유사하다고 표상한다면, 우리는 그것을 증오함과 동시에 사랑할 것이다.

증명 : 이런 것은 〔가정에 의하면〕 실제 그 자체가 슬픔의 원인이다. 그리고 〔이 부의 정리13의 주해에 의해〕 우리는 이것을 슬픈 감정상태에서 표상하는 한 증오한다. 그리고 그것과 같은 크기의 기쁜 감정을 항상 우리에게 주는 다른 무언가와 유사한 것을 상상하는 한, 이전과 같은 크기의 기쁨을 느끼며 그것을 사랑하게 된다〔앞 정리에 의해〕. 우리는 이런 이유로 그것을 증오하는 동시에 사랑하게 된다. 이로써 이 정리는 증명되었다.

주해 : 그런데 두 개의 대립하는 감정에서 생겨나는 정신의 이런 상태를 **마음의 동요**라고 한다. 그러므로 이 마음의 동요에 대한 관계는 마치 의혹의 표상에 대한 관계와 같다〔제2부 정리44의 주해를 볼 것〕. 마음의 동요 의혹 사이에는 다만 정도의 차이에 따른 구별만이 존재한다. 그러나 주의를 해 둘 것은, 앞 정리에서 내가 이 마음의 동요를 몇 가지의 원인으로부터 연역한 점이다. 그 여러 원인은 그 자체로 어떤 감정의 원인이며 우연에 의해 다른 감정의 원인이 된다. 내가 이런 방법을 택한 것은 그래야지만 앞에서 증명했던 여러 정리에서 마음의 동요를 보다 쉽게 이끌어 낼 수 있기 때문이다. 그러나 나는 마음의 동요가 일반적으로 그들 두 감정의 동력인인 한 대상에서 생겨난다는 점을 부정하는 것은 아니다. 그 이유는 다음과 같다. 우선 인간의 신체는 〔제2부 공준1에 의해〕 서로 다른 본성을 갖는 많은 개체에 의해 조직되어 있다. 그러므로 〔제2부 정리13에 따른 보조정리3 다음의 공리1에 의해〕 인간 신체는 동일한 물체로 인하여 대단히 많은 상이한 방법으로 자극을 받는다. 또 반대로 동일한 것이 여러 방법으로 자극될 수 있기 때문에, 그와 같은 것이 수없이 상이한 방법으로 신체의 동일 부분을 자극할 수 있을 것이다. 이상의 여러 점으로 보아 우리는 동일한 대상이 다양하고 대립적인 여러 감정의 원인이 될 수 있다는 사실을 간단하게 이해할 수 있을 것이다.

정리18 인간은 과거나 미래의 사물의 표상상(表象像)에 의해서도, 현재의 사물의 표상상에서 받는 것과 같은 기쁨과 슬픔의 감정〔정서〕에 자극받을 수 있다.

증명 : 인간은 어떤 사물의 표상상에 의해서 자극되는 동안에는 가령 그것이 존재하지 않더라도, 사물을 마치 눈앞에 있는 것처럼〔제2부 정리17과 계에 의해〕고찰할 것이다. 그리고 사물의 상이 과거나 미래의 시간의 상과 결합하지 않는 한, 그것을 과거나 미래의 것으로서 표상하지 않을 것이다〔제2부 정리44의 주해를 볼 것〕. 그러므로 우리가 사물의 상을 그 자체로 고찰한다면, 그것은 미래나 과거의 시간에 관계하건 현재와 관계하건 같은 것이다. 바꾸어 말하면〔제2부 정리16의 계2에 의해〕신체의 변화상태, 즉 감정은 사물의 상이 과거의 것이건 미래나 현재의 것이건 모두 동일하다. 이로 말미암아 기쁨과 슬픔의 감정은 그 상이 과거나 미래나 현재의 사물의 상이라 해도 불변이요, 동일한 것이다. 이로써 이 정리는 증명되었다.

주해1 : 내가 과거나 미래의 사물이라고 부르는 것은, 우리가 그 사물에 의해서 자극되었거나 혹은 자극될 것이라는 경우에 한해서이다. 예를 들면 우리가 그것을 이미 보았든가 혹은 볼 예정인 경우이며, 또 무언가를 통해 새로운 활력을 얻었거나 앞으로 얻을 경우요, 혹은 무언가로 말미암아 상처 입었거나 상처 입을 경우와 같은 것이다. 실제 우리는 그런 관계하의 사물을 표상하는 한, 그 사물의 존재를 긍정하고 있다. 다시 말하면 신체는 그 존재를 배제하는 감정에 의해서 자극되지 않는다. 따라서〔제2부 정리17에 의해〕신체는 그 사물의 상으로 인하여, 그 사물이 눈앞에 실제 존재할 때와 같은 방식으로 자극을 받는다. 그런데 풍부한 경험의 소유자는 사물을 미래의 것 또는 과거의 것으로 생각하는 동안에 동요하기도 한다. 그리고 그들은 사물의 결과에 관해 극히 의심이 많다〔제2부 정리44의 주해를 볼 것〕. 그 때문에 이런 사물의 상에서 생겨나는 여러 감정은 일관성이 없으며, 사람들이 그 결과에 관해 훨씬 확실해질 때까지 오히려 다른 상에 의해서 빈번히 교란된다.

주해2 : 우리는 바로 지금 진술한 사실로부터 희망, 공포, 안도와 절망, 희열〔환희〕및 회한〔낙담〕등이 무엇인가를 이해할 수 있다. 즉 **희망**은 불안정한 기쁨에 지나지 않다. 그런 기쁨은 우리에게 의심스러운 결과를 주는 사물의 미래 혹은 과거의 상에서 생겨난다. 그리고 **공포**란 역시 의심스러운 사물에 관한 상에서 생겨나는 불안정한 슬픔이다. 다음으로 이와 같은 여러 감정 안에 있는 회의적인 요소가 제거된다면, 희망은 안도가 되고 공포는 절망이 된다. 즉 그것은 우리가 무서워하거나 희망하는 사물의 상에서 생겨나는 기쁨 혹은 슬픔이다. 그리고 **환희**는 우리들이 그 결과에 관해, 회의적으로 보았던 과거의 사물에 관한 상에서 의심이 사라질 때 생겨나는 기쁨이다. 끝으로 **낙담**은 환희에 대립되는 슬픔이다.

정리19 자기가 사랑하는 사물이 부정〔파괴〕되는 것을 표상하는 사람은 슬퍼할 것이요, 반대로 사랑하는 사물이 보존〔유지〕되는 것을 표상하는 사람은 기뻐할 것이다.

증명 : 정신은 인간의 신체활동을 증대시키거나 촉진하는 것을 〔이 부의 정리12에 의하면〕 가능한 표상하려고 노력한다. 바꾸어 말하면 〔이 부의 정리13의 주해에 의해〕 스스로 사랑하는 것을 표상하려 한다. 그런데 표상력은 사물의 존재를 정립하는 것으로 인해 촉진되고, 반대로 사물의 존재를 배제하는 것에 의해서 억제된다〔제2부 정리17에 의해〕. 그러므로 사랑하는 사물의 존재를 정립해 주는 상은, 자신이 사랑하는 것을 표상하려는 정신의 노력을 촉진한다. 바꾸어 말하면 〔이 부의 정리11의 주해에 의해〕 그런 사물의 상은 인간 정신에 기쁨을 부여한다. 또 반대로 사랑하는 사물의 존재를 부정하는 것에 관한 상은, 정신의 이런 노력을 방해하여 인간 정신에 슬픔을 부여한다. 그러므로 사랑하는 사물이 부정되는 것을 표상하는 사람은 슬픔을 느낄 것이다. 이로써 이 정리는 증명되었다.

정리20 자신이 증오하는 사물이 부정〔파괴〕되는 것을 표상하는 사람은 스스로 기뻐할 것이다.

증명 : 정신은 〔이 부의 정리13에 의해〕 인간 신체의 활동력을 감소시키거나 억제하는 사물의 존재를 배제하여 주는 여러 가지를 표상하려고 한다. 바꾸어 말하면 〔같은 정리 주해에 의해〕 정신은 자신이 증오하는 사물의 존재를 배제해 주는 것을 표상하려고 노력한다. 따라서 정신이 증오하는 사물의 존재를 배제해 주는 사물의 상은 이런 정신의 노력을 촉진한다. 바꾸어 말하면 〔이 부의 정리11의 주해에 의해〕 이런 사물의 상은 정신에 기쁨을 준다.

따라서 자신이 증오하는 사물이 부정되는 것을 표상하는 사람은 스스로 기뻐한다. 이로써 이 정리는 증명되었다.

정리21 자신이 사랑하는 사물이 기쁨이나 슬픔으로 자극되는 것을 표상하는 사람은, 역시 기쁨과 슬픔으로 자극받을 것이다. 이들 두 감정의 강도(强度)로 말하자면, 사랑받는 사물이 받는 자극의 강약에 따라 사랑하는 사람이 받는 자극의 강약도 규정된다.

증명 : 〔이 부의 정리19에서 증명한 것처럼〕 자신이 사랑하는 사물의 존재를 정립하는 사물의 상은, 사랑하는 사물을 표상하려는 정신의 노력을 촉진한다. 그런데 기쁨은 기쁨을 가져오는 사물의 존재를 정립한다. 그리고 기쁜 감정이 크면 클수록 그만큼 기쁨을 가져오는 사물의 존재를 강하게 정립한다. 왜냐하면 기쁨은 〔이 부의 정리11의 주해에 의해〕 보다 커다란 완전성으로의 이행이기 때문이다. 그러므로 사랑받는 사물의 기쁨에 관한 상은, 사랑하는 쪽의 정신의 노력을 촉진한다. 바꾸어 말하면 〔이 부의 정리11의 주해에 의해〕 그것을 사랑하는 사람에게 기쁨을 부여한다. 그리고 사랑받는 대상에 대한 기쁨의 강도가 강하면 강할수록, 그만큼 사랑하는 사람이 받는 감정도 강하게 된다. 이것이 증명의 첫째 요인이다.

다음으로 어떤 것이 슬픔으로 인하여 자극되는 한 그것은 부정된다. 그리고 〔이 부의 정리11의 같은 주해에 의해〕 존재물〔사물〕의 슬픔에 관한 강도가 강하면 강할수록 그 존재물에 대한 부정도 강해진다. 이런 사실에서 〔이 부의 정리19에 의해〕 자신의 사랑하는 사물이 슬픔으로 인하여 자극되는 것을 표상하는 사람은 역시 슬프게 된다. 그리고 이 슬픈 감정이 자신의 사랑하는 사물 안에서 강하면 강할수록 슬픔의 자극도 그만큼 강해진다. 이로써 이 정리는 증명되었다.

정리22 만약 어떤 사람이 우리가 사랑하는 사물에 기쁨〔즐거움〕을 준다고 표상된다면, 우리는 그 사람에 대한 사랑으로 자극받을 것이다. 이와 반대로 그 사람이 우리가 사랑하는 사물에 슬픔을 부여한다고 표상된다면, 우리는 그 사람에 대한 증오로 자극받을 것이다.

증명 : 우리가 사랑하는 사물에 기쁨과 슬픔을 부여하는 사람은, 〔앞 정리

에 의해) 사랑받는 사물이 그런 기쁨이나 슬픔에 의하여 자극되는 것으로 표상되는 한, 우리에게도 기쁨이나 슬픔을 준다. 그런데 이 기쁨이나 슬픔은 외적인 원인의 관념과 결부되어 우리의 내부에 존재한다고 가정되어 있다. 그러므로 (이 부의 정리13의 주해에 의해) 만일 어떤 사람이 우리가 사랑하는 사물에 기쁨이나 슬픔을 부여하는 것으로 표상된다면, 우리는 그 사람에 대해 사랑하거나 미워하게끔 자극받게 된다. 이로써 이 정리는 증명되었다.

주해 : 정리21은 연민(동정)이 무엇인가를 우리들에게 설명하여 준다. 우리는 이 연민을 다른 사람의 불행을 보고 일어나는 슬픔이라고 정의할 수 있다. 또한 타인의 행복을 볼 때 생겨나는 기쁨(즐거움)도 있는데, 이를 무엇이라고 불러야 될지 나는 알지 못한다. 다음으로 우리는 타인에게 즐겨 봉사하는 사람에 대한 사랑을 **호의**라고 한다. 또 반대로 타인에게 해(害)를 끼치는 사람에 대한 증오를 **적의**(분개)라고 한다. 그런데 우리가 주의해야 할 점은, (정리21에서 밝힌 것처럼) 우리가 오로지 사랑하는 것에만 연민을 느낄 뿐 아니라, 지금까지 아무런 감정도 갖지 않았던 것에 대해서도 연민을 느낄 수 있다는 것이다. 다만 이 사실은(이것에 대해서는 다음에 밝히기로 한다), 우리가 그런 것을 자신과 동류(同類)라고 판단할 경우에 한한다. 이로 말미암아 사람들은 자신의 동류에게 잘 봉사하는 사람에 호의를 나타내고, 반대로 자신의 동류에 대해 해악(害惡)을 끼친 사람에게 적의를 갖는다.

정리23 자신이 증오하는 사물이 슬픔으로 자극되는 것을 표상하는 사람은 스스로 기쁨을 느낄 것이다. 반대로 증오하는 사물이 기쁜 상태로 자극되는 것을 표상하는 사람은 슬픔을 느낄 것이다. 그리고 이 두 감정은, 자신이 증오하는 대상물 안에서 대립되는 감정의 강약에 따라 그 강약이 규정된다.

증명 : 증오를 받는 존재물이 슬픔으로 자극되는 한, 그것은 부정된다. 그리고 (이 부의 정리11의 주해에 의해) 그것이 좀더 커다란 슬픔으로 인하여 자극된다면, 그만큼 부정의 강도도 커진다. 따라서 (이 부의 정리20에 의해) 자신이 증오하는 것이 슬픔으로 자극되는 것을 상상하는 사람은 반대로 기쁨에 자극될 것이다. 그리고 증오받는 대상물이 좀더 커다란 슬픔으로 자극되는 것을 표상하면 할수록, 기쁨의 강도는 보다 강해진다. 이것이 첫째 요인이다. 다음으로 기쁨은 (이 부의 정리11의 같은 주해에 의해) 기쁨을 가져

오는 존재를 정립한다. 그리고 기쁨이 크다고 생각될수록 그것은 그만큼 더 기쁨을 가져오는 존재를 강하게 정립한다. 만일 자신이 증오하는 사물이 기쁨으로 자극되는 것을 표상한다면, 이 표상에 의하여 〔이 부의 정리13에 의해〕 자기 자신의 노력은 억제될 것이다. 바꾸어 말하면 〔이 부의 정리11의 주해에 의해〕 증오하는 사람은 슬픔으로 자극받게 될 것이다. 이로써 이 정리는 증명되었다.

주해 : 이런 기쁨은 결코 순수한 것이 아니다. 따라서 이 기쁨은 마음의 내적 갈등 없이는 존재할 수 없다. 왜냐하면 〔이미 이 부의 정리27에서 명시한 것처럼〕 자신의 동류가 슬픔에 사로잡혀 있는 것을 표상하는 것만으로도 사람은 슬픔에 젖기 때문이다. 그리고 만일 그 동류가 기쁨을 느끼는 것을 표상한다면, 이쪽도 기쁘게 생각하게 된다. 그러나 여기서는 다만 증오만을 문제삼고자 한다.

정리24 만일 어떤 사람이 우리가 증오하는 사물에 기쁨을 부여한다고 표상되면, 우리는 그 사람에 대하여 증오심을 느낄 것이다. 반대로 어떤 사람이 우리가 증오하는 사물에 슬픔을 부여한다고 표상되면, 우리는 그 사람을 사랑하게끔 마음이 자극받을 것이다.

증명 : 이 정리는 이 부의 정리22와 같은 증명 방법에 의하여 증명된다〔이 부의 정리22를 볼 것〕.

주해 : 이러한 증오의 감정 및 그것과 유사한 감정은 질투의 감정에 속한다. 따라서 질투는 곧 증오이다. 다만 그것은 인간이 타인의 역경을 보고 기뻐하며, 반대로 타인의 행복을 보고 슬퍼하는 경우에 한한다.

정리25 우리는 자신이 사랑하는 존재물에 기쁨을 준다고 표상되는 일체를 긍정하려고 노력한다. 반대로 우리는 사랑하는 대상을 슬프게 만드는 것으로 표상되는 일체를 부정하려고 노력한다.

증명 : 우리는 사랑받는 대상이 기쁨이나 슬픔으로 자극되는 것을 표상함으로 인하여 〔이 부의 정리21에 의해〕 기쁨이나 슬픔으로 자극된다. 그런데 정신은 〔이 부의 정리12에 의해〕 우리에게 기쁨을 주는 것을 가능한 표상하려고 노력한다. 바꾸어 말하면 〔제2부 정리17과 그 계에 의해〕 그런 사물을

현재 있는 것으로서 관상하려 한다. 또 반대로 [이 부의 정리13에 의해] 우리는 우리에게 슬픔을 부여하는 사물의 존재를 배재하려고 노력한다. 그러므로 우리 자신과 우리의 사랑하는 것에 관해 말한다면, 우리는 자신이 사랑하는 것에게 기쁨을 주는 것으로 표상되는 일체를 긍정하려고 노력한다. 그리고 이와 반대되는 경우도 성립한다. 이로써 이 정리는 증명되었다.

정리26 우리들이 증오하는 것을 슬픔으로 자극하면, 우리들이 표상하는 모든 것을 그 증오하는 것에 대하여 긍정하려고 노력한다. 반대로 증오하는 사물에게 기쁨으로 자극하면 우리가 표상하는 모든 것을 부정하려고 노력한다.

증명 : 이 정리는 앞 정리가 이 부의 정리21에서 도출됨과 같이, 정리23에서 도출된다.

주해 : 이런 사실에서 인간이 자기 자신과 자신이 사랑하는 대상에 관해 정당한 것 이상의 평가를 하며, 반대로 자기가 증오하는 것에 대해서는 정당한 것 이하로 판정하는 현상을 우리는 간단하게 이해할 수 있다. 그런데 이와 같은 표상에서, 자기 자신에 관하여 정당한 것 이상으로 평가하려는 사람을 가리켜 우리는 **거만**(교만)하다고 말한다. 이것은 정신착란의 일종이다. 왜냐하면 이와 같은 인간은 눈뜨고 꿈꾸는 것과 같으며, 표상의 세계에서만 가능한 것을 실제로도 가능한 것처럼 몽상하기도 하며, 그 때문에 그런 표상의 내용을 마치 사실인 것처럼 생각한다. 그리고 그런 표상의 존재를 배제하고 인간 자신의 활동 능력을 제한하는 것을 표상해 내지 못하는 한, 그는 꿈의 내용을 과시하기만 한다. 그러므로 거만이란 인간이 자기 자신을 정당한 것 이상으로 평가하는 데서 생겨나는 기쁨(즐거움)이다. 그 다음에 다른 사람을 정당한 것 이상으로 평가하는 데서 생겨나는 기쁨이 있다. 우리는 이것을 **과대평가**라고 한다. 그리고 다른 사람을 정당한 것 이하로 평가하는 데서 생겨나는 기쁨이 있다. 이것을 우리는 **과소평가**(경멸)라고 한다.

정리27 우리와 유사한 것에 대하여 우리가 아무런 감정(정서)도 갖지 않았을 경우, 그것이 무엇인가의 감정에 의해서 자극되는 것을 표상한다면, 우리는 그것만으로도 유사한 감정에 의해서 자극된다.

증명 : 존재물(사물)에 관한 여러 가지 상(像)은 인간 신체의 변화상태(자

극상태]이며, 그 관념은 〔제2부 정리17의 주해에 의해〕 외적 여러 물체를 마치 우리 앞에 현존하는 것처럼 묘사한다. 바꾸어 말하면 〔제2부 정리16에 의해〕 그와 같은 여러 관념은 우리 신체의 본성과 동시에, 외적 물체의 현재의 본성을 포함하고 있다. 따라서 만일 외적 물체의 본성이 우리 신체의 본성과 유사하다면, 우리가 표상하는 외적 물체의 관념은 외적 물체의 변화상태와 닮은 신체의 변화상태를 포함한다. 그러므로 만일 우리가 동류(同類)인 어느 사람이 어떤 감정에 자극되는 것을 표상한다면, 이런 표상은 그 감정에 유사한 신체의 변화상태를 표현하고 있을 것이다. 그리하여 우리는 우리와 유사한 것이 어떤 감정으로 자극되는가를 표상함으로써 그 감정과 유사한 감정으로 자극된다. 그리고 만일 우리가 우리와 유사한 것을 증오한다면 반대로 〔이 부의 정리23에 의해〕 그 감정에 대립하는 감정으로 자극되지, 결코 유사한 감정에 의해 자극되지 않는다. 이로써 이 정리는 증명되었다.

주해 : 감정의 이런 모방이 슬픔과 관계할 때에는 **연민**〔동정〕이라고 한다 〔이에 관해서는 이 부의 정리22의 주해를 볼 것〕. 그런데 그 모방이 욕망과 관계할 때에는 **경쟁심**〔대항심〕이라 한다. 그러므로 경쟁심은 어떤 것에 대한 욕망이다. 이것은 우리가 우리와 닮은 다른 것이 동일한 욕망을 갖는다고 표상하는 데서 우리 내부에 생겨나는 욕망이다.

계1 : 우리가 지금까지 어느 감정도 느끼지 않았던 어떤 사람이, 우리에게 닮은 것에 기쁨을 부여하는 것으로 표상한다면, 우리는 그 사람에 대한 사랑을 느끼도록 자극될 것이다. 만약 반대로 그 사람이 우리와 유사한 것에 슬픔과 고통을 준다고 표상한다면, 우리는 그 사람에게 증오심을 느낄 것이다.

증명 : 이 계는 이 부의 정리22가 정리21로 말미암아 증명되는 것과 같이 앞 정리에 의해서 증명된다.

계2 : 불쌍히 여겨지는〔동정받을 만한〕 존재물의 불행 때문에 우리가 슬픔을 느낀다 해도 우리는 그것을 증오할 수 없다.

증명 : 예를 들면 만일 이런 이유로 우리가 그런 것에 증오심을 갖는다면, 〔이 부의 정리23에 의해〕 그 존재물의 슬픔 때문에 우리는 스스로 기뻐할 것이다. 그러나 이런 결과는 가정에 위배된다.

계3 : 우리는 우리가 불쌍하게 여기는 것을 그 불행에서 해방해 주려고 가능한 노력할 것이다.

증명 : 우리가 불쌍하게 여기는〔동정하는〕것을 슬픔으로 자극하는 것은, 우리마저도〔앞 정리에 의해〕같은 슬픔으로 자극되게 한다. 그러므로 우리는 우리가 불쌍하게 여기는 어떤 존재를 배제하려는 모든 것을, 또는 그런 것을 부정하려는 일체의 것을〔이 부의 정리13에 의해〕생각해 내려고 노력할 것이다. 바꾸어 말하면〔이 부의 정리9의 주해에 의해〕우리는 그런 것을 부정하려는 충동을 가질 것이다. 또는 그것을 부정할 수밖에 다른 방법이 없을 것이다. 따라서 우리는 불쌍하게 여기는 것을 그 불행에서 해방하여 주려고 노력한다. 이로써 이 정리는 증명되었다.

주해 : 우리가 어떤 것을 불쌍히 여기는 것에서 생기는, 그 친절을 베풀고자 하는 의지나 충동은 **자비심**이라고 일컬어지며, 따라서 이 자비는 동정에서 생겨나는 욕망일 뿐이다. 우리의 동류로 표상되는 대상에 봉사하거나 해를 끼치는 사람에 대한, 사랑과 미움〔증오〕에 관해서는 이 부의 정리22의 주해를 보자.

정리28 우리는 기쁨을 촉진하는 것으로 표상되는 모든 것을 실현하려고 노력한다. 반대로 우리는 기쁨에 모순되거나 혹은 슬픔을 가져오리라고 표상되는 모든 것을 멀리하거나 부정〔파괴〕하려고 노력한다.

증명 : 우리는 기쁨〔즐거움〕을 촉진하는 것으로 표상되는 것을〔이 부의 정리12의 의해〕가능한 표상하려고 노력한다. 바꾸어 말하면〔제2부 정리17에 의해〕그런 것을 실제 현존하는 것으로 혹은 현재 있는 것으로 가능한 추구하려고 노력한다. 그런데 정신의 노력, 즉 사유(思惟)하는 정신의 힘은〔제2부 정리7의 계와 정리11의 계에서 명백해진 것처럼〕본디 인간 신체의 노력 또는 인간 신체의 활동력과 같으며, 두 힘의 작용은 동시적이다. 그러므로 우리는 기쁨을 주는 것이 존재하게끔 절대적으로 노력한다. 또는〔이 부의 정리9의 주해에 의하면 같은 것이지만〕그런 것을 갈망하고 의도한다. 이것이 증명의 첫째 요인이다.

다음으로 우리는 슬픔의 원인이라고 간주되는 사물이, 즉〔이 부의 정리13의 주해에 의해〕우리가 증오하는 사물이 부정되는 것을 표상한다면〔이 부의 정리20에 의해〕스스로 기뻐할 것이다. 그러므로〔이 증명의 처음 부분에 의해〕우리는 그것을 부정하려고 노력할 것이다. 혹은〔이 부의 정리13에 의해] 우리는 그것을 현재적인 것으로 깊이 사고하지 않기 위하여, 우리로부터 그것을 멀리 떨어뜨려 놓으려고 노력할 것이다. 이것이 증명의 둘째 요인이다. 그러므로 기쁨을 촉진하는 것으로 표상되는 모든 것은—. 이로써 이 정리는 증명되었다.

정리29 사람들이*[13] 기뻐할 것이라고 표상하는 모든 것을 우리는 스스로 행하려고 노력한다. 반대로 사람들이 싫어할 것으로 표상되는 모든 것을, 우리는 행하기를 거부[혐오]한다.

증명: 우리는 사람들이 어떤 것을 사랑하거나 증오하는 것을 표상함으로써 [이 부의 정리27에 의해] 그것을 사랑하거나 증오한다. 바꾸어 말하면 우리는 [이 부의 정리13의 주해에 의해] 그런 것을 표상함으로써 그것을 현재적인 것으로 보며 기뻐하거나 슬퍼할 것이다. 따라서 우리는 [앞 정리에 의해] 사람들이 사랑하거나 기뻐할 것으로 표상되는 모든 것을 스스로 행하려고 노력한다. 이로써 이 정리는 증명되었다.

주해: 다만 사람들의 마음에 들기 위하여 어떤 것을 스스로 행하거나 중단하거나 하는 노력은 **야심**[명예욕]*[14]이라고 한다. 특히 자신이나 타인에게 끼칠 손해를 알면서도, 대중으로부터 인기를 얻기 위하여 너무나 과열하게 어떤 것을 행하거나 중단하는 노력을 우리는 그렇게 말한다. 그러나 이런 경우가 아닐 때 그와 같은 노력은 보통 **정중함**이라고 한다. 우리를 기쁘게 하려고 노력한 타인의 행위를 표상하는 데서 일어나는 기쁨을 나는 **칭찬**[찬미]이라고 한다. 반대로 같은 사람의 행위라도 우리가 그것을 싫어할 때 느끼는 슬픔을 **비난**이라고 한다.

정리30 만일 어떤 사람이 사람들에게 기쁨을 준다고 표상하는 어떤 일을 한다면, 그는 기쁨으로 말미암아 자극되어 있으며 자기 자신을 기쁨의 원인으로 자각할 것이다. 즉 그는 자기 자신을 기쁨으로 고찰할 것이다. 반대로 그가 타인에게 슬픔을 준다고 표상하는 어떤 일을 한다면, 그는 자기 자신을 슬픈 것으로 고찰할 것이다.

증명: 자기 자신이 다른 사람들에게 기쁨[즐거움]이나 슬픔을 준다고 표상하는 사람은 [이 부의 정리27에 의하면] 바로 그 행위 때문에 기쁨이나 슬

품에 자극될 것이다. 그런데 [제2부 정리19와 23에 의하면] 인간은 그의 행위를 좌우하는 변양[자극]을 통하여 자기 자신을 의식한다. 그러므로 타인을 기쁨으로 자극하는 것을 그가 표상할 경우, 그는 원인으로서의 자기를 의식하여 기쁨으로 자극될 것이다. 즉 자기 자신을 즐거움[기쁨]으로 간주할 것이다. 그리고 반대 경우에도 반대되는 현상이 성립된다. 이로써 이 정리는 증명되었다.

주해 : 사랑은 [이 부의 정리13의 주해에 의하여] 외적 원인의 관념을 동반하는 기쁨이며 미움[증오]은 외적 원인의 관념을 동반하는 슬픔이므로, 이런 기쁨과 슬픔은 사랑과 미움의 종류에 포함된다. 그러나 사랑과 미움은 외적 대상에 관계되어 있기 때문에 우리는 이들 여러 감정을 별개의 명칭으로 표시하려 한다. 여기서는 외적 원인의 관념을 동반하는 기쁨을 **명예**라고 하며, 이것과 대립되는 슬픔을 **치욕**이라고 한다. 이런 기쁨이나 슬픔은, 사람이 남에게 칭찬받거나 혹은 경멸받는다고 믿는 경우에 생겨난다. 한편 내적 원인의 관념을 동반하는 기쁨을 나는 **자기만족**이라고 하며, 그것과 대립되는 슬픔을 **후회**[회한]라고 한다.

다음으로 [제2부 정리17의 계에 의해] 어떤 사람이 타인을 기쁘게 한다고 표상할 때 생겨나는 기쁨은 다만 표상에 의한 것이라 할 수 있다. 그리고 [이 부의 정리25에 의해] 각 사람은 자신을 기쁨으로 자극한다고 표상되는 모든 것을 스스로 표상하려고 노력하기 때문에, 명예욕이 강한 사람은 오만해진다. 그런 사람은 또 자신이 모든 사람에게 불쾌한 존재인데도 자기가 다른 사람에게 환영받는다고 표상한다. 이런 현상은 쉽게 나타날 수 있다.

정리31 만약 우리 자신이 사랑하고 욕구하며 증오하는 것을 어떤 사람이 사랑하고 욕구하며 증오한다고 표상한다면, 바로 그 이유 때문에 우리는 그것을 더욱 강하게 사랑하고 욕구하며 증오할 것이다. 또 거꾸로 만일 우리가 사랑하는 것을 어떤 사람이 혐오하거나 혹은 반대를[우리가 미워하는 것을 그가 사랑함] 표상한다면, 우리는 마음의 동요를 느낄 것이다.

증명 : 어떤 사람이 무엇을 사랑한다고 표상하면, 바로 그 이유만으로 [이 부의 정리27에 의해] 우리는 즉시 그것을 사랑할 것이다. 그러나 그렇지 않아도 우리는 처음부터 그것을 사랑한다고 가정한다. 그러므로 그것은 사랑

에 다시 사랑이 촉진되는 새로운 원인을 덧붙여 준다. 따라서 사랑하는 것에 대한 우리의 사랑은 점점 강해진다. 그리고 우리는 누군가가 어떤 것을 혐오한다고 표상한다면 〔같은 정리에 의해〕 그것을 혐오할 것이다. 그러나 우리가 동시에 그것을 사랑한다고 가정한다면, 우리는 하나의 대상을 사랑하는 동시에 증오하게 될 것이다. 이를테면 마음의 동요를 느낄 것이다〔이 부의 정리17의 주해를 볼 것〕. 이로써 이 정리는 증명되었다.

계 : 이 정리와 이 부의 정리28에서 미루어 보아, 사람들은 누구나 자신이 사랑하는 것을 타인도 사랑하고, 증오하는 것을 타인도 증오하게끔 가능한 한 노력한다. 이런 사실로부터 그 유명한 시인(詩人)은 다음과 같은 말을 했다.

우리들이 사랑하는 사람은 누구나 희망을 품는 동시에 두려워한다.
타인이 버린 것을 사랑하는 사람은 어리석기 한이 없도다.*15

주해 : 자신이 사랑하거나 증오하는 것을 다른 사람으로부터 승인을 받으려는 노력은 사실 명예욕〔야심〕이다〔이 부의 정리29의 주해를 볼 것〕. 이 사실로부터 우리는, 어떤 사람이라도 다른 사람들이 자기의 뜻대로 생활해 주길 갈망하는 것을 안다. 그런데 모든 사람이 똑같이 이를 갈망하므로 그들은 서로에게 똑같이 방해가 된다. 그리고 누구나 칭찬받고 사랑받기를 원하므로 서로 증오하게 된다.

정리32 만일 어떤 사람이 무엇을 오로지 혼자서 소유하며 기뻐한다고 표상한다면, 우리는 그가 그것을 독점하지 못하도록 노력할 것이다.

증명 : 누군가가 어떤 것을 기뻐한다고 상상하는 것만으로 〔이 부의 정리27과 계1에 의해〕 우리는 그것을 사랑할 것이며, 그것을 갖고 즐기려는 자연적인 욕구를 느낄 것이다. 그런데 우리는 〔가정에 의해〕 타인이 그와 같은 것을 갖고 기뻐하는 것을 본다면, 그것이 자기의 기쁨의 방해가 된다고 표상한다. 따라서 〔이 부의 정리28에 의해〕 우리는 어떤 사람이 그와 같은 것을 독점하지 못하도록 노력할 것이다. 이로써 이 정리는 증명되었다.

주해 : 그러므로 빈번히 역경에 처해 있는 사람에게 동정을 표시하고, 행

복한 사람을 질투하는 것이 인간의 본성이다. 그리고 [앞 정리에 의해] 어떤 사람이 독점하고 있는 것을 자기 자신이 강하게 사랑하면 사랑할수록 그에 대한 미움[증오심]이 증대하는 것은 자명한 일이다. 그리고 인간은 동정심이 많다는 인간 본성의 특질로부터, 또한 인간은 질투심 많으며 야심적이라는 특질이 생겨난다. 우리가 이런 근거를 경험에 비추어 보려고 한다면, 이미 경험 자체도 이 사실을 남김없이 가르쳐 주고 있음을 확인할 것이다. 특히 우리의 어린 시절을 주의한다면 이런 사실은 현저하게 나타날 것이다. 어린 이들의 신체는 말하자면 부단한 동요상태에 놓여 있다. 그래서 그들은 어느 누가 웃거나 울고 있는 것을 보는 것만으로도 웃거나 혹은 운다. 우리는 이를 경험해 왔다. 더욱이 그들은 다른 사람이 무엇을 행하는 것을 보면 즉시 그것을 모방하려 한다. 그리고 다른 사람이 기쁨을 표상하는 모든 대상을 자기도 욕구한다. 왜냐하면 이미 언급한 것처럼 존재물의 상(像)은 인간 신체의 변양에 불과하기 때문이다. 이 때문에 인간 신체는 외적인 원인에 의해서 자극되고, 동시에 이것저것을 하게끔 결정되어 있다고 말할 수 있다.

정리33 우리는 자신과 유사한 것을 사랑할 때, 그것이 우리를 사랑하게 하려고 가능한 한 노력한다.

증명 : 우리는 사랑하는 것을 다른 것보다 앞서 [이 부의 정리12에 의해] 가능한 한 표상하려고 노력한다. 따라서 만일 존재물이 우리와 유사하다면, 그것이 다른 것보다도 기쁨으로 자극될 수 있게끔 우리는 노력할 것이다[이 부의 정리29에 의함]. 또는 가능한 한 사랑하는 것이 우리의 관념에 따른 기쁨으로 자극되게끔 노력하게 된다. 바꾸어 말하면 [이 부의 정리13의 주해에 의해] 그것이 반대로 우리를 사랑하도록 노력할 것이다. 이로써 이 정리는 증명되었다.

정리34 사랑받는 것이 우리를 향해 자극되어 있다고 표상하는 그런 감정이 크면 클수록 우리는 더 큰 명예를 느낄 것이다.

증명 : [앞 정리에 의해] 우리는 가능한 한 우리가 사랑받는 것이 우리를 사랑하도록 하려고 노력한다. 바꾸어 말하면 [이 부의 정리13의 주해에 의해] 사랑받는 것이 우리의 관념을 동반하여 기쁨으로 자극되게 하려고 우리

는 노력한다. 그러므로 자기의 사랑받는 것에 우리가 더욱 강한 기쁨을 부여하고 표상하면 할수록 이 노력은 점점 강하게 촉진된다. 다시 말하면〔이 부의 정리11과 그 주해에 의해〕우리는 좀더 강한 기쁨으로 자극된다. 그런데 우리는 우리와 유사한 다른 것을 자극함으로써 기쁨을 느끼는 동시에, 언제나〔이 부의 정리30에 의해〕자기 자신을 관상하며 기쁨을 느낀다. 따라서 사랑받는 것이 우리 때문에 보다 강한 감정으로 자극되어 있다고 표상하면 할수록, 우리는 점점 커다란〔강한〕기쁨으로 우리들 자신을 고찰할 것이다. 즉 우리는〔이 부의 정리30의 주해에 의해〕점점 강하게 자기 자신에게 명예심을 느끼게 될 것이다. 이로써 이 정리는 증명되었다.

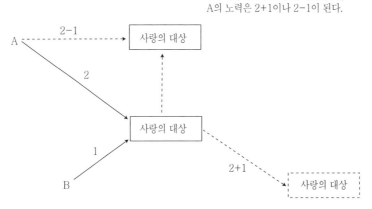

B가 사랑하고 있는 것을 알았을 때, A의 노력은 2+1이나 2-1이 된다.

A ----2-1----> 사랑의 대상

2

사랑의 대상

1

B

2+1 ----> 사랑의 대상

〈그림3〉 사랑하는 것은 여전히 같은데, 이것을 사랑하는 제3자의 출현으로 사랑하려는 노력은 변화한다. 이 정리는 동일한 사랑의 대상을 두 사람 이상이 사랑하려고 노력하는, 소위 삼각관계의 사랑의 변화를 설명하고 있다. 사랑하려는 노력의 변화에 관한 설명의 기초는, 사랑하려는 상(像)이 자기 이외의 다른 것과, 즉 두 사람 이상과 사랑으로 결합할 때 변화한다는 것이다. 여기서 이루어진 사랑하려는 상은, 어떤 경우에는 사랑하려는 노력을 강화하지만 어떤 경우에는 억제한다.

정리35 만일 자기로부터 사랑받는 대상이 다른 사람과도 애정 관계를 맺고 있으며, 그것도 자신이 독점하고 있는 것과 비슷하거나 더 깊은 관계를 맺고 있다고 표상한다면, 그는 자기가 사랑하는 것 자체에 대하여 증오를 느끼고 또 다른 사람에 대해서도 질투심을 느낄 것이다〔〈그림3〉 참조〕.

증명 : 자기로부터 사랑받는 대상이 자기에 대하여 더 큰 사랑으로 자극된다고 표상하는 사람은 그로 인하여 다시 〔앞 정리에 의해〕 커다란 명예를 느낄 것이다. 바꾸어 말하면 〔이 부의 정리30의 주해에 의해〕 그의 기쁨은 커질 것이다. 그러므로 그는 〔이 부의 정리28에 의해〕 그 자신이 사랑하는 대상과 맺고 있는 유대가 공고하다는 것을 가능한 표상하려고 노력할 것이다. 이와 같은 노력 또는 충동은, 만약 다른 사람이 자기와 같은 것을 욕구한다고 표상한다면 〔이 부의 정리31에 의해〕 더욱 강화된다. 그러나 이와 같은 노력이나 충동이, 사랑하는 존재물의 상에 의하여 억제된다고 가정한다면, 즉 사랑받는 것이 다른 것의 상을 자신과 결부함으로써 그것을 포함하게 되고, 이리하여 변형된 사랑의 상에 의해 자신이 억제된다고 가정한다면, 〔이 부의 정리11의 주해에 의해〕 이런 이유로 그는 슬픔으로 자극될 것이다. 그는 사랑하는 것의 관념을 그 슬픔의 원인으로서 간주하고, 동시에 다른 것의 상도 동반한다. 바꾸어 말하면 〔이 부의 정리13의 주해에 의해〕 그는 사랑하는 것에 대하여 미움〔증오〕으로 자극될 뿐 아니라, 동시에 〔이 부의 정리15의 계에 의해〕 다른 한쪽의 사람에게 대해서도 증오심을 느낄 것이다. 따라서 〔이 부의 정리23에 의해〕 다른 편의 사람이 사랑하는 것을 차지하고 즐거워〔기뻐〕하기 때문에, 그는 그 사람을 시기〔질투〕하게 될 것이다. 이로써 이 정리는 증명되었다.

주해 : 사랑받는 것에 대한 이와 같은 시기심과 결합되어 있는 증오를 우리는 **질투〔시기〕**라고 한다. 따라서 이 질투는 사랑과 미움이 함께 작용하는 데서 생겨나며, 이것은 그가 질투하는 다른 사람의 관념을 동반하는 마음의 동요에 불과하다. 그리고 자기가 사랑하는 것에 대한 이 미움〔증오〕의 강도(强度)는 기쁨의 강도에 비례한다. 즉 증오의 정도는 자기의 사랑에 대한 보답으로서의 사랑으로 말미암아 그동안 느껴 왔던 기쁨의 강도에 비례한다. 그리고 이 증오는 사랑받는 대상에 결부되어 있다고 표상되는 제3자에 대해 그가 전부터 가지고 있었던 감정 수준에도 비례한다. 그런 이유로 만일 그가 제3자를 미워한다면, 그 때문에 그가 사랑하는 것을 증오에 연결시킬 것이다. 왜냐하면 그는 〔이 부의 정리34에 의해〕 사랑받는 것이, 그 자신의 증오의 대상〔제3자〕에게 기쁨을 준다고 표상하기 때문이다. 그리고 또 그는 〔이 부의 정리15의 계에 의해〕 자신이 사랑하는 것의 상을 자신의 증오하는 상

에 결부해야 한다는 것 자체에서도 그 사랑하는 대상을 증오할 것이다. 이런 관계는 여성에 대한 사랑에서도 볼 수 있다. 예를 들면 그가 사랑하는 여성이 다른 남자에게 몸을 맡기는 것을 표상하는 사람은, 다만 그 자신의 충동이 방해받기 때문에 슬퍼할 뿐 아니라, 사랑하는 사람의 상이 타인의 치부와 분비물에 결부될 수밖에 없기 때문에 그녀를 싫어한다. 끝으로 질투하는 사람은 사랑하는 사람이 언제나 그에게 보인 것과 같은 호의를 더 이상 받을 수 없기 때문에 슬퍼할 것이다. 이에 관해서는 곧 밝히겠다.

정리36 언젠가 자신이 즐거웠던 것을 상기하는 사람은, 처음 그가 즐겼던 때와 같은 조건 아래에서 그것을 누리려고 한다.

증명: 사람들은 언젠가 자기를 즐겁게 해 주었다고 생각되는 모든 것을 〔이 부의 정리15에 의하여〕 우연적인 기쁨의 원인으로 느낄 것이다. 그러므로 〔이 부의 정리28에 의해〕 사람들은, 자신을 즐겁게 해 주었던 모든 것을 소유하려고 한다. 또는 처음 그가 즐겼던 때와 같은 조건하에서, 그것을 소유하려고 할 것이다. 이로써 이 정리는 증명되었다.

계: 따라서 사랑하는 사람이, 만일 그 조건 중에서 하나라도 부족한 것을 확인한다면 슬퍼할 것이다.

증명: 예를 들면 무엇인가 부족한 상황 요소를 그가 확인하는 경우, 사람들은 곧 그 존재를 제거해 주는 어떤 것을 표상한다. 그런데 그는 사랑을 구하기 이전에, 그것 혹은 그 조건을 〔앞 정리에 의해〕 사랑에 필요한 것으로서 원한다. 따라서 그는 〔이 부의 정리19에 의해〕 그런 것의 부족함을 표상하는 한 슬퍼할 것이다. 이로써 이 정리는 증명되었다.

주해: 이런 슬픔이 사랑의 부재와 관계한다면 **사모**〔동경〕라고 한다.

정리37 슬픔이나 기쁨에서, 혹은 증오나 사랑에서 생겨나는 욕망은, 그 것에 대한 감정〔동요〕이 강하면 강할수록 더욱 커진다.

증명: 슬픔은 〔이 부의 정리11의 주해에 의해〕 인간의 활동력을 감소시키거나 억제한다. 바꾸어 말하면 〔이 부의 정리7에 의해〕 자기의 존재에 머물기를 고집하려는 인간이 노력을 감소시키고 억제하는 것이 슬픔이다. 그러므로 〔이 부의 정리5에 의해〕 슬픔은 이런 노력과 대립한다. 슬픔으로 자극

되는〔슬픔을 느끼는〕 인간이 노력할 일은 슬픔을 제거하는 것이다. 그런데 〔슬픔의 정의에 의하면〕 슬픔의 크기〔강도〕가 클수록 그만큼 인간 활동력의 많은 부분이 억제된다. 그러므로 슬픔이 크면 클수록 사람은 점점 많은 활동력을 써서 슬픔을 제거하려고 노력한다. 바꾸어 말하면 〔이 부의 정리9의 주해에 의해〕 점차 커다란〔강한〕 욕망과 충동에 의하여 슬픔을 제거하려고 노력한다. 다음으로 〔이 부의 정리11의 주해에 의해〕 기쁨에 의하여 인간의 활동력은 증대되고 촉진되므로, 앞의 방법으로 쉽게 다음 사실이 증명된다. 즉 기쁨으로 자극되는〔기쁨을 느끼는〕 사람은 그 기쁨의 유지를 무엇보다도 원하고, 기쁨이 크면 클수록 보다 커다란 욕망에 의하여 기쁨을 구하려고 한다. 그리고 증오와 사랑도 각각 원래 슬픔과 기쁨의 감정이기 때문에, 같은 방법으로 증오와 사랑에서 생겨나는 노력, 충동, 욕망이 미움〔증오〕이나 사랑에 비례하여 크게〔강하게〕 된다는 사실도 도출된다. 이로써 이 정리는 증명되었다.

정리38 만일 어떤 사람이 자기가 사랑하는 자를 증오하여 결국 사랑이 완전히 소멸하게 된다면, 그리고 그때 사랑과 증오의 원인이 동일하다면, 그는 그를 전혀 사랑하지 않았을 경우보다 더 큰 증오를 느낄 것이며, 이 증오는 이전의 사랑이 더 큼에 따라 그만큼 더 클 것이다.

증명 : 만일 누군가가 자기가 사랑하는 자를 증오한다면, 그의 욕망은 그가 실제 그것을 사랑하지 않았을 경우보다 한층 강한 힘으로 방해받을 것이다. 왜냐하면 사랑은 〔이 부의 정리13의 주해에 의하면〕 기쁨이며, 따라서 인간은 〔이 부의 정리28에 의해〕 가능한 그 기쁨을 계속 유지하려고 노력하기 때문이다. 그리고 그 노력은 〔같은 주해에 의해〕 그 사랑하는 대상을 현실적인 것으로 관상하는 데, 또한 그 사랑하는 것에 〔이 부의 정리21에 의해〕 가능한 기쁨을 부여하는 데 사용된다. 물론 이와 같은 노력은 〔앞 정리에 의해〕 그 사랑이 크면〔강하면〕 클수록 점점 커진다. 또 자기가 사랑하는 것이 반대로 자기를 사랑하도록 작용한다〔이 부의 정리33을 볼 것〕. 그러나 이와 같은 노력은 사랑하는 것을 증오한다면 억제된다〔이 부의 정리13의 계와 정리23에 의해〕. 따라서 사랑을 하는 사람은 〔이 부의 정리11의 주해에 의해〕 또 그 이유 때문에도 슬픔으로 자극받게 된다. 그리고 사랑이 크면 클수록 그만큼 그 슬

품의 감정[동요]도 커진다. 즉 미움의 원인이었던 슬픔 이외에, 그것을 사랑했다는 사실에서 다른 하나의 슬픔이 생겨난다. 따라서 그는 그것을 전혀 사랑하지 않았을 경우보다 훨씬 슬픈 감정으로 사랑하는 것을 생각할 것이다. 바꾸어 말하면 [이 부의 정리13의 주해에 의해] 마치 그가 그것을 이전에 사랑하지 않았던 것처럼 심하게 증오할 것이다. 그리고 그 사랑이 크면 클수록 한층 그 증오도 커진다. 이로써 이 정리는 증명되었다.

정리39 어떤 사람을 미워하는 사람은 그 사람에게 해악을 가하려고 할 것이다. 그러나 그로 말미암아 자기 자신에게 더 커다란 화가 닥쳐올 염려가 있다면 그렇지 않다. 또 반대로 어떤 사람을 사랑하는 사람은, 같은 법칙에 따라 자신이 사랑하는 사람에게 선을 베풀려고 할 것이다.

증명 : 사람을 미워하는 것은 [이 부의 정리13의 주해에 의하면] 그 사람을 슬픔의 원인으로 표상하는 것이다. 그러므로 [이 부의 정리28에 의하면] 어떤 사람을 미워하는 사람은 그를 멀리하거나 혹은 파괴하려고 노력한다. 그러나 그는 만일 이렇게 해서 자기 자신이 더 깊은 슬픔에 빠지거나, 혹은 [같은 것이지만] 보다 커다란 악이 생겨나는 일을 두려워한다. 그러므로 계획했던 악을 자신이 미워하는 사람에게 가하지 않음으로써 그런 슬픔이나 해악을 회피할 수 있다고 믿는다면 [이 부의 같은 정리28에 의해] 그는 그런 해악을 가하는 일을 자제하려고 노력할 것이다. 그리고 [이 부의 정리37에 의하면] 이와 같이 자제하려는 그의 노력은, 타인에게 해악을 가하려는 힘보다 훨씬 크다. 그리고 이 때문에 이미 우리가 말한 것처럼 그 노력은 해악을 가하는 힘보다 우세하다. 이 정리의 둘째 요인의 증명도 같은 방법으로 진행할 수 있다. 그러므로 어떤 사람을 미워하는 사람은—. 이로써 이 정리는 증명되었다.

주해 : 내가 여기서 말하는 선은 모든 종류의 기쁨이요, 더 나아가 기쁨을 위해 필요한 모든 것이며, 특히 모든 종류의 희망을 충족시켜 주는 것이다. 반대로 해악은 모든 종류의 슬픔이며, 특히 희망의 충족을 방해하는 것이다. 실제 우리는 먼저 [이 부의 정리9의 주해에서] 우리가 무엇인가를 욕구할 때 그것이 선이라는 판단에 근거하는 것이 아니라, 오히려 그것을 우리가 욕구하기 때문에 선으로 간주한다는 사실을 밝혔다. 따라서 우리는 싫어하는 것

을 악이라고 한다. 이런 이유에서 사람은, 각자의 감정에 따라 판단하고 평가함으로써 무엇이 선이며 무엇이 악인지, 그리고 무엇이 보다 선하고 보다 악한지, 또 무엇이 최고선인지 혹은 최고악인지를 결정할 수 있다. 그러므로 탐욕적인 사람은 돈 많은 것을 최고선이라고 생각하며 반대로 돈이 부족한 상태를 최대의 악이라고 판단한다. 그리고 허영심이 강한 사람은 명예를 가장 강하게 욕구하고 치욕을 가장 두려워한다. 또한 질투심 많은 사람은 타인의 불행을 가장 기쁘게 생각하며, 타인의 행복을 가장 싫어한다. 따라서 사람들은 각자 자기 자신의 감정에 따라, 어떤 것을 선이라든가 악, 또는 유용하거나 해로운 것이라 판단한다.

그리고 하고 싶은 것을 욕구하지 않거나, 또는 하고 싶지 않은 것을 욕구하려는 감정을 우리는 **겁**이라고 한다. 따라서 겁은 일종의 공포이다. 즉 그것은 사람이 미래에 예상되는 해악을 감소시키려고 하는 데서 생겨나는 공포이다〔이 부의 정리28을 볼 것〕. 이때 만일 두려워하는 그 해악이 치욕이라면, 사람들은 그 겁을 **수치**라고 한다. 끝으로 만일 미래에 닥쳐올 해악을 피하려는 욕망이 별개의 해악에 대한 두려움 때문에 억제되고, 그 결과 자기의 의욕하는 바를 알지 못하게 되었을 때, 특히 그 두 해악이 매우 크다면 그런 두려움을 우리는 **공황**〔당황〕이라 한다.

정리40 자기가 어떤 사람으로부터 증오받을 아무런 근거 없이 증오받는다고 표상한다면, 오히려 자신을 증오하는 그 사람을 미워한다.

증명 : 누군가가 자기를 증오한다고 표상한다면 바로 그 표상만으로, 그도 증오를 〔이 부의 정리27에 의해〕 느낄 것이다. 바꾸어 말하면 〔이 부의 정리13의 주해에 의해〕 외적인 원인의 관념을 동반하는 슬픔을 느낄 것이다.

그런데 증오로 자극되는 그 자신은 〔가정에 따르면〕 그 슬픔의 원인으로서, 자신을 증오하는 사람 이외에는 아무것도 표상하지 않는다. 그러므로 그는 자기가 타인으로부터 증오받고 있다고 표상하는 것만으로, 자기를 증오하는 사람의 관념을 동반하고 있는 슬픔으로 자극된다. 혹은 〔같은 주해에 의해〕 그는 자기를 증오하는 사람을 오히려 증오할 것이다. 이로써 이 정리는 증명되었다.

주해 : 그가 만일 증오에 대한 정당한 원인이 주어져 있다고 표상한다면

〔이 부의 정리30과 그 주해에 의해〕 치욕을 느낄 것이다. 그러나 이것은 〔이 부의 정리25에 의하면〕 좀처럼 없는 일이다.

또 이런 상호간의 증오는, 〔이 부의 정리39에 의하면〕 증오하는 상대편에 해악을 가하려는 노력이 필연적으로 증오를 동반한다는 점에서도 생겨난다. 따라서 다른 사람으로부터 증오받고 있다고 표상하는 사람은, 자신을 증오하는 사람을 해악과 슬픔의 원인이라고 표상하게 된다. 이런 이유로 그는 슬픔이나 두려움을 느낄 것이다. 즉 이미 진술한 것처럼 그는 반대로 그 상대를 증오할 것이다.

계1 : 자신이 사랑하는 사람이 자기를 증오한다고 표상하는 사람은, 사랑과 증오를 동시에 느낀다. 왜냐하면 그는 상대가 자신을 증오한다고 표상하는 한 (앞 정리에 의해) 상대를 증오할 수밖에 없지만, 그런데도 그는 (가정에 따르면) 상대를 사랑하고 있기 때문이다. 따라서 그는 증오와 사랑을 동시에 느낀다.

계2 : 만일 어떤 사람이 그때까지 아무런 감정도 갖지 않았던 다른 누군가로부터 증오받고 그로 말미암아 해악을 입었다고 표상한다면, 그는 즉시 동일한 해악으로 그 사람에게 보복하고자 한다.

증명 : 어떤 사람이 자기를 증오한다고 표상하는 사람은 〔앞 정리에 의해〕 그 사람을 증오할 것이다. 그리고 그는 〔이 부의 정리26에 의해〕 그 사람에게 슬픔을 주는 모든 수단을 생각해 내려 하며, 또 〔이 부의 정리39에 의해〕 그렇게 생각한 수단을 그 사람에게 사용하려고 노력한다. 그런데 〔가정에 의하면〕 이런 것에 대해 그가 표상하는 것은 그 자신에 가해진 해악이다. 따라서 그는 동일한 해악을 즉시 그 사람에게 가하려고 노력한다. 이로써 이 계는 증명되었다.

주해 : 증오하는 사람에게 해악을 가하려 하는 노력을 우리는 **분노**〔노여움〕라 한다. 반대로 가해진 해악에 보복하려는 노력을 우리는 **복수**라고 한다.

정리41 만일 어떤 사람이 아무런 이유와 근거 없이 다른 사람으로부터 사랑받는다고 표상한다면〔이런 경우는, 이 부의 정리15의 계와 정리16에 의해 생겨날 수 있다〕, 그도 그 사람을 사랑할 것이다.

증명 : 이 정리는 앞 정리와 같은 방법으로 증명된다〔또한 그 주해를 볼 것〕.

주해 : 만약 이때 그가 스스로 사랑받을 정당한 원인을 제공했다고 믿는다면 [이 부의 정리30과 그 주해에 의해] 그는 자만할 것이다. 그런 것은 [이 부의 정리25에 의하면] 실제 빈번히 있는 일이다. 그리고 어떤 사람이 다른 사람으로부터 증오받는다고 표상한다면, 그는 그것을 자만할 수 없다. 이런 사실에 대해서 나는 이미 언급해 두었다[앞 정리의 주해를 볼 것]. 그런데 이와 같은 상호간의 사랑은, 또한 [이 부의 정리39에 의해] 우리를 사랑하거나 우리들에게 봉사하려고 생각하는 것에 대하여 봉사하려는 노력은, **감사** 또는 사은이라고 한다. 이상의 사실로 미루어 보아 타인의 선행에 보답하는 것보다 복수하는 것이 인간에게는 훨씬 쉽다는 것이 자명하다.

계 : 자기가 미워하는 사람으로부터 사랑받는다고 표상하는 사람은, 증오와 동시에 사랑을 느낄 것이다. 이는 앞 정리의 계1에서 증명된 방법과 같은 방법으로 증명된다.

주해 : 만일 미움이 사랑을 능가한다면 그는 자신을 사랑해 주는 사람에게 악을 가하려고 할 것이다. 이런 감정을 우리는 **잔인**이라고 한다. 사랑하는 사람에게 증오의 원인이 없다고 생각될 경우에 특히 그러하다.

정리42 사랑에 의해서든 명예에 기대해서든 어떤 사람에게 은혜[선행]를 베푼 사람은, 만일 그 은혜가 보람이 없다고 생각된다면 슬픔을 느낄 것이다.

증명 : 자기와 유사한 것을 사랑하는 사람은 [이 부의 정리33에 의해] 가능한 한 그로부터 사랑받으려고 노력한다. 따라서 사랑하는 마음에서 어떤 사람에게 선행[은혜]을 베풀려고 하는 사람은, 자기도 사랑받기를 원한다. 바꾸어 말하면 [이 부의 정리34에 의해] 명예를 기대하거나, 혹은 [이 부의 정리30의 주해에 의해] 기쁨을 기대하여 그런 선행을 하는 것이다. 이리하여 [이 부의 정리12에 의해] 그는 이런 명예의 원인이 되는 것을 가능한 한 표상하고, 또는 그것을 현실적인 것으로 생각하려고 노력할 것이다. 그런데 [가정에 의하면] 그는 이 원인의 존재를 배제하려는 다른 어떤 것을 표상한다. 따라서 [이 부의 정리19에 의해] 그는 바로 그 때문에 슬퍼할 것이다. 이로써 이 정리는 증명되었다.

정리43 증오는 증오의 보복으로 인하여 증대되며 반대로 사랑으로 인하여 제거될 수 있다.

증명 : 자기로부터 증오받는 사람이 오히려 자기를 증오한다고 표상한다면, 〔이 부의 정리40에 의해〕 바로 그로 말미암아 새로운 증오가 생겨나며 더욱이 〔가정에 따르면〕 처음의 증오가 한층 더 지속된다. 그러나 만일 반대로 자기가 미워하는 사람이 자기에게 사랑을 느낀다고 표상한다면, 적어도 그것을 표상하는 동안에 〔이 부의 정리30에 의해〕 그는 기뻐할 것이며 〔이 부의 정리29에 의해〕 그 사람의 마음에 들려고 노력할 것이다. 바꾸어 말하면 이 경우 〔이 부의 정리41에 의해〕 그는 그를 미워하지 않으려고, 또 그에게 슬픔으로 자극하지 않으려고 노력할 것이다. 실제 이런 노력은 〔이 부의 정리37에 의해〕 그것이 유래하는 감정에 비례하여 보다 커지거나 작아질 것이다. 그러므로 만일 이 노력이 증오에서 생겨난 노력 그리고 자기가 증오하는 자를 〔이 부의 정리26에 의해〕 슬픔으로 자극하려는 노력에 비하여 더 크다면, 그 노력은 우세하게 되고 증오를 마음에서 제거할 것이다. 이로써 이 정리는 증명되었다.

정리44 사랑에 의해서 완전히 극복된 증오는 사랑으로 바뀐다. 그때 이 사랑은 증오가 선행되지 않았을 때보다도 한층 더 크다.

증명 : 이 증명은 이 부의 정리38과 같은 방법으로 진행할 수 있다. 즉 자기가 증오하는 것, 혹은 언제나 슬픔으로 간주되던 것을 사랑하는 사람은, 사랑하는 것 그 자체만으로 이미 기뻐한다. 그리고 사랑이 포함된 이 기쁨에는〔이 부의 정리13의 주해에 있는 정의를 볼 것〕, 또 다른 종류의 기쁨이 보태어진다. 이 기쁨은 〔우리가 이 부의 정리37에서 명시한 것처럼〕 증오에 포함된 슬픔을 제거하려는 노력이 충분히 촉진된 결과 생겨난다. 이 기쁨은 그가 원인으로서 증오했던 것의 관념을 동반하고 있다.

주해 : 가령 사실이 그렇다 해도, 아무도 이런 식으로 기쁨을 크게 하기 위하여 누군가를 증오하거나 슬프게 하려고 노력하지는 않을 것이다. 바꾸어 말하면 우리는 손해를 보상받기 위한 희망으로 손해를 당하려고 욕구하지는 않을 것이며, 건강하려는 희망으로 병에 걸리고 싶어하지는 않을 것이다. 왜냐하면 각 개인은 자기의 존재를 유지하고 가능한 슬픔을 제거하려고 부단히 노력하기 때문이다. 만일 반대로 사람이 뒷날에 깊은 사랑이 올 것이라는

이유로 어떤 사람을 증오할 수 있다고 가정한다면, 인간은 다른 사람을 미워하도록 노력할 것이다. 왜냐하면 미움이 크면 클수록 사랑이 점점 커질 것이며, 따라서 그는 언제나 미움이 한층 크도록 노력할 것이기 때문이다. 그리고 같은 이유로 인간은 자기의 건강을 회복함으로써 뒷날 커다란 기쁨을 누리기 위하여 병에 걸리도록 노력할 것이다. 아니, 부단히 병에 걸리도록 노력할 것이다. 그러나 〔이 부의 정리6에 의해〕 이 사실은 불합리하다.

정리45 누군가가 만일 자기와 유사한 타인이 마찬가지로 자기와 유사하며 또 자기가 사랑하는 사람을 증오한다고 표상한다면, 그는 사랑하는 사람에게 미움을 주는 사람을 증오할 것이다.

증명 : 사랑받는 사람은 〔이 부의 정리40에 의해〕 자신을 증오하는 사람을 도리어 증오한다. 이로써 사랑을 주는 사람은, 자기가 사랑하는 사람을 누군가가 미워한다고 표상하는 것만으로 자기가 사랑하는 사람이 미움을, 바꾸어 말하면 〔이 부의 정리13의 주해에 의해〕 슬픔을 느끼게 된다고 표상할 것이다. 따라서 〔이 부의 정리21에 의해〕 그는 슬픔을 느끼고, 그가 사랑하는 것을 미워하는 사람을 그 원인으로 의식한다. 즉 그는 그와 같이 자기가 사랑하는 이를 미워하는 사람을 증오할 것이다. 이로써 이 정리는 증명되었다.

정리46 만일 어떤 사람이 자신과 계급이나 민족이 다른 사람에 의하여, 계급과 인종이라는 보편적인 명칭 아래에 속하는 그를 원인으로 의식할 만한 기쁨 또는 슬픔을 느끼게 된다면, 그는 자신에게 자극을 준 그 사람뿐 아니라 그가 속한 계급이나 인종의 모든 것까지도 사랑하거나 증오할 것이다.

증명 : 이 정리의 증명은 이 부의 정리16으로 미루어 보아 자명하다.

정리47 우리가 증오하는 대상이 파괴되거나 어떤 다른 화를 당하게 된다고 표상하는 데서 생겨나는 기쁨은, 반드시 마음의 슬픔을 동반한다.

증명 : 이 부의 정리27에 의해서 이 정리는 자명하다. 왜냐하면 우리와 유사한 자가 슬픔을 느낀다고 표상되는 한 우리도 역시 슬픔을 느끼기 때문이다.

주해 : 이 정리는 또 제2부 정리17의 계에 의해서도 증명된다. 실제 우리가 사물을 생각할 때는 언제나, 가령 그 존재물이 현실적으로 존재하지 않는

다 해도 역시 현실적인 존재물처럼 생각한다. 그리고 신체도 그와 같은 방식으로 자극된다. 그러므로 사물에 대한 기억이 살아 있는 한 인간은 그것을 슬픔으로 간주하도록 규정된다. 물론 이런 구속력은 사물의 상이 여전히 남아 있는 동안에, 인간이 이 사물의 존재를 배제하는 것을 생각해 냄으로써 어느 정도 억제되지만, 그러나 근절되지는 않는다. 그러므로 인간은 이런 구속력이 억제되는 동안에만 기뻐할 것이다. 또 이 사실에서, 우리가 미워하는 대상에게 가해진 악으로 인해 생겨난 기쁨은, 그 사물을 생각할 때마다 되풀이된다고 말할 수 있다. 결국 이미 진술한 것처럼 그 사물의 상이 회상될 때, 그 상은 사물의 현실적인 존재를 포함하고 있기 때문에, 인간은 그 사물이 존재할 때 느꼈던 것과 같은 슬픔을 갖고 그것을 생각하지 않을 수 없다. 그러나 그런 사물[존재물]의 상에, 그 사물의 존재를 배제하는 다른 존재물의 상이 결부된다면, 사람을 슬픔으로 구속하던 힘은 즉시 억제되고 그는 새로운 기쁨을 알게 된다. 이 기쁨은 그것이 되풀이될 때마다 생겨난다.

이와 같은 사실은 또한, 사람들이 이미 지나가 버린 악을 상기할 때마다 왜 기쁨을 느끼는지, 그리고 지난날의 위험에 대해 말하면서 기뻐하는 이유가 무엇인지를 설명해 준다. 사람들은 어떤 위험을 표상할 때, 그 위험이 마치 미래에 일어날 것처럼 생각한다. 그러므로 그 위험을 두려워하지 않을 수 없다. 하지만 이런 구속력은, 그가 과거에 위험에서 빠져 나왔을 때 그 위험의 관념과 결합한 구출의 관념에 의하여 다시 억제된다. 이 구출의 관념은 새로운 안전의 감정을 부여하고, 이로 말미암아 사람은 새로운 기쁨을 느낀다.

정리48 사랑과 증오, 예를 들면 베드로에 대한 사랑과 증오는, 증오가 포함하는 슬픔 및 사랑이 포함하는 기쁨이 다른 원인의 관념과 결합한다면 사랑과 증오는 소멸된다. 그리고 베드로가 이 두 감정의 유일한 원인이 아님을 우리가 표상할 때 두 감정의 힘은 감소된다.

증명: 이 정리는 사랑과 슬픔의 정리로 보아 명백하다[이에 관해서는 이부의 정리13의 주해를 볼 것]. 왜냐하면 기쁨이 베드로에 대한 사랑이라 불리고 슬픔이 베드로에 대한 증오라고 불리는 것은, 단순히 베드로가 기쁨이나 슬픔에 관한 감정의 원인으로 간주되고 있기 때문이다. 따라서 이와 같은 전제의 모두 또는 일부분이 제거된다면, 베드로에 대한 감정의 모두 또는 일

부분도 감소한다. 이로써 이 정리는 증명되었다.

정리49　우리가 자유롭다고 표상하는 존재물에 대한 사랑과 증오는, 필연적이라고 표상하는 존재물에 대한 사랑과 증오보다 강해야 된다.

　　증명 : 자유롭다고 표상된 것은 [제1부 정의7에 의해] 다른 것 없이 그 자신의 힘에 의해서 지각되어야 한다. 따라서 만일 그것이 기쁨이나 슬픔의 원인이라고 표상된다면 [이 부의 정리13의 주해에 의해] 바로 그 자체로 말미암아 우리는 그것을 사랑하거나 증오할 것이다. 그리고 [앞 정리에 의해] 주어진 감정에서 일어나는 최대의 사랑과 증오로써 그것을 사랑하고 증오할 것이다. 그러나 만일 이 감정의 원인이 된 대상을 필연적인 것으로 표상한다면 [제1부 정의7에 의해] 우리는 그것이 유일한 원인이 아니고, 그 감정의 원인이 되는 다른 것도 함께 존재한다고 표상할 것이다. 이상의 사실로써 [앞 정리에 의해] 그런 것에 대한 사랑과 증오는 보다 감소할 것이다. 이로써 이 정리는 증명되었다.

　　주해 : 인간은 스스로 자유라고 믿기 때문에, 인간 이외의 것보다 같은 인간에 대해 한층 커다란 사랑과 증오를 느낀다. 이 현상에는 감정의 모방이 덧붙여지는데, 이것에 대해서는 이 부의 정리27과 34, 40 및 43을 보라.

정리50　모든 존재물은 우연으로 말미암아 희망이나 공포의 원인이 될 수 있다.

　　증명 : 이 정리는 이 부의 정리15와 같은 방법으로 증명된다. 그 정리를 이 부의 정리18의 주해2와 함께 보라.

　　주해 : 우연으로 희망이나 공포의 원인이 되는 것은 길조 혹은 흉조라고 불린다. 그리고 이런 전조는 그것이 희망이나 공포의 원인인 한, 기쁨이나 슬픔의 원인이기도 하다[희망과 공포의 정의에 의거. 이에 관해서는 이 부의 정리18의 주해2에 명시된 정의를 볼 것]. 그리고 그런 경우 우리는 [이 부의 정리15의 계에 의해] 당연히 그 전조를 사랑하거나 증오한다. 더욱이 우리는 [이 부의 정리28에 의해] 그것을 우리가 희망하는 수단으로 보고 이용하거나, 장애물 혹은 공포의 원인으로 보아 제거하려고 노력한다. 게다가 이 부의 정리25에서 다음 사실이 드러난다. 즉 우리가 희망하는 것은 쉽게 신

뢰하지만 두려워하는 것은 신뢰하지 못하며, 그것에 대해 정당한 것 이상으로 또는 그 이하로 판단하는 것이 우리의 천성이다. 이런 연유로 사람의 마음에서 여러 가지 곤혹스러운 미신이 생겨났던 것이다.

더욱이 희망과 공포가 낳는 마음의 동요를 여기서 설명할 필요는 없을 것이다. 실로 이 두 감정의 정의에서 공포를 동반하지 않는 희망도, 또 희망을 동반하지 않는 공포도 있을 수 없다는 사실이 도출된다〔이것에 관해서는 적당한 기회에 상세히 설명하려 한다〕. 그리고 우리는 어떤 것을 희망하거나 두려워하는 한 그것을 사랑하거나 증오한다. 이런 이유로 우리가 사랑하거나 증오하는 것에 대해서 말했던 모든 것을, 누구나 쉽게 희망과 공포에 응용할 수가 있다.

정리51 서로 다른 인간은 동일한 대상에 의하여 서로 다른 방법으로 느껴질 수 있으며〔자극될 수 있으며〕, 동일한 인간도 동일한 대상에 의하여 서로 다른 때에 다른 방식으로 느껴질〔자극될〕 수 있다.

증명: 인간의 신체는 〔제2부 공준3에 의해〕 외적 물체에 의하여 많은 방식으로 자극된다. 따라서 두 사람의 인간이 동시에 별개의 방식으로 자극될 수 있다. 이로써 〔제2부 정리13의 보조정리3 다음의 공리1에 의해〕 두 사람은 동일한 대상에 의해서 별개로 느껴질〔자극될〕 수 있다. 다음으로 〔같은 공준에 의해〕 인간의 신체는 어느 때는 이 방식, 또 어느 때는 저 방식으로 자극될 수 있다. 따라서 〔같은 공리에 의해〕 당연히 동일한 대상에 의하여 서로 다른 때에 별개로 자극될〔느껴질〕 수 있다. 이로써 이 정리는 증명되었다.

주해: 이런 연유로 어떤 사람이 사랑하는 것을 다른 사람은 증오하고, 또 어떤 사람이 무서워하는 것을 다른 사람은 무서워하지 않는 일이 일어난다. 그리고 동일한 인간이 이전에 미워하던 것을 지금은 사랑하고, 전에는 무서워하던 것을 지금 감행하는 현상이 일어나는 것도 우리를 통해 이해할 수 있다. 다음으로 각자는 자기의 감정에 따라 무엇이 선이며 무엇이 악이고, 또 무엇이 보다 선하고 보다 악한지를 판단한다〔이 부의 정리39의 주해를 볼 것〕. 그렇기에 인간은 다양한 감정〔정서〕을 가짐과 동시에 판단도 또한 다양한 것이다.[*16]

이런 사실로 인하여 우리는 사람들을 서로 비교할 때, 서로 다른 감정에 따라서 그 사람들을 우리와 구별할 수도 있다. 따라서 우리는 어떤 사람을 대담한 사람으로, 또는 어떤 사람을 소심한 사람으로, 그리고 또 다른 사람을 다른 이름으로 부를 수 있다. 예를 들면 나는, 내가 언제나 무서워하는 화를 경시하는 사람을 대담무쌍한 사람이라 할 것이다. 한편 증오하는 것에 화를 끼치거나 사랑하는 사람에게 선행을 하려는 그의 욕망이, 나 자신을 보통 주저하게 만드는 해악에도 굴하지 않는다면, 나는 그런 것을 **용감**[대담]이라고 할 것이다. 또 내가 보통 경시하는 악을 두려워하는 사람을 나는 **소심한 사람**이라고 한다. 그리고 만일 나를 위협할 수 없는 그런 악을 그가 두려워하여 그의 욕망이 억제될 때, 나는 그를 소심하다고 말할 것이며, 누구나 보통 이런 식으로 판단할 것이다.

정리를 해 보자. 이상이 인간의 본성이며 그 판단은 불안정하고, 인간은 빈번히 자기 감정만으로 사물을 판단한다. 또 자신을 기쁘게 하거나 슬프게 할 수 있다고 믿고〔이 부의 정리28에 의해〕실현하려고 노력하거나, 제거하려고 노력하는 대상이 실은 오직 상상력에 지나지 않는 경우도 흔하다. 우리가 제2부에서 설명한 것처럼 존재물의 불확실성에 대한 다른 원인에 관해서 언급하지 않는다 해도 말이다. 이로써 인간이 슬퍼하거나 기뻐하는 원인은 그 자신에게 있는 경우가 많다는 사실이 쉽게 이해될 것이다. 혹은 인간이 슬픔을 느끼거나 혹은 기쁨을 느끼거나, 그 원인으로서 자기 자신의 관념을 동반하고 있음도 용이하게 이해될 것이다. 이상으로 우리는 쉽게 회오(悔悟=후회)가 어떤 것이며, 만족이 무엇인지를 알게 된다. 즉 후회란 원인으로서의 자기의 관념을 동반하는 슬픔이며, 자기만족이란 원인으로서의 자기 자신의 관념을 동반하는 기쁨이다. 그런데 이와 같은 여러 감정은 사람들이 자신들을 자유롭다고 믿기에 더욱 강렬한 것이다〔이 부의 정리49를 볼 것〕.

정리52 우리가 이전에 다른 대상물들과 동시에 보았던 어떤 대상, 또는 다른 많은 것과의 공통점 이외에 아무런 특징도 갖지 않는 것으로 표상되는 대상은, 어떤 개별성을 갖는다고 표상하는 대상에 대해서만큼 계속해서 고찰할 수 없을 것이다.

증명: 다른 대상물과 함께 이전에 보았던 대상물을 표상할 때, 즉시 우리는 다른 것을 생각해 낸다〔제2부 정리18, 또 그 주해를 볼 것〕. 그런 까닭으

로 우리는 하나를 생각하면 즉시 다른 하나를 생각하게 된다. 이런 사실은, 많은 것과 공통점만을 갖는 대상을 표상할 때도 적용된다. 왜냐하면 바로 이 사실로 인하여, 우리는 이전에 다른 것과 함께 보지 못했던 것을 그 대상에서 발견할 수 없다는 사실이 가정되어 있기 때문이다. 반대로 어떤 대상에 관하여 이전에 전혀 보지 못했던 어떤 개별적인 것이 표상되어 있다고 가정한다면, 정신은 그 대상을 고찰하는 동안에는 그것을 생각한다. 즉 이때 정신은 다른 대상을 고찰하도록 통보해 주는 어떤 것을 자기 자신 속에 갖지 않는다. 이로써 정신은 다만 그 대상만을 고찰하도록 한정되어 있다. 그러므로 우리는 대상을—. 이로써 이 정리는 증명되었다.

주해 : 이와 같은 정신의 변화상태〔자극상태〕, 즉 개체에 대한 표상은 다만 그것이 단독으로 정신에 머물고 있는 한 **경탄**이라 한다. 또 만일 그것이 우리의 무서움에 의하여 야기된다면 **공황**이라 한다. 왜냐하면 악으로서의 경탄은, 인간이 몸에 엄습해 오는 악만을 느낄 뿐 그 악을 피하기 위해 별개의 것을 생각해 내는 힘이 없어질 때까지 그를 불안의 포로로 만들어 버리기 때문이다. 그러나 만일 우리가 경탄하는 대상이 인간의 총명함이거나 근면이거나 혹은 그와 같은 어떤 것이라면, 그것만으로 우리는 그 사람을 우리보다 훌륭하다고 생각한다. 그래서 그 경탄을 우리는 **존경**이라고 한다. 또한 사람의 노여움이나 질투에 대한 놀라움〔경탄〕은 **전율**이라 한다. 다음으로 우리가 사랑하는 사람의 똑똑함이나 성실성 등에 대하여 경탄한다면, 〔이 부의 정리 12에 의해〕 그것에 대한 사랑은 더욱 증대될 것이다. 그리고 경탄이나 존경에 결부된 이런 사랑은 **헌신**이라 한다. 이런 방법으로 우리는 미움·희망·안도 혹은 어떤 다른 감정을 놀라움〔경탄〕과 연관지어 파악할 수 있다. 이로써 우리는 일상적인 어휘에 의하여 습관적으로 표시되는 것보다 훨씬 많은 감정을 이끌어 낼 수 있을 것이다. 특히 여러 감정에 이은, 그 감정에 대한 정확한 인식보다 말〔언어〕의 일반적인 사용 방법에 의하여 채택된다는 사실이 명백해진다.

경탄〔놀라움〕과 대치되는 감정은 **경멸**(輕蔑)이다. 그런데 이 경멸이라는 감정의 원인은 일반적으로 다음과 같은 경우에 성립된다. 즉 어떤 사람이 무엇인가를 경탄하고 사랑하며 무서워하는 모습을 우리가 봄으로써, 혹은 어떤 사물이 얼핏 보기에 우리가 놀라고 사랑하며 무서워하는 다른 사물들과 유사하게 보이는 데서 〔이 부의 정리15 및 그 계와 정리27에 의해〕 그 원인이 성립하는 것이다. 이때 우리는 바로 이런 것을 경탄하고, 사랑하며, 무서워하도록 결정된다. 그런데 만일 존재물 자체가 현존함으로써 혹은 그것을 정확히 고찰함으로써 우리가 경탄과 사랑·공포 등의 원인이 될 수 있는 모든 점을 그 사물에 대해 부정해야 할 처지에 놓인다면, 정신은 그 존재물의 현존에 의해 대상 안에 있는 것보다 대상 안에 없는 것에 대하여 더 많이 사유할 것이다. 실은 반대로 정신은 대상이 현존하기 때문에, 일반적으로 대상 안에 있는 모든 것을 주로 사유해야 하는데도 말이다. 그리고 헌신이 우리가 사랑하는 것에 대한 경탄에서 생겨남과 같이, **조소**〔조롱〕는 우리가 증오하거나 두려워하는 것에 대한 경멸에서 생겨난다. 그리고 존경이 총명함에 대한 경탄에서 일어남과 같이, **모멸**은 우둔함에 대한 경멸에서 일어난다. 결국 우리는 사랑·희망·명예 그리고 다른 감정을 경멸과 결부하여 파악할 수 있다. 그리고 그것으로부터 또한 다른 여러 감정을 이끌어 낼 수 있다. 다만 우리는 그런 여러 감정에 독자적인 이름을 부여하여 다른 것들로부터 구분하지 않는다.

정리53 정신은 자기 자신과 자신의 활동력을 잘 생각할 때 스스로 기뻐한다. 그리고 자기 자신과 자기의 활동력을 좀더 분명하게 표상하면 할수록 정신의 기쁨은 더욱 커진다.

증명: 인간은 〔제2부 정리19와 23에 의해〕 자기 신체의 변양(變樣=변화 상태)과 그 변양의 관념을 통해서만 자기 신체에 관해서 인식할 수 있다. 따라서 정신이 자기 자신을 고찰할 수 있게 되면, 바로 그 사실로 인하여 정신은 보다 커다란 완전성으로 이행한다. 바꾸어 말하면 〔이 부의 정리11의 주해에 의해〕 정신은 기쁨으로 자극된다. 그리고 자기 자신과 자기의 활동력을 좀더 분명하게 표상할 수 있으면 있을수록 정신의 기쁨도 커진다. 이로써 이 정리는 증명되었다.

계: 이 기쁨은 사람이 다른 사람으로부터 칭찬받는다고 표상되는 정도가 크면 클수록 더욱 커진다. 예를 들면 자기가 타인에 의해서 더 많이 칭찬받는다고 표상될수록, 그 사람은 타인이 자기 때문에 그만큼 많은 기쁨을 느끼고 있다고 표상한다. 게다가 그 기쁨은 〔이 부의 정리29의 주해에 의해〕 그 자신의 관념을 동반한다. 이 사실로부터 〔이 부의 정리27에 의해〕 그는 그

자신의 관념을 동반한 보다 커다란 기쁨을 느끼게 된다. 이로써 이 정리는 증명되었다.

정리54 정신은 자기 자신의 활동 능력을 긍정〔정립〕하는 것만을 표상하려고 노력한다.

증명: 정신의 노력이나 능력은〔이 부의 정리7에 의해〕정신의 본질 그 자체이다. 그런데 정신의 본질은〔그 자체로 명백한 것처럼〕정신인 것과 정신이 할 수 있는 것을 긍정하고, 정신이 아닌 것과 정신이 할 수 없는 것을 긍정하지는 않는다. 그러므로 정신이 가능한 표상하려고 노력하는 것은, 그 자신의 활동력을 긍정하거나 혹은 정립(定立)하여 주는 것뿐이다. 이로써 이 정리는 증명되었다.

정리55 정신은 자기의 무력함을 표상할 때, 바로 그 때문에 슬픔을 느낀다.

증명: 정신의 본질은 정신적인 것과 정신이 할 수 있는 것만을 긍정한다. 바꾸어 말하면 정신은 본성상〔앞 정리에 의해〕다만 자기 자신의 활동력을 정립하는 것만을 표상한다. 그러므로 정신이 자기 자신을 고찰할 때 자기의 무력을 표상한다는 것은, 곧 자기의 활동력을 정립하여 주는 것을 표상하려는 정신의 노력이 방해를 받아,〔이 부의 정리11의 주해에 의해〕정신 자신이 슬퍼함을 의미한다. 이로써 이 정리는 증명되었다.

계: 이 슬픔은 자기가 다른 사람으로부터 비난받는 것을 표상한다면 더욱 증대된다. 이 계의 증명은 이 부의 정리53의 계와 같은 방법으로 가능하다.

주해: 자기가 약하다는 관념을 동반하는 이 슬픔은 **겸손〔비하〕**이라고 한다. 반대로 자기 자신을 고찰하는 데서 생겨나는 기쁨은 **자기애** 혹은 **자기만족**이라고 한다. 그리고 이 기쁨은 인간이 자기의 덕 혹은 활동력을 고찰할 때마다 부단히 되풀이되기 때문에, 인간은 누구나 자기의 업적을 자랑하고, 자기의 신체적 또는 정신적 힘을 과시하는 데 열중한다. 그리고 인간은 이와 같은 이유 때문에 상호 불쾌한 관계에 빠지기도 한다. 이런 연유로 인간은 본성상 질투심이 많다〔이 부의 정리24의 주해와 정리32의 주해를 볼 것〕. 즉 자기와 동등한 자가 약하면 기뻐하고, 반대로 자기와 동등한 자가 덕이 있다면 슬퍼한다. 누구나〔이 부의 정리53에 의해〕자기의 활동을 표상할 때

마다 기쁨으로 자극된다. 그리고 그 활동이 좀더 완전성을 나타내고 또 좀더 명료하게 표상된다면 그만큼 기쁨의 동요도 커진다. 바꾸어 말하면 〔제2부 정리40의 주해1에서 언급된 것처럼〕 자기 자신의 활동을 다른 활동과 구별할수록, 또 그 활동을 독자적인 것으로 생각할수록, 그만큼 기쁨의 감정도 커진다. 그러므로 인간이 자신을 고려해 봄으로써 최고의 기쁨을 얻을 때는, 다른 사람에게 없는 것을 자기 안에서 관찰할 때이다. 그러나 이처럼 자신에 대하여 긍정된 것이, 만일 인간이나 동물의 일반적인 관념과 관련된 것이라면 그만큼 기쁨은 감소할 것이다. 반대로 인간이 자기의 활동을 타인의 것과 비교하여 자기의 활동이 대단히 약하다고 표상할 때, 그는 슬퍼할 것이다. 그리고 인간은 이 슬픔을 〔이 부의 정리28에 의해〕 제거하려고 노력할 것이다. 특히 인간은 그와 동등한 자의 활동을 나쁘게 해석하든가, 혹은 자기의 활동을 가능한 찬양함으로써 그와 같은 슬픔을 제거하려고 노력한다.

따라서 인간은 본성상 증오와 질투에 이끌리게 마련이다. 교육도 역시 그와 같은 경향에 조력하고 있다. 예를 들면 부모는 다만 명예와 질투로 자식들을 채찍질함으로써 언제나 덕을 추구하게끔 한다.

그러나 인간이 같은 인간의 덕을 경탄하고, 덕에 경의를 표시하는 것도 드물지 않은 일이라고 누군가는 말할지도 모른다. 따라서 나는 이와 같은 의심을 제거하기 위하여 다음 계를 첨가한다.

계 : 인간은 자기와 동등하지 않은 자의 덕을 질투하지 않는다.

증명 : 질투는 증오 자체이거나〔이 부의 정리24의 주해를 볼 것〕 또는 〔이 부의 정리13의 주해에 의해〕 슬픔이다. 바꾸어 말하면 그것은 〔이 부의 정리11의 주해에 의해〕 인간의 활동 능력이나 노력을 저해하는 감정이다. 그런데 〔이 부의 정리9의 주해에 의해〕 인간은 주어진 자신의 본성에서 생겨나는 것이 아니라면, 스스로 하려고 노력하지 않으며 또 욕구하지도 않는다. 따라서 그는 다른 본성에 있어서는 고유한 것이지만 자기와는 무관한 활동 능력 혹은 〔같은 것이지만〕 덕을 가지기를 원치 않는다. 따라서 그의 욕구는 그로 인하여 억제되지 않는다. 바꾸어 말하면 〔이 부의 정리11의 주해에 의해〕 자기의 동등한 자가 아닌 사람의 덕을 고찰함으로써 슬픔을 느끼지는 않는다. 그 결과 그 사람을 질투할 수 없을 것이다. 그러나 그는 자기 자신과 같은 본성으로 상정되는 동등한 자에 대해서는 질투〔시기심〕를 느낄 것이다. 이로

써 이 계는 증명되었다.

주해 : 이 부의 정리52의 주해에서 이미 우리는, 인간의 총명함과 용감성에 대한 경탄 때문에 우리가 인간에게 경의를 표시한다고 밝혀 두었다. 이런 일이 가능한 것은 〔그 정리 자체로 보아도 명백한 것처럼〕 덕이 그 사람에게 독자적으로 내재하며, 우리의 본성과 공통점이 없는 것으로 표상되기 때문이다. 그러므로 우리는 그 사람의 덕을 질투하지 않을 것이다. 마치 나무가 높다 해도 또 사자가 강하다 해도 우리가 그들을 시기하지 않는 것처럼.

정리56 기쁨·슬픔·욕망 및 이들로부터 형성된 마음의 동요와 같은 또는 이들로부터 파생된 사랑·증오·희망·공포 등의 모든 감정은, 우리를 자극하는 대상의 종류만큼이나 많이 존재한다.

증명 : 기쁨과 슬픔, 그리고 여기서 형성되거나 파생되는 감정은 〔이 부의 정리11의 주해에 의해〕 수동감정이다. 그런데 우리는 불충분한 관념을 갖는 한 〔이 부의 정리1에 의해〕 필연적으로 작용을 받는다. 그리고 그와 같은 불충분한 관념을 갖는다는 이유만으로 〔이 부의 정리3에 의해〕 우리는 작용을 받는다. 바꾸어 말하면 우리는 표상하는 한〔제2부 정리40의 주해를 볼 것〕, 또는 자기의 신체의 본성과 외적 물체의 본성을 포함하는 자극을 받는 한에 있어서만〔제2부 정리17과 그 주해를 볼 것〕 필연적으로 작용을 받는다. 따라서 각자의 수동의 본성은 우리를 자극하는 대상의 본성을 설명하는 것과 같은 방법으로 설명되어야 한다. 즉 예를 들면 A라는 대상에서 생겨나는 기쁨은 대상 A 자신의 본성을, 그리고 대상 B에서 일어나는 기쁨은 B라는 대상 자신의 본성을 포함하고 있다. 그러므로 이 두 기쁨에 관한 감정의 본성은 상이한 두 원인에서 생겨났기 때문에 서로 다른 것이다. 이런 연유로 어떤 대상에서 생겨나는 슬픔의 감정은, 다른 원인에서 생겨나는 슬픔과 본성이 다르다. 그리고 이것은 사랑·증오·희망·공포·마음의 동요 등에 관해서도 같은 경우가 적용될 수 있다. 따라서 기쁨·슬픔·사랑·증오 등과 같은 모든 감정의 종류도 우리가 느끼는 대상의 종류만큼 많아야 한다.

그런데 욕망은 각 개인의 본질, 혹은 본성 그 자체이다. 다만 이것은 각 개인은 주어진 상태에 따라 어떤 행동을 하게끔 결정되어 있다고 간주될 경우에 한한다〔이 부의 정리9의 주해를 볼 것〕. 그러므로 각자가 외적인 원인에 의하여 이런저런 종류의 기쁨·슬픔·사랑·증오를 느끼는 데에 따라, 바꾸어 말하면 각자의 본성이 이런저런 상태에 처함에 따라, 그 욕망은 서로 상이해진다. 또한 한쪽 욕망의 본성과 다른 쪽 욕망의 본성은, 그 욕망이 생겨나는 감정이 다른 만큼 서로 구별되어야 한다. 그러므로 욕망의 종류는 기쁨·슬픔·사랑 등의 종류만큼, 따라서〔이미 제시한 것처럼〕우리를 자극하는 대상의 종류만큼 많은 것이다. 이로써 이 정리는 증명되었다.

주해 : 이와 같이 많은 종류의 감정〔앞 정리에 의해〕중에서도 특히 중요한 것으로 탐식·폭음·색욕·탐욕 및 명예심을 들 수 있다. 이들 감정은 사랑이나 욕망으로 설명되는 개념 이외에 아무것도 아니다. 즉 그 개념들은 사랑과 욕망을 관계되어 있는 대상에 따라 설명한 것이다. 그래서 탐식·폭음·색욕·탐욕·명예심 등을 우리는 미식, 음주, 성교, 부와 명예에 대한 과도한 사랑이나 욕망으로 이해한다. 그리고 이와 같은 감정이 오직 그와 관련된 대상에 의하여 다른 여러 감정과 구별되는 한 이것에는 대립감정이 없다. 예를 들면 우리는 탐식에 대해서 절제를, 폭음에 대해서 금주를, 색욕에 대해서 정결을 보통 대립감정으로 꼽지만, 이런 것은 감정 즉 수동이 아니라 감정을 이끌어 내는 마음의 능력을 나타내는 것이다.

나는 여기서 나머지 다른 감정의 종류를 설명할 수 없다〔왜냐하면 그 종류는 대상의 종류만큼이나 많기 때문이다〕. 가령 설명이 가능하다 해도 그것은 여기서 필요없는 것이다. 실제 여러 감정의 힘과 그 감정에 대한 정신의 힘의 한계를 명확하게 해 두려는 우리의 목적을 위해서는, 개개의 감정에 관한 일반적인 정의가 가능한 것만으로도 충분하다. 여러 감정과 정신의 공통적인 특질을 잘 아는 것만으로도, 감정을 제어하거나 억제하는 정신력의 종류 및 크기가 어떤 것인지를 알기에는 충분하리라 생각한다. 예를 들면 아이들에 대한 사랑과 자기 부인에 대한 사랑 사이에 커다란 차이가 있는 것처럼, 사랑이나 미움이나 욕망에 관해서도 이것과 저것 차이가 있을 수 있는 것이다. 그러나 그와 같은 상이점을 인식하거나, 또 그런 감정의 본성과 기원에 관하여 이 이상 탐구하는 것은 우리에게 필요하지 않다.

정리57 어떤 개인의 감정도 다른 개인의 감정과 결코 일치할 수 없다. 그 차이는 한 인간의 본질이 다른 인간의 본질과 얼마나 다른가에 따라 그만큼 커진다.

　　증명: 이 정리는 제2부 정리13의 주해의 보조정리3 다음의 공리1에 의해 명백하다〔그 공리를 볼 것〕. 그러나 그럼에도 불구하고 나는 이 정리를 세 가지 기초적인 감정의 정의에 의하여 증명하려 한다.

　　모든 감정은 욕망·기쁨·슬픔에 귀속된다. 왜냐하면 이들 세 감정에 관하여 우리는 이미 명시했기 때문이다. 그런데 욕망은 각 개인의 본성 혹은 본질 그 자체이다〔이 부의 정리9의 주해에서 밝힌 욕망에 관한 정의를 볼 것〕. 따라서 각 개인의 욕망은 다른 개인의 욕망과 일치하지 않는다. 그 불일치의 정도〔차이〕는 한 개인의 본성 혹은 본질이 다른 개인의 본질과 얼마나 다른가에 따라 대응된다. 다음으로 기쁨과 슬픔은, 각 개인이 힘 혹은 자신의 존재 안에 남아 있으려고 하는 노력이〔이 부의 정리11과 그 주해에 의해〕 증대되거나 감소되고, 또 촉진되거나 억제되는 수동인 것이다. 그런데 자신의 존재 안에 남아 있으려고 하는 노력이 정신과 신체에 동시에 관계하는 한, 그것을 우리는 충동이나 욕망으로 해석한다〔이 부의 정리9의 주해를 볼 것〕. 따라서 기쁨이나 슬픔은, 그것이 외적인 원인에 의하여 증대되거나 감소되고 또 촉진되거나 억제되는 한 욕망 혹은 충동 그 자체라 할 수 있다. 바꾸어 말하면〔같은 주해에 의해〕 그것은 각 개인의 본성이다. 이런 연유로 각 개인의 기쁨이나 슬픔은, 자기 이외의 개체의 기쁨이나 슬픔과 일치하지 않고, 그 불일치의 정도는 한쪽 개체의 본성이나 본질이 다른편의 개체의 본질과 다를수록 더 커진다. 따라서 어떤 개인의 감정도 다른 개인의 감정과 결코 일치할 수 없다. 이로써 이 정리는 증명되었다.

　　주해: 앞 사실로부터 다음 결론이 나온다. 즉 비이성적인 동물의 감정과 인간 본성의 상이점은〔실제 우리가 정신의 기원에 관하여 알고 있는 이상 동물이 느낀다는 사실을 의심할 수 없다〕, 동물의 본성과 인간의 본성 사이의 차이점에 따라 결정된다. 물론 말〔馬〕과 사람은 생식 때문에 육욕〔성욕〕을 느낀다. 그러나 말은 말의 성욕을, 인간은 인간의 성욕을 느낀다. 이처럼 곤충과 고기, 조류의 성욕과 충동도 역시 서로 달라야 한다. 그러므로 각 개체는 자기의 본성에 만족하여 생존하면서 본성을 즐기고 있다. 그러나 각 개체가 만족하여 생존하고 있는 이 삶과 이 즐거움은 각 개인의 관념이나 정신에 불과하다. 이로써 어떤 개체의 즐거움이 다른 개체의 즐거움과 본성상 일치

하지 않는 정도는, 바로 한 개체의 본질이 다른 개체의 본질과 상이한 정도에 대응된다.

끝으로 위 정리에 따르면, 술꾼이 경험하는 즐거움과 철학자가 향유하는 즐거움 사이에는 적지 않은 차이가 있다. 나는 이것을 여기서 주의하여 두고 싶다. 지금까지 문제삼아 왔던 감정은 수동적인 방식으로 인간에 관계하는 것이다. 그러므로 이제는 스스로 작용하며 능동적으로 인간에 관계하는 감정에 대해서 덧붙여 말할 차례이다.

정리58 수동적인 기쁨이나 욕망 이외에, 스스로 자유롭게 활동함으로써 〔능동적으로〕 우리에게 관계하는 기쁨과 욕망의 감정이 있다.

증명: 정신은 자기 자신과 자기의 활동력을 파악할 때 〔이 부의 정리53에 의해〕 스스로 기뻐한다. 그런데 정신은 참되고 충분한 관념을 가질 때〔제2부 정리43에 의해〕 필연적으로 자기 자신을 고찰한다. 그리고 〔제2부 정리40의 주해2에 의해〕 정신은 어떤 충분한 관념을 가진다. 따라서 정신이 충분한 관념을 갖는 한, 바꾸어 말하면 〔이 부의 정리1에 의해〕 정신이 스스로 활동한다면 정신은 또한 스스로 기뻐한다.

다음으로 정신은 명료하고 판명한 관념을 가질 때나 혼란한 관념을 가질 때나 똑같이 〔이 부의 정리9에 의해〕 자기의 존재에 머물기를 고집하려고 노력한다. 이 노력을 우리는 〔같은 주해에 의해〕 **욕망**이라고 한다. 따라서 욕망은 지적 인식을 하는 우리에게, 즉 〔이 부의 정리1에 의해〕 스스로 활동하는 우리에게 관계하고 있다. 이로써 이 정리는 증명되었다.

정리59 스스로 자유롭게 활동하는 정신에 관계하는 감정은, 모두 기쁨이나 욕망에 관계하는 감정이다.

증명: 모든 감정은 욕망이나 기쁨이나 슬픈 감정과 관련되어 있다. 이 사실은 우리가 이미 감정의 정의에서 명시했다. 그런데 우리가 이해하고 있는 슬픔은 〔이 부의 정리11과 그 주해에 의해〕 정신의 인식 능력을 감소시키거나 억제한다. 따라서 정신이 슬퍼하는 한 인식력 즉 정신의 활동력은 〔이 부의 정리1에 의해〕 감소되거나 억제된다. 그러므로 어떤 슬픈 감정도 스스로 활동하는 정신에 귀속할 수 없으며, 다만 기쁨과 욕망의 감정만이 〔앞 정리

에 의해) 스스로 활동하는 정신에 관계된다. 이로써 이 정리는 증명되었다.

주해 : 지적 인식을 하는 경우의 정신에 귀속되는 감정에서 생겨나는 모든 활동을 나는 **정신력**[精神力=知力]이라고 한다. 그리고 이 정신력은 용기와 관용으로 나눌 수 있다. 그리고 나는 용기를 개인이 다만 **이성의 명령에 따라 각자의 존재 안에 남아 있으려고 노력하는 욕망**이라고 말하고 싶다. 이와 달리 **관용**은 개인이 다만 **이성의 명령에 따라서 타인을 돕고, 그 사람과 우정의 유대를 맺으려고 노력하는 욕망**으로 이해한다. 그러므로 자유롭게 활동하는 사람이 자신의 이익만을 목적으로 하는 행위를 나는 **용기**[의지력]라 하고, 타인의 이익도 목적으로 하는 행위를 **관용**[아량]이라 부른다. 따라서 절제·금주·위기 상황에서의 침착함은 용기[의지력]의 종류에 속한다. 한편 겸손과 자애 등은 관용의 일종이다.

이로써 나는 세 개의 기본적인 감정, 즉 욕망·기쁨·슬픔이라는 세 개의 감정을 결부함으로써 생겨나는 가장 중요한 감정과 마음의 동요에 관해서 설명하고, 또 그것을 제1원인에 따라 밝힌 것으로 생각한다. 지금까지 알아보았듯이 우리는 대단히 다양한 방법으로 외적 원인에 의해서 부단히 자극되고, 회오리바람에 소용돌이치는 파도처럼 운명과 죽음을 알지 못하면서 흔들리고 있다.

그러나 나는 다만 가장 중요한 감정을 명시했다고 말했을 뿐, 실제 존재할 수 있는 모든 심적 충돌을 밝혔다고는 말하지 않았다. 왜냐하면 지금까지와 같은 방법에 의해서, 사랑이 회오(悔悟=후회)와 경멸과 수치[치욕] 등과도 결부될 수 있음을 쉽게 밝힐 수 있기 때문이다. 물론 이제까지 진술한 바로 누구나 쉽게 이해하겠지만, 감정은 대단히 많은 방식으로 결합되어 있으며 또 이로부터 많은 변화가 생겨나기 때문에 그 수를 결정하는 것은 불가능에 가깝다. 그러나 나의 계획을 실행하는 데에는 극히 중요한 것만 몇 가지 예거한 것으로 충분하리라 믿는다. 왜냐하면 내가 생략한 감정들은 별스런 가치만 있을 뿐 설명에는 아무런 도움도 되지 않기 때문이다.

그러나 사랑에 관해서는 유의해야 할 것이 남아 있다. 그것은 매우 빈번히 일어나는 다음과 같은 사태이다. 즉 우리가 갈망하는 것을 향유하는 동안, 신체는 그로 인해 새로운 상태를 획득한다. 그 새로운 상태 때문에 신체는 별개의 제한을 받는다. 그리하여 별개의 상이 신체 내에서 환기되고, 동시에 정신은 다른 것을 표상하고 욕구하기 시작한다. 예를 들면 미각에 즐거움을 주는 사물을 표상할 때, 우리는 그것을 즐기고자(즉 먹고자) 한다. 그런데 우리가 그것을 즐기는 동안 위(胃)는 만족하게 되며 신체는 별개의 상태로 옮겨진다. 따라서 만일 지금 신체가 별개의 상태에 있는데, 음식물이 눈앞에 주어져 있어 음식물의 상이 또한 선명하므로 그것을 먹으려는 노력이나 욕망이 격렬하다면, 이 욕망이나 노력은 신체의 새로운 상태와 모순된다. 그러므로 우리는 우리가 갈망했던 음식물이 눈앞에 있는 것을 싫어할 것이다. 이것을 우리는 포만 또는 혐오라고 부른다.

창백·떨림·흐느낌·웃음과 같은 감정에서 보이는 신체의 외적인 상태에 관한 설명은 생략하겠다. 왜냐하면 이런 것은 정신에 아무런 관계가 없으며, 오직 신체에 관계하기 때문이다.

끝으로 지금까지 다루어 왔던 감정의 여러 정의에 관하여 몇 가지 주의를 해 둘 필요가 있다. 그러므로 나는 여기서 다시 질서 있게 감정의 정의를 기술하고, 각자의 것에 관해서 유의해야 할 사항을 적어 두기로 하겠다.

감정의 정의

1. **욕망**이란, 인간의 본질 그 자체이다. 이 경우 인간은 주어진 각 변화상태〔변체=변양〕에 의하여 어떤 것을 하게끔 결정되어 있다고 생각된다.

설명 : 우리는 이미 이 부의 정리9의 주해에서 욕망이 자의식을 동반하는 충동임을 밝혔다. 그리고 충동은 인간의 본질 그 자체라고 말했다. 다만 이 경우 인간이 자기 자신을 유지하기 위하여 필요한 것을 하도록 결정되어 있어야 한다. 그런데 같은 주해에서 나는, 인간의 충동과 욕망 사이에는 실제 아무런 차이점도 있을 수 없음을 지적하여 두었다. 왜냐하면 인간이 자신의 충동을 의식하건 않건 간에 충동 그 자체는 역시 동일하기 때문이다. 그러나 나는 같은 말의 반복을 피하기 위하여 욕망을 충동에 의해서 설명하지는 않았다. 오히려 충동·의지·욕망 혹은 잠재적 충동 등의 이름으로 불리는 인간 본성의 모든 노력을 통일적으로 포괄하는 식으로 나는 욕망을 정의했다. 물론 나는 "욕망이란 어떤 것을 하도록 결정되어 있다고 생각되는 경우의 인간 본질 그 자체이다"라고 말할 수 있다. 그러나 〔제2부 정리23에 의해〕 이 규정으로 보아서는 정신이 자신의 욕망 혹은 충동을 의식할 수 없다. 따라서

이와 같은 의식의 원인을 그 정의에 포함시키기 위해서는 [같은 정리에 의해], "주어진 각 변화상태에 의해서 결정되는 한"이라는 조건을 첨가하는 것이 필요하다. 왜냐하면 나는 인간 본질의 변화상태를 인간 본질의 개개의 상태로 이해하기 때문이다. 이때 상태가 본래적인 것이건 [외부에서 얻은 것이건], 그것이 사유의 속성으로 파악되건 연장의 속성으로 파악되건, 혹은 그들 양자에 동시에 속하건 어떤 경우건 좋다. 따라서 나는 여기서 욕망이라는 개념을 인간의 모든 노력·잠재적 충동·의지로 해석한다. 그리고 그런 것들은 같은 인간의 경우에도 상태 변화에 따라 다양하게 변하며, 때로는 상호 대립되기도 한다. 그 때문에 인간은 여러 방향으로 무질서하게 이끌리고 또 자기가 어떤 상태에 처해 있는지도 알지 못한다.

2. 기쁨[즐거움]은 인간이 보다 적은 완전성에서 보다 커다란 완전성으로 이행하는 것이다.

3. 슬픔[고통]이란 인간이 보다 커다란 완전성에서 보다 적은 완전성으로 이행하는 것이다[〈그림4〉 참조].

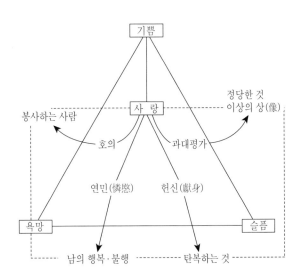

〈그림4〉 **사랑할 만한 것이 자기 옆에 있을 때** 세 변에 둘러싸인 내부의 요소는, 신체의 변화상태와 그 관념이 생기는 감정의 주체이다. 그리고 그 외부가 모든 외적 원인의 장소이다. 기본 감정, 파생 감정이나 그 원인은 직선으로 관계를 맺는다. 이 직선은 대상이 된 표신의 상상력[광의의 인식]을 의미한다. 감정의 종류는 한없이 많으므로 여기에서는 주요한 것만 취급한다. 그것들은 제각기 공통되는 특성에 의하여 대별될 수도 있다.

설명 : 나는 이행(移行)이라고 말한다. 왜냐하면 기쁨은 완전성 그 자체가 아니기 때문이다. 만일 인간이 실제 이행하려고 하는 완전성을 지니고 태어났다면, 인간은 아무런 기쁨의 감정도 없이 완전성을 지니게 될 것이다. 이것은 기쁨의 감정에 대립되는 슬픔의 감정을 보면 더욱 명백하다. 실제 슬픔은 보다 적은 완전성으로 이행하는 데서 성립되지, 보다 적은 완전성 그 자체로 인하여 성립되는 것이 아니라는 사실은 아무도 부정할 수 없다. 인간은 어떤 완전성을 나눠 가지는 한 슬픔을 느낄 수 없기 때문이다. 그리고 슬픔은 보다 커다란 완전성의 결핍 때문에 성립된다고도 말할 수 없다. 왜냐하면 결핍은 무(無)를 뜻하지만 슬픔의 감정은 하나의 적극적인 상태이며, 그것은 결국 보다 적은 완전성으로 이행하는 상태[작용]이기 때문이다. 바꾸어 말하면, 인간의 활동력이 감소되거나 억제되는 적극적인 상태이다[이 부의 정리11의 주해를 볼 것].

이외의 쾌감이나 상쾌, 우울, 고통에 관한 정의들을 생략한다. 왜냐하면 이와 같은 여러 감정들은 주로 신체에 속하며, 기쁨이나 슬픔의 한 종류에 지나지 않기 때문이다.

4. 경탄[놀라움]이란 정신이 한 대상에 강하게 얽매여 있는 상태를 가리킨다. 정신이 그처럼 몰두하는 것은 그 대상의 표상이 특수하며 다른 표상과는 전혀 관계를 갖지 않기 때문이다[이 부의 정리52와 그 주해를 볼 것].

설명 : 우리는 제2부 정리18의 주해에서, 왜 정신이 하나를 생각하면 즉시 다른 하나를 생각해 내는가를 명시했다. 즉 그런 사물들의 상은 서로 결합되어, 하나가 다른 것에 이어 필연적으로 생겨나게끔 되어 있기 때문이다. 그것이 그들의 질서이다. 물론 사물의 상이 새롭고 특이하다면 이 같은 현상은 일어나지 않는다. 이 경우에는 오히려 정신이 다른 원인에 의하여 다른 것을 사색하도록 규정될 때까지, 정신은 현재 대상의 고찰에 얽매인다. 그런데 새로운[신기한] 것의 표상도 그 자체로 검토된다면, 다른 표상과 같은 본성을 지니는 셈이다. 그러므로 나는 놀라움[경탄]을 감정 안에 셈해 넣지 않는다. 또 그것을 감정의 하나로 보아야 하는 이유도 알 수 없다.*17 실제 정신의 이와 같은 격리 작용이 생겨나는 것은, 정신을 다른 것으로부터 분리하는 적극적인 원인에서 유래하는 것이 아니고, 단순히 정신으로 하여금 한 대상에 대한 사색을 그만두고 다른 것을 사색하도록 결정하는 원인이 결핍되어 있는

데서 유래한다. 따라서 〔이 부의 정리11의 주해에서 지적한 것처럼〕 나는 다만 세 개의 근원적이며 기본적인 감정, 말하자면 기쁨·슬픔·욕망만을 승인한다. 내가 놀라움에 관해서 언급한 것은, 세 개의 근원적인 감정에서 파생하는 어떤 종류의 감정이 우리의 놀라움의 대상에 관계할 때 일반적으로 별개의 이름으로 불린다는 이유 때문이다. 여기서 내가 경멸의 정의를 덧붙이는 것도 같은 이유에서이다.

5. **경멸**(輕蔑)이란 정신을 거의 감동시키지 못하는, 그렇기에 정신이 그것을 눈앞에 보면서도 그 안에 있는 것보다 그 안에 있지 않는 것을 상상하도록 만드는, 어떤 사물의 표상이다〔이 부의 정리52를 볼 것〕.

여기서 나는 존경이나 모멸의 정의를 생략하려 한다. 왜냐하면 내가 알고 있는 바로는 어떤 감정도 이 두 개념으로부터 이끌어 낼 수 없기 때문이다.

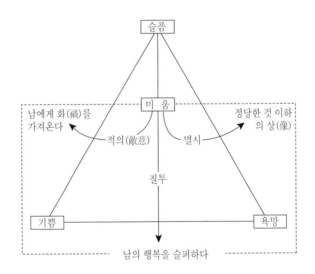

〈그림5〉 증오〔미움〕의 대상이 외부에 있을 때 〈6. 사랑〉이하의 수동감정은, 외부 관념의 필연적 또는 우연적인 원인에 의한 기쁨 혹은 슬픔의 모든 감정이다.

6. **사랑**은 외적 원인의 관념을 동반하는 기쁨이다.

설명 : 이 규정은 사랑의 본질을 충분히 명백하게 설명해 준다. 반면에 "사랑이란 사랑하는 대상과 합일(合一)하려는 사랑하는 사람의 의지이다"라고 말하는 작가들의 정의는, 사랑의 본질이 아니라 오히려 그 하나의 특질을

표현하는 데 불과하다. 이 작가들은 사랑의 본질을 충분히 이해하지 못했기 때문에, 사랑의 특질에 대해서도 선명한 개념을 가질 수 없었다. 그래서 그들의 정의는 매우 애매모호한 것으로서 사람들의 비판을 받고 있다. 그런데 우리는 다음 사실에 주의하지 않으면 안 된다. 즉 의지에 따라 사랑하는 대상과 합일하려 하는 사랑의 특질은 사랑을 주는 사람의 내부에 있는데, 나는 그 의지라는 개념을 동의라든가 혹은 마음의 심려, 즉 자유로운 결의로는 이해하지 않는다〔제2부 정리48에서, 이것이 상상의 소산이란 사실이 증명되었다〕. 그리고 사랑하는 대상이 없을 때는 그것과 합일하기를 원하며, 사랑하는 대상이 거기에 있을 때는 그것이 눈앞에 언제나 계속 있기를 원하는 욕망으로도 해석하지 않는다. 왜냐하면 그런 욕망이 없다 해도 사랑은 생각될 수 있기 때문이다. 따라서 나는 오히려 의지를 사랑하는 대상이 눈앞에 있기 때문에 사랑을 주는 쪽이 느끼는 만족이라고 간주한다. 그 만족에 의하여 사랑하는 사람의 기쁨은 강해지거나 혹은 적어도 유지된다〔〈그림5〉 참조〕.

7. 미움은 외적인 원인의 관념을 동반하는 슬픔이다.

설명 : 여기서 유의해야 할 점은 앞 정의의 설명에서 쉽게 찾아볼 수 있다. 이외의 사항은 이 부의 정리13의 주해를 볼 것.

8. 애호〔호감〕는 우연히 기쁨의 원인이 되는 사물의 관념을 동반하는 기쁨이다.

9. 혐오〔꺼림〕는 우연히 슬픔의 원인이 되는 사물 관념을 동반하는 슬픔이다. 이에 대해서는 이 부의 정리15의 주해를 볼 것.

10. 헌신이란 우리가 경탄하는 것에 대한 사랑이다.

설명 : 경탄〔놀라움〕이 사물의 신기한〔새로운〕 부분에서 생겨난다는 점을 우리는 이 부의 정리52에서 증명했다. 따라서 우리가 만일 어떤 것에 대한 놀라움을 몇 번이나 표상하게 되면, 우리는 그것에 대해 놀라지 않게 될 것이다. 이로부터 헌신이라는 감정이 쉽게 단순한 사랑으로 바뀌는 것을 우리는 알 수 있다.

11. 조소〔조롱〕란 우리가 경멸하는 것이 증오하는 것에 내재하고 있음을 표상할 때 생겨나는 기쁨이다.

설명 : 미워〔증오〕하는 것을 경멸할 경우에 우리는 그 사물의 존재를 부정한다〔이 부의 정리52의 주해를 볼 것〕. 그리고 증오의 존재를 부정하는 한

〔이 부의 정리20에 의해〕 우리는 기쁨을 느낀다. 그러나 가정에 따르면 인간은 자기가 조소하는 대상을 동시에 증오하고 있으므로, 그 기쁨은 순수한 것이라고는 말할 수 없다. 이 부의 정리47의 주해를 볼 것.

12. **희망**이란 불안정한 기쁨이다. 즉 그것은, 우리가 그 결과에 대하여 어느 정도 의심하고 있는 미래나 과거의 사물에 대한 관념에서 생겨난다.

13. **공포**〔무서움＝두려움〕은 불안정한 슬픔이다. 즉 그 결과에 대하여 우리가 어느 정도 의심하고 있는 미래나 과거의 사물에 대한 관념에서 생겨난다.

이 둘에 관해서는 이 부의 정리18의 주해2를 볼 것.

설명 : 이들 두 정의에서 볼 때 무서움을 동반하지 않는 희망이란 있을 수 없고, 또 희망을 수반하지 않는 무서움도 존재할 수 없다. 예를 들면 희망을 느끼면서도 그 결과에 대해서 의심을 품고 있는 사람은, 미래의 희망적인 존재를 배제해 버리려는 무언가에 관해서도 또한 표상하고 있다. 그러므로 이 경우 〔이 부의 정리19에 의해〕 그는 슬픔을 느낄 것이다. 따라서 그는 희망에 의존하는 동안 그것이 실현되지 않을 것을 두려워〔무서워〕한다. 반대로 무서움에 사로잡혀 있는 사람은, 바꾸어 말하면 자신이 증오하는 것의 결과에 대해서 의심을 품는 사람은 그런 것의 존재를 배제하는 무언가를 표상한다. 이 때문에 〔이 부의 정리20에 의해〕 그는 기뻐할 것이다. 따라서 그와 같이 표상하는 한 그는 그런 것이 출현하지 않기를 희망하고 있는 셈이다.

14. **안도**〔안심〕는 하나의 기쁨이다. 즉 의심의 원인이 제거된 미래나 과거의 존재물에 대한 관념에서 생겨나는 기쁨이다.

15. **절망**이란 하나의 슬픔이다. 즉 의심의 원인이 제거된 미래나 과거의 존재물에 대한 관념에서 생겨나는 슬픔이다.

설명 : 사물의 결과에 관해 의심의 원인이 제거된다면 희망에서 안심〔안도〕이, 무서움〔공포〕에서 절망이 생겨난다. 이와 같은 원인이 제거될 수 있는 것은, 인간이 과거나 미래의 사물을 현실적인 존재로 표상하는 데서, 그리고 현재 눈앞에 있는 것으로 생각하는 데서, 혹은 그가 의심을 품고 있는 대상의 존재를 배제하는 어떤 다른 것을 표상하는 데서 가능해진다. 가령 우리가 개개의 사물의 결과에 관해 〔제2부 정리31의 계에 의해〕 전혀 확신할 수 없다 해도, 그 결과에 관해 의심을 품지 않는 일은 일어날 수 있다. 이미 우리가 증명한 것처럼〔제2부 정리49의 주해를 볼 것〕, 무언가를 의심하지

않는다는 것과 확신한다는 것은 서로 별개의 문제이다. 그리고 이로써 우리는 과거나 미래의 사물에 대한 상(像)에 의해서도, 현존하는 사물의 상에서 얻어지는 것과 같은 기쁨이나 슬픔의 감정으로 자극될 수 있는 것이다. 이는 이 부의 정리18에서 증명한 것과 같다. 그 정리와 주해를 함께 볼 것.

16. 희열(환희)은 공포에 어긋나게 일어난 과거의 사물의 관념을 동반하는 기쁨이다.

17. 회한(낙담, 양심의 가책)이란 하나의 슬픔이다. 즉 희망에 어긋나게 일어난 과거의 사물의 관념을 동반하는 슬픔이다.

18. 동정(同情)은 우리가 동류라고 표상하는 다른 사람에게 당면한 해악의 관념을 동반하는 슬픔이다. 이 부의 정리22의 주해와 정리27의 주해를 볼 것.

설명 : 동정과 자비(친절) 사이에는, 동정은 개별적인 감정을 고려하지만 자비는 동정의 습성을 고려한다는 상이점을 제외한다면 거의 차이가 없는 것처럼 보인다.

19. 호의(好意)란 다른 사람에게 봉사하는 사람에 대한 사랑이다.

20. 분노란 타인에게 해악을 끼치는 사람에 대한 증오이다.

설명 : 이 두 개념들은 일반적으로는 다른 의미로 쓰이고 있다. 그러나 내가 의도하는 바는 말의 의미가 아니라 사물의 본성을 설명하는 것이며, 그리고 그 통상적인 의미가 내가 사용하는 의미와 별로 어긋나지 않는 말로써 설명하는 것이다. 이에 대해서는 여기서 한 번 지적해 두면 충분할 것이다. 이외에 이와 같은 감정의 원인에 관해서는 이 부의 정리27의 계1과 정리22의 주해를 볼 것.

21. 과대평가란 다른 사람에 대한 사랑 때문에 그를 정당한 것 이상으로 평가하는 것이다.

22. 과소평가란 다른 사람에 대한 미움(증오) 때문에 그를 정당한 것 이하로 평가하는 것이다.

설명 : 그러므로 과대평가는 사랑의 결과 혹은 사랑의 한 성질이며, 과소평가는 미움(증오)의 결과 혹은 그것의 한 성질이다. 그래서 과대평가는 사랑받는 대상에 대하여 정당한 것 이상으로 평가하도록 사람을 자극하는(움직이는) 경우의 사랑이며, 반대로 과소평가는 미움받는 대상에 대하여 정당한 것 이하로 평가하도록 사람을 자극하는(움직이는) 경우의 미움이라고 정

의될 수 있다. 이에 관해서는 이 부의 정리26의 주해를 볼 것.

23. 질투(시기)는 다른 사람의 행운을 보고 슬퍼하며, 반대로 다른 사람의 불행을 보고 기뻐하도록 사람을 자극하는 경우의 미움이다.

설명 : 질투와 보통 대립하는 것은 자비심이다. 따라서 자비심은 그 말의 의미를 무시하고 말한다면 다음과 같이 정의될 수 있다.

24. 동정이란 타인의 행복을 보고 기뻐하며, 반대로 타인의 불행을 보고 슬퍼하도록 사람을 자극하는 경우의 사랑이다.

설명 : 질투에 관해서는 이 부의 정리24의 주해와 정리32의 주해를 볼 것.

그런데 지금까지 설명한 것은 외적인 존재물의 관념을 필연적인 원인 혹은 우연적인 원인으로 동반하는 기쁨이나 슬픔의 감정이다. 다음으로 나는 내적인 원인의 관념을 동반하는 별개의 감정에 관한 설명을 하려 한다.

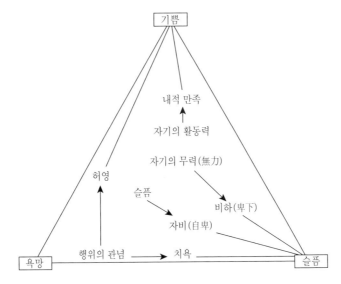

〈그림6〉 **자기 내부에 감정의 원인이 있을 경우** 〈25. 자기만족〉 이하로 취급되는 모든 감정은 그것을 일으키는 원인이 될 만한 것이 자기 내부에 있다. 세 변 내에 원인이 있고 그 결과에 해당하는 감정이 그곳에 나타난다는 것은, 감정의 주체가 자기 자신을 '응시한다'는 것을 의미한다.

25. 자기만족은 사람이 자기 자신 및 자기의 활동을 고찰해 보는 데서 생겨나는 기쁨이다〔〈그림6〉 참조〕.

26. 비하(겸손)란 사람이 자기의 무능이나 허약을 고찰해 보는 데서 생겨나는 슬픔이다.

설명 : 자기만족은 우리가 자신의 활동 능력을 고찰하는 데서 생겨나는 기쁨이라고 해석한다면, 비하와 대치될 수 있다. 그러나 정신의 자유로운 결의에 의하여 행한 것으로 확신되는 행위의 관념을 동반하는 기쁨이라 이해된다면, 여기에는 후회(회오)와 대치된다.

27. 회오(悔悟＝후회)란 정신의 자유로운 결정에 의하여 수행된다고 믿어지는 어떤 행위의 관념을 동반하는 슬픔이다.

설명 : 이런 감정의 원인은 이 부의 정리51의 주해와 정리53, 54 및 55와 그 주해에서 이미 제시했다. 또 정신의 자유로운 결정에 관해서는 제2부 정리35의 주해를 보라.

여기서는 다음 사실을 지적하여 두려 한다. 즉 우리가 습관에 따라 나쁘다(부정하다)고 일컫는 행위로부터 보통 슬픔이 생겨나고, 또 우리가 올바르다(정당한)고 일컫는 행위에서 기쁨이 생겨난다는 것은 당연한 사실이다. 이 사실은 앞서 설명한 내용에서 쉽게 알 수 있듯이 주로 교육에 의존하고 있다. 실제 부모는 아이들의 나쁜 행위를 비난하며 그 때문에 아이들을 꾸짖기도 하고, 또 반대로 옳은 행위에 대해서는 아이들을 귀여워하고 칭찬한다. 그렇게 함으로써 나쁜(부정한) 행위를 슬픔의 자극과, 또 올바른 행위를 기쁨의 감정과 결부되게 만드는 것이다. 이것은 경험에 의해서 확증된다. 예를 들면 습관과 종교는 누구에게나 동일한 것이 아니다. 오히려 어떤 사람에게 성스러운 것이 다른 사람에게는 부정한 것이 되며, 어떤 사람에게 예의바른 것이 다른 사람에게는 모욕적인 것이 되기도 한다. 그러므로 개인은 자기가 받는 교육에 따라 어떤 행위를 후회(회오)하거나 자만(自慢)하게 된다.

28. 거만(교만)은 자신에 대한 사랑 때문에 정당한 것 이상으로 자기 자신을 높게 평가하는 것이다.

설명 : 그러므로 거만은 과대평가와 다르다. 왜냐하면 과대평가가 외적 대상에 관계하고 있는데 대해서, 거만은 자신을 정당한 수준 이상으로 평가하려는 인간 자신에 관계하기 때문이다. 또 과대평가가 사랑의 결과거나 혹은 하나의 성질인 것처럼, 거만은 자기애의 결과 혹은 그 성질인 것이다. 따라서 거만은 자기에 대하여 정당한 것 이상으로 높이 평가하도록 인간을 자극

하는〔움직이게 하는〕 경우의 자기애, 혹은 자기만족이라고 정의할 수 있다〔이 부의 정리26의 주해를 볼 것〕. 이런 감정에는 대립감정이 없다. 왜냐하면 자신을 미워하는 나머지 자신에 대하여 정당한 것 이하로 평가하려고 하는 사람은 하나도 없기 때문이다. 이것이나 저것을 할 힘이 자기에게 없다고 표상된다 해도, 아무도 결코 자신을 정당한 것 이하로 평가하지는 않는다. 왜냐하면 사람은 자기에게 불가능하다고 생각되는 모든 것을, 필연적으로 불가능한 것이라고 표상하기 때문이다. 그리고 이와 같은 표상에 의하여 그는 자신에게 불가능하다고 생각되는 것을 실제 할 수 없는 상태에 놓인다. 즉 자기에게 이것이나 저것을 할 힘이 없다고 표상하는 동안에는, 스스로 그렇게 행위하게끔 결정될 수 없다. 따라서 당연히 그 경우에 이것이나 저것을 행하는 것은 그에게 불가능하다.

물론 만일 타인의 의견에만 의존할 경우에는 자신을 정당한 수준 이하로 평가〔간주〕하는 것도 가능할 것이다. 예를 들면 어떤 사람이 자신의 허약을 슬프게 생각할 때, 다른 사람들은 자기를 경시할 생각이 없는데도, 자신은 모든 사람으로부터 경시당한다고 표상할 수 있다. 또 인간은 불확실한 미래에 관계함으로 현재의 자기 자신에게 있는 무언가를 거부할 경우, 자기에 관하여 정당한 것 이하로 평가할 수도 있다. 이를테면 어떤 사람이 자신으로서는 아무것도 정확하게 파악할 수 없고, 또 부정한 것〔나쁜 것〕이나 추한 것 이외에는 무엇 하나 욕구할 수도 행할 수도 없다면서 자신을 거부하는 것이 그런 경우이다. 또 우리는 다음과 같이 말할 수 있다. 즉 극도로 수치〔치욕〕를 두려워하기 때문에 자기의 동류인 다른 사람이 대담하게 행할 수 있는 것을 일부러 하지 않는 사람은, 자신을 정당한 것 이하로 평가하게〔간주하게〕된다. 이와 같은 감정을 거만과 대치시켜 자비(自卑 : 스스로를 낮춤)라고 나는 부르고 싶다. 실제 만족에서 거만이 생겨나는 것과 같이, 비하(卑下)에서 자비(소심)가 생겨난다. 이 자비에 관해서는 다음과 같이 정의할 수 있다.

29. 자비(自卑＝소심)는 슬픔 때문에 자신을 정당한 것 이하로 평가〔간주〕하는 것이다.

설명 : 보통 우리는 거만과 대치하는 것으로 비하를 꼽는다. 그러나 그것은 본성보다 오히려 양자의 결과 쪽에 유의한 해석이다. 결국 거만한 사람이란 대단히 자만하여〔이 부의 정리30의 주해를 볼 것〕 다만 자기의 재능과 타

인의 결점만을 말하고, 또 모든 사람보다 우수해지고 싶어하며, 자기보다 훨씬 높은 지위에 있는 사람들이 몸에 지니고 있는 위엄과 화려한 겉모양을 모방하여 자신을 꾸미고 있는 사람이다. 이에 반하여 비하하는 사람은 쉽게 부끄러워하고, 자기의 결점을 자백하며 타인의 재능을 말하고, 항상 남에게 양보하며 걸을 때 머리를 떨어뜨리고, 자기의 외견을 꾸미지 않는 사람이다.

실제 이런 감정, 즉 비하와 자비는 매우 희소하다. 왜냐하면 인간 본성 그 자체가 그런 감정에 가능한 한 저항하려고 노력하기 때문이다[이 부의 정리 13과 54를 볼 것]. 이런 연유로 대단히 자기를 비하하며 겸손하게 행동하는 사람이 실은 대체로 명예욕이 강하거나 질투심이 깊다.

30. 명예(名譽=허영)는 하나의 기쁨이다. 즉 누군가가 칭찬하여 줄 것으로 표상되는 행위의 관념을 동반하는 기쁨이다.

31. 치욕(恥辱)이란 하나의 슬픔이다. 즉 어떤 사람에게 비난받을 것으로 표상되는 행위의 관념을 동반하는 슬픔이다.

설명: 이와 같은 감정에 관해서는 이 부의 정리30의 주해를 참조하라. 다만 여기서 치욕과 수치의 차이점을 지적하여 두려고 한다. 치욕이란 부끄러운 행위에서 생겨나는 슬픔이다. 한편 수치는 치욕에 대한 불안 및 공포로, 그가 욕된 것을 범하지 않도록 억제해 주는 감정이다. 수치에 대해서는 일반적으로 파렴치가 대치된다. 적당한 장소에서 밝히겠지만 이것은 실제 감정이 아니다. 그러나 [이미 지적한 것처럼] 일반적으로 감정의 명칭은 그 본성보다 오히려 명칭의 관용에 따르고 있다.

내가 설명하려고 생각했던 기쁨이나 슬픔의 감정은 이상이 전부이다. 다음으로 나는 욕망에 속해 있는 감정을 설명하려 한다.

32. 사모(思慕)는 어떤 것을 소유하려는 욕망 혹은 충동이다. 즉 그와 같은 욕망은 존재물의 회상에 의하여 유지되며, 또 그 존재물의 존재를 배제해 주는 다른 것을 회상할 때 억제된다[〈그림7〉 참조].

설명: 몇 번이나 지적하여 온 것처럼 우리는 무엇을 회상할 때, 그것을 마치 눈앞에 있는 것처럼 느끼며 생각하게 된다. 그러나 이와 같은 마음의 태도나 노력은, 우리가 확실히 깨어 있는 동안에는 그 존재물의 존재를 배제하는 다른 존재물의 상에 의해서 억제된다. 따라서 우리는 우리에게 어떤 종류의 기쁨을 느끼게 하는 것을 회상할 때, 그만큼 같은 기쁨의 감정을 느끼게

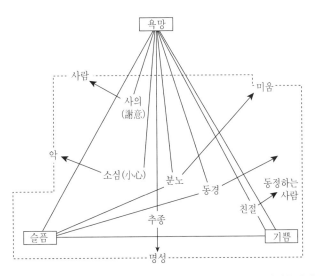

되며, 또 그것을 현실적인 것으로 생각하려고 노력한다. 그러나 이 노력은 그 존재물을 배제하는 다른 것을 생각할 때 즉시 억제된다. 그러므로 사모〔그리움〕는 실제 우리가 미워하는 대상의 부재(不在)로 일어나는 기쁨과 대치되는 슬픔이다. 전자의 기쁨에 관해서는 이 부의 정리47의 주해를 보라. 그러나 사모라는 명칭이 욕망과 관련되어 보이기 때문에 나는 이 감정을 욕망의 감정에 귀속시키고자 한다.

33. 경쟁심〔대항심〕이란 다른 사람이 무언가에 대해 욕망을 가진다고 표상될 때, 우리 안에 생겨나는 그 대상에 대한 욕망이다.

설명 : 다른 사람이 도망하기 때문에 자기도 도망가고, 다른 사람이 불안하기 때문에 자기도 불안을 느끼며, 어떤 사람이 손에 화상을 입은 것을 보고 자기도 손을 움츠리며 마치 화상을 입은 것처럼 하는 사람을 보고 우리는 그가 타인의 감정을 모방한다고는 말해도 결코 타인과 경쟁한다고는 말하지 않는다. 경쟁과 모방의 원인이 서로 다르다는 사실은 우리가 알고 있기 때문이 아니다. 다만 고귀하다든가 유익하다든가 혹은 유쾌하다든가 하는 것으로 판단되는 것을 모방하려는 사람만을, 우리가 습관적으로 경쟁심 있는 사

람이라 부르기 때문이다.

경쟁의 원인에 관해서는 이 부의 정리27과 그 주해를 참조하라. 또 어째서 이런 감정에 간혹 질투심이 결부되는지에 관해서는, 이 부의 정리32와 그 주해를 보라.

34. 사의(謝意) 혹은 감사란, 우리에게 한결같이 사랑의 감정으로 은혜[선행]을 배풀어 준 사람에게 은혜를 갚으려는 욕망 혹은 사랑의 열의이다. 이 부의 정리39와 정리41의 주해를 볼 것.

35. 친절이란 우리가 동정하는 사람에게 기쁨을 주려고 하는 욕망이다. 이 부의 정리27의 주해를 볼 것.

36. 분노[노여움]란 미워하는 마음을 품고, 자신이 증오하는 사람에게 해악을 가하려는 욕망이다. 이 부의 정리39를 볼 것.

37. 복수란 서로 증오하기 때문에 같은 감정에 자극되어, 자기에게 해악을 가한 사람에게 해악을 가하려고 노력하는 욕망이다. 이 부의 정리40의 계2와 그 주해를 볼 것.

38. 잔인 혹은 잔혹은, 우리가 사랑하는 사람이나 동정하는 사람에게 해악을 가하려고 노력하는 욕망이다. 이 부의 정리41의 계의 주해를 볼 것.

설명 : 잔인은 온화함과 대립된다. 온화함은 수동이 아니고, 오히려 사람이 자신의 노여움과 복수를 억제하는 마음의 힘이다.

39. 겁[근심]이란, 우리가 무서워하는 보다 커다란 화를 보다 작은 화로써 회피하려는 욕망이다. 이 부의 정리39의 주해를 볼 것.

40. 용감[대담]이란, 자기의 동류들이 떠맡기를 두려워하는 것을 애써 위험을 무릅쓰고 추구하려는 욕망이다.

41. 소심이란 자기의 동류가 대담하게 감행하는 위험을 보고 겁을 내어, 자기의 욕망을 억제하려 하는 인간에 대한 말이다.

설명 : 따라서 소심이란 사람들이 보통 두려워하지 않는 화에 대한 두려움이다. 이 때문에 나는 이 감정을 욕망의 감정에 포함시키지 않는다. 그런데도 여기서 소심을 소개한 이유는, 욕망에 관한 한 소심이 실제 용감의 감정과 대립되기 때문이다.

42. 공황[당황]이란 무서운 화에 대한 놀라움 때문에 화를 피하려는 욕망이 억제되는 경우를 가리킨다.

설명 : 이로 보아 공황이란 소심의 일종이다. 그러나 공황은 이중의 불안으로부터 생겨나기 때문에 다음과 같은 정의가 가능하다. 즉 공황이란 인간으로 하여금 그의 해악을 피할 수 없을 만큼 아연케 하거나 동요케 하는 공포이다. 방금 나는 '아연케 한다'라는 말을 사용했는데, 이것은 해악을 제거하려는 욕망이 놀라움 때문에 억제되는 것으로 해석되는 경우에 한한다. 또한 마음의 동요라는 것은 전술과 같은 욕망이, 똑같이 그를 괴롭히는 어떤 다른 해악에 대한 불안으로 인하여 억제되는 경우에 한한다. 이로써 그는 두 가지 해악 가운데 어느 것을 제거할지 알지 못하게 된다.

이상의 사실에 관해서는 이 부의 정리39의 주해와 정리52의 주해를 볼 것. 그리고 소심과 용감에 대해서는 이 부의 정리51의 주해를 볼 것.

43. 공손함 혹은 **순종**은, 사람들의 마음에 드는 것을 행하려고 하며, 또 사람들의 마음에 들지 않는 것을 행하려고 하지 않는 욕망이다.

44. 명예욕은 명성〔명예〕을 얻으려는 나머지 절제를 잃은 욕망이다.

설명 : 명예욕이란 〔이 부의 정리27과 31에 의해〕 모든 감정의 온상이며 그것을 강화해 주는 욕망이다. 따라서 이런 감정을 극복하는 것은 거의 불가능에 가깝다. 실제 사람이 어떤 욕망에 사로잡혀 있을 때는 반드시 이 감정에 얽매여 있는 것이다. 키케로는 다음과 같이 말했다. "아무리 훌륭한 사람도 명예욕에는 지배당하게 마련이다. 철학자들은 명성〔명예〕을 경멸해야 한다고 써 놓은 그들의 책 안에 자신들의 이름을 써넣었다."*18

45. 탐식(貪食=포식)이란 미식에 대한 무절제한 욕망 혹은 사랑이다.

46. 폭음(暴飮)이란 음주에 대한 절제 없는 욕망이요, 사랑이다.

47. 탐욕(貪慾)이란 부(富)에 대한 절제를 잃은 욕망이며 사랑이다.

48. 색욕(色慾=육욕)이란 이성과 교제하려는 욕망이며 사랑이다.

설명 : 성교(性交)에 대한 욕망은 절도가 있건 없건 간에 보통 색욕이라 불린다. 그리고 이들 다섯 개의 감정에는 〔이 부의 정리56의 주해에서 지적한 것처럼〕 반대감정이 없다. 우선 순종은 명예심의 일종이다. 그것에 관해서는 이 부의 정리29의 주해를 보라. 다음으로 절제·금주·정결(貞潔)은 정신력을 나타내는 것이지 수동의 감정을 나타내는 것이 아니란 사실도 이미 지적하였다. 그리고 가령 탐욕적인 인간, 명예심이 강한 인간 및 겁 많은 사람이 과식과 과음과 절제를 잃은 성욕을 자제〔억제〕할 수 있다 해도, 그 때문에 탐욕·

명예심·겁이 탐식·음주욕·성욕에 대립되는 것이라고는 말할 수 없다. 왜냐하면 욕심쟁이[탐욕스런 사람]는 대체로 타인의 식사와 음식물을 대신 먹고 또 대신 마시려고 하기 때문이다. 또 허영심이 강한 사람은, 언제까지나 비밀이 보장될 수만 있다면 어떤 것이건 자제하지 않는다. 만일 그가 대주객과 호색가와 어울려 생활한다면, 그들의 환심을 사기 위해 그런 과오[악덕]에 점점 빠져 들어갈 것이다. 그리고 겁쟁이는 자기가 원하지 않은 것을 행한다. 예를 들면 탐욕스런 사람이 죽음을 모면하기 위해서 아무리 값비싼 물건을 바다에 던졌다 해도, 그는 여전히 탐욕스런 사람임에 틀림없다. 또 만일 호색가가 자기의 희망대로 성욕을 해소하지 못해 슬퍼한다 해도, 그 때문에 그를 호색가가 아니라고 할 수는 없다. 그리고 일반적으로 이와 같은 감정은 먹거나 마시거나 하는 행위에 관계하기보다 오히려 그 충동 자체, 또한 그것에 대한 사랑과 관계하는 것이다. 따라서 이들 감정에 대해서는 관용과 용기만을 대치시킬 수 있으며, 이에 관해서는 다음에 문제삼으려 한다[〈그림8〉참조].

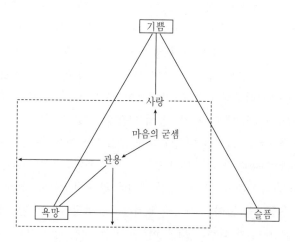

〈그림8〉정신의 자유스러운 활동에서 일어나는 감정
용기는 개체 안에 대한 힘, 관용은 외부에 대한 힘.

　질투 및 기타 마음의 동요에 대한 정의는 생략하겠다. 왜냐하면 그들은 이미 정의된 감정과 결합함으로 성립되고, 또한 그중 대부분은 이름이 없기 때문이다. 그러므로 실생활에서 우리는 이런 많은 감정들을 그저 분류하여 알고 있기만 하면 충분하다.

지금까지 내가 설명한 여러 감정의 규정으로 보아 이들 감정들은 오로지 욕망·기쁨·슬픔의 세 감정에서 생겨난 것이 명백하다. 결국 모든 감정은 이들 세 감정에 지나지 않으며, 그들의 다양한 관계와 다양한 외적 특징에 따라 각기 별개의 이름으로 불리고 있는 것이다.

여기서 세 개의 근원적인 감정과 정신의 본성에 관하여 우리가 이제까지 다루어 온 내용을 유의한다면, 우리는 단지 정신에게만 관계하는 감정을 다음과 같이 정의할 수 있다.

감정의 일반적인 정의

정신의 수동상태라 불리는 감정은 혼란된 관념이다. 그런 관념으로 말미암아 정신은 자신의 신체 전부나 혹은 그 일부분에 대하여 이전보다 크거나 작은 존재력(存在力)을 긍정한다. 그리고 그와 같은 혼란된 관념이 주어짐으로 인하여, 정신 자신은 어떤 것을 다른 것보다 더 많이 사색하도록 결정된다.

설명 : 첫째, 나는 감정 혹은 정신의 수동상태를 '혼란된 관념'이라고 말했다. 그 이유는 우리가 이미 명시한 것처럼 정신은 불충분하거나 혼란된 관념을 가질 때 작용을 받기 때문이다〔이 부의 정리3을 볼 것〕. 다음으로 나는 '혼란된 관념에 의하여, 정신이 자신의 신체 전부 혹은 신체의 어느 한 부분에 대하여 이전보다 크거나 작은 존재력을 긍정한다'고 했다. 그 이유는 다음과 같다. 신체의 모든 관념은 외적 물체의 본성보다도〔제2부 정리16의 계2에 의해〕우리 신체의 현실적인 상태를 보다 많이 표시한다. 그중에서도 특히 감정의 본질을 구성해 주는 관념은, 신체 전부나 혹은 한 부분의 활동력 및 존재력을 증대시키거나 감소시키고 또는 촉진하거나 억제함으로써, 신체 전체나 또는 그 일부의 상태를 표시 또는 표현해야 한다.

그러나 여기서 주의할 점이 있다. 내가 '이전보다 크거나 작은 존재력'이라고 말할 때, 그것은 정신이 현재 신체의 상태를 과거의 상태와 비교한다는 뜻이 아니고, 오히려 감정의 본질을 형성하는 관념이 신체에 대하여 이전보다 크거나 작은 실제성을 포함하고 있음을 긍정한다는 뜻이다. 그리고 정신의 본질은〔제2부 정리11과 13에 의해〕자기 신체의 현실적인 존재를 긍정하는 것이며, 또 우리는 완전성을 사물의 본질 그 자체로 간주한다. 그러므로 정신이 자신의 신체 전부 또는 일부분에 대해 이전보다 크거나 작은 실재성을 포함하는 것을 긍정할 때, 정신은 보다 크거나 작은 완전성으로 이행하는 것이 된다. 그러므로 앞에서 내가 정신의 사유(思惟)하는 힘이 증대하거나 감소한다고 말한 것도, 정신이 자신의 신체 전부나 혹은 일부에 대하여, 이전에 긍정했던 것보다 더욱 크거나 작은 실재성을 표현해 주는 관념을 형성한다는 의미인 것이다. 왜냐하면 관념의 가치와 현실적으로 사유하는 힘은 대상의 가치에 의해서 판정되기 때문이다.

끝으로 '정신 자체는 그러한 혼란된 관념이 주어진다면 어떤 것을 다른 것보다 많이 사색하도록 결정된다'고 나는 덧붙여 말하였다. 이것은 감정에 대한 정의의 맨 처음 부분에서 설명되어 있는 기쁨과 슬픔의 본성 이외에, 욕망의 본성도 아울러 표현하여 두기 위해서이다.

〈주〉

*1 스피노자는 감정(感情, affectus)이란 개념을 과거의 뜻이 아닌 혁신적인 의미로 사용하였다. 이 개념의 근저에는 그의 모든 철학체계와 존재론이 잠재되어 있다. 그리고 그의 감정은 인간과 자연과 신과 불가분한 것으로 간주되고 있다.

*2 데카르트는 그의 《정념론》에서 인간 감정에 대한 철학적 분석을 하여 그의 명민한 상상력을 보였다. 스피노자는 데카르트의 감정분석을 높이 평가하면서도 데카르트와는 상이한 분석을 시도했다.

*3 자연의 힘은 단순한 물리적인 힘과 달리 인간의 덕(德)과 재능의 근원으로 이해되어야 한다. 여기서 이 힘은 가치, 재능, 덕 등으로 해석된다. 실로 제4부에서는 덕과 힘을 동일한 것으로 정의하고 있다

*4 스피노자는 이 서문을 통하여 인간의 감정을 분석하는 명확한 태도를 밝힌다. 즉 그는 인간의 감정을 기하학적 방법으로 해명하려 한다. 따라서 인간의 행동과 충동을, 도형과 입체를 고찰하는 것처럼 문제화하고 있다. 그러나 그의 방법은 현대적인 의미의 자연과학적 분석 방법은 아니다. 가령 자연이란 개념 하나만 보아도, 그의 자연은 자연과학의 자연과는 전혀 별개의 것이다. 스피노자의 자연은 신(神)이며 동시에 인간의 덕의 원인인 최고 존재이다.

*5 '스스로 행한다〔작용한다〕'고 하는 말은 '타자에 의해 작용됨'과 같이 스피노자 감정론의 기본개념이다. 이때 전자는 자율적인 것이요, 후자는 타율적인 것을 뜻한다. 이들 두 개념의 구별은 주객(主客) 문제가 아니라, 인간 행위의 자유문제이다. 그것은 인간이 자신의 행위를 자신의 자유로운 결정으로 수행할 수 있는 것인지 혹은 없는 것인

지, 또 인간이 자신의 행위에 관해 어떤 관계를 가지는지, 바꾸어 말하면 그 행위의 충분한 원인인지 불충분한 원인인지의 문제이다.

＊6 일반적으로 감정은 정신의 수동상태(受動狀態), 즉 정신의 타율적 상태로 간주되지만, 스피노자는 정신의 자율적 상태에서도 감정을 생각하였다. 그리고 그 감정을 정신의 타율적 작용인 수동적 감정과 구별했다. 따라서 감정은 다만 인간존재의 소극적인 측면을 나타낼 뿐 아니라 적극적인 측면 즉 인간의 자유로운 자기 실현을 나타내기도 한다.

＊7 인간의 신체는 그 자신의 법칙에 따라 활동하고, 각성하고 있는 의식도 그 신체의 활동을 어떻게 할 수 없다. 스피노자는 이런 경험적 사실을 중시하여 심신병행설의 중요한 출발점으로 삼았다.

＊8 스피노자에 따르면 인간의 행위는 자각된 결의가 아니라, 의식이 미치지 않는 그 무엇에 의해서 제약된다. 그러므로 인간은 자신의 행위는 알지만 행위의 원인은 모른다. 그것은 인간의식을 초월한 것이므로 인간의식의 차원으로는 파악할 수 없다. 따라서 그 자유도 의식의 세계와 그것을 초월한 세계의 관계 밑에서 설명되었다.

＊9 '정신은 관념을 갖는다'고 하는 스피노자의 표현은 정신의 작용 혹은 정신의 사색활동을 의미한다. 관념은 본디 정신의 작용 그 자체를 의미한다.

＊10 각 사물은 양태로써 비로소 개물(개체)이 될 수 있다. 아울러 개개의 사물이 서로 다른 본성에 의해 설명된다. 이렇게 생각하면 양태란 개물의 차별성을 나타내 주는 원리인 셈이다.

＊11 '노력한다'는 스피노자의 말은 일반적인 의미인 어떤 특정한 개인적 의지의 작용을 뜻하지 않는다. 그의 노력이란 말의 뜻은, 각 개인의 개인적 의지 및 선택이라기보다 개체의 본성이며, 마치 아래로 흐르는 것이 물의 본성인 것처럼 개체 자신의 내적 필연의 힘이요, 개체의 존재 근거를 뜻한다.

＊12 스피노자에 의하면 자기 존재에 머물기를 고집하려는 노력이 개체의 핵심문제이다.

＊13 여기서나 이 다음에서 '사람들'이라고 말할 때 우리는 그들에게 아무 감정도 품지 않는다고 가정한다.

＊14 스피노자는 명예심[야심]이 사람에게 자연적인 경향이며 과도하지 않으면 일반적으로 허용되는 것이라고 생각했다.

＊15 이 시(詩)는 로마의 시인 오비디우스(Ovidius, BC 43~AD 17?)의 《사랑》 2권 19의 제4구와 제5구를 거꾸로 인용한 것이다.

＊16 인간 정신이 신의 지성의 일부분이라 하지만 이런 현상도 분명 일어난다. 이는 제2부 정리13의 주해에서 우리가 증명한 바이다.

＊17 놀라움[경탄]을 감정으로 간주하지 않는 점은 스피노자 자신의 문제점이다. 그에 의하면 감정에는 정신 자신의 적극적인 변화가 동반되어야 하는데, 놀라움은 다만 정신

의 상상으로 인한 결과에 불과하기 때문이다. 그러나 그가 중요시했던 데카르트의 《정념론》 제2부 69에서도 이 놀라움을 6개의 기본 감정 중의 하나라고 했다.

＊18 키케로(Cicero)는 로마의 웅변가이다. 스피노자가 인용한 이 말은 키케로의 연설집 11에 있는 것이다.

제4부

인간의 예속 또는 감정의 힘에 관하여

서론

감정[정서]을 지배하거나 억제할 때에 인간의 무능력을 나는 예속(隸屬)이라고 부른다. 왜냐하면 감정에 지배를 받는 사람은 자기의 권리 아래 있는 것이 아니라, 운명의 권리 아래 있으며 스스로 보다 좋은 것을 알면서도 보다 나쁜 것을 따르도록 종종 강제될 만큼 운명의 힘에 사로잡혀 있기 때문이다. 나는 이 제4부에서 이 원인을 구명하고 나아가 감정이 어떠한 선 또는 악을 지니고 있는가를 설명하고자 한다. 그러나 이를 시작하기 전에 완전성과 불완전성 그리고 선과 악에 관해서 약간 언급하려 한다.

만약에 누구든지 어떤 물건을 제작하려고 마음먹고 그것을 완성하였다면 그 물건이 완성되었다, 완전해졌다고 말할 것이다. 이것은 그 작품의 제작자뿐만 아니라 그 제작자의 마음과 의도를 제대로 알고 있는 사람 또는 알고 있다고 믿고 있는 사람은 모두 그렇게 말할 것이다. 예컨대 한 사람이 어떤 작품—그것이 아직 완성되지 않았다고 가정하자—을 보고 그 작품의 제작자의 의도가 집을 세우는 데 있다는 것을 안다면, 그 사람은 그 집이 완성되지 않았다, 불완전하다고 할 것이다. 반대로 그 작품에 대해서 제작자가 결심한 목적이 이루어졌다는 것을 알자마자 그것이 완성되었다, 완전해졌다고 말할 것이다. 그러나 한 사람이 일찍이 본 일이 없는 어떤 작품을 보고 그 제작자의 마음 또한 아는 바가 없다고 한다면, 그 사람은 물론 그 작품이 완전한 것인가 그렇지 않으면 불완전한 것인가를 알 수 없을 것이다. 이것이 완전 또는 불완전이라는 말의 처음 의미였을 것이다.

그러나 인간이 보편관념(universal idea)을 형성하여 집·건물·탑 등의 형태를 고안하고 어떤 사물의 형태를 다른 형태보다 더 좋아하기 시작한 다음에는 각자는 바로 그 사물에 대해서 미리 형성된 보편관념과 일치하는 것처럼 보이는 것을 완전하다고 하며, 반대로 비록 그것이 제작자의 의도를 전적으로 완성하였다 하더라도 미리 파악해 놓은 형태와 그다지 일치하지 않는 것처럼 보이는 것을 불완전하다고 한다.

여러 가지 자연물, 즉 사람의 손에 의해서 만들어지지 않는 것에 대해서도 사람들이 보통 '완전'이라든가 '불완전'이라고 하는 것은 이와 같은 이유 때문인 것처럼 보인다. 사람들은 자연물에 대해서도 인공물에 대해서와 마찬가지로 보편관념을 형성하며 이러한 관념을 사물의 전형(典型)이라고 보고 자연이 이러한 관념을—그들은, 자연은 목적 없이는 아무것도 하지 않는다고 생각한다—고안하여 그들에게 전형으로서 제시한다고 확신하고 있다. 이와 같이 미리 형성된 전형에 그다지 일치하지 않은 것이 자연 가운데 생겨나는 것을 볼 때, 그들은 자연 자신이 실패 또는 과오를 범해서 그 사물을 불완전한 채로 방치했다고 믿는 것이다.

이처럼 인간이 자연물을 '완전' 또는 '불완전'하다고 부르는 습관은 사물에 대한 참된 인식보다는 편견에 기인한다는 것을 알 수 있다. 제1부의 부록에서 우리는 자연이 목적을 위해서 활동하지 않는다는 것을 살폈다. 우리들이 신(神) 또는 자연이라고 부르는 저 영원하고 무한한 유(有, 존재)는 그것이 존재하는 것과 똑같은 필연성에 의해서 활동하고 있다. 신이 그 존재하는 것과 같은 본성의 필연성에 의해서 활동하는 것은 이미 우리가 살펴본 바와 같다[제1부 정리16]. 따라서 신 또는 자연이 활동하는 이유 내지 원인과 그것이 존재하는 이유 내지 원인은 동일한 것이다. 그러므로 신은 어떤 목적을 위해서 존재하는 것이 아닌 것과 마찬가지로 어떤 목적을 위해서 활동하는 것도 아니다. 신에게는 존재의 원리나 목적이 없는 것처럼 어떠한 활동의 원리 또는 목적도 없다.

그런데 목적인(目的因)이라고 불리는 원인은 인간의 충동이 어떤 사물의 원리 내지 제1원인이라고 생각되는 한, 인간의 충동 자체에 지나지 않는다. 예컨대 '거주한다'가 이집 또는 저집의 목적인이라고 우리가 말한다면 그것은 인간이 주거생활의 쾌적함을 상상한 결과, 집을 지으려는 충동을 가졌다는 것을 의미할 뿐이다. 그러므로 '거주한다'는 목적인은 이 특정한 충동 이외의 아무것도 아니다. 실제로 이 충동은 동력인(動力因)이며, 이것이 제1원인처럼 보이는 것은 인간이 일반적으로 자기의 충동 원인을 모르기 때문이다. 왜냐하면 위에서 여러 번 지적한 것처럼 인간은 자기의 행위와 충동을 의식하고는 있으나, 자기가 어떤 사물에 충동을 느끼도록 결정하는 여러 원인은 모르기 때문이다.

자연은 가끔 실패 또는 과오를 범하여 불완전한 것을 산출한다는 통속적인 견해에 대해서는 나는 제1부의 부록에서 논한 여러 가지 허구의 하나로 분류한다.

이처럼 완전과 불완전은 실제로 사고의 양식에 지나지 않는다. 말하자면 우리들이 같은 종(種, species) 또는 같은 유(類, genus)에 속하는 개체를 서로 비교하는 데서 버릇처럼 만들어 내는 개념에 지나지 않는다. 내가 앞서〔제2부 정의6〕실재성(實在性)과 완전성이 동일하다고 말한 것은 이 때문이다. 우리는 자연의 모든 개체를 가장 보편적이라고 불리는 하나의 유에, 바꾸어 말하면 자연의 모든 개체에 속하는 '존재'라는 개념에 환원하는 버릇이 있다. 자연 속에 있는 개체들을 이 유에다 환원하여 서로 비교하고, 어떤 사물이 다른 사물보다 많은 존재성 내지 소재성을 갖고 있다는 것을 인정하는 한, 우리는 어떤 사물을 다른 사물보다 완전하다고 말한다. 그리고 이 사물에 한계·종말·무능력 등과 같은 부정을 포함하는 것을 귀속시키는 한, 우리는 그것을 불완전하다고 부른다. 그것은 그러한 사물은 우리들이 완전하다고 부르는 사물만큼 우리들의 정신에 강한 영향을 주지 않는 까닭이며, 그 사물 자체 속에 있어야 할 어떤 것이 결핍되었다거나 자연이 과오를 범하기 때문이 아니다. 왜냐하면 사물의 본성에는 그 동력인의 본성적인 필연성으로부터 생기는 것 이외의 어떠한 것도 속하지 않으며, 또 그 동력인의 본성적인 필연성에서 생기는 것은 모두 필연적으로 발생하기 때문이다.

선과 악에 관해서도, 그것들이 사물 자체로 생각되는 한, 그 속에 있는 어떤 적극적인 것도 표시하지 않고, 사고의 양식, 즉 우리가 사물을 서로 비교함으로써 형성되는 개념에 지나지 않는다. 왜냐하면 동일 사물이 동시에 선이었다가 악이었다가 또 선악의 어느 것도 아닌 중간물일 수도 있기 때문이다. 예컨대 음악은 우울한 사람에게는 좋은 것이며, 슬픔에 잠겨 있는 사람에게는 나쁜 것이다. 그러나 귀머거리에게는 좋지도 나쁘지도 않다. 사정이 이와 같음에도 불구하고 우리는 이 '선악'이라는 말을 보존해야 한다. 왜냐하면 우리는 눈여겨보아야 할 인간본성의 전형으로서 인간의 관념을 형성하려고 하기 때문에, 이러한 말들을 앞서 말한 뜻으로 보존하는 것은 우리들에게 유익하기 때문이다.

그러므로 나는 다음부터 '선'이란 우리들이 형성하는 인간본성의 전형에 더욱더 접근하기 위한 수단임을 확인하는 것이라고 생각한다. 반대로 '악'이란 그 전형에 합치하는 데 방해가 되는 것을 확인하는 것으로 생각한다. 나아가서 우리는 인간이 이러한 전형에 보다 많이 접근하는가 또는 보다 적게 접근하는가에 따라서, 그 인간을 보다 완전한 사람 또는 보다 불완전한 사람이라고 부를 것이다. 왜냐하면 어떤 사람이 보다 작은 완전성에서 보다 큰 완전성으로 이행하고, 혹은 반대로 보다 큰 완전성에서 보다 작은 완전성으로 이행한다고 할 때, 나는 그가 하나의 본질 또는 형상으로부터 다른 본질 또는 형상으로 변화한다는 것을 의미하는 것이 아니라〔왜냐하면 예컨대 말이 인간으로 변화한다면 그것은 곤충으로 변하는 경우와 마찬가지로 말이 아닐 것이기 때문에〕 단순히 그의 활동 능력이—그의 본성을 활동 능력이라고 생각하는 한—증대하거나 감소한다고 생각한다는 뜻에서 말하는 것이며, 이 점은 특히 주의해야 할 것이다.

마지막으로 나는 '완전성'을 앞에서 지적한 것처럼, 일반적으로 실재성이라고 생각할 것이다. 바꾸어 말하면 저마다의 사물이 어떤 방식으로 존재하고 작용하는 한, 완전성은 그 사물의 본질이라고 할 수 있다. 이때 그 사물이 지속하는가에 대해서는 생각하지 않는다. 왜냐하면 어떠한 개체도 그것이 보다 오랜 시간 동안 존재했다고 해서 보다 완전하다고 할 수는 없기 때문이다. 확실히 사물의 지속은 그 자체의 본질에 의해서 결정될 수는 없다. 사물의 본질에 일정한 존재시간이 포함되지 않는 이상, 사물의 지속은 그 본질에서는 결정되지 않기 때문이다. 오히려 개개의 사물은 그것이 보다 많이 완전한가 또는 보다 적게 완전한가에 관계없이, 그것이 존재하기 시작한 것과 동일한 힘을 가지고 항상 존재할 것이다. 따라서 이 점에서는 모든 사물이 동등하다.

정의

1. 선이란 우리가 우리에게 유익함을 확실히 아는 것이라고 해석한다.

2. 반대로 악이란 우리가 어떤 선한 것을 소유하는 데 방해가 되는 것을 우리가 확실히 아는 것이라고 해석한다.

이 두 가지 정의에 대해서는 앞서 말한 서문의 마지막 부분을 볼 것.

3. 우리가 단순히 개체〔개물〕의 본질만을 주목할 때, 그 존재를 필연적으로 정립하거나 또는 그 존재를 필연적으로 배제하는 무언가를 발견하지 않는 한, 나는 그것을 **우연적**이라고 한다.

4. 그 개체가 산출되어야 할 원인에 대해서 우리가 주의하는 경우, 그 원인이 그것을 산출하도록 결정되어 있는가 없는가를 모르는 한, 나는 그 개체를 **가능적**이라고 한다.

제1부 정리33의 주해 1에서, 나는 가능적인 것과 우연적인 것과의 사이에 아무런 차별도 두지 않았다. 왜냐하면 거기에서는 이 두 가지를 세밀하게 구별할 필요가 없었기 때문이다.

5. 나는 다음부터 인간을 다른 방향으로 끌어당기는 감정을 **상반되는 감정**이라고 해석하겠다. 즉 그것이 비록 색욕(voluptuousness)과 탐욕(avarice)과 같은 사랑의 종류에 속하는 것이라 할지라도 마찬가지이다. 이 경우는 본성에 반대되는 것이 아니라, 우연에 의해서 반대되는 것이다.

6. 미래, 현재 그리고 과거의 것에 대한 감정에 대해서 내가 어떻게 해석하는가는 제3부 정리18의 주해 1과 2에서 이미 설명하였으니 그것을 볼 것.

그러나 더욱 주의해야 할 것은 우리에게는 시간적인 거리 역시 공간적인 거리와 마찬가지로 어떤 일정한 한계까지밖에 명확하게 상상하는 힘이 없다는 것이다. 바꾸어 말하면 우리에게서 200피트 이상 떨어져 있는 모든 대상, 혹은 그 거리가 우리들이 명확하게 상상하는 거리 이상으로 우리가 있는 장소에서 떨어져 있는 모든 대상을, 우리는 우리로부터 같은 거리에 있고 또 동일한 평면 위에 있는 것처럼 상상하기 일쑤이다. 이와 마찬가지로 그 대상이 출현하는 시간이 우리들이 보통 명확하게 상상하는 시간적 간격을 훨씬 넘어서 현재로부터 멀리 있다고 상상하는 대상을 모두 우리는 현재로부터 같은 시간적 거리에 있는 것처럼 상상한다. 그리고 그러한 모든 대상을 말하자면 동일한 시간에 귀속시키는 것이다.

7. 우리들로 하여금 어떤 일을 하도록 하는 목적을 나는 **충동**이라고 해석한다.

8. 나는 **덕과 능력**을 동일한 것이라고 해석한다. 바꾸어 말하면〔제3부 정리7에 의해〕인간에 관계되는 덕이란, 인간이 자기 본성의 법칙에 의해서만 이해

될 수 있는 어떤 일을 하는 능력을 갖는 한 인간의 본질 내지 본성 자체이다.

공리

자연 속에는 그것보다 유력하고 더 강력한 다른 것이 존재하지 않는 개체〔개물〕는 없다. 어떠한 것이 주어져도 그 주어진 것을 파괴할 수 있는 더 강력한 다른 사물이 언제나 존재한다.

정리1 그릇된 관념 속에 포함되는 어떤 적극적인 것도, 참된 관념이 나타나더라도 그것이 참이라는 것만으로는 제거되지 않는다.

증명 : 오류〔허위〕는 타당하지 못한 관념이 내포하는 인식의 결핍에만 있다〔제3부 정리31에 의해〕. 그리고 그러한 관념에는 그것이 잘못되었다고 말하는 적극적인 것은 아무것도 없다〔제2부 정리33에 의해서〕. 반대로 그러한 관념은 신에 관련되는 한 참이다〔제2부 정리32에 의해서〕. 그러므로 그릇된 관념에 적극적인 것이 내포되어 있다는 사실은 만일 참된 관념이 나타나서 그것이 참이라는 것만으로 제거되는 것이라고 한다면, 참된 관념은 자기 자신에 의하여 제거되는 것이다. 이것은〔제3부 정리4에 의해〕 부당하다. 그러므로 그릇된 관념에 내포되어 있는 어떠한 적극적인 것도 없다 등등. 이리하여 이 정리는 증명되었다.

주해 : 이 정리는 제2부의 정리16의 계2에 의해서 더욱 명확하게 이해할 수 있다. 왜냐하면 상상은 외적인 물체의 본성보다도 더 많이 인간신체의 현재 상태를, 물론 정확하게는 아니지만 혼란된 채로 나타내는 관념이다. 정신이 오류를 범하는 것은 여기에서 일어난다. 예컨대 우리들이 태양을 관찰할 때 그것이 우리로부터 200피트 떨어져 있다고 상상하자. 우리는 태양의 참된 거리를 모르는 동안에는 이에 대해 오류를 범한다. 그러나 우리가 그 거리를 알았을 때에는 오류는 사라지는데 이 경우 우리들의 상상, 말하자면 신체가 태양에 의하여 자극되는 경우에만 태양의 본성을 설명하는 태양의 관념은 제거되지 않는다. 그러므로 비록 우리들이 태양의 참된 거리를 알고 있다고 하더라도 여전히 태양이 우리들 가까이에 있는 것처럼 상상할 것이다. 왜냐하면 제2부 정리35의 주해에서 지적한 것처럼, 우리가 태양이 그만큼

가까이 있는 것처럼 상상하는 것은, 태양의 참된 거리를 모르기 때문이 아니라 태양에 의해서 신체가 자극되는 한에 있어서 정신은 태양의 크기를 마음속에 그리기 때문이다. 마찬가지로 태양 광선이 수면 위에 떨어져서 우리의 눈에 반사해 올 때, 우리는 태양의 참된 장소를 알고 있음에도 불구하고 그것이 마치 수중에 있는 것처럼 상상한다. 마찬가지로 정신을 속이는 다른 상상 역시, 그 상상이 신체의 자연상태를 표시하든, 혹은 신체의 활동 능력의 증대 내지 감소를 표시하든, 참된 관념에 모순하는 것이 아니며 또한 참된 관념이 나타나더라도 소멸되지 않는다. 우리들이 어떤 재화(災禍)를 잘못 알고 두려워할 때, 올바른 정보를 들으면 두려움이 사라질 수 있다. 그러나 반대로 장차 틀림없이 닥쳐올 재화를 두려워할 때, 그릇된 정보를 듣고 두려움이 사라질 수도 있다. 따라서 상상은 참된 것이 나타나서 그것이 참이라는 것만으로 소멸하지 않고 도리어 제2부 정리17에서 명시한 것처럼, 우리가 상상하는 사물의 현재적 존재를 배제하는 보다 더 강력한 다른 상상이 나타나기 때문에 소멸한다.

정리2 우리는 다른 것에 의존함이 없이 자기 혼자서만 생각할 수 없는 자연의 일부분인 한에서 작용을 받는다.

증명: 우리들이 그 부분적 원인에 지나지 않는 어떤 것이 우리들 안에 생겨날 경우〔제3부 정의2에 의해〕, 바꾸어 말하면〔제3부 정의1에 의해〕 우리 본성의 법칙만으로부터 이끌어 낼 수 없는 어떤 것이 우리들 안에 생겨날 때 우리는 작용을 받는다고 말한다. 그러므로 우리는 다른 것에 의존하지 않고 자기 혼자서만 생각하는 것이 불가능한 자연의 일부분인 한 작용을 받는다. 이리하여 이 정리는 증명되었다.

정리3 인간이 자기의 존재를 계속하려고 하는 힘에는 한계가 있으며, 외적인 원인의 힘에 의하여 무한히 압도당한다.

증명: 이것은 제4부의 공리에서 분명하다. 왜냐하면 어떤 인간이 존재하든 안하든, 그보다 더 유력한 다른 사람, 예컨대 A가 존재하고 또 A가 존재하든 안하든 A 자신보다 더 유력한 다른 것, 예컨대 B가 존재한다. 이와 같이 해서 무한히 전개된다. 따라서 인간의 능력은 다른 것의 능력에 의해서

규정되며, 외적인 원인의 힘에 의하여 무한히 능가된다. 이리하여 이 정리는 증명되었다.

정리4 인간이 자연의 일부분이 아님은 불가능하며, 또 인간이 자신의 본성을 통해서만 이해할 수 있는 변화, 곧 자기가 그 타당한 원인인 것같은 변화밖에 받지 않는다는 것도 불가능하다.

증명 : 개물과 인간이 자기의 존재를 유지하는 능력은 신 또는 자연 능력 자체이다〔제1부 정리24의 계에 의해서〕. 그러나 그것은 무한한 신 또는 자연의 능력 자체가 아니라, 인간의 현실적인 본질에 의해서 설명될 수 있는 것에 한정된다〔제3부 정리7에 의해〕. 그러므로 인간의 능력이 인간 자신의 현실적인 본질에 의하여 설명되는 한, 그것은 신 또는 자연의 무한한 능력의 일부분이다. 바꾸어 말하면〔제1부 정리34에 의해〕 신 또는 자연의 무한한 본질의 일부분이다. 이것이 증명되어야 할 첫째 것이었다.

다음으로 만일 인간이 그 자신의 본성만으로 이해될 수 있는 변화만을 받는 것이 가능하다면, 인간은〔제3부 정리4 및 6에 의해서〕 멸망하지 않고 언제나 필연적으로 존재하게 될 것이다. 그리고 이것은 유한한 능력을 가진 원인에서나, 그렇지 않으면 무한한 능력을 가진 원인에서 일어나야 할 것이다. 말하자면 단지 인간의 능력에 의하거나—이 경우는 인간은 외부의 원인에서 일어날 수 있는 모든 다른 변화를 피할 수 있게 된다—혹은 자연의 무한한 능력에 의해—이 경우는 인간이 자신을 보존하는 데 유용한 변화밖에 받지 않도록 자연이 모든 개체를 이끌게 된다—이 두 가지 힘의 어느 것이어야 한다. 그러나 첫째의 것은 부당하다〔앞의 정리에 의해서. 그 정리의 증명은 보편적이며 모든 개개의 사물에 적용될 수 있기 때문에〕. 그러므로 인간이 그 자신의 본성만으로 이해될 수 있는 변화밖에 받지 않으며, 따라서〔이미 증명한 것처럼〕 필연적으로 언제나 존재할 수 있다면, 그것은 신의 무한한 능력에서 일어나야 한다. 그러므로〔제1부 정리16에 의해〕 신적 본성의 필연성이 어떤 인간의 관념에 영향을 받았다고 생각되는 한, 연장(延長)과 사유(思惟)의 속성 아래 파악된 모든 자연의 질서가 도출되어야 한다. 여기에서〔제1부 정리21에 의해서〕 인간은 무한해질 것이라는 결론이 나온다. 그러나 이것은〔이 증명의 처음 부분에 의해〕 부당하다. 따라서 자신이 그 타당한 원인인 것처럼 보이는 변화만을 인간이 받는다는 것은 불가능하다. 이리하여 정리는 증명되었다.

　계 : 이 귀결로 인간은 필연적으로 언제나 격정(激情)에 예속되며, 또 자연의 공통적인 질서에 따르며 그것에 복종하고 있다는 것, 그리고 자연이 요구하는 만큼 그것에 순응한다는 것이다.

　정리5　각 개체의 격정의 힘과 그 증대, 그리고 그 존재에의 고집은 존재를 계속하려고 노력하는 우리의 능력에 의해서 규정되는 것이 아니라, 우리의 능력에 대비되는 외적 원인의 힘에 의해 규정된다.

　증명 : 격정의 본질은 우리들의 본질만으로는 설명할 수가 없다〔제3부 정의1 및 2에 의해서〕. 바꾸어 말하면〔제3부 정리7에 의해서〕 격정의 힘은 우리들이 계속 존재하려고 노력하는 능력에 의해서는 규정되지 않고, 오히려 〔제2부 정리16에서 명시한 것처럼〕 필연적으로 우리의 능력에 대비되는 외적 원인의 힘에 의해서 규정되어야 한다. 이리하여 이 정리는 증명되었다.

　정리6　어떤 격정 내지 감정의 힘은 그 밖의 활동 또는 능력을 능가할 수가 있다. 그만큼 감정은 집요하게 인간을 따라다닌다.

　증명 : 각 개체의 격정의 힘과 그 증대, 그리고 그것의 존재에의 고집은 우리의 능력에 대비되는 외적 원인의 힘에 의해서 규정된다〔앞의 정리에 의해서〕. 그러므로〔제4부 정리3에 의해서〕 그 힘은 인간의 능력을 능가할 수가 있다. 그리하여 이 정리는 증명되었다.

　정리7　감정은 그것과 반대되고, 또 그 감정보다 더 강력한 감정에 의하지 않고는 억제되거나 제거될 수 없다.

　증명 : 감정이란 정신에 관한 한, 정신이 그로 인해 자기의 신체에 대해서 이전보다 더 크거나 혹은 더 작은 존재의 힘을 긍정하는 관념이다〔제3부의 끝에 있는 감정의 일반적 정의에 의해서〕. 그러므로 정신이 어떤 감정에 사로잡힐 경우 신체는 동시에 자기의 활동 능력을 증대시키든가, 감소시키는 변화를 받는다. 나아가 신체의 이러한 변화는 힘을 그 원인으로부터 받는다. 나아가 신체의 이러한 변화는〔제4부의 정리5에 의해서〕 자신의 존재에 존속

하려는 힘을 자신의 원인으로부터 받는다. 그러므로 이 변화는 그것과 반대의〔제3부 정리5에 의해〕 그리고 그것보다 강력한〔제4부의 공리에 의해서〕 변화를 신체에 일으키는 어떤 물체적 원인에 의존하지 않고서는〔제2부 정리6에 의해〕 억제할 수도, 제거할 수도 없다. 이와 같이 정신은〔제2부 정리12에 의해서는〕 이전보다 더 강력한 그리고 그것에 반대되는 어떤 변화의 관념에 자극될 것이다. 바꾸어 말하면〔감정의 일반적 정의에 의하면〕 정신은 이전의 감정보다 훨씬 강력하고 그것에 반대되는 어떤 감정에, 즉 이전의 감정의 존재를 배제 내지 제거하는 어떤 감정에 자극될 것이다. 이처럼 감정은 그것에 대립되고 그리고 그것보다 강력한 감정에 의하지 않고서는 제거되거나 억제될 수는 없다. 이리하여 이 정리는 증명되었다.

계 : 감정은 정신에 관한 한, 우리에게 일어나고 있는 신체적 변화와 대립하고 또한 그것보다도 강력한 어떤 변화의 관념에 의하지 않고서는 억제되거나 제거될 수 없다. 왜냐하면 우리를 지배하고 있는 감정은 그것보다 강력하고 또 그것에 반대되는 감정에 의하지 않고서는 억제되거나 제거될 수 없기 때문이다〔제4부 정리7에 의해〕. 바꾸어 말하면〔감정의 일반적 정의에 의해〕 우리들에게 일어나고 있는 신체적 변화보다도 강력하고 또 그것에 반대되는 어떤 변화의 관념에 의하지 않고서는 억제되거나 제거될 수는 없다.

정리8 선이나 악에 대한 인식은 우리들이 그것을 의식하고 있는 한에서 기쁨이나 슬픔의 감정에 지나지 않는다.

증명 : 우리는 우리의 존재 유지에 이바지하거나 방해되는 것〔제4부의 정의1과 2에 의해〕, 바꾸어 말하면〔제3부 정리7에 의해〕 우리의 활동 능력을 증대하거나 감소하며 촉진하거나 저해하는 것을 **선** 또는 **악**이라고 한다. 그러므로 어떤 것이 우리를 기쁘게 하거나 슬프게 하는 것을 아는 한, 그것을 선 또는 악이라고 한다〔기쁨과 슬픔의 정의에 의하여, 그리고 제3부 정리2의 주해에 있는 그 정의를 볼 것〕. 따라서 선과 악에 대한 인식은 기쁨이나 슬픔의 감정 자체에서 필연적으로 일어나는 기쁨 또는 슬픔의 관념에 지나지 않는다〔제2부 정리22에 의해〕. 그러나 이 관념은 정신이 신체에 결부되어 있는 것과 마찬가지로 감정에 결부되어 있다〔제2부 정리21에 의해〕. 바꾸어 말하면〔제2부 정리21의 주해에서 명시한 바와 같이〕 이러한 관념은 감

정 자체와 즉〔감정의 일반적 정의에 의해〕 신체적 변화의 관념과 단순한 개념에 의해 구별될 뿐이다. 그러므로 선과 악에 대한 인식은 우리들이 그것에 대해서 자각하고 있는 한, 감정 자체에 지나지 않는다. 이리하여 이 정리는 증명되었다.

정리9 감정의 원인이 현재 우리 앞에 있다고 상상〔표상〕한다면, 그것이 우리 앞에 없다고 상상할 경우보다 한층 더 강력하다.

증명 : 상상이란 정신이 그것을 가지고 사물을 눈앞에 있는 것처럼 생각하는 관념이다〔제2부 정리17의 주해에 있는 상상에 대한 정의를 볼 것〕. 그러나 이 관념은 외적인 사물의 본성보다는 오히려 인간신체의 상태를 나타낸다〔제2부 정리16의 계2에 의해〕. 그러므로 감정은〔감정의 일반적 정의에 의해〕 신체의 상태를 나타내는 상상이다. 그러나 이 상상은〔제2부 정리17에 의해〕 외적인 대상의 현실적 존재를 배제하는 것이 전연 상상되지 않는 동안에는 더 활발하다. 그러므로 만일 감정의 원인이 현재 우리의 눈앞에 있다고 상상하면, 그 원인이 눈앞에 없다고 상상할 때보다 더 활발하거나 강력할 것이다. 이리하여 이 정리는 증명되었다.

주해 : 내가 제3부 정리18에서 우리는 미래나 과거의 대상의 상상〔표상〕에 의해서 마치 우리들이 상상하는 것이 눈앞에 있는 경우와 같은 감정에 의해서 자극된다고 말했을 때, 그 대상 자체의 상상에 주목할 때만 그 주장이 진실이라는 것을 나는 특히 지적하였다. 왜냐하면 그 대상을 상상하든 안 하든 그 상상은 동일한 본성을 지니기 때문이다. 그러나 미래의 대상의 현실적 존재를 배제하는 다른 대상이 눈앞에 있는 것처럼 생각될 때에는 그 상상은 더욱 약화된다는 것을 나는 부정하지는 않는다. 이 점에 관해서 내가 그때 지적하지 않은 까닭은 감정의 힘에 관해서는 이 제4부에서 취급하려고 마음먹었기 때문이다.

계 : 미래나 과거의 대상에 대한 상상, 바꾸어 말하면 현재는 무시하고 미래나 과거의 시간에 관련시켜 생각하는 대상의 상상은 다른 조건이 같다면 현재의 대상의 상상보다 약하다. 따라서 미래나 과거의 것에 대한 감정은 다른 조건이 같다면 현재의 대상에 대한 감정보다 약하다.

정리10 우리는 곧 나타날 것이라고 상상하는 미래의 대상에 대해서는, 그 출현의 시기가 현재로부터 좀더 멀리 떨어져 있다고 상상하는 경우 훨씬 더 강하게 자극된다. 그리고 그다지 멀리 사라지지 않았다고 상상하는 대상의 기억은 그것이 이미 멀리 사라졌다고 상상하는 경우보다 한층 더 강하게 우리를 자극한다.

증명 : 우리들이 어떤 대상이 곧 출현할 것이다. 또는 그것이 사라진 지 얼마되지 않았다고 상상하는 한, 우리는 바로 그러한 상상에 의해서 그것이 미래에 출현할 시간이 현재로부터 훨씬 멀리 떨어져 있다든가 또는 그것이 훨씬 이전에 지나갔다고 상상하는 경우보다도 그 대상의 현존을 좀더 적게 배제하는 것을 상상한다〔그 자체로서 명백한 것처럼〕. 따라서〔제4부 정리9에 의해〕 우리는 그런 경우에 한해 그 대상에 대해서 더 강하게 자극될 것이다. 이리하여 이 정리는 증명되었다.

주해 : 제4부 정의6에 대해서 우리가 지적한 여러 가지로부터 다음과 같은 귀결이 나온다. 즉 우리의 상상으로는 결정할 수 없을 만큼 현재로부터 멀리 떨어져 있는 대상에 대해서는, 비록 그것들이 서로 시간적으로 멀리 떨어져 있다는 것을 인식하였다 하더라도 조금밖에 우리를 자극하지 않는다는 것이다.

정리11 우리들이 필연적이라고 상상하는 대상에 대한 감정은 다른 조건이 같다면 가능한 것 또는 우연적인 것, 즉 필연적인 것에 대한 감정보다 강하다.

증명 : 우리는 어떤 대상을 필연적이라고 상상하는 한 그 대상의 존재를 긍정하며, 반대로 어떤 대상을 필연적이 아니라고 상상하는 한 그 대상의 존재를 부정한다〔제1부 정리33의 주해에 의해〕. 따라서〔제4부 정리9에 의해〕 필연적인 대상에 대한 감정은 다른 조건들이 같다면, 필연적이 아닌 대상에 대한 감정보다 강하다. 이리하여 이 정리는 증명되었다.

정리12 현재 존재하지 않는 것을 알고 있으나 가능한 것이라고 상상하는 대상에 대한 감정은 다른 조건들이 같다면, 우연적인 대상에 대한 감정보다 강하다.

증명 : 우리가 어떤 대상을 우연적이라고 상상하는 한, 그 대상의 존재를

정립하는 다른 대상의 상상에 의해서 자극되지 않는다〔제4부 정의3에 의해〕. 반대로〔가정에 의해〕 그것이 눈앞에 존재하는 것을 배제하는 어떤 대상을 상상한다. 그러나 우리는 대상을 미래에 있어서 가능하다고 상상하는 한, 그 대상의 존재를 정립하는 어떤 사물을〔제4부 정의4에 의해〕, 바꾸어 말하면〔제3부 정리18에 의해〕 희망이나 공포를 조성하는 어떤 사물을 상상한다. 따라서 가능한 대상에 대한 감정의 힘이 더 강하다. 이리하여 이 정리는 증명되었다.

계 : 현재에 존재하지 않는다는 것을 우리가 알고 있고 또 우연적인 것이라고 상상하는 대상에 대한 감정은, 우리가 그 대상을 현재 우리 앞에 존재한다고 상상하는 경우보다 훨씬 약하다.

증명 : 현재 존재한다고 우리가 상상하는 사물에 대한 감정은 우리가 그 사물을 미래적인 것으로 상상할 때보다도 강하고〔제4부의 정리9의 계에 의해〕, 또한 우리가 그 미래의 시간을 현재에서 훨씬 멀리 떨어져 있다고 상상하는 경우보다도 한층 더 강하다〔제4부의 정리10에 의해〕. 이처럼 그 존재 시간이 현재에서 멀리 떨어져 있다고 우리가 상상하는 사물에 대한 감정은 우리가 그 사물을 현재적인 것으로 상상하는 경우보다 훨씬 약하지만, 그럼에도 불구하고 그 감정은〔앞의 정리에 의해〕 우리가 그 사물을 우연적인 것으로 상상하는 경우보다 더 강하다. 따라서 우연적인 사물에 대한 감정은 우리가 그 사물을 현재 우리 앞에 존재한다고 상상하는 경우보다 훨씬 더 약하다. 이리하여 이 정리는 증명되었다.

정리13 현재 존재하지 않는 것으로 알고 있는 우연적인 것에 대한 감정은, 그 밖의 다른 조건이 같다면 과거의 것에 대한 감정보다는 약하다.

증명 : 우리가 사물을 우연적인 것이라고 상상하는 한〔이 부의 정의3에 의해서〕, 그것의 존재를 정립하는 다른 것의 상(像)에 의하여서도 움직이지 않고, 오히려 반대로〔가정(假定)에 의해〕 그 사물이 현재 존재하는 것을 배제하는 어떤 사물을 상상한다. 그러나 그것을 과거의 시점과 관계지어 상상하는 한〔제2부 정리18과 그 주해를 볼 것〕 그것에 대한 기억을 되살리고, 그 상(像)을 환기하는 어떤 사물을 상상하고 있는 것으로 상정한다. 따라서 이러한 한 우리는〔제2부 정리17에 의해〕, 그 사물을 마치 현재적인 것처럼 생

각하게 된다. 따라서 현재 존재하지 않는 것으로 아는 우연적인 것에 대한 감정은 다른 조건이 같다면, 과거의 것에 대한 감정보다 약할 것이다. 이리하여 이 정리는 증명되었다.

정리14 선과 악에 대한 참된 인식은, 그것이 참이라는 것만으로는 어떠한 감정도 억제할 수 없다. 다만 그것이 감정이라고 생각되는 한 감정을 억제할 수 있다.

증명 : 감정이란 정신이 그것에 의하여 자기 신체의 존재력에 대해 이전보다 크게 또는 이전보다 작게 긍정하는 관념이다〔감정의 일반적 정의에 의해〕. 그러므로〔제4부 정리1에 의해〕감정에는 참된 것의 출현에 의하여 제거될 수 있는 어떠한 적극적인 것도 없다. 따라서 선과 악의 참된 인식은 그것이 참이라는 것만으로는 어떠한 감정도 억제할 수 없다. 그러나 그 인식이 감정인 이상〔제4부 정리8을 볼 것〕, 그리고 그 감정이 억제되어야 할 감정보다 더 강력하다면〔제4부의 정리7에 의해〕감정을 억제할 수 있을 것이다. 이리하여 이 정리는 증명되었다.

정리15 선과 악의 참된 인식에서 일어나는 욕망은, 우리를 동요케 하는 감정에서 기인하는 다른 여러 가지 욕망에 의해서 압도되거나 억제될 수 있다.

증명 : 선과 악의 참된 인식이 감정인 이상〔제4부 정리8에 의해〕그것으로부터 필연적으로 욕망이 발생한다〔감정의 정의1에 의해〕. 이 욕망은 그것을 만들어 내는 감정이 좀더 커짐에 따라 그만큼 커진다〔제3부 정리37에 의해〕. 그러나 이 욕망은〔가정에 의해〕우리가 어떤 사물을 참으로 인식하는 데서 일어나기 때문에, 그것은 우리가 활동을 하는 한 우리들 안에서 일어난다〔제3부 정리3에 의해〕. 그러므로 그것은 우리들의 본질에 의해서만 이해되어야 한다〔제3부 정의2에 의해〕. 따라서〔제3부 정리7에 의해〕그 욕망의 힘과 증대는, 오직 인간의 능력에 의해서만 규정되어야 한다. 다음에 우리들이 동요되는 감정으로부터 우러나는 욕망도 그 감정이 강렬하면 할수록 그만큼 증대한다. 그런데 욕망의 힘과 증대는〔제4부 정리5에 의해〕외적 원인의 힘에 의하여 규정되어야 한다. 이 외적 원인의 힘은 우리의 능력에 비교한다면 무한히 그것을 능가한다〔제4부 정리3에 의해〕. 그러므로 이러한 감

정에서 발생하는 욕망은 선과 악의 참된 인식에서 일어나는 욕망보다 강렬할 수 있으며, 따라서〔제4부 정리7에 의해〕그것을 억제하고 압도할 수 있을 것이다. 이리하여 이 정리는 증명되었다.

정리16 선과 악의 인식이 미래에 관계되는 한, 그 인식에서 일어나는 욕망은 현재에 있어서는 쾌적한 것에 대한 욕망에 의해서 훨씬 더 쉽게 억제되거나 압도될 수 있다.

증명 : 우리가 미래의 것이라고 상상하는 대상에 대한 감정은 현재의 것에 대한 감정보다 약하다〔제4부 정리9의 계에 의해서〕. 그러나 선과 악에 대한 참된 인식에서 생겨나는 욕망은, 비록 그 인식이 현재로는 선한 것에 관한 경우라 할지라도 어떤 격렬한 욕망에 의해서 압도되거나 억제될 수 있다〔제4부 정리15에 의해서, 그 증명은 보편적이다〕. 그러므로 이러한 인식이 미래에 관계되는 한 그 인식에서 생겨나는 욕망은 현재에 있어 쾌적함을 주는 것에 대한 욕망에 의해 한층 쉽게 억제되거나 압도될 수 있을 것이다. 이리하여 이 정리는 증명되었다.

정리17 선과 악의 참된 인식에서 생겨나는 욕망은 그 인식이 우연적인 것에 관계되는 한, 눈앞에 있는 대상에 대한 욕망에 의해서 더 쉽게 억제될 수 있다.

증명 : 이 정리는 앞의 정리와 같은 방법으로 제4부의 정리12의 계로부터 증명된다.

주해 : 이로써 나는 왜 인간이 참된 이성에 의해서보다 도리어 의견(opinion)에 의해서 움직이는가. 그리고 왜 선과 악의 참된 인식이 마음의 동요를 일으키며 빈번히 여러 가지 종류의 육욕에 사로잡히는가의 원인을 설명하였다고 생각한다. 여기에서 저 시인의 말이 나왔다. "나는 좀더 좋은 것을 보고 그것을 인정하면서도 좀더 나쁜 것을 따른다(Video meliora proboque, deteriora sequor)."[*1] 전도자 솔로몬이 "지식을 늘리는 자는 근심을 늘린다(He that increaseth knowledge increaseth sorrow)"[*2]고 한 말도 같은 생각을 나타내고 있다.

그러나 내가 이런 말을 하는 것은 그러므로 무지(無知)가 지(知)보다 낫다든가 감정의 지배에 있어서 어리석은 자와 식자(識者) 사이에 아무런 차이가 없다는 결론을 내려는 것은 아니다. 오히려 이성이 감정을 지배함에 있어서 무엇을 할 수 있으며 또 무엇을 할 수 없는가를 결정할 수 있으려면 우리의 본성의 능력과 함께 그 무능력도 알아두는 것이 필요하기 때문이다. 그리고 나는 이 제4부에서는 오직 인간의 무능력만을 살필 것이라고 말한 적이 있다. 왜냐하면 감정에 대한 이성의 능력에 관해서는 따로 논할 예정이기 때문이다.

정리18 기쁨에서 생기는 욕망은 다른 조건들이 같다면, 슬픔에서 생기는 욕망보다 강력하다.

증명 : 욕망은 인간의 본질 자체이다[감정의 정의1에 의해]. 바꾸어 말하면 그것은[제3부 정리7에 의해서] 인간이 자신의 존재를 유지하려는 노력이다. 그러므로 기쁨에서 일어나는 욕망은 기쁨의 감정 자체에 의해서 촉진되거나 증대된다[제3부 정리11의 주해에 있는 기쁨의 정의에 의해]. 한편 슬픔에서 일어나는 욕망은 슬픔의 감정 자체에 의하여 감소되거나 억제된다[같은 주해에 의해]. 따라서 기쁨에서 일어나는 욕망의 힘은 인간의 능력과 동시에 외적 원인의 힘에 의하여 규정되며, 이에 반해서 슬픔에서 일어나는 욕망의 힘은 인간의 능력에 의해서만 규정되어야 한다. 그러므로 전자는 후자보다 강력하다. 이리하여 이 정리는 증명되었다.

주해 : 이와 같이 나는 인간의 무능력과 무상함의 원인, 그리고 인간이 이성의 명령에 따르지 않는 원인을 간단히 설명하였다. 이제 남은 것은 이성이 우리들에게 무엇을 명령하는가, 그리고 어떠한 감정이 인간이성의 규칙과 일치하며, 어떠한 감정이 인간이성의 규칙에 반대되는가를 보여 주는 일이다. 그러나 이것을 자세하게 우리의 기하학적 질서에 따라 증명하기 전에, 나는 이성의 명령 자체를 여기에 미리 간단하게 밝힘으로써 나의 생각을 누구나 쉽게 이해할 수 있게 하고자 한다.

이성은 자연에 대립되는 것은 아무것도 요구하지 않기 때문에, 이성은 각자가 자기 자신을 사랑하는 것, 자기의 이익, 자기의 참된 이익을 추구하는 것, 그리고 인간을 좀더 큰 완전성으로 참되게 이끌어 가는 모든 것을 욕구하는 것, 일반적으로 말해서 각자가 전력을 다해서 자기의 존재를 있는 힘껏 보존하도록 노력할 것을 요구한다. 이것은 전체가 그 부분보다 큰 것과 마찬가지로 필연적으로 참이다〔제3부 정리4를 볼 것〕.

다음에 덕은〔제4부 정의8에 의해〕 자기 고유의 본성적인 법칙에 따라서 행동하는 것 이외의 아무것도 아니며, 그리고 각자는 자기에게 고유한 본성의 법칙에 따라서만 자기의 존재를 보존하려고 노력하므로〔제3부 정리7에 의해〕, 이것으로부터 다음과 같은 결론이 나온다.

첫째로 덕의 기초는 자기 고유의 존재를 보존하려는 노력 자체이며, 행복은 인간이 자기의 존재를 보존할 수 있는 데에 있다.

둘째로 덕은 그 자체를 위하여 추구되어야 할 것이며, 덕보다 가치 있는 것, 덕보다 우리들에게 유익한 것, 그것 때문에 덕이 추구되어야 하는 것은 결코 존재하지 않는다.

셋째로 자살하는 사람들은 무력한 정신 소유자이며 자기의 본성과 모순되는 외적 원인에 전적으로 정복당하는 사람이다.

또한 제2부 공준4에서 알 수 있듯이 우리들은 자기 존재를 보존하기 위해서 외부에 있는 무엇도 필요로 하지 않는다고 할 수는 없으며, 또 외부에 있는 사물과 아무런 교섭도 없이 살 수는 없다. 또 우리의 정신을 고찰해 본다면, 만약에 정신이 고립되어 있어 자기 자신 이외의 것은 아무것도 인식하지 않는다면 우리의 지성은 좀더 불완전한 것이 되었을 것이다. 그러므로 우리의 외부에는 우리에게 유익한 것, 우리들이 추구해야 할 것이 많이 있는 셈이다. 그 가운데서 우리의 본성에 전적으로 일치되는 것만큼 가치 있는 것은 생각해 낼 수 없다. 왜냐하면 예컨대 전적으로 본성이 같은 두 개의 개체가 서로 결합한다면, 단독 개체보다 두 배의 능력을 가진 하나의 개체가 구성되기 때문이다.

그러므로 인간에게는 인간만큼 유익한 것은 없다. 나는 인간이 자기 존재를 유지하기 위해서는 모든 인간이 모든 점에 있어서 일치하는 것, 즉 모든 인간의 정신과 신체가 하나가 되어서 마치 하나의 정신, 하나의 신체를 구성하여 모든 사람이 다함께 가능한 한, 자신의 존재를 보존하려고 노력하고, 모든 사람이 다함께 모두의 공통된 이익을 추구하는 일, 그러한 일 이상으로 가치 있는 아무것도 바랄 수 없다.

이 결론으로서 이성에 지배되는 인간, 바꾸어 말하면 이성의 지도에 따라서 자기의 이익을 추구하는 인간은 다른 사람들을 위해서도 원하지 않는 어떠한 것도 자기를 위해서 원하지 않으며, 따라서 그들은 공평하고 성실하며 단정한 인간이라고 할 수 있다.

이상은 내가 좀 더 상세한 기하학적 질서에 따라 증명을 시작하기 전에 여기에 간단히 제시하려고 한 이성의 명령이다. 내가 이것을 여기에 제시한 이유는 '각자는 자기의 이익을 추구해야 한다'는 이 원리가 덕과 도의의 기초가 아니라 부도덕의 기초라고 믿는 사람들의 주의를 될 수 있는 대로 나에게 집중시키기 위해서이다. 이제 나는 사태가 이와는 반대라는 것을 간단하게 제시하였으므로, 계속해서 이것을 지금까지 해 온 것과 같은 방법으로 증명해 가기로 한다.

정리19 각자는 자기가 선 또는 악이라고 판단하는 것을 자기의 본성의 법칙에 따라 필연적으로 욕구하고 또는 기피한다.

증명 : 선과 악에 관한 인식은〔제4부 정리8에 의해〕 우리가 의식하는 한 기쁨 또는 슬픔의 감정 자체이다. 따라서〔제3부 정리28에 의해서〕 각자는 선이라고 판단하는 것을 필연적으로 욕구하고 반대로 악이라고 판단되는 것을 필연적으로 기피한다. 그러나 이러한 충동〔욕구〕은 인간의 본질 내지 본성 자체에 지나지 않는다〔충동의 정의에 의하여. 그것에 대해서는 제3부 정리9의 주해와 감정의 정의1을 볼 것〕. 그러므로 각자는 자기 본성의 법칙에서만 필연적으로 자신이 선 또는 악이라고 판단하는 것을 욕구하거나 기피한다. 이리하여 이 정리는 증명되었다.

정리20 각자는 자기의 이익을 추구하면 할수록, 바꾸어 말하면 자신의 존재를 보존하기 위해 많이 노력하고 많이 그것을 달성할수록 그만큼 유덕하다. 반대로 각자는 자기의 이익을, 바꾸어 말하면 자기의 존재를 유지하는 일을 등한히 하는 한 무력하다.

증명 : 덕이란 인간의 능력 자체이며, 인간의 본질에 지나지 않는다〔제4부의 정의8에 의해〕. 즉 그것은 인간이 자신의 존재를 유지하려고 하는 노력에 의해서만 규정된다〔제3부 정리7에 의해〕. 그러므로 각자는 자기의 존재를 보존하려고 노력하고, 또한 그것이 가능하면 할수록 그만큼 유덕하다. 따라

서〔제3부 정리4와 6에 의해〕 사람은 자신의 존재를 보존하는 일을 등한히 하는 한 무력하다. 이리하여 이 정리는 증명되었다.

　주해 : 그러므로 자기의 본성에 대립되는 외부 원인에 의해서 강제되지 않는다면 자기의 이익추구 내지 자신의 존재의 보존을 포기하는 자는 없다. 나는 말한다. 자기 본성의 필연성에서 음식을 거부하거나 자살하는 사람은 없다. 그렇게 하는 것은 외부 원인에 의해 강요되었을 때이다. 자살에는 여러 가지 방법이 있을 수 있다. 예컨대 어떤 사람은 우연히 칼을 잡고 있는 손을 타인이 비틀어 자신의 심장에 그 칼이 향하도록 강제됨으로써 자살한다. 혹은 세네카처럼 폭군의 명령에 의해 자신의 혈관을 끊도록 강제되어서, 즉 보다 큰 화(禍)를 보다 적은 화로써 피하고 싶어서 자살한다. 마지막으로 숨은 외적 원인이 그의 상상력을 혼란시켜 그의 신체를 변화시킴으로써, 그 신체가 전과는 반대의 다른 본성을 가지게 되어〔제3부 정리10에 의해〕 그것의 관념이 정신 안에 존재할 수 없는 본성을 지니도록 강제됨으로서 자살한다. 이에 반해 인간이 자기 본성의 필연성에 의해서 자기가 존재하지 않도록 노력하거나, 다른 형상으로 변하도록 노력하는 것은 무(無)에서 유(有)가 생겨나는 것과 마찬가지로 불가능하다. 이것은 누구나 조금만 생각해 보면 알 수 있는 일이다.

　정리21　어느 누구도 생존하고 행동하고 생활하는 것, 바꾸어 말하면 현실에 존재하는 것을 바라지 않고는 행복하게 살고 선하게 행동하고 선하게 생활하는 것을 바랄 수 없다.

　증명 : 이 정리의 증명, 혹은 이 정리의 내용 자체는 그 자체로서 명백하며, 또 욕망의 정의에서 보아도 명백하다. 왜냐하면 행복하게 또는 선하게 생활하고 행동하려는 욕망은〔감정의 정의1에 의해〕인간의 본질 자체, 바꾸어 말하면〔제3부 정리7에 의해〕각자가 자기의 존재를 보존하려고 하는 노력 자체이기 때문이다. 그러므로 어느 누구도 생존하고 행동하고―. 이리하여 이 정리는 증명되었다.

　정리22　어떤 덕도 이것〔즉 자기 보존 노력〕보다 우선해서 생각할 수는 없다.

증명 : 자기 자신을 보존하려는 노력은 사물의 본성 자체이다〔제3부 정리7에 의해〕. 따라서 만일 어떠한 덕이 이것, 즉 이러한 노력보다 우선적으로 생각될 수 있다면, 그 결과〔제4부의 정의8에 의해〕 사물의 본질이 그 본질 자신보다도 우선해서 생각될 것이다. 이것은 〔그 자체가 명백한 것처럼〕 부당하다. 그러므로 어떠한 덕도—. 이리하여 이 정리는 증명되었다.

계 : 자기 자신을 보존하려는 노력은 덕의 으뜸이자 유일한 기초이다. 왜냐하면 이 원리보다 우선하는 다른 어떠한 원리도 생각할 수 없으며〔제4부 정리22에 의해〕 그리고 이 원리 없이는〔제4부 정리21에 의해〕 어떠한 덕도 생각할 수 없기 때문이다.

정리23 인간이 타당치 못한 관념을 가짐으로써 어떤 행동이 결정되는 한, 그 사람은 절대로 덕에 따라 행동한다고는 할 수 없다. 그가 인식〔타당한 인식〕함으로써 행동이 결정될 때에만 그렇게 말할 수 있다.*3

증명 : 인간이 타당치 못한 관념을 가짐으로써 행동이 결정되는 한, 그는 작용을 받는다〔제3부 정리1에 의해〕. 바꾸어 말하면 자기의 본질만으로는 지각할 수 없는 어떤 일〔제3부 정의 1과 2에 의해〕, 곧〔제4부의 정의8에 의해〕 자기의 덕으로부터 이끌어 낼 수 없는 어떤 일을 한다. 그러나 그의 행동이 인식〔타당한 인식〕에 의해서 결정되는 한, 그는 작용을 한다〔제3부 정리1에 의해〕. 바꾸어 말하면 그는〔제3부 정의2에 의해〕 자신의 본질만으로 지각할 수 있는 것, 또는〔제4부 정의8에 의해〕 자기의 덕에서 생기는 타당한 어떤 것을 행한다. 이리하여 이 정리는 증명되었다.

정리24 참으로 덕에 따라서 행동하는 것은 이성의 지도에 따라 행동하고, 생활하며, 자기의 존재를 보존하는 일〔이 세 가지는 같은 것을 의미한다〕, 그리고 그것을 자신의 이익을 추구하는 원리에 따라서 하는 것에 지나지 않는다.

증명 : 참으로 덕에 따라서 행동한다는 것은 자기 고유의 본성의 법칙에 따라서 행동하는 것일 뿐이다〔제4부 정의8에 의해〕. 그러나 우리는 인식〔타당한 인식〕하는 한에서만 작용을 한다〔제3부 정리3에 의해〕. 그러므로 덕에 따라서 행동한다는 것은 우리에게 있어서는, 이성의 지도에 따라서 행동하

고, 생활하며, 자기의 존재를 보존하는 일, 그리고 그것을〔제4부의 정리22의 계에 의해〕자기 이익을 추구하는 원리에 따라서 하는 것에 지나지 않는다. 이리하여 이 정리는 증명되었다.

정리25　어느 누구도 남을 위해 자기 존재를 보존하려고 애쓰지는 않는다.
　　증명 : 어떤 대상이 자기 존재를 유지하려고 애쓰는 노력은 단지 그 대상 자체의 본질에 의해서 규정된다〔제3부 정리7에 의해〕. 이 본질이 주어지는 것만으로 각자가 자기 존재를 유지하려고 노력하는 것이 필연적으로 일어나며〔제3부 정리6에 의해〕—그것은 다른 대상의 본질에 촉발되어 일어나는 것은 아니다—또한 이 정리는 제4부의 정리22의 계로부터도 명백하다. 왜냐하면 만일 인간이 다른 대상을 위해 자기의 존재를 보존하려고 노력한다면, 그 다른 대상이야말로 덕의 첫째가는 기초가 될 것이다〔그 자체로서 명백한 것처럼〕. 이것은〔지금 인용한 계에 의해〕부당하다. 그러므로 타자를 위해서 자기 존재의 보존에 노력하는 사람은 아무도 없다. 이리하여 이 정리는 증명되었다.

정리26　우리들이 이성에 따라 추구하는 모든 노력은 인식하는 일 뿐이다. 그리고 정신은 이성을 사용하는 한, 인식에 도움이 되는 것 말고는 자기에게 유익하다고 판단하지 않는다.
　　증명 : 자기 자신을 보존하려는 노력은 대상 자체의 본질일 뿐이다〔제3부 정리7에 의해〕. 그리고 대상은 이와 같은 것으로 존재하는 한, 존재를 계속하려는 힘〔제3부 정리6에 의해〕과 그 주어진 본성에서 필연적으로 발생하는 것을 행하는 힘을 가지고 있다고 생각된다〔제3부 정리9의 주해에 있는 욕구의 정의를 볼 것〕. 그런데 이성의 본질은 정신이 명료하고 판명한 인식을 하는 한, 우리의 정신에 지나지 않는다〔제2부 정리40의 주해2에 있는 그 정의를 볼 것〕. 그러므로〔제2부 정리40에 의해〕우리들이 이성에 따라서 노력하는 것은 모두 인식을 위한 노력일 뿐이다. 다음으로 이성적인 사유를 하는 한, 정신이 자기의 존재를 유지하려고 애쓰는 이 노력은 인식하려는 노력일 뿐이므로〔이 증명의 처음 부분에 의해〕이러한 인식의 노력은〔제4부의 정리22의 계에 의해〕덕의 첫째요, 유일한 기초이다. 그리고〔제4부의 정리25에

의해〕 우리는 어떤 다른 목적을 위해서 사물을 인식하려고 노력하지는 않는다. 오히려 반대로 정신은 이성적으로 사유하는 한, 인식에 도움이 되는 것만을 자기에게 선하다고 생각할 수 있다〔제4부 정의1에 의해〕. 이리하여 이 정리는 증명되었다.

정리27 우리는 인식에 실제로 도움이 되는 것만이 선이며, 인식을 방해할 수 있는 것만이 악임을 확실히 안다.

증명: 정신은 이성적으로 사유하는 한 인식 이외의 것을 추구하지 않으며, 인식에 도움이 되는 것 이외는 자기에게 유익하다고 판단하지 않는다〔제4부 정리26에 의해〕. 그러나 정신은 타당한 관념을 가지고 있는 한, 바꾸어 말하면〔제2부 정리40의 주해에 의하여 같은 것이지만〕 이성적으로 사유하는 한 사물에 관해서 확실성을 가질 수 있다〔제2부 정리41 및 43에 의하여. 또한 후자의 주해도 볼 것〕. 그러므로 우리는 인식에 실제로 도움이 되는 것만이 선이며, 또 반대로 인식을 방해할 수 있는 것만이 악임을 확실히 안다. 이리하여 이 정리는 증명되었다.

정리28 정신의 최고선은 신의 인식이며, 정신의 최고의 덕은 신을 인식하는 것이다.

증명: 정신이 인식할 수 있는 최고의 선은 신, 바꾸어 말하면 그것 없이는 아무것도 존재할 수 없으며 생각할 수도 없는〔제1부 정리15에 의해〕 절대적으로 무한한 존재자이다〔제1부 정의6에 의해〕. 따라서〔제4부 정리26 및 27에 의해〕 정신의 최고 이익 즉〔제4부 정의1에 의해〕 최고의 선은 신의 인식이다. 그리고 정신은 인식하는 한, 작용을 하며〔제3부 정리1과 3에 의해〕, 또 정신은 본디 그때에만 〔제4부의 정리23에 의해〕 덕에 따라서 활동한다고 할 수 있다. 그러므로 정신의 완전한 덕은*⁴ 인식하는 데 있다. 그런데 정신이 인식할 수 있는 최고의 것은〔우리가 지금 증명한 것처럼〕 신이다. 그러므로 정신의 최고의 덕은 신을 인식하는 것 또는 신을 아는 것이다.*⁵ 이리하여 이 정리는 증명되었다.

정리29 그 본성이 우리의 본성과 전연 다른 개체〔개물〕는 우리의 활동 능력을 촉진하거나 억제할 수 없다. 그리고 일반적으로 어떠한 사물도, 만일 그것이 우리들과 어떤 공통점을 가지고 있지 않다면 우리에게 선이나 악이 될 수 없다.

증명 : 모든 개체의 능력, 따라서〔제2부 정리10의 계에 의해〕인간이 존재하고 작용하는 능력 역시 다른 개체에 의해서만 결정된다〔제1부 정리28에 의해〕. 그러나 그 개체의 본성은 인간의 본성이 파악되는 것과 동일한 속성에 의하여 파악되어야 한다〔제2부 정리6에 의해〕. 그러므로 우리의 활동 능력은 그것을 어떻게 이해하든, 우리들과 어떤 공통점을 가진 다른 개체의 능력에 의하여 결정되며, 따라서 촉진되거나 억제될 수 있으며, 그 본성이 우리의 본성과 전연 다른 대상의 능력에 의해서는 촉진되거나 억제될 수 없다. 다음으로 선 또는 악이라고 하는 것은 기쁨 또는 슬픔의 원인이 되는 것〔제4부의 정리8에 의해〕, 바꾸어 말해서〔제3부 정리11의 주해에 의해서〕우리의 활동 능력을 증대 또는 감소시키고 촉진 또는 저해하는 것이기 때문에, 그 본성이 우리의 본성과 전연 다른 대상은 우리에게는 선이나 악이 될 수 없다. 이리하여 이 정리는 증명되었다.

정리30 어떠한 사물도 그것이 우리의 본성과 공통적으로 가지는 것으로 인하여 악이 될 수는 없다. 그러나 그것이 우리에게 악이 되는 경우 그것은 우리와 대립한다.

증명 : 우리가 악이라고 부르는 것은 슬픔의 원인이 되는 것〔제4부의 정리8에 의해〕, 바꾸어 말하면 우리의 활동 능력을 감소 내지 저해하는 것〔제3부 정리11의 주해에 있는 슬픔에 관한 정의에 의해〕이다. 그러므로 만일 어떤 대상이 우리들과 공통으로 가지고 있는 것에 의해 우리들에게 악이라고 한다면, 그것은 우리들과 공통으로 가지고 있는 것을 감소 내지 저해할 수 있을 것이다. 그러나 이것은〔제3부 정리4에 의해〕부당하다. 그러므로 어떠한 사물도 그것이 우리들과 공통으로 소유함으로써 우리들에게 악이 될 수는 없다. 도리어 반대로 그것이 악인 이상 바꾸어 말하면〔우리가 지금 설명한 바와 같이〕그것이 우리의 활동 능력을 감소 내지 저해할 수 있는 한, 그것만으로〔제3부 정리5에 의해〕우리들에게 대립적인 것이다. 이리하여 이 정리는 증명되었다.

정리31 어떤 대상이 우리의 본성과 일치하는 한, 그것은 필연적으로 선이다.

증명 : 왜냐하면 어떤 대상이 우리의 본성에 일치하는 한에서 그것은 악일 수 없기 때문이다〔제4부 정리30에 의해〕. 그러므로 그것은 필연적으로 선이든가 그렇지 않으면 선과 악 어느 쪽에도 속하지 않는 중간물일 것이다. 만약에 그것이 선도 아니요, 악도 아니라면〔제4부의 공리3에 의해〕 그 사물의 본성에서 우리의 본성을 유지하는 데 도움이 되는 것, 바꾸어 말하면〔가정에 의해〕 그 사물 자체의 본성을 유지하는 데 도움이 되는 아무것도 나타나지 않을 것이다. 그러나 이것은〔제3부 정리6에 의해〕 부조리하다. 그러므로 대상이 우리의 본성에 일치하는 한에서 필연적으로 그것은 선일 것이다. 이리하여 이 정리는 증명되었다.

계 : 이상으로부터 다음과 같은 결론이 나온다. 곧 사물은 우리의 본성에 더 많이 일치하면 할수록 그만큼 우리들에게 유익하든가 선하며, 반대로 사물은 우리에게 유익하면 할수록 그만큼 우리의 본성에 일치하는 것이 된다. 왜냐하면 사물은 우리의 본성에 일치하지 않는 한 필연적으로 우리의 본성과 다르든가 또는 대립적이기 때문이다. 만일 우리의 본성과 다르다면 그것은〔제4부의 정리29에 의해〕 선일 수도 악일 수도 없다. 그러나 만일 대립적이라고 한다면, 그것은 우리의 본성에 일치되는 것과도 대립적이며, 바꾸어 말하면〔제4부 정리31에 의해〕 선에 대립적이며, 곧 악일 것이다. 그러므로 우리의 본성에 일치하지 않는 것은 어떠한 것도 선일 수 없다. 따라서 사물은 우리의 본성과 더 많이 일치할수록 그만큼 유익하다. 그리고 그 반대도 참이다. 이리하여 이 정리는 증명되었다.

정리32 인간은 격정〔열정〕에 지배되는 한 본성에 있어 일치한다고 말할 수 없다.

증명 : 사물이 본성에 있어 일치한다고 말할 때, 그것은 능력에 있어서 일치한다는 뜻이며〔제3부 정리7에 의하면〕 무능력 또는 부정이라는 점에서, 따라서 격정에 있어서 일치함을 뜻하는 것은 아니다〔제3부 정리3의 주해〕. 그러므로 인간은 격정에 지배되는 한 본성에 있어 일치한다고는 말할 수는 없다. 이리하여 이 정리는 증명되었다.

주해 : 이 정리는 자명하다. 왜냐하면 흰색과 검은색은 양자가 다 붉은색이 아니라는 점에서만 일치한다고 주장하는 사람은, 흰색과 검은색은 어떠한 경우에도 결코 일치하지 않는다는 것을 긍정하는 사람이다. 마찬가지로 돌과 인간이 일치한다고 주장하는 사람은 양자 모두 유한하고 무력하다는 점, 혹은 양자가 다같이 자기 본성의 필연성에 의해서 존재하지 않거나, 혹은 양자가 다같이 외적 원인의 힘에 의해서 무한히 능가된다는 것만을 근거로 하고 있다면, 모든 점에서 돌과 인간은 전연 일치하지 않음을 긍정하는 사람이다. 왜냐하면 부정적 측면에서만, 즉 그들이 가지고 있지 않은 측면에서만 일치하는 것은 실제로는 어떠한 점에 있어서도 일치하지 않기 때문이다.

정리33 인간은 격정〔열정〕이라는 감정에 동요되는 한 본성에 있어서 서로 다를 수 있으며, 그러한 동일한 인간도 격정에 의하여 동요되는 한 가변적이며 불안정하다.

증명 : 감정의 본성 내지 본질은, 우리의 본질 내지 본성만으로는 설명할 수 없다〔제3부 정의1과 2에 의해〕. 오히려 그것은 우리의 능력과 비교된 외적 원인의 힘, 바꾸어 말하면〔제3부 정리7에 의해〕 외적 원인의 본성에 의하여 규정되어야 한다. 이것에서 다음과 같은 결론이 나온다. 모든 감정에는 우리를 자극하는 대상의 종류만큼 많은 종류가 있으며〔제3부 정리56〕, 그리고 인간은 동일한 대상에 의해 다른 방식으로 자극되며〔제3부 정리51〕, 그러한 경우 본성에 있어 서로 다르고, 마지막으로 동일한 인간이 동일한 대상에 대해서 다른 방식으로 자극되며〔제3부 정리51〕 그러한 경우 가변적이며 불안정하다. 이리하여 이 정리는 증명되었다.

정리34 인간은 격정이라는 감정에 의해서 동요되는 한, 서로 대립될 수 있다.

증명 : 어떤 인간 예컨대 베드로는 바울로가 슬퍼하는 원인일 수 있다. 왜냐하면 베드로가 바울로가 미워하는 점과 어떤 유사점을 가지고 있든가〔제3부 정리16에 의해〕, 또는 바울로 자신도 사랑하는 것을 베드로가 독점하고 있든가〔제3부 정리32 및 그 주해〕, 혹은 기타 여러 가지 원인〔그 주요한 것은 제3부 정리55의 주해에서 이미 설명하였음〕 때문이다. 그 결과〔감정의 정의7에

의해〕바울로는 베드로를 미워하게 되며 따라서 쉽사리〔제3부 정리40과 그 주해에 의해〕베드로도 바울로를 미워하게 되고, 나아가서〔제3부 정리39에 의해〕양자가 서로 해를 끼치려고 노력하게 된다. 바꾸어 말하면〔제4부의 정리30에 의해〕양자가 서로 대립하게 된다. 그러나 슬픔의 감정은 언제나 격정이다〔제3부 정리59에 의해〕. 그러므로 인간은 격정이라는 감정에 의해 동요되는 한 서로 적대적일 수 있다. 이와 같이 해서 이 정리는 증명되었다.

　주해 : 바울로가 베드로를 미워하는 것은, 바울로 자신이 사랑하는 것을 베드로도 가지고 있다고 상상하기 때문이라고 나는 말하였다. 이것으로부터 언뜻 다음과 같은 결론이 도출된다. 이 양자는 동일한 것을 사랑하고 있다는 데 따라서 본성에 있어 일치하고 있으므로, 서로 해를 끼치는 것이 된다. 그리고 이것이 참이라면, 제4부의 정리30과 31은 거짓이 될 것이다. 그러나 사태를 공평하게 검토한다면, 이들 모두가 전적으로 조화를 이루는 것을 우리는 알게 될 것이다. 왜냐하면 이 양자는 본성에 있어 일치하는 한, 바꾸어 말하면 양자가 저마다 동일한 것을 사랑하는 한 서로에게 불쾌함의 씨앗이 되는 것이 아니라, 두 사람이 서로 다르다는 것이 불쾌의 씨앗이 되기 때문이다. 왜냐하면 양자가 동일한 것을 사랑하는 한, 바로 그것 때문에 양자의 사랑은 더욱더 강화되기 때문이다〔제3부 정리31에 의해〕. 바꾸어 말하면〔감정의 정의6에 의해〕바로 그 때문에 양자의 기쁨은 더욱더 강화되기 때문이다. 그러므로 양자가 동일한 것을 사랑하고 나아가 본성에 있어 일치하는 한, 서로에게 불쾌의 씨앗이 되는 일은 결코 없기 때문이다. 오히려 이러한 원인은 지금 설명한 것처럼 양자가 본성에 있어 서로 다르다는 것을 가정했기 때문일 뿐이다. 왜냐하면 베드로는 그가 사랑하는 것을 현실적으로 소유했다는 관념을 가지고 있고, 반대로 바울로는 그가 사랑하는 것을 현실적으로 상실했다는 관념을 가지고 있다고 우리는 가정하기 때문이다. 그러므로 바울로는 슬퍼하고 반대로 베드로는 기쁨에 자극되며, 그 경우 그들은 서로 대립한다. 그리고 이러한 방법으로 우리는 미움을 일으키는 다른 여러 원인들도, 인간이 본성에 있어 서로 다르다는 것에만 그 원인이 있으며 그들의 일치하는 점에서 유래하지 않는다는 것을 쉽사리 증명할 수 있다.

　정리35　인간은 이성의 지도에 따라서 생활하는 한, 본성에 있어서 언제나 필연적으로 일치한다.

증명 : 인간은 격정이라는 감정에 동요되는 한, 본성에 있어 다를 수 있으며〔제4부 정리33에 의해〕상호 대립될 수 있다〔제4부 정리34에 의해〕. 그러나 인간은 이성의 지도에 따라서 생활하는 한에서만 작용한다고 말할 수 있다〔제3부 정리3에 의해〕. 그러므로 이성에 의해서 결정되는 한, 인간의 본성에서 이끌어 내지는 모든 것은 그 최근 원인으로서의 인간본성 자체에 의해서만 이해되어야 한다〔제3부 정의2에 의해〕. 그러나 각자는 자기의 본성의 법칙에 따라서 자기가 선이라고 판단하는 것을 욕구하고 자기가 악이라고 판단하는 것을 멀리하려고 노력하기 때문에〔제4부의 정리19에 의해〕, 그리고 우리가 이성의 명령에 따라서 선 또는 악이라고 판단하는 것은 필연적으로 선 또는 악이기 때문에〔제2부 정리41에 의해〕 결론적으로 인간은 이성의 지도에 따라서 생활하는 한, 오직 그 경우에만 인간 본성에 있어서 필연적으로 선한 것, 따라서 저마다의 인간에 대해서 필연적으로 선한 것, 바꾸어 말하면〔제4부 정리31의 계에 의해〕 한 사람 한 사람의 본성에 일치하는 것을 필연적으로 행하게 된다. 따라서 인간은 이성의 지도에 따라서 생활하는 한 상호간에도 언제나 필연적으로 일치한다. 이리하여 이 정리는 증명되었다.

계1 : 이성의 지도에 따라 생활하는 인간보다 더 유익한 개체는 자연 안에 존재하지 않는다. 왜냐하면 인간에게 가장 유익한 것은 자기의 본성에 가장 일치하는 것〔제4부의 정리31의 계에 의해〕, 즉〔자명한 것처럼〕 인간이 가장 유익하기 때문이다. 그러나 인간은 이성의 지도에 따라서 생활할 때 참으로 자기의 본성의 법칙에 따라서 행동하며〔제3부 정의2에 의해〕 그리고 그런 한에 있어서만 다른 사람의 본성과 언제나 필연적으로 일치한다〔제4부 정리35에 의해〕. 그러므로 인간에게는 이성의 지도에 따라 생활하는 인간만큼 유익한 개체가 없다. 이리하여 이 정리는 증명되었다.

계2 : 저마다의 인간이 자기에게 유익한 것을 가장 많이 추구할 때 인간은 서로에게 가장 유익하다. 왜냐하면 각자가 자기의 이익을 추구하면 할수록, 그리고 자신의 보존을 위해 노력하면 할수록 그는 그만큼 유덕하며〔제4부의 정리20에 의해〕 또는〔제4부의 정리8의해〕 자기의 본성의 법칙에 따라 행동하는 능력, 말하자면〔제3부 정리3에 의해〕 이성의 지도에 따라서 생활하는 능력이 그만큼 크다. 그런데 인간은 이성의 지도에 따라서 생활할 때 본성에 있어 가장 일치한다[제4부 정리35에 의해]. 그러므로 [앞의 계에 의해] 인간이 각자의 이익을 가장 많이 추구할 때, 인간은 서로 간에 가장 유익할 것이다. 이리하여 이 정리는 증명되었다.

주해 : 우리가 지금 제시한 사항은 경험 자체도 매일 다수의 극히 명백한 증거에 의해서 입증되고 있는 것이며, 따라서 '인간은 인간에게 신이다'라는 말이 모든 사람들의 입에 오르내리고 있는 것과 같다는 내용이다. 그러나 인간이 이성의 지도에 따라 생활하는 일은 참으로 드물다. 반대로 그들은 일반적으로 질투심이 강해 서로 간에 불화를 일으키는 실정이다. 그럼에도 불구하고 그들은 고독한 생활을 하는 것은 거의 불가능에 가까우며, 이리하여 '인간은 사회적 동물이다'라는 저 정의가 많은 사람들로부터 동의를 받을 수 있었다. 그리고 실제로 인간의 공동사회로부터는 손해보다는 훨씬 많은 이익이 나타나는 실정이다. 그러므로 풍자가는 원하는 대로 인간사를 조소하는 것이 좋을 것이며, 또 신학자는 그것을 저주하는 것이 좋을 것이다. 그리고 우울한 자는 미개하고 야만적인 생활을 될 수 있는 대로 구가하며 인간을 모멸하고 야수를 찬미하는 것이 좋을 것이다. 그럼에도 불구하고 그들은, 인간이 그 필수품을 상호부조에 의하여 훨씬 수월히 조달할 수 있다는 것, 그리고 여러 곳으로부터 닥쳐오는 위험을 피하기 위해서는 단결된 힘에 의존하는 수밖에 없다는 것을 경험할 것이다. 야수의 행동을 고찰하는 것보다는 인간의 행동을 고찰하는 것이 훨씬 가치 있고 또 우리의 인식에 더 많은 가치가 있다는 것을 지금은 언급하지 않겠으나, 그러나 이것에 관해서는 달리 상세하게 설명할 것이다.

정리36 덕을 따르는 사람들의 최고의 선은 모든 사람들에게 공통되며, 모든 사람들이 동등하게 이를 즐길 수가 있다.

증명 : 덕에 따라서 활동한다는 것은 이성의 지도에 따라 행동하는 것이다[제4부 정리24에 의하면]. 그리고 이성에 따라서 우리가 하는 모든 노력은 인식을 하려는 노력이다[제4부의 정리26에 의해]. 그러므로[제4부 정리28에 의해] 덕에 따르는 사람들의 최고의 선은 인식하는 것이다. 말하자면[제2부 정리47 및 그 주해에 의해], 이러한 선은 모든 사람에게 공통되며 그리고 본성을 같이 하는 한 모든 사람이 동등하게 소유할 수 있는 선이다. 이리하여

이 정리는 증명되었다.

　　주해 : 어떤 사람은 '덕을 따르는 사람들의 최고의 선이 만일 모든 사람들에게 공통되지 않는다면 어떻게 될 것인가' 하고 물을지도 모른다. 그리고 그럴 경우(앞의 경우처럼 제4부의 정리34를 보라) 이성의 지도에 따라 생활하는 인간이, 말하자면(제4부의 정리35에 의해) 본성에 있어 일치하는 인간이 서로 대립하는 일은 없는지 물을 것이다. 이러한 사람에 대해서 우리는 다음과 같이 대답할 것이다. 인간에게 최고의 선이 모든 사람에게 공통된다는 사실은 우연에 의한 것이 아니라 이성의 본성 자체에서 발생한다. 왜냐하면 이러한 최고의 선은 이성에 의해 규정되는 인간의 본질 자체에서 도출되기 때문이다. 그리고 인간은 이 최고의 선을 즐기는 힘을 갖지 않는다면 인간은 존재도 사고도 할 수 없기 때문이다. 왜냐하면(제2부 정리47에 의해) 신의 영원하고 무한한 본질에 대한 타당한 인식을 갖는 것은 인간 정신의 본질에 속하기 때문이다.

　　정리37 덕을 따르는 모든 사람은 자기를 위해서 추구하는 선을 타인을 위해서도 추구할 것이다. 그리고 그 욕구는 그가 가지는 신에 대한 인식이 크면 클수록 그만큼 더 클 것이다.

　　증명 : 인간은 이성의 지도에 따라서 생활하는 한 인간에게 가장 유익하다(제4부의 정리35의 계1에 의해). 그러므로 (제4부의 정리19에 의해) 우리는 이성의 지도에 따르는 경우 필연적으로, 인간으로 하여금 이성의 지도에 따라서 생활하도록 노력할 것이다. 그러나 이성의 명령에 따라서 생활하는 각 개인, 바꾸어 말하면(제4부의 정리24에 의해) 덕을 따르는 개개인이 자신을 위해서 욕구하는 선이란 인식에 지나지 않는다(제4부 정리26에 의해). 그러므로 덕을 따르는 각 개인은 자신을 위해서 욕구하는 선을 타인을 위해서도 욕구할 것이다. 다음으로 욕망은 정신에 관계되는 한, 정신의 본질 자체이다(감정의 정의1에 의해). 그러나 정신의 본질은 인식에 있다(제2부 정리11에 의해). 그리고 이 인식은 신의 인식을 포함하며(제2부 정리47에 의해), 또 신의 인식 없이는 존재할 수도 생각될 수도 없다(제1부 정리15에 의해). 그러므로 정신의 본질이 보다 큰 신에 대한 인식을 포함하면 할수록 덕을 따르는 사람이 자기를 위해서 욕구하는 선을 동시에 타인을 위해서 욕구하는 욕

망도 그만큼 클 것이다. 이리하여 이 정리는 증명되었다.

다른 증명 : 인간은 자신을 위해서 추구하고 사랑하는 선을 타인도 사랑한다는 것을 안다면, 더욱더 그것을 사랑할 것이다〔제3부 정리31에 의해〕. 그러므로 그는〔제3부 정리31의 계에 의해〕 타인도 그것을 사랑하도록 노력할 것이다. 그리고 이러한 선은〔제4부 정리36에 의해〕 모든 사람에게 공통되고 모든 사람이 동등하게 그것을 즐길 수 있기 때문에, 그는 〔같은 이유에서〕 모든 사람이 그것을 즐기도록 노력할 것이다. 그리고〔제3부 정리37에 의해〕 그가 이 선을 더욱 많이 향유하면 할수록 그만큼 그의 노력도 많아질 것이다. 이리하여 이 정리는 증명되었다.

주해1 : 단순한 감정만으로, 자기 자신이 사랑하는 것을 타인도 사랑하도록 애쓰며 또 자기의 생각대로 타인이 생활하도록 노력하는 사람은, 본능적으로만 행동하는 것이며, 그 때문에 남에게 미움을 받는다. 특히 다른 취향을 갖고, 그 때문에 마찬가지로 노력을 하고, 역시나 자기 생각대로 다른 사람들을 생활시키려고 본능적으로 노력하는 사람들로부터 미움을 산다. 다음에 인간이 감정에 따라 추구하는 최고 선은 가끔 한 사람만이 향수할 수 있는 것이기 때문에, 그 결과 사랑하는 사람은 마음 속이 불안하며 그들이 사랑하는 대상에 대해서 찬사를 말하는 것을 기뻐하면서도 한편 그 찬사를 사람들이 믿는 것을 두려워하게 된다.

그러나 타인을 이성에 의해서 지도하려고 노력하는 사람은 본능에서 행동하지 않고 우애롭게 선의적으로 행동하며 그 심중은 매우 확고하다.

우리들이 신의 관념을 가지는 한, 즉 우리들이 신을 인식하는 한 우리들로부터 일어나는 모든 욕망과 행동을 나는 '종교심'에 돌린다. 우리들이 이성의 지도에 따라서 살아가는 데서 나타나는 선을 행하려는 욕망을 나는 **도의심**(道義心) *[6]이라고 한다. 이성의 지도에 따라서 생활하는 인간이 다른 사람과 우정을 맺으려는 욕망을 나는 **단정함**이라고 한다. 이성의 지도에 따라서 생활하는 사람들이 칭찬하는 것을 나는 **단정하다**고 한다. 그리고 반대로 우정을 맺는 데 방해되는 것을 나는 **비열하다**고 한다. 그 밖에 나는 무엇이 국가의 기초인지도 설명하였다.

다음으로 참된 덕과 무능력과의 차이는 위에서 말한 것으로부터 쉽사리 알 수 있다. 이를테면 참된 덕이란 이성의 지도에 따라서만 생활하는 것에 지나지 않는다. 그러므로 무능력이란 인간이 자기의 외부에 있는 사물에 수동적으로 이끌리고 또 외부의 일반적인 상태가 요구하는 것을 하는 것처럼, 외부의 사물로부터 결정되는 것에만 존재하며, 그 자신만으로 생각된 자기 자신의 본성이 요구하는 사항에는 존재하지 않는다.

이상은 내가 제4부 정리18 주해에서 증명을 약속한 것이다. 이것으로부터 동물의 살육을 금하는 저 법률이, 건전한 이성보다는 오히려 허망한 미신과 여성적 동정에 근거를 두고 있다는 것이 명백하다. 우리의 이익을 추구하는 이성은 인간이 서로 결합할 것을 가르쳐 주고 있으나 동물이나, 그 본성이 인간의 본성과 다른 것과 결합할 것을 가르쳐 주지는 않는다. 오히려 이성은 동물이 우리들에 대해 가지고 있는 권리와 같은 권리를 우리가 동물에 대해 가지고 있다는 것을 가르쳐 준다. 물론 각자의 권리는 각자의 덕 내지 능력에 의해서 규정되기 때문에, 인간은 동물이 인간에 대해서 갖고 있는 권리보다도 훨씬 큰 권리를 동물에 대해서 갖고 있다.

나는 동물이 감각을 갖고 있음을 부정하는 것은 아니다. 다만 우리가 그 때문에 우리의 이익을 도모하여 동물을 마음대로 이용하고, 또 우리가 편할 대로 그들을 취급하는 것은 허용될 수 없음을 부정하는 것이다. 참으로 동물은 본성에 있어 우리들과 일치하지 않으며, 또 그들의 감정은 인간의 감정과 본성에 있어 다르기 때문이다[제3부 정리57의 주해에 의해서].

이제 정의란 무엇인가, 불의란 무엇인가, 죄란 무엇인가, 그리고 마지막으로 공적(功績)이란 무엇인가를 설명하는 일이 남아 있다. 그러나 이것들에 대해서는 다음 주해를 볼 것.

주해 2: 제1부의 부록에서 나는 칭찬과 비난이란 무엇인가, 공적과 죄란 무엇인가, 정의와 불의란 무엇인가를 설명할 것을 약속한 바 있다. 칭찬과 비난에 관해서는 제3부 정리29의 주해에서 이미 설명하였다. 그러나 다른 개념에 대해서 설명하는 것은 여기가 적당한 장소일 것이다. 그러나 그전에 인간의 자연상태와 국가상태에 대해서 약간 설명해야겠다.

사람은 모두 최고의 자연권에 의해 존재하며, 따라서 각 개인은 자기의 본성의 필연성으로부터 생겨나는 것을 최고의 자연권에 의해서 실행한다. 그러므로 각 개인은 최고의 자연권에 의해서 무엇이 선이며 무엇이 악인가를 판단하며, 자기의 뜻대로 자기의 이익을 도모하고[제4부 정리19와 20을 볼 것] 복수를 하며[제3부 정리40의 계2를 볼 것], 또 자기가 사랑하는 것을 보존하고 자기가 증오하는 것을 파괴하려고 노력한다[제3부 정리28을 볼 것].

만약에 인간이 이성의 지도에 따라서 생활한다고 하면 누구나 타인에게 아무런 피해도 주지 않고 이러한 자기 자신의 권리를 누릴 수가 있었을 것이다[제4부의 정리35의 계1에 의해]. 그러나 인간은 여러 가지 감정에 예속되어 있으며[제4부의 정리4의 계에 의해] 그러한 감정은 인간의 능력 내지 덕을 훨씬 능가하기 때문에[제4부의 정리6에 의해], 그들은 종종 다른 방향으로 끌리고[제4부의 정리33에 의해] 또 서로 도움을 필요로 함에도 불구하고 [제4부의 정리35의 주해에 의해서] 서로 대립적으로 된다[제4부의 정리34에 의해]. 그리하여 인간이 조화롭게 생활하고 서로 도우며 살기 위해서는, 그들이 자기의 자연권을 단념하고 타인에게 해를 끼치는 어떠한 행위도 하지 않는다는 보증을 서로 주는 것이 필요하다.

그러나 이러한 일 즉, 여러 감정에 필연적으로 예속되고[제4부의 정리4의 계에 의해] 또한 불안정하고 변하기 쉬운[제4부의 정리33에 의해] 인간이 서로 보증하고 서로 신뢰할 수 있는 것이 어떻게 가능한가는 제4부의 정리7과 제3부의 정리39에 의해서 명백하다. 즉 어떠한 감정도 그것보다 강력하고 또 반대되는 감정에 의하지 않고서는 억제될 수 없으며, 또 각 개인은 타인에게 해를 끼치고 싶어도 만일 그것에 의해서 더 큰 해가 자기에게 생길지도 모른다는 두려움이 있다면 이를 삼간다. 이 법칙에 의해서 사회는 확립될 수 있으며, 그러기 위해서는 사회 자신이 각 개인이 갖는 복수할 권리와 선악을 판단할 권리를 스스로 요구하며, 그것으로써 사회 자신이 공통의 생활양식의 규정이나 법률을 제정하는 실권을 가질 수 있다. 그리고 그 법률은 감정을 억제할 수 없는 이성[제4부의 정리17의 주해에 의해]에 의해서가 아니라 형벌의 위협에 의해서 확보되어야 한다. 법률과 자기 보존의 힘에 의해서 확립된 이 사회를 **국가**라고 하며, 국가의 권능에 의해서 보호되고 있는 사람들을 **국민**이라고 한다.

이제 우리는 자연상태 아래에서는 선이든, 악이든 모든 사람의 동의에 의한 것은 하나도 없다는 것을 쉽사리 알 수 있다. 왜냐하면 자연상태 아래 있는 모든 사람은 오로지 자기의 이익만을 도모하며, 자기의 뜻에 따라서 그리고 자기의 이익만을 고려해서 무엇이 선이며 무엇이 악인가를 결정하고, 또 어떠한 법률에 의해서도 자기 이외의 타인에게 복종할 의무를 갖지 않기 때문이다. 따라서 자연상태 아래에서는 죄라는 것을 생각할 수 없다. 그러나 일반의 동의에 근거하여 무엇이 선이며 무엇이 악인가가 결정되어 각 개인이 국가에 복종할 의무가 있는 국가상태에서는 그것을 생각할 수 있다. 죄란 불복종에 지나지 않으며, 그것은 국법에 의해서만 처벌된다. 반대로 복종은 국민에게 공적으로 여겨진다. 왜냐하면 바로 그것 때문에 국민은 국가의 여러 권익을 누릴 만한 가치가 있다고 판단되기 때문이다.

다음으로 자연상태에 있어서는 아무도 일반적 동의에 의하여 어떤 사물의 소유주가 될 수는 없다. 또한 자연 가운데는 특히 이 사람에게 속하며 저 사람에게 속하지 않는다고 말할 수 있는 것은 아무것도 없다. 오히려 모든 것은 모든 사람의 소유물이다. 따라서 자연상태에서는 각자에 대해서 그 소유를 인정하려고 하는가 또는 어떤 사람으로부터 그 소유물을 빼앗으려고 하는 의지는 생각할 수 없다. 바꾸어 말하면 자연상태에서는 정의라든가, 불의라고 말할 수 있는 일은 무엇하나 일어나지 않는다. 그러나 일반의 동의에 근거해서 무엇이 이 사람 것이며, 무엇이 저 사람 것인가가 결정되는 국가상태에서는 이런 일은 일어나지 않는다. 그러므로 정의와 불의, 죄와 공적은 외면적인 개념이며 정신의 본성을 설명하는 속성은 아니다. 그러나 이 문제에 대해서는 이것으로 충분하다.

정리38 인간의 신체를 여러 가지 방법으로 자극받도록 하는 것, 또는 인간 신체를 외적인 물체에 여러 가지 방법으로 자극하는 데 적합하게 하는 것은 인간에게 유익하다. 그것은 신체가 여러 가지 방법으로 자극되고 동시에 다른 물체에 자극을 주는 데 적합하면 할수록 그만큼 유익하다. 반대로 신체의 그러한 적성을 감소시키는 것은 유해하다.

증명 : 신체가 그러한 일에 적합하면 할수록 정신은 그만큼 지각하는 데 적합해진다〔제2부 정리14에 의해〕. 따라서 신체를 이와 같은 상태에 두고 그러한 일에 적합하게 하는 것은 필연적으로 선하거나 유익한 것이다〔제4부의 정리26 및 정리27에 의해〕. 그리고 신체를 이러한 상태에 적합하게 하면 할수록 그만큼 유익하다. 반대로〔제2부의 정리14의 역(逆)과 제4부의 정리26과 27에 의해〕 신체의 그러한 적성을 감소시키는 것은 그만큼 유해하다.

이리하여 이 정리는 증명되었다.

정리39 인간 신체의 각 부분의 운동과 정지의 비율이 유지되도록 하는 것은 선이다. 그리고 반대로 인간 신체의 각 부분을 서로 다른 운동과 정지의 비율을 갖도록 하는 것은 악이다.

증명: 인간의 신체는 그 유지를 위해서 다른 많은 물체를 필요로 한다(제2부 공준4에 의해). 그러나 인간 신체의 형상을 구성하는 것은 신체의 각 부분이 그 운동을 어떤 일정한 비율로 서로 전달하는 데 있다(제2부 정리13 다음의 보조정리4 앞에 있는 정의에 의해). 그러므로 인간 신체의 각 부분 상호의 운동과 정지의 비율이 유지되도록 하는 것은 인간 신체의 형상을 유지하는 것이며, 따라서(제2부 공준3과 6에 의해) 인간 신체가 여러 가지 방법으로 자극될 수 있도록, 그리고 인간 신체가 외부의 물체를 여러 가지 방법으로 자극할 수 있도록 하는 것이다. 그러므로(제4부 정리38에 의해) 그것은 선이다. 다음으로 인간 신체의 각 부분이 운동과 정지의 다른 비율을 갖도록 하는 것은 인간 신체가 다른 형상을 갖도록 하는 것이며, (제2부의 같은 정의에 의해) 바꾸어 말하자면(그것은 자명하며, 또 제4부의 서론의 끝에서 지적한 것처럼) 인간의 신체가 파괴되도록 하고, 따라서 신체가 여러 가지 방법으로 가해지는 자극에 대해서 전연 적응하지 못하게 한다. 그러므로 그것은(제4부의 정리38에 의해) 악이다. 이리하여 이 정리는 증명되었다.

주해: 이러한 것들이 어느 만큼 정신에 해가 되며, 또는 유익할 수 있는가에 대해서는 제5부에서 설명할 것이다. 그러나 여기에서 주의해야 할 것은 신체는 각 부분이 서로 운동과 정지의 다른 비율을 갖는 상태에 놓여 있는 경우에는 죽은 것이라고 나는 이해한다는 점이다. 말하자면, 혈액의 순환이나 기타 인간 신체가 살아 있다고 인정되는 여러 특징이 지속되고 있는 경우라 할지라도, 인간 신체가 그 본성과 완전히 다른 별개의 본성으로 변화할 수 있다는 것을 나는 믿는다. 왜냐하면 인간 신체는 시체로 변화하는 경우에만 죽었다고 인정해야 할 이유가 전연 없기 때문이다. 도리어 경험 자체는 반대의 것을 가르치는 것처럼 보인다. 왜냐하면 인간에게는 거의 동일인이라고 말할 수 없을 만큼 커다란 변화가 일어나는 일이 종종 있기 때문이다. 나는 어떤 에스파냐 시인에 관해 다음과 같은 이야기를 들었다. 그 시인은

병에 걸렸고 그리고 그 병이 낫기는 했으나 그는 자기의 과거 생활을 깡그리 잊어버려 자기가 이전에 쓴 얘기나 비극을 자기의 작품으로 믿지 않았다고 한다. 게다가 만일 그가 모국어마저 잊어버렸다면, 그는 분명 커다란 어린애로 취급되었을 것이다. 만약에 이러한 이야기가 믿기 어렵다면 아이들에 대해서 우리는 뭐라고 해야 할까? 성인이 된 인간은 아이들의 본성이 자신의 본성과 매우 다른 것이라고 믿기 때문에, 다른 사람을 보고 자기를 추측하지 않으면 자기가 이전에 어린아이였다는 사실마저 믿을 수 없을 정도이다. 그러나 미신적인 사람들에게 새로운 의문을 자아내는 재료를 제공하지 않기 위해서 나는 이 문제에 관해서 이 정도로 그치기로 한다.

정리40 인간의 공동사회에 도움이 되는 것, 혹은 사람들을 서로 화합해서 생활하도록 하는 것은 유익하다. 반대로 국가에 불화를 가져오는 것은 악이다.

증명 : 왜냐하면 인간을 화합해서 생활하도록 하는 것은 동시에 인간을 이성의 지도에 따라서 생활하도록 하는 것이기 때문이다〔제4부의 정리35에 의해〕. 따라서 그것은〔제4부의 정리26과 27에 의해〕선이다. 그리고〔같은 이유에 의해〕불화를 일으키는 것들은 악이다. 이리하여 이 정리는 증명되었다.

정리41 기쁨은 직접적으로는 악이 아니라 선이다. 한편 슬픔은 직접적으로 악이다.

증명 : 기쁨은〔제3부 정리11과 그 주해에 의해〕신체의 활동 능력을 증대하거나 촉진하는 감정이다. 이에 반해서 슬픔은 신체의 활동 능력을 감소하거나 저해하는 감정이다. 그러므로〔제4부의 정리38에 의해〕기쁨은 직접적으로 선이며……. 이리하여 이 정리는 증명되었다.

정리42 쾌활함은 결코 도에 지나칠 수 없으며 언제나 선이다. 이에 반해서 우울함은 언제나 악이다.

증명 : 쾌활함은〔제3부 정리11의 주해 속에 있는 정의를 볼 것〕기쁨의 일종이며, 이 기쁨은 신체에 관한 한 신체의 모든 부분이 균등하게 자극되는데 있다. 바꾸어 말하면〔제3부 정리11에 의해〕신체의 모든 부분이 서로 운동

과 정지의 같은 비율을 유지하는 방식으로 신체의 활동 능력이 증대되거나 촉진되는 데 있다. 그러므로〔제4부의 정리39에 의해〕쾌활은 언제나 선이며 결코 과도해질 수는 없다. 그러나 우울은〔제3부 정리11의 주해 속에 있는 정의를 볼 것〕슬픔의 일종이며 이 슬픔은 신체에 관한 한, 신체의 활동 능력이 전적으로 감소되거나 저해되는 데서 일어난다. 그러므로〔제4부의 정리 38에 의해〕우울은 언제나 악이다. 이리하여 이 정리는 증명되었다.

정리43 쾌감은 과도해질 수 있으며 또한 악일 수 있다. 그러나 고통은 쾌감 또는 기쁨이 악인 한에 있어 선일 수 있다.

증명 : 쾌감은 기쁨의 일종이며, 이 기쁨은 신체에 관한 한, 신체의 일부분 또는 약간의 부분이 그 이외의 부분보다도 강하게 자극을 받기 때문에 일어난다〔제3부 정리11의 주해 속에 있는 정의를 볼 것〕. 이러한 감정의 힘은 강력하기 때문에〔제4부의 정리6에 의해〕, 신체의 다른 활동을 능가하며 신체에 집요하게 달라붙어 있고, 이렇게 신체가 여러 가지 다른 방법에서 자극되는 데 적합하지 않게 할 만큼 큰 것일 수 있다. 그러므로〔제4부의 정리38에 의해〕쾌락은 악이다. 다음에 이것과는 반대로 슬픔의 일종인 고통은, 그 자체만을 생각한다면 선일 수 없다〔제4부 정리41에 의해〕. 그러나 그 힘의 증대는 우리의 능력에 대비되는 외부 원인의 힘에 의하여 규정되기 때문에〔제4부의 정리5에 의해〕, 따라서 우리는 이 감정에 대해서 무한히 많은 강도(强度)와 양식을 생각할 수 있다〔제4부의 정리3에 의해〕. 그러므로 우리는 쾌감이 과도해지지 않도록 억제할 수가 있고, 또 그런 한에서〔이 정리의 처음 부분에 의해〕신체의 능력을 감소시키지 않는 고통도 생각할 수 있다. 그러므로 고통은 그런 한에 있어 선일 것이다. 이리하여 이 정리는 증명되었다.

정리44 사랑과 욕망은 과도해질 수 있다.

증명 : 사랑은 외적 원인의 관념을 동반하는 기쁨이다〔감정의 정의6에 의해〕. 그러므로 외적 원인의 관념에 동반하는 쾌감도〔제3부 정리11의 주해에 의해〕일종의 사랑이다. 따라서 사랑은〔제4부 정리43에 의해〕과도해질 수 있다. 다음으로 욕망은 그것을 일어나게 하는 감정이 크면 클수록 그만큼 크

다〔제3부 정리37에 의해〕. 그러므로 감정이〔제4부의 정리6에 의해〕 인간의 다른 활동을 능가할 수 있는 것과 마찬가지로, 그 감정에서 일어나는 욕망 역시 그 이외의 욕망을 능가할 수 있다. 따라서 욕망은 앞의 정리에서 쾌감에 대해 설명한 것과 마찬가지로 과도해질 수 있다. 이리하여 이 정리는 증명되었다.

주해 : 선이라고 내가 말한 쾌활에 관해서는 관찰하는 것보다는 개념적으로 생각하는 편이 더 쉽다. 우리들이 매일 사로잡히는 여러 감정은 오로지 신체의 어떤 부분이 그 밖의 부분 이상으로 자극되는 데에 관계하며, 따라서 그러한 감정은 대체로 과도해져서 정신을 오직 하나의 대상의 고찰에 묶어 두어 다른 일에 대해서는 사유할 수 없게 한다. 인간은 여러 가지 감정에 종속하며 언제나 동일한 감정에 지배되는 인간은 드물지만, 그렇더라도 동일한 감정에 집요하게 사로잡혀 있는 사람이 없는 것은 아니다. 인간이 하나의 대상에 의해서 강하게 자극되어서, 그 결과 대상이 목전에 없더라도 자기의 눈앞에 있는 것처럼 믿는 사람을 우리는 종종 본다. 만약에 이러한 일이 깨어 있는 사람에게 일어난다면, 우리는 그러한 사람을 정신이 이상하거나 미친 사람이라고 말한다. 그리고 사랑에 애가 타서 밤낮으로 자기 애인이나 정부만을 꿈꾸는 사람도 역시 미친 사람이라고 생각한다. 왜냐하면 그들은 보통 웃음을 자아내기 때문이다. 그러나 욕심쟁이가 이득이나 금전 이외에는 아무것도 생각하지 않고, 또 야심가가 명예 이외는 아무것도 생각하지 않는 경우에는 그러한 사람들은 정신이 이상하다고는 생각되지 않는다. 왜냐하면 그들은 우리의 불쾌한 대상이며, 증오할 만한 자들로 생각되기 때문이다. 그러나 탐욕·명예욕·정욕 등은 일반적으로 〔정신〕병으로 간주되지는 않지만 실제로는 역시 정신착란의 일종이다.

정리45 증오는 결코 선일 수 없다.

증명 : 우리는 우리가 미워하는 상대를 멸망시키려고 노력한다〔제3부 정리 39에 의해〕. 바꾸어 말하면〔제4부 정리37에 의해〕 우리는 악한 것을 행하려고 노력한다. 따라서…… . 이리하여 이 정리는 증명되었다.

주해 : 이 정리와 이하에 있어서 미움을 오직 인간에 대한 미움이라고 이해하고 있음에 주의할 필요가 있다.

계1 : 질투·조롱·경멸·분노·복수, 기타 미움에 속하거나 미움에서 일어나는 여러 감정은 악이다. 이것은 제3부 정리39와 제4부 정리37에 의해서 명백하다.

계2 : 우리가 미움에 자극되는 결과로서 욕구하는 모든 것은 비열한 것이며, 그리고 국가에 있어서는 불의이다. 이것은 제3부 정리39와 비열과 불의의 정의로부터 명백하다. 제4부의 정리37의 주해에 있는 그 정의를 볼 것.

주해 : 조롱〔계1에서 말했듯이 그것은 악이다〕과 웃음 사이에 나는 커다란 차이가 있음을 인정한다. 왜냐하면 웃음은 해학과 마찬가지로 순수한 기쁨이며, 따라서 과도하지만 않다면 그 자체로서는 선이기 때문이다〔제4부 정리41에 의해〕. 사실 즐기는 것을 금지하는 것은 염세적이고 슬픈 미신뿐이다. 도대체 우울을 쫓는 일이 어째서 기갈(飢渴)을 진정시키는 일보다 부적당하단 말인가? 나의 원칙은 다음과 같으며 나는 이 신념을 굳게 간직하는 사람이다.

즉 어떠한 신령이라 할지라도 또 질투심 많은 사람이 아니고서는 나의 무능력과 고뇌를 기뻐할 사람은 하나도 없으며 또, 눈물과 흐느낌과 공포 기타의 정신적 무능력의 표지(標識)를 덕이라고 간주하는 사람은 없다. 도리어 반대로 우리는 보다 큰 기쁨에 자극되면 될수록 그만큼 커다란 완전성으로 이행한다. 바꾸어 말하면 우리는 그만큼 많은 신적 본성을 필연적으로 나누어 가진다. 그러므로 여러 가지 사물을 이용하여 그것을 가능한 한 즐기는 것은—그렇다 하더라도 싫증이 날 때까지는 아니다. 왜냐하면 싫증은 즐거움이 아니기 때문이다—현자의 생활이다. 알맞게 섭취한 맛있는 음식과 향기와 싱싱한 푸른 식물의 아름다움, 장식·음악·운동경기·연극 기타 어떤 것이든 타인을 해침이 없이 각자가 이용할 수 있는 이러한 모든 종류의 것에 의해서 스스로를 상쾌하게 하고 활기차게 하는 것은 현자의 생활이다. 왜냐하면 인간의 신체는 본성을 달리하는 매우 많은 부분으로 조직되어 있고, 그리고 그 각 부분은 온 몸이 그 본성에서 나타날 수 있는 모든 것에 대해서 똑같이 힘을 갖도록, 그리고 정신이 똑같이 많은 것을 동시에 인식할 수 있도록 하기 위해서 여러 가지 새로운 영양을 부단히 필요로 하기 때문이다. 이렇게 이 생활의 지침은 우리의 원칙과도, 일반적인 실천과도 매우 잘 일치한다. 그러므로 만일 모든 점에서 추천할 만한 최상의 생활 지침이 있다고 한다면 그것은 바로 이것이다. 이것에 대해서는 이 이상 명료하거나 상세하게 논할 필요는 없다.

정리46 이성의 지도에 따라서 생활하는 사람은 가능한 한 자신에 대한 타인의 미움, 노여움, 경멸 등을 거꾸로 사랑이나 관용의 마음으로 갚도록 노력한다.

증명 : 모든 미움의 감정은 악이다〔제4부 정리45 계1에 의해〕. 그러므로 이성의 지도에 따라서 생활하는 사람은 가능한 한 미움의 감정에 동요되지 않도록 노력할 것이며〔제4부의 정리19에 의해〕, 따라서〔제4부의 정리37에 의해〕 타인도 그러한 감정에 고민하지 않도록 노력할 것이다. 그러나 미움은 서로 미워함으로써 더 커지고 반대로 사랑에 의해서 소멸될 수 있다〔제3부 정리43에 의해〕. 이리하여 미움은 사랑으로 변한다〔제3부 정리44에 의해〕. 그러므로 이성의 지도에 따라서 생활하는 사람은 타인의 미움 등을 반대로 사랑을 가지고, 즉 관용의 마음을 가지고 보답하려고 노력한다〔제3부 정리59의 주해에 있는 관용의 정의를 볼 것〕. 이리하여 이 정리는 증명되었다.

주해 : 자기가 받은 불법을*⁷ 미움으로 복수하려는 사람은 확실히 비참한 생활을 하는 사람이다. 그러나 반대로 미움을 사랑으로 극복하려고 노력하는 사람은 확실히 기쁨과 확신을 가지고 대항한다. 그는 많은 사람들에 대해서도 한 사람에 대하는 것과 마찬가지로 의연히 대항하며 그리고 거의 운명의 도움을 필요로 하지 않는다. 그에게 정복된 사람들은 기꺼이 그에게 복종하지만 그것은 힘의 결핍 때문이 아니라 힘의 증대 때문이다. 이들 모든 것은 다만 사랑과 지성의 정의로부터 분명하게 귀결되는 것이며 이것을 일일이 증명할 필요는 없다.

정리47 희망과 공포의 감정은 그 자체로 선일 수 없다.

증명 : 희망과 공포의 감정은 슬픔을 동반하지 않고서는 있을 수 없다. 왜냐하면 공포는〔감정의 정의13에 의해〕 슬픔이며, 또 희망은〔감정의 정의12와 13의 설명을 볼 것〕 공포를 동반하지 않고서는 존재할 수 없기 때문이다. 따라서〔제4부 정리41에 의해〕 이러한 감정은 그 자체로서는 선일 수 없으며 다만 기쁨이 과도해지는 것을 억제할 수 있는 한에서만 선이다〔제4부 정리

43에 의해]. 이리하여 이 정리는 증명되었다.

주해 : 여기에 덧붙여 이러한 감정은 인식의 결함과 정신의 무력함을 나타낸다. 그리고 같은 이유 때문에 안도·절망·환희 그리고 낙담 역시 무능한 정신의 표지이다. 왜냐하면 안도와 환희는 기쁨의 감정이라고는 하지만, 그것은 슬픔 즉 희망과 공포가 선행할 것을 전제로 하기 때문이다. 그러므로 우리가 이성의 지도에 따라서 생활하려고 노력할수록 우리는 희망에 너무 의존하지 않도록, 또 공포로부터 벗어날 수 있도록 될 수 있는 대로 운명을 지배하여 우리의 행동을 이성의 확실한 지시에 따라서 관리하도록 노력한다.

정리48 과대평가와 경멸의 감정은 언제나 악이다.

증명 : 이러한 감정들은〔감정의 정의21과 22에 의해〕이성에 모순된다. 따라서〔제4부의 정리26과 27에 의해〕그것은 악이다. 이리하여 이 정리는 증명되었다.

정리49 과대평가는 과대평가되는 사람을 쉽사리 교만하게 만든다.

증명 : 만일 우리가 사랑 때문에 우리를 정당(正當) 이상으로 느끼는 사람을 본다면 우리는 쉽사리 명예롭게 느낄 것이다〔제3부 정리41의 주해에 의해〕. 달리 말해서 기쁨에 자극될 것이다〔감정의 정의30에 의해〕. 그리고 우리들은 자신에 관해 말하는 선을 쉽사리 믿는다〔제3부 정리25에 의해〕. 따라서 우리는 자신에 대한 사랑 때문에 자기에 대해 정당한 것 이상으로 느낄 것이다. 바꾸어 말하면〔감정의 정의28에 의해〕우리는 쉽사리 교만해질 것이다. 이리하여 이 정리는 증명되었다.

정리50 연민(憐憫)은 이성의 지도에 따라 생활하는 사람에게는 그 자체가 악이며 무용하다.

증명 : 연민은〔감정의 정의18에 의해〕슬픔이다. 따라서〔제4부의 정리41에 의해〕그 자체로는 악이다. 그러나 연민에서 나오는 선, 즉 우리가 연민을 느끼는 사람을 그 불행으로부터 구하려는 노력〔제3부 정리27의 계3에 의해〕, 그것을 우리는 이성의 지시에 따라서만 하려고 한다〔제4부의 정리37에 의해〕. 그리고 우리는 선이라고 확신하는 것을 다만 이성의 지시에 따라서

할 수 있다〔제4부의 정리27에 의해〕. 그러므로 연민은 이성의 지도에 따라서 생활하는 사람에게는 그 자체가 악이며 또한 무용한 것이다. 이리하여 이 정리는 증명되었다.

계 : 이것으로써 이성의 명령에 따라서 생활하는 사람은 될 수 있는 한 연민에 의해 움직이지 않으려고 노력한다는 결론을 얻을 수 있다.

주해 : 모든 것이 신의 본성의 필연성에서 일어나며, 자연의 영원한 법칙과 규칙에 따라서 생긴다는 것을 올바로 알고 있는 사람은 확실히 미움·조소 혹은 경멸할 만한 아무것도 발견할 수 없을 것이며, 또 누구에게도 연민을 느끼지 않을 것이다. 오히려 그는 인간의 덕이 미치는 한, 이른바 올바로 행동하고 스스로 즐기려고 노력할 것이다. 이에 더하여 쉽사리 연민의 감정을 불러일으키고 타인의 불행이나 눈물에 흔들리는 자는 나중에 가서 스스로 후회할 행동을 종종 한다. 왜냐하면 우리는 감정에 근거해서는 확실히 선이라고 알고 있는 어떤 것도 하지 않으며, 또 우리는 거짓된 눈물에 쉽사리 속아넘어가기 때문이다.

그러나 내가 여기서 명확하게 하고 있는 점은 이성의 정도에 따라서 생활하는 사람들에 관해서이다. 그것은 이성에 의해서나 연민에 의해서나 타인을 도우려고 하지 않는 사람은 비인간적이라고 비난받아야 마땅하다. 왜냐하면〔제3부 정리27에 의해〕 그러한 자는 인간다운 부분이 전혀 없는 것처럼 보이기 때문이다.

정리51 호의(好意)는 이성에 대립되는 것이 아니라 도리어 일치되며, 또 그것으로부터 생겨날 수가 있다.

증명 : 호의는 타인에게 친절을 베푼 사람에 대한 사랑이다〔감정의 정의19에 의해〕. 그러므로 호의는 작용한다고 말할 수 있는 한 정신에 관계할 수 있다〔제3부 정리59에 의해〕. 바꾸어 말하면〔제3부 정리3에 의해〕 인식하고 있는 한 정신에 관계할 수 있다. 그러므로 호의는 이성과 일치……. 이리하여 이 정리는 증명되었다.

다른 증명 : 이성의 지도에 따라 생활하는 사람은 자신을 위해서 추구하는 선을 타인을 위해서도 욕구할 것이다〔제4부의 정리37에 의해〕. 그러므로 바꾸어 말하면〔제3부 정리11의 주해에 의해〕 그는 기쁨을 느낄 것이다. 그리

고 그 기쁨은〔가정에 의해〕 타인에게 친절을 베푼 사람의 관념을 동반하고 있다. 친절을 베풀려는 그의 노력은 누군가가 타인에게 친절을 베푸는 것을 그가 봄으로써 촉진된다〔감정의 정의19에 의해〕. 그는 그 사람에게 호의를 갖고 있다. 이리하여 이 정리는 증명되었다.

주해 : 우리가 정의한 것처럼 분노는〔감정의 정의20에 의해〕 필연적으로 악이다〔제4부의 정리45에 의해〕. 그러나 주의해야 할 것은 최고 권력이*8 평화를 유지하기 위하여 타인에게 불법을 행한 국민을 처벌했을 때, 나는 그 권력이 그 국민에게 대해 분노한다고 말하지는 않는다는 것이다. 왜냐하면 최고 권력은 미움 때문에 그 국민을 해치려고 처벌하는 것이 아니라, 도의적인 동기에서 처벌하기 때문이다.

정리52 자기만족은 이성에서 생겨날 수가 있다. 그리고 이성에서 생겨나는 이 만족이야말로 존재할 수 있는 최고의 만족이다.

증명 : 자기만족은 인간이 자기 자신과 자기 활동 능력을 관조(觀照)하는 데서 생기는 기쁨이다〔감정의 정의25에 의해〕. 그러나 인간의 진정한 활동 능력 내지 덕은 이성 자체이며〔제3부 정리3에 의해〕, 인간은 이 이성을 명료하고 판연하게 관조한다〔제2부 정리40과 43에 의해〕. 그러므로 자기만족은 이성에서 생길 수 있다. 다음으로 인간은 자기 자신을 관조할 때 자기의 활동 능력에서 생기는 것만을 명료하고 판연하게, 즉 타당하게 지각한다〔제3부 정의2에 의해〕. 즉〔제3부 정리3에 의해〕 자기의 인식 능력에서 생기는 것만을 타당하게 지각한다. 그러므로 이러한 관조에서만 존재할 수 있는 최고의 만족이 생겨난다. 이리하여 이 정리는 증명되었다.

주해 : 자기만족은 참으로 우리가 희망할 수 있는 최고의 것이다. 왜냐하면〔제4부의 정리25에서 이미 설명한 것처럼〕 어느 누구도 자기의 존재를 어떤 다른 목적을 위해서 보존하려고 노력하지는 않기 때문이다. 그리고 이 자기만족은 칭찬에 의해서 더욱더 함양되고 강화되며〔제3부 정리53의 계에 의해〕, 또 반대로〔제3부 정리55의 계에 의해〕 비난에 의하여 더욱 더 교란되기 때문이다. 따라서 우리는 명예에 가장 많이 지배되며, 치욕의 생활은 거의 참을 수 없다.

정리53 겸손〔자기비하〕은 덕이 아니다. 즉 이성에서 생기지 않는다.

증명 : 겸손은 인간이 자신의 무능력을 관조하는 데서 생기는 슬픔이다〔감정의 정의26에 의해〕. 그러나 인간이 자기 자신을 참된 이성에 의해서 인식하는 한 그는 자기의 본질을, 말하자면〔제3부 정리7에 의해〕 자기의 능력을 인식하고 있다고 생각한다. 그러므로 만일 인간이 자기 자신을 고찰할 때 자기의 무능력을 지각한다면 그것은 그가 자기를 참으로 인식하기 때문이 아니라, 오히려〔제3부 정리55에서 설명한 것처럼〕 그의 활동 능력이 저해되고 있기 때문이다. 그러나 만일 인간이 자신보다 더 강력한 어떤 것을 인식하고 그 인식으로부터 자기의 활동 능력을 올바르게 이해하고 이로써 자기의 무능력을 생각하는 경우를 우리가 가정한다면, 그것은 인간이 자기 자신을 명료하게 인식하고 있다는 것〔제4부의 정리26에 의해〕, 그리고 자기의 활동 능력이 촉진되는 경우를 생각하고 있는 것에 지나지 않는다. 그러므로 겸손, 즉 인간이 자기의 무능력을 관조하는 데서 생기는 슬픔은 참된 관조나 이성으로부터는 생기지 않는다. 그것은 덕이 아니라 격정이다. 이리하여 이 정리는 증명되었다.

정리54 후회는 덕이 아니다. 즉 이성에서 생기지 않는다. 오히려 어떤 행위를 후회하는 사람은 이중으로 불행하거나 무능력하다.

증명 : 이 정리의 처음 부분은 앞의 정리와 마찬가지 방법으로 증명된다. 나머지 부분은 이 감정의 정의에서만 명백하다〔감정의 정의27을 볼 것〕. 왜냐하면 후회하는 인간은 처음에는 나쁜 욕망에 의해서, 다음에는 슬픔에 의해서 정복되기 때문이다.

주해 : 인간은 이성의 지도에 따라서 생활하는 것이 드물기 때문에, 이들 두 가지 감정, 즉 자기 겸손과 후회 그리고 희망과 공포의 감정 역시 해악보다는 이익이 더 많다. 그러므로 만약 언젠가 잘못을 범하지 않을 수 없다면 이러한 방면에서 죄를 범하는 것이 나을 것이다. 왜냐하면 만일 정신이 무능한 사람이 모두 한결같이 교만하며 부끄러움이 없다면, 그리고 아무런 두려움도 없다면, 어떻게 사회적 유대(紐帶)가 그들을 결속하고 통일시킬 수 있을 것인가? 민중은 두려움을 모를 때 두려워해야 할 존재가 된다. 그러므로*9 예언자들이 소수의 이익보다는 사회의 이익을 고려해서 겸손, 후회, 순

종 등을 그처럼 권장한 것도 이상할 것이 없다. 실제로 이러한 감정에 지배되는 사람들은 다른 사람들보다 더 쉽게 이성의 지도에 따라서 생활하도록, 즉 자유로운 사람이 되어 행복한 생활을 향수하도록 이끌어질 수 있다.

정리55 최대의 교만 또는 최대의 자기비하는 자신에 대한 최대의 무지이다.

증명 : 이것은 감정의 정의28과 29에 의해서 명백하다.

정리56 최대의 교만 또는 최대의 자기비하는 정신의 최대의 무능력을 나타낸다.

증명 : 덕의 첫째가는 기초는 자기 존재를 보존하는 것이며〔제4부의 정리22의 계에 의해〕그것도 이성의 지도에 따라 행하는 것이다〔제4부의 정리24에 의해〕. 따라서 자기 자신에 대해서 무지한 사람은 모든 덕의 기초를 모르는 사람이며 모든 덕에 대해서 무지한 사람이다. 다음으로 덕 있게 활동하는 것은 이성의 지도에 따라 행동하는 것에 지나지 않으며〔제4부의 정리24에 의해〕, 이성의 지도에 따라서 행동하는 사람은 반드시 자기가 이성의 지도에 따라서 행동하고 있음을 알아야 한다〔제2부 정리43에 의해〕. 그러므로 자기 자신에 대해서 또한〔이제 막 설명한 것처럼〕모든 덕에 대해 가장 무지한 사람은 덕에 일치하는 활동을 가장 적게 하는 사람, 즉〔제4부의 정리58에 의해〕정신적으로 가장 무능력한 사람이다. 그러므로〔제4부의 정리55에 의해〕최대의 교만 또는 최대의 자기비하는 정신의 최대 무능력을 나타낸다. 이리하여 이 정리는 증명되었다.

계 : 이것으로부터 가장 명백하게 귀결되는 것은 교만한 사람과 자기비하적인 사람은 여러 가지 감정에 가장 많이 종속한다는 것이다.

주해 : 그러나 자기비하는 교만보다 쉽게 교정될 수 있다. 왜냐하면 교만은 기쁨의 감정이지만 자기비하는 슬픔의 감정이어서〔제4부의 정리18에 의해〕교만이 자기비하보다 더 강력하기 때문이다.

정리57 교만〔거만〕한 사람은 추종하는 무리 또는 아첨하는 무리가 주위에 있는 것을 좋아하며, 관대한 사람이 주위에 있는 것을 싫어한다.

증명 : 교만이란 인간이 자신에 대해 정당한 것 이상으로 느끼는 데서 생

기는 기쁨이다〔감정의 정의28과 6에 의해〕. 교만한 인간은 이러한 그릇된 견해를 될 수 있는 한 키우려고 노력할 것이다〔제3부 정리13의 주해에 의해〕. 그러므로 그들은 추종자 또는 아부자—이같은 사람들에 대해서는 너무나 명백하기 때문에 그 정의는 생략하였다—가 가까이 있는 것을 좋아할 것이다. 그리고 그들을 정당한 가치에 두고 판단하는 관대한 마음의 소유자가 가까이 있는 것을 기피할 것이다. 이리하여 이 정리는 증명되었다.

주해 : 여기에서 교만의 모든 나쁜 점을 열거하려면 너무나 많은 시간이 걸릴 것이다. 왜냐하면 교만한 사람은 모든 감정에 지배되며, 사랑과 동정의 감정에는 조금도 지배되지 않기 때문이다.

그러나 여기에서 타인에 대해 과소평가하는 사람 역시 교만이라고 부른다는 것을 반드시 주의해야 한다. 그리하여 이 의미에 있어서의 교만은 인간이 자기를 타인보다 우월하다고 생각하는 그릇된 견해에서 생기는 기쁨이라고 정의된다. 그리고 이 교만과는 반대로 자기비하는 인간이 자기를 타인보다 열등하다고 믿는 그릇된 견해에서 일어나는 슬픔이라고 정의된다. 이것을 이해했다면, 교만한 인간은 필연적으로 질투심이 많다는 것〔제3부 정리55의 주해에 의해〕과, 그리고 그는 덕으로 칭찬받는 사람들을 가장 심하게 미워한다는 것을 쉽사리 알 수 있다. 또 이러한 사람들에 대한 그의 미움은 사랑이나 친절에 의해서 쉽사리 정복되지 않고, 〔제3부 정리41의 주해를 볼 것〕그의 무능한 정신에 영합해서 그를 어리석은 사람에서 미친 사람으로 만드는 사람들이 옆에 있는 것만으로도 기뻐한다는 것을 우리는 쉽게 알 수 있다.

자기비하는 교만과 반대되는 것이지만, 자기비하적인 사람은 교만한 사람과 매우 흡사하다. 왜냐하면 그의 슬픔은 자기의 무능력을 타인의 능력이나 덕에 비추어서 판단하는 데서 생기기 때문에 만일 그의 상상력이 타인의 결점을 바라보는 데 열중한다면 그의 슬픔은 줄어들 것이다. 즉 그는 기쁨을 느낄 것이다. 여기에서 '불행한 사람의 위안은 나쁜 동료를 갖는 일이다'는 속담이 생겼다. 반대로 그는 자기가 타인보다 열등하다고 믿으면 믿을수록 더욱더 슬퍼질 것이다. 이것이 자기비하적인 사람일수록 질투를 많이 하는 까닭이며, 왜 그들은 남을 시정(是正)해 주기보다는 남의 결점을 발견하려는 생각으로 남의 행동을 관찰하는 것 그리고 그들은 자기비하만을 칭찬하고 그것을 자랑스럽게 여기며, 나아가 자기비하적인 외관을 잃지 않도록 하고 있다는 것이 된다. 이러한 것은 이 감정에서 필연적으로 일어나며 그것은 마치 삼각형의 본성에서 삼각형의 내각의 합이 2직각과 같다는 것과 마찬가지이다.

내가 이러한 감정 및 이와 흡사한 여러 감정을 악이라고 부르는 것은 단지 인간의 이익만을 염두에 둔 것이라고 이미 말한 바 있다. 그러나 자연의 여러 법칙은, 인간이 그 일부에 지나지 않는 자연의 공통된 질서에 관계되어 있다. 나는 여기에서 이것을 곁들여 지적하고 싶다. 왜냐하면 나는 여기에서 인간의 결함과 부조리한 행위에 대해서 이야기하고 여러 사물의 본성 및 그 특성에 대해서는 증명하지 않으려고 했다는 오해를 사지 않기 위해서이다. 사실 나는 제3부의 서문에서 지적한 것처럼 인간의 여러 가지 감정과 그 특성을 다른 자연적 대상과 마찬가지로 고찰한다. 그리고 분명히 인간의 여러 감정들은 인간의 능력을 나타내는 것은 아니지만 적어도 자연의 능력과 기교를 나타내는 것이며, 그 점은 우리가 감탄하고 그 관조를 즐기는 다른 여러 가지 것과 조금도 다를 바 없다.

그러나 나는 인간에게 이익 또는 손해를 가져오는 여러 감정에 관련된 이러한 것들을 지적할 것이다.

정리58 명예는 이성과 모순되지 않으며, 이성으로부터 생길 수 있다.

증명 : 이것은 감정의 정의30 및 단정함의 정의에서 명백하다〔단정함의 정의에 대해서는 제4부 정리37의 주해1을 볼 것〕.

주해 : 이른바 공허한 명예란 민중의 평판에 의해서 육성되는 자기만족이며 이러한 평판이 끝나면 만족 자체, 바꾸어 말하면〔제4부 정리52의 주해에 의해〕 모든 사람이 좋아하는 이 최고의 선도 사라진다. 그 때문에 민중의 좋은 평판 속에 명예를 찾는 사람들은 그들의 명성을 유지하기 위해서 걱정과 불안 속에 매일 같이 노력하고 행동하고 계획을 세운다. 민중은*[10] 변심하기 쉽고 변덕스러워서 명성은 잘 유지하지 않으면 곧 사라지기 때문이다. 뿐만 아니라 누구든지 민중의 갈채를 받으려고 하기 때문에 각자는 타인의 명성을 파괴하기를 즐긴다. 그래서 결과적으로 최고라고 평가되는 선을 얻기 위해서 다투기 때문에 모든 가능한 수단으로 서로 동료를 압도하려고 하는 격렬한 욕망이 일어난다. 그리하여 마침내 최후의 승리자로서 등장하는 사람

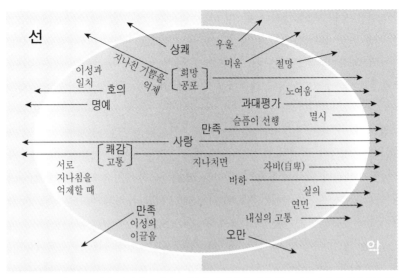

〈그림9〉 기쁨과 슬픔에서 파생되는 감정 기본적 감정에서 설명되는 모든 감정 속에서 주요한 감정에 다시 선과 악의 도법으로 분류할 수 있다. 기쁨에서 파생되는 감정은 고딕체로 표시한다. 다른 것은 모두 슬픔에서 파생되는 그것이다.

은 자기 자신이 이익을 얻은 것보다 타인을 해친 일에서 더 큰 명예를 찾는다. 그러므로 이러한 만족이나 명성은 참으로 허망하다. 왜냐하면 사실 그것은 명성이 아니기 때문이다.

치욕에 대해서 지적해야 할 것은 동정과 후회에 관해서 이미 설명한 것으로부터 쉽사리 결론지을 수 있다. 다만 내가 여기서 부언(付言)하고자 하는 것은 치욕 또한 연민과 마찬가지로 덕은 아니지만 그것은 치욕을 느끼는 인간에게는 성실하게 살아가려는 욕망이 있다는 증거인 한, 선이나 마찬가지이다. 마치 고통이 신체의 손상된 부분이 아직 부패하지 않았다는 것을 보여주는 증거인 한 선이라고 하는 것과 같다. 그러므로 자기의 어떤 행위를 부끄러워하는 사람은 슬픔을 느끼기는 하지만, 그럼에도 불구하고 성실하게 살려고 하는 욕망을 가지지 않는 후안무치(厚顏無恥)한 사람보다는 훨씬 더 완전하다.

이것이 내가 기쁨과 슬픔의 감정에 대해서 지적하려고 계획하였던 것이다〔〈그림9〉 참조〕. 그런데 욕망에 관해서 말하면, 그것은 분명 좋은 감정 또는 나쁜 감정에서 생기는 것에 따라 선 또는 악이다. 그러나 욕망은 수동이라는 감정에서 우리 속에 생기는 한 맹목적이다〔제4부의 정리44의 주해에서 설명한 바로부터 쉽사리 이끌어 낼 수 있다〕. 그리고 만일 인간이 단지 이성의 명령에 따라서만 생활하도록 쉽게 인도될 수 있다면 이러한 욕망은 아무런 소용도 없을 것이다. 이에 관해서는 다음에 간단히 설명할 것이다.

정리59 우리는 수동적인 감정에 따라 결정되는 모든 활동에, 그 감정이 없더라도 이성에 의해서 결정할 수 있다.

증명 : 이성에 따라서 활동하는 것은〔제3부 정리3과 정의2에 의해서〕우리의 본성, 단순히 그 자체만으로 생각되는 우리의 본성의 필연성에서 유래하는 활동을 하는 것뿐이다.

그런데 우선 슬픔은 이 활동 능력을 감소 내지 저해하는 한 악이다〔제4부의 정리41에 의해서〕. 그러므로 우리는 슬픔의 감정에서는 이성에 의해서 지도될 경우 수행할 수 없는 어떠한 활동도 결정할 수 없다.

다음으로 기쁨은 인간의 활동 능력을 방해하는 한 악이다〔제4부 정리41과 43에 의해〕. 그러므로 우리는 그러한 기쁨에서도 이성에 의해서도 지도될 경우에 할 수 없는 어떠한 활동에 대해서도 결정될 수 없다.

끝으로, 기쁨은 선인 이상 이성에 일치한다〔왜냐하면 그것은 인간의 활동 능력이 증대 또는 촉진되는데 있으므로〕. 그리고 이러한 기쁨은 인간이 자기와 자기의 활동을 충분히 파악할 때까지 인간의 활동 능력을 증대시킬 수 없는 한에서만 수동적이다〔제3부 정리3과 그 주해에 의해〕. 그러므로 만일 인간이 기쁨의 감정에 자극되어 자기와 자신의 활동을 충분히 파악할 만큼 완전성에 도달한다면, 그는 이제 수동적인 감정에 의해서 결정되는 것과 같은 활동을 할 수 있을 것이다. 아니 이전보다 더 잘할 수 있을 것이다.

그러나 모든 감정은 기쁨·슬픔 또는 욕망으로 환원되며〔감정의 정의4의 설명을 볼 것〕, 그리고 욕망은〔감정의 정의1에 의해〕활동하려는 노력 이외의 아무것도 아니다. 그러므로 우리는 수동이라는 감정에 의해서 결정되는 모든 활동을 그러한 감정이 없이 단순히 이성에 의해서 결정할 수 있다. 이리하여 이 정리는 증명되었다.

또 다른 증명 : 저마다의 활동은 우리가 미움이나 그 밖의 나쁜 감정에 자극된 사실로부터 일어나는 한, 악이라고 한다〔제4부의 정리45의 계1에 의

해). 그러나 어떠한 활동도 그 자체로는 선도 악도 아니다〔제4부의 서문에서 설명한 것처럼〕. 오히려 동일한 활동이 어떤 때는 선이고, 어떤 때는 악이기도 하다. 그러므로 현재 악인 활동, 즉 나쁜 감정에서 일어나는 활동이나 그 동일한 활동에 우리는 이성에 의하여 이끌어질 수 있다〔제4부 정리19에 의해〕. 이리하여 이 정리는 증명되었다.

주해 : 이것은 실례를 듦으로써 더욱 명료하게 설명된다. 예컨대 구타라는 행위는 그것을 물리적으로 생각하는 한, 인간이 팔을 올려 주먹을 쥐고 힘주어 팔 전체를 내려치는 것만을 안중에 두는 한, 인간 신체의 구조에서 생각할 수 있는 하나의 덕이다. 그러므로 만일 인간이 노여움이나 미움에서 주먹을 쥐고 팔을 내려치도록 결정된다면, 그러한 일은 우리가 제2부에서 지적한 것처럼 동일한 행동이 여러 가지 사물의 표상상(表象像)과 결합될 수 있기 때문에 일어난다. 그러므로 우리는 혼란된 상태에서 인식하는 사물의 표상상에 의해서도, 명료하고 판연하게 인식하는 사물의 표상상에 의해서도 동일한 행동으로 결정될 수 있다. 그러므로 만일 인간이 이성에 의해서 이끌어질 수 있다면 수동적인 감정에서 일어나는 모든 욕망은 전연 쓸모가 없다는 것은 명백하다. 이제 우리는 수동적인 감정에서 일어나는 욕망이 왜 맹목적이라고 하는가를 살펴볼 것이다.

정리60 신체의 모든 부분이 아니라, 그 일부분 또는 약간의 부분에만 관계되는 기쁨이나 슬픔에서 일어나는 욕망은 인간 전체의 이익을 생각지 않는다.

증명 : 예컨대 신체의 A라는 부분이 어떤 외적 원인에 의해서 강화됨으로써 다른 부분보다 우세해졌다고 가정해 보자〔제4부의 정리6에 의해〕. 이 부분은 그렇다고 해서 신체의 그 밖의 부분에 그 기능을 수행케 하기 위해서 자기의 힘을 손실하려고 노력하지는 않을 것이다. 왜냐하면 그러기 위해서는 그 부분은 자기의 힘을 손실하는 힘 내지 능력을 가져야만 하는데 그러한 것은〔제3부 정리6에 의해〕 부당하기 때문이다. 그러므로 그 부분, 따라서〔제3부 정리7과 12에 의해〕 정신 역시 그러한 상태를 유지하려고 노력할 것이다. 그리하여 이러한 기쁨의 감정에서 일어나는 욕망은 전체를 고려하지 않는다. 반대로 A라는 부분의 움직임이 억제됨으로써 다른 부분이 그것보다

우세하게 되는 경우를 가정한다면, 슬픔에서 일어나는 욕망 역시 전체를 고려하지 않는다는 것이 같은 방법으로 증명될 수 있다. 이리하여 이 정리는 증명되었다.

주해 : 그런데 기쁨은 대체로 신체의 일부분에만 관계되기 때문에〔제4부의 정리44의 주해에 의해〕 우리는 일반적으로 자기의 존재를 보존하기를 원하면서 전신의 건강을 고려하지 않는다. 더구나 우리를 가장 강하게 구속하는 욕망들은〔제4부의 정리9의 계에 의해〕 다만 현재만을 돌아보고 미래에 대해서는 고려하지 않는다.

정리61 이성으로부터 생기는 욕망은 결코 과도해질 수 없다.

증명 : 욕망은〔감정의 정의1에 의하면〕 일반적으로 생각하면, 인간의 본질이 어떠한 방식으로 어떤 행동을 하도록 결정되어 있다고 생각되는 한, 인간의 본질 자체이다. 그러므로 이성으로부터 생기는 욕망, 바꾸어 말하면〔제3부 정리3에 의해〕 활동하는 한에 있어 우리들 속에 일어나는 욕망은, 인간의 본질이 단순히 인간의 본질에 의해서만 충분히 이해될 수 있는 일들을 하도록 결정된다고 생각되는 한 인간의 본질 내지 본성 자체이다〔제3부 정의2에 의해〕. 그러므로 만일 이러한 욕망이 과도해질 수 있다면, 그 자체로 본 인간의 본성은 자기 자신을 초탈(超脫)할 수 있을 것이다. 달리 말해서, 할 수 있는 것보다 그 이상의 것이 가능하게 될 것이다. 이것은 명백한 모순이다. 그러므로 이러한 욕망은 결코 과도해질 수 없다. 이리하여 이 정리는 증명되었다.

정리62 정신은 이성의 지도에 따라 사물을 파악하는 한, 관념이 미래나 과거 혹은 현재의 것에 관한 것이라 할지라도 동일하게 자극받는다.

증명 : 정신은 이성의 지도 아래 생각하는 모든 것을 동일하게 영원한 상(相) 내지 필연의 상 아래 파악하며〔제2부 정리44의 계2에 의해〕, 또 그것에 대해 같은 확실성을 가진다〔제2부 정리43과 그 주해에 의해〕. 그러므로 관념이 미래 또는 과거의 대상에 관해서든 현재의 대상에 관해서든, 정신은 같은 필연성에 따라서 대상을 파악하고, 그에 대해 같은 확실성을 갖는다. 그리고 그 관념은 미래 혹은 과거의 대상이든 현재의 대상이든 어느 경우나

꼭같이 참일 것이다[제2부 정리41에 의해]. 말하자면[제2부 정의4에 의해] 그 관념은 언제나 타당한 관념이 갖는 동일한 특질을 가질 것이다. 그러므로 정신은 이성의 지시에 따라서 어떤 대상을 생각하는 한, 관념이 미래나 과거 의 것이든 혹은 현재의 것이든 동일한 방식으로 자극을 받는다. 이리하여 이 정리는 증명되었다.

주해 : 만일 사물의 지속에 관한 타당한 지식과 사물이 존재하는 시간을 이성에 의해서 결정할 수 있다면, 우리는 미래의 대상들을 현재의 그것들과 같은 감정을 가지고 바라볼 수 있을 것이다. 그리고 정신은 미래의 것이라고 생각하는 선을, 현재의 선처럼 추구했을 것이다. 그 결과 정신은 보다 작은 현재의 선을 보다 큰 미래의 선을 위해서 반드시 단념하고, 또 현재에는 선 이지만 미래의 악의 원인이 될 것을 결코 추구하지 않았을 것이다. 이에 관 해서는 곧 증명할 것이다. 그러나 우리는 사물의 지속에 대해서 극히 타당치 못한 인식밖에 가질 수 없으며[제2부 정리31에 의해], 그리고[제2부 정리44 의 주해에 의해] 사물이 존재하는 시간을 단순히 상상력에 의해서만 결정한 다. 이 상상력은 현재 대상의 표상상이 미래 대상의 표상상과 같은 방식으로 자극되지는 않는다. 이 결과로서 우리가 갖는 선과 악에 대한 참된 인식은 추상적 내지 일반적인 것에 지나지 않는다. 그리고 우리에게 현재 무엇이 선 이며 무엇이 악인가를 결정할 수 있기 위해서는, 사물의 질서와 원인의 연결 에 대해서 우리가 내리는 판단은 실제에 합치하기보다는 상상적인 것에 지 나지 않는다. 그러므로 선과 악에 관한 인식이 미래에 관계되는 한 그 인식에 서 생겨나는 욕망이, 현재의 순간에 우리들에게 쾌적함을 주는 대상의 욕망 에 의해서 쉽사리 억제될 수 있다고 하더라도 이상할 것이 없다[제4부 정리 16을 볼 것].

정리63 공포에 인도되거나 악을 피하기 위해서 선을 행하는 사람은 이성 에 의해서 인도되지 않는다.

증명 : 정신이 활동하고 있는 한, 정신에 관계되는 감정, 즉[제3부 정리3 에 의해] 이성에 관계되는 감정은 기쁨과 욕망의 감정뿐이다.[제3부 정리59 에 의해] 따라서[감정의 정의13에 의해] 공포에 이끌려 악에 대한 두려움 때 문에 선을 행하는 사람은 이성에 의해서 인도되지 않는다. 이리하여 이 정리

는 증명되었다.

　　주해 : 덕을 가르치기보다 결점을 비난하는 것을 터득하고, 사람들을 이성에 의해서 인도하는 대신에 공포에 의해 억압하여 덕을 사랑하기보다는 죄악을 회피하도록 하는 미신가들은 타인들을 그들 자신과 마찬가지로 불행하게 하려고 할 뿐이다. 그러므로 그들이 일반적으로 사람들에게 불쾌함을 주고 미움을 받게 되는 것도 이상할 것이 없다.

　　계 : 이성으로부터 생겨나는 욕망에 의해서 우리는 직접적으로 선을 추구하고, 간접적으로 악을 회피한다.

　　증명 : 왜냐하면 이성으로부터 생겨나는 욕망은 수동적이 아닌 기쁨의 감정에서만 생길 수 있기 때문이다〔제3부 정리59에 의해〕. 말하자면 과도해질 수 없는 기쁨에서만 생길 수 있기 때문이다〔제4부 정리61에 의해〕. 그리고 슬픔에서도 생기지 않는다. 그러므로 이 욕망은〔제4부의 정리8에 의해〕 선에 대한 인식에서 생겨나며 악에 대한 인식에서는 생겨나지 않는다. 그러므로 우리는 이성의 지도에 따라서 직접적으로 선을 추구하고 또 그런 한에서만 악을 회피한다. 이리하여 이 정리는 증명되었다.

　　주해 : 이 계는 병자와 건강한 사람을 예로 들어 설명할 수 있다. 병자는 죽음의 공포 때문에 자기가 싫어하는 것도 먹는다. 건강한 사람은 먹는 것을 즐기고, 죽음을 두려워하여 죽음을 직접적으로 피하려 하기보다는 도리어 생을 향수한다. 마찬가지로 미움이나 노여움에서가 아니라 오로지 공공의 안녕을 사랑하기 때문에 죄인에게 사형을 선고하는 재판관은 이성에 의해서 인도되는 자이다.

　　정리64 악에 대한 인식은 타당치 못한 인식이다.

　　증명 : 악에 대한 인식은〔제4부 정리8에 의해〕 우리가 그것을 의식하는 한 슬픔 자체이다. 그러나 슬픔은 보다 작은 완전으로의 이행이며〔감정의 정의3에 의해〕 따라서 슬픔은 인간의 본질 자신에 의해서는 이해될 수 없다〔제3부 정리6과 7에 의해〕. 그러므로〔제3부 정의2에 의해〕 슬픔은 타당치 못한 관념에 의존하고 있는 수동적인 상태이다〔제3부 정리3에 의해〕. 따라서〔제2부 정리29에 의해〕 슬픔에 대한 인식, 말하자면 악에 대한 인식은 타당치 못한 것이다. 이리하여 이 정리는 증명되었다.

계 : 이로 보아 인간의 정신은 만일 타당한 관념밖에 가지지 않는다면, 악에 대한 어떤 개념도 형성하지 않을 것이다.

정리65 이성의 지도에 따라 우리는 두 가지 선한 것 중 보다 큰 선에, 그리고 두 가지 악 중에서 보다 작은 악에 따를 것이다.

증명 : 우리들이 보다 큰 선을 향수하는 것을 방해하는 것은 실은 악이다. 왜냐하면〔제4부의 서문에서 이미 살핀 것처럼〕사물은 우리들이 그것을 서로 비교하는 한에서만 선 또는 악이라고 할 수 있기 때문이다. 같은 이유에 의해서 보다 작은 악은 실은 선이다. 그러므로〔제4부 정리63의 계에 의해〕이성의 지도에 따라서 우리는 보다 큰 선과 보다 작은 악만을 추구하거나 따르게 될 것이다. 이리하여 이 정리는 증명되었다.

계 : 이성의 지도에 따라서 우리는 보다 큰 선을 위해서 보다 작은 악을 따르며, 그리고 보다 큰 악의 원인인 보다 작은 선을 단념할 것이다. 왜냐하면 여기서 보다 작은 것이라고 불리는 악은 실은 선이며, 반대로 보다 작은 것이라고 불리는 선은 악이기 때문이다. 그러므로〔제4부의 정리63의 계에 의해〕우리는 전자를 추구하고 후자를 단념할 것이다. 이리하여 이 정리는 증명되었다.

정리66 이성의 지도에 따라 우리는 보다 작은 현재의 선보다는 보다 큰 미래의 선을, 그리고 보다 큰 미래의 악보다는 보다 작은 현재의 악을 추구할 것이다.

증명 : 만약에 정신이 미래의 대상에 대해서 타당한 지식을 가질 수 있다면, 정신은 미래의 대상에 대해서도 현재의 대상에 대한 것과 같은 감정에 의해서 자극될 것이다〔제4부의 정리62에 의해〕. 그러므로 이 정리에서 우리가 그러한 경우를 가정하듯이 우리가 이성 자체에 주목하는 한, 보다 큰 선 내지 악이 미래에 있다고 가정하건 현재에 있다고 가정하건 그것은 매한가지이다. 그러므로〔제4부의 정리65에 의해〕우리는 현재의 보다 작은 선보다는 미래의 보다 큰 선을 추구할 것이다. 이리하여 이 정리는 증명되었다.

계 : 이성의 지도에 따라서 우리는 보다 큰 미래의 선의 원인인 보다 작은 악을 추구하며, 그리고 보다 큰 미래의 악의 원인인 보다 작은 현재의 선을

단념할 것이다. 이 계는 앞의 정리에 대해서 정리65의 계가 정리65에 대한 것과 동일한 관계에 있다.

주해 : 만약에 지금까지 말해 온 것을 제4부의 정리18까지의 감정의 힘에 대해서 증명한 것에 비교한다면, 감정이나 편견에만 이끌리는 사람과 이성에 이끌리는 사람과의 사이에 어떠한 차이가 있는가를 우리는 쉽게 알 수 있을 것이다. 전자는 그가 원하든 원하지 않든 간에 자기가 행하는 바에 대해 전혀 알지 못하며, 후자는 자기 이외의 누구에게도 따르지 않으며 또 인생에 있어서 가장 중요하다고 인식하는 것, 따라서 그가 가장 원하는 것만을 실행한다. 그러므로 나는 전자를 **노예**, 후자를 **자유인**이라고 한다. 나는 자유인의 성격과 그의 생활태도에 대해서 여기에서 약간 언급하고자 한다.

정리67 자유인은 죽음에 대해서 생각하지 않는다. 그리고 그의 지혜는 죽음에 대한 성찰이 아니라, 삶에 대한 성찰이다.

증명 : 자유인, 바꾸어 말하면 이성의 지시에 따라서만 살아가는 사람은 죽음의 공포에 죄우됨이 없고[제4부의 정리63에 의해] 도리어 직접적으로 선을 욕구한다[제4부 정리63의 계에 의해]. 즉 그는[제4부 정리24에 의해] 자기 자신의 이익을 추구하는 원칙에 따라서 행동하고, 생활하고, 자기의 존재를 유지하려고 한다. 따라서 그는 죽음에 대해서 생각하지 않으며, 그의 지혜는 삶에 대한 성찰이다. 이리하여 이 정리는 증명되었다.

정리68 만약에 인간이 자유롭게 태어났다면, 그들이 자유로운 동안에는 선악에 대한 관념을 형성하지 않았을 것이다.

증명 : 나는 이성에 의해서만 이끌리는 사람을 자유인이라고 말한 바 있다. 그러므로 자유롭게 태어나서 또 자유롭게 존속하는 사람은 타당한 관념만을 가진다. 그리고 그 때문에 악에 대한 개념을 가지지 않는다[제4부 정리64의 계에 의해]. 따라서 선의 개념도 가지지 않는다[선과 악은 상관개념이기 때문에]. 이리하여 이 정리는 증명되었다.

주해 : 제4부의 정리4로부터 이 정리의 가정이 잘못이라는 것, 그리고 그것은 인간의 본성만을 생각하는 한에서만, 혹은 도리어 무한한 자로서의 신이 아니라, 다만 인간 존재의 원인에 지나지 않는 신을 염두에 두는 한에서

만 생각될 수 있다는 것은 명백하다.

이것과 내가 이미 증명한 다른 것들은 모세(Moses)가 최초의 인간에 관한 저 얘기 속에 암시하고 있는 것처럼 보인다. 그 얘기 속에는 신이 인간을 창조한 능력, 바꾸어 말하면 인간의 이익만을 고려한 그 능력 이외의 어떠한 신의 능력도 생각할 수 없다. 그리고 이 사고 방식에 따라 다음 이야기를 할 수 있다. 즉 신이 자유로운 인간에 대해서 선악을 인식하는 나무 열매를 따먹는 것을 금지하였고, 인간이 그것을 따먹자마자 곧 살기를 원하기보다는 죽음을 두려워하게 되었다. 그 후에 인간은 자기의 본성에 완전히 일치하는 여성을 발견하였을 때, 자연 속에는 그녀 이상으로 자기에게 유익한 것이 없음을 알게 되었다. 그러나 그는 야수가 자신과 닮았다고 생각하고, 곧 그는 야수의 감정을 모방하여〔제3부 정리27에 의해〕 자신의 자유를 상실하기 시작했다. 이 잃어버린 자유는 그리스도의 정신에 이끌린 자, 말하자면 신의 관념에 의해서 이끌린 족장들에 의해서 후에 회복되었다. 신의 관념만이 인간을 자유롭게 할 수 있으며 또 자신을 위해서 욕구하는 선을 타인을 위해서도 욕구하게 하는 유일한 근거이다. 이것은〔제4부 정리37에서〕 이미 증명한 바이다.

정리69 자유인의 덕은 위험을 회피함에 있어서도, 위험을 극복함에 있어서와 마찬가지로 그 위대함이 나타난다.

증명: 감정은 그것과 대립되고 또 그것보다 강력한 감정이 아니고서는 억제되거나 제거될 수 없다〔제4부의 정리7에 의해〕. 그러나 맹목적인 대담성과 공포는*11 같은 크기라고 생각할 수 있는 감정이다〔제4부의 정리5와 3에 의해〕. 그러므로 대담성을 억제하기 위해서는 공포를 억제하는 것과 같은 크기의 정신의 덕 내지 강함을 필요로 한다〔그 정의는 제3부 정리59의 주해를 볼 것〕. 바꾸어 말하면〔감정의 정의40과 41에 의해〕 자유인은 위험을 회피할 때, 위험을 극복하려고 노력하는 것과 같은 정신의 덕에 의해서 한다. 이리하여 이 정리는 증명되었다.

계: 그러므로 적시에 후퇴하는 것은 전투와 마찬가지로 자유인의 커다란 용기의 증명이다. 말하자면 자유인은 전투를 선택할 때와 같은 용기와 침착한 마음으로 후퇴를 선택한다.

주해 : 용기란 무엇인가 혹은 그것을 내가 어떻게 이해하고 있는가는 제3부 정리59의 주해에서 설명하였다. 위험이란 슬픔이나 미움이나 불화나 혹은 어떤 다른 악과 같은 것의 원인이라고 나는 이해한다.

정리70　무지한 사람 사이에 생활하는 자유인은 가능한 그들의 친절을 피하려고 노력한다.

증명 : 누구나 자기의 성향에 따라 무엇이 선인가를 판단한다[제3부 정리39의 주해에 의해]. 그러므로 무지한 사람이 타인을 위해서 선행을 하면, 그것을 자기 나름의 생각에 따라서 평가할 것이다. 그리고 그는 만일 그 선의를 받은 사람에 의해서 그것이 조금밖에 평가되지 않는 것을 안다면, 그는 슬퍼할 것이다[제3부 정리42에 의해]. 그러나 자유인은 타인과 우정을 맺으려고 노력하지만[제4부의 정리37에 의해], 그들에게 대해서는 그들의 감정에 따라서 그에 상응한 선의에 보답하려고 하지 않는다. 도리어 그는 자기와 타인을 이성의 자유로운 판단에 의해 이끌려고 하고, 그가 가장 중요하다고 인식하는 것만을 하려고 노력한다. 그러므로 자유인은 무지한 사람들로부터 미움을 사지 않도록, 그리고 그들의 충동이 아니라 다만 이성에만 따르도록 그들의 선의를 되도록이면 회피하려고 노력할 것이다. 이리하여 이 정리는 증명되었다.

주해 : 나는 '가능한 한'이라고 말한다. 왜냐하면 그들은 비록 무지하기는 하지만 역시 인간이며 우리가 위급할 때에는 무엇보다 중요한 인간적인 도움을 받을 수 있다. 그러므로 무지한 사람으로부터 친절을 받고, 또 종종 그들의 의향에 따라 감사할 필요도 있다. 나아가서 남의 친절을 피하는 데는 그 사람들을 경멸하는 것처럼 보이지 않도록, 혹은 탐욕 때문에 보수(報酬)를 두려워하는 것처럼 보이지 않도록 주의해야 한다. 즉 그들의 미움을 피하려고 노력하는 나머지 도리어 그들은 불쾌하게 만드는 행동을 해서는 안 된다. 그러므로 타인의 친절을 피할 때 이익과 명예를 생각해야 한다.

정리71　자유인들만이 서로에 대하여 가장 감사할 수 있다.

증명 : 자유인들만이 서로 가장 유익하며, 또는 가장 굳건한 우정의 유대에 의하여 서로 결합한다[제4부의 정리35와 그 계1에 의해]. 혹은 사랑의

동일한 욕구를 가지고 서로 친절을 행하려고 노력한다〔제4부 정리37에 의해〕. 그러므로〔감정의 정의34에 의해〕자유인들만이 서로 가장 감사할 수 있다. 이리하여 이 정리는 증명되었다.

주해 : 맹목적 욕망에 지배되는 사람들이 서로 보여주는 감사는 대개는 감사라기보다 거래 내지는 계약이다.

다음으로 은혜를 잊음은 감정이 아니다. 그러나 그것은 비열한 짓이다. 왜냐하면 그것은 대개 인간이 지나친 미움이나 노여움, 교만, 탐욕 등에 사로잡혀 있다는 증거이기 때문이다. 왜냐하면 어리석음 때문에 증여에 보답할 줄 모르는 사람을 은혜도 모르는 자라고는 할 수 없다. 그리고 음탕한 여자의 선물에 의해서 그녀의 정욕에 봉사하도록 동요되지 않는 사람, 그리고 도둑의 선물에 의해서 도둑의 훔친 물건을 감추어주도록 동요되지 않는 사람, 기타 이런 종류의 사람들의 선물에 의해서 동요되지 않는 사람은 더더욱 은혜도 모르는 자라고는 하지 않는다. 어떠한 선물에 의해서도 자기 또는 사회를 파멸케 하는 행동에 유혹되지 않는 사람은 확고한 정신의 소유자라는 것을 보여주고 있기 때문이다.

정리72 자유인은 결코 간교하게 행동을 하지 않으며 언제나 신의있게 행동한다.

증명 : 만일 자유인이 자유로운 한에서 어떤 일을 간사하게 행동하였다면, 그는 그것을 이성의 명령에 따라 하였을 것이다〔왜냐하면 이성의 명령에 따라서 행동하는 한에서만 삶은 자유롭다고 할 수 있기 때문이다〕. 그러므로 간사하게 행동하는 것이 덕이 될 것이다〔제4부의 정리24에 의해〕. 그리고 따라서〔같은 정리에 의해서〕누구에게나 자기의 존재를 유지하기 위해서는 간사하게 행동하는 것이 더 유리할 것이다. 말하자면〔자명한 것처럼〕사람들에게는 말로만 일치하고, 실제로는 서로 대립적인 것이 더 유리할 것이다. 이것은〔제4부의 정리31의 계에 의해〕부당하다. 그러므로 자유인은―. 이리하여 이 정리는 증명되었다.

주해 : 여기서 다음과 같은 질문이 제기될지도 모른다. 만일 인간이 배신에 의하여 현재의 죽음의 위험으로부터 벗어날 수 있다면 어떨까? 그 경우 자기 존재의 유지를 원칙으로 하는 이성은 무조건 인간에게 배신하라고 권

고하는 것이 아닐까? 이에 대해서 다음과 같이 나는 대답할 것이다. 만일 이성이 그러한 것을 권고한다면 이성은 그것을 모든 사람들에게 권고하는 것이다. 그러므로 이성은 일반적으로 사람들에게 서로 협력할 것과 공통된 법률을 준수할 것에 대한 약속을 언제나 거짓으로 맺도록 권고하는 것이다. 바꾸어 말하면 결국 공통된 법률을 가지지 못하도록 권고한다. 그러나 이것은 부당하다.

정리73 이성의 지도를 받는 인간은 자기 자신에게만 복종하는 고독 속에서보다는 오히려 공동의 결정에 따라서 생활하는 국가 속에서 좀더 자유롭다.
　증명 : 이성의 지도를 받는 인간은 공포에 의해 복종하게 되지는 않는다 〔제4부 정리63에 의해〕. 오히려 그는 이성의 명령에 따라 자기의 존재를 보존하려고 노력하는 한, 바꾸어 말하면〔제4부 정리66의 주해에 의해〕 자유롭게 생활하려고 노력하는 한, 공동 생활과 공동 이익을 고려하고〔제4부 정리37에 의해〕, 따라서〔제4부 정리37의 주해2에서 살핀 것처럼〕 국가의 공동적 결정에 따라서 생활하기를 원한다. 그러므로 이성의 지도를 받는 사람은 좀더 자유롭게 생활하기 위해서 국가의 공통적 법률을 지키려고 한다. 이리하여 이 정리는 증명되었다.
　주해 : 이러한 것과 우리가 인간의 진정한 자유에 관해서 제시한 이와 비슷한 것들은 정신의 강함, 바꾸어 말해서〔제3부 정리59의 주해에 의해〕 용기와 관용에 관계된다. 그러나 나는 정신의 강함의 모든 특질을 여기서 증명할 필요가 있다고 생각하지는 않는다. 하물며 의연한 정신을 가진 사람은 아무도 미워하지 않고, 노여워하지 않고, 질투하지 않고, 분개하지 않고 그리고 아무도 경멸하지 않고, 결코 교만하지 않다는 것을 증명할 필요는 더욱 없다고 생각한다. 왜냐하면 이것과 참된 생활과 종교에 관한 모든 것은 제4부의 정리37과 46에서 쉽사리 이끌어 낼 수 있기 때문이다. 즉 미움은 사랑에 의해서 극복되어야 한다는 것, 그리고 이성의 지도를 받는 모든 사람은 자기를 위해서 욕구하는 선을 타인을 위해서도 욕구한다는 데서 쉽사리 이해되기 때문이다. 더구나 우리는 제4부 정리50의 주해와 그 밖의 여러 곳에서 이미 지적한 것을 상기해야 한다. 즉 의연한 정신을 가진 사람은 모든 것이 신의 본성의 필연성에서 생겨난다는 것을 특히 염두에 두고, 따라서 불쾌

하고, 악하다고 생각하는 것, 그리고 경건치 못하고, 두려워할 만한 것, 부정, 무례하게 보이는 것은 사물을 완전히 전도하고, 훼손하고, 혼란스럽게 생각하는 것에서 일어난다는 것을 알고 있다. 이러한 이유 때문에 그는 사물을 있는 그대로 파악하려고 노력하며 우리가 앞에서 지적한 미움·노여움·질투·조소·교만과 같은 참된 인식의 장애가 되는 것을 제거하려고 특별히 노력한다. 그리고 우리가 이미 말한 것처럼 될 수 있는 한 올바르게 행동하고 스스로 즐기도록 노력한다. 이러한 목적의 달성에 있어 인간의 덕은 어디까지 도달할 수 있으며, 또 무엇을 할 수 있는가에 대해서는 다음 제5부에서 증명할 것이다.

부록

이 제4부에서 올바른 생활 방법에 관한 나의 고찰은 한눈에 볼 수 있도록 배열되어 있지는 않다. 나는 하나를 다른 것으로부터 더욱 쉽사리 이끌어 낼 수 있는 곳을 따라 분산적으로 이것을 증명하였다. 그래서 나는 여기서 그것을 총괄해서 주요 항목 아래 환원하기로 하였다.

1. 우리의 모든 노력 내지 욕망은 우리 본성의 필연성으로부터 생겨나는 것이지만, 그것들은 그 최근 원인으로서의 우리의 본성만을 가지고 이해될 수 있는 방법으로 생겨나든가, 그렇지 않으면 우리가 다른 개체 없이 자신만으로는 충분히 생각할 수 없는 자연의 일부분인 한에 있어서 생겨나든가 그 어느 쪽이다.

2. 우리의 본성에 의해서만 이해될 수 있는 방식에서 우리의 본성으로부터 생겨나는 욕망은 타당한 관념으로 성립된다고 생각될 수 있는 정신에 관계되어 있다. 다른 욕망들은 사물을 타당치 않게 생각하는 정신에만 관계되어 있다. 욕망의 힘과 증대는 인간의 능력에 의해서가 아니라 우리 외부에 있는 사물들의 힘에 의해서 규정되어야 한다. 그러므로 전자의 욕망들은 능동이라고 하며, 후자의 욕망들은 수동이라고 한다. 왜냐하면 전자는 언제나 우리의 능력을 표시하며, 반대로 후자는 우리의 무능력과 훼손된 인식을 표시하기 때문이다.

3. 우리의 능동, 바꾸어 말하면 인간의 능력 내지 이성에 의해서 규정되는 욕망은 언제나 선이다. 그러나 다른 욕망들은 선일 수도 있고 악일 수도 있다.

4. 그러므로 인생에서 우리에게 가장 유익한 것은 지성 내지 이성을 가능한 한 완성하는 일이며, 그리고 이것에만 인간의 최고 행복 즉 복지(福祉)가 있다. 왜냐하면 복지는 신의 직관적 인식에서 생기는 정신의 만족 자체일 뿐이며, 그 밖에 지성을 완성한다는 것은 신과 신의 속성, 신의 본성으로부터 필연적으로 생기는 여러 활동을 인식하는 일에 지나지 않기 때문이다. 그러므로 이성에 의해서 지도되는 인간의 궁극 목적, 바꾸어 말하면 그가 다른 모든 욕망을 통솔하려고 노력함에 있어 규준이 되는 최고의 욕망은, 그 자신과 그의 인식의 대상이 될 수 있는 모든 사물을 타당하게 이해하도록 그를 이끌어 주는 욕망이다.

5. 그러므로 타당한 인식이 없이는 이성적 생활은 없다. 그리고 사물은 타당한 인식작용을 근본으로 하는 정신생활을 향수하도록 인간을 촉진하는 한에 있어서만 선이다. 반대로 인간이 이성을 완성해서 이성적 생활을 향수하는 데 방해가 되는 것만을 우리는 악이라고 한다.

6. 그러나 인간 자신을 동력인(動力因, efficient cause)으로 생기는 모든 것은 필연적으로 선이므로, 따라서 악은 인간에게는 다만 외부 원인에서만 일어날 수 있다. 말하자면 인간이 자연의 일부분인 한, 인간의 본성은 자연의 법칙에 복종하도록 강요되며, 무한히 많은 방법으로 인간의 본성은 자연에 순응하도록 강요된다는 것에서만 악은 일어날 수 있다.

7. 인간이 자연의 일부분이 아니고 또한 자연의 공통적 질서에 따르지 않는다는 것은 불가능하다. 그러나 만약에 인간이 자기 자신의 본성에 일치하는 개체들 사이에서 생활한다면, 바로 그러한 사실에 의해서 인간의 활동 능력은 촉진되고 함양될 것이다. 그러나 반대로 만일 자기의 본성과 전연 일치하지 않는 개체 사이에 있다면 그는 자기쪽에 커다란 변화 없이는 그들에게 순응한다는 것은 거의 불가능할 것이다.

8. 자연 속에 존재하는 것으로 우리들이 악이거나 또는 우리 존재와 이성적인 생활을 향수하는 데 방해가 될 수 있다고 판단하는 것은 가장 확실하다고 생각되는 방법으로 우리들로부터 제거하는 것이 좋을 것이다. 반대로 우리가 선이라고 판단하거나 또는 우리의 존재를 보존하며, 이성적인 생활을 향수하는 데 도움이 된다고 판단하는 것이 있다면, 우리는 그러한 모든 것들을 우리의 용도에 따라서 사용하고 그리고 어떤 방법으로든지 그것을 사용

해도 좋을 것이다. 그리고 일반적으로 누구든지 자기의 이익에 이바지한다고 믿는 바를 실행하는 것은 최고의 자연권에 의해서 허용되어 있다.

9. 어떤 대상의 본성과 가장 일치할 수 있는 것은 그것과 같은 종류에 속하는 개체이다. 따라서 [제7항에 의해] 인간이 자기 존재를 보존하려고 하고 또 이성적 생활을 누리기 위해서는 이성에 의해서 지도되는 인간처럼 유익한 것은 없다. 그런데 개체 가운데 이성에 의해서 지도되는 인간만큼 가치 있는 것을 우리가 알지 못하기 때문에, 우리는 사람들을 교육하여 마침내 그들로 하여금 자기 이성의 지령에 따라 생활하도록 함으로써 자기의 기술과 재능을 가장 잘 증명할 수가 있다.

10. 인간은 서로에 대해 질투나 어떤 미움의 감정을 갖게 되는 한 서로 대립적이다. 따라서 인간은 자연의 다른 개체보다 더 유능하면 할수록 서로에게 한층 두려워해야 할 적이다.

11. 그러나 인간의 마음은 무력에 의해서가 아니라 사랑과 관용에 의해서 정복된다.

12. 인간에게 가장 유익한 것은 서로 교제하고 그들 모두를 하나로 만드는 데 가장 적합한 유대에 의해서 서로 결속하는 것, 일반적으로 말해서 우정의 강화에 도움이 되는 것을 행하는 것이다.

13. 그러나 이것을 행하는 데는 기술과 주의가 필요하다. 왜냐하면 인간이란 각양 각색이며 이성의 법칙에 따라서 살아가는 사람은 매우 드물다. 더구나 일반적으로 질투심이 많으며 동정보다는 복수에 치우친다. 그러므로 그들의 의향에 따르고, 그들의 감정의 모방에 빠지지 않도록 자제하기 위해서는 특별한 정신 능력을 필요로 한다. 반대로 사람을 비난하고 덕을 가르치기보다는 그들의 결점을 꼬집고, 사람의 마음을 강화하기는커녕 악화하는 것만을 아는 사람은 그들 자신들이나 타인에게 불쾌함을 준다. 그러므로 많은 사람들은 지나친 조바심과 그릇된 종교열 때문에, 인간들 사이에서 생활하기보다도 야수와 더불어 사는 것을 좋아한다. 이것은 부모의 꾸지람을 침착하게 참을 수 없는 소년이나 청년들이 집을 버리고 군대로 달려가 가정의 안락과 아버지의 훈계보다는 전쟁의 노고와 폭군의 지배를 선택하여, 오로지 양친에게 복수하기 위해 온갖 무거운 짐을 떠맡는 것과 흡사하다.

14. 이처럼 인간은 대체로 자기의 욕망(pleasure)에 의해서 모든 것을 결정

하지만, 그들의 공동 사회로부터는 손해보다는 이익이 더 많이 나타난다. 그러므로 그들의 불법을 침착하게 참고 화합과 우정을 확립하는 일에 우리의 힘을 다하는 것이 더 낫다.

15. 이 화합을 가져오는 것은 정의와 공평과 단정함에 속하는 것들이다. 왜냐하면 인간은 불의·불공평뿐만 아니라 무례한 일, 다시 말해 국가가 승인하는 풍습이 누군가에게 침해되는 것 역시 참을 수 없는 것으로 느끼기 때문이다.

나아가 사랑을 얻기 위해서는 종교심과 도의심에 속하는 것이 가장 필요하다〔제4부 정리37의 주해1과 2, 정리46의 주해와 정리73의 주해를 볼 것〕.

16. 그 밖에도 화합은 종종 공포에 의해서 생기는 것이 보통이다. 그러나 이것은 신의가 뒷받침되지 않는 화합이다. 또한 공포는 정신의 무능력에서 생겨나며, 따라서 이성에게는 쓸모가 없다. 마치 연민이 도의심의 외관을 띠고 있음에도 불구하고 이성에는 쓸모가 없는 것과 같다.

17. 인간은 또한 베풂〔시여(施與)〕에 의해서도 정복된다. 특히 생활을 지탱하는 필수품을 조달할 수단을 갖지 못한 사람들은 그러하다. 그러나 모든 곤궁자를 원조하는 것은 한 개인의 힘이나 이해를 훨씬 넘어서 있다. 왜냐하면 한 개인의 부(富)는 이를 행하기에는 불충분하기 때문이다. 또 한 사람의 능력은 모든 인간과 우정을 맺기에는 너무나 제한적이다. 그러므로 가난한 사람에 대한 배려는 사회 전체의 의무이며, 오로지 공공복지의 문제이다.

18. 친절을 받아들이고 또 감사를 표함에 있어서는 전연 달리 배려해야 한다. 이에 대해서는 제4부 정리70의 주해 및 정리71의 주해를 볼 것.

19. 그 밖에 육체적인 사랑, 바꾸어 말해서 단지 외적 관상의 미에서 생기는 생식욕, 그리고 일반적으로 정신의 자유 이외의 다른 원인을 갖는 모든 사랑은 쉽게 미움으로 옮아간다. 또한 더욱 나쁠 경우에는 사랑이 광기(狂氣)의 일종까지 된다. 그리고 그 경우에는 화합보다는 불화가 더욱 많이 생긴다.

20. 결혼에 관해서 말하면, 만일 육체적 결합의 욕망이 단순히 외적 형태만이 아니라 자식을 낳아 현명하게 교육하려는 사랑에서 생겨난다면, 더구나 부부의 사랑이 단순히 외적인 의미가 아니라 특히 정신의 자유에 근거한다면, 그것은 이성에 일치하는 것이 명백하다.

21. 그 밖의 아첨 역시 화합을 낳기는 하지만, 그것은 추악한 예속이나 배신에 의해서이다. 왜냐하면 스스로 제일인자이기를 원하면서 그렇지 못한 교만한 사람만큼 아첨에 사로잡히는 자는 없기 때문이다.

22. 자기비하에는 도의심과 종교심이라고 하는 거짓된 외관이 있다. 그리고 자기비하는 교만의 반대이기는 하지만, 자기비하적인 사람은 교만한 사람과 가장 비슷하다〔제4부 정리57의 주해에 의해〕.

23. 치욕 역시 화합에 기여한다. 그러나 이것은 숨길 수 없는 일에 관해서뿐이다. 치욕은 슬픔의 일종이기 때문에 이성을 위해서는 쓸모가 없다.

24. 타인에 대해서 갖는 그 밖의 슬픔의 감정은, 정의·공평·경건·도의심 그리고 종교심에 대립되는 것이다. 분개는 공평의 외관을 띠고는 있으나 타인의 행위를 심판하고, 자기 또는 타인의 권리를 옹호하는 일이 모든 사람에게 허용된다면 인간은 법 없이 살아갈 수 있다.

25. 공손함, 바꾸어 말해서 남의 마음에 들고자 하는 욕망은 그것이 이성에 의해서 결정되는 경우에는 도의심에 속한다〔제4부 정리37의 주해1에서 말한 것처럼〕. 그러나 만일 그것이 감정에서 생겨나는 경우에는 명예욕, 즉 인간이 도의심의 가면 아래 불화와 교란을 일으키는 욕망이다. 왜냐하면 타인이 자기와 함께 최고의 선을 향수하도록 충고나 실천에 의해서 그들을 도우려고 하는 사람은, 특히 그들의 사랑을 얻으려고 노력하지만, 그들을 찬탄(讚歎)케 하여 자기의 주장이 자기의 이름으로 불리도록 노력하지는 않을 것이며, 또 일반적으로 질투를 불러일으킬 기회를 주지 않도록 노력할 것이다. 그리고 평소 대화에 있어서도 그는 남의 결점을 지적하는 것을 삼가며, 또 인간의 무능력에 관해서는 조금이라도 말하는 것을 주의할 것이며, 한편 인간의 덕이나 능력에 대해, 또 그것을 완성하는 방법에 관해서는 많이 이야기할 것이다. 이와 같이 해서 인간은 공포나 혐오에 의해서가 아니라, 다만 기쁨의 감정에만 움직여서 가능한 한 이성의 지배 아래 생활하려고 노력할 것이다.

26. 자연 가운데서 인간을 제쳐놓고는 그 대상의 정신을 우리가 즐길 수 있고, 또 우리가 그 대상과 우정이나 기타의 교제를 맺을 수 있는 어떠한 개체도 없다는 것을 우리는 알고 있다. 그러므로 우리의 이익을 생각한다면 인간을 제외하고, 자연 속에 있는 모든 것을 보존할 필요는 없다. 그러나 그것

들을 그 여러 가지 용도에 따라서 보존하거나 파괴하거나 혹은 어떠한 방법으로든 그것들을 우리들의 용도에 맞추도록 우리의 이익을 향한 권고는 요구한다.

27. 우리들이 우리들 외부에 있는 것으로부터 이끌어 내는 이익은 먼저 우리들이 그것들을 관찰하고, 그것들의 여러 가지 형상을 다양하게 변화시킴으로써 얻어지는 경험과 인식 이외에 무엇보다 신체의 보존이 있다. 이 까닭에 신체의 모든 부분이 그 기능을 올바로 수행할 수 있도록 신체를 양육할 수 있는 것이 무엇보다 유익하다. 왜냐하면 신체가 여러 가지 방식으로 자극받을 수 있고, 또 여러 가지 방식으로 외부 물체에 자극을 줄수록 정신은 더욱 사유에 적합하기 때문이다[제4부 정리38과 39에 의해]. 그러나 이러한 종류의 것은 자연 가운데는 매우 드문 것처럼 보인다. 따라서 신체를 필요한 만큼 양육하기 위해서는 본성을 달리하는 여러 가지 양분을 필요로 한다. 왜냐하면 인체는 본성을 달리하는 매우 많은 부분으로 형성되어 있고, 이들 부분은 전신이 그 본성으로부터 할 수 있는 모든 것에 똑같이 적합하기 위해서, 또 정신이 여러 가지 사항을 파악하는 데 똑같이 적합하기 위해서는 끊임없이 다양한 양분을 섭취하기 때문이다.

28. 만일에 인간이 상호 협조하지 않는다면, 이러한 것들을 조달하기 위해서는 한 사람의 힘으로는 부족했을 것이다. 그런데 화폐가 모든 것을 간결하게 표상하게 되었다. 이 결과 화폐의 표상이 대중의 정신을 가장 많이 점령하게 되었다. 왜냐하면 사람들은 돈이 원인이 아닌 어떠한 종류의 기쁨도 상상할 수 없기 때문이다.

29. 그러나 이것은 빈곤이나 생활의 필요에서 돈을 추구하는 것이 아니라, 돈벌이의 기술을 배우고, 이것을 자랑으로 삼기 때문에 사람들에게 비난을 받는다. 본디 이러한 인간들은 습관상 신체를 양육하지만 신체의 유지를 위해서 소비하는 재산을 손실이라고 믿기 때문에 인색한 생활을 한다. 그러나 금전의 참된 용도를 알고, 또 부의 정도를 필요에 따라서 조정하는 사람은 적은 것에 만족하고 산다.

30. 이처럼 신체의 각부분을 그 기능의 수행을 위해 촉진하는 것은 선이며, 또 기쁨은 인간의 정신과 신체적 능력에 도움이 되거나 증진되는 데 있기 때문에 기쁨을 가져오는 모든 것은 선이다. 그러나 사물은 우리를 기쁘게

자극하는 목적 때문에 작용하는 것은 아니며, 또 사물의 활동 능력도 우리의 이익에 따라서 조정되는 것이 아니다. 마지막으로 기쁨은 대체로 신체의 일부분에만 관계하기 때문에, 대체로 기쁨의 감정은[만일 이성과 경계함이 없다면] 과도해지고, 따라서 그것으로부터 생겨나는 욕망도 과도해진다. 즉 우리는 현재에 쾌적한 것을 감정에 따라서 가장 중요한 것이라고 생각하여 같은 감정을 가지고 미래의 것을 평가할 수가 없다[제4부 정리44의 주해와 정리60의 주해에 의해].

31. 반대로 미신은 슬픔을 가져오는 것을 선, 기쁨을 가져오는 것을 악으로 확신하는 것처럼 보인다. 그러나 우리가 이미 지적한 것처럼[제4부 정리45의 주해에 의해] 질투가 많은 사람 이외에는 아무도 나의 무능력과 고뇌를 기뻐하지 않는다. 왜냐하면 우리는 큰 기쁨에 자극될수록 그만큼 큰 완전성으로 이행하며, 따라서 그만큼 더 많이 신의 본성에 참여하기 때문이다. 또한 기쁨은 우리의 이익에 대한 정당한 고려에 의해서 통솔되는 한 결코 악일 수 없다. 반대로 공포에 이끌려 악을 회피하기 위해서 선을 행하는 사람은 이성의 지도를 받지 않는다.

32. 그러나 인간의 능력은 매우 제한되어 있고 외적 원인의 힘에 의해서 무한히 능가된다. 그러므로 우리는 우리 외부에 있는 사물을 우리의 용도에 적합하도록 하는 절대적 힘을 가지고 있지 않다. 그러나 비록 우리의 이익을 고려하는 요구에 반대되는 일이 생기더라도, 우리는 자기의 의무를 완수하였다는 것, 우리가 갖는 능력은 그것을 회피할 수 있는 데까지 이르지 못했다는 것, 그리고 우리는 단순히 자연의 일부분이며, 그 질서에 따라야 한다는 것을 의식하는 한 태연자약하게 그것을 견디어 낼 것이다. 만일 우리가 이것을 명료하고 판연하게 인식한다면, 타당한 인식작용에 의하여 결정하는 우리의 그 부분, 바꾸어 말하면, 우리의 더 좋은 부분은 그것에 전적으로 만족하고, 나아가 그 만족을 고수하도록 노력할 것이다. 왜냐하면 우리는 타당하게 인식하는 한, 필연적인 것 이외는 아무것도 욕구할 수 없으며, 그리고 일반적으로 참된 것 이외에는 무엇에도 만족할 수 없기 때문이다. 게다가 우리가 이것을 올바로 인식하는 한, 우리의 보다 나은 부분의 노력은 자연의 질서와 일치한다.

* 1 스피노자의 애독서의 하나인 로마의 시인 오비디우스(Ovidius B.C. 43~A.D. 17)의 《Metamorphoses, 변신 이야기》〔이 책은 스피노자의 사후 그의 장서 가운데서 발견되었다고 한다〕에서 따 온 것. Metamorphoses.B.K. Ⅷ(Jason and medea), 7, 20, 21.

* 2 '전도서' 1·18.

* 3 스피노자는 인식한다(understand)는 말을 여러 가지 뜻으로 사용한다. 그러나 일반적으로 스피노자에 있어서 인식의 의미는 행위를 포함하고 있다. 따라서 진정한 의미의 지적 인식이란 인간이 자유롭게 행위하는 일이며, 반대로 자유로운 행위는 참된 인식을 동반해야 한다.

* 4 정신의 힘을 완전히 구현하는 것은 정신의 덕이며, 이것은 또한 신을 인식하는 일이다.

* 5 신을 아는 일은 최고의 인식이며, 그것은 신의 개념적 파악에 그치지 않고 체험과 행위를 통해서 신을 인식하는 일이다. 즉 인식은 동시에 행위이다.

* 6 '도의심(photas)', 스피노자는 'pietas'라는 용어를 두 가지 의미로 사용하고 있다. 첫째의 의미는 주로 《에티카》에서 사용되고 있는데 그것은 곧 '이성의 지도에 따라서 생활하는 데서 일어나는 선행을 하려는 욕망'이다. 따라서 《에티카》에서 사용되고 있는 'pietas'는 '도의심' 내지 '의무관념'이라고 번역하는 것이 좋을 것이다. 한편, 둘째 의미는 주로 그의 《신학·정치론》에서 사용되는 'pietas'이며, 이것은 우리들이 일반적으로 사용하는 의미의 '신에 대한 귀의심'을 나타내며 '경건(敬虔)'이라는 말이 적당할 것이다. 요컨대 《에티카》에 있어서의 'pietas'는 신을 인식하고 신을 지적으로 사랑하는 인간—철인—신(pietas)이며, 《신학·정치론》에 있어서의 'pietas'는 신을 신앙하고, 신에게 복종하는 인간의 도의심이다.

* 7 '불법(injuiria)'이란 무엇을 의미하는가에 대해서는 《에티카》에는 아무런 설명도 없다. 그러나 《신학·정치론》에서는 다음과 같이 그 정의를 밝혔다. 즉 '불법이란 국민 또는 신민이 국법 또는 최고 권력의 법령을 위반하여 타인으로부터 어떤 손해를 입는 데 있다.'

* 8 여기에서 '최고 권력'이란 곧 '국가'를 의미한다.

* 9 Terret vulgus, nisi metuat. 'The multitude becomes a thing to feared if it has nothing to fear.' 이 말은 Tacitus의 Annalls I.29의 Mihil in vulgo modicum terrere, ni Paveant에서 따 온 것이다.

* 10 '민중'이란 말을 스피노자는 인간이 단순히 사회를 형성하고 있다는 뜻으로 사용하지 않고, 인간이 왜 서로 화합해야 하느냐에 대해 무지한 인간의 집단으로 사용한다.

* 11 여기서 말하는 '공포'는 보통 의미의 공포라기보다 차라리 '소심(小心)'이라고 해석하는 것이 좋을 것이다.

서론

마침내 나는 자유에 도달하는 방법 내지 도정(道程)에 관한 《에티카》의 다른 부분으로 넘어간다. 나는 이 제5부에서 이성의 능력에 관해 논할 것이다. 다시 말해 이성 자체가 감정에 대해 무엇을 행할지를 제시하고, 나아가 정신의 자유 내지 지복(至福)이란 무엇인가를 보여 줄 것이다. 그것으로부터 우리는 현자가 무지한 사람보다 얼마만큼 유능한지를 알 것이다. 그러나 지성이 어떠한 방법과 어떠한 도정으로 완성되어야 하는가, 나아가서 신체가 그 기능을 올바로 수행하기 위해서는 어떠한 기술로 양호(養護)되어야 하는가에 대해서는 여기에서는 취급하지 않는다. 왜냐하면 전자는 논리학에*¹ 속하며 후자는 의학에 속하기 때문이다. 그러므로 여기에서는 내가 말한 바와 같이, 정신 내지 이성의 능력만을 논할 것이다. 특히 그것이 감정을 억제하고 통솔할 때, 감정에 대해서 가지고 있는 권위의 범위와 본성을 보여 줄 것이다. 왜냐하면 우리가 감정에 대해서 절대적 권위를 갖지 못한 것은 이미 증명하였기 때문이다.

스토아 학파의 철학자들은 감정은 우리의 의지에 절대적으로 의존하며, 우리는 감정을 절대적으로 지배할 수 있다고 믿었다. 그러나 그들은 경험의 모순에 의하여, 그들 자신의 원리를 위반하여 감정을 억제하고 통솔하기 위해서는 적지 않은 훈련과 노력이 필요하다는 것을 인정해야 했다. 내 기억이 맞다면 어떤 사람은 이것을 두 마리의 개, 즉 한 마리는 집 지키는 개, 다른 한 마리는 사냥개의 예를 들어 설명하려고 하였다. 그는 훈련에 의해서 마침내 집 지키는 개가 사냥을 하고, 반대로 사냥개가 산토끼를 쫓는 것을 그만두도록 길들일 수 있었다는 것이다.

데카르트(Descartes)도 이 의견에 적지 않게 기울어지고 있다. 왜냐하면 그는 영혼이나 정신은 송과선(松果腺 : 척추동물의 간뇌의 시상상부에 있으며 작은 솔방울 모양이다. 내분비 샘의 하나)이라고 불리는 뇌수의 일정 부분에 특별히 연결되어 있고, 정신은 단순히 의지하기만 해도 이 송과선을 여러 가지 방식으로 움직일 수 있으며, 또 송과선에 의하여 정신은 신체 내에 일어나는 모든 운동과 외부 대상들을 지각할 수 있다고 주장하기 때문이다.

이 송과선은 동물정기(精氣)[*2]의 아주 미세한 운동에 의해서도 움직일 수 있도록 뇌수 중앙에 매달려 있다고 데카르트는 주장한다. 또한 그는 동물 정기가 여러 가지 다른 방식으로 이 선을 움직임에 따라 뇌의 중앙에 매달려 있는 송과선 속에 그만큼의 변화가 일어나고, 나아가서 이 선을 향해 동물정기를 보내는 외부 대상이 다양함에 따라 그만큼의 다른 흔적들이 이 선에 새겨진다고 그는 주장한다. 따라서 만일 송과선이 나중에 이것을 여러 가지 다른 방향으로 움직이는 정신의 의지에 의해서, 이전에 여러 가지 방식으로 자극을 받은 정기의 활동 아래 나타낸 바 있는 이 상태 또는 저 상태를 나타내면, 이번에는 이 선(腺) 자신이 이전에 이와 흡사한 선의 상태에서 동물의 정기를 체내에 되돌린 것과 같은 방식으로 정기를 내뻗기도 하고 지도하기도 할 것이다.

게다가 데카르트는 정신의 의지작용은 각각 자연적으로 일정한 선 운동과 결합되어 있다고 주장한다. 예컨대 어떤 사람이 먼 곳에 있는 대상을 보려는 의지를 가지면, 이 의지는 동공을 확대시킬 것이다. 그러나 단순히 동공의 확대만을 생각한다면 그 의지를 가져도 동공은 확대되지 않을 것이다. 왜냐하면 자연은 동공을 확대 내지 축소케 하는 정기를 시신경을 향해서 내뻗는 역할을 하는 선 운동을 동공을 확대 내지 축소하려는 의지에 연결하지 않고, 먼 데 또는 가까운 데 있는 대상을 보려고 하는 의지에만 연결하였기 때문이다.

마지막으로 그는, 이 선의 운동은 각각 우리가 출생한 이래로 우리들의 하나하나의 사상에 자연적으로 연결되어 있는 것처럼 보이지만, 그럼에도 불구하고 이 운동을 습관에 의해서 다른 사상과 연결할 수가 있다고 주장하며 이것을 그는 《정념론(情念論)》 제1부 50절에서 증명하려고 하였다.

이것으로부터 그는 어떠한 정신도 적절하게 지도된다면, 자기의 감정에 대해서 절대권을 얻을 수 없을 정도로 박약하지 않다는 결론을 내린다. 왜냐하면 감정은 그의 정의에 따른다면, '지각 내지 감각 또는 정신의 움직임이며 이것들은 오로지 정신의 영역에 속하며, 또 이것들은[여기에 주의할 것] 정기의 어떤 운동에 의해서 산출되고 유지되고 강화된다'[《정념론》 제1부 제27절을 볼 것]. 그러나 우리는 송과선의 각 운동을 동물정기의 각 운동을 임의의 의지와 결합할 수 있으며, 또 의지의 결정은 우리의 힘에만 의존하기 때문에 만일 우리가 자기의 생활활동의 규준으로서 일정한 확실한 판단에 의하여 자신의 의지를 결정하고 자기가 가지려고 하는 감정의 운동을 이들 판단에 결합한다면 우리는 자기의 감정에 대해서 절대적 권력을 얻을 수 있을 것이다.

내가 그의 말에서 추측할 수 있는 한, 이것이 저 유명한 사람의 견해이다. 만일 이 견해가 이처럼 예리한 것이 아니었더라면, 나는 이것이 저 위대한 사람의 주장이라고는 믿지 않았을 것이다. 자명한 원리를 제쳐놓고는 아무것도 이끌어 낼 수 없고, 또 명료하고 판연하게 지각되는 것 이외는 아무것도 긍정하지 않는다는 것을 단호하게 주장하고 스콜라 철학자들이 애매모호한 일을 숨겨진 성질(occult quality)*³에 의해서 설명하려고 한 것을 그처럼 자주 비난한 철학자 자신이 온갖 숨겨진 성질보다도 더 은밀한 가설을 세웠다는 것은 참으로 이상한 일이다.

대체 그는 정신과 육체의 결합을 어떻게 이해하고 있을까? 그는 연장의 어떤 소부분[송과선]과 가장 밀접하게 결합되어 있는 사유에 관해서 어떠한 명료하고 판연한 개념을 가지고 있는가? 나는 그가 이 결합을 가장 가까운 원인에 의해서 설명해 줄 것을 바랐다. 그러나 그는 정신을 신체로부터 분명하게 구별해서 생각하였으므로 이 결합에 대해서도 그리고 정신 자체에 대해서도 아무런 특별한 원인을 지적할 수 없었으며, 전 우주(全宇宙)의 원인, 즉 신에게서 도피처를 찾아야 했다. 그리고 나는 정신이 어느 정도의 운동을 저 송과선에 줄 수 있는가? 그리고 어느만큼의 힘으로 정신은 송과선을 일정한 상태로 유지할 수 있는가를 알고 싶다. 왜냐하면 이 선은 정신에 의해서 움직일 때, 동물정기에 의해서 움직일 때보다 더 느리게 움직이는가 그렇지 않으면 더 빨리 움직이는가, 또 확실한 판단과 밀접하게 결합되어 있는 감정의 움직임이 다시 물체적 원인에 의해서 이들 판단으로부터 분리될 수 없는가에 대해서 나는 아무것도 모르기 때문이다. 만일 분리될 수 있다면, 비록 정신이 위험에 직면할 것을 단호하게 결의하고, 이 결의에 대담한 운동을 결합시켰다 하더라도 위험을 목격하자마자 송과선은 어떤 상태를 나타내어 정신으로 하여금 도망밖에 생각할 수 없게 할 것이다. 그러나 실제로 의지와 운동 사이에는 아무런 관계도 없으므로, 정신의 능력이나 힘과 신체의 능력이나 힘 사이에서는 아무런 비교도 할 수 없다. 따라서 신체의 힘은 결코 정신의 힘에 의해서 결정될 수 없다. 게다가 이 선이 뇌의 중앙에 매달려 있어 그처럼 쉽사리 또 그처럼 다양한 방식으로 움직여질 수는 없으며, 또 모든 신경이 뇌수의 공동에까지 뻗어 있지는 않다.

마지막으로 데카르트가 의지와 그 자유에 관해서 주장한 모든 사항은 생략한다. 왜냐하면 그것이 잘못이라는 것을 나는 충분히 밝혔기 때문이다.

그런데 정신의 능력은 내가 앞에서 설명한 것처럼 오로지 타당한 인식작용에 의해서만 결정되기 때문에, 감정에 대한 요법(療法) —내가 믿는 바로는 그러한 요법은 누구나 경험하여 알고 있으나 다만 그것들을 정확하게 관찰하거나 명확하게 식별을 하지 않을 뿐이다—을 우리는 정신의 인식에 의해 결정하고 이 인식으로부터 정신의 지복에 관한 모든 것을 이끌어 낸다.

공리

1. 만일 동일한 주체 속에 두 가지 상반되는 활동이 일어난다면, 그것들은 대립이 그칠 때까지 양자 또는 어느 한쪽에 반드시 변화가 일어난다.

2. 결과의 본질이 그 원인의 본질에 의해서 설명되거나 규정되는 한, 결과의 힘은 그 원인의 힘에 의하여 규정된다.

이 공리는 제3부 정리7에 의해 명백하다.

정리1 사유와 사물의 관념이 정신 속에서 질서있게 배열되고 연결됨에 따라서 신체의 변화 또는 사물의 표상도 신체 속에서 질서있게 배열되고 연결된다.

증명 : 관념의 질서와 연결은〔제2부 정리7에 의해〕 사물의 질서 및 연결과 동일하며, 또 거꾸로 사물의 질서 및 연결도 관념의 질서 및 연결과 동일하다〔제2부 정리6과 7의 계에 의해〕. 그러므로 관념의 질서 및 연결이 정신 내부에서 신체 변화의 질서 및 연결에 상응해서 일어나는 것처럼〔제2부 정리

18에 의해] 거꾸로〔제3부 정리2에 의해] 신체변화의 질서 및 연결은 사유 및 사물의 관념이 정신 속에서 질서있게 배열되고 연결되는 것에 상응하여 행해진다. 이리하여 이 정리는 증명되었다.

정리2 만일 우리가 정신의 움직임 또는 감정을 외부 원인의 사유로부터 떼어놓고 다른 사유와 결합시킨다면, 외부 원인에 대한 사랑이나 미움, 그리고 그러한 감정에서 생기는 정신의 동요는 사라질 것이다.

증명 : 왜냐하면 사랑이나 미움의 형상을 구성하는 것은 외부 원인의 관념을 동반하는 기쁨 또는 슬픔이다〔감정의 정의6과 7에 의해]. 그러므로 만일 이 관념이 제거된다면 사랑이나 미움의 형상 역시 제거된다. 따라서 이 감정과 그것으로부터 생겨나는 다른 감정들도 사라진다. 이리하여 이 정리는 증명되었다.

정리3 수동적인 감정은 우리가 그 감정에 대해서 명료하고 판연한 관념을 형성하자마자 곧 수동적이지 않게 된다.

증명 : 수동적인 감정은 혼란된 감정이다〔감정의 일반적 정의에 의해]. 그러므로 만일 우리가 그 감정에 대해서 명료하고 판연한 관념을 형성한다면, 그 관념은 감정이 정신에만 관계되는 한〔제2부 정리21과 그 주해에 의해〕—이성에 의해서가 아니라—감정으로부터 구별될 것이다. 그러므로〔제3부 정리3에 의해] 감정은 더 이상 수동적이지 않게 된다. 이리하여 이 정리는 증명되었다.

계 : 그리하여 우리가 감정을 보다 더 잘 인식함에 따라서 그만큼 감정은 우리의 지배 아래 있으며, 또 정신은 그만큼 감정으로부터 영향을 덜 받는다.

정리4 우리가 어떤 명료하고 판연한 개념을 형성할 수 없는 신체적 변화는 아무것도 없다.

증명 : 모든 것에 공통된 것은 타당하다고밖에 생각할 수 없다〔제2부 정리38에 의해]. 따라서〔제2부 정리12와 정리13의 주해 뒤의 보조정리2에 의해〕우리가 어떤 명료하고 판연한 개념을 형성할 수 없는 신체적 변화도 아무것도 없다. 이리하여 이 정리는 증명되었다.

계 : 이로써 우리가 어떤 명료하고 판연한 개념을 형성할 수 없는 감정은 아무것도 없다는 결론이 나온다. 왜냐하면 감정은 신체 변화의 관념이며〔감정의 일반적 정의에 의해〕, 따라서 이 관념은〔제5부 정리4에 의해〕 어떤 명료하고 판연한 개념을 포함해야 한다.

주해 : 어떤 결과를 낳지 않는 것은 아무것도 존재하지 않으며〔제1부 정리36에 의해〕 또 우리는 우리 속에 있는 타당한 관념에서 생기는 모든 것을 명료하고 판연하게 인식하기 때문에〔제2부 정리40에 의해〕 다음과 같은 결론이 나온다. 즉, 각자는 자기와 자기의 감정을 비록 절대적이 아니더라도 적어도 부분적으로 명료하고 판연하게 인식하는 힘을 가지며, 따라서 그들 감정으로부터 영향을 덜 받는 힘을 가진다. 그러므로 우리들이 특히 노력해야 할 것은 각 감정을 가능한 한 명료하고 판연하게 인식하고 정신이 감정으로부터 떠나서 명료하고 판연하게 지각하고, 그리고 자신이 전적으로 만족하는 사유로 옮아가도록 한다. 즉, 감정 자체를 외부 원인의 사상으로부터 분리하여 참된 사상과 결합시키는 것이다.

이것에 의해 사랑과 미움 등이 사라질 뿐만 아니라〔제5부의 정리2에 의해〕 또한 그러한 감정이 일으키는 충동이나 욕망도 과도해질 수 없다〔제4부 정리61에 의해〕. 왜냐하면 인간이 그것에 의하여 작용한다〔능동〕고 말하고 또 거꾸로 작용을 받는다〔수동〕고 말하는 것도, 동일한 충동에 의한 것이라는 것을 특히 주의해야 하기 때문이다. 예컨대 앞에서 설명한 것처럼 인간은 그 본성에 있어 다른 사람들이 자기의 뜻대로 생활하는 것을 욕구하는데〔제3부 정리31의 주해에 의해〕, 이 충동은 이성에 의해서 지도되지 않는 인간에게 그것은 수동이고, 이 수동은 명예욕이라고 하며 교만과 그다지 다르지 않다. 한편 반대로 이성의 명령에 따라서 생활하는 사람에게 그것은 도의심이라고 하는 능동 내지 덕이다〔제4부 정리37의 주해1과 그 정리의 제2증명에 의해〕. 이와 같이 해서 모든 충동 내지 욕망은 타당치 못한 관념에서 생기는 한에서만 수동이며, 그와 같은 충동 내지 욕망이 타당한 관념에 의해서 환기되거나 생겼을 때에는 덕으로 간주된다. 왜냐하면 우리들로 하여금 어떤 행동을 결정케 하는 모든 욕망은, 타당한 관념이나 그렇지 못한 관념에서 생길 수 있기 때문이다〔제4부 정리59에 의해〕.

그럼 다시 출발점으로 되돌아가자. 감정에 대해서는, 감정을 진정으로 인식하는 이상으로 뛰어난 요법은 우리의 능력 속에 없다. 왜냐하면 사실 정신의 능력이라고 해도 위에서 설명한 것처럼 정신은 사색하고, 타당한 관념을 형성하는 것 이외의 능력을 가지고 있지 않기 때문이다〔제3부 정리3에 의해〕.

정리5 우리가 단순히 상상〔표상〕할 뿐이고, 필연적이나 가능적 또는 우연적이라고 상상할 수 없는 대상에 대한 감정은 기타의 사정이 같다면 모든 감정 가운데서 가장 크다.

증명 : 우리가 자유라고 상상하는 대상에 대한 감정은 필연적인 것에 대한 감정보다 크다〔제3부 정리49에 의해〕. 따라서 우리가 가능적 또는 우연적이라고 상상하는 대상에 대한 감정보다 더욱 크다〔제4부 정리11에 의해〕. 그런데 어떤 대상을 자유라고 상상하는 것은, 그것이 행동에 대해서 결정한 원인을 우리가 모르고, 단순히 그것을 상상하는 것일 뿐이다〔제2부 정리35의 주해를 볼 것〕. 그러므로 우리가 단순하게만 상상하는 대상에 대한 감정은 기타의 사정이 같다면 필연적, 가능적, 혹은 우연적인 대상에 대한 감정보다 크며, 따라서 그것은 모든 것 가운데서 가장 크다. 이리하여 이 정리는 증명되었다.

정리6 정신은 모든 것을 필연적인 것으로 인식하는 한, 감정에 대해서 좀더 큰 능력을 가지며, 또는 감정으로부터 영향을 받는 일이 적다.

증명 : 정신은 모든 것이 필연적이라는 것〔제1부 정리29에 의해〕, 그리고 원인의 무한한 연결에 의하여 존재와 작용이 결정된다는 것을 인식한다.〔제1부 정리28에 의해〕 따라서〔제5부 정리5에 의해〕 정신은 이러한 대상으로부터 생기는 감정에 의해서 영향을 받는 일이 좀더 적도록 또〔제3부 정리48에 의해〕 그러한 것에 대해 자극을 느끼는 일이 좀더 적도록 할 수 있다. 이리하여 이 정리는 증명되었다.

주해 : 사물이 필연적이라는 이 인식이, 우리들이 더욱 판연하고 생생하게 상상하는 개개의 사물에 더 많이 적용될수록 감정에 대한 정신의 이 능력은 그만큼 커진다. 이것은 경험에 의해서도 실증된다. 왜냐하면 잃어버린 선에 대한 슬픔은 만일 그 선을 잃은 인간이 어떻게 해서라도 그 선을 보존할 수

없다고 생각할 경우, 즉시 줄어든다는 것을 우리는 알고 있기 때문이다. 마찬가지로 또 어린아이가 말하고, 걷고, 추리할 줄을 모르고 다년간 자기 의식이 없는 것처럼 산다고 해서 아무도 그 어린아이를 측은하게 생각하지 않는다는 것을 우리는 알고 있다. 그러나 만일 많은 사람들이 성인으로 태어나고 두세 사람만이 어린아이로 태어난다면, 누구나 어린아이에게 측은함을 느낄 것이다. 왜냐하면 이런 경우 우리는 어린아이를 자연적이며 필연적인 것이라고 생각하지 않고, 자연의 결함 내지 과실이라고 생각하기 때문이다. 이와 같은 예는 얼마든지 볼 수 있다.

정리7 이성 간에 생기는 감정이나 이성에 의해서 환기되는 감정은, 만일 시간이라는 점에서 본다면, 존재하지 않는 것으로 관조(觀照 : 조용한 마음으로 대상의 본질을 바라봄)되는 개체에 관한 감정보다 더 강력하다.

증명 : 우리가 어떤 대상을 존재하지 않는 것으로 관조하는 것은 우리가 그 대상 자체에서 받는 자극 때문이 아니라, 신체가 그 대상의 존재를 배제하는 다른 자극을 받는다는 사실 때문이다[제2부 정리17에 의해]. 그러므로 우리들이 존재하지 않는 것으로 관조하는 대상에 관한 감정은 그 본성에 있어 인간의 다른 활동과 능력을 능가하는 것이 아니라[이에 관해서는 제4부 정리6을 볼 것] 반대로 그 외부 원인의 존재를 배제하는 여러 자극에 의하여 많든 적든 저해될 수 있는 것이다[제4부 정리9에 의해]. 그런데 이성에서 일어나는 감정은 필연적으로 사물의 공통적 특질에 관계하고, [제2부 정리40의 주해2에 있는 이성의 정의를 볼 것] 이 공통적 특질을 우리는 언제나 현존하는 것으로 관조하고[왜냐하면 그러한 것의 현존을 배제하는 아무것도 있을 수 없기 때문에] 우리는 이것을 언제나 같은 방식으로 상상한다[제2부 정리38에 의해]. 그러므로 이러한 감정은 언제나 동일하다. 따라서[제5부 공리1에 의해] 그러한 감정에 대립적이며, 또 외부의 원인에 의해서 지지되지 않는 감정은 차츰 그러한 감정에 대립할 수 없게 될 것이다. 그런 한에 있어, 이성에서 생기는 감정이 더 강력하다. 이리하여 이 정리는 증명되었다.

정리8 어떤 감정을 환기하기 위해서 동시에 작용하는 원인의 수가 크면 클수록 그만큼 그 감정은 클 것이다.

증명 : 동시에 존재하는 많은 원인은 보다 적은 원인일 때보다 더 많은 일을 할 수 있다〔제3부 정리7에 의해〕. 그러므로〔제4부 정리5에 의해〕 어떤 감정을 환기하기 위해서 더 많은 원인이 동시에 작용하면, 그만큼 감정은 강력해진다. 이리하여 이 정리는 증명되었다.

주해 : 이 정리는 제5부 공리2에서 명백하다.

정리9 정신이 동시에 관조하는 많은 다른 원인에 관계되는 감정은 단 하나의 원인 또는 소수의 원인에 관계하는 동등한 크기의 다른 감정의 경우에 비해 해가 적을 것이며, 영향도 덜 받을 것이다. 그러므로 우리는 그 각 원인에 대해서 자극을 받는 일이 보다 적다.

증명 : 감정은 정신의 사유하는 능력을 방해하는 한에 있어서만 악 또는 유해하다〔제4부 정리26과 27에 의해〕. 따라서 정신으로 하여금 동시에 많은 대상을 관조하도록 결정하는 감정은, 정신을 단지 또는 약간의 대상만을 관조하도록 구속함으로써 다른 대상들을 사유할 수 없도록 하는 동등한 크기의 감정보다 해가 적다. 이것이 우리가 증명해야 할 첫 번째의 것이다. 다음으로 정신의 본질 즉〔제3부 정리7에 의해〕 정신의 능력은 다만 사유에만 있기 때문에〔제2부 정리11에 의해〕, 정신은 많은 대상을 동시에 관조하도록 자신을 결정하는 감정으로부터 유일한 대상 또는 약간의 대상을 관조하도록 자신을 구속하는 같은 크기의 다른 감정으로부터 영향을 받는 것이 보다 적다. 이것이 우리가 증명해야 할 두 번째의 것이다. 마지막으로 이러한 감정은〔제3부 정리48에 의해〕 외부의 많은 원인에 관계하는 한, 그 각 원인에 대해서는 보다 더 적다. 이리하여 이 정리는 증명되었다.

정리10 우리는 자기의 본성과 대립되는 감정에 동요되지 않는 동안은 지성과 일치한 질서에 따라서 신체의 변화에 질서를 부여하고 연결하는 능력을 가진다.

증명 : 우리의 본성에 반대되는 감정, 바꾸어 말하면〔제4부 정리30에 의해〕 나쁜 감정은 정신의 인식을 방해하는 한에 있어 악이다〔제4부 정리27에 의해〕. 따라서 우리는 자기의 본성에 반대되는 감정에 동요되지 않는 동안은 사물을 인식하려고 노력하는 정신의 능력은 방해되지 않는다〔제4부 정리26

에 의해). 따라서 그동안에는 정신은 명료하고 판연한 관념을 형성하여 하나의 관념에서 다른 관념을 이끌어 내는 힘을 가지고 있다[제2부 정리40의 주해2와 정리47의 주해를 볼 것]. 그 결과[제5부 정리1에 의해] 그동안 우리는 지성과 일치한 질서에 따라서 신체의 변화를 조정하고 연결하는 힘을 가지게 된다. 이리하여 이 정리는 증명되었다.

주해 : 신체의 변화에 올바른 질서를 부여하고 연결하는 힘에 의해서 우리는 나쁜 감정에 의해서 쉽사리 자극되지 않도록 할 수 있다. 왜냐하면[제5부의 정리7에 의해] 지성과 일치한 질서에 따라 조성되고 연결된 감정을 억제하기 위해서는 불확실하고 막연한 감정을 억제하는 이상의 힘을 필요로 하기 때문이다. 그러므로 우리의 감정에 대해서 완전한 인식을 갖지 못한 동안에, 우리가 할 수 있는 최선의 것은 올바른 생활법 내지 일정한 생활규칙을 세워 이것을 기억하고, 인생에 있어서 자주 일어나는 개개의 경우에 부단히 그것을 적용하는 일이다. 그 결과 우리의 상상력은 그러한 생활규칙에 의해서 광범위하게 영향을 받고, 그 생활규칙은 언제나 우리 눈앞에 있게 될 것이다.

예컨대 우리는 미움을 사랑이나 관용에 의해서 극복해야 하며, 미움으로써 갚음을 해서는 안 된다는 것을 생활규칙 속에 채택했다[제4부 정리46과 그 주해를 볼 것]. 그러나 이성의 이 명령이 필요할 때 언제나 우리의 눈앞에 있기 위해서는 인간이 보통 범하는 여러 가지 불법을 생각하고 또 거듭 숙고하여, 그것이 관용에 의하여 가장 잘 제거될 수 있는 방법과 경로에 대해 생각해야 한다. 이와 같이 하면 우리는 불법의 표상을 이 생활규칙의 표상과 결부시키고[제2부 정리18에 의해], 우리에게 불법이 가해졌을 때 이 생활규칙은 언제나 우리의 눈앞에 있게 될 것이기 때문이다. 만약에 우리가 우리의 진정한 이익에 관해서, 그리고 서로의 우정과 공동사회에서 나타나는 선에 대해서 부단히 고려한다면, 그리고 더 나아가 올바른 생활법에서 정신의 최고 만족이 나타난다는 것[제4부 정리52에 의해], 또한 인간은 존재하는 모든 다른 사물과 마찬가지로 자연의 필연성에 따라서 행동한다는 것을 부단히 생각한다면, 불법 또는 불법으로부터 자주 일어나는 미움은 상상력의 극히 적은 부분을 차지할 것이며 쉽사리 극복될 것이다. 비록 매우 큰 불법으로부터 일어나는 노여움은 그리 쉽사리 극복되지 않는다 하더라도,

그러나 그것이 비록 마음의 동요가 없는 것은 아니지만, 이러한 생활규칙을 우리가 미리 숙려하지 않았던 경우보다 훨씬 단시간에 극복될 수 있을 것이다. 이것은 제5부의 정리6과 7 및 8에서 명백하다.

우리는 공포심을 제거하기 위해서 같은 방식으로 용기에 관해 고찰해야만 한다. 즉, 우리는 인생에 있어서 종종 일어나는 위험을 셈하고 또 상상할지 모른다. 그리고 침착함과 강한 정신으로 그것을 가장 잘 회피하고 극복할 수 있는 방법을 생각해 두어야 한다.

그러나 주의해야 할 일은 우리가 사고와 표상상에 질서를 세움에 있어서 언제나 기쁨의 감정에서 행위가 결정되도록, 개개의 사물 가운데서 선한 점에 주목해야 한다는 것이다〔제4부 정리63의 계와 제3부 정리59에 의해〕. 예컨대 어떤 사람이 자기가 너무나 명예욕에 열중해 있다는 것을 안다면, 그는 명예를 올바로 이용하는 것에 대해서 생각하고, 그것이 어떤 목적 때문에 추구되어야 하는가 또 어떠한 수단에 의해서 그것이 획득될 수 있는가를 생각하지 않으면 안 된다. 그러나 명예의 악용이라든가, 그 허망함이라든가 인간의 변덕스러움이라든가 기타 그러한 종류의 것은 생각해서는 안 된다. 그러한 것은 병적인 정신에서가 아니면 아무도 생각하지 않는다. 왜냐하면 명예욕에 가장 많이 사로잡힌 자는 자기가 추구하는 명예의 획득에 절망할 때, 그러한 생각으로 가장 크게 자기 자신을 괴롭히며, 노여움을 내뿜으면서도 자기가 현명해 보이기를 원한다. 이를 보아도 명예의 악용과 이 세상의 허망함에 대해서 가장 많이 개탄하는 사람이 가장 많이 명예욕에 굶주려 있음이 확실하다.

이것은 명예욕에 사로잡혀 있는 사람에게만 특유한 것이 아니라, 모든 불우하고 무력한 정신의 소유자에게 공통된 현상이다. 왜냐하면 가난하고 탐욕적인 사람도 돈의 악용과 부자의 악덕에 대해서 말하는 것을 그치지 않지만, 이것 때문에 그는 자기 자신을 괴롭히고 자기의 가난뿐만 아니라 타인의 부유함에도 태연하게 견딜 수 없다는 것을 남에게 보여 주는 것에 지나지 않다. 이와 마찬가지로 사랑하는 여자로부터 괄시받은 남자 역시 여자의 변덕과 불성실한 마음, 그리고 시가(詩歌)에 있는 여자의 결함밖에 생각하지 않는다. 더구나 이러한 모든 것은 그가 다시 그가 사랑하는 여자에게 환대를 받으면 곧 잊어버리고 만다.

그러므로 자기의 감정과 충동을 자유에 대한 사랑에 의해서만 통솔하려는 사람은 가능한 한 덕과 덕의 원인을 인식하여, 덕의 진정한 인식에서 생기는 기쁨을 가지고 마음을 채우도록 노력할 것이다. 그러나 그는 남의 결점을 바라보고 사람을 경멸하거나 거짓된 외관상의 자유를 기뻐하는 일은 결코 없을 것이다. 이러한 것을 주의깊게 관찰하고—그것은 어려운 일이 아니다—또 그에 대해 수련을 쌓는 사람은 확실히 단 시간 내에 자기의 활동을 대부분 이성의 명령에 따라 이끌어 갈 수 있을 것이다.

정리11 표상상(表象像)은 보다 많은 대상에 관계하면 할수록 그만큼 빈번히 나타난다. 다시 말해 그 자체만으로 빈번히 나타나며 그만큼 정신을 더 많이 점유한다.

증명: 표상상이나 감정이 보다 많은 대상에 관계함에 따라 그만큼 그것을 환기하고 양육할 수 있는 원인이 많아지며, 이 모든 원인들을 정신은 감정에 의하여 동시에 관조한다〔가정에 의해〕. 그러므로 감정이 부단히 그리고 자주 나타날수록 그만큼 더 많이 정신을 점유한다〔제5부 정리8에 의해〕. 이리하여 이 정리는 증명되었다.

정리12 사물의 표상상은 다른 표상상에 연결되는 것보다 명료하고 판연하게 인식하는 사물에 관한 표상상과 더 쉽게 연결된다.

증명: 우리가 명료하고 판연하게 인식하는 사물은 사물의 공통적 특질이거나 그렇지 않으면, 공통적 특질로부터 이끌어 낸 것이다〔제2부 정리40의 주해2에 있는 이성의 정의를 볼 것〕. 따라서 그것은 좀더 자주〔제5부 정리11에 의해〕 우리 마음 속에 환기된다. 게다가 지금 말한 것과 같은 사물을 관조하는 것이 다른 사물을 관조하는 것보다 더 쉽다. 따라서〔제2부 정리18에 의해〕 사물의 표상상은 다른 표상상보다도 우리가 명료하고 판연하게 인식하는 사물과 더 쉽게 결합한다. 이리하여 이 정리는 증명되었다.

정리13 표상상은 보다 많은 다른 표상상과 결합함에 따라서 그만큼 자주 나타난다.

증명: 왜냐하면 표상상이 더 많은 다른 표상상과 결합함에 따라 그것이

환기되는 원인도 그만큼 많기 때문이다〔제2부 정리18에 의해〕. 이리하여 이 정리는 증명되었다.

정리14 정신은 신체의 모든 변화 또는 사물의 표상상을 신의 관념에 연관시킬 수 있다.
증명 : 정신이 어떤 명료하고 판연한 개념을 형성할 수 없는 신체적 변화는 아무것도 없다〔제5부 정리4에 의해〕. 그러므로〔제1부 정리15에 의해〕 정신은 모든 신체적 변화를 신의 관념에 연관시킬 수 있다. 이리하여 이 정리는 증명되었다.

정리15 자기와 자신의 감정을 명료하고 판연하게 인식하는 사람은 신을 사랑한다. 그리고 그는 자신과 자신의 감정을 더 많이 인식할수록 그만큼 더 신을 사랑한다.[*4]
증명 : 자신과 자신의 감정을 명료하고 판연하게 인식하는 사람은 기쁨을 느낀다〔제3부 정리53에 의해〕. 더구나 그 기쁨은 신의 관념을 동반한다〔제5부 정리14에 의해〕. 그러므로〔감정의 정의6에 의해〕 그는 신을 사랑한다. 그리고〔같은 이유에 의해〕 그는 자신과 자신의 감정을 더 많이 인식할수록 그만큼 신을 많이 사랑한다. 이리하여 이 정리는 증명되었다.

정리16 신에 대한 이 사랑은 다른 무엇보다도 정신을 많이 점유해야 한다.
증명 : 왜냐하면 이 사랑은 신체의 모든 변화에 연결되어 있으며〔제5부 정리14에 의해〕, 그리고 그것들 전체에 의하여 함양된다〔제5부 정리15에 의해〕. 그러므로〔제5부의 정리11에 의해〕 이 사랑은 정신을 가장 많이 점유해야 한다. 이리하여 이 정리는 증명되었다.

정리17 신은 어떠한 수동에도 관여하지 않으며, 또 어떠한 기쁨이나 슬픔의 감정에도 동요되지 않는다.[*5]
증명 : 모든 관념은 신에 관련하는 한 진실하다〔제2부 정리32에 의해〕. 바꾸어 말하면〔제2부 정의4에 의해〕 그 관념들은 타당하다. 그러므로〔감정의 일반적 정의에 의해〕 신은 어떠한 수동에도 관여하지 않는다. 다음으로 신은

보다 큰 완전성에도 그리고 보다 작은 완전성에도 이행할 수 없다〔제1부 정리20의 계2에 의해〕. 따라서〔감정의 정의2와 3에 의해〕신은 어떠한 기쁨이나 슬픔의 감정에도 동요되지 않는다. 이리하여 이 정리는 증명되었다.

계 : 정확하게 말하면, 신은 아무도 사랑하지 않으며 또 미워하지도 않는다. 왜냐하면 신은〔제5부의 정리17에 의해〕어떠한 기쁨이나 슬픔의 어떠한 감정에도 동요하지 않으며, 따라서〔감정의 정의6과 7에 의해〕신은 아무도 사랑하거나 미워하지 않는다.

정리18 아무도 신을 미워할 수 없다.

증명 : 우리 내부에 있는 신의 관념은 타당하고 완전하다〔제2부 정리46과 47에 의해〕. 그러므로 우리는 신을 관조하는 한에 있어 활동을 한다〔제3부 정리3에 의해〕. 따라서〔제3부 정리59에 의해〕신의 관념을 동반한 어떠한 슬픔도 존재할 수 없다. 말하자면〔감정의 정의7에 의해〕아무도 신을 미워할 수 없다. 이리하여 이 정리는 증명되었다.

계 : 신에 대한 사랑은 미움으로 변할 수 없다.

주해 : 그러나 어떤 사람은 다음과 같이 논박할지도 모른다. 만약에 우리가 신을 모든 사물의 원인으로 인식하므로, 바로 이것에 의해서 우리는 신을 슬픔의 원인으로 생각하는 것이라고. 그러나 나는 다음과 같이 대답한다. 우리가 슬픔의 원인을 인식하는 한, 슬픔은 더 이상 수동이 아니다〔제5부 정리3에 의해〕. 말하자면〔제3부 정리59에 의해〕그런 한에 있어 그것은 슬픔이 아니다. 그러므로 우리가 신을 슬픔의 원인으로 인식하는 한 우리는 기쁨을 느낀다고.

정리19 신을 사랑하는 사람은 신이 자신에게 사랑으로 보답하도록 노력할 수는 없다.

증명 : 만일 인간이 이것 때문에 노력한다면 그는〔제5부의 정리17의 계에 의해〕자기가 사랑하는 신은 신이 아니기를 바랄 것이다. 따라서〔제3부 정리19에 의해〕그는 슬픔을 욕구하게 될 것이다. 이것은〔제3부 정리28에 의해〕부조리하다. 그러므로 신을 사랑하는 사람은—. 이리하여 이 정리는 증명되었다.

정리20 신에 대한 이 사랑은 시샘이나 질투의 감정으로 더럽혀질 수 없다. 오히려 보다 많은 사람이 같은 사랑의 유대에 의해서 신과 결합한다고 우리가 표상한다면 이 사랑은 그만큼 많이 함양된다.

증명 : 신에 대한 이 사랑은 우리가 이성의 명령에 따라서 추구할 수 있는 최고의 선이다〔제4부 정리28에 의해〕. 그리고 이 최고 선은 모든 사람들에게 공통되며〔제4부 정리36에 의해〕 우리들 모두가 그것을 즐기고 싶어한다〔제4부 정리37에 의해〕. 그러므로 이 사랑은〔감정의 정의23에 의해〕 시샘의 감정에 더럽혀질 수 없으며, 또〔제5부 정리18과 제3부 정리35의 주해에 있는 질투의 정의에 의해〕 질투의 감정에 의해서도 더럽혀질 수 없다. 반대로〔제3부 정리31에 의해〕 이 사랑은 더 많은 사람들이 그것을 즐긴다고 우리가 표상하면 할수록 더 강해진다. 이리하여 이 정리는 증명되었다.

주해 : 같은 방식으로 이 사랑에 대해 직접적으로 반대하고 이 사랑을 파괴할 수 있는 어떠한 감정도 없다는 것을 밝힐 수 있다. 그리하여 우리는 신에 대한 이 사랑이 모든 감정 가운데서 가장 항구적(恒久的)이라는 것, 그리고 이 사랑은 신체에 관련되는 한, 신체 자체와 함께가 아니라면 파괴될 수 없다고 결론지을 수 있다. 그러나 그것이 단순히 정신에만 관련되는 한 어떠한 본성을 지니는지는 뒤에 알게 될 것이다.

이상으로서 나는 감정에 대한 모든 요법을, 또는 그 자체에서만 보인 정신이 감정에 대해서 할 수 있는 모든 것을 총괄하였다. 이것으로부터 감정에 대한 정신의 능력은 다음과 같은 점에 있다는 것이 명백하다.

(1) 감정의 인식 자체 안에〔제5부 정리4의 주해를 볼 것〕

(2) 우리가 혼란하여 상상하는 외부 원인의 사상으로부터 감정을 분리하는 데에〔제5부 정리2와 제5부 정리4의 주해를 볼 것〕

(3) 우리가 인식하는 대상에 관계하는 감정은 우리들이 혼란 또는 훼손하여 파악하는 대상에 관한 감정보다 지속에 있어 우월하다는 점에〔제5부 정리7에 의해〕

(4) 사물의 공통적 특질 내지 신에 관한 감정을 함양하는 원인은 다수라는 것에〔제5부 정리9와 11에 의해〕

(5) 정신이 자신의 감정을 조정하고 그것들을 서로 연결할 수 있는 그 질서

속에〔제5부의 정리10의 주해 및 제5부 정리12, 13 그리고 14를 보라〕

　그러나 감정에 대한 정신의 이 능력을 좀 더 명료하게 이해하기 위해서는 우선 다음에 주의해야 한다. 우리가 한 사람의 감정을 다른 사람의 감정과 비교해서 동일한 감정에 한 사람이 다른 사람보다 더 많이 동요되는 것을 볼 때, 혹은 우리들이 동일한 인간의 여러 감정을 서로 비교해서 그 사람이 하나의 감정에 다른 감정보다 더 많이 자극되고 동요된다는 것을 알 때, 우리는 그 감정을 크다고 부른다. 왜냐하면〔제4부 정리5에 의해〕 저마다의 감정의 힘은 우리의 능력에 비교되는 외부 원인의 힘에 의하여 규정되기 때문이다. 그러나 정신의 능력은 오로지 인식에 의해서만 제약되며, 이에 반해서 정신의 무능력 내지 수동은 단순히 인식의 결핍에 의해서, 달리 말해서 타당치 않다고 불리우는 관념을 통해서 계산하게 된다. 여기서 다음과 같은 결론이 나온다. 즉 그 최대 부분이 타당치 못한 관념으로 구성된 정신, 즉 능동적이기보다는 수동적이라는 점을 특징으로 하는 정신은 가장 수동적인 정신이며, 반대로 그 최대 부분이 타당한 관념으로 구성된 정신, 바꾸어 말해서 비록 다른 정신과 마찬가지로 타당치 못한 관념을 많이 포함하고 있다고 하더라도 인간의 무능력을 표시하는 타당치 못한 관념에 의해서보다 인간의 덕에 속하는 타당한 관념에 의해서 구별되는 정신은 가장 능동적이다.

　다음으로 주의해야 할 점은, 마음의 병이나 불행은 주로 많은 변화에 속하는 것에 대한 그리고 우리가 결코 소유할 수 없는 대상에 대한 지나친 애착에서 일어난다는 것이다. 왜냐하면 자기가 사랑하지 않는 대상 때문에 불안해하거나 근심하는 사람은 하나도 없으며, 또 여러 가지 불법·의혹·적의 등은 아무도 진정으로 소유자가 될 수 없는 대상에 대한 사랑에서만 생겨나기 때문이다.

　우리는 이것으로부터 명료하고 판연한 인식, 특히 신의 인식 자체를 기초로 하는 저 제3의 종류의 인식〔제2부 정리47의 주해를 보라〕이 감정에 대해서 무엇을 할 수 있는가를 쉽게 이해한다. 이 인식은 수동인 한에 있어서의 여러 감정을 절대적으로 파괴하지는 못하지만〔제5부 정리3과 정리4의 주해를 보라〕 적어도 그러한 감정이 정신의 가장 적은 부분을 구성하도록 할 수는 있다〔제5부의 정리14를 보라〕. 더구나 이 인식은 불변하고 영원한 대상

〔제5부 정리15를 보라〕으로 우리들이 실제로 소유할 수 있는 것〔제2부 정리 45를 보라〕에 대한 사랑을 낳는다. 그러므로 이 사랑은 보통의 사랑 속에 있는 여러 가지 결함 때문에 더럽혀질 수 없으며, 오히려 더욱더 커질 수 있고〔제5부 정리15〕, 정신의 최대 부분을 점유하며〔제5의 정리16에 의해〕 커다란 영향을 정신에 줄 수 있다.

이제 나는 이 현재의 생활에 관한 모든 사항을 결론지었다. 내가 이 주해의 처음에서 말한 것처럼 이들 약간의 말 속에 감정에 대한 모든 요법이 포괄되어 있다는 것을 이 주해의 내용에, 그리고 동시에 정신과 그 감정들의 정의에, 그리고 제3부의 정리1과 3에 주의하는 사람이라면 누구나 쉽게 알 수 있을 것이다. 그러므로 이제 신체와 관계 없는 정신의 지속에 관한 문제로 넘어갈 때이다.

정리21 정신은 신체가 지속하는 동안 외에는 아무것도 표상할 수 없으며 또한 과거의 어떤 것도 상기할 수 없다.

증명 : 정신은 신체가 지속하는 동안에만 그 신체의 현실적 존재를 표현하며, 또한 그동안에만 신체의 변화를 현실적인 것으로 파악한다〔제2부 정리8의 계에 의해〕. 따라서〔제2부 정리26에 의해〕 정신은 그 신체가 지속하는 동안 외에는 실제적으로 존재한다고 생각하는 사람은 하나도 없다. 그러므로 정신은 신체가 지속하는 동안을 제외하고는 아무것도 표상할 수 없으며〔제2부 정리17의 주해 속에 있는 '표상(상상)'의 정의를 볼 것〕 또한 과거의 일을 상기할 수도 없다〔제2부 정리18의 주해 속에 있는 '기억'의 정의를 볼 것〕—. 이리하여 이 정리는 증명되었다.

정리22 그러나 신 안에는 이 또는 저 인간 신체의 본질을 영원한 상(相) 아래 표현하는 관념이 필연적으로 존재한다.

증명 : 신은 이 또는 저 인간 전체의 존재원인일 뿐 아니라, 그 본질의 원인이다〔제1부 정리25에 의해〕. 그러므로 그 본질은 필연적으로 신의 본질 자체를 통해서 생각해야 한다〔제1부 공리4에 의해〕. 그리고 어떤 영원한 필연성에 의해서 생각해야 한다〔제1부 정리16에 의해〕. 그 개념은 필연적으로 신 안에 있어야 한다〔제2부 정리3에 의해〕. 이 정리는 이렇게 증명되었다.

정리23 인간 정신은 신체와 함께 완전히 파괴될 수 없으며, 그 중 어떤 것은 영원한 것으로서 남는다.*6

증명 : 신 속에는 인간 신체의 본질을 표현하는 개념 내지 관념이 필연적으로 존재한다〔제5부 정리22에 의해〕. 그러므로 이 개념 내지 관념은 필연적으로 인간 정신의 본질에 속하는 어떤 것이다〔제2부 정리13에 의해〕. 그러나 우리는 인간 정신이 지속에 의해서 설명되고 시간에 의해서 규정될 수 있는 신체의 현실적 존재를 표현하는 한에 있어서만, 시간에 의해서 규정될 수 있는 지속을 인간 정신에다 돌린다. 말하자면〔제2부 정리8의 계에 의해〕 우리는 신체가 존재하는 동안을 제외하고는 인간 정신에 지속성을 귀속시킬 수 없다. 그러나 그럼에도 불구하고 이 어떤 것은 신의 본질 자체를 통해서 어떤 영원한 필연성에 의해서 생각될 수 있는 것이기 때문에〔제5부 정리22에 의하면〕, 정신의 본질에 속하는 이 어떤 것은 필연적으로 영원할 것이다. 이리하여 이 정리는 증명되었다.

주해 : 신체의 본질을 영원한 상 아래 표현하는 이 관념은 이제 말한 것처럼 정신의 본질에 속하는, 필연적으로 영원히 일정한 사유의 양태이다. 그러나 우리는, 우리가 신체 이전에 이미 존재하였다는 것을 상기할 수가 없다. 왜냐하면 신체 속에는 그러한 흔적이 전혀 없으며, 또 영원성은 시간에 의해 규정될 수 없으며 시간과는 아무런 관계도 없기 때문이다. 하지만 그럼에도 불구하고 우리는 우리들이 영원하다고 느끼며 또 경험한다. 왜냐하면 정신은 지성에 의해서 이해하는 것을 상기하는 것과 같은 것으로 느끼기 때문이다. 왜냐하면 사물을 보고, 관찰하는 정신의 눈이 그 증명이기 때문이다.

이처럼 우리가 신체 이전에 존재했다는 것을 상기하지는 않더라도, 우리의 정신이 신체의 본질을 영원한 상 아래 포함하는 한에 있어 그것은 영원하며, 그리고 정신의 이 존재는 시간에 의해서 규정될 수 없으며 또한 지속에 의해서도 설명될 수 없다는 것을 느낀다. 그러므로 우리의 정신은 신체의 현실적 존재를 포함하는 한에서만 지속한다고 말할 수 있으며, 또 그러한 한에서만 우리의 존재는 일정한 시간에 의해서 규정된다. 그리고 그런 한에서만 우리의 정신은 사물의 존재를 시간 속에 결정하는 능력, 사물을 지속의 형식 아래 파악하는 능력을 갖는다.

정리24 우리는 개체〔개물〕의 대상을 더 많이 인식하면 할수록 그만큼 더 많이 신을 인식한다.

증명: 이것은 제1부 정리25의 계로부터 명백하다.

정리25 정신의 최고의 노력과 덕은 제3종의 인식에 의해서 사물을 인식하는 것이다.

증명: 제3종의 인식은 신의 몇 개 속성의 타당한 관념으로부터 사물의 본질의 타당한 인식에로 나아간다〔제2부 정리40 주해2에 있는 그 정의를 보라〕. 그리고 우리는 이러한 방식으로 사물을 보다 많이 인식함에 따라서 그만큼 더 많이 신을 인식한다〔제5부 정리24에 의해서〕. 그러므로〔제4부 정리28에 의해〕 정신의 최고의 덕, 바꾸어 말해서〔제4부 정의8에 의해〕 정신의 능력 또는 본성, 즉〔제3부 정리7에 의해〕 정신의 최고 노력은 사물을 제3종의 인식에 의해서 인식하는 것이다. 이리하여 이 정리는 증명되었다.

정리26 정신은 사물을 제3종의 인식에서 인식하는 일에 더 많이 적합할수록 그만큼 더 많이 이러한 종류의 인식에 의해서 사물을 인식하려고 한다.

증명: 이것은 명백하다. 왜냐하면 우리는 정신이 이런 종류의 인식에 의해 사물을 인식하는 데 적합하다고 생각하는 한, 그 정신은 이런 종류의 인식에 의해서 사물을 인식하도록 결정되어 있다고 생각하기 때문이다. 따라서〔감정의 정의1에 의해〕 정신은 사물을 인식하는 이러한 방법에 더 많이 적합할수록 그만큼 더 많은 것을 원한다. 이리하여 이 정리는 증명되었다.

정리27 이 제3종의 인식으로부터 존재 가능한 최고의 정신의 만족이 생겨난다.

증명: 정신의 최고의 덕은 신을 인식하는 것이다〔제4부 정리28에 의해〕. 즉 제3종의 인식에서 사물을 인식하는 것이다〔제5부 정리25에 의해〕. 이 덕은 정신이 이런 종류의 인식에 의해서 보다 많이 인식할수록 그만큼 더 크다〔제5부의 정리24에 의해〕. 그러므로 사물을 이런 종류의 인식에서 인식하는 사람은 인간의 최고의 완전성에 도달하며 따라서〔감정의 정의2에 의해〕 최고의 기쁨에 자극을 받는다. 그리고 이 기쁨은〔제2부 정리43에 의해〕 자기

자신과 자기의 덕을 동반한다. 그러므로〔감정의 정의25에 의해〕이 종류의 인식으로부터 존재 가능한 최고의 만족이 일어난다. 이리하여 이 정리는 증명되었다.

정리28 제3종의 인식에서 사물을 인식하려는 노력이나 욕망은, 제1종의 인식에서는 일어날 수 없으나 제2종 인식에서는 일어날 수 있다.

증명: 이 정리는 그 자체로서 명백하다. 왜냐하면 우리가 명료하고 판연하게 인식하는 모든 것을 우리는 그 자체에 의해서 인식하던가 그렇지 않으면 그 자체로 명백한 다른 것에 의해서 인식하던가의 어느 쪽이다. 다른 말로 하면 우리 속에 있는 명료하고 판연한 관념〔제2부 정리40의 주해2에 의해〕은 제1종의 인식에 속하는 불완전하고 혼란스러운 관념〔같은 주해에 의해서〕에서 생기지 않고, 타당한 관념으로부터 즉〔같은 주해에 의해서〕제2종과 제3종의 인식으로부터 생긴다. 그러므로〔감정의 정의1에 의해〕제3종의 인식에서 사물을 인식하려는 욕망은, 제1종의 인식에서는 생길 수 없지만, 제2종의 인식에서는 생길 수 있다. 이리하여 이 정리는 증명되었다.

정리29 정신은 영원한 상 아래 인식하는 모든 것을 신체의 현재의 현실적 존재를 생각함으로써 인식하는 것이 아니라, 신체의 본질을 영원한 상 아래 생각함으로써 인식한다.

증명: 정신은 그 신체의 현재적 존재를 생각하는 한 시간으로 결정될 수 있는 지속을 생각하며, 또 그런 한에서만 사물을 시간과의 관계에서 생각하는 능력을 갖고 있다〔제5부 정리21과 제2부 정리26에 의해〕. 그러나 영원성은 지속으로 설명할 수 없다〔제1부 정의8과 그 설명에 의해〕. 그러므로 정신은 사물을 영원한 상 아래에서 생각하는 능력을 갖고 있지 않다. 그러나 사물을 영원한 상 아래에서 생각하는 것이 이성의 본성이며, 〔제2부 정리44의 계2에 의해〕 신체의 본질을 영원한 상 아래에서 생각하는 것도 정신의 본성이기 때문에〔제5부 정리23에 의해〕, 그리고 이 두 가지 이외에 정신의 본질에 속하는 것은 아무것도 없기 때문에〔제2부 정리13에 의해〕, 따라서 사물을 영원한 상 아래에서 생각하는 이 능력은 정신이 신체의 본질을 영원한 상 아래에서 생각하는 한에서만 정신에 속한다. 이리하여 이 정리는 증명되었다.

주해 : 사물은 우리에 의해 두 가지 방식으로 현실적인 것이라고 생각된다. 즉 우리는 사물을 일정한 시간과 장소에 관련해서 존재한다고 생각하든가 그렇지 않으면 사물은 신 속에 포함되어 있고, 또 신의 본성의 필연성으로부터 생기는 것으로 생각하든가 어느 쪽이다. 그러나 이 제2의 방식으로 참 또는 실재로서 생각되는 사물을 우리는 영원한 상 아래 생각하며, 그리고 그러한 사물의 관념들은 제2부 정리45에서 이미 살핀 것처럼, 또 그 정리의 주해를 참조하면 신의 영원하고 무한한 본질을 포함하고 있다.

정리30 우리의 정신은 그 자신과 신체를 영원한 상 아래 인식하는 한 필연적으로 신의 인식을 가지며, 또 자신이 신 속에 있으며 신에 의해서 생각하고 있다는 것을 안다.

증명 : 영원성이란 신의 본질이 필연적 존재를 포함하는 한 신의 본질 자체이다〔제1부 정의8에 의해〕. 그러므로 사물을 영원한 상 아래 생각하는 것은 사물을 신의 본질을 통해서 실재적인 존재로서 생각하는 것, 다시 말해 사물을 신의 본질 속에 그 존재가 포함되어 있다고 생각하는 것이다. 그러므로 우리의 정신은 그 자신과 신체를 영원한 상 아래 생각하는 한 필연적으로 신의 인식을 가지며, 또 자신이 신 속에 존재함을—. 이리하여 이 정리는 증명되었다.

정리31 제3종의 인식은 정신 자체가 영원한 한에서 형상적 원인으로서 정신에 의존한다.

증명 : 정신은 그 신체의 본질을 영원한 상 아래 생각하는 한에 있어서만, 사물을 영원한 상 아래 생각한다〔제5부의 정리29에 의해〕. 바꾸어 말하면 〔제5부의 정리21과 23에 의해〕 정신은 영원한 한에서만, 사물을 영원한 상 아래 생각한다. 그러므로〔제5부의 정리30에 의해〕 정신은 영원한 한 신의 인식을 갖는다. 그리고 이 인식은 필연적으로 타당하다〔제2부 정리46에 의해〕. 따라서 정신은 영원한 한 이 신의 인식으로부터 생길 수 있는 모든 것을 인식하는 데 적합하다〔제2부 정리40에 의해〕. 즉 정신은 제3종의 인식에 의해서 사물을 인식하는 데 적합하다.〔제2부 정리40의 주해2에 있는 그 정의를 볼 것〕 그러므로〔제3부 정의1에 의해〕 정신은 영원한 한 이 종류의 인

식의 타당한 원인 또는 현상인이다. 이리하여 이 정리는 증명되었다.

주해 : 이렇게 사람은 각자 이 종류의 인식에 있어서 유능하면 할수록 그만큼 자기 자신과 신을 잘 의식한다. 말하자면 그 사람은 그만큼 완전하며 그만큼 행복하다. 이것은 다음과 같은 것으로부터 더욱 분명해질 것이다. 그러나 여기서 주의해야 할 것은, 정신이 사물을 영원한 상 아래 생각하는 한, 영원하다는 것은 이미 확실히 알고 있는 바이지만, 그러나 우리가 증명하고자 하는 것이 더욱 쉽게 설명되고 더 잘 이해되기 위해서 우리는 지금까지 해온 것처럼 정신이 이제 막 존재하기 시작한 것처럼, 그리고 이제 막 사물을 영원한 상 아래 인식하기 시작한 것처럼 생각할 것이다. 우리는 명백한 전제로부터가 아니고서는 아무것도 결론을 내릴 수 없다는 것을 주의하기만 하면 어떠한 오류의 위험도 없이 이것을 해 나갈 수 있다.

정리32   우리는 제3종의 인식에서 인식하는 모든 것을 즐기며, 그리고 우리의 즐거움은 그 원인으로서 신의 관념을 동반한다.

증명 : 이 종류의 인식으로부터 존재 가능한 최고의 평온이 나타난다. 바꾸어 말하면〔감정의 정의25에 의해〕정신 자체의 관념을 동반하는 최고의 기쁨이 나타난다〔제5부 정리27에 의해〕. 그리고〔제5부 정리30에 의해〕그 원인으로서의 신의 관념을 동반한 기쁨이다. 이리하여 이 정리는 증명되었다.

계 : 제3종의 인식으로부터 필연적으로 신에 대한 지적 사랑이 생겨난다.*[7] 왜냐하면 이 종류의 인식으로부터는〔제5부 정리31에 의해〕원인으로서의 신의 관념을 동반한 기쁨, 다시 말해〔감정의 정의6에 의해〕신에 대한 사랑이 생겨난다. 게다가 신을 현존하는 것으로 표상하는 한의 신에 대한 사랑이 아니라〔제5부 정리29에 의해〕, 영원하다고 인식하는 한에 있어서의 신에 대한 사랑이다. 이것이 내가 신에 대한 '지적 사랑'이라고 하는 것이다.

정리33   제3종의 인식에서 생겨나는 신에 대한 지적 사랑은 영원하다.

증명 : 제3종의 인식은〔제5부 정리31과 제1부 공리3에 의해〕영원하다. 그러므로〔제1부의 같은 공리에 의해〕그것으로부터 생겨나는 사랑은 필연적으로 영원하다. 이리하여 이 정리는 증명되었다.

주해 : 신에 대한 이 사랑은 시초가 없지만〔제5부 정리33에 의해〕, 그것은

제5부 정리32의 계에서 우리가 가정한 것처럼, 마치 처음으로 비롯하는 것처럼 사랑의 모든 완전성을 지니고 있다. 오직 한 가지 다른 점은 지금 우리가 처음으로 획득한다고 생각하였던 완전성을 정신이 영원히 소유하고 있으며, 그리고 영원한 원인으로서의 신의 관념을 동반하고 있다는 것이다. 그리고 만일 기쁨이 보다 큰 완전성에로 넘어가는 데 존재한다고 한다면 복지는 참으로 정신이 완전성 자체를 소유하는 데 있다고 해야 한다.

정리34 정신이 수동에 속하는 감정에 지배되는 것은 오직 신체가 지속하는 동안뿐이다.

증명 : 표상이란 정신이 그것에 의해서 대상을 현존하는 것으로 관조하는 어떤 관념이다〔제2부 정리17의 주해에 있는 상상(표상)의 정의를 보라〕. 그러나 이 관념은 외부 대상의 본성보다도 인간 신체의 현재 상태를 더 많이 표시한다〔제2부 정리16과 계2에 의해〕 그러므로 감정은〔감정의 일반적 정의에 의해〕 신체의 현재 상태를 표시하는 한에 있어서의 표상이다. 따라서〔제5부 정리21에 의해〕 정신은 신체가 지속하는 동안이 아니면 수동에 속하는 감정에 종속되지 않는다. 이리하여 이 정리는 증명되었다.

계 : 여기에서 지적 사랑을 제외하고는 어떤 사랑도 영원하지 않다는 결론이 나온다.

주해 : 만일 우리가 사람들의 공통적인 의견에 주의한다면, 그들은 자기들의 정신의 영원성은 의식하지만, 그러나 그것을 지속과 혼동하여 표상이나 기억에다 영원성을 귀속시켜, 표상 내지 기억이 사후에도 남는 것이라고 믿고 있는 것을 우리는 알게 될 것이다.

정리35 신은 무한한 지적 사랑을 가지고 자기 자신을 사랑한다.

증명 : 신은 절대적으로 무한하다〔제1부 정의6에 의해〕. 바꾸어 말하면〔제2부 정의6에 의해〕 신의 본성은 무한한 완전성을 즐기고 있으며, 게다가 그것은 자기 자신의 관념을 동반하고 있다. 즉〔제1부 정의1과 정리11에 의해〕 자기원인의 관념을 동반하고 있다. 그리고 이것이 제5부의 정리32의 계에서 지적 사랑이라고 우리가 설명한 것이다.

정리36 신에 대한 정신의 지적 사랑은, 신이 자기 자신을 사랑하는 바로 신의 사랑 자체이다. 신은 무한한 한에서의 신이 아니라, 영원한 상 아래 고찰한 인간 정신의 본질을 통해서 설명되는 한에서의 신이다. 말하자면 신에 대한 정신의 지적 사랑은 신이 자기 자신을 사랑하는 무한한 사랑의 일부분이다.

증명 : 정신의 이러한 사랑은 정신의 활동으로 헤아릴 수 있어야 한다〔제5부의 정리32의 계와 제3부의 정리3에 의해〕 따라서 이 사랑은 정신이 원인으로서 신의 개념을 동반하며 자기 자신을 관조하는 활동이다〔제5부의 정리32와 그 계에 의해〕. 말하자면〔제1부 정리25의 계와 제2부 정리11의 계에 의해〕 이 사랑은 인간 정신을 통해 설명될 수 있는 한에서의 신이 자기 자신의 관념을 동반하면서 자기 자신을 관조하는 행동이다. 그러므로〔제5부의 정리35에 의해〕 정신의 이 사랑은 신이 자기 자신을 사랑하는 무한한 사랑의 일부분이다. 이리하여 이 정리는 증명되었다.

계 : 여기에서, 신은 자기 자신을 사랑하는 한에서 인간을 사랑하며 따라서 인간에 대한 신의 사랑과 신에 대한 정신의 지적 사랑은 동일하다는 결론이 나온다.[8]

주해 : 이상에서 우리의 행복이나 지복(至福) 또는 자유가 어디에 있는지를 우리는 명료하게 이해한다. 즉 그것은 신에 대한 변함없는 영원한 사랑 또는 인간에 대한 신의 사랑에 있다. 이 사랑 혹은 지복은 성서에서는 '영광'이라고 하는데 그것은 타당하다. 왜냐하면 이 사랑은 신에 관한 것이든 인간에 관한 것이든 '정신의 만족'이라고 하는 것이며, 정신의 만족은〔감정의 정의25와 30에 의해〕 실제로 영광과 다르지 않기 때문이다. 왜냐하면 이 사랑은 신에 관계되는 한〔제5부 정리35에 의해〕—신에 대해 이 말을 사용하는 것이 허용된다면—신의 관념을 동반한 기쁨이며, 그리고 그것은 이 사랑이 정신에 관계되는 경우와 같은 것이기 때문이다〔제5부 정리27에 의해〕. 다음으로 우리 정신의 본질은 인식에만 있으며, 그 인식의 시원(始源)과 기초는 신이기 때문에〔제1부 정리15와 제2부 정리47의 주해에 의해〕 우리의 정신은 본질과 존재에 관해서 어떠한 방식으로 신적인 본성으로부터 생겨나며, 그리고 끊임없이 신에 의존하는지가 우리에게는 매우 명백하다. 내가 직관적 인식 또는 제3종의 인식이라고 하는 개개 대상의 인식〔제2부 정리40의

주해2에 의해)이 얼마나 많은 일을 할 수 있으며, 또 그것이 제2종의 인식이라고 하는 일반적 인식보다 어느만큼 유능한가를 나는 여기에서 설명하려했다. 왜냐하면 나는 제1부에서 모든 것, 따라서 인간의 정신 역시, 본질과 존재에 관해서 신에 의존하고 있다는 것을 일반적으로 살피기는 하였지만, 그 증명은 비록 정당하고 아무런 의심의 여지가 없다고 하더라도, 신에 의존한다고 우리가 말하는 개개 대상의 본질 자체로부터 이것을 증명하는 것처럼 우리의 정신을 감동시키지 않기 때문이다.

정리37 자연 속에는 이 지적 사랑에 반대되는 것 또는 그것을 소멸시킬 수 있는 것은 아무것도 없다.

증명 : 이 지적 사랑은 신의 본성을 통해서 영원한 진리라고 생각되는 한에 있어서 정신의 본성에서 필연적으로 생긴다[제5부 정리33과 29에 의해]. 그러므로 만일 이 사랑에 반대되는 어떤 것이 있다면, 그것은 참된 것에 대립된다. 따라서 이 사랑을 소멸시킬 수 있는 것은 참을 거짓으로 만든다. 이것은[그 자체로 명백한 것처럼] 부조리하다. 그러므로 자연 속에는―. 이리하여 이 정리는 증명되었다.

주해 : 제4부의 공리는 일정한 시간과 장소에 관해서 고찰되는 한에 있어서의 개개 대상을 염두에 둔 것이다. 이것은 누구에게나 명료한 사실이라고 믿는다.

정리38 정신이 제2종과 제3종의 인식에 의해서 대상을 더 많이 인식하면 할수록 그만큼 나쁜 감정으로부터 영향을 덜 받으며, 또한 죽음에 대한 두려움도 덜하다.

증명 : 정신의 본질은 인식에 있다[제2부 정리11에 의해]. 그러므로 정신이 제2종과 제3종의 인식에 의해서 사물을 인식하는 일이 많을수록 그만큼 정신의 큰 부분이 남게 된다[제5부의 정리23과 29에 의해]. 따라서[제5부 정리37에 의해] 그만큼 정신의 커다란 부분은 우리의 본성에 반대되는 감정에 의해서 바꾸어 말하면[제4부 정리30에 의해], 나쁜 감정에 의해서 영향을 덜 받게 된다. 그러므로 정신이 더 많은 것을 제2종과 제3종의 인식에 의해서 인식하면 할수록 그만큼 정신의 큰 부분이 상하지 않은 채로 남는다.

따라서 정신은 그만큼 감정으로부터 영향을 덜 받는다. 이리하여 이 정리는 증명되었다.

주해 : 이와 같이 해서 내가 제4부 정리39의 주해에서 언급하고 또 이 부[제5부]에서 설명할 것을 약속한 사항이 명백해진다. 즉 그것은 정신의 명료하고 판연한 인식이 크면 클수록, 따라서 정신이 신을 더 많이 사랑하면 할수록 그만큼 죽음이 해롭지 않게 된다는 것이다. 게다가[제5부의 정리27에 의해] 제3종의 인식으로부터 존재 가능한 최고의 만족이 생기기 때문에, 우리가 신체와 함께 소멸한다고 말한 정신의 부분은[제5부의 정리21에 의해] 그 나머지 부분에 비교하면 조금도 중요하지 않다는 결론이 나온다. 그러나 이 문제에 관해서는 좀 더 상세히 설명할 것이다.

정리39 많은 일에 대해서 적합한 신체를 가진 사람은, 대부분 영원한 정신을 소유한다.

증명 : 많은 일을 하는데 적합한 신체를 가진 사람은 나쁜 감정에 의해서 동요되는 일이 극히 적다[제4부 정리38에 의해]. 바꾸어 말하면[제4부 정리30에 의해] 우리의 본성에 반대되는 감정에 의해서 동요되는 일이 극히 적다. 그러므로 그는[제5부의 정리10에 의해] 신체의 변화를 지성에 상응하는 질서에 따라서 조정하고 연결하는 힘을, 따라서[제5부의 정리14에 의해] 신체의 모든 변화를 신의 관념에 관계시키는 힘을 가지고 있다[제5부 정리15에 의해]. 이 결과 그는 신에 대한 사랑에 자극받는다. 그리고 이 사랑은[제5부의 정리16에 의해] 정신의 최대 부분을 점유하거나 구성해야 한다. 그러므로[제5부의 정리33에 의해] 그는 그 최대 부분이 영원한 정신을 소유한다. 이리하여 이 정리는 증명되었다.

주해 : 인간의 신체는 매우 여러 가지 일에 적합하기 때문에, 자기 자신과 신에 대해서 커다란 인식을 가지며, 그 최대 부분 또는 주요 부분이 영원하며 따라서 죽음을 거의 두려워하지 않는 정신에 관계되는 본성을 가질 수 있다는 것은 의심할 수가 없다.

그러나 이것을 더 분명히 이해하기 위해 여기에서 주의해야 할 것은, 우리는 끊임없는 변화 속에 살고 있으며, 우리들은 좀더 선한 것 또는 좀더 악한 것으로 변화함에 따라서 행복 또는 불행이라고 한다는 것이다. 예를 들어 유아 또는 소년 시절에 죽는 사람을 우리는 불행하다고 하며, 반대로 건강한 신체에 건전한 정신을 가지고 전 생애를 보낼 수 있다면 행복하다고 한다. 실제로 유아나 소년처럼 매우 적은 일에 대해서만 적합한 신체를 가지고 외적 원인에 가장 많이 의존하는 신체를 가진 사람은 그 정신 역시, 그 자신만을 생각한다면 자신과 신과 대상에 대해서 거의 전적으로 의식하지 않는다. 반대로 여러 가지 일에 적합한 신체를 가진 사람은, 그 자체만을 생각한다면, 자기 자신과 신과 대상을 그만큼 많이 의식하는 정신을 소유한다. 그러므로 인생에 있어서 우리는 특히 유아의 신체를 그 본성이 허용하는 한, 그리고 그 본성에 도움이 되는 한, 많은 일에 적합한 신체로 변화시키도록 노력한다. 즉, 자기 자신과 신과 대상들에 대해서 많은 것을 의식하는 정신에 관계되는 신체로 변화시키도록 노력한다. 그렇게 하면, 내가 이미 앞의 정리의 주해에서 말한 것처럼 정신의 기억 내지 상상력에 관계되는 모든 것은 지성에 비하여 거의 보잘 것 없다는 것이 될 것이다.

정리40 저마다의 사물은 더많은 완전성을 가짐에 따라서, 그만큼 많이 활동하며 영향을 받는 일이 그만큼 적다. 거꾸로 각 사물은 더 많이 활동할수록 그만큼 완전하다.

증명 : 저마다의 사물은 보다 완전하면 할수록 그만큼 더 많이 실재성을 가지고 있으며〔제2부 정의6에 의해〕따라서〔제3부 정리3과 그 주해에 의해〕 그만큼 많이 활동하며 영향을 받는 일이 적다. 이 증명은 순서를 거꾸로 해도 증명될 수 있으므로 사물은 활동이 많을수록 그만큼 더 완전하다. 이리하여 이 정리는 증명되었다.

계 : 여기에서 정신의 나머지 부분은 그것이 크건 작건 다른 부분보다 더 완전하다는 결론이 나온다. 왜냐하면 정신의 영원한 부분은〔제5부의 정리23과 29에 의해〕지성이며, 지성에 의해서만 우리는 활동한다〔제3부 정리3에 의해〕. 그러나 우리가 소멸한다고 말한 정신의 부분은 표상력 자체이며〔제5부의 정리21에 의해〕우리는 그것을 통해서만 영향을 받는다〔제3부의 정리3과 감정의 일반적 정의에 의해서〕. 그러므로〔제5부 정리40에 의해〕전자는 크건 작건 후자보다 더 완전하다. 이리하여 이 계는 증명되었다.

주해 : 이것들은 신체의 존재와는 관계없이 고찰되는 한에 있어서의 정신

에 관해서 내가 증명하려고 계획하였던 일이다. 이것으로부터 그리고 동시에 제1부 정리21과 그 밖의 정리에서 우리의 정신은 지성적인 인식을 하는 한 사유의 영원한 양태이며, 이것은 다른 사유의 영원한 양태에 의해서 결정되며, 후자는 또 다른 것에 의해서 결정되고, 이와 같이 무한히 나아가 마침내 모든 양태는 함께 신의 영원한 지성을 구성한다는 것을 알 수 있다.

정리41 비록 우리가 우리의 정신이 영원하다는 것을 모른다 하더라도, 우리는 도의심과 종교심 그리고 일반적으로 우리가 제4부에서 용기와 관용에 속하는 것으로 이미 살핀 바 있는 모든 것을 가장 중요하다고 생각할 것이다.

증명 : 덕 또는 올바른 생활법에 관한 첫째요, 유일한 기초는〔제4부 정리 22의 계와 정리24에 의해〕자기의 이익을 추구하는 일이다. 그러나 이성이 무엇을 유익한 것으로 명령하는가를 결정하기 위해 우리는 정신의 영원성에 관해서 아무 생각도 한 바 없다. 정신의 영원성에 대해서 우리는 이 제5부에서 비로소 알게 되었다. 그러므로 그때는 아직 정신이 영원하다는 것을 몰랐지만, 우리는 용기와 관용에 속한다고 보았던 것을 무엇보다 중요한 것이라고 생각하였다. 그러므로 아직 우리가 정신의 영원성을 모른다 하더라도 우리는 이성의 명령을 무엇보다 중요하다고 생각할 것이다. 이리하여 이 정리는 증명되었다.

주해 : 민중의 일반적인 신념은 이와는 다른 것처럼 보인다. 왜냐하면 대개의 사람들은 쾌락에 빠질 수 있는 한에 있어서 자유라고 생각하며, 그리고 신의 법칙의 명령에 따라서 생활하도록 구속되어 있는 한에 있어서 자기의 권리를 포기하는 것으로 믿고 있는 것처럼 보이기 때문이다. 그러므로 그들은 도의심과 종교심을 일반적으로 말해서 정신의 강함에 관계되는 모든 것을 부담이라고 믿고, 사후에는 이 부담으로부터 벗어나서 그들의 예속, 말하자면 그들의 도의심과 종교심에 대해서 보수를 받을 것을 희망하고 있다. 그러나 단순히 이 희망뿐만 아니라, 무엇보다도 사후의 몸서리쳐질 만한 처벌의 두려움에 의해서 그들은 그 미약하고 무능한 정신이 허용하는 한, 신의 법칙의 명령에 따라서 생활하도록 인도되고 있다. 만약에 희망과 공포가 인간에게 부여되지 않았더라면, 그리고 반대로 정신은 신체와 함께 소멸하고

도의심의 부담 아래 지친 불행한 사람들에게 미래의 생활이 없다고 믿는다면, 그들은 그 본래의 사고 방식으로 돌아가 모든 것을 그들 자신의 격정에 의해 지배할 것이며, 그들 자신보다는 도리어 운명에 복종하려고 할 것이다. 이것은 사람이 좋은 음식을 가지고도 신체를 영원히 유지할 수 있다고는 믿지 않기 때문에 도리어 독이나 치명적인 음식을 포식하려고 하기도 하고, 정신을 영원 내지 불사가 아니라고 보기 때문에 도리어 미쳐서 이성이 없이 생활하기를 원하는 것처럼 부당한 것으로 보인다. 이것들은 거의 검토할 가치도 없을 만큼 부당하다.

정리42 지복(至福)은 덕의 보수가 아니라 덕 자체이다. 그리고 우리는 쾌락을 억제하기 때문에 지복을 누리는 것이 아니라, 반대로 지복을 누리기 때문에 쾌락을 억제할 수 있다.

증명: 지복은 신에 대한 사랑에 있다〔제5부 정리36과 그 주해에 의해〕. 그리고 이 사랑은 제3종의 인식으로부터 생겨난다〔제5부 정리32의 계에 의해〕. 그러므로 이 사랑은〔제3부 정리59와 3에 의해〕 활동하는 한에 있어서의 정신에 관계되어야 한다. 그러므로 지복은〔제4부 정의8에 의해〕 덕 자체이다. 이것이 증명해야 할 첫째 것이었다. 다음으로 정신은 이 신적인 사랑 또는 지복을 더 많이 즐김에 따라서 그만큼 더 많이 인식한다〔제5부 정리32에 의해〕. 바꾸어 말하면〔제5부 정리3의 계에 의해〕 감정에 대해서 그만큼 큰 힘을 가지며 또〔제5부 정리38에 의해〕 그만큼 나쁜 감정으로부터 영향을 받는 일이 적다. 그러므로 정신은 이 신적인 사랑 혹은 지복을 누리기 때문에 쾌락을 억제하는 힘을 가지는 것이다. 그리고 감정을 억제하는 인간의 힘은 지성에만 있기 때문에, 어느 누구나 감정을 억제하기 때문에 지복을 누리는 것이 아니라, 반대로 쾌락을 억제하는 힘은 지복 자체로부터 생겨난다. 이리하여 이 정리는 증명되었다.

주해: 이상으로써 나는 감정에 대한 정신의 힘과 정신의 자유에 대해서 내가 설명하려고 했던 바를 모두 끝냈다. 내가 말한 것으로부터 우리는 현자의 능력이 얼마나 크며 그리고 그는 쾌락에 의해서만 충동되는 무지한 사람보다 얼마나 뛰어났는지를 안다. 즉 무지한 사람은 외적 원인에 의해서 여러 가지 방식으로 선동되어 결코 정신의 진정한 만족을 누리지 못할 뿐만 아니

라, 신과 사물에 대해서 거의 무지한 채로 생활하며 그리고 영향받는 일이
끝나자마자 동시에 존재하는 것도 그친다. 반대로 현자는 그가 현자로 여겨
지는 한 마음 속에 동요가 거의 없다. 그러나 자기 자신과 신과 사물의 어떤
영원한 필연성에 의해서 의식하며 결코 존재를 멈추지 않고 언제나 마음의
진정한 만족을 누린다.

　이미 내가 설명한 것처럼 여기까지 도달하는 길은 매우 험준해 보이지만,
그럼에도 불구하고 그것은 발견될 수 있다. 실제로 이처럼 드물게 발견되는
것이기 때문에 어려운 것은 분명하다. 왜냐하면 만일 행복이 손 가까이 있어
대단한 노력 없이도 발견될 수 있다면 어떻게 거의 모든 사람들에 의해서 등
한시될 수가 있었을까? 분명 모든 고귀한 것은 드물고도 어렵다.

〈주〉

＊1 《논리학(Logica)》. 지성이 어떻게 완성되어야 하는지는 그의 《지성개선론》에서 설명하
　　고 있다. 따라서 《지성개선론》은 스피노자에 의하면 그의 《논리학》이다.
＊2 《동물의 정기(spiritus animales)》. '동물의 정기'에 관해서는 멀리 아리스토텔레스까지
　　거슬러 올라갈 수 있고 '스토아 학파'와 중세의 '스콜라' 철학자들의 문헌 속에도 발견
　　될 수 있는데, 동물의 정기에 관해서 가장 발전적인 이론은 데카르트에 의해 전개되었
　　다. 그에 의하면, 혈액이 심장 안의 열에 의해서 희박해진 가장 정묘(精妙)하고 활발
　　한 부분이 동물의 정기, 즉 기체화된 혈액이다. 그의 《방법서설》에 의하면 '지극히 미
　　묘한 기류(氣流)와 같은 것, 혹은 지극히 순수하고 생생한 불꽃과 같은 것'이다. 이 동
　　물의 정기는 부단히 뇌의 공실(空室)로 들어가고 뇌실(腦室)에서 신경으로, 신경에서
　　다시 근육 속에 스며들어 신체 각 부분을 여러 가지로 움직인다고 한다. 데카르트는
　　뇌수 속에 있는 송과선을 '정신의 좌석(座席)'이라고 부르고, 정신은 '동물의 정기'와
　　운동을 지도함으로써 신체에 영향을 줄 수 있다고 생각하며 감정은 '동물의 정기의 어
　　떤 운동에 의해서 산출되고 유지되며 강화되는 것'이기 때문에, 정신은 자기 의지에 의
　　해 감정을 지배할 수 있다고 주장한다. 이러한 데카르트의 주장에 대해서 스피노자는
　　이 제5부 서론에서 반박을 시도한다.
＊3 스콜라 철학자들은 어떤 대상의 성질이 다른 성질에 의해서 비교될 수도, 설명될 수도
　　없을 때 그것을 '불가사의한 성질'이라고 했다.
＊4 신에 대한 사랑은 스피노자 철학의 하나의 핵심을 이루고 있다. 이 점에서 그의 철학
　　은 무신론이라고 불리면서도 신에 대한 사랑을 교의(敎義)로 삼는 유대교, 그리스도교
　　의 전통 위에 서 있다고 할 수 있다. 그러나 스피노자의 경우에 그 사랑은 신을 그 자

체로서 직접적으로 사랑하는 것이 아니라 인식, 즉 개개 사물의 인식에 의한 신에 대한 사랑이다. 인식이 사랑에 선행한다는 점에서 그는 토마스 아퀴나스의 주지주의적〔의지보다 지성을 존중하는〕인 사랑과 같은 기반 위에 서 있다고 할 수 있다. 이 정리에서는 감정의 인식을 할 수 있는 사람은 신을 사랑할 수 있다고 말하는데, 감정 역시 그에 의하면 신의 본질을 일정한 방식으로 표현하는 신의 양태, 개개 사물에 지나지 않기 때문이다. 그러므로 감정의 인식에는 신의 관념이 따른다.

*5 신은 기쁨이나 슬픔과 같은 인간적인 감정을 갖지 않는다. 이것은 제1부에서 설명한 신이 의지나 지성을 갖지 않는 것처럼, 스피노자의 신의 비인격성을 나타내고 있다.

*6 이것은 신체는 없어지더라도 정신은 남는다는 이른바 영혼불멸설과는 다르다. 스피노자가 말하는 정신의 영원성이란 두 가지 원리에 의존하고 있다. 그 하나는 사물이 존재하는 방식에 있는데, 즉 일정한 시공 속에 존재하는 현실적 존재와 신 속에 포함되어 있고 신의 필연성에 의해서 나타나는 존재, 본질의 존재이다. 다른 하나의 원리는 심신평행설로서 만일 신체가 없어진다면 정신 역시 없어진다는 것이다. 그러나 본질의 존재는 시간의 제약을 받지 않기 때문에 영원한 존재이다. 그러므로 만일 정신 신체 본질의 존재를 표현한다면 그 정신은 영원하다. 이 때문에 그가 말하는 정신의 영원성을 자칫하면 영혼불멸설로 오해하기 쉽다.

*7 '신에 대한 지적 사랑(Amor Dei intellectualis)'이란 말은 스피노자 철학의 핵심을 표현하는 말이다. 스피노자는 제5부 정리15에서 '신에 대한 사랑'은 감정의 명료하고 판연한 인식에서 나타난다고 주장하였는데, 여기서는 개개 사물의 본질을 인식함으로써 '신에 대한 지적 사랑'이 나타난다고 주장하고 있다. 후자의 '지적 사랑'과 마찬가지로 신의 관념을 동반하는 기쁨이라고 규정하는 이상, 양자의 사랑에 본질적인 차이는 없다. 도리어 양자는 동일하다. 왜냐하면 그에 의하면 감정 역시 개체라고 보기 때문에, 그것을 명료하고 판연하게 인식하는 일은 결국 개체의 본질을 인식하는 것에 지나지 않기 때문이다.

*8 스피노자의 범신론(汎神論) 체계에서는 이른바 신과 피조물의 엄밀한 구별 내지 대립은 볼 수 없다. 즉 신과 인간은 너와 나와의 대립관계로 생각하지 않는다. 따라서 '신은 아무도 사랑하지 않으며 또 미워하지도 않는다〔제5부의 정리17의 계〕' 인간은 신의 양태로서 신 안에 있다. 이 때문에 신이 자신을 사랑하는 것은, 자기 자신과 자신의 양태를 사랑하는 것이다. 즉 신은 자기를 사랑하는 것만으로도 이미 인간을 사랑하는 셈이 된다.

Tractatus Politicus
정치론

제1장
서론

제1절

철학자들은 정열에 대해서 생각하는데, 이 정열이란 사실 사람들이 실수로 빠져들어 괴롭힘을 당하게 되는 악덕과 같다. 그러므로 철학자들은 일반적으로, 그러한 악에 빠진 사람들을 비웃고, 슬퍼하고, 책망한다.

이리하여 자신들이 대단히 훌륭한 일을 하고 있고, 예지의 최고봉에 이르렀다고 믿는다. 이때 그들은 아무 곳에도 실재하지 않을 인간성을 여러 모로 찬양할 정도로 현명하고, 또한 실제로 존재하는 것에 대해서는 오히려 말로써 공격한다. 요컨대 그들은 있는 그대로의 인간을 대상으로 하였던 것이 아니라, 그렇게 있어 주었으면 하고 그들이 바랐던 인간상을 머리 속에 그리고 있다.

그 결과로 그들의 대부분은 윤리학을 쓴다는 것이 풍자소설을 쓰게 되었고, 실제로 적용할 수 있는 국가학(_{또는} 정치이론)을 생각하는 대신 가공론이라고 할 수밖에 없는 이론을 생각하거나, 또는 '유토피아'나 시인들이 노래한 황금시대 속에서처럼, 그런 이론이 전혀 필요없는 곳에서 형성되었을 이론에 대해 생각했다. 따라서 여러 과학들이 유용하게 응용되듯이, 특히 국가학의 이론은 실재 상황에 따라 변하는 듯이 보였고, 따라서 공공의 사건들을 직접 다스리는 일은 누구라도 이론가나 철학자만큼 할 수 있다고 평가되었다.

제2절

이와는 반대로 정치가들은, 사람의 이익을 위해 상담해준다기보다는 기만한다고 생각되고, 학식이 있다고 하기보다는 교활하다고 평가되고 있다. 그러나 의심할 바 없이, 자연이 그들에게 가르치기를, 인간이 존재하는 한 악은 계속 존재하리라고 가르쳐 주었다.

그러므로 그 정치가들은 오랜 경험을 통해 인간의 나쁜 성질을 유효하게 활용할 수 있다는 사실을 알았다. 또 정치가들은 사람들이 보통 이성으로서 보다도 공포 때문에 지키게 하는 갖가지 술책으로 사람들의 나쁜 성질을 저지하려고 힘썼다. 이렇게 공포를 조장하는 점은 종교와 배치되는 것처럼 보인다. 더구나 신학자(神學者)들의 의견과는 상반된다. 신학자들의 의견에 따르면 최고 권력자는 개개인에게 속하는 여러 경건심의 규칙에 따라서 나라 일을 보아야 한다. 그러나 정치가들이 국가학에 관해서는 철학자들보다 더욱 적절히 서술했던 것은 의심할 여지가 없다. 정치가들은 경험이라는 선생님을 두고 있었으므로, 어떤 일에서든 실재와 동떨어진 설명은 하지 않았기 때문이다.

제3절

그리고 나는 확실히, 경험은 우리에게 일찍이 인간이 화합적(和合的) 생활을 하는데 적합한 모든 종류의 연방국가 형태를 가르쳐주는 한편, 동시에 민중이 지도를 받아야 할, 또는 일정한 한계 안에서 억제당해야 하는 여러 가지 수단들을 가르쳐 주었다. 이러하므로 나는 이제까지 세상에 알려진 적도 시도된 적도 없는 모든 일을 생각에 의해서만 발견할 수 있고, 그러면서도 생각에 의한 이 모든 일들은 경험이나 실제와도 일치할 수 있다고 믿는다.

생각해 보건대, 인간이란 이렇게 무엇인가 일반적 법칙(공동의권리) *¹을 가지지 않고서는 살아갈 수 없게 되어 있으나, 이 일반적 법칙이라는 것은 여러 가지 나라 일들과 같이, 오늘날까지 기만적이든 교활하든 간에 '머리 좋은 사람들에 의하여만' 확립되고 실시되어 왔었다. 그러므로 우리들이 오늘날 무엇인가 사회에서는 필요하지만, 어떠한 기회나 우연에 의해서도 아직 가져 본 적이 없는 일이라든지, 또는 공동 사무에 종사하면서 자기의 안녕을 도모하여 온 인간이 이제껏 눈치채지 못했던 일들을 머리속에서 생각해 낸다는 일은 거의 불가능하다.

제4절

그러므로 나의 마음을 국가학에 쏟고 있었을 때에도, 나는 무엇인가 새롭거나 듣지도 보지도 못했던 일을 설명해 보려고 한 적은 없다. 다만 실제와 가장 조화되는 일들을, 확실하면서도 착실한 이론으로써 증명거나 또는 그 것을 인간적 본성의 상태 그대로에서 이끌어 내려고 의도하였다. 그리고 이 학문적인 이론들을 수학을 취급하는 태도로 탐구하기 위하여, 나는 인간의 여러 실제 행동들을, 웃거나 한탄하거나 저주하지 않고 있는 그대로 이해하기 위해 힘썼다. 거기서 나는 인간적인 여러 감정, 예를 들면 사랑·미움·질투·명예심·동정심, 그리고 그 외에 마음의 여러 가지 격정들을 인간 본성의 잘못으로서가 아니라 오히려 인간 본성에 속하는 여러 가지 성질로서 관찰했다.

마치 더위·추위·비바람·번개 등도 역시 대기(大氣)의 본성에 속하는 경우와 같았다. 이들은 비록 불쾌한 성질들이었다고 해도 역시 필연적 존재로서 일정한 여러 원인들을 가지고 있어서, 우리는 이 여러 원인들을 통해서 그 성질의 본성을 이해하려고 힘썼다. 그들의 성질을 바르게 관찰하고 생각해 보면 우리들의 감각을 유쾌하게 해주는 여러 가지 사물들을 인식하는 경우에 못지않게 우리의 정신이 즐거워진다.

제5절

생각하건대, 다음에 말하는 경우들은 확실한 일들이며, 또한 우리들이 나의 《에티카(Ethica)》에서 그 참됨을 증명하고 있다. 즉, 인간은 필연적으로 여러 감정들에 종속해 있다.[*2] 그래서 인간의 성정(性情)은 불행한 사람을 불쌍히 여기고 행복한 사람을 질투하게 되어 있으며,[*3] 동정보다는 복수하는 쪽으로 기울게 되어 있다.[*4]

사람은 다른 사람들이 그의 의향에 따라서 생활하고, 그가 시인하는 바를 시인하며, 배척하는 바를 함께 배척하여 주기를 바란다.[*5] 그 결과 모든 사람들은 다같이 우위에 서려 하기 때문에, 모두들 싸움에 말려들게 되며, 될 수 있는 대로 동료를 압도해 보려고 노력한다. 이리하여 승리를 하게 된 사람은 자기 자신을 이롭게 했다는 점보다는 남을 해칠 수 있었음을 자랑하게 된다.[*6]

종교는 이와는 반대로 사람들이 그 이웃을 자기 자신처럼 사랑해야 한다고, 다시 말하면 남의 권리를 자기 권리와 똑같이 지켜야만 한다고 가르치고 있음을 누구나 다 잘 알고 있지만, 이런 설득은 우리들이 이미 말해 온 바와 같이*7 감정에 대하여 그다지 큰 효과를 미치지 못한다.

하기야 종교는 신병(身病)이 대단하여 감정이 병에 정복당하고 힘없이 죽음 앞에 떨고 있는 사람이라든지, 사람들이 아무런 대인 관계를 가지지 않는 교회당 안에서라면 효과가 있을는지 모르지만, 사실상 그 종교를 가장 필요로 해야 할 법정이나 궁정 같은 곳에서는 전혀 도움이 되지 않는다. 우리가 제시한 바에 의하면*8 이성은 감정을 억제하고 조절할 수 있다. 그러나 그와 동시에 우리는 이성이 인도하는 길은 참으로 험준한 길임을 보았다.*9

이렇게 볼 때 민중이라든지 국사에 바쁜 사람들이 그저 이성의 노출된 받아쓰기에만 따라서 생활하도록 지도될 수 있다고 믿는 사람은, 시인들이 노래한 황금 시대라든지 허구적인 연극 무대를 꿈꾸고 있음에 틀림없다.

제6절

이렇기 때문에 국가의 안녕이 어떤 인간의 신의가 있느냐 없느냐에 달려 있을 때, 그리고 그 국가의 정치적 사무가 바르게 처리될 수 없을 때, 만일 사람들이 스스로 생각하여 정직하게 행동하지 않는다면, 그러한 국가는 풍전등화의 신세가 될 것이다. 오히려 국가가 영속할 수 있기 위해서는 나라 일을 처리하는 사람이 이성에 따라서 행동하느냐 감정에 따라서 행동하느냐를 불문하고, 결코 배신적이거나 사악한 행동을 할 수 없도록 나라 일이 정비되어 있어야 한다.

그리고 국가의 안정이라는 점에서 볼 때에는, 어떠한 정신에 따라서 인간이 바른 정치를 하겠는가 하는 문제는 그다지 큰 문제가 되지 않는다. 다만 국가 안정의 요점은 바른 정치가 행하여지기만 하면 그것으로 좋은 것이다. 왜냐하면 정신의 자유라든지 정신의 힘이 센 것은 개인에게는 덕이 되지만, 국가의 덕은 이와 반대로 안전함 속에서만 존재할 수 있기 때문이다.

제7절

끝으로, 인간이란 대체로 야만인이든 문명인이든, 어느 곳에서나 모두 관습적으로 서로 결합하고 어느 정도 국가 상태를 이루고 있다. 따라서 우리는 국가의 여러 원인과 그 자연적인 기초를 이성의 증거들에서는 볼 수 없고,

도리어 인간의 공동적 본성이나 상태에서 찾아볼 수 있다. 이에 대해 나는 다음 장에서 살펴볼 터이다.

〈주〉

＊1 공동 권리라는 개념에 관해서는 제2장 제13절 이하를 참조.

＊2 《에티카》 3부 정리 1부 및 4부 정리

＊3 《에티카》 3부 정리 32의 비고

＊4 《에티카》 4부 부록 13

＊5 《에티카》 3부 정리 31의 비고

＊6 《에티카》 4부 정리 58의 비고

＊7 《에티카》 4부 정리 15의 비고

＊8 《에티카》 5부 정리 4의 비고

＊9 《에티카》 5부 정리 42의 비고

제2장
자연권(自然權)에 관하여

제1절

우리는 《신학·정치론》 속에서*¹ 자연권(自然權)과 국민권(國民權)*²에 관하여 논술했다. 또 우리들은 《에티카》 속에서 죄, 공적, 옳고 그름의 본성이란 무엇인가,*³ 그리고 끝으로 인간의 자유란 무엇인가*⁴를 설명했다. 그러나 이 책의 독자들이 이 책과 관계 있는 사항들을 다른 책에서 찾아볼 필요가 없도록 하기 위해 나는 이런 사항들을 여기에 다시 설명하려 한다.

제2절

각 자연물은 그 자연물이 현재 존재하느냐 그렇지 않느냐를 불문하고, 그 개념을 잘 찾을 수 있다. 그러므로 여러 자연물은 각각 그 자연물 존재의 시작을 그 자연물들의 정의(定義)로부터 귀결할 수 없다. 존재의 시작뿐 아니라 존재의 계속도 마찬가지이다. 왜냐하면 그 자연물들의 관념적 본질은 그들이 존재하기 시작한 앞이나 뒤나 동일하기 때문이다.

이리하여 그 자연물들이 존재하기 시작한 모습을 그 본질에서는 찾아볼 수 없듯이, 그 자연물들의 존속 과정도 역시 그 본질에서는 찾아볼 수 없다. 오히려 그들이 존재하기 시작하는 데에 필요하였던 바로 그런 힘이 그들의 존속을 위해서도 필요하기 때문이다.

그러므로 여러 자연물들의 활동력이 되는 힘은 신(神)의 영원함에 지나지 않는다고 결론을 내릴 수 있다. 왜냐하면, 만약 그 힘이, 신의 영원성이 아니고 단순히 창조된 어떤 다른 힘에 불과하다면, 그러한 힘 자신은 자연물을 유지할 수가 없게 되어, 도리어 자기 스스로 창조되는 데 필요했던 그러한 힘을 다시 존속하게 할 필요가 있을 것이기 때문이다.

제3절

그러므로 여러 자연물들을 존재하게 하고 활동하게 하는 힘이 바로 신의 힘이라고 볼 때, 우리는 자연권이란 무엇인지 쉽게 이해할 수 있다. 왜냐하면 신은 만물에 대해서 권리를 가지고 있고, 신의 권리는 절대적으로 자유라고 생각되는 신의 힘이므로, 자연물은 존재와 활동에 대하여 힘을 가지고 있는 만큼의 권리를 자연적으로 가지고 있다고 결론을 내릴 수 있다.

각 자연물을 존재하게 하고 활동하게 하는 힘은 다름아닌 절대적으로 자유로운 신의 힘이다.

제4절

나는 이리하여 자연권을 해석할 때, 자연권이란 만물로 인하여 생겨나는 자연의 여러 법칙들, 또는 여러 규칙들이라고 한다. 바꿔 말하면, 그러한 자연의 생성법칙이란 곧 자연의 힘이라고 해석한다. 그 결과로서 우주적 자연과 하나하나의 자연권은 그 자연권의 힘이 미치는 곳에까지 존재한다. 따라서 한 사람 한 사람이 자기 본성의 여러 법칙들에 따라 행동한다면 그것은 곧 모두 최고의 자연권(즉
자연법칙)에 의해 행동하는 셈이고, 그 한 사람 한 사람은 그의 힘으로 할 수 있는 만큼의 권리를 자연에 대하여 가진다.

제5절

그런데 만약 인간의 본성이 이성의 명령만으로 생활하고 그밖의 것은 필요로 하지 않는다면, 인류에게 고유하다고 생각되는 자연권은 이성의 힘에 의해서만 결정되었을 것이다.

그러나 인간은 이성보다도 맹목적인 욕망에 의해서 이끌리는 경우가 많다. 따라서 인간의 자연력, 즉 자연권은 이성에 의해서가 아니라 도리어 인간으로 하여금 행동하게 하고, 자기를 보존하기 위해 노력하게 하는 여러 충동에 의하여 규정되어야 한다.

이성으로부터 생겨난 욕망이 아닌 여러 가지 욕망들은, 인간의 측면에서 말하건대, 나도 그런 이성적이지 못한 욕망들은 사람의 행동이라기보다는 수동(受動)적인 애정임을 인정한다. 그러나 여기서는 자연의 힘, 즉 자연권 일반에 관해서 논술하고 있으므로, 우리들은 여기에 이성에서부터 우리들

속에 생겨나는 여러 욕망과 그밖의 원인으로 인해 생겨나는 여러 욕망 간에 아무런 구별도 인정할 수 없다.

전자(이성적 욕망)나 후자(비이성적 욕망)는 다같이 자연의 작용이며, 인간으로 하여금 스스로의 존속을 위해 노력하게 하는 자연적 힘의 표현이기 때문이다.

생각하건대 인간은 잘나고 못남을 따질 일 없이 다같이 자연의 일부분이다. 그리고 사람을 행동하도록 지시하는 모든 힘은, 사람의 본성에 나타나는 모습으로 볼 때 자연의 힘이라고 생각지 않을 수 없다. 인간이 이성에 의해서 인도될 때이든 욕망에 의해서 인도될 때이든, 사물은 모두가 자연의 여러 법칙과 규칙에 따라서 행동하고 있지는 않다. 다시 말하면 사물들은 자연권에 의해서만 행동하고 있지는 않다.

제6절

그런데 많은 사람들, 특히 어리석은 사람들은 자연의 질서를 따르기보다는 이 질서를 문란하게 한다고 믿고 있고, 또 자연에 있어서의 인간을 국가 안에 있어서의 국가와 같이 생각하고 있다. 그들은 인간의 정신이 자연적 여러 원인들에서 이루어지지 않고 직접 신으로부터 창조되었다고 주장하고, 다른 모든 것들로부터 독립적이며 자기 자신을 결정하고 이성을 올바르게 사용하는 절대적인 힘을 가지고 있다고 주장한다.

그러나 경험을 통해, 우리는 건전한 마음은 우리들의 힘 속에 있지 않고 건강한 신체 속에 있다고 너무나 잘 배우고 있다. 그 다음, 모든 사물은 가능한 한 자기의 존재를 유지하려고 힘쓰고 있다. 때문에 만약 그저 이성의 받아쓰기에 따라 생활하여 눈가림의 욕망에 이끌린다면, 그만큼 모든 이들은 이성에 이끌리고, 또한 자신들의 삶에게 '현명하라'고 명령을 한다. 그런데 실제로는 그렇지 않다. "개개인은 각자의 유쾌함에 이끌려가고 있기 때문이다."*5

더구나 신학자들은 인간 최초의 조상인 아담의 타락 원인이 된 인간적 본성의 과오 또는 죄악이 이 무력함의 원인이라고 주장하고 있으나, 신학자들의 이러한 주장도 역시 이 문제를 해결하지는 못했다. 왜냐하면, 만약 올바르게 몸을 갖는 일이나 타락하는 일이 다같이, 최초 인간의 능력에 의하여 결정되었다고 한다면, 그리고 그가 자기의 정신을 지배하고 또 훼손당하지 않을 본성을 동시에 보유하고 있었다고 한다면, 그와 같은 총명하고 어진 사람이 어찌하여 타락할 수 있겠는가? 이에 대하여 그들은 말한다. 자신을 속인 자가 누구란 말인가? 모든 지적 피조물 중에서 가장 뛰어난 그 자신으로 하여금 전후 분별을 못하게 하여, 신보다도 더 위대한 자가 되게 하고 또 보도록 한 자가 과연 누구란 말인가 하고 우선 묻지 않을 수 없다.

그것은 처음에는 천사로서 건전한 정신을 가졌던 그였으므로, 그는 자기 자신과 자기의 존재를 될 수 있는 한 유지해 보려고 힘써 오지 않았겠는가? 그보다도 최초의 인간인 그 자신이 자기의 정신과 의지를 제어하고 있었다고 했을 때, 그가 유혹당한다든지 마음이 흩어진다든지 하는 일이 어떻게 있을 수 있었겠는가? 만약 그가 이성을 마음대로 움직일 수 있는 '힘을' 가지고 있었다면 그는 속아 넘어가지는 않았을 것이다. 왜냐하면 그가 스스로에게 충실한 한, 그는 필연적으로 자기 존재와 건전한 정신을 유지하려고 힘을 쓰기 때문이다.

그에게 그러한 능력이 있었다면 그는 필연적으로 그 건전한 정신을 유지하였을 것이며, 결코 속아 넘어가지는 않았을 것이다. 그런데 그에 관한 이야기에 따르면 그렇지 않았다. 따라서 우리들은 이성을 바르게 쓸 수 있는 능력이 최초의 인간에게는 없었으며, 오히려 그는 우리들과 마찬가지로 여러 감정들에 종속되어 있었음을 인정하지 않을 수 없다.

제7절
그렇다고는 하나 인간은 다른 모든 사물들, 또는 동물들과 마찬가지로 가능한 한 자기의 존재를 유지하려고 힘쓰고 있다는 사실은 아무도 의심하지 못할 것이다. 만약 이 점에 관해서 인간과 다른 존재들 사이에 차이가 있다면 인간은 특히 자유의지를 가지고 있다는 생각에서 출발해야만 할 것이다.

그러나 우리들 인간은 점점 더 자유스러워진다. 생각함에 따라서 우리들은 인간이 필연적으로 자기의 존재와 정신을 지배해야 한다는 사실을 더욱더 용인하도록 강요당한다. 자유와 방임을 혼동하지 않는 사람이라면 누구나 나의 이 견해에 찬동할 것이다. 실로 자유란, 덕 또는 완전성으로서, 어떤 일에서든 인간의 무력함을 나타내는 일들을 인간의 자유라고는 생각할 수 없기 때문이다.

이로써 인간은 존재하지 않을 수도 있다. 또는 이성을 쓰지 않을 수 있는 것이 자유라고는 결코 말할 수 없다.

자유라고 말할 수 있는 경우는, 그가 인간 본성의 여러 법칙들에 따라서 존재하고 활동하는 능력을 가지고 있을 때에 한해서이다.

우리들은 인간이 더욱 자유스럽다고 생각할수록 그가 이성을 쓰지 않을 수 있다고는 말할 수 없고, 또한 선 대신에 악을 선택할 수 있다고는 더욱 말하지 못한다.

그리고 절대적으로 자유로이 존재하고 이해하고 활동하는 신도 역시 필연적으로 자기 본성의 필연성에 따라 존재하고 이해하고 활동한다. 신은 자신을 존재하는 것과 같이 자유성으로써 활동하는 것임이 틀림없기 때문이다. 이리하여 신은 자기 본성의 필연성에 따라서 존재하는 것과 마찬가지로 자기 본성의 필연성에 따라서 활동한다. 바꿔 말하면 절대적으로 자유로이 행동한다.

제8절

결론적으로, 이성을 언제나 누구라도 사용할 수 있지는 않다. 단지 이성은 인간 자유성의 최고 정점에서 사용된다. 더구나 사람들은 가능한 한 자기의 존재를 유지하려고 힘쓴다(^{스스로의 힘으로 할 수 있을 만큼의 권리를 가지고 있기 때문이다}). 그러므로 모든 사람들은 그가 어질든 어리석든, 노력하여 행하는 모든 것이 최고의 자연권에 따라서 하는 행동이라고 결론을 내리게 된다.

모든 인간은 자연의 권리 법칙으로 태어나고, 또 많은 경우 그 법칙으로써 생활하고 있지만, 그 자연의 권리 법칙은 누구도 바라지 않는다. 그러니 그 누구도 하지 못하는 일만 금할 뿐, 이외에는 아무것도 금지하지 않는다고 귀결짓게 된다. 즉, 싸움, 미움, 기만도 요약해서 말하자면 대체로 충동을 받게 되는 그 어느 것도 거부하지 않는다. 이것은 조금도 이상한 일이 아니다. 왜냐하면 자연은 인간의 참다운 이익과 유지만을 의도하는 인간적 이성의 여러 법칙들에 의해서는 제약 받지 않고, 도리어 모든 자연의 영원한 질서 —인간은 그 자연의 한 작은 부분에 불과하다—에 관계되는 다른 무수한 여러 법칙들에 의해서 제약되고 있기 때문이다.

그리고 모든 하나하나들이 일정한 방법으로 존재하고 활동하도록 결정될 때는 이 질서의 필연성에만 따른다.

그러므로 우리들에게 우습게, 부조리하게, 또는 나쁘게 비치는 일이 자연에 있다고 해도, 그 일들은 모두 우리들이 사물을 부분적으로만 알고 모든 자연의 질서와 관련을 거의 모르고 있기 때문에, 또 모든 것이 우리들이 요구하는 대로 이루어지기를 바라고 있기 때문에 생겨난다.

실제로는 악이라고 생각되는 이성이, 모든 자연의 질서와 법칙에서 볼 때는 악이 아니고, 우리들이 본성의 법칙에서 볼 때만 그렇게 악으로 생각되는 것이다.

제9절

위에서 말한 바와 같이, 사람들은 그가 다른 사람의 힘 아래에 있을 때에는 다른 사람의 권리 아래에 있으며, 이와 반대로 폭력은 배제하고 자기에게 가해지는 해(害)를 자기 요량껏 복수하게 된다면, 다시 말해서 자기의 의향에 따라서 생활할 수 있다면, 자기의 독립된 권리 아래에 있다고 말하게 된다.

제10절

어떤 사람이 상대방을 묶어 둘 때, 또는 상대방에게서 무기나 자위 수단 또는 도망하는 수단을 빼앗았을 때, 상대방에게 공포의 감정을 일으키게 했을 때, 상대방에게 은혜를 베풀어 자기 편으로 예속시킴으로써 상대방이 그 자신의 뜻으로 자기에게 복종하고 그 사람의 요량대로가 아니라 자기의 요량대로 살아가기를 바랐을 때, 그 사람은 상대방을 자기 힘 속에 가지고 있는 셈이다.

첫 번째, 두 번째 방법으로 상대방을 자기 힘 속에 가진 사람은 그저 상대방의 신체를 지니고 있을 뿐 정신을 지니지는 못한다. 이에 반하여 세 번째 또는 네 번째 방법으로 상대방을 자기 힘 속에 가지게 된 사람은 상대방의 신체와 정신을 모두 자기의 권리에 종속시킨다. 그렇지만 그것도 공포라든지 희망이 계속되고 있는 동안만일 것이다. 공포나 희망이 없어지면 상대방은 다시 자기 자신의 권리 아래로 돌아간다.

제11절

정신을 남에게 기만당할 때는, 판단 능력도 역시 남의 권리 아래에 있게 된다. 여기서 정신은 이성을 바르게 사용할 수 있을 때에만 자기의 권리 아래에 있다고 말할 수 있다. 뿐만 아니라, 인간의 힘은 신체가 강건한 데에 의하기보다는 정신의 강함으로 평가되어야 하므로, 결론으로는 가장 이상적으로 뛰어나면서 동시에 이성에 따르는 사람들이 가장 자기 자신의 권리 아래 있다고 말하게 된다.

그러므로 나는 이성에 따르는 인간을 자유스럽다고 부른다. 이같은 이성적 인간은 자기의 본성에 의해 올바르게 이해되는 여러 원인에 따라서 행동을 결정하기 때문이다. 더욱이 그는 그러한 여러 원인들에 의하여 필연적으로 행동하도록 결정하는데, 그 이유는 자유란 (본장의 7절에 제시한 바와 같이) 본디 행동의 필연성을 배제하지 않고 오히려 이 행동의 필연성을 전제로 하기 때문이다.

제12절

어떤 사람이 다른 사람과 이런 일 저런 일을 하기로, 또는 하지 않기로 말로만 약속을 했을 때, 그리고 그 약속한 바와는 반대되는 일도 자기의 권리로서 할 수 있을 때, 그 약속은 약속한 사람의 의지가 변하지 않는 동안에만 효력을 갖는다. 왜냐하면 약속을 깰 수 있는 힘을 가진 그 사람은, 실제로는 자기의 권리를 포기하지 않고 그저 말로만 약속을 주고받았을 수도 있기 때문이다. 그러므로 자연권에 따라 자기 자신의 재판관인 자신이 스스로에게 약속한 바가 자신에게 의롭지 못하고 많은 손해를 보게 된다고 판단했을 때 —인간은 잘못을 저지르기 쉬우므로 그 판단이 옳았을 때도 있을 테고 옳지 않았을 때도 있을 테지만, 여기서는 그 어느 쪽도 좋다—그는 자기의 재량으로 약속을 파기하기로 결의하고 자연권(自然權)에 따라 이를 파기한다.

제13절

여기 두 사람이 서로 뜻을 같이하고 힘을 합친다면, 이 두 사람은 그들이 혼자인 경우보다 더 많은 일을 할 수 있다. 따라서 두 사람은 함께 더 많은 권리를 자연에 대해서 갖게 된다. 이처럼 점점 많은 사람들이 친밀 관계를 이루게 됨에 따라 더 많은 권리를 모든 사람들이 갖게 된다.

제14절

인간은 노여움과 질투, 또는 미움의 감정에 사로잡힐 때, 여러 다른 방향으로 이끌려 가고 서로 대립한다. 이와 같이 인간은 다른 동물들보다 더 많은 일을 할 수 있기 때문에, 그리고 더 교활하고 기만적이기 때문에 두려워해야 한다. 더구나 인간의 본성은 대개 이러한 여러 감정들에 종속되고 있으므로, 인간들은 본성으로 볼 때 서로 적이다. 이렇듯 나에게 있어서 가장 두려워해야 하는 사람, 또 내가 가장 힘써 막아내야 하는 사람은 나의 가장 큰 적이다.

제15절

자연 상태에서 사람들은 자기를 남의 압박으로부터 막아낼 수 있는 동안에만 자기의 권리 아래에서 스스로의 내면적 결정에 충실할 수 있다. 그러나 사람들은 단독으로는 모든 사람들의 압박에서 자기를 지켜내기 어렵다. 이렇게 볼 때 인간의 자유로운 자연권은 단지 개개인만의 권리와 개개인의 힘으로 결정되는 동안은 없는 셈이나 같고, 현실적으로는 그러한 자유로운 선택, 즉 자연권은 오히려 공상 속에 존재한다고 볼 수 있다. 그 이유는 사람들이 그 자연권을 소유하는데 아무런 확실성도 없기 때문이다.

그보다도 더 확실한 사실은, 두려워해야 할 원인을 더 많이 가질수록 사람들이 할 수 있는 일은 더 적어진다. 따라서 그 불확실한 자연의 권리를 가지려 하는 일이 더욱 적어진다고 하겠다.

이러한 사정으로, 인간은 서로의 도움 없이는 생활을 지탱하고 정신을 함양한다는 일이 거의 불가능하다.

이렇게 볼 때 우리들은 고유한 인류 영역으로서의 자연권은, 인간이 공동 권리를 가지고 살며 일구어 놓을 땅을 서로 같이 지니고, 자기를 지켜 모든 사람들이 폭력을 배제하면서 모든 사람들의 공동 의지에 따라 생활할 수 있을 때에만 그 자연권을 생각하게 된다고 결론을 내리게 된다.

본장의 제13절에서 본 바와 같이, 더 많은 사람들이 그러한 방법에 의해 하나로 결합함에 따라, 더 많은 권리를 모든 사람들이 함께 지닐 수 있게 되기 때문이다.

여기서 스콜라 학자들이, 인간은 자연 상태에서는 거의 자기의 권리 아래에 있지 않다는 이유로 인간을 사회적 동물이라고 부르기로 하였다면, 나는 이에 반대하지 않는다.

제16절

인간들이 공동의 권리를 가지고 모든 사람들이 마치 하나의 정신으로 인도되는 듯한 경우에는, 확실히 본장(本章) 제13절에서 본 바와 같이 그들 한 사람 한 사람은, 다른 사람들의 전체로서의 힘이 보다 강하면 강한 만큼 그 권리를 적게 갖는다. 다시 말하면, 사람들은 실제로는 공동의 권리가 그에게 허용하는 만큼밖에는 어떠한 권리도 자연에 대하여 가지지 못한다. 뿐만 아니라 사람들은 공동의 의지가 그에게 명령하는 바를 모두 수행하도록 의무지워진다. 또는 본장 제3절에서 본 바와 같이, 법에 의하여 그렇게 강제적으로 의무지워진다.

제17절

다수자(多數者)의 힘으로 규정된 이 권리는 보통 통치권이라고 불린다. 이 통치권은 공동의 의지를 발판으로 나라 일을 배려하는 사람, 즉 법률을 제정하고 해석하고 폐지하며, 도시를 방위하고 전쟁과 평화를 결정하는 등의 배려를 하는 사람의 수중에 절대적으로 장악된다. 그리고 이 배려가 전체 민중으로 성립된 회의체(會議體)에 속할 때, 그 통치를 민주정치라고 부르게 된다. 또 그 회의체가 약간의 선택된 사람들로 구성되었을 때, 이를 귀족정치라고 부른다. 끝으로 국사의 배려, 즉 통치권이 한 사람의 수중에 있을 때 이를 군주정치라고 부른다.

제18절

본장에서 본 바와 같이, 자연 상태에서는 죄가 존재하지 않는다는 사실이 우리들에게 분명해졌다. 혹시 어떤 사람이 죄를 저질렀다고 하면 그것은 자신에 대해서 저지른 죄이지 남에게 저지른 죄라고 할 수 없기 때문이다.

자연법에 의해서는 누구도 남을 즐겁게 해줄 수가 없다. 즉, 누구나 선악을 택하여 마음속에 지녀야만 그렇게 해줄 수 있고, 자기 자신의 성격에 따라 옳다든지 그르다든지 인정한 뒤에야 다른 사람들을 즐겁게 해줄 수가 있다. 거기에 자연법은 누구도 할 수 없는 일 외에는 어느 일이든 절대로 금지하지 않는다. 그런데 죄란 본디 권리로서는 할 수 없는 행동이다. 만약 인간이 자연의 법칙에 따라 이성에게 인도당하도록 의무화되어 있다고 하면, 인간은 모두 필연적으로 이성에 의하여 인도되었을 것이다. 왜냐하면 자연의 법칙은 신의 법칙으로서(본장 제2,
3절에 의함), 이 법칙을 신은 자기가 존재하는 이치와 같은 자유성(自由性)으로 정하고, 또 이 법칙은 신의 본성의 필연성에서 생겨난 법칙으로(본장
제7절) 영원하며 또 절대로 침범할 수 없게 되어 있기 때문이다.

그런데 인간은 대체로 이성으로서가 아니라 욕망에 따르고 있으며, 그러면서도 인간은 자연의 질서를 문란하게 하고 있지 않으며, 오히려 필연적으로 이 자연 질서에 따르고 있다. 이렇게 볼 때 이러한 사람들 이외의 어리석은 사람이나 정신적 무력자가 자연법에 따라 어진 생활을 이루어 나가도록 의무화할 수 없다는 경우는, 마치 병자(病者)에게 건강한 신체를 의무화할 수 없다는 경우와 같다.

제19절

따라서 죄는 국가 안에서만 존재한다. 전체 국가의 공동 권리에 의하여 옳고 그름을 결정하고, 또 누구라도 (본장 제16절에서 본 바와 같이) 공동의 결정 또는 의지에 따라서 하는 결정 외에는 권리로서 결정할 수 없는 국가 안에서만 생각하게 된다.

앞에서 말한 바와 같이 권리로서 할 수 없는 일, 또는 법으로 금지되어 있는 일이 죄가 되기 때문이다. 이에 대하여 복종이란, 법률상 옳은 일과 공동의 결정에 따라서 해야 할 일을 실행하려고 하는 의지이다.

제20절

그러나 보통 우리들은 건전한 이성의 명령에 배반하는 행위도 죄라고 부르며, 또 이성의 규제에 따라서 욕망을 억제하려는 항상적 의지(恒常的意志)도 복종이라고 부르고 있다. 만약 인간의 자유가 욕심껏 행동하는 데에 있고, 예속이 이성에 지배되는 곳에 있다고 했다면, 나도 그것을 전적으로 시인하였을 것이다.

그런데 반대로 인간의 자유는 인간이 이성에 따라서 인도되고 욕망을 더 많이 억제할 수 있는 만큼 크므로, 우리들은 억지로가 아니라면 이성적 생활을 복종이라고 부를 수는 없다. 또 마찬가지로, 실제로 자기 정신이 무력하여 정식 마음이 전해지지 않았을 때 자기 자신에 대하여 행하는 반역 행위들을 잘못된 행위라고 이름할 수는 없으며, 또는 인간이 자유적이기보다는 노예적이라고 부르게 되는 일들을 할 때도 잘못된 행위라고 부를 수는 없다 $\binom{\text{본장 제7,}}{\text{12절}}$.

제21절

그렇기는 하지만, 이성은 우리들에게 도의(道義)를 행하라고, 그리고 평온하고 선량한 마음으로 있으라고 가르친다.

이렇게 행하는 일은 국가 안에서만 가능하다. 그 위에 또 다수자가 국가가 요구하는 대로 하나의 정신에 의해서 인도되려면 반드시 이성의 규제에 의해서 된 여러 법률들이 있어야만 한다. 그렇기 때문에 국가 안에서 생활하는 일을 정상적이라고 생각하는 인간들이, 이성의 규제에 반하여 일어나는 일들을 죄라고 부른다면 잘못되었다고는 하지 못하겠다.

최선의 국가 법률들은 $\binom{\text{본장}}{\text{제18절}}$ 이성의 규제에 따라 설정되어야만 되기 때문이다. 그런데 만약 인간이 자연 상태에서 죄를 지었다면 그 죄는 자기 자신에 대한 죄라고 나는 말했다 $\binom{\text{본장}}{\text{제18절}}$.

그 이유로서 $\binom{\text{제4장}}{\text{제4, 5절}}$, 통치권을 장악하고 자연권을 향유한 사람이 법에 속박되어 있으면서도 죄를 범할 수 있다면 어떠한 뜻으로 말하게 되는가를 설명하였다.

제22절

종교의 입장에서 말하자면 인간은 신을 사랑하는 만큼, 또 신을 순수한 정신으로 존경하는 만큼 훨씬 더 자유스러우며, 자기 자신에 가장 충실하다. 그런데 만약 우리들이 우리들에게 알려지지 않은 자연의 질서에 대해 생각하지 않고, 다만 종교에 관한 이성의 명령만 염두에 두고 동시에 신이 그 이성적 명령을 우리들에게 계시하였음을, 또는 신이 그 명령을 예언자들에 대하여 율법으로서 계시하였다고만 생각한다면, 그때에 우리들은 인간적인 말투로 이렇게 말하게 된다.*6

즉, 신을 온갖 마음으로 사랑하는 인간은 신에게 복종하며, 이와는 달리 맹목적 욕망에 따르는 인간은 죄를 범한다고 말하게 된다. 그러나 이런 경우에 있어서 안 될 것은 같은 재료를 가지고도 좋은 그릇을, 또 때로는 좋지 못한 그릇을 만드는 직공의 손에 있는 진흙처럼, 모든 일은 신의 힘 속에 있다.*7 따라서 다시 인간은 우리들의 정신 또는 예언자들의 정신 속의 율법으로 아로새겨진 바에 따르기 위해서는 신의 규제에 반(反)하여 행동할 수도 있겠지만, 모든 자연 속에 아로새겨지고 모든 자연의 질서에 관계하는 신의 영원한 규제에 반하여서는 어떠한 행동도 할 수 없다.*8

제23절

이리하여 엄밀한 뜻에서의 죄와 복종이 그러하듯이, 옳고 그름도 역시 국가 안에서가 아니면 생각할 수 없다. 왜냐하면 자연 속에는, 이 사람에게만 속하고 다른 사람에게는 속하지 않는 권리라고 말할 수 있는 권리는 아무것도 없고, 도리어 모든 권리는 그 권리를 요구하는 힘을 가지는 모든 사람에게 속하기 때문이다.

그러나 무엇이 이 사람에게 속하고 무엇이 저 사람에게 속하는가가 공동의 권리로서 결정되는 국가에 있어서는, 각 사람들에 대하여 각 사람들의 것을 인정하려는 항상적 의지를 갖는 사람을 옳은 사람이라고 부른다.*9 이와는 반대로 남에게 속하는 것을 자기 것으로 하려고 힘쓰는 사람을 옳지 못한 사람이라고 부른다.

제24절

다시 칭찬 또는 비난의 원인은, 인간의 덕과 무력한 관념을 지닌 기쁨이나 슬픔의 감정이라고 나는 《에티카》에서 설명*10한 바 있다.

〈주〉
*1 《신학·정치론》 제16장

＊2 나는 이 책에서 되도록이면 시민·시민권·시민법·시민 상태 등의 말을 피하고, 국민·국민권·국법·국가 상태 등의 말을 사용했다. 그 편이 일반적으로 알기 쉽다고 믿기 때문이었다.

＊3 《에티카》 4부 정리 37의 비고 2

＊4 《에티카》 4부 정리 66의 비고 및 정리 67 이하

＊5 이는 그대로 비르길리우스(Virgilius)에서의 인용임.

＊6 여기서 이 절의 끝까지는 거의 《신학·정치론》 제16장에 나와 있다.

＊7 《에러미아》서(書) 18장 6절

＊8 《신학·정치론》 16장에도 "인간은 계시된 신의 의지에 배반할 수는 있어도, 모든 것을 예정해 놓은 신의 영원한 결정에 배반할 수는 없다."

＊9 옳고 그름의 정의에 관해서는 《에티카》 4부 정리 37의 비고 2. 그리고 《신학·정치론》 16장을 참조.

＊10 《에티카》 3부 정리 29의 비고에 칭찬과 비난의 정의가 나와 있으나, 여기의 정의와는 다르다. 《에티카》의 정의가 옳다.

제3장
국가의 권리에 관하여

제1절

모든 통치 상태를 국가 상태라고 하며, 통치의 전체 범위를 국가라고 부른다. 또, 통치권을 파악한 사람의 지도에 의존하는 공동의 정무(政務)를 국사(國事)라고 한다.

다음으로 국법에 따라 국가의 모든 '편익을 향유'하고 있는 인간을 국민이라고 부르며, 국가의 규정과 법률에 따르도록 '의무'가 주어져 있는 인간을 신민(臣民)이라고 한다.

끝으로, 국가 상태에는 앞장의 제17절에서 말한 바와 같이 민족국가·귀족국가·군주국가의 세 가지 종류가 있다. 여기서 그 각각의 국가 상태에 관하여 개별적으로 논술하기에 앞서서, 나는 먼저 국가 상태 일반에 관해 설명하려고 한다. 그러기 위해서는 국가, 즉 최고 권력에 속하는 최고 권리에 관해서 고찰해야만 한다.

제2절

앞장의 제15절에서 밝힌 바와 같이, 국가, 즉 최고 권력에 속하는 권리는 한 사람 한 사람의 힘에 의한 권리가 아니고, 마치 하나의 정신에서 나온 듯한 다수자의 힘에 의한 자연권, 바로 그런 권리이다. 즉, 이러한 다수자의 권리에 의해, 사람들은 자연 상태만큼이나 국가 전체의 체구(體軀)와 정신도 실력으로 할 수 있을 만큼의 권리를 갖는다. 그러므로 한 사람 한 사람의 국민 또는 신민(臣民)은 국가가 자신들보다 힘이 강할수록 그만큼 권리를 적게 갖게 된다(제2장 제16절).

따라서 국민 한 사람 한 사람은 국가의 공동 결정에 따라서 요구되는 정도 이외에는 어떤 일이라도 권리로서 행하거나 소유하지 못한다.

제3절

만약에 국가가 어느 한 사람의 뜻대로 생활할 권리나 힘을(그렇지 않으면 앞장의 제12절에 따라서 권리나 힘이 아니라 말만 주어진 셈이 되므로) 그 사람에게 인정하였다면, 국가는 그로써 자기의 권리를 포기하고 그러한 힘을 부여받은 사람에게 권리를 떠맡기게 된다. 또 만약에 국가가 두 사람 또는 서너 사람에게 힘을 주어 그 사람들에게 제각기 그들의 뜻에 따라 마음대로 생활할 수 있도록 허용하였다면, 국가는 이로써 통치권을 분할한 셈이 된다.

그리고 끝으로, 국가가 국민 각자에게 그렇게 마음대로 생활할 수 있는 권리의 힘을 주었다면, 국가는 이로써 스스로 멸망하고 국가로서 존속할 수 없게 되며, 모든 존재들은 다시 자연 상태로 되돌아간다. 이런 경우는 앞서 말한 바에 따라 명백하게 알 수 있다.

그러므로 국가가 국민 각자에게 그들 마음대로 생활하도록 하는 규정을 허용한다는 일은 도저히 생각할 수 없다. 따라서 사람들로 하여금 스스로 재판관이 되도록 자유를 주는 이 자연권은, 국가 상태 속에서는 필연적으로 없어져야 한다. 나는 특히 '국가의 규정에 의하여'라고 단언한다.

사람들의 자연권 상태를 올바르게 생각해 본다면, 국가 상태 안에서도 그들의 자연권은 없어지지 않기 때문이다.

사실상 인간은 자연 상태에 있어서나 국가 상태에 있어서 자기 본성의 법규에 따라 행동하고 자기의 이익을 추구한다.

감히 말하건대, 인간은 그 어느 상태에서든 희망이나 공포로 인해 이 일 저 일을 하거나 하지 않거나를 결정한다. 이 두 상태(국가상태와/자연상태)의 중요한 차이는, 국가 상태에서는 모든 사람들이 같은 공포의 대상을 갖고 모든 사람들이 하나하나로서 안전 원인을 같이 하여 동일한 생활 양식을 갖는다는 데에 있지만, 그렇다고 해도 사람들 각자의 스스로의 판단 능력은 결코 없어지지 않는다.

왜냐하면 국가의 모든 명령에 따르려고 결의한 사람은, 그 명령에 따르는 이유가 국가의 힘을 두려워하였기 때문이거나 평온한 생활을 즐기기 때문이었거나를 불문하고, 확실히 자기가 개인적으로 의도하는 바에 따라서 자기 자신의 안전과 이익을 도모하기 때문이다.

제4절

다시 국민들은 국가의 여러 가지 결정이나 법률을 해석할 수 있도록 허용된다는 일은 생각할 수도 없다. 만약 실제로 국민 각자가 국가의 결정이나 법률을 마음대로 해석하도록 허용된다면 그로써 국민 각자는 자신이 스스로의 재판관이 될 것이다. 국민 각자는 자신의 행위를 제멋대로 합법성 있는 듯이 꾸미거나 또는 미화하여, 자기 뜻대로 성찰해 나아갈 수도 있기 때문이다.

그러나 이는 앞에서 말한 바대로 부조리하다.

제5절

우리는 이로써 다음 사실을 알게 된다. 국민은 자기 권리 아래에 있지 않고 국가 권리 아래에 있으며, 국가의 모든 명령을 실행하도록 의무가 주어져 있다. 그는 무엇이 정당하며 무엇이 부당한지, 무엇이 도의적이며 무엇이 부도덕한지를 결정할 아무런 권리도 갖지 못한다.

오히려 국가는 하나의 몸집인만큼 하나의 정신에 의한 듯이 인도되어야 하고, 또 국가의 의지는 사람들의 의지라고 보아야 하므로, 국가가 옳거나 바르다고 결정한 사항들은 국민 각자에 의하여 그렇게 결정되었다고 보아야 한다.

그러므로 비록 신민(臣民)이 국가의 결정이 부당하다고 생각될 때도, 신민에게는 그 국가 결정을 실행할 의무가 주어져 있다.

제6절

그러나 이에 대하여 이렇게 반박할 수 있다. 다른 사람의 판단에 전적으로 복종하는 행위는 나의 이성의 지령에 어긋나지 않는가? 따라서 국가 상태는 나의 이성과 모순되지 않는가, 라고 말이다.

그리고 국가 상태는 비합리적일 수 있으며, 그러한 국가 상태는 이성을 잃은 인간에 의해서 만들어질 수 있고, 이성으로 인도되는 인간에 의해서는 결코 만들어지지 않으리라는 결론을 내릴 수 있을지도 모른다. 그러나 이성은 자연에 배반되는 어떤 것도 가르치지 않으므로, 건전한 이성은 인간이 여러 감정들에 종속되어 있는 동안에는 사람들에게 자기 자신의 권리(이로운 권리) 아래에 머물러 있으라고는 명령하지 못한다(^{제2장}_{제15절}).

바꾸어 말하면(^{제1장}_{제5절}) 이성은 그 같은 개인 권리를 추구하는 일을 불가능하다고 생각한다. 거기에 이성은 또 무엇보다도 평화를 찾도록 가르치고 있는데, 평화는 국가의 법률이 침범되지 않고 지켜질 때 보유하게 된다. 따라서 인간은 이성에 따라 결정하는 경우가 많을수록, 바꾸어 말하면(^{제2장}_{제11절}) 자유로운 만큼, 더욱 확고하게 국가의 법률을 지키고, 자기가 신민인 그 국가의 최고 권리의 여러 명령들을 실행할 것이다.

더구나 국가 상태는 본디 공동의 공포와 불행을 배제하기 위하여 성립된다. 따라서 이성에 이끌리는 인간조차도 이성보다는 자연 상태에서 이루어 보려 시도하지만 이룰 수 없는(^{제2장}_{제15절}) 것이 있는데, 국가 상태는 이를 이루어 보려고 의도한다.

그러므로 만약에 이성에 의해 지배되는 인간이 이 이성에 배반된다고 하여 국가의 명령에 의해 강제로 행해야만 할 때가 있다 해도, 그 개인의 손해는 국가 상태에서 얻어지는 이익으로 충분히 보상된다. 생각하건대 두 마리의 해충 중에서 보다 작은 해충을 선택하는 경우도 역시 이성의 한 법칙이다. 우리들 인간은 국가의 권리가 하라고 명령한 대로 하는 동안, 그러한 복종은 결코 자기의 이성 규정에서 어긋나는 행동이 아니라고 결론짓게 된다. 이 의견은 우리들이 국가의 힘, 즉 국가의 권리가 어디까지 미치느냐를 설명한 뒤에는 누구나 쉽게 승인하게 될 것이다.

제7절

이에 관하여 제일 먼저 고찰해야 할 바는 다음과 같다. 즉, 자연 상태에 있어서는 이성에 따르는 인간이 가장 힘이 있고 자기의 권리 아래 있듯이 (^{제2장}_{제11절}), 국가도 이럴 때에 가장 힘 있고 가장 자기 권리 아래에 있게 된다. 국가의 권리는 마치 한 사람의 정신에서와 같이 인도되는 다수자의 힘에 의해서 결정되지만, 정신의 일치는 그렇게 이루어지지 않는다. 건전한 이성이 모든 인간들 각자에게 유익하다고 가르치는 바로 그것을 국가가 가장 많이 추구하는 경우가 아니고는 모든 인간들의 정신의 일치란 결코 생각할 수 없기 때문이다.

제8절

다음으로 고찰해야 할 점은, 신민(臣民)은 국가의 힘이나 위협을 두려워할 때, 그리고 국가 상태를 사랑할 때, 자기의 권리 아래에 있지 않고 국가의 권리 아래에 있다(제2장 제10절)는 사실이다.

이렇게 볼 때, 보수(報酬)라든지 위협으로 사람들을 움직일 수 있다면, 그런 방법은 국가의 권리에 속하지 않는다는 결론을 내리게 된다. 예를 들면, 누구라도 판단 능력이 있기 때문에, 믿음이 사람의 힘에 의해 생겨난다고 생각하지는 않는다.

어떠한 보수나 위협을 가한다 해도, 인간은 전체가 부분보다 크지 않다고 믿게 하지는 못한다. 또 신이 존재하지 않는다고 믿든지 눈앞의 유한(有限)한 것을 무한하다고 믿게*¹ 하지는 못할 것이다. 또는 일반적으로 말해서 자기 스스로 느끼고 생각하는 바와 반대의 것을 믿도록 하지는 못할 것이다.

그와 같이, 어떠한 보수나 위협으로도 인간은 미워하는 사람을 사랑하게 하거나, 사랑하는 사람을 미워하게 하지는 못할 것이다. 인간의 본성이 어떤 예쁜 것보다도 꺼리고 싫어하여 가장 나쁘다고 생각되는 것들을 원할 때도 그렇다.

예를 들면, 인간이 자기 자신에게 배반되는 증언을 하든지, 자기 자신을 괴롭히든지, 자기의 부모를 살해하든지, 죽음을 피하려 하지 않든지, 그밖에 아무도 보수나 위협으로써 막지 못하는 나쁜 일들도 그와 같다. 그럼에도 불구하고 만약에 우리들이 국가는 그와 같은 나쁜 일을 명령할 권리나 힘을 가지고 있다고 말하려 한다면, 그것은 인간이 미치고 발광하는 권리를 가지고 있다고 하는 말과 같은 뜻에서만 생각할 수 있다. 실제로 어떤 한 사람도 구속하지 못하는 명령권이란 바로 허망함 그것이다.

내가 여기에서 특히 말하고자 하는 대상은 국가의 권리에 속할 수 없는 동시에 인간의 본성이 일반적으로 싫어하는 대상들에 관해서이다. 생각하건대, 비록 어떤 어리석은 사람이나 미친 사람에게 보수나 위협으로 명령을 준수하도록 할 수 없는 경우에도, 국가 법률의 효력이 상실되지는 않으며, 또 모모 종파*²에 귀의한 이 인간 또는 저 인간이 국가의 법률을 나쁜 법률들 중에서도 가장 나쁜 법률이라고 판단하고 있다고 해도 국가의 법률은 그 때문에 효력을 상실하지는 않는다. 그것은 국민의 '대다수'가 그 법률에 의해 구속되고 있기 때문이다.

그런데 그 어느 것도 두려워하지 아니하고, 그 어느 것도 희망하지 않는 민간은, 자기 자신의 권리 아래 있으므로(제2장 제10절), 따라서(제2장 제14절) 국가의 적이므로, 국가는 충분한 권리로서 그들을 제재할 수 있다.

제9절

그리고 끝으로 고찰해야만 할 점은, 대다수의 사람들을 분격하게 하는 일들에 대해서는 국가의 권리가 거의 미치지 못한다는 사실이다.

인간은 본성의 공포 때문에, 또는 무엇인가 공동의 손해에 복수하려고 희망하기 때문에, 하나로 잘 결탁함이 확실하다. 그런데 국가의 권리는 다수자의 힘에 의하여 규정되므로, 국가의 힘과 권리는 국가가 스스로 많은 사람들을 하나로 결탁하도록 하는 연유를 제공할 때, 개인의 힘과 권리는 감소함이 분명하다. 확실히 국가에도 두려워해야 할 약간의 일들이 존재한다. 그리고 한 사람 한 사람의 국민 또는 자연 상태에 있어서의 인간 개인이 그러하였듯, 국가도 역시 두려워해야 할 이유를 많이 가지면 가진 만큼 자기의 권리를 잃고 또 자기의 아래에 있는 것들이 적어진다.

이상에서 보아 온 바는 신민(臣民)에 대한 최고 권력의 권리에 관해서이다. 이제부터 다른 국가에 대한 최고 권력의 권리에 관해서 논술하겠는데, 그에 앞서 나는 종교에 관해서 제기되는 의문에 먼저 답해야 적당하다고 생각한다.

제10절

즉, 우리들에 대하여 다음과 같은 반박을 할 수 있다. 국가 상태에 있어서 요구되는 복종으로 인해, 즉 앞서 말한 국가 상태에 대한 신민의 복종으로 인해, 우리들이 신을 예배하도록 의무를 주고 있는 종교의 입장이 소외되어 버리지 않겠느냐는 반박이다. 그러나 일 자체를 잘 생각해 본다면, 우리들은 아무런 의심을 품을 여지가 없음을 알게 될 것이다.

생각하건대 정신은 이성을 사용하는 한, 최고권력의 권리 아래가 아닌, 자기의 생각대로 할 권리 아래에 있기 때문이다(제2장 제11절).

그러므로 신에 대한 참다운 인식과 사랑은 그 누구의 지배에도 종속하지 않는다. 이웃에 대한 사랑이 그러한 경우($^{제2장}_{제8절}$)와 같다.

더구나 이웃 사람이 행하는 최고 행사가 평화를 유지하고 화합을 촉진시키기 위해서임을 생각한다면, 국가의 법, 즉 대중의 화합과 안녕이 사람들에게 허용하는 범위 안에서 원조를 하는 사람은 참으로 자기 스스로 의무를 다 하였다고 우리는 믿는다.

외적, 형식적인 예배에 관해서 말하자면 그와 같은 예배는 신을 진심으로 인식하고, 그 신의 인식에서 필연적으로 생겨나는 신에게의 사랑에 대해서 아무런 기여도 하지 않을 뿐 아니라, 동시에 분명 방해도 할 수 없다. 따라서 그런 형식은 대중의 평화와 안녕을 문란하게 할 수 있을 만큼 그렇게 중대한 의의를 갖지는 않는다.

그 위에 나는 자연법에 의해서, 다시 말하면($^{제2장}_{제3절}$) 신의 결정에 의해서, 종교의 옹호자가 아님이 확실하다. 그 이유는 나에게는 일찍이 기독교도들에게 주어졌던 힘, 즉 더럽혀진 악령을 쫓아낸다든지 기적을 행한다든지 하는 힘이 주어져 있지 않기 때문이다.

그러나 이 같은 힘은 종교가 금지되어 있는 지방에 종교를 선전하기 위해서는 지극히 필요한 힘으로써, 이 힘이 없으면 이른바 도로(徒勞)에 그칠 뿐만 아니라 많은 사람들에게 불행을 안겨 주게 된다. 그 비참했던 예들은 동서고금 어느 시대에서도 볼 수 있었다.

이리하여 각자는 어디에 있어도 신을 진정한 종교로 존경하면서 자기의 복지를 배려할 수 있다. 이는 사람들의 의무이기도 하다. 종교 선전의 배려는 신에게 또는 최고 권력에 일임해야 된다. 공공의 일들에 대한 배려는 최고 권력에게만 주어져 있기 때문이다.

다시 주제로 되돌아가자.

제11절

국민에 대한 최고 권력의 권리에 관하여, 그리고 신민의 의무에 관하여 설명하였으므로, 이제 남은 고찰은 다른 국가들에 대한 최고권력 국가의 권리에 대해서이다. 이는 이미 이제까지 말해 온 바에 따라서 손쉽게 알 수 있을 것이다. 최고권력 국가의 권리는 바로 자연권($^{인간 개인의 본성에}_{따른 자유로운 판단력}$)처럼 행사되기 때문이다($^{제3장}_{제2절}$). 이로써 두 국가 간의 관계는 자연 상태에 있어서의 두 사람의 인간 간의 관계와 같다고 결론을 내릴 수 있다. 다만 서로 다른 점은, 국가는 다른 국가로부터의 압박에 대하여 자기를 지킬 수 있으나, 자연 상태에 있어서의 인간은 그럴 수 없다는 점뿐이다.

왜냐하면 인간은 매일 잠을 자야 하고 또 때때로 병에 걸리거나 정신적 고민에 빠지기도 하여 끝내는 노쇠하고, 그밖에도 국가라면 걱정하지 않아도 될 여러 가지 번잡한 일들을 인간은 지니고 있기 때문이다.

제12절

따라서 국가는 자기 자신을 위해서 계획하고, 다른 국가로부터의 압박에 대하여 자기 자신을 지킬 수 있을 때에 자기의 권리 아래에 있다(제2장 제9, 15절). 이에 반하여(제2장 제10, 15절) 다른 국가의 힘을 두려워하며, 또 다른 국가에 의해 자기 뜻에 따른 행동을 방해당하고 있을 때, 또는 자기를 유지하고 확대하기 위해 다른 국가의 원조를 필요로 하고 있을 때에는 다른 자의 권리 아래에 있는 게 된다. 그러나 두 국가가 서로들 원조하기를 바란다면, 두 국가는 각자 단독으로 있을 때보다도 서로 간에 더 많은 일들을 할 수 있다. 따라서 이들은 공통으로 같은, 더 많은 권리를 명백히 갖게 되기 때문이다(제2장 제13절).

제13절

이상에서 살펴본 바는, 두 국가들이 본성적으로 서로 적이라고 생각할 때는 더욱 명료하게 이해될 것이다.

실제로 인간 그 자체가(제3장 제14절), 자연 상태에서는 서로 간의 적이다. 따라서 국가에 있어서도, 자연권을 유지하고 있는 국가들은 모두 서로 적이다.

그러므로 만약에 갑(甲)이라는 국가가 을(乙)이라는 국가와 전쟁을 하여 을이라는 국가를 자기 권력 아래 두려고 여러 가지 수단을 쓰려 한다면, 갑이라는 국가는 그렇게 할 권리를 갖는다. 전쟁을 하기 위해서는 갑이라는 국가가 다만 그러한 의지를 지님으로써 충분하다.

이와는 달리 평화에 관해서는, 갑이라는 국가가 을이라는 국가의 의지와 합치되지 않고서는 아무 일도 정하지 못한다.

여기서 전쟁의 권리는 각각의 나라마다 속하지만, 평화에 관한 권리는 한 나라에만 있지 않고 두 국가에 함께 속한다고 결론을 내리게 된다. 이때 이들 두 국가를 맹약국(盟約國)이라고 부른다.

제14절

이 맹약(평화의 맹약)은 맹약을 체결하게 하는 원인, 즉 손해를 보리라는 두려움이나 이득을 보리라는 희망이 존재하는 동안은 확고하게 존속한다.

그러나 두 국가들 중의 한 나라에서 이러한 공포나 희망이 없어지면, 국가는 다시 각각 자기의 독립된 권리 아래 있게 되며,(제2장 제10절) 두 나라를 하나로 묶었던 유대는 풀어지고 만다.

따라서 각 국가는 자유 의지대로 어느 때이든 맹약을 해소하는 전적인 권리를 갖는다. 그리고 공포나 희망의 원인이 없어졌기 때문에 그 약속(맹약)을 해소시켰을 때는, 그 이유로 그 나라에 대해서 기만이나 배신적 행동을 하였다고는 비난하지 못한다. 왜냐하면 이러한 조건, 즉 어느 나라이든 우선 공포로부터 해방된 국가는 다시 자기의 독립된 권리 아래로 돌아가 있게 되며 또 자기의 재량으로 이 독립된 권리를 사용할 수 있다는 조건은, 맹약 각국의 어느 쪽에나 동등하게 존재하였기 때문이다.

더구나 누구나 기존 사정(예를 들어, 전쟁 상황)들이 존속되리라고 전제해서만 미래를 향해 계약을 맺는다. 그러한 사정들이 변한다면 전체의 관계도 변한다. 이로써 맹약 각국은 자기를 위한 계획을 실행할 수 있는 권리를 보류한다. 그리고 각 국가는 될 수 있는 한 공포로부터 자유로워지고, 그럼으로써 자기의 권리 아래에 서려고 노력하며, 또 다른 나라가 더 힘이 세어지는 것을 방지하려고 노력한다.

따라서 어떤 국가가 기만당하였다고 호소하면서 책임을 물을 수 있는 까닭은, 분명히 맹약국의 신의가 없어서가 아니고, 다만 그 자신이 어리석기 때문이다. 그는 자기의 권리를 자기의 권리 아래 두면서, 다른 나라가 스스로의 복리를 최고 법칙으로 하고 있을 때, 그 권리를 다른 국가에 전적으로 위임하였기 때문이다.

제15절

상호간에 평화 조약을 체결한 나라들에게는, 평화의 조건들 또는 그 나라들이 서로 맹세한 규약들에 관하여 앞으로 일어날 가능성이 있는 계쟁(係

爭) 문제를 해결하는 권리가 귀속된다. 평화에 관한 권리는 한 나라만의 소유가 아니라 맹약 국가들의 공동 소유이기 때문이다(제3장제13절). 만약 그러한 문제들에 관하여 국가들 간에 의견이 일치하지 않을 때에는, 그로 인해 국가들은 전쟁 상태로 되돌아가게 된다.

제16절

상호간에 평화 조약을 체결하는 국가들이 많아질수록, 그만큼 각 국가는 다른 국가들에 두려움을 주는 일이 적어진다. 바꾸어 말하면(제3장제13절) 각 국가들의 권리 아래에 있는 종속국들이 그만큼 적어지고, 맹약 국가들 전체의 공동 의지에 순응하여 구속받는 경우가 많아진다.

제17절

더구나 건전한 이성과 종교가 지켜져야 한다고 가르치고 있는 신의는, 결코 이 전체의 공동 의지에 의하여 배제되지는 않는다. 그 이유는 (인간의 일반적) 이성이나 성서는 모두, 어떤 경우라도 약속은 꼭 지켜야 한다고 가르치지는 않기 때문이다.

예를 들면, 어떤 사람이 나에게 남 모르게 돈을 보관해 주기를 바라고 내가 그 돈을 보관하기로 약속하였을 경우라 해도, 보관해 주기를 바라는 그 돈이 훔친 돈임을 알게 되었을 때에는, 나는 그 돈을 보관해야 한다는 약속을 지킬 의무가 없어진다.

그뿐만 아니라, 나로서는 그 돈을 본래의 소유자에게 되돌려보내야만 보다 옳은 태도일 것이다.

이와 마찬가지로 최고 권력 국가에 대하여 무엇인가를 하도록 약속을 하였더라도, 그 약속이 시간의 흐름에 따라, 또는 깊이 생각해 본 결과, 신민의 공동 복리에 해롭다는 사실을 알게 되거나 그렇게 생각되었을 때에, 그는 확실히 그 약속을 해소할 의무를 지니게 된다.

요컨대 성서는 신의를 지키도록 일반적으로 가르칠 뿐, 예외로 특수한 경우는 각자의 판단에 맡기고 있으므로, 성서의 가르침과 지금 내가 제시한 예들은 조금도 모순되지 않는다.

제18절

그러나 다음에는 설명을 중단하고, 같은 반박론(개인의 사례가 전체에 모순될 때의 반박)에 대답할 필요가 없게 하고자 나는 이렇게 주의하고 싶다. 나는 이런 사실들, 즉 개인과 전체는 서로 모순되지 않는다는 사실을, 인간 본성(그 본성이 어떻게 해석되더라도)의 필연성에서, 다시 말해 만인에게 '보편적'인 자기 보존의 욕망이라는 점에서 증명하였다.

이 자기 보존의 욕망은 어진 사람이든 어리석은 사람이든, 어떤 인간에게나 내재한다. 따라서 인간을 어떻게 해석하든, 즉 감정에 따른다고 해석하든 이성에 따른다고 생각하든, 사태는 똑같다. 이 증명은 지금 말한 바와 같이 보편성에 따르기 때문이다.

〈주〉

*1 마이엘은 이곳을, 가톨릭 파의 성체로의 '빵'을 암시라고 보고 있다.
*2 주로 멘노파를 지칭함.

제4장
최고권력 소관 사항에 관하여

제1절

우리들은 앞장에서 최고 권력의 힘에 의하여 결정되는 최고 권력의 권리에 대하여 설명하였고, 그 권력의 가장 중요한 부분이 바로 모든 사람들이 인도받아야 할 국가의 정신임을 보아 왔다. 이 최고 권력만이 무엇이 착하고, 나쁘고, 바르고, 부당한가를 결정할 권리를 갖는다. 다시 말하면 각 개인이나 전체가 무슨 일을 해야 하고 또 해서는 안 되는가를 결정할 권리를 갖는다.

따라서 우리들이 보아 온 바와 같이 법률을 제정하고, 그 법률에 관하여 싸움이 생길 때에는 그 각각의 안건에 관하여 해석하고, 또 당해 안건이 적법인가 위법인가를 결정하는 권리는 이 최고 권력에만 귀속한다(^{제3장 제3,}_{4, 5절}).

다음으로 전쟁을 하거나 평화 조건을 결정하여 제시하고 또 이 제시된 평화 조건을 받아들이는 권리도 또한 같다(^{제3장}_{제12, 13절}).

제2절

이런 전쟁과 평화의 일을 실행하는 데에 필요한 모든 수단은 모든 통치 체제에 관한 일, 다시 말해서 국사(國事)에 관한 일이므로, 국사는 전적으로 최고 권력을 장악한 사람의 지도에만 의존한다고 결론을 내리게 된다.

그리고 또 사람들의 행위를 재판하고, 사람들의 행위에 관하여 책임을 묻고, 죄 있는 사람에게 형벌을 내리고, 국민들 사이의 소송을 해결하고, 아니면 법률 전문가들을 두어 이런 일들을 대신하게 하는 등의 권리는, 오직 이 최고 권력에만 귀속한다고 결론짓게 된다.

다음으로 전쟁이나 평화를 위한 모든 수단을 정비하고 실행하는 권리, 즉 도시를 건설하고 방위하며 군대를 모집하고, 이 군인들에게 직책을 부여하여 그 직책을 행하도록 명령하고 평화 사절을 파견 또는 접수하는 등, 이런 일들을 위하여 경비를 거둬들이는 권리도 또한 같다.

제3절

이와 같이 나라 일을 처리하고, 나라 일을 위하여 관리를 뽑아서 임명하는 권리는 전적으로 최고 권력에만 속하므로, 시민이 최고회의의 인준을 거치지 않고 자기 혼자만의 뜻으로 나라 일에 손을 댈 때는, 그 하고자 하는 바가 국가를 위하여 최선이라고 믿는 경우라 할지라도 통치권에 대한 월권 행위라고 결론을 내리게 된다.

제4절

사람들은 흔히 최고 권력도 법에 의해 구속되는가, 따라서 그러한 최고권력도 죄를 범할 수 있는가, 라고 질문을 한다. 그런데 법과 죄라는 말은 국가의 법에 관한 말일 뿐만 아니라, 모든 자연물의 보편적인 규칙에도 일반적으로 관계되므로, 국가는 모든 법에 구속되고, 또 죄를 범할 수도 있다.

왜냐하면, 국가가 국가로서 존재하려면 반드시 있어야만 하는 여러 법칙이나 규칙에 국가가 조금도 구속되지 않는다면, 국가는 자연물질로서가 아니고 가공물(架空物 : 즉 비정상적인 국가 형태)로 밖에는 볼 수 없기 때문이다. 그러므로 국가는 자기 자신을 파멸시킬 원인이 되는 일들을 스스로 하거나 또 남에게 당할 때에는, 스스로에게 죄를 범하고 있는 셈이다. 그리고 그런 경우, 우리들은 철학자나 의학자가 자연은 죄(스스로에 대한 죄)를 범한다고 하는 말과 같은 뜻에서 국가가 죄를 범한다고 말한다.

이런 뜻에서 우리들은 국가가 이성의 지령에 배반하여 무슨 일인가를 할 때에 죄를 범한다고 말하게 된다. 국가는 이성의 지령에 따라서 판단할 때 가장 많은 자기의 권리 아래에 있기 때문이다(제3장 제7절). 따라서 국가는 이성에 배반하여 행동할 때에는 자기 스스로 배반하고 죄를 범하는 셈이다.

이런 일들은 다음을 생각해 볼 때 한층 더 똑똑하게 이해될 것이다. 사람들이 자기의 권리 아래에 있는 존재들을 제멋대로 처리할 수 있을 때, 이 힘은 작용하는 쪽의 능력에 의해서뿐만 아니라 작용받는 쪽의 적응성에 의해서도 결정되어야만 한다.

예를 들어, 내가 이 책상을 내 마음대로 할 권리를 가지고 있다는 것은 내가 책상으로 하여금 풀을 뜯어먹게 하는 경우와 같은 권리를 가지고 있다는 뜻은 절대로 아니다.

이와 마찬가지로, 인간이 자기의 권리 아래에 있지 않고 국가의 권리 아래에 있다고 해도, 인간이 인간의 본성을 잃어버리고 다른 본성이 된다는 뜻은 아니다. 또 국가가 인간을 날아다니게 하는 권리를 가지고 있다는 뜻도 아니고, 이것 역시 불가능한 일이지만, 인간에게 비웃고 구역질나게 하는 것들을 존경하도록 하는 권리를 가지고 있다는 뜻도 아니다.

우리들이 말하는 뜻은 오히려 국가에 대한 시민의 존경과 공포가 존재하게 하는 사정이 있고, 존경과 공포 그리고 국가를 없어지게 하는 일정한 여러 사정이 존재한다는 말이다.

여기서 국가가 국가 자신의 권리 아래에 있게 하기 위해서는 공포와 존경의 원인이 유지되도록 구속한다. 그렇게 하지 않으면 국가는 이미 국가가 아니다. 생각하건대 통치권을 장악한 사람에게 있어서는 술에 만취하여 벌거벗고 논다든지, 여자들과 같이 거리를 헤맨다든지, 배우의 흉내를 낸다든지, 자기 스스로 정해 놓은 법률을 짓밟고 경멸한다든지 해서는 위엄을 유지하기가 불가능하다.

마치 존재하면서 동시에 존재하지 않는다는 일이 불가능한 경우와 같다. 다시 신민을 학살한다든지, 약탈한다든지, 처녀를 농락한다든지, 그밖에 이런 비슷한 일들은 공포를 이내 분격으로 바꾸어 놓게 되고, 국가 상태를 적대 상태로 바꾸어 놓는다.

제5절

이상으로 우리들은 어떠한 의미에서 국가가 법에 종속되어 있으면서 죄를 범할 수 있다고 말하는가를 알게 되었다. 그러나 만약에 법이란 국법 자신에 의하여 유지되는 법이라고 해석하고, 죄는 국법에 의하여 금지되어 있는 일들이라고 해석한다면, 즉 이런 말들을 그 본래의 뜻에서 받아들인다면, 국가가 법에 종속되어 있으면서 죄를 범할 수 있다고는 결코 말하지 못한다.

국가가 스스로를 위하여 지켜야 하도록 구속하는 여러 규칙들, 공포와 존경의 여러 원인들은 국법의 영역에 속해 있지 않고 자연법의 영역에 속한다.

그 규칙(국가가 스스로를
구속하는 규칙)들과 원인(공포와 존경을
일으키는 원인)들은 국법에 의하여 유지된다기보다는 전쟁의 권리에 의하여서만 유지될 수 있기 때문이다. 또 국가는 자연 상태에 있어서의 인간이 자기의 독립된 권리 아래 있기 위해서는, 그리고 자기 자신의 적이 되지 않기 위하여서는, 자기 자신을 멸망시키는 일에 주의해야만 하는 이치와 똑같은 이유로, 그 규칙들과 원인들에게 구속되기 때문이다. 그리고 그와 같은 주의를 해야 하는 까닭은 확실히 인간의 본성이 복종이 아니라 자유이기 때문이다. 이와는 반대로 국법은 전적으로 국가의 결정에만 의존하고, 국가는 자유를 위해서는 자기 이외의 그 누구의 뜻에도 따를 필요가 없고, 또 자기에게 옳다든지 그르다고 인정한 바 이외의 것을 옳다든지 그르다고 할 필요는 없다.

따라서 국가는 자기를 옹호하고 법률을 제정하며 그 법률을 해석하는 권리를 가지고 있을 뿐 아니라, 다시 이 법률을 폐지하고 또 죄를 범한 사람들을 자기의 절대 능력에 의해서 용서하는 권리도 가지고 있다.

제6절

다수자들이 자기들의 권리를 하나의 회의체 또는 한 사람의 인간에게 위임하는 계약이나 법률은, 공공의 이해가 그 계약 또는 법률을 파기하도록 요구할 때는 서슴지 않고 파기되어야 한다. 그러나 이에 관한 판단, 즉 공공의 이해가 그들을 파기하도록 요구하느냐 그렇지 않느냐에 관한 판단을 내리는 권리는 어떠한 개인에게 속하지 않고 오로지 통치권을 장악한 사람에게만 속한다(제4장
제3절). 따라서 통치권을 장악한 사람만이 국법에 비추어 언제나 그런 법률을 해석하는 사람이 된다. 이에 덧붙여 어떠한 개인도 이러한 법률을 옹호할 권리를 가지고 있지 않으므로, 이러한 법률은 통치권자를 사실상으로는 구속하지 못한다. 그러나 그러한 법률이 동시에 국가의 힘을 약하게 해놓아야만, 다시 말해서 다수 국민들의 공포를 분격으로 바꾸어 놓아야만, 파기하지 못하는 성질의 법률조차도 파기함으로써 국가는 해소하고 계약은 끝난다.

그러므로 사실 그 같은 계약은 국법으로서가 아니고, 전쟁의 권리로서 유지된다. 그러므로 통치권을 장악한 사람은, 앞절에서 말한 바와 같이 자연 상태에 있어서의 인간이 스스로 자신의 적이 되지 않게 하려면, 자기 자신을 멸망시키는 일을 하지 않도록 주의해야 하듯이, 똑같은 이유로 그 같은 계약의 여러 조건들을 지키도록 구속해야 한다.

제5장
국가의 목적에 관하여

제1절

제2장의 제11절에서 우리들이 제시한 바와 같이, 인간은 자신이 가장 많이 이성에 의해 인도될 때 가장 많이 자신의 권리 아래에 있다. 따라서^{(제3장}^{제7절)} 국가는 이성에 따라 이성으로 인도될 때가 가장 힘있고, 가장 자기의 권리 아래에 있다. 그러나 가능한 한 자기를 보존하기 위한 최선의 생활 양식은 이성의 규정에 의해서 세워졌으므로, 이럴 때에 인간이나 국가가 행하는 최선의 일들은 어느 일이나 그 인간이나 국가가 가장 많이 자기의 권리 아래에서 행한 일들이라고 하겠다.

그러나 나는 권리에 의하여 일어나는 모든 일들이 가장 옳은 일이라고 주장하지는 않는다. 권리로써 밭을 가는 경우와 가장 잘 밭을 가는 경우는 별개의 문제이기 때문이다. 여기서 권리에 의하여 자신을 지키고 자기를 보존하고 판단하는 일 등은, 자기를 가장 잘 지키고 보존하며 판단을 잘 내리는 일과는 별개의 문제라고 감히 말할 수 있다. 따라서 권리에 의하여 명령하고 또 나라 일을 배려하는 일과, 가장 잘 명령하고 나라 일을 돌보는 일은 별개의 문제이다. 여기서 우리들은 이제까지 각 국가의 권리에 관하여 논술하였으므로, 이제는 각 국가에 있어서의 최선의 상태에 관하여 논할 때라고 본다.

제2절

각 국가에 있어서의 최선의 상태란 어떠한 형태이냐 하는 문제에 대한 답은, 국가 상태의 목적에서 쉽게 알 수 있을 것이다. 국가 상태의 목적은, 생활의 평화와 안전 바로 그것이다. 따라서 인간이 화합하여 생활하고, 그들의 법이 침범당하지 않고 유지되는 국가가 최선의 국가이다.

더욱이 반란, 전쟁, 법률의 경시, 또는 침범의 책임이 신민의 악성(惡性)

에 있기보다는 옳지 않은 통치 상태에 원인이 있음이 확실하다. 실제로 인간은 국민으로서 출생한다기보다는 출생한 후에 국민이 된다. 게다가, 인간의 자연적 감정은 어디서나 같다. 그러므로 만약 어떤 국가의 악이 다른 국가에서보다 더 성행하여 죄가 더 범해지고 있다면 그것은 그 국가가 화합을 위하여 충분한 배려를 하지 않았고, 법제를 충분히 현명하게 세우지 못했으며 국가로서의 완전한 권리를 가지고 있지 않은 데에서 생긴다.

왜냐하면 반란의 원인이 제거되지 않고 전쟁의 공포가 끊이지 않으며 법률이 때때로 침범되는 국가 상태는, 사람들이 자신들의 삶을 자기 마음 내키는 대로 살아 큰 위험 앞에 놓이게 되는 자연 상태와 거의 다를 바 없기 때문이다.

제3절

그러나 신민의 악덕, 과도한 방종과 반항 등이 국가의 탓이듯이, 반대로 신민의 덕과 법률에의 복종 등은 전적으로 국가의 덕과 완전한 권리에 기인한다고 해야만 한다. 이는 제2장의 제15절에서 분명히 밝혔다. 여기서 사람들이 한니발의 군대 내에서 한 번의 반란도 일어난 일이 없었던 이유를, 한니발의 남달리 뛰어난 능력 때문이라고 했던*¹ 말은 타당하다고 할 수 있다.

제4절

신민(臣民)이 공포에 얽매여 무기를 들지 않는 국가는 전쟁 속에 있지 않다고 말할 수 있겠지만, 그렇다고 평화 상태에 있다고는 말할 수 없다. 사실 평화는 전쟁이 없는 상태*²가 아니고 정신의 힘에서부터 생겨난 상태이기 때문이다. 복종 자체가(제2장 제19절) 곧 국가의 공동 결정에 따라서 행하여야 하는 바를 실행하려는 항상적 의지이기 때문이다.

신민이 무기력한 결과로 평화가 이루어진 데 불과한 국가라든지, 또는 그 신민이 마치 짐승처럼 인도되어 그저 예속되는 일만을 알고 있는 국가는, 국가라기보다는 그저 넓은 벌판이라고 불러야 옳다.

제5절

따라서 우리들이 최선의 국가가 어떤 형태인지를 말할 때, 그것은 인간이 화합하여 생활할 수 있는 국가 형태이다, 라고 할 경우, 나는 단지 혈액 순환이나 그밖에 모든 동물에 공통되는 여러 기능들에 의하여서만 규정되는 인간 생활을 뜻하지는 않고, 특히 진정한 우수성과 정신적인 삶의 인간 생활을 영위하는 국가 형태를 말한다.

제6절

주의해야 할 점은, 그러한 목적을 위하여 세워진다고 우리들이 말한 국가는 자유로운 민중들이 세운 국가이지, 전쟁의 권리에 의하여 민중으로부터 얻어진 국가가 아니라는 점이다. 왜냐하면 민중은 공포보다도 희망에 의하여 더 인도되는 데에 반하여, 정복당한 민중은 희망보다는 공포에 의하여 더 인도되기 때문이다.

사실 민중은 생활을 윤택하게 하는 일에 힘쓰는 데에 반하여, 정복당한 민중은 그저 죽음을 피하려고만 노력한다. 민중은 자기를 위하여 살아가려고 힘쓰며, 정복당한 민중은 승리자에게 종속하도록 강요된다. 그러기에 우리들은 민중을 자유라 하고 정복당한 민중을 예속이라고 말한다. 이리하여 전쟁의 권리에 의하여 얻어진 국가의 목적은 지배하는 데에, 그리고 신민보다 노예를 갖는 데에 있다.

또한 자유로운 민중에 의해 창립된 국가와 전쟁 권리에 의하여 얻어진 국가 사이에는 대단히 큰 차이가 있다. 국가의 권리일반이라는 점에서는 아무런 본질적인 차이를 인정하지 못하나, 앞서 말한 바와 같이 그 목적에 관해 국가들이 자기를 유지하는 데에 필요한 수단에 관해서는 대단히 큰 차이가 있다.

제7절

단순히 지배욕만 가진 군주가 그 국가를 강화하고 유지하기 위해서 어떠한 수단을 사용해야 하는가에 관해서는 명석한 마키아벨리가 자세하게 설명하고 있다. 그러나 마키아벨리가 무슨 목적으로 그 일을 했는가는 분명치 않다.

만약 그가 모든 현명한 인간에게서 기대할 수 있는 그러한 좋은 목적을 가지고 있었다면, 그 목적은 바로 많은 사람들이 군주를 폭군이 되게 하는 여러 가지 원인을 제거하려 하는 노력이 얼마나 어리석은가를 제시하는 일일 것 같다. 실제로 군주를 폭군이 되게 하는 원인은 군주에게 공포의 이유를 많이 줄수록 많아진다. 이 같은 일은 민중이 어떤 군주의 암살 예를 따라 군주 암살을 해도 좋은 일처럼 자랑할 때 흔히 일어난다.

이밖에 마키아벨리는 아마도 자유인으로서의 민중이 자기의 안녕을 그저 한 사람의 인간에게 절대적으로 위임하는 일에 얼마나 주의해야 하는가를 제시하려고 했던 것이다. 민중의 모든 것을 위임받은 인간은, 모든 사람들이 자기를 좋아한다고 생각할 만큼 자부심이 강하지 못하면 언제나 올가미를 두려워해야 하며, 민중을 위해서보다는 자기를 위하여 주의해야 한다. 그래서 자기 쪽에서 민중에게 올가미를 채우지 않을 수 없게 된다.

마키아벨리는 확실히 자유의 편이었으며, 또 자유를 지키기 위한 여러 가지 유익한 조언을 하고 있다. 이로써 나는 이 대단히 현명한 인간을 그렇게 믿으려는 마음을 갖게 된다.

〈주〉

*1 Livius XXⅢ 12.
*2 홉스(Hobbs)는 평화의 정의를 '전쟁을 안하고 있는 시기'라고 정했다.

제6장
군주국가에 관하여(1)

제1절

인간은 앞서 말한 바와 같이 이성에 의해서보다는 감정에 의해서 인도되므로, 민중이 일치하여 마치 하나의 정신에 의해 인도되듯이 인도되기를 바라는 경우에는 이성의 인도에 의해서가 아니고, 스스로 무엇인가 공동의 감정에 의해서 인도된다고 결론짓게 된다. 즉, (제3장의 제9절에서 말한 대로) 공동의 희망이나 공포에 의해서 하나의 공동정신으로 인도되든지, 아니면 무엇인가 공동의 손해에 대하여 복수하려고 바라는 마음에 의해서 그 공동정신으로 인도된다.

누구나 혼자 고립되어서는 자기를 보호하는 힘을 가지지 못하고, 또 생활에 필요한 물건들을 얻을 수 없으므로, 고립을 두려워하는 마음이 모든 사람들에게 내재해 있다. 여기서 인간은 본성적으로 국가 상태를 욕구하고 있으며, 인간은 국가 상태를 아주 없애버린다고 하는 일은 절대로 일어나지 않는다고 결론을 내리게 된다.

제2절

따라서 국가 내에서 가끔 불화나 반란이 일어나더라도, 국민은 절대로 그로 말미암아 국가를 해소시키거나 하지는 못한다. 만일 그러한 분쟁들이 이제까지의 국가 외형을 그대로 수습하지 못할 경우에 국민은 그 형식을 다른 형식으로 바꿀 뿐이다. 그러므로 내가 앞서 국가를 유지하기에 필요하다고 말한 모든 수단은 통치 형태를 크게 변화시키지 않고 유지하는 데에 필요한 여러 수단들을 의미한다.

제3절

만일 인간의 본성이 가장 유익한 것을 가장 희망한다는 식으로 되어 있다면, 굳이 화합이나 신의를 확보하기 위해 술책을 쓸 필요가 없을 것이다.

그러나 이미 아는 바와 마찬가지로 인간의 본성은 이와는 전혀 다르게, 가장 유익한 것만을 바라지는 않으므로, 국가는 필연적으로 다음과 같이, 즉 다스리는 자나 다스림을 받는 자는 모두 자신이 바라던 바리지 않던 공동의 공공복리에 따른 요구대로 행동하도록 조직되어야 한다. 바꿔 말하면, 모든 사람이 자발적이든 강제적이든 내적 충동에 의해서든, 이성의 명령에 따라서 생활하도록 국가는 조직되어야 한다. 이런 일은 공공복리에 관한 사안을 모두 한 사람의 신의에 위임하지 않도록 나랏일을 안배할 때 달성된다. 왜냐하면 그 다스리는 자도 인간이므로 부단히 주의를 한다고 해도 때로는 잠을 안 잘 수 없으며, 예로부터 매우 강하고 착실한 정신력을 지니고 있는 인간도 때로는 (특히 가장 정신력을 필요로 할 때) 좌절하거나 패배할 수 있기 때문이다. 그리고 누구라도 자기 자신에게 바랄 수 없는 일, 예를 들면 자기를 위해서보다도 남을 위해서 주의하고, 탐욕스럽지 않게, 질투가 심하지 않게, 야심이 크지 않게 하라는 등을 남에게 요구하는 일은 확실히 어리 석은 짓이다.

제4절

이와 반대로 경험은 한 사람에게 모든 권력을 위탁해야만 평화와 화합을 위해 유익하다고 가르치고 있는 듯이 보인다. 사실 하나의 국가로서 터키같이 오래되고 아무런 변화 없이 계속된 나라도 없다. 반대로 국민 국가, 즉 민주 국가만큼 역사가 짧은 국가도 없다. 또 민주 국가에서 만큼 반란이 자주 일어난 곳도 없다.

하지만 만약 예속과 야만과 벌판을 평화라고 부른다면, 인간에 있어서는 평화가 가장 비참하다. 하기야 아비와 자식 사이에는 주인과 노예 사이보다도 더 많고 심한 싸움이 생기는 일이 보통이지만, 그렇다고 해서 부권(父權)을 지배권으로 바꾸고 자식을 노예처럼 취급한다면 가정 생활에 좋지 못하다. 그러므로 모든 권력을 한 사람의 인간에게 위탁한다는 경우는, 예속 생활에는 필요하지만 평화를 위해서는 필요가 없다. 평화는 이미 말한 바와 같이 전쟁을 하지 않는 곳에 있다기보다는 정신의 일치, 즉 화합에 있기 때

문이다.[*1]

제5절

그리고 사실, 단 한 사람의 인간이 국가 최고의 권리를 장악할 수 있다고 믿는 사람은 대단히 잘못되어 있음이 확실하다. 제2장에서 말한 대로, 권리는 다만 힘에 의해서만 결정되므로, 단 한 사람의 인간적 힘이 그와 같은 무거운 짐을 지탱하기에는 도저히 불가능하기 때문이다. 그 결과로 민중에 의하여 왕이 된 사람은 약간 명의 집권자들, 즉 고문관이나 심복 부하들을 자기를 위해 모으게 되고, 이들에게 자기와 모든 사람들의 복리를 위임하게 된다. 이리하여 틀림없이 군주국가라고 믿고 있는 국가가 실제 운용에 있어서는 귀족 국가로 되어 있다.

뿐만 아니라 왕이 나이 어리고 병약하거나 노쇠한 경우는, 단지 남의 덕으로 왕이다. 그래서 실제로는 국가의 최고 정무를 관장하는 사람들, 또는 왕과 가장 친근한 사람들이 최고권력을 장악하고 있다. 정욕에 빠져 있는 왕이 가끔 한 두 사람의 시녀 또는 총애하는 신하의 욕망대로 모든 일을 결정할 수도 있음은 다시 말할 필요도 없다.

"아시아에서는 일찍부터 여자들이 지배하고 있었다고 듣고 있다. 그러나 내시가 지배했다는 말은 처음 듣는 말이다"라고 오르시네스는 말한다 (구르티우스 제10부 제1절).[*2]

제6절

국가는 언제나 적보다는 국민들 때문에 위험하다는 말이 확실하다. 사실 선량한 국민이란 그리 흔하지 않기 때문이다.

그러므로 국가의 모든 권리를 위임받은 인간은 언제나 적보다는 국민을 두려워하며, 따라서 자기를 위하여 주의를 하고, 또 신민(臣民)의 이익을 위해서 계획한다기보다는 이 신민을 단지 곁에 잡아두기 위해서 노력한다.

더구나 그 국가의 위임권자는 지혜로써 쟁쟁하게 이름을 날리고 있는 사람들, 또는 부유함으로 인해 유력한 사람들을 겨냥하여 음모를 꾸미기도 한다.

제7절

더욱 더 심한 경우는, 왕들이 왕자들을 사랑한다기보다는 두려워하기까지도 하는 경우이다. 이럴 경우 왕자들이 평화 또는 전쟁 수단에 통달하면 할수록, 또 왕자들이 유덕하여 신민들에게서 사랑을 받고 있으면 있는 만큼 왕은 더욱 두려워한다. 그 결과로 왕들은 공포의 원인이 제거되도록 왕자들을 교육하려고 힘쓴다. 이럴 경우에, 조정의 신하들은 왕을 기꺼이 따르면서도 가장 호된 고통을 치르게 될 것이다. 왜냐하면 그 왕위 계승자는(부왕의 간섭으로 인해) 통치 경험이 부족할 수도 있고, 그래서 신하들이 마음대로 조정하려들 수 있기 때문이다.

제8절

지금까지의 모든 사실들로 보아 국가의 권리가 무제한으로 왕에게 위임되면, 그만큼 왕은 자기의 권리 아래 있는 일이 더 적어지며, 그만큼 신민의 상태는 불행하게 된다고 결론을 내리게 된다. 그러므로 군주 국가를 적당하게 강화하기 위해서는 군주국가로서 의존해야 하는 약간의 확고한 기초를 두어야만 한다. 이러한 기초에 의해 군주에게는 안전, 민중에게는 평화가 생기고, 군주는 가장 많이 민중의 복리를 위하여 일할 때 가장 많이 자기의 권리 아래에 있게 될 것이다. 이러한 군주국가의 기초가 어떠한 것인가를 나는 먼저 간단히 설명하고, 그 다음으로는 그에 대해 설명키로 한다.

제9절

우선 하나 또는 여러 개의 도시를 건설하고 이 도시를 방위하도록 힘써야 한다. 이러한 도시에 속하는 모든 국민은 도시의 성 안에 살든지, 농사를 짓기 위하여 성 밖에 살든지 할 텐데, 어느 쪽이든 다같이 국민권을 향유한다. 그러나 이런 국민권의 향유는, 각 도시가 자기 및 공동의 방위를 하기에 족한 일정 수의 국민을 가지고 있다는 조건 아래서의 일이다. 이렇게 하지 못하는 도시는 다른 여러 조건들에 따라야 하고, 또 종속 도시로 간주되어야 한다.

제10절

한 나라의 군대는 국민만으로 구성되어야 하며, 그 외에 다른 어느 구성원으로도 구성되어서는 안 된다. 그리고 국민 누구에게도 예외가 있어서는 안

된다. 즉, 모든 사람들은 모두 무기를 들어야 하는 의무를 갖는다. 그리고 누구든 먼저 군사 훈련을 받고 해마다 일정한 시기에 실습을 하겠다고 서약하지 않으면 국민의 한 사람으로 등록되지 않는다. 그리고 각 씨족*3의 병사는 중대와 연대로 나누어지고, 중대의 지휘관이라면 반드시 축성술에 통달한 사람을 선임해야 한다.*4 그리고 중대와 연대의 지휘관은 종신관이 되지만, 한 씨족 전체에 속하는 병사의 사령관은 전쟁 때만 선임한다. 이 사령권은 그에게 그저 1년 동안만 장악되도록 한다.

그리고 이 사령권을 더 길게 지니거나 뒤에 다시 사령관으로 재선되어서는 안 된다. 이 사령관은 왕의 고문관(이에 관해서는 제15절 이하에 논술한다) 또는 고문관을 역임 했던 경력이 있는 사람 중에서 선임한다.

제11절

모든 도시민과 농민, 바꿔 말하면 모든 국민은 씨족으로 나누어진다. 이 씨족은 명칭과 무엇인가의 휘장*5에 의해서 서로 간에 구별된다. 이러한 씨족 내에 출생한 모든 사람들은 국민 속에 편입되고, 그들의 이름은 그들이 무기를 들고 자기의 의무를 이행할 수 있는 나이에 이르기를 기다렸다가 소속 씨족의 명부에 등록된다.

다만 무엇인가의 범죄를 저질러서 공권을 상실한 사람이나 벙어리, 정신착란자 그리고 무엇인가 노예적인 일을 하여 생활하고 있는 사람들은 여기서 제외한다.

제12절

논과 밭과 모든 토지, 거기에 가능하다면 주택도 공공의 소유로 해야 한다. 즉, 국가의 권리를 장악하는 사람에게 그 소유권이 속하도록 하지 않으면 안 된다. 그리고 이러한 토지는 매년 세금을 부과하여 국가의 권리를 장악하는 사람으로부터 국민, 즉 도시민과 농민에게 임대된다. 그 외에의 모든 국민은 일체의 세금을 징수당하지 않는다. 다시 말해서 세금이 없다. 그리고 이 임대세의 일부는 국가의 방위에 충당되고 다른 일부는 왕실의 경비로 충당한다. 생각하건대 평화시에는 전쟁의 경우를 생각하여 여러 도시들을 방위하고 또 군함이나 그 밖의 병기들을 준비해 두지 않으면 안 되기 때문이다.

제13절

어느 한 집안에서 왕이 뽑혔을 경우에는 왕의 자손들만 귀족으로 인정되어야 한다. 그와 같은 귀족은 이 때문에 왕족의 휘장을 달아서 자기의 씨족과 다른 여러 씨족에게서 구별된다.

제14절

왕과 같은 혈통인 귀족 남자로서 현재의 왕과 3등친 또는 4등친의 근친 관계에 있는 사람들 간의 결혼은 금지되어야 한다. 만일 이런 사람들이 자식을 낳았을 때에는 그 자식은 사생아로서 모든 영직에 취임할 자격이 없는 것으로 하며, 부모의 상속자로도 인정되지 않는다. 그리고 부모의 재산은 다시 왕에게 귀속한다.

제15절

왕의 가장 측근이면서 벼슬이 왕에 버금가는 왕의 고문관 수는 많아야 하고, 이들은 국민 중에서만 선임된다. 즉, 각 씨족에게 3, 4명 또는 5명^(다만 씨족의 수가 6백 명을 넘지 않는 경우)이 선임된다. 이들은 합쳐서 이 회의체의 한 분자를 구성한다. 이들은 종신관이 아니고 3개년, 4개년 또는 5개년의 임기로서 해마다 그들의 3분의 1, 4분의 1, 또는 5분의 1이 새로 선임되도록 한다. 이 선임에 있어서 무엇보다도 주의해야 할 일로서, 각 씨족에서 적어도 한 사람은 법률 전문 고문관을 선임*⁶해야 한다.

제16절

고문관을 선임할 때는 왕이 몸소 하지 않으면 안 된다. 새로운 고문관이 선임될 해의 일정한 시기에, 각 씨족은 소속된 사람 중에서 50세에 이르고, 이 관직의 후보자로 천거된 사람들 전체의 명부를 왕에게 제출한다. 그 중에서 왕이 바라는 사람을 선임하도록 하기 위해서이다. 그렇지만 어느 씨족이든 법률 전문가가 교대되어야 할 해에는, 그저 법률 전문가의 명부만 왕에게 제출한다.

규정된 기간 동안 근무한 사람은 고문관 직에 더 이상 재임하지 못하며, 5년 이상 동안 피선거인 명부에 등록될 수 없다. 그런데 해마다 각 씨족에서

한 사람씩을 선임해야 하는 이유는, 이 회의체가 어떤 때는 경험이 없는 새 사람만으로 구성되고, 또 어떤 때는 경험이 있는 사람들만으로 구성되지 않도록 하기 위해서이다. 이는 모든 고문관들이 동시에 퇴직한 뒤에 새로운 사람들이 이들과 교체될 때 피할 수 없는 현상이다.

이에 반하여, 만약에 해마다 각 씨족에서 한 사람만이 새로 선임된다면, 이 회의체의 5분의 1이나 4분의 1, 또는 줄잡아서 3분의 1만이 새로 선임된 사람으로 구성되는 데에 지나지 않게 된다. 더욱이 왕이 다른 일 때문에, 또는 그밖의 이유로 선임을 할 수 없는 경우에는, 고문관들이 스스로 잠정적으로 다른 고문관을 뽑되, 이후에 다시 왕 자신이 다른 고문관을 선임하든지 또는 고문관 회의가 선출한 사람을 취임시키든지 한다.

제17절

이렇게 구성된 회의체에서는, 그 대표적 임무로 국가의 근본법을 옹호하는 데에 있고, 또한 현재의 여러 가지 정무에 관해 왕에게 조언을 하여, 공공 복리를 위해서는 어떠한 결정을 해야 하는가를 알리는 데 있다. 아울러 왕이 무엇보다 이 회의체의 의견을 듣지 않고서는 어떠한 결정도 할 수 없도록 하는 데에 있다. 그러나 회의체에 있어서 가끔 그러하듯, 만일 의견이 일치하지 않고 더구나 그 같은 사항에 관하여 두 차례 또는 세 차례 토의를 거듭한 뒤에도 의견이 서로 다를 때에는, 사태를 그 이상 끌고 나갈 일이 아니라 서로 다른 의견을 일단 그대로 왕에게 제출해야만 한다. 이에 관해서는 본장의 제25절에서 설명하게 될 것이다.

제18절

기타 이 회의체의 임무는, 명령 또는 결정을 공포하고, 국가를 위하여 결정된 바대로 실행하며, 만반의 국가 행정에 대하여 왕의 대리자로서 배려를 해야 한다.

제19절

국민들로서는 이 회의체를 통하지 않고서는 왕에게 접근할 길이 없다. 청원 또는 탄원서를 왕에게 제출하려고 할 때에는 모두 일단 이 회의에 제출하지 않으면 안 된다. 다른 나라들의 사절도 마찬가지로 이 회의체가 중개하지 않고서는 왕과 회담할 허가를 얻을 수 없다. 다시 다른 곳에서 왕에게 보내온 편지 등도 이 회의체를 통하여 왕에게 전달되어야 한다. 이러한 형식적 경로는, 요컨대 왕은 국가의 정신으로서, 또 이 회의체는 정신의 외적 감관이나 국가의 신체로서 생각해야 한다는 의미를 지닌다. 이 신체를 통해 정신은 국가의 상태를 알고, 이 신체를 통해서 정신은 자기를 위해 최선이라고 인정되는 사항을 실행한다.

제20절

또한 왕자들에 대한 교육 임무도 이 회의체에 부과된다. 왕이 사망한 뒤 후계자가 젖먹이이거나 소년인 경우에 그의 후견 임무도 그러하다.*7 그러나 회의체는 그동안 왕위가 궐위되지 않도록, 국가의 귀족 중에서 최연장자를 뽑아 법정 후계자가 통치의 중책을 감당할 수 있을 때까지 왕의 임무를 대리해야 한다.

제21절

이 회의체의 후보자가 되려는 사람은 자기 나라의 정치 현실과 여러 기초 사항, 상태 또는 사정을 잘 아는 사람이라야 한다. 그러나 법률 전문가의 지위를 차지하려고 하는 사람은 자기 나라의 시정과 사정뿐만 아니라 자기 나라와 어떤 관계이든 맺고 있는 다른 나라들의 시정과 사정도 잘 알아야만 한다. 그러면서도 그 사람은 50세에 이르러야 하고, 또 아무런 전과가 없는 사람이어야만 피선거인 명부에 등록될 수 있다.

제22절

전원이 출석한 회의가 아니고서는 정무에 관한 어떠한 결의도 해서는 안 된다. 만약 누군가 병으로, 또는 그밖의 이유로 출석할 수 없을 때에는, 그 사람은 같은 씨족 중에서 누군가 이런 일에 경험이 있는 사람이나 피선거인 명부에 등록되어 있는 사람을 자기 대신 이 회의에 출석시켜야 한다.

이때 그 사람이 만일 이 같은 절차를 취하지 아니하여 어떤 회의 의제의 토의를 뒤로 연기(延期)할 수밖에 없는 경우에는, 그에게 대단히 무거운 벌금을 부과하게 된다. 그러나 이같은 조치는 의제가 국가 전체의 사안에 관계되는 경우, 즉 전쟁이나 평화, 법률의 폐지 또는 제정과 통상, 그밖의 것에 관한 경우에 한한다. 만약 의제가 개개의 도시에 관한 사항이라든지, 탄원서나 그밖의 것에 관한 경우에는 전체 의원의 과반수 출석이어야 한다.

제23절

각 씨족 간의 모든 일에 있어서 평등성을 갖게 해야 하고, 또 의석이나 제안 또는 발언에 관하여 질서가 유지되도록 하기 위하여 일정한 교대 제도가 지켜져야만 한다. 즉, 각 씨족이 각 회합에서 교대로 의장을 맡아 보고, 어떤 회합에서 가장 윗자리를 차지하던 씨족은 다음 회합 때에는 가장 아랫자리에 앉도록 한다. 다만 같은 씨족에 속하는 사람들 간에는 선임자가 상석을 차지한다.

제24절

그런데 이 모임은 적어도 1년에 4회는 소집되어야 한다. 그 까닭은 국가 행정에 관하여 관리들의 설명을 들어 제반 사항의 상태를 알고, 그밖에 결재할 사항이 있는지 없는지를 살피기 위해서이다. 사실 다수 국민이 모두 부단히 나라 일에 종사하기란 불가능할 것이다.

그러나 나라 일은 그 동안에도 수행되어야 한다. 그러므로 이 회의체에서 50명 또는 더 많은 수의 고문관들을 선출하여, 회의가 열리지 않는 동안에는 이들이 그 일을 맡아 하게 한다.

고문관들은 왕이 있는 곳에서 가장 가까운 사무실에 매일 모여야 한다. 이리하여 그들은 매일 국고(國庫), 도시들의 방위, 왕자의 교육, 그밖에도 일반적으로 말해서 지금 열거한 대회의체의 모든 임무에 관하여 배려한다. 그러나 그들은 아직껏 아무런 결정이 이루어지지 않은 신규 사항에 관해서는 협의하지 못한다.

제25절

회의가 열렸을 때에는, 의안을 이 회의에 제출하기에 앞서서, 그 회합에서 윗자리에 앉을 약간의 씨족에 속하는 5, 6명, 또는 더 많은 법률 전문가들이 왕을 미리 배알한다. 만약 탄원서나 편지가 와 있을 때에는 그 고을 왕에게 수교하고, 제반 상황을 왕에게 보고하여 왕이 그 회의에 어떤 제안을 할지를 왕 자신에게서 듣는다.

이렇게 해서 왕의 지령을 받으면, 그들은 다시 회의로 돌아가서 의장이 될 차례에 있는 사람의 사회로 토론을 개시한다. 그러나 누가 보아도 중대하다고 생각되는 사항에 관해서는 바로 체결하지 않고, 오히려 사태의 긴박성이 허용하는 동안은 그런 중대 사항은 뒤로 미루어야 한다.

이리하여 회의가 일정한 시기까지 휴회되면, 각 씨족의 고문관은 그 동안에 당해 의제에 관하여 개별적으로 토의하고, 더구나 사항이 그들에게 중대하다고 생각될 때에는 그밖의 고문관 경력이 있었던 사람이나 고문관으로 입후보할 자격이 있는 사람들과도 의논할 수 있다. 그러나 만일 정해진 기간 안에 의견의 일치를 보지 못하는 경우에, 그 씨족은 투표에 참가하지 않는다 (각 씨족은 단지 한 표밖에는 / 행사하지 못하기 때문이다). 이에 반하여 의견의 일치를 보았을 경우에는, 그 씨족의 법률 전문가를 추대하여, 자기 씨족이 최선이라고 인정한 안건에 대해 회의에서 진술하도록 한다. 다른 씨족들도 모두 이와 같이 한다.

개개의 의견에 대해 그 이유를 청취한 다음, 과반수가 사태를 재고하는 편이 적당하다고 인정했을 때에는, 회의를 다시 일정 기간 동안 휴회한다.

휴회 기간이 끝난 뒤 각 씨족은 그들의 최후 의견을 표명한다. 그리고 여기서 처음으로 전원이 출석한 가운데 투표가 진행된다. 그러나 적어도 100표를 얻지 못한 의견은 무효로 간주되어야 한다. 100표 이상을 얻은 의견은 회의에 출석한 모든 법률 전문가에 의하여 왕에게 제출되고, 왕은 각 파의 의견을 청취한 다음, 그 의견들 중에서 자기가 필요로 하는 의견을 선택하는 순서이다. 법률 전문가들은 왕으로부터 다시 회의로 돌아온다. 그리고 거기서 모든 사람은 왕이 지정한 시간에 출석하기를 기다려, 그들이 왕에게 제출한 의견들 중에서 왕이 어떤 의견을 택하려고 생각하였는지, 그리고 왕이 무슨 일을 하려고 했는지를 왕한테서 듣는다.

제26절
언제나 법의 공정한 집행을 위해서는 법률 전문가들만으로 구성된 다른 회의체가 구성되어야 한다. 이들 법률 전문가의 임무는 소송 사건을 재판하고 범죄자에게 형벌을 부여하는 일이다. 그러나 그 법률 전문가들이 결정한 모든 판결은 재판 수속을 규정대로 지켜서 한 판결인가, 공평하게 행하여진 판결인가를 대회의체의 대리자들이 심사한다. 만약 패소한 쪽에서 다음과 같은 사실을 폭로할 경우에, 즉 재판관 중 누군가가 상대편에게 뇌물로 매수되었다는 사실을, 또는 재판관이 상대편에게 애정이라든지 자기편에 대한 증오를 가질 다른 일반적인 이유를 가지고 있다는 사실을, 또는 일반적인 재판 수속이 지켜지지 않았다는 사실을 증명할 수 있을 경우에, 그 판결은 무효가 되고 처음부터 다시 시작해야 한다.

이 무효화 규정은, 범죄자의 범죄를 취소할 때 피고인의 논증에 따라 취소하지 않고 고문에 의해 자백하게 하는 일을 상례로 하는 사람들에 의해서는 지켜지기 어려운 규정이다. 그러나 나는 여기서 국가적인 최선의 시정에 어긋나지 않고 조화하는 재판 수속만을 염두에 두고 설명하는 것이다.

제27절

이때의 재판관은 다수로서 홀수라야만 한다. 예를 들면 61명 또는 51명이다. 그리고 한 씨족에게서는 단 한 사람만 선출하여야 한다. 또한 그들은 종신관이 아니다. 해마다 역시 그 일정 부분이 퇴직하고, 그 대신 다른 씨족에 속하는 사람으로 40세에 이른 다른 사람을 같은 수로 뽑는다.

제28절

재판 회의 때는 재판관 전원이 출석한 자리가 아니고서는 어떠한 판결도 선고되지 아니한다. 만약에 누군가가 병이나 그밖의 이유로 오랫동안 회의에 출석할 수 없을 때에는 그 동안 대신할 다른 사람을 선출해야 한다. 표결에 있어서 각 재판관은 그의 의견을 터놓고 표명하지 않고 투표용 작은 돌*8로써 자신의 의사를 나타낸다.

제29절

회의체 소속원들의 소득과 전기 대회의체의 대리자들의 소득은, 우선 그들이 사형을 선고한 사람과 벌금을 부과한 사람의 재산으로 충당된다. 다음에 그들이 민사 소송에 관하여 판결을 내릴 때마다, 총 소송액의 일정 비율을 받는데 이것이 두 회의체의 소득이 된다.

제30절

각 도시에 있어서는 다른 회의체들이 종속한다. 이런 시 의회의 의원들도 역시 종신직으로 선출되어서는 안 되고, 해마다 그 일정 부분이 새로이 선출되어야 한다. 그러나 이들은 그 도시 안에 살고 있는 씨족 중에서만 선출된다. 그러나 이에 관하여 더 상세하게 논술할 필요는 없다고 본다.

제31절

평시에 군인에게는 아무런 봉급도 지급되지 않는다. 그러나 전시에는 매일 날품팔이를 해서 생활하고 있는 사람에게만 전쟁 일급(日給)이 지급된다. 사령관이나 그밖의 부대 지휘관은 적으로부터 노획한 전리품 외에는 전쟁에서 어떠한 것도 기대해서는 안 된다.

제32절

외국인이 그 나라 국민의 딸과 결혼한 경우에, 자식들은 국민으로서 인정되고 어머니 쪽의 씨족 명부에 등록되어야 한다. 또 외국인 양친에게서 출생한 사람도, 국내에서 출생하여 자란 사람은 일정한 대가를 지불하기만 하면 어떤 씨족의 우두머리에게서든 국민권을 살 수 있다. 그리하여 그는 그 씨족 명부에 등록된다. 그리고 비록 씨족장들이 욕심 때문에 외국인을 규정된 대가보다 싸게 자기의 소속 씨족에 편입시켰다고 하더라도 그것은 국가에 대하여 아무런 손해도 끼치지 않는다. 오히려 국민의 수가 더 용이하게 증가할 수 있도록, 또 인간의 수가 넘치도록, 여러 가지 수단들이 강구되어야 한다.

그러나 국민 명부에 등록되어 있지 않은 사람이라도, 적어도 전시에 자기의 한가한 시간에 노동이나 세금으로 보상하는 경우는 정당하다.

제33절

평시에 조약의 체결 또는 유지를 목적으로 다른 국가로 파송되는 사절은, 귀족 중에서만 선임되어야 한다. 그리고 그들의 비용은 왕의 재산에서가 아니라 국고에서 지불되어야 한다. 그리고 왕이 보아서 유능하다고 생각되는 정탐꾼도 뽑아야 한다.

제34절

주야로 궁궐을 출입하고 왕의 개인적 일꾼으로서 왕의 개인 재산에서 봉급을 받는 사람은, 국가의 모든 자리나 벼슬에서 배제될 필요가 있다. 내가 특히 '왕의 개인 재산에서 봉급을 받는 사람'이라고 말한 까닭은 친위병을 제외하기 위함이다. 수도의 시민은 바로 친위병으로서, 왕을 위하여 교대로 왕성의 문 앞에서 파수를 보지 않으면 안 된다.

제35절

전쟁이란 평화를 위해서만 일어나야 하고, 따라서 전쟁이 끝나면 무력 행위도 끝이 나야 한다. 그러므로 도시들이 전쟁 권리에 의하여 점령되었을 때, 그리고 적군들이 항복을 한 뒤에 평화 조약이 맺어졌을 때, 점령당한 도시들은 수비병을 두어서 이 도시들이 지켜지게 할 필요가 없도록 정해져야 한다. 또는 오히려 평화 조약을 체결할 때에 있어서, 적에게 그러한 도시들의 대가를 지불하고 다시 사갈 수 있는 가능성을 인정해 주도록 해야만 한다. 그러나 만약에 그렇게 하였을 때, 장소가 위험한 위치에 있어서 끊임없이 위협 받는 곳이라면, 그런 도시는 파괴되어 버리므로 주민들은 다른 곳으로 이주시켜야 한다.

제36절

한 나라의 왕이 외국인과 결혼하는 일은 허용되지 않는다.[9] 다만 혈족이나 국민 중의 어떤 여성과 결혼할 수 있을 뿐이다. 그러나 국민 가운데 어떤 여성을 왕비로 하였을 경우에는 그 왕비와 가장 가까운 혈연자들은 국가의 어떤 벼슬 아치도 될 수 없다는 조건이 따른다.

제37절

한 나라의 통치권은 절대로 쪼개어 가질 수 없어야만 한다. 따라서 만일 왕이 수 명의 자식들을 낳았다면, 그 중의 제일 큰 아들이 법정 후계자가 된다. 그러나 통치권을 자식들에게 분할하여 준다든지, 또는 수 명의 자식들에게 분할하지 않아도, 집단적으로 위양하는 일은 절대로 허용될 수 없다.

더욱이 국가의 일부분을 공주의 지참금으로 주는 일은 절대로 안 된다. 왕녀들이 통치권을 상속한다는 일은 어떠한 사정 아래에서도 절대로 허용될 수 없는 일이기 때문이다.

제38절

만일 왕이 왕자를 남기지 못하고 사망하였을 경우에는 혈연상으로 왕에게 가장 가까운 자가 통치권의 상속자로 지목된다. 그러나 그 왕이 외국 여자와 결혼한 상태일 때는 그녀와 헤어지기를 원할 때에 한한다.

제39절

모든 국민은 제3장의 제5절에서 밝힌 바와 같이, 왕의 어떠한 명령이나 대회의체가 공포한(본장 제18, 19절) 모든 지령에 대하여, 그 명령이나 지령이 비록 대단히 부조리하다고 생각되는 경우라도 절대로 복종해야 한다. 또는 절대적으로 복종하도록 법으로 강제규정을 만들어야 한다. 군주국가의 기초로써 군주국가가 안정되려면 이러한 기초 위에 세워져야 한다. 이에 관해서는 다음 장에서 증명하게 된다.

제40절

어떠한 교회당이라도 절대로 도시의 비용으로 세워져서는 안 된다. 사람들의 신념에 대해서는, 그 신념이 반란으로서 국가의 기초를 위태롭게 하는 신념이 아닌 한, 법으로써 이 신념에 관계해서는 안 된다. 그러므로 종교를 마음놓고 신봉하는 일이 허용된 사람들은, 그들이 바란다면 그들의 신념대로 자기 비용으로 교회당을 세울 수 있다. 그러나 왕이 자기가 귀의하는 종교를 신봉하기 위해서는 궁궐 안에 별도의 예배소가 있어야 한다.

〈주〉

*1 이 절 전체가 홉스의 반박 논문이다.

*2 Curtius Rufus : 로마의 역사가, Historie Alexandria Magni 10권을 가리킴.

*3 familia : 설명을 보아서도 짐작할 수 있듯이, 왕국의 단위를 이루는 상당히 큰 규모의

국민 단체로서 '가족'이라는 의미와는 그 개념이 전혀 다르다. 여기서 나는 임시로 '씨족'이라고 하였다.

* 4 당시의 전쟁은 전적으로 요새전(要塞戰)이었다.

* 5 당시 네덜란드 도시들의 구(區)들은 각각 적·백·청·황색의 작은 깃발을 가지고 있었다.

* 6 네덜란드 공화국의 각 도시에서 몇 명씩 대표자를 선출했고, 대체로 그 중의 한 사람은 법률 전문가였다.

* 7 총독 빌헬름 3세는 어렸을 때 모친 밑에서 자랐으나, 얀 드위트는 그를 모친에게서 데려와 나라의 자식으로 길렀다.

* 8 투표용 작은 돌은 고대 로마시대에도 사용되었다. 백(白)은 찬성 또는 무죄, 그리고 흑(黑)은 반대 또는 유죄를 표시했다.

* 9 빌헬름 2세와 3세에 대한 영국 부인의 불행한 영향으로, 스피노자로 하여금 이 같은 규정을 만들게 한 듯하다.

제7장

군주국가에 관하여(2)

제1절

지금까지 군주국가의 여러 가지 기초에 대해 설명했으므로, 이번에는 그이유를 차례로 증명해 보려 한다. 여기에서 먼저 주의할 점은, 법을 어디까지나 견실하게 제정하여 왕조차도 폐기할 수 없도록 한 일은 실제로 조금도모순이 아니라는 사실이다.

페르시아 사람들은 보통 그들의 왕을 신처럼 존경하고 있었으나, 왕이라고 해도 한 번 제정된 법을 철회하는 힘을 가지지는 못하였다. 우리는 이 사실에 관하여 《다니엘》 제6장*¹에서 분명히 알 수 있다. 그리고 내가 알고 있는 범위 안에서 생각할 때, 모든 나라는 뚜렷한 조건들을 붙여서 왕을 선출했다.

이와 같은 조건들은 실제로 이성과 배치되지 않으며, 사람들이 왕에게 바쳐야 할 의무인 절대 복종과도 조금도 모순되지 않다. 생각컨대 국가의 제반기초는 왕의 절대적인 결정(^{결정}_권)이라고 보아야 하며, 그렇기 때문에 왕의 신하들은 왕이 국가의 제반 기초에 모순되는 명령을 하였을 경우에 그 명령의실행을 거부할 줄 알아야만 참으로 왕의 복종자라 할 것이다.

이에 관하여 우리는 오딧세이의 예로써*² 명백하게 설명할 수 있다. 배의마스트에 묶인 채로 마녀의 노랫소리에 홀려 버린 오딧세이는, 여러 방법으로 동료들을 위협하면서 자기를 풀어 놓아 주도록 명령하였는데도 불구하고, 그의 동료들이 그를 풀어 주려 하지 않은 것이 오히려 오딧세이의 명령을 수행한 결과가 되었다. 그리고 오딧세이도 뒤에 동료들에게 그들이 그의처음 의도에 따라 주었던 일을 깊이 감사하였는데, 이는 오딧세이의 총명함을 말해주는 일화라고 할 수 있다.

왕들도 역시 오딧세이의 이 예에 따라서 보통 재판관들에게 다음과 같이 지시하였다. 재판관은 정의를 행사해야 한다. 또한 누구에게나 거리낌없이, 비록 왕 자신이 개개의 안건을 처리하는 데에 있어서 제정된 법에 분명히 배반되는 사항을 명령하는 일이 있더라도, 조금도 이에 구애됨이 없이 처리하라고 지시하였다.

왕들은 실제로 신이 아니라 인간으로서, 마녀의 노랫 소리에 가끔 홀려 버리기 때문이다. 그러므로 사람들이 만약 모든 일을 한 사람의 변하기 쉬운 인간적 의지에 의존한다면, 아무것도 영속적일 수 없을 것이다. 그러므로 군주국가가 안정적이기 위해서는 모든 일이 왕의 결정에 의해서만 행하여져야 한다. 바꾸어 말하면, 모든 법이 왕이 명시한 의지대로 제도를 가지면 좋지만, 왕의 모든 의지가 곧 법이 되는 제도는 있을 수 없다.

제2절

이와 같은 여러 가지 기초를 두는 데에 있어서는 특히 인간의 감정을 고려해야 한다는 데에 주의해야 한다. 무엇을 할지를 지시하는 일만으로는 제반 기초로서 충분하지 못하고, 무엇보다도 인간이 감정에 의해 인도되든 이성에 의해 인도 되든 간에, 아무튼 유효하면서 확고한 법을 가지기 위해서 어떻게 해야 좋을지를 제시해야만 한다.

만일 국가의 법, 또는 공공의 자유가 아무 힘도 없는 법률의 도움에 의지되어 있다면, 국민들에게는 앞장의 제3절에 밝혀 둔 바와 같이 자유를 유지할 아무런 확실성(또는 확실한 기준)도 존재하지 않을 뿐만 아니라, 도리어 그러한 힘없는 법률이 파멸의 원인이 되는 경우도 있을 것이다. 이렇게 말하겠다. 국가의 상태에서 무엇이 가장 재미없는 일이냐 하면, 그것은 최선의 국가 상태가 흔들리기 시작하는 일이다.

그 국가 상태가 한번에 붕괴되어 예속 상태로 떨어져 버린다면 이야기는 또 달라지지만, 그와 같은 일은 사실상 있을 수 없다. 따라서 신민들에게는 불확실하고 공허한, 바꾸어 말해서 아무런 효력도 없는 자유의 여러 조건들을 약정하여 그 자손들에게 비참한 예속의 길을 준비해주기 보다는, 자기의 권리를 어떤 한 사람의 인간(예를 들어, 군주)에게 아무 조건 없이 맡겨 버리는 편이 오히려 훨씬 좋을 정도이다.

이미 설명한 것과 마찬가지로 군주국가의 여러 가지 기초가 확고하다면 최선이겠지만, 단 그 기초는 민중 대다수의 분격을 사는 일이 있으면 파괴되는 그러한 기초이며, 이러한 기초 위에서 왕과 민중에게 평화와 안전이 찾아오게 된다. 이 같은 일들을 만약 내가 제시한다면, 그리고 그 군주국가의 기초를 이 제시사항들의 일반적인 본성에서 끄집어낸다면, 그 같은 기초가 제3장의 제9절과 제6장의 제3절과 8절에서 분명히 밝힌 바와 같이 최선이다. 그리고 가장 진실한 기초임을 그 누구도의 심하지 않을 것이다. 여기서 그런 기초의 제시 사항들이 그와 같은 성질을 지니고 있음을 나는 이제부터 되도록 간단히 제시하고자 한다.

제3절

국가를 통치하고 있는 사람의 임무란, 언제나 국가 상태와 사정을 파악하고, 만인으로 하여금 공통의 복리를 증진하게 하기에 눈 뜨고, 신민들 대다수에게 유익한 모든 일들을 실행하게 하는 데에 있다는 사실은 누구나 다 잘 알고 있는 바와 같다. 그러나 한 사람의 인간 능력으로서는 모든 일들에 골고루 눈이 미칠 수 없으며, 언제나 이런 일들에만 마음을 쏟고 지내기는 어렵다.

또 그 한 사람의 군주는 가끔 병이 나거나 노쇠하거나 그밖의 여러 가지 이유들로 나라 일을 보살필 수 없게 방해를 당한다. 여기에서 군주는 제반 사항의 실태를 잘 알고 있고 왕에게 조언할 수 있는, 때로는 왕을 대리할 수 있는 고문관을 둘 필요가 있게 된다. 이와 같이 하여 통치권, 즉 국가는 언제나 하나로서 동일한 정신을 유지하게 된다.

제4절

하지만 인간의 본성은, 그 본래의 성립을 말할 때 누구나 자기 자신의 개인적 이익에 최대의 정열을 기울여 추구하고, 자기가 소유하는 바를 유지하고 증진시키기에 필요한 법을 가장 공정한 법이라고 판단한다. 또한, 타인의 이익은 그 이익으로 자기의 이익을 확보할 수 있다고 믿을 때에만 옹호하므로 결론적으로 고문관으로서는, 개인적 소유와 이익이 모든 사람들과 공통되는 복리와 평화와 밀접한 관계를 갖도록 하는 사람에게 맡겨야 한다.

단, 국민의 각 종족에게, 즉 계급에서 각각 약간 명의 고문관들을 선출했을 때, 그 고문관 회의에서 대다수의 표를 얻은 의견은 신민의 대다수에게 가장 유익한 의견일 것임에 틀림없다. 그리고 이 회의체는 그와 같이 많은 시민들로 구성되기 때문에, 필연적으로 비교적 교양이 없는 사람들도 많이 모일 수밖에 없다*[3]고는 하지만, 한편 그들 각자는 오랫동안 열심히 일해 온 업무에 충분히 숙련되어 있고 세련되어 있음에는 틀림없다. 그러므로 50세까지 자기가 맡은 일을 아무런 나쁜 평을 듣지 않고 수행해 온 사람을 선출하기만 한다면, 그 사람들은 자기의 임무에 대해 좋은 의견을 내놓게 될 것이다.

게다가 한층 더 중요한 일을 만나 숙고할 시간이 그들에게 주어졌을 때는, 더욱 능력을 발휘할 것이다. 그런데 여기서 생각할 점은, 적은 사람들로 구성된 회의체라면 그와 같이 교양없는 사람들이 그렇게 많이 모이지는 않으리라고 생각할 수도 있는데, 결코 그렇지는 않다. 반대로 그 대부분이 그와 같은 사람들로 이루어진다.

왜냐하면 이 경우, 사람들은 특히 자기가 마음먹은 대로 할 수 있는 단순한 사람들을 동료로 택하려고 힘쓰기 때문이다. 하지만 대회의체에서는 그와 같은 일은 결코 일어나지 않는다.

제5절

누구나 사람들은 지배당하기보다는 지배하기를 좋아한다. 살루스티우스(Sallustius)*[4]가 케사르(Caesar)에게 보낸 첫번째 서간에서 말했던 대로, 그 누구도 스스로 즐겨서 남에게 지배권을 위임하지는 않을 것이다. 따라서 모든 민중은 만약에 서로 간에 일치할 수만 있다면, 또 대회의에 큰 문젯거리로 제기되는 분쟁이 소란으로까지 확대되는 일만 없다면, 절대로 자기의 권리를 몇 명의 인간들, 또는 한 사람의 인간에게 위탁하지는 않을 것이다.

그리하여 민중은 절대로 자기의 힘으로 하지 못하는 일만을 즐겨서 왕에게 위탁한다. 예를 들면, 분쟁을 조정하는 일이라든지, 그 결정을 실행하는 일 따위이다.

군주제하에서는 한결 더 전쟁을 수월하게 수행하게 되므로, 전쟁을 위하여 왕을 선출하는 경우도 가끔 있다. 그러나 이는 어디까지나 어리석은 짓이다. 그 이유는 사람들이 단지 전쟁을 용이하게 수행하기 위한 이유만으로,

평화시의 예속 상태에 만족해야 하기 때문이다. 그러나 이 경우는 오직 전쟁 하나를 위해서라면, 그 최고 권력이 한 사람의 인간에게 위탁되더라도 그러한 국가 안에서 평화를 생각할 수 있다고 전제하였을 때의 일이다. 이러한 연유로, 선출된 왕은 자기의 능력과 모든 사람들이 그에게 기대하는 일들을 전적으로 전쟁에서 보여 준다. 그러나 이와는 반대로, 민주국가는 그 능력을 전쟁 때에 보다도 평화시에 더 많이 발휘한다는 특징을 지니고 있다.

그러나 어떠한 이유에서 왕이 선출되었건 간에, 왕 한 사람으로서는 이미 말하여 온 바와 같이 무엇이 국가에 대하여 유익한가를 알 수 없다. 이를 해결하기 위해서는 왕은 앞장에서 밝힌 바와 같이 다수의 국민을 고문관으로 두어야 할 필요가 있다. 그리고 토의 사항에 관하여 생각할 때, 그와 같이 많은 사람들 중에서 한 사람도 미처 생각해내지 못하는 일이란 있을 수 없다는 사실을 손쉽게 생각하게 되므로, 이런 점에서 왕에게 제출된 이 회의체의 의견들 외에는, 국민의 복리에 합당한 어떤 의견도 더 이상 이끌어낼 수 없다는 결론을 내린다.

그래서 이때 인민의 복리는 최고의 법칙, 즉 왕의 최고 권리이므로, 그 결과로 왕은 회의에서 제출된 여러 의견들 중에서 하나를 선택할 권리를 가지고는 있지만, 회의 전체 의향에 반대되는 결정을 하거나 의견을 진술할 권리는 없다(제6장 제25절).

이때 회의에 제출된 의견들을 만약 모두 왕에게 제출한다면, 왕은 보통 소수의 표밖에는 가지지 못하고 있는 소도시를 옹호하는 경우가 생기게 된다. 가령 모든 의견을 제출할 때에 그 의견을 주장한 사람의 이름을 표시하지 않도록 의사 규칙으로 정해져 있다고 할 때에도, 그 의견을 어떤 경위로든 누설되지 못하도록 방지하기란 대단히 곤란하다. 그러므로 적어도 100표를 얻지 못한 의견은 반드시 무효로 하도록 정해야 하고, 이 규정을 대도시는 모든 힘을 다해 옹호해야 한다.

제6절

나는 이 회의체가 갖는 여러 가지 큰 효용에 관하여 여기에서 좀 더 논술하고 싶으나, 서술을 간단히 하기로 했으므로 이 정도로 그치겠다. 그러나 가장 중요하다고 생각되는 사실을 하나만 말해두고자 한다. 사람들로 하여금 덕을 행하게 하는 자극들 중에서 가장 큰 자극은, 최고의 빛나는 직위를 얻어 보려는 욕망이라는 점이다.

우리는 《에티카》에서 자세하게 밝힌 바와 같이*5 각자 야심에 따라 크게 인도되기 때문이다.

제7절

대부분의 고문관들은 결코 전쟁하기를 바라지 않고, 오히려 언제나 평화에 대한 열망과 사랑을 갖는다고 확신한다. 왜냐하면 전쟁이 일어나면, 그들은 언제나 자기의 재산과 자유를 상실한다는 두려움을 가지게 되는 일은 차치하고라도, 전쟁때문에 새로운 비용을 부담, 지변해야 하기 때문이다. 또 평소에는 집안 일을 열심히 돌보고 있던 그들의 근친자나 자식들이, 전쟁 때에는 군무에 전심해서 나아가 싸워야 하지만, 그들은 "그곳에서 아무런 보수도 받지 못하고 다만 칼자국밖에는 아무것도 집으로 가지고 오지 못한다"*6는 이유 때문이기도 하다. 실로 앞장의 제31절에서 말한 바와 같이, 군인에게는 아무런 봉급도 지급되지 않고, 또 제10절에서 보아온 대로 군대는 국민만으로 구성되고 그밖의 누구로도 구성되지 않는다.

제8절

이밖에 평화와 화합을 꾀하기 위해 다음과 같은 중대한 규정이 첨가된다. 즉, 국민 누구라도 부동산을 소유해서는 안 된다는 규정이다(제6장 제12절). 그러므로 전쟁에서 오는 위협은 모든 사람들에게 거의 같아진다.

그것은, 모든 사람들이 이익을 얻기 위해서는 오직 장사를 하거나 자기들의 돈을 서로 빌려주어야 하기 때문이며, 더구나 일찍이 아테네 사람들 사이에서 그랬듯이, 사람들은 돈(이자가 붙는 돈)을 나라 안 사람들 이외에는 빌려 주어서는 안 된다는 법률이 있는 경우 더욱 그렇다고 본다.

그들은 서로 간에 관련이 있는 업무라든지, 함께 대책을 세워 나가야만 번영할 수 있는 업무를 영위하지 않으면 안 된다. 그러므로 고문관 단의 대부분은 공통 사업을 하게 되며, 평화 공작에 관해서 대체로 같은 의향을 갖게 된다. 그 이유는 제2장의 제4절에서 말한 바와 같이, 사람들은 타인의 이익보다 자신의 이익이 확보된다는 확신이 있을 때 옹호하기 때문이다.

제9절

어느 누구든 이 회의체를 뇌물로 매수하겠다는 생각은 하지 않을 것이다. 그와 같이 수많은 사람들 중에서 한 사람 또는 두 사람을 자기 편으로 끌어들였다고 해도 누구도 아무런 이익을 얻지 못하기 때문이다. 이미 말한 바대로, 적어도 백 표를 얻지 못한 의견은 무효로 처리된다.

제10절

게다가 일단 고정된 이 회의체의 의원수를 줄이는 일이 얼마나 힘든지는, 인간들의 일치된 공통적 감정을 안중에 두고 생각하면 바로 알 수 있을 것이다. 사실 모든 인간들은 야심 때문에 의하여 가장 많은 충동을 받는다. 또한 건강한 신체를 가지고 있는 인간이라면 누구라도 장수하기를 바라지 않는 사람이 없다.

따라서 만약 우리들이 실제로 50세 또는 60세에 이른 사람들의 수효를 돌이켜보면서 해마다 이 회의체에 선출되는 많은 사람들을 생각해 볼 때, 우리들은 무기를 들 수 있는 사람 중에 이 영직(榮職)에 오르려는 열망을 지니지 않는 사람은 거의 없다는 사실을 인정하게 된다.

그래서 모든 사람들은 회의체에 선출되는 이러한 권리를 가능한 한 옹호할 것이다. 그리고 부패가 점차적으로 알듯 모를 듯 행해지지만 않는다면, 부패는 손쉽게 예방할 수 있다는 데에 주목해야 한다. 그렇지만 약간의 씨족에서만 선출될 고문관들의 수를 줄이거나, 한두 씨족을 아주 제외해 버리거나 하기보다는, 고문관 수를 모든 씨족에게서 줄이는 편이 온당하다.

따라서^(제6장 제15절) 고문관의 수는 일시에 그 3분의 1, 4분의 1, 또는 5분의 1을 줄이는 방법 이외에는 다른 방법이 없다. 이와 같은 방법의 실행은 확실히 큰 변혁이므로, 일반적 실용성 면에서는 전혀 적합치 않다. 이 방법의 경우에는 새로운 고문관을 선임할 때 지나치게 지체할 염려가 없고, 허술한 선임이 이루어질까봐 걱정할 필요가 없다.

회의체 자신이 그 잘못된 선임을 보정해 나갈 수 있으니 말이다^(제6장 제16절).

제11절

한 나라의 왕은 민중에 대한 두려움에서든, 무장한 민중의 대다수를 자기

편으로 끌어들이기 위해서든, 또는 공공(公共)의 이익을 위해서 노력하는 고매한 정신의 발로에서든 간에, 언제나 최대의 표수를 얻은 의견, 바꿔 말하면(본장 제5절에 의하여) 국민의 대부분에게 유익한 의견을 재가(裁可)하거나, 아니면 그 앞에 제출되는 반대 의견들을 가능한 한 조절하려고 노력할 것이다. 이런 일로 그 왕은 모든 사람들을 자기편으로 끌어들이는 데에 온갖 힘을 경주하고, 모든 사람들에게 평화시나 전시(戰時)에 왕에게서 무엇을 기대할 수 있는가를 알리려 한다.

따라서 왕은 가장 크게 민중의 공동 복리를 위하여 노력할 때, 가장 큰 힘이 자기의 권리 아래에 있고, 가장 확실하게 통치권을 갖게 되는 것이다.

제12절

왕은 자기 혼자만으로는 모든 사람을 두려워하므로, 그 모든 이들을 제어할 수는 없다. 왕의 힘은 오히려 이미 논술한 바와 같이 병사의 수에 의해, 또는 특히 병사의 무용과 신의에 의해 지지되고 있다. 이 신의는 인간들 사이에 연결된 서로 간의 요구가—훌륭한 요구이든 창피한 요구이든 간에—결합되고 있는 동안에만 지속한다. 이리하여 왕들은 가끔 병사들을 제어한다기보다는 보통 선동하고, 그들의 미덕을 칭찬하기보다는 악덕을 위로한다.

대개의 경우에 착한 병사를 구박하며, 무기력하고 방임에 빠진 병사들을 찾아 이들을 우대하여 돈이나 호의로써 도우며, 이들과 악수하고 입을 맞추고, 그밖에도 지배욕을 충족시키기 위해서는 어떠한 비굴한 짓이라도 사양하지 않는다.[7] 그러므로 국민이 왕에게서 누구보다도 우대를 받으며, 또 국가 상태, 즉 공정한 자기 권리를 유지하기 위해서 군대는 국민만으로 구성되어야 하며, 그리고 이 국민에 의해서만 각 회의체가 구성되어야 할 필요가 있다. 반면에 국민은 용병(傭兵)을 두는 일을 허용하면 즉시 전적으로 압제 아래 있게 되며, 끊임 없는 전쟁의 기초를 못밖아 놓게 된다. 용병에게 있어 거래는 전쟁이며, 불화와 반란이 일어날 때, 그들은 힘을 가장 잘 발휘할 수 있다.

제13절

왕의 측근인 고문관은 종신직이어서는 안 된다. 3년이나 4년, 또는 길게 잡아 5년의 기한부로 선임되어야 한다고 본장의 제9절과 10절에서 말한 바 있으므로 잘 알고 있을 것이다. 만약에 이 직을 종신직으로 한다면, 먼저 대다수의 국민은 거의 이 명예스러운 직분을 얻을 희망을 가지지 못하게 되며, 이리하여 국민들 사이에 커다란 불평과 질투의 소리가 새어나오게 되면 끝내는 소란이 일어나고 말 것이다. 이 경우의 현상들은, 목마르게 지배욕을 갈구하는 왕들에게는 곤란한 일이 아닌지도 모른다. 그러나 그밖에 종신직의 고문관들은 자신들의 후계자에 대한 두려움이 없어짐으로써 모든 일을 제멋대로 하고, 왕도 이를 전혀 억제하려 하지 않는다.

고문관들은 국민들에게서 미움을 받으면 받을수록 왕에게 접근하여 아부하게 될 것이기 때문이다. 아니 5년의 임기조차 너무 길다고 할 수 있다. 왜냐하면 이 기간 동안에 그 수가 많다고 해도, 고문관들의 대부분이 뇌물이나 호의의 표시로서 매수당한다는 일이 전혀 불가능하다고는 할 수 없기 때문이다. 그러므로 해마다 각 씨족에서 두 사람의 고문관을 퇴직시키면 그 수만큼의 고문관이 그 뒤를 잇는다(각 씨족에서 5명의 고문관 두도록 전제되어 있다).

무엇보다도 안전한 방식은, 매 해마다 각 씨족에게서 두 명씩 퇴임하고 (각 씨족에 5명의 고문관이 있는 경우) 또 그 수만큼 새로 선출되는 식인데, 단 그 중 어떤 씨족의 법률 전문가가 퇴임하여 새로운 후임자가 선출되는 해(年)는 피하게 된다.

제14절

그 밖에 어떤 왕일지라도, 이와 같은 종류의 국가에서 통치하는 왕보다 더한 안전성을 기대하지는 못한다. 그 이유는 그 병사들의 눈에서 벗어난 왕이 머지않아 멸망한다는 경우는 그만두고라도, 왕들에게는 자기와 가장 가까이 있는 사람들로부터 언제나 가장 큰 위험이 가해져 온다는 사실을 알기 때문이다.

이리하여 고문관들의 수가 적어서 그들 각자에게 할당된 세력이 크면 클수록, 그만큼 왕은 그들이 통치권을 다른 사람(왕)에게 맡기게 될지도 모를 위험에 처하기 때문이다. 다윗을 무엇보다도 두렵게 하였던 것은 그의 고문관 아이토페르(Ahitophel)가 아프사로므(Absalom) 편에 선 일이었다.[8]

이보다 한 걸음 더 나아가서 모든 권력이 오직 한 사람의 인간에게 무제한으로 위임된 경우, 그 권력은 더 손쉽게 그 인간으로부터 다른 인간에게로 옮겨지는 일이 있다. 사실 단 두 사람의 병졸이 로마 제국의 통치자를 바꾸려고 계획하여 그 일에 성공했다.*9 $\binom{\text{타키투스의}}{\text{《역사》제1부}}$ 고문관들이 중상모략의 희생자가 되지 않기 위해서 자기를 지켜 나가지 않으면 안 되는 술책이나 간계에 관해서는 여기에서 취급하지 않기로 한다. 그런 계책들은 너무나도 널리 알려져 있으며, 또 《역사》를 읽은 사람이라면 성실성이 때때로 그 고문관을 파직 당하게 하는 원인이 되었었음을 알 수 있을 것이기 때문이다. 이리하여 고문관들은 우선 자기를 지키기 위해서라도 교활할 수밖에 없다. 하지만 여기 고문관들의 수가 대단히 많아서, 같은 범행을 저지르도록 결탁하기 어렵다면, 그리고 모든 고문관이 상호간에 평등한 위치에 있고 또 그 재직 기간이 4년을 넘지 않는다면, 그들은 조금도 왕이 두려워할 존재가 아니다. 그러나 이는 왕이 그들에게서 자유를 박탈하려고 마음먹고, 또 그로써 모든 국민을 분격하게 하는 일이 없을 때 말이다.*10 실로 안토니오 페레츠*11가 적절하게 표현한 바와 같이, 절대통치*12는 군주에게는 극히 위험하고, 신민들에게는 극히 저주스러워서, 신과 인간의 규율에 배반된다 할 수 있다. 수많은 전례들이 이를 잘 보여주고 있다.

제15절

이것 말고도 나는 싸움터에서 다른 여러 가지 기초들에 관해서도 말했다. 그 기초들은 왕에게는 통치에 대하여 커다란 안전성을 가져다 주며, 국민에게는 자유와 평화를 유지하는 데에 대한 충분한 보장을 해 주는 이유가 된다. 이런 사실들에 관하여 우리들은 그때그때 적당히 밝히려 한다. 왜냐하면, 나는 최고회의체에 관한 사항들과 가장 중요한 사항들을 무엇보다도 먼저 증명하려고 생각하고 있기 때문이다. 이제 내가 논술한 차례에 따라 설명하려 한다.

제16절

국민들은 더 크고 더 잘 방위되어 있는 도시들을 갖게 됨으로써, 확실히 강력하고 또 많은 권리를 갖게 된다. 그들이 살고 있는 장소가 안전하면 할수록 그들은 자기의 자유를 한층 더 잘 지킬 수 있고, 안팎의 적을 두려워할 필요가 적어지기 때문이다. 또 인간들은 재산이 풍부할수록 그만큼 그 재산과 자기의 안전을 위하여 노력하기 때문이다. 그러나 그렇게 유지하기 위하여 다른 사람의 힘을 필요로 하는 도시들은 다른 사람과 동등한 권리를 가질 수 없다. 오히려 다른 사람의 힘을 필요로 할 때에는 다른 사람의 권리에 의해 영향을 받는다. 제2장에서 설명한 바와 같이 권리는 전적으로 힘에 의해서만 규정되기 때문이다.

제17절

바로 이렇게, 언제나 국민들은 권리($\binom{\text{힘에}}{\text{의한 권리}}$)의 영향을 받기 때문에, 계속해서 그 권리로부터 독립성을 지켜 자신들의 자유를 방어하려할 테고, 그래서 군대는 예외 없이 국민으로만 성립되어야 하며 동시에 이들 중 누구도 이 군인의 의무에서 면제될 수 없다. 생각하건대, 무장한 인간은 무장을 하지 않은 인간들보다 자기의 권리에 더 많은 영향을 받으며($\binom{\text{본장}}{\text{제12절}}$), 또 국민은 타인에게 무기를 주어 여러 도시들을 방위할 임무를 맡길 때에는 그 타인에게 자기의 권리를 절대적으로 위임하게 되며, 그 타인의 좋은 신의에 전적으로 몸을 내 맡긴다. 더군다나 보통 사람들이 가장 강력하게 이끌리는 인간적인 욕심은 이러한 의지와 신뢰의 관점에 의존한다.

그것은 용병제도는 대단히 많은 비용이 없이는 시행되기 어렵고, 국민은 허술한 군대를 유지보완하기 위해서 필요한 여러 가지 차출을 견뎌내기가 대단히 어렵기 때문이다.

군대에서는, 그 대부분의 사령관은 긴급한 필요가 있을 경우에만 넉넉잡아 1년을 임기로 선임하여야 한다는 사실은 성서나 일반 역사책을 읽은 사람이라면 누구나 다 잘 알고 있을 것이다. 더구나 이성은 더욱 확실하게 이 현실을 가르쳐 주고 있다. 그것은 사령관은 크게 무공을 세워 명성을 얻고, 명성을 왕의 명성 이상으로 높이며, 관대나 은혜나 그밖의 아첨하는 술책들을 써서 군인들의 신임을 얻으려 하는 일이 보통이기 때문이다. 이런 식으로 장군들은 흔히 타인을 예속시켜 세력을 확립하고, 결국에 가서는 군주를 예속시키려 하는 것이다. 끝으로 나는 모든 국가들의 안전을 위해서 특히 이 주의 점을 부언하였다. 그래서 군대의 그와 같은 사령관들을 왕의 고문관이었던 경력이 있는 사람들 중에서, 바꾸어 말하면 인간으로서 대체로 새로움과 위험함보다는 보다 오래 되고 안전한 것을 즐기는 나이에 도달한 사람들

중에서 선출하여야 한다.

제18절
국민들이 각각의 씨족으로 나누어져야 하며, 각 씨족은 같은 수의 고문관을 선출하여야 한다고 나는 말했다. 그렇게 하면 큰 여러 도시들이 주민의 수에 비례하여 많은 고문관들을 배출하고, 따라서 많은 투표를 행사할 수 있게 된다. 예컨대 정치에 대한 힘, 즉 권리는 국민의 수에 준하여 배려되어야 하기 때문이다. 나는 국민들 간에 평등성을 유지하려면 이보다 더 적당한 방법은 없다고 믿는다. 사람들은 본능적으로 자기의 종족에 편입되어, 혈통에 따라서 다른 사람과 구별되기를 바라고 요구하기 때문이다.

제19절
더욱이 자연 상태에 있어서는 토지, 그리고 토지에 부착되어 있어서 어디에다 감출 수도, 또 마음대로 가지고 다닐 수도 없는 소유물이 사람들로서는 가장 지키키 어렵고, 자기의 소유물로 하기도 어렵다. 그런고로 토지와 토지에 부착되어 있는 모든 소유물은 특히 공동 재산으로서 국가에 힘을 합하여 지키는 사람들 전체에 속하거나, 또는 이를 지키는 힘을 위임받은 사람들에게 속한다. 따라서 토지와 토지에 부착된 모든 소유물은 국민에게 있어서 일정한 가치를 가지고 있되 그 필요성에 따라서 가치가 있고, 그 필요성이란 곧 그들은 그 땅을 밟아야만 할 필요성, 그리고 그들의 공동 권리나 자유를 지킬 수 있도록 할 필요성이다. 그밖에 국가가 이 필요성에 따른 소유물의 가치 설정 제도로써 필요불가결하게 이끌어낼 이익에 관해서 우리들은 이미 본장의 제8절에서 검토한 바 있다.

제20절
국민들이 평등하기 위해서는, 이 점은 국가에 있어서 가장 필요한 것이지만, 왕의 자손들 이외에는 아무도 귀족으로 여겨져서는 안 된다. 그러나 왕의 모든 자손들이 결혼을 하고 자식을 낳도록 허용된다면, 그 수는 시간의 흐름과 더불어 대단한 수가 되어 왕과 모든 사람들에게 크고 무거운 짐이 될 뿐만 아니라, 다시 크게 두려워해야 할 존재가 될 것이다. 한가한 시간이 많은 사람은 좋지 못한 음모를 꾸미는 경우가 많다. 따라서 왕들은 전적으로 귀족들 때문에 전쟁을 하게 되는 결과를 가져오기도 한다. 많은 귀족들에게 둘러싸인 왕들은 평화에 의해서보다는 전쟁에 의해서 안전성이 주어지기 때문이다. 그러나 이런 사실은 충분히 악명 높게 알려져 있으므로 이 정도로 그치겠다. 내가 6장의 제15절에서 제27절까지 한 말에 대해서도 마찬가지이다. 중요한 점들은 본장에서 증명하였으며, 그 나머지는 그 자체로 명백하다.

제21절

재판관들의 대부분은 사람들에게 뇌물을 받고 매수당하지 않도록 그 사람 수가 많아야 하며, 의견을 표시할 때는 공공연하게 해서는 안 되고 비밀리에 해야 한다. 그들은 그들이 한 일에 대해 보수를 받아야 한다고 모든 사람들에게 알려져 있다. 그런데 재판관은 일반적으로 연봉을 받는다. 그 결과 재판관들은 소송 사건 재판을 그리 서두르지 않기 때문에, 때로는 심리를 언제까지나 질질 끌고 종결시키지 않는 경우가 있다. 다음으로, 몰수한 재산이 왕에게 소속되는 곳에서는 왕왕 "재판을 한다 해도 권리나 진실이란 것은 없고 오직 재산이 많은 사람의 위대성만이 고려된다. 도처에서 고발 사건이 발생하면 가장 재산이 많은 사람이 흔히 희생된다. 이때 이러한 죄악들이 몰인정한 것이든 참기 어려운 고통이든, 공공의 안녕을 위해서 그 죄과가 면제되며, 이 죄의 면죄는 평화시에도 계속된다."*13 이와는 반대로 2년이나 3년의 임기를 갖는 재판관은 그의 욕심때문에 후임자를 두려워하는 마음에서 조절하게 된다. 더욱이, 물론 그 재판관들은 부동산을 소유하지 못하고 대신 자신이 가진 돈을 자신의 동료 국민에게 빌려주고 이자를 받는다. 따라서 그들은 국민을 구렁텅이에 빠지게 하기보다는 국민들의 안위를 상담해 주게 된다.

특히 앞서 말한 바와 같이 재판관의 수가 많을 때 그러하다.

제22절

이미 앞에서 말했듯이, 군인에게는 아무런 봉급도 지불되지 말아야 한다. 실로 군무에 대해서는 자유만이 최고의 보수이기 때문이다. 자연 상태에 있는 사람들은 자유를 위해서 할 수 있는 데까지 자기를 옹호하고, 또 분투할 때에는 자기가 자기의 주인이 된다는 것 이외에는 어떠한 것도 바라지 않는다.

그러나 국가 상태에 있어서는 국민 전체가 모두 자연 상태의 개개인과 같다고 생각해야 할 것이다. 그러므로 국민은 모두 국가 상태를 위하여 투쟁하는 한, 자기 자신들을 지키고자 일하는 셈이다. 이와는 반대로 고문관·재판관·관리 등은 자기를 위해서 보다는 타인을 위해서 일한다. 그렇기 때문에 그들이 하는 일에 대한 보수를 제공해야 정당하다. 전쟁에 있어서는, 자유에 대한 동경만큼 승리로 이끄는 바르고 강력한 자극은 없으리라고들 말한다. 그런데 만약에 국민의 일부만 군무에 복무하게 되고, 또 그 때문에 필연적으로 그들에게 일정한 봉급을 제공하게 될 때, 왕은 반드시 그들을 다른 사람들보다 더 중요하게 생각할 것이다(본장 제12절).

그런데 왕이 중요시하는 사람들은 다만 전쟁 기술에만 통달해 있으므로, 또 평화시에는 지나치게 한가하고 또 안일만을 취하게 되므로, 끝내는 자금이 궁핍해져서 약탈과 국민적 불화와 전쟁만을 생각하게 된다.

따라서 나는 이런 주장을 한다. 그와 같은 종류의 군주국가 상태는 사실상 전쟁 중인 상태로서, 홀로 군대만 자유를 향유할 뿐 다른 모든 사람들은 예속적 지위에 놓이는 국가라고 말이다.

제23절

다른 나라에서 들어온 사람들을 국민의 수에 편입하는 일에 대해서는 제6장의 제32절에서 말했다. 그것으로 명백하게 되었으리라 믿는다. 그밖에, 왕과 혈연적으로 가까운 사람들은 왕과는 떨어져 있어야 하고, 그들은 전쟁에 관한 일을 해서는 안 되고, 평화에 관한 일에 종사해야 하고, 그렇게 할 때에 그들에게는 명예가 주어지고 국가에는 평안함이 찾아오리라고 말하였는데, 이에 관해 누구도 의심하지 않으리라고 믿는다.

더욱이 터키의 전제 군주들에게는 이와 같은 방책마저도 충분히 안전하다고 생각되지 않았다. 그러므로 터키의 군주들은 모든 형제들을 살해하도록 의무화하고 있었다. 이는 조금도 이상할 것이 없다. 왜냐하면 통치의 권리가 더욱 더 무제한으로 한 사람의 인간에게 위임됨으로써, 그 권력은 한층 더

용이하게(본 장 제14절에 제시한 국가의 전복이나 혁명) 그 인간에게서부터 다른 인간에게로 옮겨질 수 있었기 때문이다. 그러나 우리들이 여기에 묘사한 군주국가, 즉 아무런 용병(^{고용된}_{외국병사})도 가지지 않은 군주국가는 앞서 말한 이유로, 왕의 안녕을 위하여 충분한 보장이 됨은 말할 것도 없다.

제24절

앞장의 제34절, 제35절에서 말한 바에 관해서도 역시 아무도 의심하지 않을 것이다. 다시 왕이 외국 여성을 왕비로 맞아들이는 일은 잘못이라고 간단하게 증명할 수 있다. 왜냐하면 두 국가는 설사 하나의 맹약으로써 서로 간에 결합되어 있다고 하더라도 역시 적대 상태에 있으면서(^{제3장}_{제14절}) 단지 전쟁이 자극되지 않도록 자제되고 있을 뿐인데, 이러한 전쟁의 자극은 주로 왕의 내정정책들 때문에 생겨난다. 즉, 두 국가의 결혼에 근거한 결연관계*14로 이상하게 야기되는 분규와 감정의 부조화 때문에 전쟁이 자극되며, 또한 두 국가 간의 문제들을 전쟁이 가장 잘 해결해주기 때문에 전쟁이 자극된다.*15 이와 같은 일에 관해서 우리들은 그 비참한 예를 성서에서 볼 수 있다. 이집트 왕의 딸과 결혼한 솔로몬이 죽은 뒤, 솔로몬의 아들 레하베얌은 이집트 왕 시샤크와 불행한 전쟁을 하여 시샤크에게 참패를 당했다.*16 다시 프랑스의 루이 14세와 필립 4세의 공주와의 결혼은 프랑스와 스페인의 전쟁*17 원인이 되었다. 그밖에도 많은 예들을 역사에서 발견하게 된다.

제25절

어느 나라든지 겉으로는 언제나 하나로 유지되어야 한다. 따라서 왕은 한 사람으로서 남성이어야 하고 통치권은 나눠 가질 수 없어야 한다. 따라서 왕의 장남이 부친의 법정후계자가 되어야 하고, 만약에 왕에게 아들이 없는 경우에는 왕과 가장 가까운 혈연자가 대를 잇는다고 말한 이유는, 6장 제13절에서 밝혔으며, 또 왕은 한번 민중에 의하여 선정된 이상 끝까지 가야 한다. 그렇지 않으면 통치의 최고 권력이 빈번히 다수의 민중에게 이양될 것이 틀림없다. 그러나 이렇게 해서는 너무도 심한 변동을 맛보아야 하며 따라서 지극히 위험한 일이 된다.

이렇게 주장하는 사람이 있다. "왕은 국가의 주인이며 국가에 대하여 절대적 권리를 가지고 있으므로 자기가 바라는 사람에게 이 권리를 양도하고 자기가 바라는 사람을 후계자로 선택할 수 있다."*18 그러니 왕의 아들은 적법한 통치권의 상속자이다"라고 주장하는 사람이 있는데, 이는 분명히 잘못이다. 왕의 의지는 왕이 국가의 실권을 장악하고 있는 동안만 법적 효력을 가지기 때문이다. 통치의 권리는 전적으로 힘에 의해서만 규정되는 권리이다. 따라서 왕은 그 자리에서 물러날 수는 있으나 통치권을 타인에게 양도하는 조치는 민중 대다수의 동의 없이는 안 된다.

좀 더 자세히 이해하기 위해서는 다음 사실들에 주의해야 한다. 자식이 부친의 상속자인 연유는 자연법보다는 국법에 기인한다. 그 이유는 사람들이 일정한 재산의 주인이 될 때 전적으로 국가의 힘에 의하기 때문이다. 그러므로 자기의 재산을 처분하려는 어떤 사람의 의지가 유효하다고 인정하는 일은 힘에 의한 일이며, 동시에 이를 인정하는 법에 의한 일이다.

이 사람의 의지는 국가가 존속하는 한, 이 사람이 죽은 다음에도 유효성을 상실하지 않으며, 이와 같이 국가 상태에서는 사람들이 생전에 가지고 있던 선의의 재산, 즉 국가법의 힘과 권리에 의해 선의의 재산이라고 간주된 재산에 대한 그의 의지는 죽은 다음에도 유지할 수 있다. 이런 연유로 국가 상태에 속한 모든 사람은 죽은 후에도 생전의 권리를 그대로 유지하게 된다. 죽은 자가 자기의 재산에 관하여 어떻게라도 처분할 수 있는 것은 지금 말한 대로 자기의 힘으로서가 아니라 국가의 힘, 즉 영속적인 국가의 힘에 의해서 가능하다.

하지만 왕의 경우에는 이와는 사정이 전혀 다르다. 왜냐하면 왕의 의지는 바로 국법이며, 왕은 국가 그 자체*19이기 때문이다. 그러므로 왕이 사망하면 어떤 의미로는 국가도 끝나고 국가 상태는 자연 상태로 돌아간다. 따라서 최고 권력은 자연히 민중에게로 돌아가고, 그렇기 때문에 민중은 새로운 법률을 제정하고 기존의 법률을 폐지하는 권리를 갖게 된다. 이런 연유에서, 왕의 적법한 후계자가 될 수 있는 사람은 권리에 의해 정해지지 않고, 민중이 후계자로서 바라는 사람에 한정된다. 옛날 헤브루 사람들의 국가가 그러하였듯이, 만일 이러한 신정국가(神政國家)에서라면 신이 예언자를 통하여 선택한 사람이 신을 한정하게 된다.

또 이는 왕의 맹서나 권리는 사실상 민중 자신의, 또는 민중 대다수의 의지라는 것으로도 미루어 생각할 수 있다. 또 이성을 지니고 있는 인간은 본디 자기의 권리를 전적으로 포기하고 인간 자격을 그만두고 짐승과 같이 취급되기를 감수하는 일이 절대로 없다[20]는 사실로도 미루어 알 수 있을 것이다.

제26절

종교나 신을 예배하는 데에 대한 권리는, 아무도 이 권리를 타인에게 위임할 수 없다. 이에 관해서는 《신학·정치론》의 최후 두 개의 장(章)에서 자세히 논술하였으므로 여기서 다시 되풀이할 필요가 없다. 이제 나는 최선의 군주국가 제반 기초를 간단하기는 하지만 충분하고 명확하게 증명하였다고 믿는다. 이러한 기초의 전체를 약간의 주의를 가지고 관찰하려하는 사람들은 누구나 용이하게 그들의 상호 관계 또는 국가의 모형을 인정하게 되었을 것이다. 여기서 내가 꼭 말해 두는데, 나는 어디까지나 자유인 민중[21]에 의해서 건설된 군주국가를 염두에 두고 있다. 이와 같은 여러 기초는 그 민중에게만 도움이 될 것이다.

다른 방식의 통치 형태에 이미 익숙해진 민중은, 국가 전체를 무너뜨린다는 커다란 위험을 동반하지 않고는 기존의 제반 기초를 타도하여 국가 전체의 기구를 바꿀 수 없다.

제27절

인간의 삶을 누리고 있는 모든 사람들에게 숨어 있는 여러 악덕들을 서민층의 국민에게서만 볼 수 있다고 생각하는 사람들은, 우리들이 여기 말한 사실들을 아마도 비웃을지도 모른다.

그들은 "대중에게는 절도가 없다."[22] "그들은 두려움이 가해지지 않으면 두려움을 가한다."[23] "서민이란 겸허한 봉사자이든지 아니면 오만한 지배자이든지 그 어느 쪽이다."[24] "그들에게는 진리도 없고 판단도 없다."[25] 등으로 말하고 있으니 말이다. 그러나 우리 모두의 본성은 하나밖에 없는 공통인데, 우리들은 다만 힘과 세련됨에 속는 것이다.

따라서 두 사람이 같은 일을 해도 우리들은 갑이라는 사람은 그 일을 비난받지 않고 하는데 을이라는 사람은 그렇지 못하다고 말하는 경우가 있다. 그것은 하는 일이 다르기 때문이 아니라 하는 사람이 다른 데 원인이 있다.

지배하고 있는 사람들의 오만함은 그들의 속성처럼 되어 있다. 사람은 불과 1년 동안의 관직만으로도 오만해진다. 그러므로 영구히 그 명예를 소유하는 귀족들의 오만함은 더 말할 필요도 없다. 그러나 그들의 오만함은 기품이 높고 사치스러우며 헤픈 것 등 여러 악덕의 조화라고나 할까. 일종의 세련된 어리석음이라든지 우아하게 보이는 퇴폐 등으로 장식되어 그 결과 그러한 악덕은 하나하나를 따로따로 떼어볼 때는 크게 눈에 거슬려 흉악하고 창피하지만, 무경험자나 무지한 사람들에게는 마치 훌륭하고 아름다운 오만인 것처럼 보인다.

그러므로 "민중은 두려움이 가해지지 않으면 두려움을 적잖이 가한다"는 말은 옳다. 그들에게 있어 자유와 예속은 서로 별개의 것인 듯이 보이기 때문이다. 끝으로 대중들에게는 진리와 판단 능력이 결여되어 있고 이는 전혀 훌륭한 점이 못된다. 그 이유는 국가의 중대사란 본디 그 대중들의 뒤에서 거래되고 있는데 이 대중들은 그 겉보기의 자유 또는 겉보기의 예속을 그대로 받아들이기 때문이다. 한편으로 그들은 그들에게 도저히 감출 수 없었던 몇 가지 일들만을 토대로 결론을 내린다. 사실 나름대로의 판단을 삼간다는 일은 보기 드문 덕이다. 따라서 국민에 대해 일체의 사항을 비밀리에 시행하기는 어렵고, 국민들이 그에 관해 잘못된 판단을 내리는 일이 없기를 기대하고, 또 일체 사항을 부당하게 해석하는 일이 없기를 기대하는 것도 어리석다.

왜냐하면 만약에 서민들이 스스로 자제하고, 극히 조금밖에는 모르는 사항들에 관하여는 판단하기를 삼간다면, 아니면 조금밖에는 알려지지 않은 일들에 관하여 올바르게 판단을 내릴 수 있다면, 그들은 확실히 통치를 받는다기보다는 통치하기에 충분하다고 하겠으니 말이다.

그러나 앞서도 말한 바와 같이 본성은 모든 사람들에게 있어서 동일하다. 모든 사람은 지배를 할 때에 오만해지고, 두려움을 느끼지 않았을 때 두려움을 가한다. 또 어디에서나 진리는 압박을 받고 있는 사람이나 예속적 지위에 있는 사람들에 의하여 더 많이 왜곡된다. 더구나 재판에 있어 권리나 진리보다는 재산의 많고 적음을 안중에 두는 사람들이 지배하는 곳에서는 더욱 심하다.

제28절

용병들은 군사적 훈련에 익숙해서 추위나 배고픔을 잘 견디어내므로 일반 민중들을 경멸하는 일이 보통이다. 일반 민중은 침략을 당하였을 때나 야전에서는 그 용병들을 도저히 당해낼 수 없기 때문이다. 그러나 건전한 정신을 가진 사람이라면, 일반 민중이 그렇게 참을성 없다고 해서 국가가 불행해진다든지 불안정해진다고는 누구도 장담할 수 없다. 그와 반대로 만사에 공평한 판단을 할 수 있는 사람이라면, 현재의 소유물만을 지키고 남에게 속해 있는 것을 얻으려 하지 않는 국가, 따라서 전쟁을 온갖 수단으로 회피하고 평화를 열성으로 옹호하려고 노력하는 국가가 진정으로 모든 국가보다 훨씬 안정적이라는 사실을 부정하지는 못한다.

제29절

이러한 국가의 여러 가지 계획들이 잘 은폐되지 않는다는 사실을 나는 또 인정한다. 그러나 국가의 올바른 여러 가지 계획들이 적에게 그대로 알려지는 편이, 폭군들의 옳지 못한 비밀이 국민에게 감추어져 있는 편보다는 훨씬 낫다고 누구라도 나와 같이 인정할 것이다. 국가의 제반 정무를 비밀리에 시행할 수 있는 사람은 국가를 절대적으로 자기 힘으로 장악하고 있는 셈이며, 그는 전시에 있어서 적을 함몰시키듯이 평화시에는 국민을 함몰시킨다. 침묵은 때때로 국가에 있어서 유익한 일임은 누구도 부정하지 못하지만, 그러나 그 같은 국가가 침묵을 반드시 지켜야만 존립한다고는 누구도 증명하지 못한다. 이와 반대로, 국사(國事)를 어느 사람에게 절대적으로 위임하면서 자유를 유지하기는 불가능하며, 이같이 조그마한 화를 면하기 위하여 커다란 악을 불러들인다면 어리석은 짓이다. 국사는 국가의 이익을 위하여 절대로 비밀리에 행할 필요가 있다는 비슷한 여러 주장들을 하는 사람이 있는데, 그것은 오직 자기만을 위하여 절대 통치를 갈망하는 사람들이나 하는 똑같은 말이다. 이와 같은 주장들은 그것이 유익한 것 같은 외관으로 둘러싸여 있을수록 더 말하기도 싫은 예속 상태를 불러올 뿐이다.

제30절

어떠한 국가라 할지라도 이제껏 말한 바와 같은 조건들 전부에 따라서 세

위지지는 않았지만, 만약 우리들이 문명 국가 하나하나의 존립이나 멸망의 원인을 고찰하려고 할 때에는 군주국가로서는 이러한 형식이 최선임을 경험을 통해 제시할 수 있다. 그러나 이 일은 끝내 독자들을 싫증나게 하고야 말 것이다. 그렇기는 하나, 나는 꼭 주목해야 한다고 생각되는 한 가지 예를 말하지 않고서는 지나칠 수 없다. 그 예는 아라곤 사람들의 국가에 관한 예로, 그 사람들은 왕들에게 절대적인 충성심을 지니고 있으면서 그와 같은 단호한 충성의 결의로 그 나라의 제반 제도를 완전히 유지하였다. 아라곤 사람들은 무어족의 예속적인 굴레에서 해방되자 바로 자기들을 위한 왕을 세우려고 했다.

그러나 왕을 선출하는 조건에 관하여 그 아라곤 사람들 사이에 의견이 충분하게 일치하지 않았으므로, 그들은 그 일에 관하여 로마 교황에게 의논하게 되었는데, 교황은 이 일에 관해 전적으로 그리스도의 대리자로서 태도를 취하면서 그들이 헤브루 사람들의 예를 생각하지 않고 끈질기게도 왕을 가지려고 바란다고 크게 비난했다. 그러나 교황은 그 아라곤 사람들에게 주의를 주어, 만약 그들이 끝내 왕을 뽑겠다는 의견을 바꾸지 않겠다면, 왕을 선출하기에 앞서 먼저 국민의 정신에 합치하는 지극히 공정한 제반 규정을 만들라고 했다. 또 무엇보다도 먼저 하나의 최고회의를 만들고, 이 최고회의를 스파르타 사람의 감독들*26과 함께 왕에게 대립시켜, 왕과 국민 사이에 일어나는 모든 분쟁을 해결하는 절대 권리를 이 최고회의에 부여하도록 권고했다.*27 그들은 이 충고에 따라 그들에게 가장 공정하다고 생각되는 여러 법률을 만들고, 그 법률의 해석자, 즉 최고의 심판자를 왕이 아니라 회의체로 하였다. 그리고 이 회의체를 '17인'이라 부르고 그 의장을 '정의'라고 불렀다. 이 '정의'와 '17인'은 투표를 통해서가 아니라 추첨에 의해 종신직으로 선출되었으며, 각 국민들에 대하여 정치적 또는 종교적인 다른 여러 회의체에서 내려지는 모든 판결과 왕에 의해서 내려진 판결까지도 철회하고 파기하는 절대적 권리를 지니고 있었다.

그래서 국민들은 왕을 이 법정에 소환하는 권리를 가지고 있었다. 더욱이 그들은 왕을 선출하고 또 왕을 폐지하는 권리까지도 가지고 있었다. 세월이 오래 흐른 뒤 '단도'라는 별명을 가지고 있는 왕인 돈 버도로는, 간청·매수·약속 등 갖은 수단과 방법으로 끝내는 국민들의 이 권리를 폐지시키는 데에 성공하였다. 그는 목적을 달성하자 모든 사람들 앞에서 자기 팔을 자르고 말하기를(상처를 냈다고, 해야 옳을 듯하다), 왕이 피를 흘려야 신민들이 그 왕을 선출할 수 있다고 했다.*28 하지만 이럴 경우에는 다음과 같은 조건이 붙어 있었다. 즉, '현재 그리고 이후에도, 신민들 자신을 해치는 정치를 해보겠다고 원하는 왕의 모든 폭력에 대하여 무기를 들고 신민들은 반대할 수 있다. 그러한 정치를 하려는 사람이 비록 왕 자신이든 미래의 왕위 계승자이든 똑같다'는 것이다. 이렇게 볼 때, 이 조건으로 이전의 권리가 폐지되었다기보다는 이제야 비로소 바로잡힌 것이다.

제4장의 제5, 6절에서 밝힌 바와 같이, 왕의 지배력은 국법에 의해서가 아니라 전쟁 권리에 의해서 박탈당할 수 있다. 다시 말하면 신민은 왕의 폭력에 대해서 폭력으로 저항할 수 있다. 더욱이 이 외에도 여러 가지 조건들이 붙어 있었으나 이들은 우리들의 현재 의도와는 무관하다. 앞의 여러 규약들에 의해서 신민들이 스스로 모든 사람들의 마음에 국법을 정해놓음으로써, 신민은 평화의 기간을 놀랄만큼 지속하였고, 또 신민들에 대한 왕의 충심은 왕에 대한 신민들의 충심만큼이나 지속되었다. 그러나 카스티라 왕국의 상속으로 인해 왕국이 가톨릭 왕이라고 불린 최초의 사람인 페르디난드의 손아귀에 들어간 뒤로, 아라곤 사람들의 자유는 카스티라 사람들의 질투의 표적이 되기 시작했다. 여기에서 카스티라 사람들은 페르디난드에게 그 같은 (신민의 저항) 권리를 폐지하도록 줄곧 말해 왔던 것이다.

그렇지만 페르디난드는 그때에는 통치에 익숙지 않았으므로, 굳이 그렇게 하려 하지 않고 충고자들에게 다음과 같이 대답했다.

"자기가 아라곤 왕국을 사람들이 알고 있는 바와 같이 여러 조건으로 인수한 일, 그리고 그 조건들을 엄중히 지키기로 맹세했던 일들은 말할 것도 없고, 또 일단 약속한 바를 진정 파기하지 않겠다고도 언급할 필요가 없다. 단지, 나의 생각으로는, 우리 왕국은 왕의 안전성과 신민의 안전성이 운명을 같이하는 한 안전할 것이다. 그래서 왕이 신민에 대하여 우위가 아니고 반대로 신민도 왕에 대하여 우위가 아닌 상황에서만 안정적일 수 있다. 만약 둘 중 한쪽이 보다 강력해진다면, 보다 약해진 다른 쪽은 앞서의 평등성을 회복하려고 노력할 뿐만 아니라, 다시 그가 받은 손해의 고통을 다른 쪽에 대해서도 똑같이 가해서 복수하려고 노력할 것이다. 그 결과는 어느 한 쪽의 파멸이 아니면 다같이 함께 파멸할 것이다."

이 말이 만약 자유스런 인간들이 아니라 노예적 인간들을 지배하는 일에 익숙한 왕에게서 발설된 말이었다면, 조금은 의아했을 것이다. 아라곤 사람들은 페르디난드 이후에도 자유를 유지했다. 그러나 그들의 자유 의지는 그때부터는 권리에 의해서가 아니고 그저 그들의 너무나도 강력한 왕들에 대한 호의에 의해서였다. 이리하여 필립 2세에 이른다. 필립 2세는 네덜란드 연방에 대해서 행한 압박보다 교묘하기는 하였지만 그에 못지않게 잔학하게 그들을 압박했다. 그리고 필립 3세는 모든 상황을 옛 상태로 회복한 듯이 보였으나, 아라곤 사람들은 '돌부리를 차면 발부리가 아픈 법'*29이므로 많은 강력한 왕들에게 영합하고 말았다. 또 영합하지 않은 사람들은 겁에 질려 벌벌 떨고 있었으므로, 그 아라곤 사람들은 자유에 관해서는 이제 아름다운 말이나 아무 효력도 없는 규약밖에는 그 무엇도 가진 게 없었다.

제31절

다음과 같이 우리들은 결론을 짓겠다. 왕의 힘이 전적으로 민중 자신의 힘에 의해서 결정되고, 민중들의 수호에 의해 유지되도록 하기만 하면, 민중은 왕 아래에서 충분한 자유를 유지할 수 있다고 말한다. 그리고 이것만이 내가 군주국가의 여러 기초를 세워 나가는 데 전용했던 유일한 규칙이다.

〈주〉

*1 《다니엘》 제6장 제16절.

*2 Herneros, Odysseia XII.

*3 홉즈는 이 같은 이유에서 대회의를 배제하고 소회의를 옳다고 하였다(Leviathan XXV).

*4 Sallustius. 기원전 86~35년. 로마의 역사가.

*5 《에티카》 3부 정리 29와 4부 정리 58.

*6 Curtius Rufus. Historiae Alixandri Magni VIII. 7, 11.

*7 Tacitus. Historiae 1. 36.

*8 《사무엘》 후서 15장 31절 이하.

*9 Tacitus Historiae 1. 26의 인용.

*10 빌헬름 2세가 1650년의 쿠데타로 네덜란드 주회 의원(州會議員)을 체포하였던 일을 염두에 두고 쓴 것이다.

*11 Antonio Perez. 1539~1611년. 스페인의 정치가. 필립 2세의 중신이었으나 뒤에 신임을 잃었다.

*12 절대정치(Imperium absolutum).

*13 Tacitus. Historiae Ⅱ. 84.

*14 스피노자 시대에도 그러했다.

*15 위루레므 2세와 3세, 그리고 영국 왕실 관계를 참조.

*16 《열왕세략》 14장 25절 이하. 그리고 《역대지략》 하 2장 2절 이하.

*17 1667~1668년의 전쟁을 말한다.

*18 홉즈는 말한다. "절대적 군주는 그가 바라는 사람을 후계자로 선택할 수 있다." "그는 살고 있는 동안 주권을 매각 또는 증여할 수 있다."

*19 루이 14세는 말한다 "짐은 국가이다(L'Etat c'est moi)."

*20 홉즈는 "신민(臣民)의 돈과 재산보다는 그 신체와 정신이 왕들의 소유물이다"라고 말했다.

*21 네덜란드 국민을 생각하고 있다.

*22 Tacitus. Annales. 1.29.

*23 Livius XXIV. 25.8

*24 Tacitus. Historiae 1.3, 2

*25 '두 사람이……'부터 Terentius Adelphoe에 나온 말이다.

*26 입법가 리쿠르구스가 정한 바에 의하면, 스파르타에서는 각각 다른 왕족 출신인 두 사람의 왕이 합동하여 행정·사법의 임무를 담당하지만, 실권은 감독(Ephorus)이라고 부르는 5명의 귀족 수중에 있었다.

*27 게브하르트에 의하면 이상의 아라곤 헌법 창설에 대한 서술은 사실적이 아니고, 15세기의 저술가 Prinz Carlos von Navarra가 쓴 책에 처음으로 나와 있는 하나의 전설에 따른 서술이라고 한다.

*28 게브하르트가 인용하였던 Schirrmacher의 스페인사에 의한다.

*29 Terentius. Phormio에서 인용.

제8장
귀족국가에 관하여(1)

제1절

이제까지는 군주국가에 관하여 논술했으나, 이번에는 귀족국가가 영속적이기 위해서는 어떻게 조직되어야 하는가를 서술하고자 한다.

귀족국가란, 우리들이 앞서 말한 바와 같이 한 사람의 손에 쥐어지지 않고, 민중 속에서 선출된 약간 명에게 통치권이 장악되는 국가를 말한다. 이 선출된 약간 명을 우리들은 이제부터 귀족*[1]이라고 부르겠다. 나는 특히 "선출된 약간 명이 통치권을 장악한다"고 말하겠다. 그 이유는 귀족국가와 민주국가의 두드러진 차이가 다음과 같기 때문이다.

즉, 귀족국가에 있어서는 지배하는 권리가 전적으로 선거에만 의거하는 데에 비하여, 민주국가에 있어서는 그 지배권리가 전적으로 일종의 생래적 권리와 행운에 의하여 얻은 권리에 의거한다는 점에 그 차이가 있기 때문이다. 따라서 가령 어떤 국가의 민중 전체가 귀족으로 편입된다고 하더라도, 그 지배 권리는 세습적이지 않고, 또 그 권리가 무엇인가 일반적 법률에 의하여 다른 사람들에게 옮겨가지 않는 한 그 국가는 귀족국가임에 틀림없다.

그것은 특히 선택된 사람들만 귀족에 편입되고 있기 때문이다. 그러나 이와는 달리 만약에 귀족이 단지 두 사람뿐인 경우에는, 그 귀족 중의 한 사람은 다른 한 사람보다 강력해지려고 노력하게 되고, 국가는 그들 중 한 사람의 지나친 힘 때문에 간단히 두 파로 분열될 것이다. 또 통치권을 장악한 귀족이 3명이나 4명 또는 5명이라면, 3파나 4파 또는 5파로 분열될 것이다.

그러나 통치권이 많은 사람의 귀족들에게 위임되면, 그만큼 각 파의 힘이 약해질 것이다. 여기서 결론적으로, 귀족국가가 안정적이기 위해서는 귀족 수의 최소한도를 필연적으로 국가 자체의 크기에 비례하여 결정해야 한다.

제2절

중간 정도 크기의 국가에 있어서는 백 명 정도의 선량한 자들만 허용된다면 충분하다고 가정하고, 통치의 최고 권력이 그 백 명 정도의 선인들에게 위임되었다고 가정하자. 그리고 결과적으로 그들의 귀족 동료들 중의 누군가가 죽으면 그 동료를 다시 선출할 권리가 선인들에게 있다고 하자. 확실히 이 사람들은 자기들의 자식이나 혈연적으로 가장 가까운 사람에게 자기들의 뒤를 잇게 하기 위해서 온갖 수단을 다하여 노력할 것이다.

그 결과로, 통치의 최고 권력은 언제나 행운으로서 귀족의 자식이나 혈연자가 된 사람들의 수중에 있게 될 것이다. 그리고 행운으로서 이 같은 명예 있는 직분을 차지한 1백 명의 사람들 중에서, 재능과 지혜가 뛰어난 사람들로부터 존경과 신뢰를 받는 사람은 세 명이 있을까 말까 하다. 그러므로 여기서 통치의 권력은 1백 명의 수중에 있지 않고, 정신의 힘이 뛰어나 모든 것을 용이하게 자기 생각대로 할 수 있는 두 명 또는 세 명의 수중에 있게 된다.

그리고 그들의 한 사람 한 사람은 인간적 욕망의 버릇이 그렇듯이, 군주국가로의 길을 열어놓게 될 것이다. 따라서 정확하게 계산해보면, 그 크기의 관계상 적어도 1백 명의 선인들을 필요로 하는 국가의 최고 권력은 적어도 5,000명의 귀족에게 위임되어야 한다.[*2]

이렇게 한다면 그 5,000명 중에는 정신의 힘이 뛰어난 인간이 반드시 1백 명은 발견될 것이기 때문이다. 그러나 이 경우는 이 명예스러운 직분을 희망하여 얻게 된 사람들 50명 중에서 가장 선인이라고 불러도 손색없는 인간을 언제나 한 사람은 찾을 수 있다고 가정했을 때의 일이다. 그리고 그밖에도 최선자들의 덕을 배우려고 노력하는 사람, 즉 통치의 임무를 담당할 가치가 있는 사람들을 찾을 수 있게 될 것이다.

제3절

귀족은 대개 전체 국가의 수도인 한 도시의 시민이다. 이리하여 국가 또는 공화국은 그 이름을 이 도시의 이름에서 얻는다. 예를 들어, 옛날에는 로마국, 근래에는 베니스국과 제노바국 등등이다. 그러나 네덜란드 공화국은 주 전체에서 그 이름을 따서 썼다.

이렇게 볼 때, 이 나라의 신민은 비교적 더 많은 자유를 향유한다. 그런데 여기서 귀족국가가 의존해야 할 제반 기초를 결정하기 전에 우리들이 주의해야 할 점은, 한 사람의 인간에게 위탁된 통치권과 충분히 큰 회의체에 위탁된 통치권 간의 차이이다. 이 차이는 확실히 비교적 크다. 왜냐하면 우선 한 사람의 인간의 힘으로는 모든 통치권을 담당하기가^(제6장 제5절) 대단히 어렵다.

그러나 이 통치권을 충분히 큰 회의체에 위탁한다고 말한다면 분명히 일종의 모순이다. 왜냐하면 충분히 큰 회의체라고 인정하는 사람은, 동시에 그 회의체 혼자서도 통치권을 지탱하기에 충분하다고 긍정하고 있기 때문이다. 그러니까 왕은 통치를 할 때 반드시 고문관들의 도움을 필요로 하지만, 이런 종류의 회의체는 절대로 고문관의 도움이 필요 없다고 하니 말이다.

다음으로 왕들은 죽어 없어지지만 회의체는 영속적이다. 따라서 충분히 큰 회의체에 일단 위탁된 통치 권력은, 결코 민중에게로 돌아오지 않는다. 군주국가에서는 제6장의 제25절에서 밝힌 바와 같이 이와는 다르다. 셋째로 왕의 통치권은 나이가 어리다든지 병약하다든지 노쇠했다든지 또는 그밖의 여러 이유에 의하여 가끔 유명 무실하다. 이와는 반대로, 이런 종류의 회의체의 힘은 언제나 하나이며 동일하다. 넷째로 한 사람의 인간 의지는 지극히 변하기 쉽고 불안정하다. 그러므로 군주국가에 있어서 법은 왕이 명시한 의지임에는 틀림없으나^(제6장 제1절) 왕의 모든 의지가 법이어서는 안 된다. 이러한 규칙은 충분히 큰 회의체에 관해서는 해당되지 않는다. 왜냐하면 회의체 자신은 여기에서 말한 바와 같이 아무런 고문관도 필요로 하지 않으므로, 이러한 회의체가 혼자서 명시한 모든 의지가 법이어야 하기 때문이다.

이에 따라 우리들은 이렇게 결론짓는다. 충분히 큰 회의체에 위탁되는 통치는 절대통치*³이거나, 아니면 적어도 절대통치에 가장 가까운 통치이다. 만약 절대통치가 존재한다면 그것은 실제로서는 민중 전체에 의해서 행해지는 통치이다.

제4절
이 귀족의 통치권이 방금 말한 바와 같이 절대로 민중에게 돌아오지 않을 때, 그리고 또 이런 종류의 귀족 통치에 있어서 민중에게는 아무런 자문을 받는 일이 없고, 그 회의체의 모든 의지가 절대적인 법일 때, 그것은 전적으로 절대정치라고 간주해야만 한다. 이 경우에 그 모든 기초는 이 회의체의 의지와 판단에만 따라야 하며, 민중의 감시에 따라서는 안 된다. 왜냐하면 민중은 심의나 표결에서도 제외되고 있기 때문이다. 그렇지만 그 회의체의 의지가 실천에 있어서 절대통치가 되지 않는 이유는, 통치자들이 민중을 겁내고 두려워하는 데에 있다. 그래서 민중은 모종의 자유를 갖기에 이른다. 민중은 이 절대통치를, 특히 법률에 의해서가 아니라 말없이 요구하고 또 유지한다.

제5절

이로써 국가 상태는 다음과 같은 경우에 최선이라는 사실이 명백하다. 즉, 이 국가가 절대통치에 가장 근접하게 조직되어 있을 경우의 국가 상태가 최선이다. 바꿔 말하면, 민중이 될 수 있는 한 통치자의 두려움의 대상이 되지 않도록 조직되어 있을 때 절대 통치가 가능하고, 또 국가의 근본법에 의하여 필연적으로 인정되는 자유 이외에는 민중이 어떠한 자유도 가지지 않도록 되었을 경우에 절대통치가 가능하다.

이리하여 이런 자유는 민중의 권리라기보다는 국가 전체의 절대적 권리이며, 오직 위정자만이 이런 자유(즉, 법에 의한, 통치자의 절대 권리)를 자기 권리로서 요구하고 유지한다. 실로 그와 같이 함으로써 실천과 이론이 가장 잘 조화되리라는 사실은 앞의 제4절에서 명백해졌으며, 또 사태 그 자체로서도 명백하다.

왜냐하면 서민이 더욱 더 많은 권리를 요구함에 따라서, 귀족의 통치권은 수중에서 점점 작아질 일이 확실하기 때문이다.

독일에서는 일반적으로 길드라는 수공업자 조합의 조합원들이 보통 이렇게 과도한 여러 권리들을 가지고 있었다.[*4]

제6절

통치권이 회의체에 절대적으로 위임되면, 결과적으로 혐오해야 할 예속의 위험이 민중에게 닥쳐오지 않을까 하고 두려워할 필요는 없다.

그와 같은 큰 회의체의 의지는 기분 내키는 대로 결정되지는 않고, 이성에 의해 결정되기 때문이다. 왜냐하면 인간은 좋지 않은 감정때문에 여러 가지 다른 의견들로 나뉘어지곤 하는데, 그 의견들이 마치 하나의 정신처럼 인도

될 수 있는 까닭은 다만 그 인간들이 훌륭하기 때문이거나, 또는 적어도 훌륭하게 보이려고 의도하기 때문이다.

제7절

그러므로 귀족국가의 여러 기초들을 결정함에 있어서는 무엇보다도 먼저 다음과 같은 사실에 주의해야 한다. 이러한 여러 기초들이 이 최고 회의체의 의지와 힘에 의해서만 이루어지도록 하고, 회의체 자체는 가능한 한 자기의 권리 아래 있으면서 민중으로부터의 어떠한 위협도 당하지 않도록 해야 한다.

최고 회의체의 의지와 힘으로만 이루어진 이러한 여러 기초들을 결정하기 위하여, 우리들은 평화를 위한 어떤 기초가 군주국가에만 특유하게 적합하고 귀족국가에는 적당치 않은가를 보기로 하자.

만약에 우리들이 그와 같은 여러 기초들 대신에 그와 동등한 효력이 있고 귀족국가에 적당한 다른 여러 기초들을 둘 수 있다면, 그리고 이제까지 세워 놓은 다른 여러 기초들을 다 버린다면, 모든 소란의 원인은 틀림없이 제거될 것이다.

그리고 적어도 이 국가는 군주국가에 못지않게 안전할 것이다. 그보다도 귀족국가는 군주국가보다도 평화와 자유를 침해하지 않고$\binom{\text{본장}}{\text{제3, 6절}}$, 또한 절대 통치에 더 많이 접근함에 따라, 귀족국가는 한층 더 안전하게 되고, 그 상태는 더욱 더 훌륭하게 될 것이다.

왜냐하면 최고 권력이 커지면 커질수록 통치 형태는 더욱 더 이성의 명령과 합치하므로$\binom{\text{제3장}}{\text{제5절}}$, 그러한 이성적 명령의 통치형태는 평화와 자유를 유지하는 데에 한층 더 적당하기 때문이다.

여기서 우리들은 제6장 제9절에서의 설명들을 한 차례 살펴보고, 귀족국가에 적합하지 않는 점은 제외하고 적합한 점을 보아가기로 하자.

제8절

먼저 하나의 도시, 또는 몇 개의 도시들을 건설하여 방위할 필요가 있음은 누구나 의심하지 않는다. 그러나 그 중에서도 방위해야 하는 대상은 모든 나라의 수도이며, 그밖에도 국경에 있는 여러 도시들이 있다.

전체 국가의 수도로서 최고 권리를 가지고 있는 도시는 모든 다른 도시들보다 강력해야 하기 때문이다. 더구나 이 국가에 있어서 모든 주민들을 씨족으로 구분하는 일은 전혀 쓸데없다.

제9절

군대에 대해서 말하면, 이 국가에 있어서는 모든 인간들 사이에서가 아니라 그저 귀족들 사이에서만 평등성이 요구되어야 하기 때문에, 더구나 귀족의 힘은 민중의 힘보다 크기 때문에, 군대가 신민 이외의 사람들로도 구성되어야 한다는 것은 이 국가의 법률에나 기본법에나 똑같이 속함이 확실하다. 오히려 가장 필요한 사항은, 군사 문제를 충분한 알고 있는 사람들만을 귀족의 수에 넣어야 된다는 사실이다. 그러나 어떤 사람들은 신민을 군무에서 제외한다면 현명하지 못하다고 주장한다. 그 이유는 신민인 병사에게 지불하는 봉급은 그대로 나라 안에 떨어지지만 외국의 병사에게 지불되는 봉급이 모두 없어져 버리는 일은 제쳐두더라도, 이로 말미암아 국가 최대의 힘이 약화되기 때문이다.

사실 자기의 집과 고향을 위해서 싸우는 사람의 정신력이 더욱 강하기 때문이다. 게다가 전쟁의 지휘관·연대장·중대장 등을 귀족 중에서만 선출해야 한다고 주장하는 사람들도 이와 마찬가지로 잘못임이 명백하다. 왜냐하면 영광과 명예와 그밖의 모든 희망을 버린 병사가 어떻게 용감하게 싸울 수 있겠는가 말이다.

반대로 귀족들이, 필요한 경우 자신들의 방위나 반란의 진압을 위해서, 또는 그밖에 무슨 이유에서든 외국의 병사를 모집하는 일을 귀족들에게 법률로 금지한다면 타당하지 않고, 그것은 또 귀족의 최고 권리에도 모순될 것이다.[*5] 귀족의 권리에 관해서는 본장의 제3절과 제4절 그리고 제5절을 보라.

더구나 일부 군대 또는 전(全) 군대의 사령관은, 전시에 한하여 귀족 중에서만 선출되어야 할 것이다. 그러나 그는 사령권을 길게 잡아서 1년밖에는 장악할 수 없으며, 그 권한을 더 이상 지속하거나 사령관으로 재선될 수는 없다.

이와 같은 규정은 군주국가에 있어서도 필요하지만, 귀족국가에 있어서는 더욱 필요하다. 사실 통치권은 앞서 말한 바와 같이, 자유로운 회의체에서 한 명의 인간에게로 옮겨가기보다는, 한 명의 인간에게서 다른 인간에게로 옮겨가기가 훨씬 쉽다. 그러나 귀족은 그들 자신의 사령관들에게서 가끔 압박을 당하는 경우가 생긴다. 그리고 이런 경우는 국가를 위해서 한층 더 큰 해를 끼친다.

왜냐하면 군주가 그 자리에서 쫓겨날 경우 그것은 국가가 변한다기보다 단지 한 명의 지배자가 변할 뿐이지만, 귀족국가에 있어서는 그러한 일이 국가의 전복과 중요 인물들 모두의 파멸이 따르지 않고는 일어날 수 없기 때문에 더 큰 해가 따른다는 말이다.*6 이에 관한 가장 비참한 예로 로마를 우리에게 보여주고 있다.

군주국가의 군인은 봉급 없이 봉사해야 한다고 우리들이 말한 이유는 귀족국가에는 타당하지 않다. 왜냐하면 신민은 군인 모집의 심의와 표결에서 제외되면 (대신 귀족국가는 외국 군인을 고용할 수도 있다), 외국인과 동등하게 생각해야 하고 따라서 외국인보다 불리한 조건으로 군인으로 모집당해서는 안 되고 보수를 받아야 하기 때문이다. 이럴 경우 그들은 회의체로부터 다른 사람들보다 우대받지는 않는다.

오히려 가끔 있는 일이지만, 각 군인들이 제각기 자기의 공적을 부당하게 평가하는 일이 없도록, 귀족은 그들의 봉사에 대하여 응분의 일정한 보수를 제공해야 좋은 방책이 될 것이다.

제10절

귀족 이외의 모든 사람들은 외국인과 같다는 이유로 논, 밭, 집과 모든 토지를 공공의 소유로 하여 주민에게 해마다 일정한 대가를 받고 임대한다. 이는 국가 전체를 반드시 위태롭게 한다. 왜냐하면 정치에 아무런 참여도 안하는 신민이 재난을 당했을 때, 만약 그들의 재산을 그들이 희망하는 곳으로 가져갈 수 있다면 모두들 쉽게 모든 도시와 토지를 버리고 떠나 버리기 때문이다. 그러므로 그 같은 국가에 있어서는 논, 밭과 토지는 신민들에게 임대해서는 안 되고 팔아야 할 것이다. 그러나 그 매매는 해마다 수확 중에서 일정한 세금을 정부에 납입하는 등등의 조건부로 해야 한다. 이 제도는 실제로 네덜란드에서 행해지고 있다.

제11절

이상과 같이 그 고찰은 끝났으므로, 이제는 최고회의가 지지하고 안정시킬 여러 기초들에 관하여 언급하겠다.

이 회의체가 지배할 구성원은 중간 정도의 국가에서는 대략 5,000명은 있어야 된다고 우리는 본장의 제2절에서 말하였다.

여기서 우리들은 다음과 같은 사실들이 가능하게 되도록 방법을 강구해야 한다. 그 방법이란, 먼저 통치권이 차츰 적은 수의 사람들에게 옮겨가지 않도록 막는 일이며, 오히려 반대로 국가 자신이 증대하는 데에 비례하여 그 구성원들의 수도 불어나게 하는 일이다.

다음으로는 귀족들 간에 가능한 한 평등성이 유지되게 하는 일이다. 그리고 또 여러 회의에서 사무의 결재가 신속하게 되도록 하는 일이다. 그리고 공동의 이익을 위하여 노력하는 일이다. 끝으로 귀족 또는 회의체의 힘이 민중의 힘보다 크면서도 민중에게 아무런 손해를 주지 않도록 하는 일이다.

제12절

귀족국가를 형성할 때의 가장 큰 어려움은 질투에서 유래한다. 인간은 앞서 말한 바와 같이 본성적으로 서로 적이며, 비록 그들이 여러 법률에 의하여 결합되고 구속되어 있더라도, 여전히 적으로서의 본성을 잃지 않는다.

민주국가가 귀족국가로 변하고 귀족국가가 끝내는 군주국가로 변하는 연유는, 이러한 적으로서의 본성에서 유래한다고 생각한다.

내가 확신하는 바에 의하면, 많은 귀족국가들은 처음에는 민주국가였다. 어떤 특정 민중이 새로운 안주의 땅을 찾다가 바로 이 땅을 발견하고 정착했을 경우, 그들은 통치에 관하여 동등한 권리를 완전히 가지고 있었다. 누구나 스스로 통치권을 남에게 주는 경우는 없기 때문이다. 그러나 그들 각자는 다른 사람이 자기에 대하여 가지고 있는 동등한 권리를 자기도 다른 사람에 대하여 행사해야 지당하다고 생각하지만, 그들 자신이 힘들여 찾아내고 그들이 피흘려 점유하게 된 국가 안에서 그들 곁으로 이주해 오는 다른 나라 사람들이 그들과 동등한 권리를 갖는다는 것은 부당하다고 생각한다.

이에 대해서는 다른 나라 사람들도 이의를 갖지 못한다. 그들은 통치를 하기 위해서가 아니라 개인적 업무를 영위하기 위해서 그곳으로 이주해 왔기 때문이다. 그리고 그들은 그 업무를 완전하게 수행할 자유가 허용되기만 하면 그것만으로 충분히 우대를 받았다고 생각한다.

그러나 그러는 가운데 민중의 수가 다른 나라 사람들이 운집함으로 인하여 크게 증가하고, 이 다른 나라 사람들은 차츰 본토 사람의 풍습을 몸에 익히게 되어, 끝내는 명예스러운 직분을 담당할 권리를 가지지 못한 점 외에는 본토 사람들과 하나도 다를 것이 없다. 이같이 외국인들의 수효가 나날이 증가하는 반면에, 국민의 수는 여러 가지 이유로 감소한다. 여러 가족들*7은 가끔 사멸하고, 다른 사람들은 죄를 범하여 추방되기도 하며, 많은 사람들은 생활이 궁핍하여 국가를 돌보지 않는다.

이러는 가운데 세력이 있는 사람은, 전적으로 자기들만이 통치자가 되려고 노력한다. 이와 같이 해서 통치권은 차츰 소수자에게로 옮겨가고, 끝내는 파벌 싸움의 결과로 그 통치권은 한 사람의 인간에게로 돌아가게 된다.

이외에도 우리들은 이런 종류의 국가를 파멸시키는 다른 여러 원인들을 덧붙일 수 있다. 그러나 그러한 원인들은 충분히 사람들에게 알려져 있으므로 그만두겠다. 그리고 우리들은 지금 논술하고 있는 이 국가들을 유지해야 할 여러 법률들을 차례차례 제시하기로 하겠다.

제13절

이 국가의 제일 중요한 법률은, 귀족 수와 민중 수의 비율을 결정해야만 한다. 이 양자 간의 비율은(본장 제1절) 민중 수가 증가하는 데에 비례하여 귀족 수가 늘어나도록 되어 있어야만 한다.

그리고 이 비율은(본장 제2절) 대략 1 대 50이어야만 한다.

다시 말해서 귀족 수와 민중 수의 간격은 이 이상 넓히지 않아야 한다. 그러나 사실은 귀족 수가 민중 수보다 엄청나게 많아도, 귀족국가 형식은 유지된다(본장 제1절). 오히려 귀족의 수가 적을 때에 위험이 존재한다.

그런데 이 법률이 침범당하지 않고 지켜지기 위해서는 어떠한 수단이 강구되어야 하는가에 대해서는 곧 적당한 곳에서 밝힐 터이다.

제14절

귀족은 일정한 장소에서 일정한 가족에게서만 선출된다. 그러나 이를 특히 법률로서 정해 놓는다면 위험하다. 왜냐하면 가족은 가끔 죽어서 없어지고, 또 선출에서 제외된 다른 가족에게는 크게 불명예가 되기 때문이다.

그러나 이런 이유는 차치하고라도, 귀족의 영광된 자리가 상속적이라고 한다면 이 국가의 형식에 모순되기 때문이다(본장 제1절). 오히려 이와 같이 되면 (귀족 신분이 상속되지 않는 경우), 그 국가는 본장 제12절에서 논술한 바와 같은 민주국가와 같을 것이다. 즉, 아주 적은 수의 국민만이 더이상 늘어나지 않고 통치권을 장악하는 민주국가와 같아질 것이다.

이에 반하여 귀족으로 하여금 자기의 자식이나 혈연자를 선출하지 못하도록 하는 일, 즉 통치 권리가 특정 가족에게 머무르게 하지 못하도록 하는 일이란 불가능하다. 아니, 그보다도 부조리하다. 우리들이 본 장의 제39절에 그것을 밝히겠다. 단, 그 귀족들은 그들의 권리를 비공식적, 즉 비법률적으로만 지닐 수 있으며, 나머지 사람들은 법률적으로 권리를 소유한다. 이 나머지 사람들이란, 그 국가 안에서 출생하여 그 나라의 국어를 말하는 사람, 외국인 처를 가지지 않은 사람, 공권을 상실한 일이 없는 사람, 하인이 아닌 사람, 무엇인가 예속적 직업으로 생활하지 않는 사람, 그리고 이들 중에서도 포도주 상인이나 양조장 주인으로 보이지는 않는 사람들이다. 이런 식으로 (즉, 비법적 부류의 계층, 법적 부류의 계층으로) 권리를 분배해도 역시 국가의 형식은 유지되고 귀족과 민중의 비율은 언제나 지켜질 것이다.

제15절

젊은 사람이 선출되지 못하도록 법률로 정한다면, 통치 권리는 사람 수가 적은 가족(이를테면, 핵가족)의 수중에 떨어질 염려는 결코 없을 것이다. 그러므로 30세에 도달하지 않은 사람은 피선거인 명부에 등록될 수 없도록 법률로 정해져야 할 것이다.

제16절

다음 셋째로 정해야 할 일은, 모든 귀족이 일정한 시기에 도시의 일정한 장소로 집합해야만 하는 일이다. 병 또는 다른 공무 때문이 아니면서 회의에 출석하지 않는 사람에게는 상당히 엄중한 벌과금을 부과한다. 이와 같은 규정이 없다면 많은 사람들이 자기 개인 용무를 보기 위하여 공무를 허술하게 생각하게 될 수도 있기 때문이다.

제17절

이 회의체의 임무는, 법률을 제정 또는 폐지하고, 동료 귀족과 모든 관리를 선출하는 데에 있다. 생각하건대, 최고 권리를 가진 사람—우리들이 전제한 바에 의하면 이 회의체가 그 최고 권리자이다—이 법률을 제정 또는 폐지하는 힘을 어떤 사람에게 부여한다는 일은, 그 최고 권리자가 자기의 권리를 포기해야만 할 수 있으며, 또 동시에 그가 힘을 부여하는 사람에게 자기의 권리를 양여함으로써만 이행될 수 있다.

왜냐하면 법률을 제정하거나 폐지할 수 있는 힘을 단 하루라도 그대로 가지고 있다면 그 사람은 국가의 모든 형식을 단 하루에 변경할 수도 있기 때문이다. 이에 반하여 국가의 일상적 정무를, 다른 사람들에게 일정 기간 동안 일정 법규에 따라 행하도록 위임하는 일은, 그가 최고 권리를 보유한 상태에서만 할 수 있다.

그리고 만약 관리가 이 회의체 이외의 다른 사람들에 의해서 선출된다면, 이 회의체의 구성원들은 귀족이라기보다는 미성년자라고 불러야만 할 것이다.

제18절

사람들은 이 회의체를 위하여 지도자라든지 우두머리를 선출하는 일이 보통이다. 베니스 사람들은 종신적인 지도자를 선출했고, 제노바 사람들은 기한부의 우두머리를 선출한 예가 있다. 그러나 그들은 이런 일을 대단히 주의를 기울여서 하였다. 이런 신중함으로 보아도, 그러한 제도는 국가에 대하여 큰 위험을 지니고 있었음이 분명하다. 실제로 국가는 이와 같은 제도로 해서 군주국가로 접근하는 길이 정해진 과정과 같이 되어 있다.

그리고 역사상으로 판단하여 볼 때에, 이러한 제도를 채용하기에 이른 까닭은, 그들이 그와 같은 회의체가 설정되기 이전부터 지도자나 총독 아래에서 마치 왕 아래에 있는 듯이 생활하는 데 익숙해 있기 때문인 것 같다. 따라서 지도자의 선임은 이와 같은 국민들의 필연적 요구이기는 하나, 귀족국가 일반의 요구는 아니다.

제19절

그러나 국가의 최고 권력자는 회의체 전체이고, 그 한 사람 한 사람의 구성원에게 있지는 않으므로, 모든 귀족은 마치 하나의 정신으로 통치되는 하나의 신체를 구성하듯이 제반 법률로서 구속될 필요가 있다. 만약 최고 권력이 한 사람 한 사람의 구성원에게 있다면 회의체는 무질서한 다수자의 집합에 불과하게 될 것이다. 귀족을 제반 법률로 구속할 필요가 있지만, 법률은 대단히 무력해서, 옹호하여야 할 사람들이 죄를 범할 수 있는 인간일 때 쉽게 파괴된다. 또 그들이 형벌을 두려워해서 근신하고, 형벌의 두려움 때문에 자기 욕망을 억제하고자 대신 동료를 처벌해야만 되는(이것은 대단히 부조리하다) 인간일 때에도 법률은 쉽게 파괴된다.

이럴 경우에는 이 최고회의체의 질서와 국가의 제반 법률이 침해당하는 일 없이 유지될 수 있도록 수단이 강구되어야 한다. 그러면서 귀족들 간에는 될 수 있는 한 평등성이 유지되도록 하여야 한다.

제20절

그러나 지도자나 수령이 있고, 이들이 회의에서 투표를 행사하게 되는 경우에는, 필연적으로 커다란 불평등이 생겨나게 된다. 더구나 그와 같은 지도자가 그 임무를 보다 안전하게 수행할 수 있기 위해서는 필연적으로 그에게 큰 권력이 주어져야 되기 때문이다.

그러므로 만반의 사정을 두루 생각하여 볼 때에, 공공 복리를 위해서 가장 유익한 제도는, 이 회의체 아래에 몇 명의 귀족으로 구성되는 또 다른 회의체를 부속시켜두는 일이다. 이 귀족들의 임무는 여러 회의체들과 관리에 관한 국가의 제반 법률이 침해되는 일 없이 유지되도록 감독하는 일뿐이다.

따라서 그들은 죄를 범한 모든 관리들을, 즉 자기의 직무에 관한 법률에 위반되는 모든 관리들을 그들의 법정에 소환하도록 일정한 법규에 비추어서 단죄하는 권력을 가지고 있다. 이러한 귀족을 우리는 다음부터는 호법관*8이라고 부르기로 하겠다.

제21절

호법관은 종신직으로 선임해야 한다. 만약 임기제로 하면 결과적으로 이 호법관들이 뒤에 다시 국가의 다른 관직에 취임할 수 있게 되며, 그렇게 되면 우리들은 본장의 제19절에서 말한 대로의 부조리에 빠지게 될 것이다. 그러나 너무 장기간 재임하게 되면 오만해지기 쉬우므로, 이를 방지하기 위하여 이 직분에 선출될 사람을 나이가 60세 또는 그 이상에 이른 사람, 원로원 의원의 직분을 맡은 일이 있었던 사람에게 한정시켜야 할 것이다.

제22절

또 호법관의 수를 몇 명으로 결정할지는, 호법관이 귀족에 대해 갖는 관계가, 귀족 전체가 민중에 대해 갖는 관계와 같다는 사실 (귀족 수가 너무 적으면 민중을 통치할 수 없다)을 생각한다면 용이하게 알 수 있을 것이다.

따라서 호법관 수에 대한 귀족 수의 비율은 귀족 수에 대한 민중 수의 비율과 같아야 한다. 다시 말하면 (본장 제13절) 1 대 50은 되어야 한다.

제23절

그리고 호법관단이 안전하게 그 직분을 수행할 수 있게 하기 위하여 군대의 일부를 제공하고, 호법관단이 이 군인들에게 임의로 명령을 내릴 수 있도록 해야 한다.

제24절

호법관 (지도자나 수령 아래 있는 회의체에 부속된 감시 귀족단), 그리고 국가의 다른 관리들에 대해서는 일정한 봉급을 지불해서는 안 되고, 그저 일종의 소득을 주어야만 한다. 그들이 국가를 위해서 나쁜 조치를 하였을 때는 반드시 자기에게 큰 손해가 되도록 하는 식이다.

생각하건대, 이 국가의 관리에게 그들의 일에 대하여 응분의 보수를 준다는 일은 틀림없이 정당하다. 이 국가의 대부분은 서민이고, 서민 자신은 공무에는 관여하지 않고 개인적인 용무만 돌보고 있는 데 대하여, 귀족은 이러한 서민의 안전을 위하여 일하고 있기 때문이다.

그러나 (제7장 제4절에서 말한 바와 같이) 다른 사람의 이익을 옹호하는 일은, 그 일로 해서 자기의 이익이 강화될 수 있다고 믿고 있을 때에만 하게 되므로, 국가의 공무에 종사하는 관리들은 그들 자신의 이익을 추구하되, 항시 일반적 선(善)을 위해 가장 신중을 기해야 하도록 모든 일이 짜여져 있어야만 한다.

제25절

호법관의 임무는 지금도 말한 바와 같이 국가의 모든 법률이 침해되는 일 없이 유지되도록 감독하는 데에 있으므로, 이 호법관에 대해서는 다음과 같은 소득이 제공되어야 할 것이다. 즉, 국가 안에 살고 있는 가족의 장은 해마다 약간의 화폐, 예를 들면 4분의 1온스의 은화를 호법관단에게 지불하도록 한다. 호법관단은 이로써 주민들의 수를 알게 될 터이고 동시에 또 귀족이 주민 수의 몇 할을 점유하고 있는가도 알 수 있을 것이다.

다음으로 각각의 새로 뽑힌 귀족은 선임됨과 동시에, 호법관단에게 상당히 많은 금액, 즉 20 또는 25 리브라*[9]의 은화를 지불하도록 한다. 그리고 결석한, 엄격히 말한다면 소집된 회의에 출석하지 않은 귀족에게 부과된 벌금도 역시 호법관에게 제공된다.

그리고 관리에게 죄가 있을 때에는 이 관리들이 호법관의 법정에 서야 하게 되고, 거기에서 일정한 벌금을 물게 된다. 또한 재산을 몰수당한 경우에는 그 재산의 일부분을 호법관에게 속하게 하되, 그들 모두에게가 아니라 매일 회합에 출석한 사람과 호법관 회의를 소집하는 일을 임무로 하는 약간의 사람에게만 속하게 한다. 이러한 사람들에 관해서는 본장의 제28절을 참조하면 된다.

호법관의 회의가 언제나 정원을 채우게 하기 위해서는, 정기에 소집된 최고회의에서 무엇보다 먼저 깊이 음미해야 할 점이 있다. 즉, 만약 호법관 측에 태만한 일이 있을 경우에는, 원로원의 의장이 이 임무 태만에 관하여 최고회의의 주의를 촉구하며, 한편 호법관단의 의장에게는 그가 이러한 문제에 대해 침묵을 지킬 때 그 침묵 이유를 추궁하며, 이에 관하여 최고회의의 의견을 심문할 의무가 있다. 만약에 원로원 의장까지도 이 호법관의 임무 태만에 대하여 침묵을 지킬 때에는, 최고재판소의 의장이 이 문제를 취급하며, 또 만약에 이 의장조차도 침묵할 경우에는, 임의의 귀족이 이 문제를 취급한다. 그리고 그는 호법관의 의장과 원로원, 최고재판소 의장에게 그 이유를 따져야만 한다.

그리고 끝으로 젊은 사람을 배제하는 법률은 이런 식으로 엄격하게 지켜져야 한다. 즉, 그들은 30세에 이르러야 하고, 정치 관여를 법률로 금지당하지 않은 사람이어야 한다. 또 호법관단 앞에서 이름을 명부에 등록한 사람이어야 하고, 또 새로 얻게 된 자격을 표시하는 어떤 표시를 일정한 대가를 지불하고 찾아가도록 해야 한다.

예를 들면, 자기들에게만 허용된 일정한 의복을 착용하도록 하여 그로써 다른 사람들과 구별되도록 하고, 또 그로써 다른 사람에게서 존경받도록 하는 방법을 취한다.

그와 동시에 선거에서는 어떠한 귀족도, 총명부에 등록되어 있지 않은 인간을 지명할 수 없도록 하고, 이를 어길 때에는 죄를 범한 것으로 무거운 벌을 과하도록 법률로 규정해야 한다. 그리고 누구라도 일단 지명되면 그 직분을 거절하지 못한다.

끝으로 국가의 모든 절대적 근본법이 영원하게 하기 위해서는 다음과 같은 규정을 설치해야 한다. 만약 누군가가 최고회의에서 무엇인가 근본법에 관하여, 예를 들면 어떤 군사령관의 임기 연장에 관해서라든지, 귀족의 수를 줄이자고 한다든지, 이런 일과 비슷한 일들에 관하여 문제를 제기할 때에는 그를 반역자로 기소하여 사형을 선고하고 재산을 몰수하는 데서 그칠 일이 아니라, 이를 영원히 기억하게 하기 위하여 그 사람을 처형한 일에 관하여 공적인 기념비를 세워야 한다.

이에 반하여, 그밖의 일반 국법의 안정성을 확보하기 위해서는, 어떠한 법률도 먼저 호법관 회의의 4분의 3 또는 5분의 4 이상의 동의를 얻지 않고서는 폐지, 또는 새로이 제정할 수 없도록 규정하는 것으로 충분하다.

제26절

또 최고회의를 소집하고 이 회의에서 결정할 모든 안건들을 제출하는 권리는 호법관단에게 있다. 호법관단에게는 이 회의에서 가장 상석이 주어지지만 투표의 권리는 인정되지 않는다.

그들은 자리에 앉기에 앞서, 이 최고회의의 안녕과 공공의 자유를 수호하기 위해, 즉 전력으로 조국의 모든 법률을 완전히 유지하고 공동의 복리를 유지하기 위해 힘쓸 것을 선서해야 한다. 이러한 선서가 끝나고 나서, 그들은 그들의 서기관들을 통하여 여러 제안들을 차례로 통고하게 된다.

제27절

모든 일을 결정하고 관리를 선임할 때에 모든 귀족들이 다 같은 힘을 갖게 하기 위해서는, 그리고 모든 사무의 결재를 신속하게 하기 위해서는, 베니스 사람들이 지켜온 수속을 가장 천거할 만하다. 이 베니스 사람들은 관리를 임명함에 있어서 회의체에서 약간 명을 추천으로 선출하고, 이 추천된 사람들이 차례로 선출할 관리를 지명하고, 계속하여 각 귀족에게 지명된 관리의 선임에 대하여 찬성 또는 반대의 의견을 투표용 작은 돌로써 표명한다. 이는 뒤에 누가 찬성하였으며 누가 반대하였는가를 알지 못하게 하기 위해서이다.

이렇게 하면 모든 귀족은 결의하는 데에 있어서 똑같은 권위를 갖게 되며, 사무가 신속하게 결재될 뿐만 아니라, 이런 방식에 의한 평등한 권위가 여러 회의에 있어서 무엇보다도 긴요한 사실로 되어 누구에게도 적의를 품게 할 걱정 없이 자기의 의견을 표시하는 절대적인 자유를 가지게 된다.

제28절

호법관 회의와 그밖의 여러 회의들에서도 같은 방법이, 즉 투표를 작은 돌로써 하는 방식이 지켜져야만 된다. 그리고 호법관 회의를 소집하고 이 회의에서 결정할 여러 안건들을 제출할 권리는, 호법관단의 의장에게 있어야 한다. 이 의장은 10명 또는 그 이상의 호법관들과 매일 회합을 연다. 이는 관리에 관한 서민들의 진정이나 비밀의 고소를 청취하기 위해서이고, 또한 필요할 때에는 피고인을 구류하고,*10 만약에 회의가 늦어지면 큰 위험이 발생할 염려가 있다고 그들 중의 누군가가 판단하였을 경우에는 규정된 시기가 아니더라도 회의를 소집하기 위해서다.

이 의장과 매일같이 모이는 사람들은, 최고회의에 의하여 호법관들 중에서 선출되어야 한다. 그러나 이들의 임기는 종신적이 아니라 기한부이다. 그리고 그들은 그 이상 임기를 연장할 수 없으며, 3년이나 4년 뒤가 아니면 다시 그 직위에 취임할 수 없다. 그리고 그들에게는 앞서 말한 바와 같이 몰수한 재산과 벌금의 일부가 제공되어야 한다. 호법관에 관한 다른 사항은 각각

적당한 때에 논술할 것이다.

제29절

이와 마찬가지로, 최고회의체에 부속된 제2의 회의체를 우리들은 원로원*[11]이라고 부르기로 하자. 이 원로원의 임무는 여러 가지 정무들을 수행하는 데에 있다. 예를 들면, 국가의 제반 법률을 공포하고, 여러 도시들의 방비와 체제를 법규에 따라서 정비하며, 군대에 대하여 훈령을 발한다. 또한 시민에게 세금을 부과하고 그 세금을 사용하여, 외국 사절을 응대하고 어느 곳에 파견할지를 결정하는 일들이다.

그러나 사절을 선임하는 일은 최고회의의 임무이어야 한다. 실로 귀족이 최고회의에 의해서만 국가 관직에 취임하도록 하는 일이 무엇보다도 중요하다.

그렇지 못하다면 귀족들은 원로원의 눈치를 살피고, 비위를 맞추는 일에 골몰하게 된다. 다음으로 현재의 사태에 무엇인가 변경을 가해야 할 경우에는 이 일을 모두 최고회의에 제안해야 한다. 예를 들면, 전쟁이나 평화에 관한 결정 등이 그렇다. 그러므로 전쟁이나 평화에 관한 원로원의 결정이 효력을 갖기 위해서는, 그 결정이 최고회의의 권위에 의하여 확인될 필요가 있다. 그러므로 나는 새로운 세금을 부과하는 권한은 원로원에게는 없고 단지 최고회의에만 속한다고 생각한다.

제30절

원로원 의원 수를 결정하는 데에는 다음의 일들에 유의해야 한다. 우선, 모든 귀족에게 원로원 의원의 직위를 얻는 데에 있어서 동등하고 확실한 희망을 갖도록 하는 일이다.

둘째로, 그러면서도 임기가 끝난 원로원 의원들이 오래지 않아 다시 그 직위에 재임할 수 있도록 한다. 이렇게 하면 국가는 언제나 숙달되고 경험이 풍부한 사람들에 의해서 다스려지게 된다. 그리고 끝으로, 원로원 의원직은 지혜와 덕이 뛰어난 사람들이 많이 차지할 수 있도록 한다.

이런 모든 조건을 충족시키기 위해서는 다음과 같이 해야 가장 좋으리라고 생각한다. 50세에 미달한 사람은 원로원 의원직에 취임시키지 않아야 하며, 400명, 다시 말해서 귀족의 약 12분의 1을 1년 임기로 선출해야 하며, 이 임기가 끝난 다음 2년이 경과하였을 때에는 같은 사람을 다시 임명할 수 있도록 하는 등의 내용을 법률로써 규정해야 한다. 이렇게 하면 언제나 귀족의 약 12분의 1은 단지 약간의 기간 동안 원로원 의원직에 취임할 수 있다.

확실히 원로원 의원의 수와 호법관의 수를 합한 수는, 50세에 이른 귀족의 총수와 거의 같거나 조금 많을 것이다. 그 결과로 모든 귀족은 언제나 원로원 의원이나 호법관의 직위를 얻을 수 있다는 확실한 희망을 갖게 되고, 지금 말했듯이 동일한 귀족이 곧 다시 원로원 의원직에 오르게 된다. 이렇게 하여 본장의 제2절에서 말한 바와 같이 원로원에는 언제나 지혜와 재능이 뛰어난 우수한 사람이 없어지지 않게 된다.

이 법률은 다수 귀족들의 큰 반감 없이는 좀처럼 파기되지 않으므로, 이 법률을 언제나 확보하기 위해서는 이러한 점에 주의만 하면 충분하다. 즉, 앞서 말한 연령에 이른 귀족들은 그 사실에 관한 증명서를 호법관단에 제시한다. 그렇게 하면 호법관은 그의 이름을 원로원 의원 후보자 명부에 기재하고 이를 최고회의에서 발표한다. 이리하여 그는 이 최고회의에서 그 같은 사람들을 위하여 지명되고, 원로원 의원의 좌석에 가장 가까이에 있는 좌석을 그와 동등한 자격을 가지고 있는 다른 사람들과 함께 점유하게 된다.

제31절
원로원 의원의 소득은, 전쟁시보다는 평화시에 그 이익이 더 많이 생기도록 정해져야 한다. 그런 뜻에서 수출이나 수입 상품의 100분의 1에서 50분의 1을 그들에게 제공해야 할 것이다. 이렇게 하면 그들은 될 수 있는 데 까지 평화를 옹호하고, 전쟁이 일어나도록 조장하려는 노력은 절대로 하지 않을 게 틀림없다. 그리고 원로원 의원들 중의 어떤 사람이 상인인 경우에는, 그 원로원 의원의 관세를 면제해서는 안 된다. 이 같은 경우에 면세를 한다면 무역에 큰 손해가 초래되게 된다는 사실은 누구나 쉽게 알 수 있으리라 믿는다. 다른 한편으로는 다음과 같은 사항을 법률로서 규정해야 된다. 현재 원로원 의원으로 있는 사람과 이전에 원로원 의원이었던 사람들은 군사상의 직무에 취임하지 못하고, 본장의 제9절에서 말한 바와 같이 전시에만 군에 설치되는 사령관이나 대장직에는, 현재 원로원 의원인 사람이나 과거 2년 이내에 원로원 의원의 직분에 있었던 사람의 자식 또는 손자를 임명해서는 안 된다. 그러니까 아마도 원로원과 아무런 관계가 없는 귀족들은 틀림없이 이러한 규정을 열심히 옹호할 것이다.

그 결과로, 원로원 의원들에게는 평화가 전쟁보다 언제나 유리하고, 또 이런 연고로 그들은 국가의 존망에 관련된 경우가 아니고서는 절대로 전쟁을 권고하지 않을 것이다. 그러나 한편으로 그들은 우리들에게 다음과 같은 반박을 할 수 있다. 즉, 호법관이나 원로원 의원에게 그와 같이 많은 보수를 제공해야 한다면, 귀족 국가는 어떤 군주국가보다도 더한 부담을 신민에게 주게 되리라고 말이다. 그러나 평화를 유지하는 데에는, 아무런 도움이 되지 않는 왕실 비용이 더 많이 필요하다는 사실과, 평화를 위해서는 아무리 많은 대가를 지불하더라도 아깝지 않다는 생각을 하지 않을 수 없다. 또 우선 군주국가에서는 한 사람 또는 극소수의 사람들에게 주어지는 모든 권리가, 이 국가에서는 많은 사람들에게 주어진다고 생각하면 이 문제는 해결된다.

다음에 왕이나 그들의 관리들은 국가의 세금을 신민들과 함께 부담하지 않지만, 국가 형태에서는 이와 반대이다. 귀족은 언제나 부유한 계급에서 선출되므로 그 계급에서 국비의 대부분을 납부하고 있기 때문이다.

끝으로, 군주국가의 세금은 왕의 공공연한 비용을 충당하기 위해서보다는, 그의 비밀 지출을 위해서 거두게 된다. 생각컨대 평화와 자유를 유지할 목적으로 국민들에게 세금을 부과한다면, 그 세금이 비록 많은 액수라고 하더라도 참을 수 있고, 또 평화의 이익이라는 점에서 감수하게 된다. 고래로 네덜란드 국민만큼 무거운 세금을 지불해야만 했던 국민은 없었을 것이다. 그러나 네덜란드 국민은 이 때문에 재산이 고갈되지는 않았을 뿐 아니라, 도리어 부강해져서 모든 사람들이 그 번영을 탐냈을 정도였다.

이같이 군주국가의 여러 세금들이 평화를 위해서 과세된다면, 그 세금은 국민에게 무거운 압력으로 여겨지지는 않았을 것이다. 그러나 지금 말한 바와 같이 국가에서 비밀스런 여러 가지 비용들을 국민이 부담하게 될 때, 국민들은 그 부담으로 허덕이게 된다. 실로 왕들의 유능함은 평화시보다 전시에 더 많이 발휘되며, 독재자적 지배를 의도하는 왕들은 심지어 신민이 언제나 가난하게 되도록 줄곧 힘써야만 한다.

또 현명한 네덜란드 사람인 반 호브(Van Hove)[*12]가 일찍이 말했던 그밖의 다른 사실들에 관해서는 지금 여기에서는 덮어 두기로 한다. 그 사실들은 여러 종류의 국가들 중에서 최선은 어떤 상태인가를 규정하는 데만 전념하고 있는 나의 계획과는 아무런 관계가 없기 때문이다.

제32절

원로원에는 최고회의에 의하여 선출된 몇 명의 호법관들이 투표권 없이 출석해야만 한다. 그 호법관들의 임무는 원로원에 관한 여러 법률들이 올바르게 지켜지고 있는가의 여부를 감시하고, 그들이 원로원에서 최고회의에 무엇인가 제안해야 할 경우에는 최고회의를 소집하는 일이 또한 임무이다. 그것은 호법관단이 최고회의를 소집하는 권리를 지니고 있고, 또 이 회의에서 결정할 여러 가지 안건을 제출하는 권리를 이미 말한 바와 같이 지니고 있기 때문이다. 그러나 그 같은 사항에 관해 체결하기에 앞서, 원로원 의장은 사태에 관하여 설명을 해야 하고, 제안에 대한 원로원 자신의 의견과 그 이유를 진술해야 할 것이다. 이런 일이 끝난 다음에는 이전 방법으로 투표를 하게 된다.

제33절

원로원 의원들 전원은 매일 집합할 필요가 없다. 모든 대회의체와 마찬가지로 일정한 시기에 집합하면 된다. 그러나 그 중간에도 국무는 수행되어야 하므로, 원로원 의원들 중에서 약간명을 뽑아서 이들에게 원로원이 폐회되고 있는 동안에 그 국무를 대리하도록 해야 한다.*13 이들의 임무는 원로원을 필요에 따라 소집하고, 국가에 관한 여러 가지 결정을 실행하며, 원로원과 최고회의 앞으로 보내온 여러 편지들을 읽고, 원로원에 제출할 여러 의안들에 관하여 협의하는 데에 있다. 그러나 이런 일들과 원로원의 질서가 한층 더 용이하게 이해될 수 있도록, 나는 전체에 관하여 좀 더 정확하게 규정해 보려고 한다.

제34절

원로원 의원들은 이미 말한 대로 1년 임기로 선출되어야 하고, 네 개나 여섯 개의 부서들로 나뉘도록 해야 한다. 그 중의 제1 부서는 최초의 3개월 간, 또는 2개월 간 원로원에서 가장 상석을 차지하고, 이 기간이 지나면 제

2부서가 제 1부서와 자리를 바꾼다. 이와 같이 차례차례 규칙적으로 바르게 교대하여 각 부서는 그 정해진 기간 동안만 가장 상석을 차지한다.

그리고 처음 몇 달 동안 가장 상석을 차지하였던 부서는 다음 몇 달 동안은 가장 아랫자리에 앉도록 한다.[*14] 또 각 부서는 의장과 부의장을 선출해야 한다. 부의장은 필요에 따라 의장을 대리한다. 이리하여 그들은 그 부서의 장과 부의장이 된다. 그리고 제 1부서의 의장이, 처음 몇 달 동안은 원로원 의장이 된다. 그가 결석하였을 때에는 부의장이 이를 대리한다. 이와 같이 다른 부서의 의장들도 앞의 순서에 따라서 원로원 의장이 된다.

다음은 제1 부서에서 몇 명을 추천 또는 투표로 선출하여, 폐회 후에는 이들로 하여금 의장·부의장과 함께 원로원을 대리하도록 한다. 단, 그 부서가 원로원의 가장 상석을 차지하고 있을 때에만 그렇게 한다. 이 기간이 지나면 제2부에서 그와 같은 수의 사람이 다시 추천이나 투표로 선출되어 이들이 자기 부서의 장·부의장과 함께 제1부와 교대로 원로원의 대리가 된다. 이렇게 원로원 직위가 차례로 다른 부서로 옮겨간다.

추천이나 투표로 각각 3개월 또는 2개월의 기한부로 선출해야 한다고 내가 말한 사람들은, 최고회의에 의해서 선출될 필요가 없다. 이때 선출된 사람들을 집정관이라고 부르기로 하되, 최고회의체에서 선출할 필요가 없다. 왜냐하면 본장의 제29절에 말한 이유(최고회의체에 부속된 제2의 회의체의 임무, 즉 원로원의 임무들)는 이 집정관에 일치되지 않고 또 제17절의 이유(회의체의 임무들)는 더욱 그러하기 때문이다. 그 집정관들은 원로원 또는 원로원에 출석하고 있는 호법관이 선출하는 것으로 족하다.

제35절

더욱이 나는 그 집정관들의 수를 그와 같이 정확하게 결정할 수는 없다. 그러나 그들의 수는 쉽게 매수당하지 않을 정도로 많아야 하는 일만은 확실하다. 왜냐하면 그들 단독으로는 국사에 관하여 아무것도 결정하지 못하기는 하지만, 그렇더라도 그들은 원로원을 자기 앞으로 끌어들이든지, 아니면, 이것은 가장 나쁜 일이지만 그들은 원로원을 조롱하는 일을 할 수 있기 때문이다.

즉, 매수된 몇몇 집정관들이, 전혀 가치 없는 의안을 제안하여 정작 중요한 의안을 잡아 묶어둔다든지 하는 일이 있기 때문이다. 더구나 그들의 수가 너무 적은 경우에는, 한 두 사람의 결석으로 일이 지체될 두려움이 있지만, 이에 관해서 지금은 말하지 않겠다. 그러나 이들 집정관은 여러 큰 회의체들이 매일 정무에 관여할 수 없다는 이유에서 설치되었으므로, 여기에서는 필연적으로 중간적인 위치에 머물러 있어야 한다. 그리고 그 사람들의 수효는 비교적 적지만, 임기가 짧다는 것으로, 그렇게 매수될 결점을 보충해야 한다. 왜냐하면 만약에 30명 또는 그 전후의 사람들이 2개월에서 3개월을 기한 부로 선출된다면, 이만한 사람들이 그렇게 짧은 기간 동안에 모두 매수당하는 일은 없을 것이다.

게다가 그 집정관들의 후임자는 그들이 퇴임하였을 때까지는, 그리고 후임자가 그의 뒤를 이을 때가 되기까지는 결코 선출해서는 안 된다고 내가 주의한 까닭은 그러한 연유에서이다.

제36절

집정관들의 임무는 이미 말한 바와 같이, 그들 중의 몇 명이 필요하다고 판단하였을 때 원로원을 소집하는 일, 원로원에서 결정할 여러 안건들을 제출하는 일, 원로원을 산회하는 일, 그리고 국무에 관한 제반 결정들을 실행하는 일이다. 이때 그들의 수는 적어도 상관 없다. 그러나 일들이 아무 소용도 없는 토론에 질질 끌려가지 않게 하기 위해서는, 이를 어떠한 질서로써 행해야 하는가에 대하여 이제부터 간단히 설명코자 한다.

집정관들은 원로원에 제출할 의안들에 관하여, 그리고 원로원이 해야 할 일들에 관하여 협의한다.*[15] 그리고 그 의안과 일들에 관하여, 그 집정관들 전체의 의견이 일치되었을 때에는 원로원을 소집하고, 그 문제를 요령있게 설명하며, 그들의 의견을 진술하고, 다른 사람의 의견을 기다리지 않고 규정된 수속을 밟아서 체결한다. 그러나 집정관들 간에 의견이 나누어져 있는 경우에, 원로원에서는 제출된 문제에 관하여 먼저 집정관들의 가장 많은 수가 찬동하는 의견을 진술한다.

만약 그 의견이 원로원과 집정관들의 과반수 찬성을 얻지 못했다면, 또는 오히려 태도 표명을 보유하고 있는 사람과 반대하는 사람의 수가 찬성하는 사람의 수효보다 많다면, 집정관들 사이에서 그 다음으로 찬동 표를 많이 얻은 의견을 진술하고 이를 표결한다. 표결은 투표 용의 작은 돌로써 표명해야 한다. 이렇게 하여 차례로 다른 의견들을 진술하고 표결하게 되는데, 만약 어느 의견도 원로원 의원들의 과반수 찬성을 얻지 못하였을 때에는, 원로원은 이튿날까지 또는 단시일 동안 휴회된다. 그리고 집정관들은 그동안 다수의 찬성을 얻을 수 있는 다른 수단을 찾을 수는 없을까 의논을 한다.

이때 다른 의견을 발견하지 못하였거나, 발견은 했어도 원로원의 과반수가 이에 찬성하지 않을 경우에는, 각 원로원 의원의 의견을 청취해야 한다. 그러나 그러한 안건들 가운데 어느 안건에 대해서도 역시 원로원의 과반수가 찬성하지 않을 경우에는, 각 의견에 관하여 재투표를 실시한다. 이 재투표에서도 역시, 찬성한 사람의 표수와 태도를 보류한 사람의 표수, 반대한 사람의 표수를 이제까지처럼 각각 계산한다. 그래서 만약에 찬성표가 태도를 보류한 사람의 표나 반대하는 사람의 표보다 많다고 판명되면, 그 의견을 채택해야 한다.

만약 반대하는 사람의 표가 태도 보류자의 표나 찬성하는 사람의 표보다 많을 때에는, 그 의견은 부결된다. 그러나 모든 의견에 관하여 태도를 보류한 사람의 수가 반대하는 사람이나 찬성하는 사람의 수보다 많다면, 이때는 호법관단까지도 원로원과 합류하여 함께 투표를 한다. 이때 찬성하는 사람의 표와 반대하는 사람의 표만 계산하고 태도를 보류한 사람의 표는 제외한다. 원로원에서 최고회의에 제출되는 여러 의안들에 관해서도 이와 같은 수속은 지켜져야 한다. 원로원에 대해서는 이 정도로 설명해둔다.

제37절

법원, 즉 재판소(이상적인 민주 귀족국가의 재판소)에 관해서 말하면, 이런 재판소는 제6장 제26절 이하에 규정한 군주국가의 그 재판소와 동일한 기초 위에 세울 수는 없다. 군주국가의 재판소는 좀 다르기 때문에(본장 제14절), 여기에서 종족 또는 씨족에게 무엇인가 고려를 해야 하는 일은, 이 귀족 국가의 제반 기초와는 서로 용납되지 않기 때문이다.

다음으로 재판관들은 귀족 중에서만 선출되는데, 이들은 자기들의 후임자가 될 귀족(다른 종족의 귀족)들에 대한 두려움이 작용하여, 귀족의 어떤 사람에게 부당한 판결을 내리는 일은 없을 뿐만 아니라, 더욱이 그들이 처량한 상태가 된 후에도 정당하게 벌 줄 용기가 없을지도 모른다.

그리고 그 반대로 일반 인민에 대해서는 모든 못된 짓을 감행하고, 또 부유한 사람에 대해서는 매일 그들의 밥으로 삼을지도 모른다. 나는 이러한 이유에서 사람들이 재판관을 귀족 중에서 선출하지 않고 다른 나라 사람들 중에서 선임했던 제노바 사람들의 대책을 시인하고 있었던 예를 알고 있다.

그러나 이를 본질적인 면에서 생각하면, 귀족 중에서 선출하지 않고 다른 나라 사람을 자기 나라의 법률 해석자로 선임한다는 것은 부조리한 제도라고 생각된다. 재판관이란 그 나라의 법률 해석자이기 때문이다. 그러므로 내가 믿고 있는 바에 의하면 제노바 사람들은 이런 점에서 귀족국가 본성에서가 아니라 자기 국민의 기질을 돌아보아 그런 대책을 행하였다고 생각된다. 여기서 모든 일을 그 본질적인 면에서 생각하는 우리들로서는 이 정치 형식에 가장 적합한 수단을 이끌어내야 한다.

제38절

재판관의 수에 관하여, 이 정치 상태^(귀족국가의 정치상태)에서는 본질상 별로 특수한 점을 필요로 하지 않는다. 다만 군주국가에 있어서와 마찬가지로 그 같은 국가에 있어서도 무엇보다 지켜져야만 하는 요건은, 재판관이 일반 사람들에게 매수당하지 않을 정도로 그 수효가 많아야 한다는 점이다. 왜냐하면 그들의 임무가 다음과 같기 때문이다. 곧, 사람들이 다른 사람에게 부정을 저지르지 못하도록 방지하는 일, 따라서 귀족이든 일반 인민이든 사람들 사이에서 일어난 분쟁을 해결하고 모든 사람들이 그들에게 지워진 의무를 배반하여 법률을 어기고 죄를 범한 사람에게^(죄를 범했을 때는 귀족·호법관· 원로원 의원이라도 다름없이) 형벌을 내리는 일이기 때문이다.

그러나 그 국가의 통치하에 있는 도시들 사이에 발생하는 분쟁은 최고회의에서 해결하여야 한다.

제39절

재판관의 임기에 관해서는, 어떤 국가에 있어서나 같은 원칙이 적용된다. 그리고 해마다 그들의 일부분이 해임되어야 한다는 것도 마찬가지이다. 끝으로 그들은 모두 각각 다른 씨족에서 선출되어야 한다는 것은 여기서는 문제가 되지 않는다고 하더라도, 역시 같은 혈연자 중에서 두 사람이 동시에 재판관의 자리를 차지하지 않게 할 필요가 있다.

이러한 일은 다른 여러 회의체에서 지켜야 한다. 그러나 최고회의체에서 만은 별도로서, 거기에서는 선거를 하는 데 다만 다음과 같은 사항들을 법률로 금하면 그로써 충분하다. 누구도 근친자를 추천하지 않을 것, 만약 근친자가 다른 사람으로부터 추천을 받았을 때에는 투표를 하지 못하게 할 것, 또 관리를 임명할 때 두 사람의 근친자가 천거할 때는 항아리에서 많은 제비를 뽑지 않을 것 등이다.

감히 말하건대, 그같이 많은 사람으로 구성되고 아무런 보수도 받지 않는 회의체에서는 이로써 충분하다. 국가는 이 일에서 아무런 위험을 받지 않으므로 여기서 본장의 제14절에서 말한 바와 같이 모든 귀족의 근친자를 법률로써 최고회의에서 배제하는 일은 적절치 않다 하겠다.

이것이 부조리한 일임이 분명하다는 까닭은, 이러한 법률은 귀족 전체가 그 점에 있어서 자기의 권리를 전적으로 포기함으로써만 귀족 자신에 의하여 이행될 수 있기 때문이다. 이때 이 권리의 옹호자는 귀족 자신이 아니라 민중이라고 하게 될 것이다. 이것은 본장의 제5절과 제6절에서 논술한 바와 직접적으로 모순된다. 이에 반하여 귀족과 민중의 비율이 언제나 동일하게 유지해야 한다고 규정한 그 국법은, 무엇보다도 귀족의 권리와 힘이 유지되어야 한다고 주장하고, 귀족의 수가 언제나 민중을 통치하기에 부족함이 없을 만큼 많아야 한다고 주장하고 있다.

제40절

또 재판관은 최고회의에 의하여 귀족 자신들 중에서, 다시 말해서 본장의 제17절에서와 같이 입법자 자신들 중에서 선출되어야 한다. 그리고 그들이 민사 사건이나 형사 사건에 관하여 선고한 내용은 그 내용이 재판의 절차를 지키고 공평하게 선고되었을 때 유효하다. 호법관은 이 내용에 관하여 인정하고 처분하는 법률상의 권능을 갖는다.

제41절

재판관의 소득은 제6장 제29절에서 말한 바와 같아야 한다. 즉, 재판관들은 민사 사건에 관하여 판결할 때마다 패소자 측으로부터 일정 비율의 부담금을 받아들인다. 형사 사건의 판결에서는 그들에 의하여 몰수된 재산이나, 죄가 가벼워서 벌금으로 물린 돈을 그들에게만 주는데, 이는 민사 사건 때와는 다르다. 그러나 이것은 그 재판관들이, 누구를 막론하고 절대로 고문으로써 자백을 강요해서는 안 된다는 조건을 지켰을 때의 일이다.

이렇게 함으로써 그들이 일반 인민에 대하여 부당한 태도와 대우를 하거나, 두려움과 어려움에서 귀족들을 적당히 보아주는 일 따위가 충분히 방지될 것이다. 왜냐하면 이 두려움과 어려움은 정의라는 미명 뒤에 숨어 있는 이기심에 의해서 결국은 누그러진다. 뿐만 아니라 재판관의 수가 많고 또 투표를 공공연히 내놓고 하지 않고 비밀 투표, 즉 작은 돌로 하는 투표로 판결이 내려지기 때문에 그렇게 적당히 봐주는 일은 있을 수 없다.

이 결과 누군가 패소를 하였을 때 화를 내어도, 이 화내는 사람은 이것을 어떤 재판관의 탓이라고 원망할 아무런 근거를 갖지 못한다. 호법관에 대한 어려움은, 그 재판관들이 부담하거나 부조리한 판결을 내리는 것을 스스로 저지하게 되고, 그들 중의 누군가가 기만적인 행위를 할 때는 막게 될 것이다. 그밖에 그같이 많은 수의 재판관들 중에는 부정한 동료에게 두려움의 대상이 되는 훌륭한 사람이 언제나 한두 사람은 있기 마련이다.

끝으로 일반 인민 편에서 말하더라도 인민은 호법관단에 상소를 할 수 있으므로, 이것은 인민 편에서 볼 때 커다란 보장이 아닐 수 없다. 앞서 말한 대로 호법관은 재판관이 하는 일에 관하여 인정하고 판단하고 처분하는 법률상의 권능을 가지고 있기 때문이다. 호법관은 다수 귀족들의 미움을 사게 되는 일이 보통이지만, 그 대신에 서민들에게는 가장 필요한 존재임이 확실하며 호법관 쪽에서도 할 수 있는 데까지 서민들의 찬성을 얻으려고 노력할 것이다.

이러한 목적을 위하여 호법관은 기회 있을 때마다 재판 법규에 어긋나게 내려진 판결을 파기하고, 각 재판관을 조사하여 그 중에서 부정한 사람들이 발견되었을 때에는 이들을 주저하지 않고 처벌할 것이다. 사실상 민중들의 마음을 이런 일처리 이상으로 감동시킬 수는 없기 때문이다. 그러나 이러한 일이 자주 일어나지 않는다고 하여 무슨 지장이 생기는 것은 아니다.

아니 오히려 자주 발생하지 않는 편이 더 유익하다. 그것은 매일 범죄자를 처벌해야 하는 국가는 무엇인가 조직상에 잘못된 점이 있는 것임은 (제5장 제2절) 다시 말할 필요도 없고, 일반에게서 가장 칭찬받을 만한 일들이란 그렇게 빈번히 일어나지는 않기 때문이다.

제42절

여러 도시 또는 지방 총독으로 파견될 사람은 원로원 의원의 계급에서 선임되어야 한다. 왜냐하면 도시나 주의 방위·재정·군정 등에 관하여 배려하는 것은 원로원 의원의 임무이기 때문이다. 그러나 좀 떨어져 있는 지방으로 파견된 사람은 원로원 회의에 참석할 수 없으므로, 여기서 나라 안에 있는 여러 도시들로 파견되는 사람만 원로원 의원 중에서 선임하되, 멀리 떨어져 있는 지방으로 파견하려고 하는 사람은 이들을 원로원 의원급의 연령자 중에서 선임해야 할 것이다. 그러나 만약 가까운 여러 도시들이 투표권을 전혀 행사할 수 없게 된다면, 지금 말한 이 규정을 지키려다가는 전 국가의 평화가 충분히 보장되지 못하리라고 나는 생각한다. 이러한 여러 도시들이 어느 도시나 모두 무력하여 공공연하게 무시를 당하여도 좋을 때에는 큰 문제가 아니지만, 그러한 경우란 좀처럼 있을 수 없다 하겠다.

여기서 가까이 있는 여러 도시에는 도시권(都市圈)을 부여하고 각 도시에서 20명이나 30명 또는 40명을—이 수는 도시의 크기에 비례하여 증감되어야 한다—뽑아서 이 시민을 귀족의 수에 포함 편입하고, 이들 중에서 3명이나 4명, 또는 5명을 해마다 원로원 의원으로 선출하고 그 중의 한 사람을 종신의 호법관으로 선출할 필요가 있다. 그리고 이들 원로원 의원은 자기가 선출된 도시의 지방 총독으로 호법관과 함께 파견된다.

제43절

또 각 도시에 두어야 하는 재판관은, 그 도시의 귀족들 중에서 선출해야 한다. 그러나 이에 관해서는 자세한 설명이 필요 없다고 생각한다. 이런 식의 선출은 이러한 종류의 국가에 있어 특별한 기초와 관계가 없기 때문이다.

제44절

각 회의체에 있어서의 서기관과 이 서기관 같은 종류의 사무관들은, 투표권을 갖지 않으므로 서민들 중에서 선임되어야 한다. 그런데 이들은 장기간 집무할 수 있으므로 사무 전반에 조예가 깊어진다. 여기서 사람들은 정당한 정도 이상으로 그 사무관들의 의견을 신뢰하여 전 국가의 상태가 주로 그들의 지도에 의존하는 경우가 가끔 생긴다. 이것이 바로 네덜란드 사람들에게 파멸의 원인이 되었다.*[16] 그와 같은 일은 다수의 귀족들에게 큰 반감을 사지 않고서는 이루어지지 않으며, 게다가 정책을 결정하는 데에 있어서 원로원 의원의 의견에 따르지 않고 사용인들의 의견을 존중하고 따르게 되므로, 그러한 원로원은 아예 무능자들의 모임이기 때문이다.

그리고 그 같은 국가의 상태는 소수의 고문관에게 지배되는 군주국가의 국가 상태보다도 크게 나을 것이 없다. 이것에 관해서는 제6장의 제5절, 제6절, 제7절을 보라. 그러나 국가는 잘 조직되었느냐 잘못 조직되었느냐에 따라서, 그만큼 적게 또는 그만큼 많게, 이와 같은 피해를 입게 될 것이다. 생각하건대 충분히 견고한 기초를 가지지 못한 국가의 자유는 위험을 무릅쓰지 않고서는 옹호되지 못한다. 이 위험을 극복해 보려고 귀족은 민간인 중에 명예욕이 강한 인간을 벼슬아치로 선임하고, 뒤에 혁명이 일어 났을 때 이들을 제물로 바쳐 자유를 경멸하는 사람들의 노여움을 풀어보려고 한다.*[17] 이와 반대로 자유의 기초가 충분히 확고한 곳에서 귀족은 자유를 수호하는 명예를 차지하려 하고, 정치상의 지도를 그들의 의견에만 따르도록 노력한다.

귀족국가의 여러 기초를 정할 때에는 우리들은 특히 다음 두 가지 점을 염두에 두어왔다. 즉, 우리들은 한편에서는 심의하는 과정이나 표결하는 데에서 서민들을 제외하고(본장 제3, 4절), 다른 한편에서는 국가의 최고 권력을 귀족 전체에 속하게 하되 실행상의 권력은 호법관단과 원로원에 속하게 한다. 또한 원로원을 소집하고 공공의 복리에 관한 제반 의안을 제출하며 논의하고 실행하는 권리를 원로원 의원들 중에서 선임된 집정관에게 속하게 하였다.

그리고 만약 원로원이나 다른 회의체에 있어서의 서기관을 4년 또는 길게 5년 임기로 선임하고, 거기에 같은 임기를 가지고 있는 제2의 서기관을 배속시켜 그 업무의 일부를 분담시키는 규정을 설정하고, 원로원 안에 한 사람의 서기관만 두지 않고 몇 명의 서기관을 두어 그들에게 각각 다른 업무에 종사하게 한다면 앞서 말했던 사용인들의 힘이 크게 작용하는 일은 결코 일어나지 않을 것이다.

제45절

역시 재정관도 서민들 중에서 선임해야 한다. 이들 재정관들은 원로원에 대해서 뿐만 아니라 호법관단에 대해서도 자기 소관 사무에 관하여 설명을 해야 하는 의무를 갖는다.

제46절

종교에 관해서는, 우리들은 《신학·정치론》에서 충분히 상세하게 설명하였다. 그러나 거기에서 설명할 필요가 없거나 적당치 않다고 생각되는 약간의 사항은 생략하였다. 우리들은 먼저 귀족들은 《신학·정치론》에서 규정한 가장 간단하고 보편적인 종교*18를 다 함께 신봉해야 된다고 설명하였다. 왜냐하면 귀족들 자신이 여러 종파로 갈리면 어떤 사람은 이 종파를 두둔하겠지만, 또 다른 사람은 다른 종파를 지지하는 일이 생겨 분열하게 된다. 또한 귀족이 미신에 빠져서, 신민들이 생각하는 바대로 말하는 자유를 신민에게서 박탈하려고 하는 일이 생겨나므로 이것은 무엇보다 주의하지 않으면 안되기 때문이다.

다음은 각각의 사람들이 생각하는 바를 말하는 자유가 그들에게 부여되어야 한다고 해도, 그들이 큰 집회를 갖는 일은 금지되어야 한다. 따라서 각각 다른 종교의 신자들은 그들이 희망하는 만큼의 교회당을 건립하는 일이 허용되어야 한다. 그러나 그 교회당은 일정한 한도의 크기를 가져야 하며, 또 서로 얼마간 떨어진 장소에 세워야만 한다.*19 그런데 이와는 반대로, 국교를 위하여 건립 봉헌되는 교회당은 크고 훌륭해야 하며, 그 주요한 의식이나 제사를 시행하는 일은 귀족이나 원로원 의원에게만 허용하도록 해야 한다.

따라서 귀족만 세례를 받으며 혼인을 주재하고 안수*20를 할 수 있고, 일반적으로 말하면 귀족은 교회당의 사제로서*21 또 국교의 옹호자로서 간주한다는 것이다. 그러나 설교를 하는 일이나 교회의 재정을 관장하는 일, 그 일상 사무를 처리하는 일을 위해서는, 서민 중에서 약간 명을 원로원 자신들이 선임하여야 한다. 이들은 이른바 원로원의 대리자이며, 그런고로 그들은 모든 사항에 관하여 원로원에 대해서 설명을 해야 하는 의무가 있다.

제47절

그 같은 종교적 규칙들이 이 국가의 기초에 관계되는 사항들이다. 이런 규칙들 외에 나는 그렇게까지는 근본적이지 않지만 역시 중요한, 다른 약간의 사항을 첨가하여 말해 보기로 하겠다. 즉, 귀족들은 다른 사람들에게서 구별되도록 특수한 의복이나 복장을 하고 있어야만 한다. 그리고 다른 사람들로부터 특수한 칭호에 의해서 인사를 받아야 한다. 서민 출신인 사람들은 그들에게 자리를 양보해야 한다. 만약 귀족 중에 어떤 사람이 불가피하게, 또는 불행하게 그의 재산을 잃어버리고 또 이 일이 확실하게 증명될 때에는, 그에게 재산을 국고에서 다시 보충해 주어야 한다.

그러나 이와는 반대로 만약 그 사람이 낭비, 사치, 오락, 육체적 쾌락을 위해서 그의 재산을 낭비했을 때나, 그 일이 판명됐을 때에는, 다시 말해서 그가 지불할 수 있는 능력 이상으로 많은 부채를 낭비로 인해 짊어지게 된 일이 판명된 경우, 그는 그 명예스러운 직위를 상실하게 된다.

그것은 자기 자신의 사사로운 일을 다스릴 능력도 없는 사람이라면, 국가의 큰일을 위해서 봉사하기는 더욱 어려울 것이 분명하기 때문이다.

제48절

법률에 의하여 강제 선서를 당하는 사람은 신에게 선서하는 경우보다도 조국의 안녕과 자유에 대하여, 그리고 최고회의에 대하여 선서하지 않으면 안 될 경우에 더 한층 거짓 선서를 하지 못하게 될 것이다. 그 연유는 신에게 선서할 때에는 그 사람이 자기가 평가하고 있는 자기의 개인적 이익을 걸고 맹세를 하는 데에 불과하지만, 조국의 자유와 안녕을 걸고 선서를 하는 사람은 자기 혼자의 평가가 아닌, 만민에게 공통된 이해를 걸고 맹세를 하는 것이기 때문이다.

제49절

국비로 세워지는 대학들은 정신을 함양하기 위해서라기보다는 이 정신을 억제하기 위하여 설립된다.[*22] 그러나 자유 국가에 있어서는, 학문이나 기예를 공공연하게 교사가 되고자 하는 희망자 누구에게나 허용하고, 더구나 학문이나 기예를 익히는 교육과정을 그 사람의 자비로 하고, 그 사람의 책임으로 할 때 가장 번영한다. 그러나 이 일에 관하여, 그리고 이 일과 유사한 일들에 관한 설명은 보류하기로 하겠다. 그것은 내가 여기서는 그저 귀족국가와 관계 있는 사실들만 논술하려고 의도하고 있기 때문이다.

〈주〉

＊1 귀족(Patricius)은 원래 로마의 재산상 귀족으로서, 서민(Preb)과 대립하는 계층이었다.

＊2 그 무렵 네덜란드의 저명한 정치론자 반 호브(Van Hove)도 아테네의 정치를 감안하여 네덜란드를 위하여 5,000명의 귀족을 요구하고, 지배 계급을 폭넓게 해방하려고 하였다. 요컨대 반 호브는 민주 정치에 가장 가까운 귀족 정치를 최선이라고 보았고, 소위 귀족 정치의 민주화를 시도했었다.

＊3 절대통치(Imperium absolutum)란 주권에 대한 어떠한 반대 세력도 생각할 수 없는 통치 상태를 말한다. 이러한 상태는 군주 국가에서 절대적 독재 정치의 경우도 그와 같다고 생각하겠지만(제7장의 제14, 29, 30절 참조), 그러나 오히려 민주 국가가 진정한 절대 정치이다(제8장의 제3절, 제11장의 제1절 참조). 그 이유는 민주국가에서는 치자와 피치자가 동일하므로, 이론상 주권에 대한 반대 세력이란 절대로 생각할 수 없기 때문이다.

＊4 한자(Hansa)의 여러 도시와 벨기에에서는 정부에 대한 길드(guild)의 세력이 때때로 강해져 그 때문에 정부의 힘이 약화되었다.

＊5 이 같은 규정의 존재 이유를 게브하르트는 당시의 네덜란드 사정을 들어 설명하고 있다. 즉, 당시의 민병대는 반(半) 귀족파였으며, 또 국고(國庫)는 총독의 지배 아래에 있었으므로 청정파, 즉 귀족파는 자기들에게만 선서를 한 용병들을 위급한 경우에 사용했다.

＊6 빌헬름 3세가 출현했을 때와 같다.

＊7 여기의 가족(familia)은 군주국가의 가족처럼 방대한 단체가 아니고 보통 가족을 말한다.

＊8 호법관(Syndicus)은 원래 아테네의 국가 제도에서 따온 명칭이다. 베니스 공화국에서도, 의회에 부속되어 있는 일종의 감독 관청에 이 명칭을 사용하였다.

＊9 리브라는 파운드와 같다.

＊10 accusatos asservandos.

＊11 원로원(Senatus) : 로마에서 유래한 제도로서 행정 관청이라는 뜻으로 사용된다.

＊12 반 호브(Van Hove)(Pleter do la Court)는 1618～1685년의 사람으로서 〈국가에 관한 고찰과 정치의 권형(Consideration van Staat oftepolityke Weeg-Schaal)〉이 있다.

*13 이 같은 위원 제도는 네덜란드 주회(州會)의 위원회에서도 행해졌다.

*14 네덜란드 국회의 회의에서도 이와 같은 순서가 지켜졌다.

*15 이 체결 방법은 베니스의 원로원에서도 행해졌다.

*16 1672년의 혁명. 그 당시에는 이 혁명으로 인해 자유가 멸망하였다고 일반적으로 생각
하였다.

*17 올덴바르네벨트(Oldenbarnevet)와 얀 드 위트를 말함. 이 두 사람은 함께 의회의 법
률 고문이있다. 이들은 의회에서 투표권은 없었으나, 실권을 잡았다. 그러나 두 사람
은 함께 오란예파에 의해 학살당했다. 당시 네덜란드의 유력한 정치가는 이 의회의
법률 고문 출신이 많았다.

*18 《신학·정치론》 14장에서의 일곱 가지 신조로 총괄한 신앙.

*19 마이에르에 의하면, 이 같은 규정은 오래도록 네덜란드에서 행해졌다.

*20 전쟁에서 승리한 자에 대하여 그 승리자를 높이기 위해서 하였던 안수이다.

*21 일반 세속 사람이 사제 역할을 담당하리라는 것은 고레기안트 파도 주장하였다.

*22 마이에르에 의하면, 라이덴 대학은 주로 목사를 양성하기 위하여 세워졌으며, 모든
교수들은 이 파에 귀의하지 않으면 안 되었다.

제9장
귀족국가에 관하여(2)

제1절

우리들은 이제까지 국가 전체의 수도인 한 도시명에서만 그 이름을 따서 쓰는 귀족국가에 관해서 고찰해 왔다. 이제는 다수의 도시가 통치권을 쥐고 있는 귀족국가에 대해서, 즉 나의 의견으로는 앞의 국가보다 훌륭한 귀족국가에 대하여 논술할 때라고 생각한다. 이 두 귀족국가의 다른 점과 그들의 가치를 알 수 있기 위하여, 우리들은 여기서 앞의 귀족국가의 여러 기초들을 하나하나 음미하고, 귀족국가에 적당치 않는 점들은 물리치고, 그 대신에 귀족국가의 토대로 삼아야 하는 다른 여러 기초들을 대치해 가기로 한다.

제2절

도시권을 향유하고 있는 여러 도시들은 다음과 같이 건설되고 방위되어야 한다. 즉, 각 도시는 다른 여러 도시들 없이는 단독으로 존립하지 못하며, 각 도시는 전체 국가에 큰 손해를 끼칠 때에만 다른 여러 도시들로부터 이탈할 수 있게 해야 한다. 이렇게 하면 여러 도시들은 언제나 통일되어 있을 수 있다. 이와는 반대로 여러 도시들이 스스로를 유지할 수 없고 다른 도시로부터 두려움을 받지 않게 되어 있을 때, 이 여러 도시들은 확실히 자기의 독립된 권리 아래 있지 못하고 도리어 완전히 다른 도시의 권리 아래에 있다.

제3절

앞장의 제9절과 제10절에 제시한 사항들은 귀족국가의 공동적인 본성에서부터 끄집어낼 수 있다. 민중의 수에 대한 귀족 수의 비율이라든지, 귀족으로 선출될 사람의 연령이나 조건에 관해서도 마찬가지이다. 또한 통치권이 한 도시에 의하여 장악되어 있든, 다수의 도시들에 의해서 장악되어 있든,

아무런 차이가 생기지 않는다. 이와는 반대로 최고회의에 관해서는 이번의 경우 사태가 달라져야 한다. 왜냐하면 만약 한 국가 속에 있는 많은 도시국가들 중의 어떤 한 도시가 이 최고회의의 개최지로 정해진다면 그 도시는 사실상 그 국가의 수도라고 할 수 있기 때문이다. 따라서 각 도시에서 교대로 회의를 열든지*¹ 그렇지 않다면 도시권을 소유하지 못하고 독립적이지 못해서 모든 도시들의 권리에 같은 정도로 속해 있는 어떤 장소를 이 회의의 개최지로 지정하든지, 그 어느 쪽으로든 택하지 않으면 안 될 것이다.

그러나 앞의 방법이든 뒤의 방법이든 다 같이 어려움이 있다. 왜냐하면 앞의 경우 몇 천 명이라는 수많은 사람들이 어떤 때는 이곳에, 어떤 때는 저곳에 모여야만 하고, 뒤의 경우에는 이 수많은 사람들이 가끔 도시를 떠나야 하므로 이 두 가지는 모두 말하기는 쉬우나 실제로 실행하기는 어려운 것이라 할 수 있다.

제4절

이러면 이에 대해 어떻게 해야 할지, 또 이 국가의 여러 회의체들을 어떠한 제도로써 운용하여야 할지를, 이 국가의 본성과 상태에서 바르게 끄집어내기 위해서는 다음 사항들을 고찰해야 한다. 먼저 각 도시는 강력할수록 그만큼 한 명의 사사로운 사람보다 더 한층 많은 권리를 갖는다(제2장 제4절).

따라서 이 국가의 각 도시는(본장 제2절) 도성 안, 즉 자기의 관할 범위 안에서는 자기 힘으로 할 수 있는 만큼의 상당한 권리를 갖는다. 다음으로 모든 도시는 맹약자로서가 아니라 오히려 한 국가의 구성분자로서 서로 간에 결합하고 통일되어 있다. 다만 각 도시는 다른 여러 도시들보다 강력할수록 국가에 대하여 더욱 많은 권리를 가진다.

생각해 보건대, 그것은 같을 수 없는 것 중에서 평등을 찾아보려고 한다는 것이 부조리한 요구이기 때문이다. 국민은 평등하게 평가되어야 한다는 것은 틀림없다. 국민 한 사람의 힘이란 전체 국가의 힘에 대해서는 그야말로 말도 안 되기 때문이다.

이와는 반대로 각 도시의 힘은 국가 자체의 힘의 큰 부분을 구성하고 있으며, 더구나 그 도시가 크면 클수록 그만큼 점점 더 큰 부분을 구성한다.

따라서 모든 도시는 평등하게 평가할 수 없다. 오히려 각 도시의 힘이 그러하듯이 각 도시의 권리도 그 도시의 크기에 따라 평가되어야만 한다.*² 여기서 여러 도시들을 결합하여 한 국가를 구성하게 하는 연유가 될 유대적 기관은 무엇보다도 먼저 (제4장) 원로원과 재판소이다.

이와 같은 모든 도시들이 이 유대적 기관에 의해 결합하고 있으면서 각각 가능한 한 자기의 권리 아래 있으려면 어떻게 해야 할 것인가를 나는 여기서 간단히 논술코자 한다.

제5절

결국 이런 것이 아닐까. 각 도시의 귀족은 그 귀족 수를 도시의 크기에 비례해서 (본장) 많게 또는 적게 해야 하며, 귀족들은 그 도시에 대하여 최고의 권리를 갖는다. 또한 그 도시의 최고회의에 있어서도 귀족들은 최고의 권력을 장악한다. 즉, 권력이란 도시를 방위하고 성벽을 확장하며, 조세를 부과하고 법률을 제정 또는 폐지하는 일 등, 일반적으로 말해서 그 도시를 유지하는 데에 필요하다고 판단된 일체의 일을 행하는 권리이다. 이에 대하여 국가의 공통적인 행정 업무를 처리하는 데에는 원로원이 설치되어야 한다.

이리하여 이 원로원과 앞서의 원로원과는 다만 다음의 차이가 있다. 즉, 이번의 원로원은 여러 도시들 사이에 발생할 수도 있는 분쟁을 처결하는 권능도 가지고 있다는 차이가 있을 뿐이다. 수도가 없는 이 국가에서는, 앞서의 국가처럼 이런 분쟁을 최고회의에서 처리할 수 없기 때문이다 (제8장).

제6절

게다가 이 국가에 있어서의 최고회의는 국가 자체를 개조할 필요가 있을 때, 또는 원로원 의원들이 스스로 감당하지 못한다고 인정되는 어떤 곤란한 사건에 처하지 아니하고서는 소집될 필요가 없다. 따라서 모든 귀족들이 회의에 소집되는 일은 아주 드물다. 다실 최고회의체의 주요 임무는 앞서 말한 바와 같이 (전장) 법률을 제정하거나 폐지하고, 다시 여러 관리들을 뽑는 데에 있다. 그러나 법률, 즉 전체국가의 공통 법규는 한번 정해진 이상 변경할 수 없다. 그러나 만약 때에 따라서 새로운 법규를 정할 필요가 있거나, 기존의 법규를 변경하도록 요구되고 있는 경우에는, 먼저 그에 관하여 원로원에서 토의할 수 있다.

이에 관해서 원로원의 의견이 일치하였을 때 원로원은 여러 도시들에 사절을 파견하여 각 도시의 귀족에게 원로원의 의견을 전하게 한다. 그리고 만약 여러 도시들의 과반수가 원로원의 의견에 동의한다면 채택되고 그렇지 못하다면 부결된다.

더욱이 군사령관이나 외국으로 파견할 사절의 선임에 관해서도 그러하며, 선전포고의 결정이나 평화 조건의 수리에 관해서도 같은 수속절차가 적용된다. 그러나 다른 여러 관리들을 선출할 때에는, 각 도시는 (본장 제4절) 될 수 있는 한 독립하여 자기의 권리 아래 있어야만 하며, 또 각 도시는 다른 여러 도시들보다 강력하면 할수록 더 많은 권리를 국가 안에서 가져야 하므로 필연적으로 다음과 같은 수속절차가 지켜져야 한다. 이를테면, 원로원 의원은 각 도시의 귀족에 의해서 선출되어야 한다. 좀 더 자세하게 말하자면, 한 도시의 귀족은 일정 수의 원로원 의원들을 자기 도시의 시민 중에서 선출한다. 그 수는 귀족의 수에 대하여 (제8장 제30절) 1 대 12의 비율이다.

그리고 이들 의원을 각각 제1 제2, 제3······의 각 부서에 배당하여 배치한다. 그리고 이와 마찬가지로, 다른 여러 도시들의 귀족도 역시 자기들의 수에 비례하여 많거나 적은 수의 원로원 의원을 선출하고, 이들을 원로원이 그 소임을 분담하여야 할 (제8장 제34절) 만큼의 부서로 나눈다.

그 결과 각 도시는 원로원의 각 부서 안에 자기 자신의 크기에 비례하여 많고 적은 원로원 의원들을 대표자로 갖게 되는 것이다. 그러나 각 부서의 의장과 부의장은 선출된 집정관들 중에서 원로원에 의해 추천으로 선출된다. 이 때의 의장과 부의장의 수는 도시의 수보다 적다. 또한 국가의 최고재판관 선임에 있어서도 같은 수속절차가 지켜져야 한다. 즉, 각 도시의 귀족은 동료 중에서 재판관을 자기들의 수에 비례하여 많거나 적게 뽑는다.

이상과 같이 한다면 각 도시는 관리의 선임에 있어서 가능한 한 독립된 자기 권리 아래에 있을 수 있으며, 또 각 도시는 강력하면 할수록 원로원과 재판소에서 더 많은 권리를 장악할 수 있다. 그러나 이것은 원로원과 재판소가 나라 일을 결정하고 분쟁을 해결하는 데에 있어서 앞장의 제33절과 제34절에 규정된 바와 전적으로 동일한 수속절차를 밟을 것을 전제해야 한다.

제7절

중대장과 연대장도 역시 귀족 중에서 선출되어야 한다. 왜냐하면 각 도시는 그 크기에 비례하여 일정 수의 병사들을 전체 국가의 안전을 위해서 모집해야 당연하기 때문이다. 따라서 각 도시는 그 도시가 비치하여야 할 군사연대의 수에 응하여 많은, 즉 국가를 위해서 비치하는 자기 도시의 군대를 통솔하기에 필요한 만큼의 수의 연대장과 중대장, 기수들을 귀족 중에서 선출하게됨이 당연하기 때문이다.

제8절

조세*[3]는 절대로 원로원에서 신민들에게 부과해서는 안 된다. 원로원의 결정에 따른 나라 일을 수행하는 데에 소요되는 비용을 지원하기 위해서는 신민들의 비용이 아니라 도시 자체의 비용이 원로원에 의해서 과세되어야 한다. 이리하여 각 도시는 그 크기에 비례하여 많고 적은 비용을 분담하여야만 한다. 그 분담된 액수를 그 도시의 귀족은 주민들에게서부터 임의의 방법으로 징수할 수 있다. 예를 들면, 재산에 준하여 과세를 하든지 특수세를 부과하든지 한다.

제9절

다음에 이 국가의 모든 도시들이 항구 도시일 수만은 없고, 원로원 의원이 항구 도시에서만 선출되었다고는 할 수 없으나, 그런 경우에도 역시 그들 의원에 대하여 앞장의 제31절에서 말한 바와 같은 소득이 제공될 수 있다. 이런 목적을 위해서 사람들은 국가의 조직에 응하여 여러 도시들 간을 한층 더 긴밀하게 결합시킬 여러 수단들을 안출해 낼 수 있을 것이다.

더욱이 앞장에서 원로원과 재판소에 관해, 또 널리 전체 국가에 관해 논술한 모든 연합 수단들은 역시 이 국가에도 적용된다. 이리하여 우리들은 다수의 도시들이 통치권을 장악하고 있는 국가에 있어서는 최고회의가 일정한 시기에 일정한 장소에서 소집될 필요가 없다고 본다. 이와는 대조적으로 원로원과 재판소는 촌락에, 또는 투표권을 지니고 있지 않은 도시에 두어야 한다.

나는 여기서 다시 각개의 도시에 관계되는 일들을 고찰하는 일로 되돌아가겠다.

제10절

한 도시의 최고회의가 도시나 국가의 관리들을 선출할 때와 여러 결의를 할 때에 취해야 할 수속 절차는, 앞장의 제27절과 제28절에서 말한 바와 똑같아야만 한다. 왜냐하면 어느 곳에서나 사정이 같기 때문이다.

다음으로 호법관의 회의체는 이 시회에 부속되어야 한다. 호법관의 회의체가 시회에 대해 갖는 관계는, 앞장의 호법관의 회의체가 전체국가의 회의체에 대해 갖는 관계와 동일하다. 그 임무는 도시의 관할 범위에 관해서는 앞장의 호법관단의 임무와 동일해야 하며, 그들이 받는 소득도 역시 같아야 한다. 만약에 도시가 적고, 따라서 귀족의 수가 너무도 적어 그 결과 한 사람이나 두 사람의 호법관밖에는 선출할 수 없을 경우에, 그 한두 사람만으로 회의를 구성한다는 일은 불가능하므로, 심리를 하는 데에 있어서 각각의 사정에 응하여 재판관이 도시의 최고회의에 대해서 호법관단에 가입되게 하든지, 그렇지 않다면 사건을 호법관의 최고회의에 옮겨서 취급해야 한다. 그것은 각 도시에서 약간명의 호법관이 원로원이 설치되어 있는 장소로 파송되어 있어야만 하기 때문이다.

이러한 사람들은 전체국가의 여러 법규가 침해당하지 않고 유지되도록 감독하는 일을 임무로 하며, 원로원 안에 투표권을 가지지 않고 의석을 가지고 있다.

제11절

여러 도시들의 집정관도 그 도시의 귀족에 의해서 선출되어야 한다. 이 집정관들은 이른바 그 도시의 원로원을 구성하는데, 그들의 수를 명확하게 정할 수는 없다. 그러나 또한 그럴 필요가 없다고 생각한다. 왜냐하면 그 도시의 사무 중에서 중요한 사무는 그 도시의 최고회의에 의해서 수행되고, 전체국가에 관한 사무는 대 원로원에 의해서 수행되기 때문이다.

만약에 집정관의 수가 매우 적을 경우에는, 그 회의 때에 각종 대회의의 경우처럼 작은 돌을 사용하는 투표를 하지 않고, 공공연하게 채결(採決 : ^{의장이 의안의 채택 여부를}_{의원들에게 물어 결정함})로 한다. 작은 회의에서 투표가 비밀리에 행해지는 경우에, 다소 교활한 자는 각각의 투표를 누가 했는지를 손쉽게 알아낼 수 있다. 또 주의가 부족한 사람들도, 여러 가지 방법으로 그들을 농락할 수 있기 때문이다.

제12절

다시 각 도시의 재판관은 그 도시의 최고회의에 의하여 임명되어야 한다.

그러나 사람들은 그 재판관들의 판결에 대해서 국가 최고 재판소에 공소할 수 있다. 그러나 피고가 분명히 설복되었을 경우나 채무자가 승인하였을 경우에는 공소하지 않는다. 이에 관해서 자세히 설명할 필요는 없다고 본다.

제13절

이제는 자기 스스로의 독립적인 권리 아래에 있지 않은 여러 도시들에 관하여 논술하는 일이 남아 있다. 만약에 이러한 여러 도시들이 국내의 한 주(州)나 한 지방 안에 있고, 그 주민이 같은 민족으로 같은 국어를 사용하고 있는 경우, 이 도시들은 각각 촌락과 마찬가지로서, 서로 근접한 여러 도시들의 부분으로 간주되어야 할 것이다. 이리하여 그 하나하나는 독립적인 이 도시나 저 도시 정부의 지배 아래에 놓여야 한다. 그 이유는 이렇다. 귀족은 국가의 최고 회의에 의해서가 아니고 각 도시의 최고회의에 의해서 선출되며, 그 귀족의 수는 어느 도시에 있어서도 그 도시의 관할 범위 안에 있어서의 주민의 수에 비례하여 많게, 또는 적게 된다(본장).

그러므로 자기의 독립적 권리 아래에 있지 않은 도시의 민중이, 자기의 독립적 권리 아래 있는 다른 도시의 인구 명부에 등록되어 그 지도 아래에 놓이게 된다. 이와는 반대로 전쟁의 권리에 의해서 점령된 도시와 국가에 새로 편입된 도시를, 마치 국가의 동맹자처럼 간주하여 국가는 은혜를 베풀어서 이 도시를 심복하게 하고, 의무를 느끼도록 해야 한다. 그렇지 않을 때에는 국민권이 부여된 사람들을 그 복속 도시로 보내어 식민지로 하고, 그곳의 원주민을 다른 곳으로 옮기게 하거나 그 도시를 파괴하여 버려야만 한다.

제14절

이상이 귀족국가의 기초에 관한 설명이다. 여기서 그와 같은 국가의 조직이 한 도시명에서만 그 이름을 따서 쓰는 귀족국가보다 우수하다는 사실을 다음과 같은 사항에서 결론 내린다. 즉, 각 도시의 귀족은 인간적인 욕망에 촉구되어서 도시나 원로원에 있어서의 자기의 권리를 유지하고 되도록 증대하는 데에 노력할 것이다. 그러므로 그 귀족들은 온갖 힘을 다하여 민중을 자기편으로 끌어들여 공포 정치로서가 아니라 은혜 정치로서 임하며, 그렇게 하여 자기들의 수를 늘리는 데에 노력할 것이다. 그에 따라 그들은 더 많은 ^(본장
제6절) 원로원 의원을 그들 중에서 선출하게 된다. 따라서 더 많은 권리를 국가 안에서 확보할 수 있기 때문이다.

더욱이 각 도시가 자기들만을 위해서 힘을 기울이고, 다른 여러 도시들을 질투의 눈으로 보는 동안에는, 도시들 상호간에 때때로 일치하지 못하고 시간을 서로 간의 논쟁으로 소비하는 경우가 있을지도 모르지만, 그것은 그다지 크게 어려운 점이 아니다. 왜냐하면 "로마 사람들이 논쟁을 하고 있는 동안에 사군툼(Saguntum)이 멸망한다"[*4]는 말이 참말이라고 한다면, 반면에 소수자가 자기들의 감정으로만 모든 일을 결정하는 동안에 자유와 공공의 복리가 멸망한다는 것도 사실이기 때문이다. 생각하건대 인간의 정신은 모든 것들을 단숨에 통찰하기에는 너무나도 둔하며, 오히려 그것은 협의하고 경청하며 토론하는 일로서 예리해진다. 그리고 사람들은 여러 가지 수단과 방법을 모색하는 동안에, 끝내는 그가 바라고 만인이 시인하는, 그러면서도 일찍이 이전에는 누구도 그런 것을 미처 생각해 본 일이 없는 수단과 방법을 찾아낸다. 이러한 많은 예들을 우리는 네덜란드에서 보아왔다.

이에 대하여 네덜란드에서는 백작이나 백작의 대리인, 총독이 없었다면 그렇게 오래도록 계속되지 않았을 것이 아니냐고 반박하는 사람이 있을 때에, 나는 이렇게 대답할 터이다. 네덜란드 사람들은 자유를 확보하기 위해서 백작을 물러나게 하였고[*5] 국가라는 신체에서 머리를 잘라내는 것으로 충분하다고 보아, 새로운 국가로 다시 만들어 보려고는 생각하지 않았다. 오히려 그들은 국가의 모든 몸통을 그 사지가 전에 조직되어 있던 그대로 방치하였으므로 네덜란드 백작의 영지는 마치 머리 없는 몸통과 같이 백작은 없어졌고, 통치 양식 그 자체도 무엇이라고 이름지어 부를 수 없는 상태로 지속되었다.

그렇기 때문에 신민들의 대다수가 누구에게 통치의 최고 권력이 있는지를 몰랐는데, 이는 조금도 이상할 것이 없다. 또 좋게 평가해서 그런 정도가 아니었다고 하더라도, 실제로 통치권을 장악하고 있던 사람들[*6]의 수가 너무나 적어서 그들은 민중을 다스리거나 강력한 반대자들[*7]을 위압하지 못하는 실정에 있었다. 그런 결과로 반대자들은 때때로 아무 거리낌없이 통치권을 장악한 사람들에게 올가미를 던졌고, 끝내는 그들을 타도하고 말았다.

이렇게 볼 때, 이 공화국의 돌연한 붕괴[8]는 여러 가지 일들을 협의하는 데에 시간을 낭비한 데에 연유하였던 것이 아니고, 도리어 국가의 갖추지 못한 조직과 위정자들의 수가 너무도 적었다는 데에서 유래하였다.

제15절

그리고 다수의 도시가 통치권을 장악하고 있는 이 귀족국가가 앞서의 귀족 국가보다 뛰어난 점은, 앞서의 귀족 국가의 경우처럼 나라의 최고회의체 전체가 불의의 습격으로 점령당하지 않을까 하는 경계를 할 필요가 없다는 점이다.[9] 이와 같이 말하는 까닭은 (본장 제9절) 이 회의의 소집에는 시기와 장소가 정해져 있지 않기 때문이다. 그밖에도, 이 국가에 있어서는 강력한 국민들을 별로 두려워하지 않아도 좋다는 점이다.

그 이유는, 다수의 도시들이 자유를 향유하는 국가에 대하여 지배하는 길을 개척하려고 노력하는 사람에 있어서 한 도시를 수중에 넣은 일만으로는 아직도 다른 여러 도시들까지 지배할 권리를 획득하기에는 충분한 것이 못 되기 때문이다. 끝으로 이 국가에 있어서는 다수의 사람들이 자유를 향유할 수 있다. 한 도시만 지배하는 나라에서 다른 여러 도시들의 복리(福利)까지 고려하는 이유는 그 지배 도시에 유리할 때 한하기 때문이다.

〈주〉

*1 1593년까지는 네덜란드 국회와 주회는 교대로 다른 장소에서 소집되었다. 그러나 그 이후에는 헤이그(당시 헤이그는 도시권을 가지지 않았다)에서 소집되었다.

*2 네덜란드 주회에서는 18도시가 모두 한 표밖에는 가지고 있지 않았다.

*3 이 절에 나오는 앞의 조세는 일반적인 조세, 뒤의 것은 특수한 조세를 의미한다.

*4 이 대목을 수데룬은 Cato에서 유래한다고 보고 있다.

*5 최후의 네덜란드 백작은 스페인 왕 필립 2세였다.

*6 얀 위트를 수령으로 하는 귀족당을 지칭한다.

*7 '오란예'당(黨)을 지칭한다.

*8 1672년의 혁명을 가리키고 있다.

*9 이 대목은 총독 위르레프 2세의 1650년 암스테르담 습격을 암시하고 있다.

제10장
귀족국가에 관하여(3)

제1절

두 귀족국가의 여러 기초들에 관하여 서술하고 설명하기를 끝마쳤으므로, 이제 남은 일은 그 같은 국가를 붕괴시킬 수도 있는 어떤 내적 원인이 있는가, 그리고 그 귀족 국가 형식이 옮겨갈 수 있는 다른 어떤 국가 형식이 있겠는가를 탐구하는 일뿐이다.

이와 같은 국가가 붕괴하는 주요 원인은 저 명석하고 뛰어난 플로렌스 사람인 마키아벨리가 《치토스 리비우스론(論)》의 제3부 제1장에서 논술한 바 있다.

즉, 국가에는 사람의 신체와 마찬가지로, "때때로 정화하여야 할 어떤 불순물이 모여진다"는 것이다. 그러므로 마키아벨리는 이 문제에 관하여 "때때로 무엇이든 손질을 해야 하며, 그래서 국가 건설의 토대를 이루었던 근본적 원리로 되돌아가게 할 필요가 있다"고 말했다. 만약 손질이 적절한 시기에 행해지지 않는다면 그 화근은 끝내는 커져서 국가가 나서서 제거하지 않으면 안 될 것이다. 즉, 이럴 경우에는 국가를 멸망시키게 된다. 이러한 손질은 우연히 행해지는 경우도 있으나 계획적으로, 즉 법률의 지혜나 탁월하게 유능한 자의 지혜로 행해지기도 한다는 것이다.

틀림없이 이 점은 대단히 중요하다. 그리고 그와 같은 해악에 대한 예방책이 강구되고 시행되지 않는 곳에서는 비록 국가가 존속하고 있다고 할 때에도 그 존속은 자기 실력에 의한 존속이 아니고, 그저 은혜로운 주위 환경의 사정에 의한 존속이다. 이와는 반대로 그 화근에 대하여 적당한 대책이 강구되고 시행된 곳에서는, 비록 국가가 붕괴되는 경우가 있다고 하더라도 그 붕괴는 자기의 과오 때문이 아니고 그저 피할 수 없는 운명 때문이다. 이에 관해서는 얼마 안 가서 더 명료하게 설명하겠다.

이 화근에 대하여 취해진 처음의 대책은, 5년마다 최고의 독재관을 한 달 간이나 두 달 간의 임기로 선출하는 방식이었다. 이 독재관의 권력은 원로원 의원을 비롯한 모든 관리들의 행위에 관하여 이를 인정하고 판단하고 처분하는 등, 국가를 그 근본 원리로 되돌아가게 하는 데에 있었다. 그러나 이때에 유의할 점은, 국가의 해악을 제거하려고 힘쓰는 사람은 그렇게 하되 국가의 본성에 조화되도록 해야 하고, 국가의 제반 기초에서 도출될 수 있는 대책을 강구하고 시행해야 한다. 만약 그렇지 않을 때에는 그는 하나의 어려움을 피하려고 하다가 오히려 다른 하나의 어려움에 빠지게 될 것이다.

치자이든 피치자이든, 모든 사람들이 죄를 범하여도 처벌되는 일이 없다든지, 아니면 도리어 이익을 얻게 되는 일이 있다든지 하는 일이 없도록, 형벌 받을 두려움 또는 손해를 볼 두려움으로 스스로가 억제되도록 해야 된다. 이는 확실히 진실이다.

그러나 반대로 착하고 어진 사람이나 악하고 나쁜 사람이나 다같이 이 두려움으로 떨게 한다면, 그 국가는 필연적으로 커다란 위험 속에 빠져 헤매게 될 것이다. 이것도 확실하다. 그런데 독재관의 권력은 절대적이므로, 모든 사람들에게 공포의 대상이 되지 않을 수 없다. 더구나 사람들이 요구하고 있는 바와 같이 독재관을 정기적으로 선임하는 경우에는 더욱 그러하다.

왜냐하면 대체로 명예심으로 날뛰는 사람들은 이 영예스러운 직위를 얻어 보려고 온갖 노력을 다하여 책동하기 때문이다. 그리고 평시에 있어서는 덕보다는 세속적 세력이 크게 힘이 되고 있음이 확실하므로, 그 결과는 가장 오만한 사람이 가장 손쉽게 이 영예스러운 직위를 얻어 내게 된다.

로마 사람들에게는 독재관을 정기적으로 선출하기보다는, 필요한 때에 한하여 설치하는 관습이 있었는데, 그것은 아마도 이러한 이유에서인 듯하다. 그러나 로마에서의 그와 같은 배려에도 불구하고 독재관의 존재는 착하고 어진 사람에게는 불쾌한 존재였다. 독재관의 권력은 절대적인 왕권이었고 공화국으로서는 대단히 위험한 일이었으므로, 가끔 군주국가로 변할 가능성이 있었던 것이다.

독재관의 임기가 지극히 짧은 기간이었는데도 그러했다. 이에 한 걸음 더 나아가서 생각할 때, 독재관의 임명이 정기적이 아닐 때에는 한 사람의 독재관을 임명하였을 때와 다른 독재관을 임명하는 중간의 시기는 공백으로 일정한 아무런 규정을 둘 수 없다. 나의 의견으로는 그러한 경우의 규정이 필요하고 반드시 엄수되어야 하는 데도 불구하고, 제도 자체가 극히 믿음직스럽지 못해져서 끝내는 모든 사람들에게 용이하게 잊혀져 버리고 만다.

이렇게 볼 때 독재관의 그와 같은 권력이 영속적인 확고한 제도가 아니며, 그러한 독재 권력은 이 국가 형식을 그대로 유지하고서는 한 사람의 인간에게는 도저히 위임할 수 없는 것이라고 한다면, 이 제도 자체는 그와 함께 국가의 안녕과 유지에 지극히 불확실한 제도가 될 수밖에 없다.

제2절

이와는 반대로 국가 형식을 그대로 유지하면서 독재관이 준엄하고 공정한 칼을 부단히 휘두를 수 있는 동시에 그것이 악하고 못된 사람들에게만 공포의 대상이 된다면, 그로써 여러 가지 해악이 제거될 수 없고 개선될 수 없을 정도로 증대하는 일은 절대로 없다는 것은 의심할 여지가 없다(제6장 제3절). 우리들이 앞서 호법관의 회의체를 최고회의체에 부속시켜야 된다고 했던 것은 이와 같은 모든 조건을 만족시키기 위해서이다. 이와 같이 한다면 독재관이 부단히 휘두르는 정의의 칼은 어떠한 자연인을 위해서가 아니라 단체 구성원들 전원을 위해서이다. 그리고 이 전원은 많은 사람들로 구성되어 있으므로 그들이 권력을 서로 분할한다든지(제8장 제1, 2절) 무엇인가의 범행과 결탁한다든지 하는 일은 없게 된다.

더구나 그들 호법관은 국가의 다른 관직에 취임하는 일이 금지되어 있고 군인에게 봉급을 지급하는 일도 없으며, 위험과 새로움보다는 안전과 현존을 즐기는 연배에 이르고 있으므로, 국가는 그들로부터는 아무런 위협을 당하는 일이 없을 것이다. 또 그들은 착하고 어진 사람에게는 아무런 두려움을 주는 존재가 아니며, 악하고 못된 사람들에게는 공포의 대상이 될 것이다. 사실 그들은 그러했다. 그들은 스스로 범죄를 책동하기에는 약했으며, 그만큼 악을 다스리는 데에 강했기 때문이다. 그들은 그들 자체가 상설적이었으므로 악을 초기에 저지할 수 있었음은 다시 말할 것도 없다.

그들의 수가 비교적 다수였으므로 그들은 미움이나 원수 관계를 맺지 않고서도 충분히 어떠한 유력한 사람이라도 감히 단죄할 수 있었기 때문이다. 더구나 투표는 작은 돌을 사용해서 행하였고, 판결은 호법관단 전체의 이름으로 선고하였기 때문에, 그와 같은 일을 과감하게 해낼 수 있었다.

제3절

로마에서의 호민관 역할은 역시 상설적인 역할이었다. 그러나 그들은 한 귀족의 세력마저도 억제할 힘이 없었다. 더욱이 그들이 유익하다고 인정한 계획안들을 원로원에 제출해야만 했는데 그들은 가끔 원로원의 희롱을 당했다. 왜냐하면 원로원 의원들은 자신들이 가장 두려워하지 않는 사람이 대중에게는 가장 인기있으리라고 궁리하여 그 계획안들을 교묘하게 피하려 했기 때문이다. 더구나 호민관들이 귀족에 대하여 가지는 권위는 서민들의 인기를 토대로 하여 지탱되고 있었다.

그렇기 때문에 그들이 서민들을 모으게 될 때에는 회의 소집이라기보다 오히려 반란을 일으키는 것같이 보였다. 물론 이런 폐해는 앞의 두 개의 장(제8장과 제9장)에 묘사된 국가에서는 볼 수 없는 현상이다.

제4절

호법관단의 권위는 다만 국가 형식의 유지를 보증할 수 있는 데에 그친다. 따라서 그것은 법률이 유린당했다든지, 사람들이 죄를 범하고서도 오히려 이익을 보게 되는 그런 경우를 방지할 수 있다. 그렇지만 법률로써 금지할 수 없는 여러 가지 악덕들이 남모르게 스며드는 경우는 도저히 방지하지 못한다. 이를테면, 한가하기 짝이 없는 사람들이 빠져들기 쉬운 여러 악덕들이 있다. 그리고 그와 같은 여러 가지 악덕들로 인해 국가의 멸망이 초래되었다는 경우도 그렇게 드물지 않다.

왜냐하면 인간은 평화에 익숙해져 공포로부터 해방되면, 차츰 미개하고 야만적인 인간에서 문명인, 즉 사람다운 사람이 되고, 다시 이 사람다운 사람으로부터 유약하고 무기력한 인간이 되어 상호간에 덕으로써 뛰어나려 하지 않고, 호사와 사치로써 남보다 돋보이려고 힘쓰기 때문이다.

이 결과 그들은 조국의 풍습을 경멸하고 다른 나라의 풍습을 몸에 익혀 가기 시작한다. 다시 말해서 다른 나라 사람들에게 정복당하기 시작한다는 말이다.

제5절

국가적으로 이런 피해를 막으려고 사람들은 가끔 사치를 금지하는 법률을 제정하려고 시도하였다. 그러나 헛수고에 그쳤다. 왜냐하면 그 법률을 잘 지키더라도 다른 사람에게 손해를 끼치는 내용의 법령은, 모두들 심각하고 신중한 태도로 받아들이지 않기 때문이다. 그와 같은 법령은 인간의 욕망과 정욕을 억제하기는커녕 도리어 자극하게 된다. 그 이유는 '우리들은 언제나 금지된 일을 해보고 싶은 생각이 들며, 거부당한 일을 더욱 바라게 되기'때문이다.[*1] 거기에 다시 한가로운 인간들 편에서 말하더라도, 절대적으로는 금지하지 못하는 그러한 사항에 관한 법률일 때에는, 그들은 이 법률을 지키지 않는 구실을 가지고 있다. 예를 들면, 향연·유희·장식 등과 그밖에 이와 같은 종류에 관해서 그러하다. 이들은 그것이 다만 도를 지나쳤을 때에 악이 되므로, 각 사람들의 재산 상태에서 판정되어야 하며, 이것은 일반적인 법률로써 결정할 성질이 아니다.

제6절

여기서 나는 이와 같이 결론을 내린다. 우리들이 지금 문제 삼고 있는 평화의 부산물이라 할 이러한 악덕은 직접적으로 금지할 일이 아니라, 간접적으로 해야 한다는 것이다. 즉, 우리들은 국가를 위하여 다음과 같은 기초를 설명해야 한다. 많은 사람들이 이성적인 생활을 하도록 노력하게는 할 수 없더라도, 이는 불가능한 일이기는 하지만, 어떻게 해서든 국가의 커다란 이익을 가져오게 하는 감정에 의해서 인도되도록 하는 이성적 기초를 설정해야 한다. 이런 점에서 볼 때 무엇보다 힘써야 할 일은, 부유한 사람들이 만약 절약을 안 하면 어떻게 해서라도 그들로 하여금 적어도 돈을 모으려는 욕구를 갖도록 할 일이다.

왜냐하면 보편적이고 향상적인 돈을 모으려는 욕구의 감정이 명예욕과 결부되므로, 많은 사람들은 자기의 재산을 올바른 방법으로 증대하여 그로써 여러 영예로운 직위들을 얻으려고 하고 가장 큰 비난을 피해 보려고 노력할 것임이 틀림없기 때문이다.

제7절

만약 우리들이 앞의 두 장, 즉 제8장과 제9장에서 논술한 두 귀족국가의 여러 기초들에 주의를 해본다면, 이것은 바로 그들의 기초에서 당연히 끄집어내게 된다는 사실을 인정하게 될 것이다. 실제로 두 국가에 있어서의 위정자 수가 대단히 많으므로 부유한 자들의 대다수에게는 정치에 관여할 수 있는 길과 국가의 여러 명예스러운 직위를 얻을 수 있는 길이 열려 있다. 만약 그 외에 (제8장 제47절) 지불 할 수 있는 능력 이상으로 부채를 짊어진 귀족은 귀족의 계급에서 제외하도록 규정하고, 또한 그 재산을 부득이한 불행으로 상실한 귀족은 그것을 다시 보충해 주도록 규정한다면 모든 사람들은 분명 가능한 한 자기의 재산을 확보하고 유지하려고 반드시 힘쓰게 될 것이다. 귀족과 여러 영예로운 직위에 오를 후보자들로 하여금 특수한 의복을 착용하게 하여 구별하도록 법률로 정한다면, 그들은 외국의 복장을 갈망하거나 조국의 복장을 경멸하거나 하는 일은 없어질 것이다 (제8장 제25, 47절).

이밖에도 각 국가에서는 그들 나름의 풍토와 민족의 기질에 조화하는 다른 여러 가지 방법들을 고안해낼 수 있다. 그럴 때에는 시민이 법률에 강제되어서 어쩔 수 없이 이끌려가는 식은 지양하고, 그들이 자발적인 의지에 의하여 자기들의 의무를 수행할 수 있도록 특별한 배려가 있어야만 한다.

제8절

사람들을 두려움에 의해서 이끌려는 국가는 과실 없이 지낼 수는 있겠지만 한 걸음 더 나아가서 유덕한 국가는 되지 못한다. 인간이 자기가 남에게 이끌려 가고 있다고 생각하게 해서는 안 되고, 자기의 의향이나 자유 의지의 결정에 따라 살아가고 있다고 생각하도록 지도해야 한다. 따라서 전적인 자유애(自由愛)로서, 또 자기의 재산을 증대하려는 희망에 의해서, 그리고 국가의 여러 명예로운 직위들을 얻으려는 희망에 의해서 스스로 제어하도록 지도해야 한다.

다시 조상(彫像)이나, 승리의 개선식, 그밖의 덕행을 행하게 하는 자극제는, 자유의 상징이라기보다는 예속의 상징이다. 유능하다고 하여 보수가 주어지는 것은 자유인에 대해서가 아니고 오직 예속자에 대해서이기 때문이다. 나도 인간이 이러한 자극물에 의하여 크게 격려를 받게 된다는 사실을 인정한다. 그러나 이런 것은 처음에는 바르게 위대한 사람들에게 주어졌으나 뒤에 가서는 사람들의 탐을 내는 마음이 커짐에 따라서 큰 재산을 가진 것밖에는 내세울 것이 없는, 아무 쓸모 없는 사람들에게까지 주어지게 되어, 모든 착하고 어진 사람들을 크게 분개하게 한다. 다시 자기 조상의 개선식이나 조상을 자랑하는 사람들은 만약에 그것을 사람들이 다른 것보다 더 높이 받들지 않을 때에는 무엇인가 모욕을 받은 듯이 느낀다.

끝으로 다른 일은 그만두고, 다음 사실만은 확실하다. 공적으로 빛나는 어떠한 인간에 대하여 특수한 영예를 국가의 법률로서 주게 되는 단계에 이르면, 그것이 일단 없어질 때에는 공공의 자유가 필연적으로 상실되는 인간의 평등성은 절대로 유지하지 못하게 된다.

제9절

이상을 전제로 하여, 우리들은 그와 같은 종류의 국가가 무엇인가 내적 원인에 의해서 붕괴되는가의 여부에 대하여 고찰해 보자. 여기서 생각할 점은, 어떠한 국가가 영속하기 위해서는 필연적으로 다음과 같은 국가, 즉 한번 정당하게 정해진 여러 법률이 침범당하는 일 없이 유지되는 국가가 아니면 안 된다.

사실 법이란 바로 국가의 생명이기 때문이다. 그러므로 법이 유지되면 국가도 필연적으로 유지된다. 그러나 법은 이성과 인간의 공통적인 감정에 의하여 지지되는 경우에만 파괴되지 않는다. 그렇지 않고 이성의 도움에 의해서만 지지된다면, 그것은 반드시 무력하고 용이하게 파괴된다. 그런데 우리들이 설명한 두 귀족국가의 근본법은, 이성과 인간의 공통적 감정에 합치하므로 어떠한 국가가 영속적일 때에는 필연적으로 그러한 국가이어야 한다. 다시 말해서 그러한 국가는 내적 원인에 의해서가 아니고 무엇인가 불가피하고 필연적인 인간의 운명에 의해서만 붕괴된다고 주장하게 된다.

제10절

그러나 우리들에 대하여 다음과 같이 반박할 수 있다. 앞장에서 제시한 국가의 여러 법들은 비록 그 법이 이성과 인간의 공통적 감정에 의해서 지지되고 있다고 하더라도 그 법은 때때로 파괴된다는 사실이다. 그러나 보다 강력한 반대 감정에 의해서 언젠가 파괴되지 않는 감정이란 존재하지 않기 때문이다. 예를 들면 우리들은 죽음의 공포가, 남의 물건을 도둑질하려는 욕망에 의해서 때때로 정복당함을 보게 된다.*2

또 적이 두려워서 도망가는 사람은, 다른 어떠한 두려움을 주어도 정지시킬 수 없다. 오직 적의 총칼을 피하기 위해서 물불을 가리지 않고 뛰어든다. 그러므로 어느 정도로 국가가 바르게 질서 잡혀 있고 모든 법이 훌륭하게 정해져 있든, 국가의 최고 위기에 임하여 모든 사람들이 흔히 볼 수 있듯이 일종의 공포감에 사로잡혀 버릴 때는, 누구나 그저 현재의 두려운 속삭임에만 귀를 기울여 행동하게 되고, 미래라든지 법률 같은 것은 고려하지 않는다.

그리고 모든 사람들의 눈은 승전으로 이름을 떨친 인간*3에게 향하고, 그를 법률의 속박에서 해방하여 그의 지배권 임기를 연장하고, 전체 국가를 그에게 위임하기에 이른다. 이와 같이 하여 바로 대로마 제국은 멸망하게 되었다.

이 반박에 대하여 나는 다음과 같이 대답한다. 먼저 올바르게 건설된 국가의 이와 같은 공포는 정당한 원인에서가 아니면 생기지 아니한다. 그러므로 그 같은 공포와 그로써 야기된 혼란은 인간의 지혜로서는 도저히 피할 수 없었던 원인에서만 연유한다. 다음에 주의할 점은, 앞장에 규정한 바와 같은 국가에서는 한두 사람이 모든 사람들의 눈을 자기에게 향하게 할 만큼 뛰어나게 명성을 마음껏 휘날릴 수는 없다(제18장 제9, 25절)고 말하게 된다.

오히려 그러한 사람들에게는 필연적으로 많은 경쟁자들이 있으며, 이 경쟁자들에게는 또 다른 많은 자기편이 있다. 그러므로 공포에서 기인한 어떤 혼란이 국가 내에 발생한다고 하더라도 그 누구도 법률을 무시할 수 없으며, 또 법에 위배되는 군사 정치를 펴도록 누군가를 천거하지도 못한다.*4 만약 그런 일을 한다고 할 때에는 다른 사람을 천거한 사람들과 싸움이 발생한다. 그리고 이 싸움을 해결하기 위해서는, 결국 일단 정해지고 모든 사람들에게 승인된 제반 법률들로 되돌아가서 나라 일을 기존 법률에 따라 바르게 질서를 잡아나가는 일이 필요하게 된다.

그러므로 나는 분명하게 주장할 수 있다. 오직 한 도시가 통치권을 장악하는 국가도 그러하지만, 더구나 다수의 도시들이 통치권을 장악하고 있는 국가는 영속적일 수 있다. 다시 말해서 무엇인가 내적 원인에 의하여 붕괴하거나 다른 형식으로 바뀌는 일이 없다는 말이다.

〈주〉

＊1 Ovidius Amores Ⅲ, 7.1.

＊2 옛날에는 절도죄를 때때로 사형에 처했다.

＊3 위루레므 3세를 가리킴.

＊4 1667년에 포고를 위반하여 위루레므 3세가 총독 겸 전시총사령관에 추대되었던 일이 있다.

제11장
민주국가에 관하여

제1절

이제 마지막으로 제3의 국가, 곧 완전한 절대통치국가로 옮긴다. 이 완전한 절대통치국가를 우리들은 민주국가라고 말한다. 절대통치국가가 귀족국가와 다른 점은 앞에서도 말한 바와 같이 주로 다음과 같다. 즉, 귀족국가에서는 이 사람이나 저 사람이 귀족으로 선출하는 일은 단지 최고회의체의 의지와 자유 선임에 의존한다.

따라서 그 누구도 투표의 권리와 국가의 관직에 취임하는 권리를 태어날 때부터 가지고 있지 못하며, 그 누구도 그 같은 권리를 법적으로 요구하지 못한다. 그러나 지금 문제 삼고 있는 국가에 있어서는 그렇지 않다. 왜냐하면 이 민주국가에서는 모든 사람, 즉 국민인 부모를 모시고 있는 사람, 또는 국토 안에서 탄생한 사람, 국가를 위해서 공로가 있었던 사람, 다른 여러 가지 이유들로 해서 법률에 의하여 국민권이 주어져야 할 사람 등은 최고 회의에서 투표할 권리와 국가의 관직에 취임할 자격을 스스로를 위해서 당연히 요구할 수 있으며, 범죄를 위해서나 불명예를 위해서 요구하지 않는 한 그들은 거부당할 수 없다.

제2절

따라서 일정한 연령에 이른 장로에게만, 또는 장남으로서 법정 연령에 도달한 사람에게만, 또는 일정한 금액을 국가에 납부하는 사람에게만 최고회의에 있어서 투표 권리나 나라 일을 처리하는 권리를 부여하도록 법에 의하여 규정하였을 경우, 비록 그 결과로 최고회의체가 앞서 말한 귀족국가의 국민보다 적은 국민으로 구성되는 일이 있더라도 그와 같은 국가는 역시 민주국가라고 불린다. 거기에서는 나라 일을 처리하도록 지정되는 국민은 최고

회의에 가장 적합한 사람이라고 해서 선출되지 않고, 법률에 의해서 지정되기 때문이다. 이와 같이 가장 적합한 사람들로서가 아니라 요행히도 행운에 의하여 부유한 사람이나 장남으로 출생하여 법에 따라 정치에 참여하도록 지정되는 이런 종류의 국가는 귀족국가보다 뒤떨어진다고 생각되기 쉬우나, 만약 우리들이 실제로 살펴본다면, 또는 인간의 일반적 성정을 안중에 두고 살펴본다면, 사태는 결국 마찬가지이다.

왜냐하면 귀족들에게 있어서도 부유한 사람이나 자기와 혈연 관계를 가진 사람, 또는 자기와 우호 관계에 있는 사람이 언제나 가장 적합한 사람으로 보이기 때문이다. 물론 귀족이라는 사람들이 어떠한 감정에도 집착하지 않고 오직 공공의 복리만을 원하는 마음으로 동료가 될 귀족을 선출하게 되어 있다면 이 귀족국가는 어떠한 국가와도 비교가 안 될 만큼 바람직할 것이다. 그러나 사실은 이와 다르다는 사실을, 아니 정반대임을 경험으로 충분히 알 수 있다.

귀족의 의지는 경쟁자가 없으므로, 거의 법률의 속박을 받지 않는 과두정치에 있어서는 더욱 그렇게 공공복리를 소홀히 했다. 생각해 보면 그곳에서의 귀족은 가장 적합한 사람들을 고의로 회의체에서 저지하고, 자기 말에 순종할 사람만 동료로 선출하기 때문이다. 그런 결과로 그와 같은 국가에 있어서 사태는 더 한층 나빠진다. 왜냐하면 귀족의 선임은 약간의 사람들이 갖는 절대 자유로운 의지, 즉 어떠한 법률에도 구속되지 않는 의지로 이루어지기 때문이다.

제3절

앞장에서 말한 것들로 말미암아 우리들은 민주국가의 여러 가지 종류를 생각할 수 있다는 사실이 확실해졌다. 그러나 나의 의도는 그 각각의 종류에 관하여 논술하려는 데에 있지 않다. 다만 다음과 같은 국가, 즉 모든 사람들이 국법에만 복종하고 그러면서도 자기의 독립된 권리 아래에서 바르게 생활하면서 예외 없이 최고회의에서 투표의 권리와 국가의 관직에 취임하는 권리를 가지고 있는 그러한 국가에 관해서만 논술하는 데에 나의 의도가 있다.

특히 나는 '국법에만 복종하는 사람'이라고 말했다. 이렇게 말한 까닭은 외국인을 제외하기 위해서이다. 외국인은 다른 지배 아래에 있다고 보기 때문이다. 나는 다시 '국법에 따르는 사람'에 더하여 '자기의 독립적 권리 아래에 있는 사람'을 부가하였다. 이것은 아내들이나 종들을 제외하기 위해서이다. 이들은 남자나 주인의 권력 아래에 있기 때문이다. 그리고 아이들과 미성년자도 제외하기 위함이었는데, 이들이 부모나 후견인의 권력 아래에 있기 때문이다.

끝으로 나는 '바르게 생활하고 있는 사람'이라고 했다. 이는 오로지 범죄 또는 무엇인가 파렴치한 생활 양식으로 말미암아서 공권을 상실한 사람을 제외시키기 위해서이다.

제4절

분명 사람들은 "여자가 남자의 권력 아래 있는 까닭은 본성에 연유하는가, 아니면 법제에 기인하는가"라고 질문할 것이다. 왜냐하면 법제에 기인한다고 하면 여자를 정치에서 제외해야 할 아무런 이유가 없으니 말이다. 그러나 경험을 토대로 이 문제를 살펴볼 때, 우리들은 그것이 여자의 무력에 기인하고 있음을 알 수 있다.

왜냐하면 어디서나 남자와 여자가 둘이 같이 지배하고 있는 곳은 없으며, 남자와 여자가 살고 있는 지상의 어느 곳에서도 남자는 지배하고 여자는 지배당하면서 남녀 양성은 화합적으로 생활하고 있음을 우리들은 보고 있기 때문이다. 그러나 이와 반대로 아마존의 여자, 즉 옛날에 남자를 지배하고 있었다고 전설로 전해지고 있는 여자들은, 남자가 나라 안에 머무르고 있는 것을 불결하다고 하여 여자아이만 기르고 남자아이는 출생 직후 죽여 버렸다는 것이다. 그런데 만약 여자가 본성적으로 남자와 동등하고 정신의 강인함이나 지능면에서 (이 점에 인간의 힘과 권리가 존재한다) 같거나 비슷하다면, 그렇게도 많은 여러 민족들 사이에 남녀 양성이 함께 지배하고 있는 민족이나, 남자가 여자에게 지배되고 있는 다른 민족, 남자가 여자보다 능력을 덜 사용할 수밖에 없도록 교육을 받은 민족이 몇 정도는 있어야 할 것이다.

그러나 실제로는 어디에서도 그렇지 않으므로, 우리들은 확실하고 명백하게 주장하게 되는데, 즉 여자는 본성적으로 남자와 동등한 권리를 가지지 못하고, 오히려 필연적으로 남자 아래에 위치해야만 한다. 따라서 남녀 양성이 함께 동등하게 지배한다는 일은 있을 수 없으며, 더구나 남자가 여자에게 지배당한다는 것은 더 말할 필요도 없다.

모든 사람들의 모든 감정들을 생각해 보면, 남자는 대체로 관능적 감정에 의해서만 여자를 사랑한다. 또 여자의 재능과 지혜를 여자가 아름다울 때에만 높이 평가하며, 자신이 사랑하는 여자가 다른 사람에게 무엇이든 호의를 표시하는 것을 싫어한다. 그밖의 여러 가지 측면들을 생각해 보면 남자와 여자가 함께 지배하는 일은 반드시 평화를 크게 어지럽히고야 말리라는 사실을 우리들은 쉽게 알 수 있다. 하지만 이에 대하여는 이 설명만으로도 충분하다.

※ 옮긴이의 말—이 논문은 스피노자의 죽음으로 말미암아 미완으로 끝났다.

스피노자의 생애와 사상

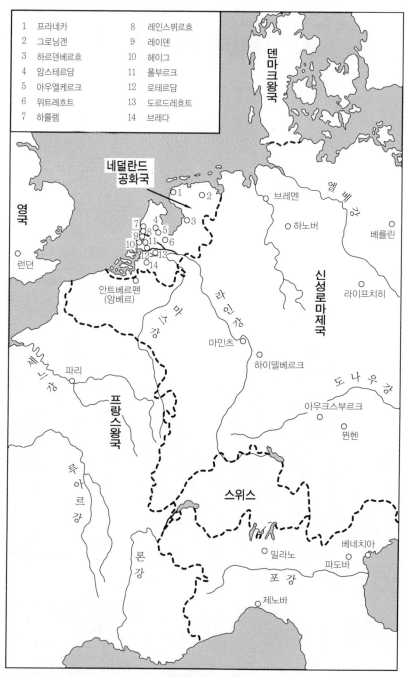

1	프라네카	8	레인스뷔르흐
2	그로닝겐	9	레이덴
3	하르덴베르흐	10	헤이그
4	암스테르담	11	폴부르크
5	아우엘케르크	12	로테르담
6	위트레흐트	13	도르드레흐트
7	하를렘	14	브레다

덴마크왕국

네덜란드 공화국

영국

브레멘

하노버

베를린

런던

라이프치히

신성로마제국

안트베르펜
(앙베르)

마인츠

하이델베르크

파리

아우크스부르크

뮌헨

프랑스왕국

스위스

베네치아

밀라노

파도바

론강

포강

제노바

스피노자 관련지도

I. 스피노자의 시대

17세기의 네덜란드

네덜란드의 번영과 자유

철학자 스피노자는 1632년 네덜란드 암스테르담에서 태어났다. 당시의 네덜란드는 세계 제일의 무역국이었으며, 유럽 전역뿐 아니라 남북 아메리카와 동양의 인도, 스리랑카, 자바 그리고 중국, 일본에까지 진출하여 말 그대로 세계의 바다를 지배하고 있었다.

이 네덜란드의 경제적 번영의 중심지가 바로 스피노자가 태어난 암스테르담이었다. 암스테르담이 네덜란드 경제의 중심지라는 것은 곧 이 도시가 세계 경제의 중심지라는 뜻으로, 그만큼 당시의 네덜란드는 상업 무역에서 세계를 제패하고 있었다. 따라서 활기 넘치는 암스테르담에는 세계 각국에서 많은 사람들이 모여들어 이 상업도시에 번영과 발전을 가져왔다. 이 도시에서는 다른 곳과는 비교도 할 수 없을 정도로 많은 자유가 인정되었으며, 도시의 번영을 위해서는 그 사람이 어떤 인종이며 어떤 사상과 종교를 지녔는지는 전혀 문제가 되지 않았다. 따라서 이 나라에서는 진취적인 기질을 지니고도 인종과 신앙상의 차별로 말미암아 그 능력을 충분히 발휘하지 못하는 경우는 없었다.

스피노자도 이 시대의 네덜란드 번영의 원인으로서 자유를 꼽았다. 특히 사상과 신앙의 자유는 이 나라를 종교적 망명자들의 성지로 만들었다. 네덜란드 인이 타국과 무역할 때 신앙보다 경제적인 이익을 우선시한 것도 이 자유 때문이었다. 따라서 상대 무역국에 주재하는 네덜란드 인은 동인도회사의 명령에 따라 그리스도교의 온갖 외적인 예배를 삼가지 않으면 안 되었다. (《신학·정치론》제5장) 회사의 명령으로 예배를 금지한 점에서 네덜란드 인이 신앙보다도 경제적 이익을 얼마나 중시했는지 알 수 있다. 신앙의 자유란, 경제적 이익에 자리를 양보해야 하는 정도의 것이라고도 할 수 있었다.

에스파냐로부터의 독립

자유를 구가한 네덜란드의 번영은 이 나라의 역사와도 밀접한 관계가 있다. 이 나라 자체가 자유를 위해 에스파냐로부터 독립을 쟁취한 국가이기 때문이다.

네덜란드의 또 다른 이름인 홀란드는, 그 당시 유럽 북서부의 저지대(네덜란드)의 북부 7주로 된 네덜란드공화국을 말한다. 이 지방은 정치적으로 중앙의 지령이 채 미치지 못하는 변방이었다. 따라서 이 지방의 주민들은 신성로마제국의 지배 아래에 있으면서도 황제의 간섭을 받지 않으며, 오래 전부터 자치 능력을 길러 자유로운 분위기 속에서 생활하고 있었다. 반면에 정치적으로는 변경이었으나 결코 후미진 곳은 아니었다. 오히려 자유로웠기 때문에 발전의 소지가 더욱 충분했고, 지리적인 환경 또한 주민들의 자유로운 활동에 안성맞춤이었다. 게다가 바다를 사이에 두고 영국과 마주보고 있으며 라인, 마스, 스헬데라는 세 줄기의 큰 강과 그 지류로 해서 유럽 내륙부와의 교통도 자유로웠기 때문이다. 즉 이 지방은 이미 오래 전부터 유럽의 교역·통상의 중심지가 될 가능성을 지니고 있었다. 13세기에는 많은 도시들이 발달했고, 16세기 중반에는 북이탈리아와 함께 유럽에서 가장 부유하고 생산이 활발한, 고도의 도시화를 이룬 지역이 되었다. 그리고 르네상스 시대의 이탈리아 도시들의 뒤를 이어 17세기에는 홀란드, 특히 암스테르담에 유럽의 부(富)가 집중되기 시작했다.

그런데 근대에 접어들면서 정치적으로 큰 변화가 발생했다. 유럽에 영국, 프랑스, 에스파냐 등의 중앙집권적인 통일 국가가 등장한 것이다. 홀란드에 앞서 세계 경제를 지배했던 르네상스 시대의 이탈리아는 경제적으로 큰 번영을 이루었지만, 통일 국가가 아니라 여러 도시로 분열된 작은 국가들의 집합이었다. 그로 말미암아 에스파냐와 프랑스 등 열강의 침략 목표가 되었다. 마키아벨리가 유명한 《군주론》을 쓴 이유도 이 분열국가 이탈리아를 어떻게든 통일시키려는 비원(悲願)에서였다. 이 르네상스 시대의 이탈리아와 유사했던 것이 홀란드였다.

근대에 가까워짐에 따라 이 네덜란드 지방에도 중앙집권화가 밀어닥쳤다.

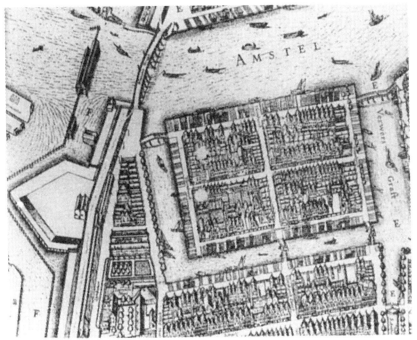
암스테르담의 스피노자가 태어난 곳(오른쪽 위의 다리 E 부근)

신성로마제국의 카를 5세의 아들인 에스파냐 왕 펠리페 2세가 1555년에 이 지방의 통치권을 양도받자 그 물결은 더욱 극단적으로 나타났다. 에스파냐는 이탈리아에도 손을 뻗고 있었는데, 이번에는 네덜란드 지방으로 눈을 돌려 이곳의 왕이 되려 했다.

펠리페 2세가 이 지방의 왕으로 군림한다는 것은, 오랫동안 이 지방에 암묵적으로 인정되어 온 자치의 자유가 완전히 사라짐을 의미한다. 자유의 위기에 가톨릭 국가인 에스파냐의 이단 신문(訊問, 죄를 따져 물음)이라는 종교상의 불안까지 겹치자 마침내 주민들은 펠리페 2세에 대해 반란을 일으켰다. 알바 공작이 지휘하는 펠리페 2세의 군대에 맞서 이 지방의 귀족, 교회, 도시자치체가 하나로 뭉쳤다. 반란 초기에는 네덜란드의 남부, 오늘날의 벨기에에 속하는 주들이 지도적인 역할을 했다. 그러나 알바 공작의 군대는 반란군보다 강력했다. 벨기에 지방이 제압되자, 반란의 중심은 바다와 강이라는 자연 요새의 보호를 받는 네덜란드 북부로 옮겨졌다.

이 북부 7주는 1579년에 위트레흐트 동맹을 결성하고 오라니에 공 빌렘과 그 아들 마우리츠의 지휘 아래 에스파냐에 맞서 완강하게 저항했다. 북부 전쟁의 주역은 남부에서처럼 봉건귀족이 아니라 도시의 중산계급과 서민들이었다. 1609년, 마침내 에스파냐는 북부 7주와 휴전협정을 맺게 된다. 이는 에스파냐가 사실상 북부 7주의 독립을 인정했음을 의미한다. 정식으로 네덜란드의 독립이 인정된 것은 1648년의 30년 전쟁을 종결지은, 베스트팔렌 조약에 의해서였다. 네덜란드 주민은 에스파냐에 대한 반란 이전에는 한 국가의 국민이라는 의식이 없었다. 그런데 이 자유를 위한 반란을 통해 주민들이 하나로 결속하여 국가를 형성하게 되었다. 이 갓 태어난 국가가 그 후 1세기에 걸쳐 세계 무역의 지배적인 위치를 점유하고, 정치·군사·예술·학문 등의 영역에서 위대한 인물을 배출하여 네덜란드의 황금 시대를 만들게 된다.

'머리 없는 몸처럼'

그러나 그토록 끈질기고 과감하게 일치단결하여 에스파냐와 싸웠던 그들도 자신들의 새로운 나라 건설에서는 불협화음을 드러냈다. 네덜란드 인이 에스파냐에 대한 반란으로 쟁취한 국가는 유럽 열강 같은 근대적인 중앙집권적 통일 국가가 아니라, 여전히 중세적인 지방자치에 기초한 구식 국가였다. 물론 북부 7주를 결속시킨 위트레흐트 동맹이 있었다. 그러나 이는 동맹에 참가한 주의 주권과 특권을 인정하고 대 에스파냐 전쟁 수행을 위한 군사 동맹이었지 통일 국가를 만들기 위한 동맹은 아니었다. 동맹의 의사 결정은 평상시에는 각 주에서 한 표씩 투표하는 다수결에 의했지만, 국가와 국민에게 중요한 사항, 예를 들어 전쟁이나 평화, 새로운 과세 등에 대해서는 한 표라도 반대가 나오면 부결되었다. 즉 각 주의 주권이 국가 전체의 정책에 강하게 반영되었으며, 국가 그 자체가 독자적인 기능을 발휘하지는 못했다. 각각의 주가 마치 하나의 국가 같은 형태를 이루고 있었으며, 중앙 권력이라는 것은 이 연합국가에는 존재하지 않았다.

각 주의 독립적인 주권을 인정하면 그것들은 각각 국가 속의 국가가 된다. 이러한 여러 주를 통합하여 하나의 국가로 만들기 위해서는 각 주의 이해 관계를 조정하여 일치시키지 않으면 안 된다. 그러나 중앙 권력이 없는 이상, 이를 조정하고 일치시키기 위해서는 그것이 통솔 가능한 정치가에게 의존해야 한다. 국가 자체에 통일적인 기능을 하는 힘이 없어 정치가의 역량에 의존하는 국가는 위험하다. 그 정치가의 죽음, 또는 역량 부족에 의해 분열의 위기에 처할 수 있기 때문이다. 신생 네덜란드공화국의 국정상의 부족한 점에 대해 정치철학자이기도 했던 스피노자는 이렇게 말했다.

'네덜란드 사람들은 자유를 확보하기 위해 백작을 물러나게 함으로써 국가라는 몸에서 머리를 잘라내는 것으로 충분하다고 생각하고, 새로운 국가 개혁에 대해서는 생각하지 않았다. 오히려 그들은 사지를 과거에 조직되었던 채로 방치했으며, 네덜란드의 백작령은 마치 머리 없는 몸처럼 백작을 잘라낸, 통치 형식 자체가 뭐라 이름붙일 수 없는 상태에 머물고 말았다.'(《정치론》
제9장 14절)

이처럼 신생 네덜란드공화국은 형태상으로는 구태의연하다기보다는 오히려 국가의 체제를 이루지 못하는 미비한 상태였다. 그러한 국가가 네덜란드의 황금 시대를 구축하다니 불가사의한 일이 아닐 수 없다. 이 점에 대해 네덜란드의 역사가인 하위징아는 다음과 같이 말했다.

'탁월한 국가 형태가 국가의 번영을 보증하지 않는다는 증거이며, 시대 정신은 절대주의 속에서만 나타나는 것이 아니라는 반증이다. 왜냐하면 이 주목할 만한 국가는 2세기라는 긴 세월에 걸쳐 번영했을 뿐 아니라, 온갖 결함에도 불구하고 국토와 국민을 더욱 유익하고 안전하게 인도하여 유럽 역사상 다른 국가들이 이 나라의 2세기에 걸친 역사를 주목해야 했기 때문이다.'
(《렘브란트
의 세기》)

레헨트가 지배하는 나라

앞에서 말한 것처럼 국가 조직의 미비한 형태로 말미암아 '국민 대부분이 누가 국가의 최고 권력을 쥐고 있는지 모른다는 사실 또한 놀랍지 않다'(《정치론》
제9장 14절)는 스피노자의 주장도 결코 이상한 것이 아니었다. 당시의 팸플릿 작자는, 이 나라는 '가정부가 지배하고 있다'고까지 표현했다. 가정부는 시장(市長)의 아내를 지배하고, 그 아내는 시장을 지배하고, 시장은 암스테르담을 지배하고, 암스테르담은 홀란트 주를 지배하기 때문이다.

그러나 이 나라에는 왕이나 백작이 아니더라도 지배 계층이 존재했다. 에스파냐에 대한 반란 이전에는 중세부터 이어져온 봉건귀족이 있었다. 그러나 이 귀족들은 반란 중에 대부분 전사했으며, 애초에 도시화가 발달했던 이 네덜란드 지방에서는 농촌을 기반으로 하는 귀족은 큰 영향력이 없었다. 또한 가톨릭의 고위 성직자들도 반란파인 칼뱅파의 승리로 완전히 모습을 감추었다. 에스파냐에 대한 반란은 한편으로는 군주국가의 봉건적·왕조적 가치 체계를 부정하고, 새로운 가치 체계를 수립하는 것이기도 했다. 귀족이 몰락하고 가톨릭이 후퇴하자, 예전의 집안과 혈통과는 완전히 다른 것이 표면으로 드러났다. 바로 사람이 소유하는 부, 재산에 의해 인간의 가치를 결정하는 것으로, 당연히 많은 부를 소유한 대부호, 대상인이 이 사회의 최상층을 점유하게 되었다. 이는 홀란트나 젤란트 주처럼 일찍부터 도시화가 진행된 지방에서 현저하게 나타났다. 자신의 재능과 실력으로 재산을 모은 자들이 나라의 지배 계층으로 대두한 것이다.

그들은 상인 중에서도 해외 무역으로 재산을 쌓은 대무역 상인과 대제조업자였다. 그들 중에는 자신의 재산을 남에게 빌려 주고 그 이자로 생활하는 자도 있었으며, 토지를 투기 대상으로 구입하여 대토지 소유자가 된 사람도 있었다. 레헨트라 불리는 도시 귀족이었다. 이 시대의 네덜란드는 옛날 이탈리아처럼 도시 귀족이 지배하는 나라였으며, 이 나라의 황금 시대도 그들에 의해 이루어졌다. 그러나 그들의 수는 전 인구수에 비하면 극소수인데다가 이해 관계의 대립도 발생했으며, 도시 귀족의 의도 여하에 따라 언제든 분열되어 정쟁으로 세월을 낭비할 위험성을 국가성립 초기부터 지니고 있었던 것이다.

소수의 레헨트들이 지배하는 국가로서의 네덜란드공화국은 과두제 귀족국가였다고 할 수 있다. 그러나 이러한 국가의 결점은 국가가 유력자의 이해관계 대립으로 인해 통합되지 못하고 파벌로 갈라지게 된다는 점이었다. 네덜란드공화국도 예외는 아니었으며, 오라니에파(^{총독}파)와 의회파(^{공화}파)로 나뉘어 대립과 항쟁을 반복했다. 이 대립은 1618, 1650, 1672, 1747, 1785~1795년에 극단적인 양상을 보이며 정권 교체가 이루어졌다. 그러나 두 파벌의 대립이 정권 획득을 위한 정쟁으로 발전하긴 했어도, 지배 계층 자체가 바뀌어 비(非) 레헨트층에게 지배권을 내주는 일은 없었다. 지배 계층은 여전히 레헨트였으며, 레헨트 대 비 레헨트의 대립이 아니었다.

총독과 법률고문

레헨트층은 나라의 지배 계층이었지만, 실질적으로 국가의 정치에 관여하지는 않았다. 오히려 그들은 이를 자신들의 대리인에게 맡겼다. 이 점 역시 국가 조직이 충분히 마련되지 못했음을 나타내는 것이다. 대리인은 총독과 법률고문이었다.

네덜란드가 독립하기 전에도 총독은 있었다. 그 총독은 신성로마제국의 주권자인 부르고뉴가의 대리인이었다. 그런데 에스파냐에 대한 반란을 일으키며 네덜란드의 주민은 주권자의 폐위선언(1581)을 했다. 그러므로 주권자의 대리인인 총독제도도 이 시점에서 폐지되었어야 했다. 그런데 신생 네덜란드공화국은 이 과거의 유물을 그대로 온존하여 홀란트 주의 총독으로 오라니에가의 빌렘을 그 자리에 앉혔다. 그가 에스파냐에 대한 반란에서 지도적인 역할을 했으며, 국민으로부터 영웅시되었기 때문이었다.

그런데 네덜란드공화국이 되자, 총독은 지배자의 대리인이 아니라 주의회가 임명한 관리에 지나지 않게 되었다. 주의 실권을 쥔 것은 주의회였다. 총독은 어디까지나 주의 총독일 뿐 공화국 전체의 총독이 아니었다. 빌렘은 홀란트 주와 젤란트 주의 총독이었지만, 아들 마우리츠는 이 두 주 외에 헬데를란트, 위트레흐트, 오페르에이설의 총독을 겸했고, 사촌 나사우 백작은 다른 두 주의 총독이 되었다. 이로 인해 오라니에 가문에서 네덜란드 7주의 총독을 독점하게 되었다. 총독은 더 이상 지배자의 대리인이 아니었으므로 통치권을 행사할 수는 없었다. 그러나 국가에 위기가 닥치면 육해군 최고사령관이 되었으며, 의회에서의 투표권은 없지만 의회의 운영에 큰 영향을 끼치는 실력자가 되었다.

법률고문도 주의 관리에 불과했다. 의원을 보좌하고 법령을 기초하고 의회의 운영을 원만하게 돌보는 조언자였다. 본래는 정치가가 아니라 사무관이었다. 그런데 임기가 길었기 때문에 점차 정부의 중요한 결정에 참여하게 되면서 마침내 정부의 지도자가 되어 주회의 의장 역할을 맡게 되었다. 홀란트 주는 네덜란드 7주 중에서 세력이 다른 주보다 압도적으로 강했다. 따라서 홀란트 주의 법률고문은 주의 위세를 등에 업고 네덜란드의 정계를 장악할 수 있었다. 저명한 법률고문으로 올덴바르네벨트와 얀 데 비트를 들 수 있다. 그들은 총독과 마찬가지로 연방회의에서의 투표권이 없음에도 불구하고 회의의 운영에 정통하고 정무를 장악하여 7주의 이해관계를 조정했다. 그뿐 아니라 대외적으로는 일국의 대표자로 외국의 사신을 접견했으므로, 외국인은 홀란트 주의 법률고문을 그 나라의 외무장관이나 수상으로 간주할 정도였다.

오라니에파와 의회파

나라의 조직이 아무리 미약했다 하더라도 총독과 법률고문의 관계가 원만하게 이루어졌더라면 정쟁이 발생하지는 않았을 것이다. 그러나 양자는 서로 반목하고 대립했다. 정치 자세와 지지하는 층도 완전히 달랐다. 총독인 오라니에가는 중앙집권적, 군국주의적이었으며, 에스파냐에 대한 반란에서 장군으로 뛰어난 지도력을 발휘했기 때문에 일반 민중의 압도적인 지지를 받고 있었다. 그러나 법률고문은 자유주의적, 평화주의적이었으며, 자유주의적인 도시 귀족과 자유인들의 지지는 받았으되 일반 민중의 지지는 얻지 못했다. 이 양파의 대립에 종교적인 대립까지 맞물리며 정쟁을 더욱 복잡하게 만들었다.

오라니에가의 빌렘은 반란 중에 가톨릭에서 칼뱅주의로 개종했기 때문에, 네덜란드 종교계에서 압도적인 힘을 지녔던 정통적 칼뱅주의(고마루스파)를 지지했다. 그러나 법률고문의 의회파 대부분은 칼뱅주의와 대립하는 레몬스트란트파의 아르미니위스의 가르침을 지지하며 자유롭고 편견 없는 교회를 주장했다. 반란 당시에 의회파가 주장한 자유주의적인 사고는 오라니에파에게는 국가의 안전을 어지럽히는 것으로 받아들여졌다. 국민의 여론을 통일하고 반란을 승리로 이끌기 위해서는 무엇보다 먼저 종교적인 통일을 이루어야 했다. 따라서 제2대 총독 마우리츠는 프로테스탄트 교회의 위기로 간주하고 돌연 용병을 이끌고 암스테르담을 점령했다. 의회파는 패배했다.

그런데 빌렘 2세는 쿠데타에 성공하여 공화국의 실권을 장악했지만 곧바로 천연두에 걸려 급사한다. 의회파는 힘을 되찾았다. 군국주의적, 중앙집권적인 성격의 오라니에파와는 반대로 의회파는 철저하게 공화주의적이었으며 평화주의적이었다. 그들은 염원하던 군축을 단행했다. 육해군 최고사령관이 사라지고, 군대는 문민 통제 아래 놓이게 되었다. 1653년 얀 데 비트가 홀란트 주의 법률고문에 취임하고 나라에 평화가 찾아왔다. 그러나 당시의 세계정세 속에서 군축을 단행하는 것은 위험한 일이었다. 아니나다를까, 1672년 루이 1세의 프랑스군이 거의 무방비 상태였던 네덜란드에 침입했고, 공화국은 위기에 빠졌다. 국가를 이러한 위기로 몰아넣은 것은 의회파의 정치이며 그 지도자인 비트 형제

비트 형제 얀 데 비트(앞쪽)과 형 코르넬리스

는 오라니에파에게 선동된 폭도에 의해 참살당한다. 비트 시대는 겨우 19년이었지만 이 시대는 총독이 없었기 때문에 무총독 시대라 불리는, 자유주의적인 네덜란드의 황금 시대였다. 스피노자의 철학적 사색이 절정기에 달했던 것도 이 시기였다.

네덜란드식 공화정치의 희생자

스피노자는 비트의 죽음으로 자유주의적 정치의 막이 내려지는 것을 공화국의 붕괴로 보았다. 그는 이 붕괴의 원인에 대해 이렇게 말했다.

'여러 많은 협의에 시간을 무한히 낭비했기 때문이 아니라, 국가의 불비한 조직과 지배자의 수가 적었던 것이 원인이었다.'(《정치론》 제9장 14절)

즉 하나는 이미 서술한 것처럼 국가 자체가 머리 없는 몸처럼 미흡한 조직을 지니며, 제각기 주권을 주장하는 각 주의 통합을 법률고문 한 사람에게만 맡겼던 것을 말한다. 그는 '통치권을 가진 사람들의 수가 너무 적어서 민중을 통치하지도, 강력한 반대파들을 제압하지도 못했다. 그 결과 반대파들은

거리낌 없이 종종 그들에게 불성실한 짓을 저지르며 결국 그들을 물리칠 수 있었다.'(위와) 여기서 말하는 통치자들이란 의회파의 레헨트들을 가리킨다. 그들은 원래 상인이므로 생활 감정면에서는 시민적인 특징을 보였다. 그러나 정치적으로는 대다수의 민중과 동떨어져 배타적이고 폐쇄적이기까지 했다. 민중의 지지가 없었기 때문에 국가가 불리한 상황에 처하자 민중의 원망의 표적이 된 것이다. 오라니에파는 이 기회를 틈타 민중을 부추겨 원수인 비트를 매우 간단하게 처리할 수 있었다.

1672년의 위기는 통치자의 책임이었다. 그러나 폭도에 의해 학살된 것은 레헨트들이 아니라 제도상 그들의 고용인에 지나지 않는 법률고문 비트였다. 스피노자는 여기서 만사를 법률고문에게 맡겨 온 레헨트들의 무능과 무책임을 비판한다. 즉 법률고문들은 '장기간 그 직무에 종사하여 사무에 매우 정통해 있기 때문에 사람들은 보통 이상으로 그들의 의견에 의지하고, 국가 전체가 그들의 지도에 의존하는 경우가 종종 발생한다. 이것이 네덜란드 인의 파멸의 원인이다.'(정치론 제8장 44절) 레헨트들이 국가의 정치가임에도 법률고문의 등 뒤에 숨어 정무를 대행시켰던 것은 앞에서 언급했다. 이것은 필연적으로 정치의 실권을 주권자의 손에서 고용인의 손으로 넘기는 것이 된다. 따라서 이러한 국가의 의회파는 '무능한 자들의 집합'으로 전락한다. 그러나 그들은 무능했을 뿐 아니라 비겁하기도 했다. 여차하면 그들은 모든 책임을 법률고문 한 사람에게 떠넘기며 자신의 안전을 도모하기 때문이다. 즉 '위험을 피하기 위해 대중 속에서 명예심 강한 사람을 관리로 뽑아 나중에 혁명이 일어나면 자유를 부정하는 사람들의 분노를 잠재우기 위한 인신공양의 희생물로 삼았다'(정치론 제8장 44절)는 것이다. 스피노자에 의하면 비트는 레헨트들의 무위무능과 무책임의 희생자, 바꾸어 말하면 네덜란드식 공화정치의 희생자였다.

종교와 문화

눈뜨고 볼 수 없는 칼뱅파

17세기의 네덜란드는 당시의 유럽에서는 찾아볼 수 없을 정도로 신앙의 자유를 인정한 나라였다. 그 자유를 위해, 이단 신문이라는 종교적 박해를 피해 이 나라로 이주하는 사람이 적지 않았다. 스피노자의 아버지도 에스파냐와 포르투갈의 박해를 피해 이 나라로 이주했다. 이 나라는 그 당시 여러 나라에서 이루어지던 마녀사냥의 맥이 끊어져 있었다. 1595년 위트레흐트에서 열린 마녀재판의 사형집행이 마지막이었던 것이다. 이단이나 그 지지자가 구속되어 폭행을 받는 것도 두세 번의 예외를 제외하면 더 이상 없었다. 각자의 양심의 자유, 내면적 신앙은 불가침 영역으로서 존중되었다. 당연히 가톨릭 교회의 예배에 공공연히 출석하는 것은 금지되어 있었지만, 비밀스럽게 다니는 것은 가능했다.

그러나 이 나라에서조차 종교를 둘러싼 문제는 상당히 시끄러웠다. 스피노자가 《신학·정치론》을 저술한 이유도 이러한 상황을 반영하고 있다. 즉 사상과 신앙의 자유가 '이곳에는 설교사들의 극단적인 권위와 뻔뻔스러움으로 인해 다양한 방식으로 억눌려 있기'^(서간
제30) 때문이다. 여기서 말하는 설교사란 칼뱅파의 목사를 말한다. 도르드레흐트의 종교회의 이후 칼뱅파 교회는 법적으로는 국교회로 분명히 규정되지 않았지만, 사실상 국가로부터 국교회 대우를 받고 있었다. 더욱 암담하게도 교회의 목사는 목사라기보다는 설교자였다. 그들의 주된 임무는 신자에게 하는 연설과 설득이었다. 연설의 대부분은 사회적인 문제에 대한 것이었다. 그들은 일반 대중을 설득하여 일정한 여론을 만들고, 마음에 들지 않는 일이 있으면 대중의 선두에 서서 당국의 정책에 간섭했다. 의회파가 정권을 장악하자 그들은 의회파의 자유주의적인 정책을 눈엣가시로 보고 크게 일어나 당국으로 밀어닥쳤다.

그것만이 아니다. 칼뱅파 교회가 이 나라에서 지배적임을 믿고, 그들은 같은 개혁파 교회에 속하는 아르미니위스파(레몬스트란트파)를 괴롭혔다. 비록 심정적인 것이기는 하지만 오라니에가와 대립하는 레헨트 층이, 이 레몬스트란트파를 지배하고 있는 것이 마음에 들지 않았던 것이다. 또한 전제적이며 신정정치를 주장하는 칼뱅파는 자신들 이외에 종교가 존재하는 것을 참을 수 없었다. 약소한 종파가 먹잇감이 되었다. 특히 멘노파는 그 신조에 따라 서약과 군무에 대한 양심적 거부를 행하여 국가의 통일과 평화를 어지럽히는 최악의 종교로 여겨지고 있었다. 칼뱅파는 멘노파뿐 아니라 소치니, 쿠베카, 가톨릭 신도 탄압을 당국에 요청했다.

당국의 태도

당국은 칼뱅파 목사의 요청에 마지못해 따르는 경우도 있었지만, 칼뱅주의 이외의 종교를 전면적으로 금지하거나 강제로 사람들을 칼뱅주의로 개종시키지는 않았다. 그것이 가능할 정도의 강력한 중앙 정권이 존재하지 않았기 때문이다. 아니, 앞에서 언급한 것처럼 이 나라에는 중앙 권력 자체가 존재하지 않았던 것이다. 또한 레헨트층도 도르드레흐트의 종교회의 이후 이전보다 엄격하게 교회의 규율을 따르긴 했지만, 자신들의 자유주의적인 사고는 버리지 않았다. 그들은 칼뱅주의가 지배적이 되기 전부터 이 나라에 뿌리박고 있던 에라스무스의 인문주의, 평화주의, 관용의 가르침에 영향받고 있었다. 따라서 칼뱅주의가 아무리 지배적이었다 해도 그것이 지배자의 의식까지 바꿀 수는 없었다.

물론 칼뱅주의가 에스파냐에 대한 반란에서 수행했던 역할은 컸다. 칼뱅주의가 일반 민중 단결의 정신적 지주였기 때문이다. 그러나 이 반란이 네덜란드의 승리로 끝나고 평화가 회복되어 상업 무역이 더욱 번성하자, 칼뱅주의의 전투적, 전제적, 신정치적인 사고는 지배 계층 레헨트의 '자유'와 맞지 않았다. 레헨트들은 칼뱅주의의 창끝을 어떻게 피하고 무디어지게 할지를 정치상의 문제로 삼지 않으면 안 되었다. 따라서 너무나 터무니없는 칼뱅파의 요구는 번번이 거부되었다. 예를 들어 칼뱅파 교회가 유대인의 개종에 엄격한 태도를 취하려 하자 당국은 다음과 같이 주의를 촉구했다. 성직자가 스스로의 올바른 몸가짐과 활동으로 유대 교도를 포함한 비그리스도 교도를 참된 종교로 개종한다면 환영받을 것이며, 그 경우 어디까지나 양심의 자유에 반하는 수단을 사용해서는 안 된다는 것이었다. 이처럼 네덜란드에서도 신앙은 완전히 자유롭지는 않았지만, 타국에서 자행되던 비극은 찾아볼 수 없었다. 그러므로 국정상의 큰 결점에도 불구하고 이 나라가 유난히 번영한 것은 오직 에라스무스적인 인문주의를 바탕으로 한 레헨트들의 건전한 지조에 의한 부분이 컸기 때문이다.

근대 자연법의 아버지 그로티우스

이처럼 이 나라에서는 칼뱅주의가 압도적인 지배력을 행사하고 있었지만 그것이 인간의 자유로운 의식까지 바꿀 수는 없었다. 이는 이 나라의 문화에

있어서도 마찬가지였다. 국민 대부분의
정신적인 양식이 칼뱅파 목사의 금욕주
의적이고 무미건조한 설교가 전부였더
라면, 자유와 풍부함을 기반으로 하는
문화는 피어나지 않았을 것이다. 설사
문화가 있다 하더라도 점차 고갈되어 궁
핍해졌을 것이다. 사실 이단으로 간주된
멘노파와 더불어 칼뱅주의는 이 나라의
문화 발전을 억제시키는 역할은 했어도,
발전에는 기여하지 않았다. 오라니에가
또한 마찬가지이다. 오라니에가는 세상
이 안정되자 왕조적인 생활 양식을 몸에
익혀 갔다. 그래도 그 주변에서 이른바

그로티우스 (1583~1645)
저서 《전쟁과 평화의 법》이 있다.

왕조 문화는 생겨나지 않았다. 이 나라의 경제적 지배자 레헨트들이 오라니
에의 왕조적, 군국주의적인 정책을 싫어하며 받아들이지 않았기 때문이다.
그럼에도 이 시대의 네덜란드 문화는 사상 공전의 번영을 기록했다. 레헨트
층을 중핵으로 한, 경제적으로 풍부하고 자유주의적인 분위기가 넘치는 도
시 생활이 있었기 때문이다.

　이 시대의 네덜란드 학자들 중에서 가장 먼저 꼽을 수 있는 이름은 법학자
휴고 그로티우스이다. 에라스무스의 인문주의와 평화주의를 국정에 반영시
킨 것이 레헨트들과 올덴바르네벨트, 비트였다면, 그로티우스는 학문 영역
에서 그 결실을 맺은 인물이었다. 그로티우스는 일반적으로 근대 자연법의
아버지로 불린다. 그리고 당시의 네덜란드에 큰 번영을 가져온 해외 무역을
지지하며 처음으로 해양 자유 이론을 내세우고, 전쟁의 세기라고까지 불렸
던 시대를 반영하여 《전쟁과 평화의 법》이라는 대저(大著)를 쓰며 국제법
학자로서 흔들림 없는 지위를 쌓았다. 이 시대의 네덜란드 인은 재산의 많고
적음에 따라 사람의 정치적, 사회적 지위를 결정하는 사고가 있었다. 이는
법의 영역에도 반영되었는데, 국제법에서는 해외로 진출하여 무언가를 획득
할 경우에 따라붙는 불안을 해소할 수 있는 어떠한 근거를 제공하도록 요구
되었다. 해양자유 이론만큼 레헨트들의 해외 진출의 모험심과 기업심에 어

울리는 것은 없었다. 해외로 진출하게 되면 국제 분쟁이 발생한다. 이 분쟁을 해결하기 위해 무조건 전쟁으로 호소하는 것이 당연시되던 시대에, 그로티우스는 이에 반대하며 전쟁은 죄 있는 국가에 대해서만 허용되어야 한다고 주장했다. 여기에도 에라스무스의 전통을 이어받은 그의 평화주의가 맥박치고 있었던 것이다.

자연과학과 철학과 회화

프라네카, 그로닝겐, 하르덴베르흐, 위트레흐트의 대학에는 칼뱅주의가 깊이 침투하여 마치 칼뱅주의의 온상으로 간주되었다. 그러나 그럼에도 칼뱅주의가 대학을 절대적으로 지배하지는 못했다. 에스파냐에 대한 반란이 한창일 때 설립된 레이덴 대학은 자유 옹호를 큰 기치로 삼았다. 그리하여 종교로부터 자유로운 영역, 즉 자연과학 영역에서 르네상스 시대 갈릴레이와 다른 대학자를 배출한 이탈리아의 파도바 대학에 필적하는 업적을 올렸다. 수학자 시몬 스티핀, 수학자이자 천문학자였던 윌브로드 스넬^(라틴명
스넬리우스), 해부학의 안토니 반 레벤후크 등 모두들 뛰어났다. 이 시대의 네덜란드의 자연과학을 대표하는 인물로 물리학자 크리스찬 호이헨스^(네덜란드명
하위헌스)를 들 수 있지만 그는 네덜란드보다는 주로 프랑스에서 활약했다.

사상면에서 보면, 사회가 점차 안정세를 되찾게 되자 데카르트 철학과 아리스토텔레스·스콜라 철학^(신스콜라
철학)이 네덜란드의 각 대학에 퍼지기 시작했다. 데카르트는 네덜란드에서 1628년부터 약 20년 동안 생활했으며, 그의 철학의 주요 저서도 여기서 집필되었다. 그래서인지 이 세기 중엽에는 많은 데카르트 학도가 배출되었고, 스피노자의 친구 중에도 몇몇의 데카르트 학도가 있었다.

네덜란드의 문화에 대해 살펴보려면 회화를 빼놓을 수 없다. 이 시대의 대표적인 화가로 가장 먼저 렘브란트를 들 수 있다. 그러나 그는 빙산의 일각에 지나지 않는다. 이 나라에는 많은 예술 애호가가 있었으며, 그 수요를 충족시킬 만큼의 화가들이 있었던 것이다. 물론 벽화와 조각은 칼뱅주의 교회가 지배하는 곳에는 성장하지 못했다. 그러나 집안을 장식하는 정도의 그림은 시청사, 구빈원, 그리고 개인의 주택 등에서 크게 요구되었다. 경제적인 풍요 덕분에 회화의 제작 의뢰인이 단순히 상층의 대상인에 그치지 않고 중류 소득자에까지 이르러 있었기 때문이다. 훌륭한 그림은 도시에 국한되지 않고 농가에도 장식되었다. 그림은 예술이라기보다 방을 꾸미기 위한 장식품으로 이용되었다. 뿐만 아니라 투자의 대상이기도 했다. 이처럼 많은 수요에 부응하여 많은 화가가 배출되었다. 암스테르담은 화가의 식민지라고까지 불렸다. 그러나 그 수가 너무 많았으므로 시민의 예술 애호 또는 필요의 정도에 비해 화가가 융숭한 보호를 받지는 못했다. 이 시대의 네덜란드 화가들은 오늘날처럼 예술가로

호이헨스(하위헌스, 1629~1695)
빛의 파동설, 호이헨스의 원리 확립

서 대우받았던 것이 아니다. 그 사회적 지위는 시인보다도 낮은, 기능인으로 취급되었다. 많은 화가들이 생활고에 시달렸으며, 프란츠 할스, 호베마, 루이스달 등은 구빈원에서 죽고, 렘브란트는 많은 빚을 지고 결국 파산하고 말았다.

유대인 사회

종교적 박해와 이주

철학자 스피노자는 네덜란드에서 태어나 자랐지만 그 선조는 순수한 네덜란드 인이 아니라 에스파냐의 유대인이었다. 에스파냐의 유대인들은 13세기 무렵부터 반유대적인 교황의 압력과 십자군의 영향으로 공공연한 박해를 받아왔으며, 1391년에는 그 박해가 정점에 달했다. 많은 유대인이 살해당했다. 그리스도 교도들의 박해에서 벗어나려면 그리스도교로 개종하는 수밖에 없었다. 이러한 개종자, 즉 신그리스도 교도들은 에스파냐 어로 마라노, 곧 '돼지'라 불리며 경멸당했다. 그러나 그들의 개종은 표면적인 것에 불과했으

며, 실제로는 여전히 유대교의 관습을 고수했다. 이러한 불성실한 그리스도 교도를 눈감아 주는 경우는 없었다. 1473년부터 이듬해에 걸쳐, 1391년에 뒤지지 않는 박해가 신그리스도 교도들에게 덮쳐졌다. 그들은 형식상으로는 그리스도 교도였으므로 예전처럼 개종이라는 도주로가 없었다. 그들은 이단 신문이라는 합법적인 박해를 받고 재판에 의해 많은 사람들이 살해당했다. 그리고 1492년에 유대인은 에스파냐에서 모조리 추방당하게 되었다. 많은 유대인이 포르투갈로 도망쳤다. 포르투갈에서도 결국 강제 개종과 이단 신문이 시작되자 그들은 또다시 탈출해야 했다. 스피노자의 선조는 에스파냐에서 포르투갈로 도주했던 '마라노'였으며, 그의 아버지가 아직 어렸을 때 네덜란드로 이주해 왔다.

마라노들의 대부분은 이탈리아, 북아프리카, 프랑스, 오늘날의 네덜란드와 벨기에가 있는 저지대($_{랜드}^{네덜}$)로 흩어졌다. 그들은 이주해 간 곳에서 따뜻하게 환대를 받았을까. 마라노들이 상거래를 하던 이탈리아의 베네치아와 제노바는 마치 손바닥 뒤집듯 냉담하고 퉁명스러웠다. 북아프리카는 그들을 표착물(漂着物)처럼 취급했다. 비교적 나았던 곳이 프랑스였지만, 여기도 네덜란드 지방에는 미치지 못했다. 당시의 네덜란드 지방은 마침 마라노들을 박해했던 에스파냐에 대해 반란을 일으키고 있던 때였다. 네덜란드는 이들 피난민을 다른 어느 곳보다도 기꺼이 맞아들였다. 마라노들은 물론 종교상의 이유에서 이 땅으로 피해 왔지만, 그들 대부분이 원래 에스파냐나 포르투갈에서 상업을 하던 사람들이었음을 보면 종교상의 이유 외에 직업상의 이유도 있었을 것이다. 에스파냐와 포르투갈에서는 상업 활동이 부자유스러웠지만, 이 지방은 반대로 상업 활동의 자유를 인정하고 상인의 기업에 알맞은 토양을 제공하고 있었기 때문이다.

암스테르담의 유대인

네덜란드로 이주한 사람들 대부분은 오늘날의 벨기에의 앤트워프(앙베르)에 상륙했다. 그러나 에스파냐군이 이 지방을 제압하자 그들은 북부 네덜란드의 암스테르담으로 이주했다. 1585년부터 1590년 사이의 일이었다. 네덜란드 당국은 그들의 이주는 인정해도, 두셋의 예외를 제외하고는 시민권을 부여하지 않았다. 따라서 그들은 공직에 오르지 못했으며, 대부분은 무역과 중개업에 종사하는 상인이 되었다. 그들은 눈부신 활약으로 순식간에 부(富)를 모았으며 많은 사람들이 동, 서인도회사의 주주가 되었다. 그들은 종교상의 차별로 네덜란드 인과 결혼할 수 없었다. 그럼에도 불구하고 그들이 유복한 생활을 영위하게 되자 네덜란드 인 소녀들이 가정부로 고용되어 어느새 그들과의 사이에 혼혈아를 낳기도 했다. 그들은 외부적으로는 포르투갈계 이름을 사용하고 내부에서는 유대인 이름을 사용했다. 일상적으로 사용하는 말은 포르투갈 어였으며, 공적인 자리나 격식 있는 자리, 문서 등에는 대부분 에스파냐 어를 사용했다.

  네덜란드로 이주한 최초의 마라노들은 그 내심의 신앙이야 어떻든 표면상으로는 그리스도 교도였다. 그러나 네덜란드는 칼뱅주의가 압도적인 지배력을 지녔으며, 때마침 가톨릭의 나라 에스파냐와 싸우는 중이었다. 따라서 마라노들은 이 나라에서 가톨릭 교도로서의 공공연한 행동은 삼가야 했다. 그러나 그들은 즉시 조상의 종교인 유대교로 개종했고, 1597년에는 암스테르담에 자신들의 교회당을 설립할 수 있었다. 그들 에스파냐·포르투갈계의 유대인은 '세파르디'라 불리며 암스테르담의 한 곳에서 모여 살고 있었다. 그러나 이 유대인 거리에는 유럽 동부와 중부, 즉 폴란드, 러시아, 독일에서 이주해 온 아슈케나지계 유대인도 함께 살고 있었다. 아슈케나지계 유대인의 수는 에스파냐·포르투갈계 유대인보다 거의 2배는 많았지만 경제적으로는 매우 가난했다. 그들 중에 에스파냐·포르투갈계 유대인의 평균 수입에 필적하는 사람들은 겨우 두셋밖에 없었다고 한다. 같은 유대인이지만 외국인이나 마찬가지였다. 사용하는 말도 달랐다. 아슈케나지계 유대인이 사용하는 말은 이디시라는 유대 사투리가 섞인 독일어였다. 양자 사이의 차별도 심했으며, 아슈케나지계 유대인의 자식은 세파르디계 유대인 자식과 결혼하지 못했다. 즉 같은 유대인이지만 빈부의 차, 언어의 차이 때문에 쉽게 융화되지 못했으며, 종교로 인해 하나의 공동체를 형성한 것처럼 보여도 그 사회의 실권은 경제적으로 풍족한 계층이 쥐고 있었던 것이다.

  마라노들은 암스테르담에서 조상의 종교를 되찾았다. 그들에게 암스테르담은 '새로운 예루살렘'이 되었다. 그러나 그들은 에스파냐와 포르투갈에서 가톨릭으로 강제 개종했기 때문에 16세기부터 17세기 초의 시대에는 유대교에 대해 거의 알지 못했다. 알고 싶어도 전통이 근절되어 알 방법이 없었다.

유대교 교육

렘브란트의 동판화 '회당(會堂)의 유대인'(1648)에는 17세기 암스테르담에 살던 유대인들의 모습이 그려져 있다. 스피노자가 자라난 환경도 이와 비슷했을 것이다. 스피노자는 암스테르담의 엄격한 유대교 가정에서 태어나 유대교의 전통 교육을 받았다. 그러나 1656년, 24살이었던 그는 정통 교의를 비판한 결과 교회로부터 파문을 선고받아 유대인 사회에서 추방되었다.

이제 그들에게 유대교는 동경의 종교에 지나지 않았다. 이러한 그들에게 제시된 대안이 아슈케나지의 유대교였다. 그 교의의 핵심은 탈무드와 신비주의사상인 카발라였다. 마라노들은 민족의 긍지를 지키기 위해 세파르디계 랍비를 데려왔지만, 실제로는 아슈케나지계 랍비가 유대교의 법률 교사가 되었다. 그리하여 에스파냐와 포르투갈에서 르네상스의 세속성을 익히고, 일상생활에 있어서도 세속적이고 풍족함을 누렸던 마라노들은 교회당에서 처음으로 동유럽의 폐쇄적인 유대인 마을(게토)의 종교와 직면하게 되었다. 세속적이고 합리적인 사고를 지닌 사람들이 신비적인 명상과 유치한 연극 같은 미신을 만난 것이다. 이러한 중세적인 종교형태와 근대적인 합리성의 충돌에서 생기는 위화감은 상식 있는 사람들로서는 참기 어려운 것이었다. 다음에 서술하는 우리엘 다 코스타도 예외는 아니었다.

우리엘 다 코스타의 생애

우리엘 다 코스타($^{1585\sim}_{1640}$)는 포르투갈에서 암스테르담으로 17세기의 10년대에 이주해 온 마라노였다. 그는 상업을 위해 자유로운 땅을 찾아 이주한 것은 아니다. 순수한 종교상의 이유, 즉 조상의 종교 유대교로 개종하기 위해 온 것이다. 그는 포르투갈의 오포르트에서 태어났다. 양친은 마라노였지만 신심 깊은 사람들이었다. 넓은 저택에서 풍족한 생활을 누렸으며 자식에게 는 귀족적인 교육을 받게 했다. 다 코스타는 대학을 졸업하고 오포르트의 가톨릭 교회에서 일했지만, 가톨릭교의 영혼 구제에 강한 의문을 품게 되었다. 다양한 서적을 뒤져 보았지만 좀처럼 안식을 얻을 수 없었다. 그래서 다른 종교에서 마음을 의지할 곳을 찾기 위해 모세오경과 예언서를 훑어 보았다. 그 결과 신약성서의 가르침에는 많은 모순이 포함되어 있음을 알게 되었다. 게다가 구약성서는 유대 교도와 그리스도 교도가 모두 믿지만, 신약성서는 그리스도 교도만 믿고 있다는 것이다. 즉 유대교가 그리스도교보다 보편적 이라고 생각되었다. 다 코스타는 모세를 믿고 유대교의 법률에 복종하기로 결심한다.

물론 포르투갈에서 유대교는 허락되지 않았으므로 유대교를 믿기 위해서 는 출국해야 했다. 큰 위험을 무릅쓰고 다 코스타 일가는 배를 타고 암스테 르담에 도착하여 즉시 유대교로 개종했다. 그러나 그는 서적 속의 유대교밖 에 알지 못했다. 유대교는 그의 머릿속의 종교에 지나지 않았던 것이다. 이 러한 그가 암스테르담에서 현실의 유대교와 만나게 되었다.

머릿속에서 미화된 유대교와 현실의 유대교의 차이는 매우 컸다. 다 코스 타가 유대교회당 안에서 보고 들은 것은 율법에 반하는 내용이 대부분이었 으며, 랍비들은 심술궂고 거만하며 도저히 신앙의 교사로는 보이지 않았다. 그가 머릿속에 그렸던 유대교는 '새로운 예루살렘'이라 불리는 암스테르담에 는 그림자도 없었으며, 오직 오랜 인습과 전통으로 일그러진 유대교가 있을 뿐이었다. 랍비들은 '자신들의 이익을 위해, 바리새 인의 종교와 체제를 옹 호하기 위해 싸우고 있을' 뿐이었다.

다 코스타는 바리새 인의 전통이 모세의 가르침에 어긋남을 알리기 위해 율법의 상벌 관념이 현재적인 것임을 이해해야 한다고 주장했을 뿐 아니라, 영혼의 불멸성도 부정했다. 그가 주장한 것은, 신은 자연을 창조했으므로 이 세상에는 자연과 반대되는 것은 없으며, 자연적인 것은 신의 뜻과 일치한다 는 자연주의적인 사고였다. 그러나 이러한 사상을 철저하게 따르면 모세의 율법 자체도 자연에 반대되는 것이 되기 때문에, 신의 법이 아니라 인간이

우리엘 다 코스타와 어린 스피노자

만들어 낸 것이 된다. 이로 인해 다 코스타는 유대교가 규정하는 안식일과 식사 법도를 무시한 것이다.

다 코스타는 반유대적인 언동으로 두 번이나 유대교회당에서 파문당했다. 두 번째의 파문으로 그는 정신적으로도 물질적으로도 큰 타격을 입었다. 7년 뒤 더 이상 고통을 이겨내지 못하고, 자신이 지금까지 해 온 것을 전면적으로 부정하는 참회식에서 참기 어려운 굴욕을 받아가며 겨우 용서받았다. 그러나 절망도 컸으며, 자신의 이제까지의 생애를 《인간생활의 실례(實例)》라는 자전으로 정리하고 자살했다. 1640년 4월의 일로, 철학자 스피노자가 8살 때였다. 스피노자는 다 코스타와 같은 곳에 살고 있었으므로 그를 잘 알고 있었을 것이다. 그러나 그의 유서라고도 할 수 있는 《인간생활의 실례》는 스피노자 사후 10년 뒤인 1687년에 출판되었기 때문에 실제로 읽지는 못했을 것이다.

Ⅱ. 스피노자의 생애

파문 이전

스피노자 집안

스피노자는 1632년 11월 24일 네덜란드의 암스테르담의 유대인 집안에서 태어났다. 그의 부친 미카엘은 남 포르투갈의 비디게이라에서 1598년에 태어났으나, 유대인 박해 때문에 1600년경, 조부와 함께 암스테르담으로 이주해왔다.

미카엘은 생전에 3번 결혼했고, 3번 모두 아내와 사별했다. 첫 번째 부인이었던 라헬은 1627년에 사망했고, 이듬해 한나 데보라와 결혼했다. 그러나 데보라도 결핵으로 1638년에 사망했다. 그리고 1641년, 세 번째 처인 에스텔라를 맞아들였으나, 에스텔라도 1653년에 사망했다.

스피노자에게는 다섯 명의 형제자매가 있었다. 누나 레베카, 형 이삭, 스피노자, 여동생 밀리엄, 남동생 가브리엘이다. 다섯 명 중 레베카와 이삭은 라헤르의 아이였고, 남은 세 명은 한나 데보라의 자식이었다. 하지만 이 다섯 명 중에 형 이삭은 1649년에 사망했고, 여동생 밀리엄은 사무엘 데 카세레스라고 하는 사람과 50년에 결혼했으나, 다니엘이라는 아들을 남기고 죽었다. 그리하여 홀아비가 된 카세레스는 스피노자의 누나 레베카와 결혼했다. 1654년에는 부친이 사망했다. 부친의 사후 스피노자는 남동생과 함께 가업을 이었으나, 1656년 스피노자가 유대교회당으로부터 파문당하고나서부터는 남동생이 가업을 계속했다. 하지만 그 남동생도 1664년까지는 암스테르담에 있었으나, 그 이후 남인도 제도로 이주하여 그 당시 영국령이었던 자메이카에 살다가 1667년에는 영국으로 귀화했다. 결국 최후까지 스피노자와 함께 네덜란드에 남았던 육친은 누나인 레베카뿐이었다. 이렇게 스피노자의 가족은 혈육의 연이 짧았고, 그 자신도 짧은 기간에 형, 여동생, 계모, 부친과 사별하는 거듭되는 불행을 맛보았다.

철학자 스피노자의 이름은 히브리 어로 바르프(Baruch), 포르투갈 어로는 벤토(Bento), 라틴 어로는 베네딕투스(Benedictus)로 불리며, 모두 '축복받은 자'라는 의미이다. 또한 성인 스피노자는 원래 에스피노사(Espinosa)라든지, 데스피노사(d'Espinosa)로 불렸던 것으로, 그것은 카스티리아의 마을 에스피노사 데 레스 몬테로스(Espinosa de res Monteros)에서 유래했다. 그의 부친 미카엘은 d'Espinosa 대신에 Despinoza를 썼고, 1641년 세 번째 결혼 때 그 이름으로 서명했다. 하지만 아들이며 철학자인 스피노자는 d'Espinosa도 아니고 Despinoza도 아닌 de Spinoza를 썼다.

부친 미카엘의 직업

스피노자의 부친은 신심이 깊은 유대교 신자였다. 그 사회에서는 인망이 있었고, 오랫동안 유대 교단의 명예직에 있으면서 교단의 뒷바라지를 한 사람이었다. 유대 교단이 유대인 자제의 교육을 위해서 '생명수(生命樹)학교'를 설립했을 때, 부친 미카엘은 그 학교의 설립에 힘을 다했다. 1637년 미카엘은 아들 둘을 이 학교에 입학시켰으나, 그 때 그는 등록금 18굴덴 외에 52굴덴을 기부했다. 그 금액은 당시 스피노자가(家)가 상당한 자산가였음을 의미한다.

미카엘의 일은 무역상이었고 장사도 순조로웠다. 스피노자의 형 이삭이 사망한 1649년에는 상당히 사업을 키워 지중해 지방의 과일·포도주, 에스파냐 남부의 양털, 염료용 아열대식물, 생강 향료, 담배를 수입하고 곡물·치즈·린넨·레스·선구 등을 이베리아 반도로 수출하였다. 말하자면 네덜란드 가공 무역에 도움이 될 만한 것을 취급하고 있었던 것이다. 그러나 영국에서 크롬웰 1세를 무너뜨리고 정권을 장악, 1651년에 항해 조령을 제정하고, 나아가 제1차 영국·네덜란드 전쟁이 1652년에서 1654년에 걸쳐서 일어나면서 네덜란드를 둘러싼 국제관계가 변했다. 그리고 그것은 네덜란드의 무역에 큰 타격을 주었으며, 미카엘도 그 영향을 그대로 받았다. 그 때문에 네덜란드 항구는 완전히 생기를 잃어버렸고, 배는 정박해 있을 뿐이었다. 무역상인 미카엘은 큰 피해를 입었다. 그때부터 부친의 건강은 나빠졌고, 드디어 1654년 3월에 세상을 떴다.

'생명수학교'과 '율법학교'

유소년기의 스피노자는 유대인 마을의 좁은 거리에서 노는 아이였을 것이다. 그리고 그 마을에서는 매년 가을에 유대교 축제가 성대하게 벌어졌을 것이고, 그는 아이답게 그것을 즐겼을 것이다. 그에게 최초로 성서 이야기를 들려 준 사람은 모친인 한나 데보라였을 것이다. 아무리 이 마을에서는 우리엘 다 코스트와 같은 이단자가 나왔다거나, 또는 성직자도 그에 걸맞은 행장을 반드시

'생명수학교' 회원 명부
1637년. 왼쪽 아래에서 두 번째에 아버지, 오른쪽 위에서 6번째에 형, 7번째에 스피노자의 이름이 있었으나, 파문당한 그의 이름은 지워져 있다.

하지 않았다고는 해도, 일반 사람들은 세속적인 상업 활동에 전념하는 한편, 매일 기도로 시작해서 기도로 끝나는 충실한 유대 교도의 생활을 보내고 있었다. 사람의 생사, 활기, 음식 등의 일상 또는 이상적인 모든 일은 신과 관계되어 있었다. 하지만 이와 같은 깊은 신앙심은 다분히 미신과 연결되어 있었을 것이다. 그렇다는 것은 교단의 지도자들 중에는 신비적인 주술, 또는 수나 문자로 점을 보는 사람이 있었을 것이고, 그 사람들이 일반적인 사람들에게 큰 영향력을 미치고 있었을 것이다. 스피노자는 미신이 꽤 깊이 지배하는 종교적 분위기 속에서 성장했을 것이다.

1637년 '생명수학교'가 설립된 것과 동시에 스피노자는 여기에 입학했다. 이 학교의 수업료는 무료였다. 그러나 최종학년 반에 들어갈 학생은 수업료를 납부해야 했다. 이 최종학년 반은 성적이 우수하고 장래 성직을 희망하는 학생만이 입학할 수 있었다. 하지만 가난한 사람은 수업료를 납부하지 않아도 될 뿐만 아니라 장학금까지 지원되었다. 스피노자는 최종학년에는 들어가지 않았다. 그는 알려진 것처럼 성직자가 되기 위해서 교육을 받은 것은 아니었다. 하지만 이 학교는 유대교의 종교 교육이 중심이었다. 히브리 어교육은 철저하게 이루어졌고 학생들은 구약성서, 예언서 등을 에스파냐 어로 번역하고, 고학년이 되면 히브리 어로 회화가 가능할 정도였다. 이것은 중요한 점이었다. 물론 스피노자 시대에 히브리 어에 대해 빼어난 지식을 가

진 그리스도교 학자들도 있긴 했다. 하지만 그들은 어른이 되고 나서 힘겹게 히브리 어를 습득한 것이고, 유아기 때부터 배운 스피노자와는 다르다. 스피노자의 이 히브리 어 지식은 수년 후, 크게 그 힘을 발휘하여 성서 연구에 신기축을 열게 된다.

스피노자는 '생명수학교' 다음에 '율법학교'에 입학했다. 이 학원은 '생명수학교'에서 그의 스승이었던 몰테이라가 1639년에 평신도를 위해 설립한 학교였다. 여기에서 스피노자는 유대교 교육을 받았다. 성스러운 언어 히브리 어로 제자에게 종교 교육을 베푸는 것은 장래 그들이 어떤 직업을 선택할 것인가와는 관계없이 종교적 의무라고 여겨졌기 때문이다. 그는 이 '율법학교'에서 성서에 관한 지식을 심화시켰고, 탈무드나 유대교의 신비설 '카바라'를 알게 되었다.

스피노자가 받은 학교 교육은 '생명수학교'과 '율법학교' 이외에는 없다. 이것은 그 당시 철학자가 받은 학교 교육과 비교해서 대단히 빈약한 것이다. 그 후 그가 크게 성공한 것은 이들 학교를 나온 후 독학으로 얻은 지식에 의한 부분이 더 많았을 것이다.

유대 문화에서 유럽 문화로

스피노자는 학교를 나온 후에 가업을 도우면서 누군가의 지도도 받지 않고, 자력으로 구약성서나 중세의 유대 철학자에 관해 공부했다. 그것들은 '생명수학교'이나 '율법학교'에서는 배울 수 없는 것들이었다. 그는 지금까지 자신이 배운 유대교에 관한 지식을 더욱 심화시켰다. 아브라힘 이븐 에즈라, R. 에프다 알파카르 등 구약성서 주석가, 또한 마이모니데스, 게르소니데스라고 하는 유대 중세 철학가의 이름이 올려졌다. 이 성서 주석가나 마이모니데스는 그의 《신학·정치론》에서 논평되었다. 이것은 그가 이 사람들로부터 받은 영향이 컸다는 것을 의미하고 있다. 또한 르네상스 시대의 유대 신(新) 플라톤주의자 레오네 에브레오를 익힌 것도 이 시기일 것이다. 스피노자의 유대교에 대한 연구는 이들을 연구하는 것에 의해 당시의 문헌학적 연구의 최고봉에 근접할 수 있었다.

그러나 그의 지식욕은 단순히 유대교의 범위에 멈추지 않았다. 그는 머지않아 유대교의 틀을 돌파하고 그리스도교 나라의 문화에 접하게 된다. 신심 깊은 가족 속에서 가업을 돕고 있는 그에게 느닷없이 유대인 이외의 사람으로부터 그리스도교 나라의 문화 연구에 대해서 시사해 준 사람이 나타났다고는 생각하기 힘들다. 그것에는 당시 암스테르담의 유대 교단이 한편으로는 전통을 굳게 지키면서도, 완전히 폐쇄적이지는 않았다는 것을 거론해야 할 것이다. 즉, 입으로는 신비적인 사상을 되뇌면서도 그리스도교 유럽 문화를 접하고 이교도와 개인적인 지적 교류를 했던 사람이

메나세 벤 이스라엘

있었던 것이다. '생명수학교'의 교사 메나세 벤 이스라엘도, 또한 나중에 스피노자의 파문을 전한 이삭 아보아브도 그 대표적인 사람들이었다. 그것뿐 아니고 유대 상인이 활약하는 그 사회에는 르네상스 이래의 인문주의적인 문화나 무역에 의한 해외 문물이 봇물처럼 쏟아져 들어왔다. 그럴 마음만 있으면 얼마든지 유럽 학문 연구가 가능했다.

　이러한 유대인 사회의 분위기 속에서 요셉 샬롬 델메디고라는 인물이 랍비로써 나타났다. 그는 본래 의사이면서 자연 학자였다. 1591년 크레타 섬에서 태어나 이탈리아의 파도바 대학에서 아베로에스의 스콜라학과 함께 근대의학, 자연학을 배운 신지식인이었다. 그는 스피노자의 스승인 메나세 벤 이스라엘과 교류가 있었다. 델메디고를 랍비로 추천한 것은 메나세였다. 메나세는 화가 렘브란트와도 친교가 있었던 인물이다. 그는 또한 자유사상가와도 교제가 있었고, 그 때문에 정통파 사람들로부터 오해를 받을 정도로 꽤 트인 사람이었다. 또한 델메디고도 교단에서는 이색적인 사람으로 자유사상가로 여겨지고 있었다. 그는 메나세의 도움을 받아 그의 저서 《위대한 승리의 서》를 출판했다. 이것은 폴란드의 유대교 랍비들의 질문서와 델메디고의 회답을 모은 것이었다. 하지만 이것은 당시로서는 너무 참신해서 그대로 발행하지 못하고, 거의 반이 삭제된 채로 겨우 출판된, 말하자면 별책 부록이었다. 이 책을 스피노자는 휴대하고 있었다. 훼손된 문서였기 때문에 스피노자에게 얼마나 도움이 됐는지는 알 수 없으나, 이 책 속에 들어 있는 르네상

스의 자연과학 지식은 단편적이었다고는 해도, 스피노자의 지식욕을 계발하는 부분이 있었다고 여겨진다. 하지만 무엇보다 스피노자에게 있어서 자극적이었던 것은 델메디고가 학문의 연구에는 라틴 어 지식이 불가결하다고 한 것이었을 것이다. 당시의 유대인에게 있어서는 히브리 어가 학문 연구에 적당한 어학이라고 여겨지고 있었다. 라틴 어 공부의 권고는 스피노자에게 지금까지의 어둠을 밝혀 주기에 충분하다고 생각된다. 스피노자는 서둘러 무명의 독일인 학생으로부터 라틴 어를 배웠다고 전해진다.

세 명의 벗

이것은 스피노자가 18세부터 19세$\binom{1650\sim}{1651}$에 걸쳐서 일어난 일이며, 스피노자 집안의 장사가 국제 정세의 변화에 의해 기울어질 즈음이었다. 이 때는 이미 형인 이삭이 사망했기 때문에 스피노자는 가업을 본격적으로 돕고 있었다. 상인으로서 거래처 출입을 하고 있을 때, 그는 세 명의 멘노파 상인을 알게 되었다. 그 교제는 스피노자가 폐업을 하고 학문에 전념하고 나서까지 변함없었다. 세 명은 데 프리스, 야라파 이에레스, 피터 패링이었고, 그들은 동시에 부유한 상인들이었다. 그들은 상인으로써 활약하면서 학문에 흥미를 가지고 있었다. 데카르트 철학을 깊게든 얕게든 배운 사람들이었다. 또한 그들은 종교적으로는 자유로운 사고 방식을 가진 사람들이었고, 한때 멘노파의 투쟁적인 자세나 순교적 태도에 대해서는 비판적이었다. 앞으로 서술하겠지만, 그들은 스피노자에게 콜레기안파의 회합에 출석을 권거나, 또는 데카르트 철학에 대해서 가르친 적이 있는 것이 확실하다. 하지만 아직 스피노자 자신은 데카르트의 저서를 읽을 정도로 충분히 라틴 어를 익히지 못했다. 그것을 확실히 익히기 위해서 판 덴 엔덴이 운영하는 라틴 어 학교에 들어가야만 했다.

판 덴 엔덴에게 배우다

판 덴 엔덴은 1602년 앤트워프에서 태어나, 로이벤 대학에서 철학, 의학, 법률학을 배운 뒤 예수회에 들어갔다. 그는 고전 문학, 특히 라틴 문학에 조예가 깊었다. 법률학 외에 의학의 학위도 가지고 있었다. 40세 때, 그는 예수회에서 이탈하여 결혼했다. 여섯 명의 자식이 있었으나, 그 중에 장녀 클

콜레기안파의 집회 (레인스뷔르흐)

라라 마리아가 후에 스피노자를 강하게 끌어당기게 된다. 엔덴이 앤트워프에서 암스테르담으로 온 것은 1645년의 일이었다. 얼마 안 있어 그는 암스테르담 시장의 평화 사절로써 에스파냐 마드리드에 파견되기도 해, 정치적으로는 꽤 눈에 띄는 존재였던 것 같다. 그는 암스테르담에서 서점을 했으나 그다지 성공하지는 못했다. 그리고 그는 1652년에 라틴 어 학교를 개설했다.

그의 수업은 틀에 박히지 않았고 기지가 넘쳐서 재미있었기 때문에 호평을 받았으며, 많은 암스테르담 레헨트의 자제들이 그의 학교에 입학했다. 어학교육의 일환으로 연극을 했고, 그것이 젊은 도시 귀족들에게 높은 반응을 얻었다. 그의 교과서는 네덜란드 어로 번역되었고, 그 시대의 유명한 시인 폰델도 그것으로 라틴 어를 공부했다고 알려지고 있다. 그러나 사상적으로는 일반에게 무신론자라든가 자유사상가로 알려져 있으나, 그가 정말 무신론자였는지는 의심스럽다. 그는 부인이나 아이들에게 가톨릭을 믿게 했고, 딸 마리아의 결혼 때는 그 상대를 가톨릭으로 개종시키기도 했다. 하지만 엔덴이 오늘날에 와서 유명해진 것은 유대교의 이탈자 스피노자에게 라틴 어를 가르쳤고 파문 후 잠깐 동안 스피노자를 돌보았기 때문일 것이다.

스피노자는 엔덴 밑에서 라틴 어를 배우면서 그것을 자신의 것으로 만들 수 있었다. 그는 라틴 어 이외의 언어를 배울 수 있었을까. 엔덴은 그리스 어도 가능했으나, 스피노자는 그리스 어까지는 손을 대지 못했던 것 같다. 그것은 이후 《신학·정치론》에 있어서 그가 신약성서에 대해서는 거의 다루지 않았던 것이다. 그는 일상생활에서는 포르투갈 어로 말하고 '생명수학교' 에서는 에스파냐 어를 사용했다. 그리고 네덜란드에서 태어났으니, 네덜란드 어도 자유롭게 구사했을 거라고 생각하기 쉽다. 하지만 별로 잘하지는 못했다. 과연 그는 네덜란드 어 문장을 읽는 것은 가능했으나 쓰는 것에는 별로 자신이 없었다. 그는 편지를 쓰기 위해 네덜란드 어 모범 편지들을 구입했을 정도였다. 그의 처녀작 《신·인간 그리고 인간의 행복에 관한 짧은 논문》(줄여서 《소논문》이라고 하자)은 네덜란드 어로 씌어 있으나, 이것은 그가 네덜란드 어로 쓴 것이 아니다. 그가 쓴 라틴 어 원문을 친구가 네덜란드 어로 번역한 것이다. 그 밖에 이탈리아 어, 프랑스 어, 독일어도 조금은 할 수 있었던 것 같다. 하지만 영어에는 완전히 무지했다.

유대교에 대한 회의

스피노자는 라틴 어를 체득함에 따라 서양의 학문을 직접 연구할 수 있게 되었다. 이 연구 과정에서 생긴 것이, 그가 유대 교회당에서 이탈한 일이다. 그의 파문은 그가 이교인 그리스도교 문화에 접했기 때문에 생겼다고 생각하기 쉽다. 하지만 그것이 없었다고 해도, 그 자신의 유대교에서의 이탈, 또는 신앙 교의에 대한 회의는 그의 성서 연구에서 싹튼 것이다.

유대인 사회에서 생활하는 이상 유대교의 전통적인 제례 절차, 규정을 엄수해야만 하지만, 스피노자는 본인이 성서 연구를 해 가면서 제례 절차나 규정은 신앙에서 본질적인 것이 아니고 외면적인 것에 지나지 않는다고 생각하게 되었다. 그뿐 아니라 그는 식사, 안식일, 축일의 법도를 무시했다. 그러자 이러한 것은 전통에 충실한 유대인들에게는 중대한 배신 행위로 보였다. 당시의 암스테르담의 유대 교단은 그 견해가 그저 사상적 또는 이론적인 것에 머물고, 그것이 행위가 되어 나타나지 않는 이상 이단적인 견해를 가진 자를 파문하지는 않았다. 그러나 그는 규정에 어긋나는 행위를 저지르고 교회당의 예배에도 참석하지 않으면서, 앞서 말한 바대로 멘노파의 상인들과 교류하면서 이교도의 회합에는 출석했던 것이다.

하지만 스피노자는 교단의 유력자인 부친이 살아 있는 동안에는 부친의 입장을 생각해서인지 눈에 띄는 행동은 피했던 것 같다. 1654년 3월, 부친이 사망했다. 그해 말까지는, 즉 12월 6일에는 교회당을 방문해 관습에 따라 예배를 드리고 6굴덴을 헌납하기도 했다. 따라서 그가

유대교 교회당(암스테르담)

공공연하게 사람들의 눈에 띄게 배신 행위를 한 것은 55년이 되어서부터라고 추정된다.

콜레기안파와 파문

당시 네덜란드에는 많은 그리스도교의 종파가 있었다. 1619년 도르드레흐트의 종교회의에 의해 정통 칼비니즘 이외의 교단에는 목사를 두는 것이 금지되었다. 그때 판 델 콧데는 신의 말에 귀를 기울이기 위해서는 승려나 신학자는 필요 없다고 보고, 레이덴 근방의 레인스뷔르흐 마을에 속인들을 모아 성서를 자유롭게 해석하고, 그 자리에서 떠오르는 영감에 따라 신앙을 다지고 있었다. 이 파는 회합 장소의 지명에 따라 '레인스뷔르흐파'로 불린다. 또한 성서에서도 자유롭게 이야기하는 단체(콜레기움)에 따라, '콜레기안파'라고도 불린다. 이 콜레기안파는 종파를 불문한 많은 사람들로 구성되었다. 멘노파, 루터파, 칼뱅파, 레몬스트란트파, 쿠벤카파, 소치니파 그리고 가톨릭교 사람들까지 포함되어 있었다. 스피노자의 친구였던 세 명의 상인도 멘노파에 해당하는 위치로 이 회합에 가입되어 있었다. 스피노자는 이 세 명의 권유로 이 회합에 출석한 것이다.

스피노자가 이 콜레기안파의 회합에 출석한 것은, 그의 정신적 발전을 위해서는 큰 플러스 요인이 되었다. 스피노자는 성서의 비판적 연구를 통해, 교단인 유대교의 껍질을 벗기는 것과 동시에, 콜레기안파의 사람들과 교제하는 것으로, 말하자면 교회에서 그리스도교의 범위를 돌파하는 법을 배웠다. 그는 인류애와 신의 외경을 교회에서가 아니라 이 콜레기안파에 의해 자유로운 성서 해석으로 배웠다. 이 콜레기안파의 사람들은 확실히 그리스도교의 용어와 상징을 사용했지만, 그 내용은 교회 종교의 틀을 넘어서 있었다. 스피노자는 이 콜레기안파의 회합에서 신약성서에 대해서 보다 자세한 지식을 배웠을 뿐 아니라, 콜레기안파의 사람들도 그의 히브리 어 지식과 그에 근거하는 구약성서 연구를 높이 평가했다.

　스피노자의 유대 교단에 대한 배신 행위가 눈에 띔에 따라, 교단은 몇 번인가 그에게 생활 태도를 개선할 것을 경고했다. 물론 그의 누나나 남동생도 설득했음이 분명하다. 하지만 도무지 나아지지 않았기 때문에 교단 측은 그를 교회당에 불러내어, 반성을 하도록 30일간의 파문(<small>小파문</small>) 판결을 내렸다. 하지만 전혀 효과가 없었다. 그래서 교단 측은 재차 교회당으로 불러내, 드디어 대파문의 판결을 내린 것이다. 1656년 7월 27의 일이었다. 그는 판결 당일 교회당에 출석하지 않았기 때문에 파문장은 이튿날 그에게 전해졌다.

　그의 파문은 '무서운 이단'과 '기괴한 행동' 때문이었다. 즉, 앞서 서술한 대로 그가 규정을 무시한 것이다. 하지만 그 파문은 예기된 일이었다고는 해도 그에게는 적잖은 충격을 주었다. 즉시 변명서를 에스파냐 어로 썼다. 물론 교단 측은 그것을 문제로 삼지 않았다. 만약 문제로 삼았다면 그를 둘러싼 파문 후의 상황은 더욱 화제가 되었을 것이다. 현재에는 그 변명서조차 남아 있지 않다. 소식통에 의하면 그 변명서의 많은 부분은 《신학·정치론》 속에 들어 있을 것이라 한다.

　하지만 파문에 관해서 주의해야 할 점은, 파문이 당시 적잖이 행해졌다는 것, 더군다나 그것은 길을 잘못 든 자를 바른 길로 인도하기 위한 수단이었다는 것이다. 즉, 파문은 배신 행위를 범한 자를 완전히 공동체에서 배제하여 관계를 끊는다는 것을 의미하는 것이 아니었다. 스피노자의 스승이었던, 앞서 말했던 메나세 벤 이스라엘조차 파문되었다가 복권되었다. 우리엘 다 코스타도 참회식에 나와서 죄를 용서받았다. 스피노자에게 영향을 주었던 인물이라고 여겨지는 플라도조차 파문 취소 운동을 하고 있었다. 스피노자에게 그럴 마음만 있었으면, 그리고 행장을 바꾸기만 했었다면 파문은 취소되었을지도 모른다. 하지만 스피노자에게는 그럴 마음이 없었다. 그는 랍비의 불합리한 파문에는 굴할 수가 없었다. 오히려 그의 향후 사상 발전의 역사에서 보

스피노자에 대한 파문장

자면, 파문은 자유에의 해방, 또는 그의 자유철학 수립을 위한 불가피한 계기였다고 할 수 있다. 자유를 위해 싸웠던 다 코스타가 파문을 자유의 발판으로 삼지 못하고 도리어 비참한 죽음을 스스로 자초했다고 한다면, 스피노자는 반대로 그 파문에 의해 유대 사회를 버리고, 지금까지 이교도였던 그리스도 교도들의 철학을 수립하는 것이 가능했던 것이다.

파문 뒤의 생활과 연구

폐업과 상속 분쟁

부친의 사후 스피노자는 남동생과 함께 가업을 이어가고 있었다. 이미 영국·네덜란드 전쟁은 종결되었다. 암스테르담은 다시 활기를 찾고 있었다. 하지만 스피노자는 사업에는 소질이 없었다. 전기 작자 루카스는 '유대인 중에 그의 부친과 거래 관계를 가졌던 사람들은 아들이 자신들의 교활한 처사를 꿰뚫어 볼 성격이 아니라고 판단하여, 결재 때 그를 곤란하게 했다'라고 적고 있다. 드디어 스피노자는 암스테르담 관청에 후견인의 소개를 청했다. 그리고 루이스 클레이어라는 사람이 부친의 동업자들로부터 스피노자와 그 남동생을 보호하기 위해서 후견인이 되었다. 후견인은 채권자에 대한 법적

인 절차를 밟고 귀찮은 일들을 해결했다. 그래도 부친의 사후 2년간은 어떻게든 사업을 계속했지만, 파문은 그것을 불가능하게 했다. 결국 그는 사업에 대한 권리를 남동생에게 양보하고 물러났다.

스피노자에게는 사업에 대한 고민 외에도 부친의 사후 유산의 분배를 둘러싼 가족 간의 승강이가 있었다. 부친의 사업에 관한 유산은 그와 남동생이 귀찮은 일들까지 포함해서 상속을 받은 것이기 때문에, 여기에서 문제가 된 유산은 부친이 가정에 남긴 유산이었을 것이다. 그 유산은 그의 누나 레베카와 남편 카세레스가 독차지해 버렸다. 유대교에서는 이단자의 재산은 몰수할 수 있었기 때문이었을 것이다. 스피노자는 이것을 부당하다고 보고 후견인의 도움을 얻어 유대교와 관계없는 일반 재판소에 제소하여 이겼다. 하지만 스피노자는 겨우 커튼 달린 침대 이외에는 아무 것도 가져오지 않았다. 그에게 있어서 문제였던 것은 유산의 분배에서 얼마나 가져올 수 있는가가 아니라 잃어버린 권리의 회복이었던 것이다. 이 사건으로 그와 가족 간에는 결정적으로 금이 갔다. 남동생 가브리엘조차 그의 편을 들지 않았던 것이다.

판 덴 엔덴 밑에서

스피노자는 교단에서도 또한 가족들에게서도 버림을 받았다. 하지만 버리는 사람이 있으면 줍는 사람도 있는 법이다. 얼마 있지 않아 그는 라틴 어 교사 판 덴 엔덴의 신세를 지게 되었다. 이것이 같이 파문당하고도 유대인 거리에서 사람들의 조소와 저주를 받으며 고독하게 살아야 했던 우리엘 다 코스타와 다른 점이었다. 스피노자는 이 시기, 아주 짧은 기간이기는 하지만 생애 처음으로 경제적 곤궁을 겪었다. 파문, 폐업으로 인한 무일푼 상태에 더해서 도움을 받은 엔덴의 가계도 그리 넉넉지 않았다. 하지만 곧 콜레기안파 동료인 이에레스, 데 프리스 등으로부터 경제적 원조를 받았기 때문에 이 어려움을 벗어날 수 있었다. 이후 스피노자의 생활은 친구들의 도움으로 유지되었으나 친구들이 스피노자에게 준 연금액은 500길드에 달했으며, 이 금액은 레이덴 대학의 철학교수 게링크스의 수입과 맞먹는 액수였다. 이런 정황으로 볼 때, 스피노자를 둘러싼 찢어지게 가난했다는 이미지는 근거가 없는 것이다.

스피노자에 대한 어떤 전기에도 파문당한 해인 1656년부터 1660년까지 사이의 사료(史料)가 없다. 최근의 연구에 따르면 이 기간 스피노자는 판 덴 엔덴 밑에서 조교 일을 하면서 살았다고 한다. 엔덴은 갈 곳 없는 스피노자를 돌봐 준 제2의 아버지였다. 그것뿐 아니라 스피노자는 이 집에서 철학의 기초적인 교양을 쌓고 그 사상 형식의 토대를 마련했다. 1660년에서 1661년에는 그의 처녀작 《소논문》(《신·인간 그리고 인간의 행복에 관한 짧은 논문》)이 이미 쓰여 있었으므로, 파문 직후 4년간은 사상 형식에 있어서 대단히 중요한 시기였다고 할 수 있다. 그가 신세를 졌던 엔덴의 집은 그런 의미에서 그에게는 대학이기도 하고 연구실이기도 했다.

스피노자가 이 시기에 무엇을 어떤 순서로 배우고 연구했는지는 명확하지 않으나, 향후 그의 저작과 관련해서 볼 때 대강은 추정할 수 있다. 먼저 철학에 관한 연구에 대해서 말하자면, 그가 데카르트 철학을 가장 먼저 배웠다는 것은 의심할 여지가 없다. 데카르트는 1628년에서 1649년에 이를 때까지 네덜란드에서 생활하면서 그의 주요 저작을 여기에서 썼다. 데카르트 철학은 1630년대부터 네덜란드에서 널리 읽혔고, 많은 지지자가 있었다. 스피노자의 스승인 엔덴도 그 중의 한 사람이었다. 스피노자는 엔덴의 연줄로 데카르트에게서 형이상학, 방법론, 자연과학을 배웠다. 또한 스피노자는 이 시대, 데카르트와 함께 큰 영향력을 가진 신(新) 스콜라학에 관해서도 배웠다. 후에 그는 《데카르트의 철학원리》를 세상에 내놓았으며, 그 부록으로 쓴 것이 《형이상학적 사상》이라는 소논문이며, 그것은 당시의 신 스콜라학의 해설서였다.

스피노자는 고대 철학서로써 플라톤, 아리스토텔레스, 에피크로스, 스토아파 등을 들고 있으나 그리스 어는 할 수 없었기 때문에, 이들 철학을 원서로 읽는 것은 불가능했다. 그의 철학이 범신론의 철학이라고 일컬어지는 경우, 먼저 르네상스의 범신론 철학자 조르다노 브루노의 이름이 나온다. 확실히 스피노자는 엔덴의 곁에서 브루노의 사상과 접했다. 하지만 양자 사이에는 일치점과 함께 상이점도 많고, 근본적인 곳에서는 큰 차이점을 보이며 별로 중요할 것이 없는 부분에서 다소 비슷한 것으로 보아, 스피노자가 브루노의 범신론에서 크게 영향을 받았다는 것은 신빙성이 떨어진다. 단순히 범신론 사상만을 놓고 보자면 스피노자가 라틴 어 습득 이전에 배운 유대교의 신비주의 사상 카발라(유대교의 신비 사상과 그 가르침을 기록한 책) 속에 드러나며, 또한 당시의 네덜란드에는 많은 범신론적 신비주의자도 있었다. 즉, 그것을 배우려고 했으면 충분히 배울 수 있었던 환경이었다.

자연과학과 정치학

17세기의 철학자들은 데카르트나 라이프니츠에서 그 예가 드러나듯이 동시에 과학자였다. 즉 이 시대의 철학자는 대부분 자연과학에 흥미를 가지고 있었다. 스피노자도 예외는 아니었다. 데카르트나 라이프니츠와 같은 전문가는 되지 않았지만 자연과학에 흥미를 보였고, 그 실험도 했다. 하지만 향후 영국의 과학자 로버트 보일과의 논쟁에서도 드러나는 것처럼 그는 실험에 근거가 되는 연구에 관해서는 아마추어의 영역을 벗어날 수 없었다. 그의 자연과학적 세계상(世界像)에 큰 영향을 미친 사람은 데카르트이며, 광학(光學)에 관해서도 그는 데카르트의 영향을 받았다. 이 광학에의 관심은 그의 렌즈 세공 기술에 있어서 결실을 맺게 된다. 그의 자연과학에의 관심은 의학, 수학, 자연학, 기계학, 천문학, 화학을 넘나들었다. 특히 의학에 관해서는 당시의 의사가 필요로 한 의학서의 대부분을 가지고 있었다.

그 밖에 스피노자는 엔덴의 영향에 따라 정치론에 대해서도 큰 흥미를 가지게 되었고, 그것이 향후 《신학·정치론》이나 《정치론》을 저술하는 형태로 나타났다. 근대의 정치론에 관해서는 마키아벨리나 홉스의 저작을 주로 읽었고, 특히 마키아벨리에 관해서는 그 전집판 외에 단행본 《군주론》도 가지고 있었다. 그는 정치 이론에 관해서는 홉스에서 영향을 받았으나, 정치관에 관해서는 마키아벨리의 현실주의를 높게 평가했다. 그것은 정치가 고대의 철학자가 말하는 것처럼 결코 이상대로 행해지지 않는다는 것을 꿰뚫어 보았기 때문일 것이다. 그는 사회적, 정치적인 사건에 관해서는 현실주의의 입장에 서 있어야만 한다는 것을 마키아벨리로부터 배웠다.

암스테르담 추방

스피노자가 남몰래 엔덴 곁에서 사상의 기초를 다지고 있을 때 많은 친구들이 생겼다. 앞서 말한 세 명의 콜레기안과 친구들뿐 아니라 얀 류웰츠, 로데웨이크 마이엘, 요하네스 바우메스텔, 아드리안 코엘바하 등이 스피노자를 찾아오게 되었고, 신지식을 교환하거나 스피노자에게 철학상의 의견을

물었다. 남몰래 모여도, 당당하게
모여도, 소문은 번지는 법이다. 소
문은 어느 사이에 스피노자를 파문
한 유대인들의 귀에 들어갔다. 그들
은 스피노자의 과거 스승을 선두에
세우고, 암스테르담 당국에 스피노
자의 추방을 요청했다. 이것은 배신
자 스피노자에 대한 유대인의 미움
이 얼마나 컸는지를 잘 보여 주는
예이다. 암스테르담의 시장은 이 요
청을 좀처럼 해결해 주지 않았다.
하지만 랍비들은 끈질기게 해결해
주기를 시 당국에 요청했다. 스피노
자의 주장이 그리스도교에게도 유해
하다는 것에 칼뱅파의 성직자들도

광학
스피노자는 광학과 천문학에 강한 관심을 갖고 있
었다. 그는 실력 있는 전문가로서 안경, 망원경,
현미경의 렌즈를 연마하면서 생계를 꾸려 나갔다.
이 그림은 로버트 훅의 저서 《미크로그라피아》에
실린 현미경과 집광기 삽화이다.

동조했다. 드디어 스피노자는 시 당국에 불려갔지만 그에게서 문제가 될 만
한 것은 아무것도 찾지 못했다. 시 당국은 성직자들의 의견을 구했다. 그들
이 어떤 의견을 피력했는지는 남아있지 않지만 시 당국은 사태를 수습하기
위해 결국 스피노자를 몇 달 동안 암스테르담에서 추방하기로 결정했다.

그가 추방된 곳은 아우엘케르크라고 하는 곳으로, 암스테르담에서 그다지
멀지 않은 지역이었다. 아우엘케르크의 거처는 네덜란드 정계의 유력자 콘
라트 부르흐의 자매와 결혼한 툴프라고 하는 의사의 별장이었다. 툴프 자신
도 암스테르담 시장을 역임할 정도의 정계 유력자였다. 그리고 그 집주인의
소개로 네덜란드 정계 유력자, 레헨트 들과 교류를 했을 거라고 상상하는 것
은 그리 어렵지 않다. 오래된 전기에 의하면 스피노자는 그 몇 달 동안의 추
방 처분이 풀렸을 때, 암스테르담으로 돌아갔다고 되어 있으나, 최근 연구에
의하면 암스테르담으로 돌아가지 않고 레인스뷔르흐로 이주했다고 한다. 만
약 그랬다면 암스테르담에서의 추방은 1659년의 일이고, 그 때까지 엔덴의
집에서 살면서 신세를 졌다는 의미가 된다.

레인스뷔르흐로

암스테르담에서는 방문자가 많았고, 자신의 대부분을 둘러싸고 있던 연구를 정리하는 데에 많은 지장이 있었다. 또한 가능한 한 생활비를 줄여서 그 것을 연구 비용으로 돌리고 싶었던 스피노자에게는 방문자에 대한 향응이 적지 않은 지출이었을 것이라 예상된다. 그가 레이덴 근방의 레인스뷔르흐로 옮겨간 것은 1660년의 봄이었다. 그 곳은 콜레기안파의 본거지이기도 하고, 연 2회 700명 이상의 사람들이 이 땅에 모여서 예배를 보기도 했다. 이러한 점에서 이 마을은 스피노자와 같은 이단적인 사상을 지닌 사람들에게 숨을 곳을 제공하는 곳이기도 했다. 그는 이 레인스뷔르흐에서 콜레기안파의 한 명이기도 했고, 외과의사이기도 했던 헤르만 호만의 집에서 살았다. 침대가 있는 서재와 렌즈 세공을 위한 방이 있었다.

레인스뷔르흐는 레이덴 근방에 있었기 때문에 스피노자가 마음만 먹으면 레이덴 대학의 수업이나 학생들과 교제할 수 있는 기회가 있었다. 하지만 그 는 그렇게 하지 않았다. 물론 파문자라고 하는, 그의 특이한 이력에 끌려 스피노자를 찾아오는 학생들도 있었다. 지적인 호기심에서 스피노자를 방문한 학생들은 다수가 데카르트 철학에서 영향을 받은 젊은이들이었다. 1640년대 후반 이후 데카르트의 서적은 당국의 제지에도 불구하고 청년들 사이에서 널리 읽혀졌기 때문일 것이다. 그들은 데카르트를 배우고, 데카르트 이상의 것을 추구했다. 그러한 학생들이 스피노자를 방문해 데카르트에 대해 그의 의견을 물으려 했을 것이다.

따라서 이 땅에서도 방문자가 끊이지 않았다. 스피노자를 무엇보다 기쁘게 한 것은 암스테르담의 친구가 그를 가끔씩 만나러 온다는 것이었다. 그들은 그 때 스피노자가 세공한 렌즈를 팔기 위해 그것을 암스테르담에 가지고 갔다. 하지만 그들은 빈번하게 찾아오지는 못했다. 왜냐하면 당시 암스테르담과 레인스뷔르흐는 배로 왕복 2일을 소요해야 했기 때문이다. 그의 친구들은 암스테르담에서 일종의 강독회를 열어서 스피노자가 적어 준 것을 읽었다. 시몬 데 프리스의 편지가 그 동안의 사정을 말해 준다. '강독회에 관해서 말씀드리자면, 다음과 같습니다. 한 명이 (라고 해도 각자 순번으로) 낭독하고, 자신의 생각을 설명합니다. 그리고 전체를 당신의 정리 순서에 따라 증명하는 것입니다. 만약 서로 만족할 수 없는 부분이 생기면 그것을

써서 당신에게 보내
는 것도 좋을 것이라
고 생각하고 있습니
다. 이것은 가능한
한 명료하게 이해하
고, 또한 당신의 지
도 아래에서 미신적
인 사람들이나 그리
스도 교도들에 대항
해 진리를 추구하고,
세상을 모든 공격에
견딜 수 있도록 하기
위해서입니다.'(1663년
의 편지)

스피노자의 공부방 (레인스뷔르흐)

올덴부르크의 방문

레인스뷔르흐 체재 중에 특기할 것은 영국 왕립협회의 비서 올덴부르크와
만난 것과, 카세아리우스의 권유로 레이덴 대학의 학생에게 데카르트 철학
에 관해서 강의한 것일 것이다. 먼저 올덴부르크와의 교우에 관해서 말해 보
자.

올덴부르크는 브레멘(독일)에서 태어난 독일인으로 대학에서 신학을 공부
한 사람이다. 이 사람은 영국의 항해 조령에 따라 브레멘의 선주가 곤란할
때 브레멘에서 크롬웰과 절충하기 위해 영국으로 파견된 사람이다. 그는 영
국에서 오래 머물렀고, 많은 영국의 저명한 사람들과 인맥을 쌓을 수 있었
다. 그 중에는 홉스나 밀턴, 보일 등과 같은 사람들이 있었다. 1660년 왕립
협회가 설립되고 그 비서로 선택되자 회원의 논문을 라틴 어로 번역하여, 외
국의 학자에게 보내고 또한 외국의 학문상 최신 뉴스를 수집하여 회원들에
게 알리는 학문상의 정보 중계 역할을 했다. 그는 또한 보일의 조카와 함께
유럽 여러 곳을 여행하고 학문상의 뉴스를 수집했다. 61년 그는 독일과 네
덜란드를 여행하고, 네덜란드에서 암스테르담, 레이덴을 경유하여 레인스뷔
르흐에 스피노자를 만나러 왔다. 아직 한 권의 저서도 내지 않은, 학계에서

는 무명에 가까운 스피노자를 올덴부르크는 어떻게 방문한 것일까. 올덴부르크는, 1670년 영국에서 유대인 문제 해결을 위해 크롬웰을 만나러 왔던 유대인 메나세 벤 이스라엘(스피노자의 스승)로부터도, 또한 1661년 런던 체재 중에 호이헨스(하위헌스)로부터도 스피노자에 관해서 들었을 것이다. 어쨌든 그가 암스테르담에 왔다가 스피노자에 대해 알고 있었다. 이 때문에 레이던의 친척을 만나러 왔다가 그길로 서둘러서 레인스뷔르흐로 스피노자를 만나러 온 것이다.

방문의 결과 두 사람은 완전히 마음을 열고 서로에게 호감을 느끼게 되었다. 오해를 불러일으키기 쉬운 자신의 주장을 알지도 못하는 사람에게 가르쳐 주기 싫어하는 스피노자도, 올덴부르크에게는 마음을 열고 자신의 범신론적인 신이나 그 속성, 정신과 신체의 관계, 데카르트나 베이컨의 철학에 대한 자신의 생각을 이야기했다. 올덴부르크는 크게 여유를 갖지 못한 채 방문했기 때문에 얼마 있다가 영국으로 돌아간 후 스피노자에게 편지를 보냈다. 만났을 당시 이해가 되지 않았던 부분을 다시 물었다. 이것이 스피노자와 올덴부르크 사이에 주고받은 28통의 왕복 편지의 시작이었다. 이 28통의 편지는 현재 84통의 왕복 편지 전체의 약 3분의 1을 점하고 있다. 두 사람의 관계가 얼마나 깊었는지를 여실히 보여 주는 증거이다.

올덴부르크라고 하는 사람은 정보의 중계자로서는 유능했으나, 사상가는 아니었다. 그는 철학에 관한 스피노자의 의견을 그 종교적인 편견 때문인지 잘 이해하지 못했던 것 같다. 또는 스피노자의 의견이 너무나도 참신해서 손을 대지 못했던 모양이다. 두세 번 편지를 주고받으면서 화제의 많은 부분은 자연과학의 문제로 한정되었다. 그 시작으로, 화학자 보일과 스피노자 간의 초석 재생(硝石再生)의 실험에 관한 논쟁의 중계한 것이다. 이 두 사람의 논쟁은 양쪽 모두 실험의 의의에 대해서 완전히 반대 의견을 가지고 있었기 때문에 겹치는 부분은 별로 없었다. 스피노자는 철학자로서 자연 현상의 배후에 철학적 실재를 예상하고, 그것으로부터 초석의 재생이라고 하는 현상을 설명하고 있는데, 보일은 순수 과학자로서 실험에 따라 명확해진 사실만을 문제로 삼았다. 이 점에서 두 사람의 논쟁은 철학자와 과학자의 입장 차이를 명백하게 드러내는 것으로 끝나 버렸다. 또는 어떤 종류의 문제에 관해서, 초보자와 전문가의 차이가 역력히 드러나는 것으로 끝난 것이다.

철학 강의

스피노자의 레인스뷔르흐 체재는 약 3년간이었다. 그때 그의 주변에서 일어난 또 다른 한 가지 사건은, 자신의 집에서 레이덴 대학 1학년 학생을 하숙생으로 맞이해 같이 생활하면서 철학 수업을 한 것이다. 이 일은 암스테르담에 있는 스피노자의 친구들의 부러움을 사서, 그 학생에 대한 선망의 편지가 올 정도였다. 이 학생은 요하네스 카세아리우스라고 하는, 스피노자보다 10살 어린 신학과 학생이었다. 일설에 의하면 스피노자는 암스테르담에서 엔덴과 있을 때 이

로버트 보일 (1627~1691)
영국의 화학자, 물리학자

학생을 알게 되었다고 한다. 그가 이 청년에게 가르친 것은 그 당시 드디어 형태를 갖추어 가고 있던 자신의 철학이 아니었다. 왜냐하면 그 동거인이 어리기 때문에 새것에 대한 호기심은 가득하기는 하나 아직 미숙하여, 자신의 사상을 가르치기에는 부적합하다고 판단했기 때문이다. 때문에 그는 자신의 철학 대신에 데카르트의 《철학원리》를 가르쳤다. 이때의 강의록이 향후 기하학적 방법에 따라 쓰인 《데카르트의 철학원리》가 된다.

젊은 카세아리우스에게 철학 수업을 하는 것은, 렌즈 세공 이외에는 한시도 쉴 틈 없이 연구에 몰두하던 스피노자에게는 꽤 성가신 일이었을 것이다. 그러나 이 레인스비르흐 시대에는 또 한 사람 스피노자의 주변을 시끄럽게 하는 인물이 있었다. 그 사람은 멘노파의 옛 지인으로, 얀 테르츠 벨타우와라고 하는 인물이었다. 이 사람은 논쟁하기를 좋아하는 광신가로, 일찍이 암스테르담에서 유대인 교회당에 들어와서 랍비들과 논쟁을 하여 물의를 빚었던 인물이다. 그는 많은 종교를 휘젓고 다니며 아무한테나 논쟁을 걸었기 때문에 많은 사람들로부터 미움을 받았다. 마지막에는 콜레기안파에 들어와서

1660년에 레인스뷔르흐로 이사를 왔다. 그 무렵 레인스뷔르흐로 거주를 옮긴 스피노자를 그냥 놔둘 리가 없었다. 틀림없이 스피노자의 조용한 생활을 방해했을 것이 분명하다.

홀부르흐로 옮김, 그리고 얀 데 비트

스피노자가 레인스비르흐에서 즐기려고 했던 조용한 연구 생활도 많은 손님 때문에 방해를 받았다. 때문에 그는 레인스비르흐 체재를 약 3년 만에 접고, 1663년 봄에 헤이그 근방의 홀부르흐로 이사를 했다. 새 집은 자유로운 사고를 가진 콜레기안파 동조자인 테이데만의 집이었다. 이 홀부르흐는 헤이그에서 걸어서 30분 정도 떨어진 곳이었으나, 날씨가 궂은 겨울에는 밖에 나가기도 힘들고, 또 헤이그에서 편지가 도착하려면 일주일이나 걸릴 정도로 불편한 곳이었다. 그런 곳에서 살아도 어떻게 알았는지 친구들은 스피노자를 찾아내어 또 찾아오곤 했다.

스피노자가 이렇게 불편한 마을을 고른 큰 이유 중의 하나는, 그 마을이 네덜란드 정계의 중심지인 헤이그와 가깝고, 거기에 자신의 저서를 출판해 줄 유력자가 살고 있었기 때문이다. 실제로 《데카르트의 철학원리》와 그 부록 《형이상학적 사상》은 여기로 이사 온 후 얼마 되지 않아 출판되었다. 당시 네덜란드는 '특히 네덜란드는 사람들이 원하는 것을 생각하고, 생각한 것을 말할 수 있는 더없이 자유로운 나라가 아닙니까.'(《편지》제14)라고 올덴부르크가 쓸 정도로, 외국인의 시선으로 볼 때 자유로운 나라였다. 확실히 당시 네덜란드, 즉 비트 체제하의 네덜란드는 언론·출판에 관해서 타국과 비교할 수 없을 정도로 자유로운 나라였다. 확실히 네덜란드의 관헌은 인쇄할 것을 검열하거나 공식 간행을 방해하는 행위는 하지 않았다.

하지만 교회는 독자적인 검열 기관을 가지고, 서점에 진열되어 있는 책을 다시 한 번 검열하는 면밀함을 보였다. 그래서 매년 많은 서적이 금서가 되었다. 그 검열은 종교적, 정치적인 팸플릿뿐만 아니라 오락적인 팸플릿까지 행해지고 있었다. 스피노자의 친구 중의 한 명이 이 검열에 걸려서 투옥된 적도 있었다. 이러한 사정으로 언론·출판의 자유를 액면 그대로 받아들이기는 어렵다. 스피노자가 홀부르흐로 거처를 옮긴 것은 이러한 사정을 단적으로 보여 주는 예이다.

스피노자는 암스테르담의 콜레기 안파의 동료를 통해서 이미 콘라트 부르흐, 콘라트 폰 베닝헨, 요하네스 후데 등 정계의 유력자들과 면식이 있었다. 그들은 직무상, 홀란트 주회의나 네덜란드 국회 개최지인 헤이그로 모여들었다. 논문을 출판하고 싶어하는 스피노자에게 홀부르흐로 이사하기를 권한 것도 그들이었다고 한다. 그리고 그들이 이 나라의 최고 유력자인 얀 데 비트에게 스피노자를 소개하기 위해 힘을 썼다. 앞서 밝힌 바와 같이 데 비트는

콘라트 폰 베닝헨

17세기 네덜란드공화국의 올덴바르네벨트(법률고문)로 불리는, 아니, 그 이상으로 높이 평가되는 공화파 대정치가이며, 이 나라의 황금 시대를 구축한 인물이다. 또한 그냥 정치가가 아니었다. 학문에도 깊은 조예가 있었고, 실제로 그 자신도 수학을 연구해, 원추곡선이나 확률론 연구의 저명한 인물이었다. 스피노자가 논문을 출판할 때 크게 비호했던 것도 데 비트였다. 《데카르트의 철학원리》뿐만 아니라 신성 모독으로 비난받았던 《신학·정치론》도 그의 후원이 있었기 때문에 출판할 수 있었다. 비트의 비호는 스피노자의 생활면까지 영향을 끼쳐, 매년 200길드를 제공했다고 한다.

호이헨스와 후데

스피노자는 이 홀부르흐에서 물리학자로 유명한 크리스찬 호이헨스를 알게 되었다. 당시 호이헨스 집안은 홀부르흐에 별장을 가지고 있었다. 영국에서 유학하고 왕립협회를 방문, 화학자 보일의 지우를 얻은 호이헨스는 귀국 직후 홀부르흐로 스피노자를 찾아왔다. 그는 스피노자를 철학자로 보기보다는 광학자로 본 듯하다. 스피노자와 올덴부르크의 편지에 의하면, 스피노자와 호이헨스의 화제는 렌즈 세공에 한정되어 있다. 호이헨스는 스피노자를 가끔 방문했다. 스피노자의 렌즈 세공 기술이 탁월했기 때문이었을 것이다.

이즈음 호이헨스는 렌즈 연마기를 만들었으나, 이것은 스피노자를 감동시키지 못했다. 스피노자에 따르면 구면 렌즈를 가공할 때는 기계보다 손으로 하는 편이 안전하고 확실하다. (^(편지)제32) 스피노자에게 렌즈 세공에 대해 여러 가지를 배운 호이헨스는 자신의 발견을 스피노자에게 알리지 않으려고 각고의 노력을 한 듯하다. 그것은 올덴부르크가 스피노자에게 호이헨스의 진자 시계, 광선 굴절이나 운동에 관해 문의했을 때, 아무것도 대답해 주지 못했던 것으로 볼 때 명확해진다. (^{(편지) 제29,}31, 32) 또한 호이헨스는 렌즈 세공에 관해서 스피노자와 교우 관계가 있었던 요하네스 후데를 광학에서 자신과 겨룰 경쟁자로 보고, 대체 스피노자가 후데를 위해서 어떤 렌즈를 조달해 주었는지를 동생을 시켜서 알아보게 했다. 그는 겉으로 스피노자를 존경하는 척했지만 뒤에서는 '홀부르흐의 유대인' 또는 겨우 '우리의 유대인' 정도로 불렀다. 이런 점에서 스피노자는 철학 이외의 연구에서는 누구에게도 문을 열어 두었고 편협한 행동은 하지 않았으며, 호이헨스처럼 표리부동한 성격은 없었다.

또한 요하네스 후데는 암스테르담의 시장을 역임한 네덜란드 정계의 유력자이기도 했으나 동시에 과학자이자 기술자였다. 즉, 그는 수학자이면서 교량이나 제방 기술자였고, 렌즈 세공의 대가였다. 렌즈 세공에 관해서 그는 호이헨스보다 스피노자와 의견이 맞았고, 종종 의견 교환을 하고 있었다. 앞서 밝힌 바와 같이 스피노자는 후데를 위해 새 렌즈를 조달함과 더불어 후데에게 조언을 얻기도 했다. 하지만 두 사람의 관계는 단순히 렌즈 세공에 머무르지는 않았다. 스피노자는 후데의 철학적 관심을 불러일으켰다. 그는 철학상의 의견을 질문받는 대로 대답하였다. 그러나 후데 입장에서 스피노자는 사상적으로 요주의 인물이었다. 스피노자의 사후에 후데의 편지가 유고집으로 편찬될 때, 그런 것이 표면화되었다. 스피노자의 유고집에는 후데에게 보낸 스피노자의 편지만 있다.

《신학·정치론》의 출판

스피노자는 이 홀부르흐 시대에 자신의 철학을 기하학적 방법으로 기술하기 시작했다. 그것이 향후 대표작 《에티카》가 된다. 원고가 조금 정리가 되면 그것을 암스테르담 친구들의 강독회에 보냈다. 1665년에는 벌써 반 이상이 완성되었으나, 그것을 중단하고 《신학·정치론》을 쓰기 시작했다. 그가 왜

대표작의 저술을 중단하면서까지 썼
는가. 그것은 당시 네덜란드 칼뱅파
의 신학자, 성직자들의 편견, 그리
고 자기 자신에게 쏟아지는 무신론
이라고 하는 비난을 제거하고, 언
론·사상의 자유를 확립하기 위해서
였다. 칼뱅파는 단순히 종교계에서
지배적인 태도를 취하는 것에 그치
지 않고, 정치적인 일에도 간섭을
하며, 앞서 서술한 것과 같이 언론·
사상을 위협하여 스피노자의 심기를
불편하게 했기 때문이다.

요하네스 후데

　하지만 스피노자가 이 《신학·정치
론》의 집필에 취한 태도는 감정적이지 않았고, 어디까지나 냉정한 학문적 견
지를 유지했다. 이 책의 집필 동기 때문에 '경향서'로 취급되나 그가 말하고
자 한 내용은 결코 그런 것이 아니었다. 그것은 학술서이며, 특히 그가 이
책 속에서 나타낸 성서 해석은 당시로 보면 획기적인 것이었다. 또한 거기에
나타난 정치관에서는 홉스의 영향을 받으면서도 그와는 다른 민주국가를 최
선의 국가로 보며, 그 이념은 루소의 민주주의의 이념을 앞서고 있다.

　하지만 《신학·정치론》은 빼어난 학술서의 형태를 취하고 있다고 해도, 당
시 네덜란드의 종교계 상황으로 보았을 때, 이런 출판은 대단히 위험한 것이
었다. 그래서 그는 출판을 하면서 저자명을 바꾸고 발행사도 발행자도 숨겼
다. 하지만 그의 경계는 여기에서 끝나지 않았다. 거처를 홀부르흐에서 헤이
그로 옮긴 것이다. 출판할 때 가명을 쓰는 것 정도는 그다지 특별할 것도 없
다. 하지만 거처를 옮긴 전례는 매우 드물다. 옮긴 거처를 헤이그로 한 이유
는 얀 데 비트의 직접적인 비호를 받을 수 있기 때문이었다. 이 이동에 의해
그와 만나기 위해 가깝게 살아 줬으면 했던 헤이그의 지인들은 소원을 풀었
다. 그렇게 출판된 《신학·정치론》은 떠들썩한 비난을 받았다. 하지만 그는
비난을 넘어서 법적으로 추궁을 받지는 않았다. 하지만 경계심 많은 그는 이
것을 네덜란드 어로 번역해 달라는 친구들의 부탁은 들어 주지 않았다. 만약

그가 친구들의 부탁을 들어 주었다면 결코 무사하지 못했을 것이다. 그 예는 벌써 그의 주변에서 일어나고 있었다. 그것은 그의 벗인 아드리안 코엘바하의 일이다. 이 코엘바하는 국어정화주의에 입각하여 스피노자 주의적인 개념을 비쳐 보이는 이단적인 책, 《화원》을 네덜란드 어로 출판해서 정당파 교회인이 분격하는 바람에 암스테르담에 있을 수 없게 되어 크렘보르그로 도망쳤다. 그는 자신에 대한 추궁이 계속되는 와중에도 개의치 않고 위트레흐트 인쇄소에서 《암흑을 밝히는 빛》을 출판하려고 했다. 그 책은 완전히 스피노자주의적인 내용으로 가득 차 있었고, 그 내용이 너무도 비그리스도교적이었던 데에 놀란 인쇄소 사람이 인쇄 중에 책을 관헌에 넘겼다. 그것이 암스테르담 교회의 손에 넘어갔고, 결국 그는 재판소에 제소되었다. 하지만 그는 레이덴으로 도망쳤고 거기에서 붙잡혔다. 재판 결과 유죄를 선고받아 1669년 옥사했다. 이 사건은 스피노자와 그 친구들에게 큰 충격을 주었다. 스피노자는 《신학·정치론》를 출판하면서 최대한 조심을 한 것도 이러한 배경이 있었기 때문이다.

노년

헤이그에서의 검소한 생활

스피노자는 헤이그에서 먼저 벨카데의 환 데 웰훼 미망인의 집에서 머물렀다. 여기는 아우엘케르크, 레인스뷔르흐, 홀부르흐에서 그랬던 것처럼 마을 중심부를 벗어난 조용한 곳이었다. 이 집의 2층에서 그는 작업장, 서재, 침실을 겸한 방 한 칸을 빌렸고, 식사는 부탁해서 해결했다. 하지만 식사 포함의 하숙생활은 그의 검소한 생활에 비해 비쌌다. 그래서 그는 1671년 5월, 파피륜 운하를 바라보고, 여자 양로원인 '성령원'의 건너편에 있는 화가 헨드릭 판 델 스페이크의 다락방을 연간 80길드에 빌렸다. 그는 여기에서 자취 생활을 시작했다.

그의 생활은 앞서 말한 대로 친구들이 주는 500길드와 렌즈 판 돈으로 꾸려졌다. 하지만 그만한 수입에 비해서 생활 방식은 극도로 검소하다. 건강 유지에 필요한 식사 비용 외에 즐거움은 담배를 피우는 정도였다. 술은 즐긴다고도 할 수 없을 정도의 소량으로, 한 달에 2파인트 반($^{1파인트는}_{0.5리터}$) 정도의 포도주밖에 안 마셨다고 전해진다. 사치는 하지 않았으니, 저축을 충분히 할 수 있었을 거라고 여겨지지만, 말년에는 장례식에 필요한 돈밖에 남아있지 않을 정도로 모아둔 돈이 없었던 사람이다. 저축을 했어도 사후에 그것을 상속시켜 줄 친척도 없었다. 그래서 1년 예산에 균형을 맞추어 장례식 비용만 남겨두면 될 거라고 생각했었던 것 같다. 생활에 필요한 돈 이외에는 전부 고급 서적을 구입하는 데 썼다.

평소 그의 옷차림은 검소하고 소박했다. 오래된 작업복이 너무 낡아서 시의 유력자($^{아마 판}_{베닌헨}$)가 새 옷이 필요하지 않느냐고 물었을 정도였다. 하지만 그의 평상복은 렌즈 세공을 위한 작업복이기 때문에 그렇고, 외출할 때는 그 나름대로 제대로 갖춰 입었다. 소박하긴 해도 품위가 있는 옷, 은 버클, 폭 넓은 모자, 모헤야($^{뜨개질의}_{한 종류}$)의 망토, 고가의 칼라와 커프스를 하고 외출했다. 긴 투병 생활로 마르고 수척해진 얼굴이었지만, 면도를 하고 항상 말쑥한 모습이었다($^{당시 면도는 외과의—외과의는}_{이발사를 겸하고 있었다—의 일이었다}$). 포르투갈계 유대인의 전형적인 얼굴이었고, 단정한 한편 수심이 드리워져 있었다. 이 시대에는 벌써 가발을 쓰는 습관이 생겨나서 호이헨스, 판 베닌헨, 치른하우스, 라이프니츠 등의 신사는 가발을 썼으나, 스피노자는 검은 곱슬머리 그대로인 채 가발은 쓰지 않았다.

'덕스러운 무신론자'

유럽에서는 지금까지도 무신론자라고 하면 무뢰한 부도덕자라고 여기지만 스피노자의 반대자들은 그를 '덕스러운 무신론자'로 보고, 그의 우정, 분별, 자선심이나 금욕적인 행위를 오히려 칭송하고, 도덕적인 면에서 죄가 될 만한 행동을 하지 않는다고 믿었다. 그는 오히려 경건한 그리스도 교도만큼 도덕적이고 죄가 비집고 들어올 틈이 없었다.

무신론자라고 하면 신앙 부정자라고 생각하는 경향이 있다. 하지만 그는 신심이 깊은 사람이 품고 있는 신앙에 대해서 회의적인 태도를 취한 적은 없었다. 오히려 레인스뷔르흐나 헤이그에서도 교회에 나가서 목사의 설교를 열심히 들었다. 루터파의 목사이기도 하고 스피노자주의의 적대자이면서 스피노자의 전기를 쓴 콜레루스는 다음과 같이 썼다.

'나의 전임자, 고(故) 콜데스 선생님은 박학한 사람이었고, 또한 성실한

분이었기 때문에 스피노자에게 대단한 존경을 받았고, 조금씩 그의 마음을 얻었다. 스피노자도 이따금 선생님의 설교를 듣고, 선생님의 박학한 성서 해석과 실생활에 정확한 응용을 칭찬하며, 동시에 집 주인과 다른 동거인들에게도 콜데스의 설교를 반드시 듣기를 권했다. 집 주인인 부인부터 시녀까지 자신의 종교에 그대로 머물러 있어도 행복해지겠느냐는 질문에 그는 이렇게 대답했다. "당신의 종교는 훌륭합니다. 당신은 조용히 신심 깊은 생활에 전념하기만 하면 행복해지기 위해서 다른 어떤 종교에도 눈을 돌릴 필요가 없습니다."'

스피노자는 헤이그에서 노년을 맞이했다. 그의 건강은 여기에서 급격하게 나빠졌을 것이다. 그 원인은 처절하다고 할 정도의 공부와 수면 부족 때문이었다. 공부를 위해서 그는 3개월 동안 외출을 하지 않았다고 한다. 그는 대체로 야간에 공부를 했다. 그것은 밤 10시쯤부터 다음날 아침 3시쯤까지 이어졌다고 한다. 하지만 한밤중에만 그가 공부를 한 것은 아니다. 낮에 그를 찾아오는 홀스타인 공작의 고문관인 크리스찬 니콜라스 폰 그라이헨크란츠가 부친에게 쓴 편지에서 '그는 혼자서 생활하고 있는 것으로 보였습니다. 항상 고독하게, 마치 자신의 서재에 파묻혀 있는 것 같습니다'라고 썼다. 낮에는 렌즈 세공을 했다. 하지만 이것을 생활 수단이라고 생각하지는 않았고, 힘든 공부 사이에 짬을 봐서 한 것이다. 어디까지나 그의 본업은 학문의 연구였다. 물론 그가 시종일관 공부와 렌즈 세공만 한 것은 아니다. 때로는 아래층의 집주인에게 가서 세상 돌아가는 이야기도 하고, 담배를 피우기도 하고, 거미 싸움을 붙이기도 하고, 파리를 거미줄에 붙여놓고 관찰을 하기도 하고, 손에 있는 렌즈로 작은 모기나 파리를 관찰하기도 했다. 즉, 기분 전환이라고 해도 돈이 들 만한 것은 아무것도 하지 않고, 아이들이 할 만한 장난 정도로 한숨 돌리곤 했다. 그림을 조금 그리는 것을 제외하면 취미도 없었다. 스피노자는 방문객이 없으면 대체로 조용하게 책상 앞에 앉아 있었다.

비트 형제 학살당하다

스피노자가 헤이그 생활에서 맛보았던 슬픈 일은 그의 비호자 얀 데 비트가 죄업의 최후를 맞이했다는 것이다. 비트는 1653년 이후, 홀란트 주의 법률고문으로 홀란트 주뿐 아니라, 네덜란드 연방공화국의 정치를 지도해 왔

얀 데 비트와 레헨트(도시 귀족)의 체포

다. 비트는 네덜란드의 상업, 무역의 진흥과 확대, 국가 재정의 개선과 식민지의 증대 등 분야에서 유럽 어느 나라에서도 볼 수 없는 번영을 가져왔다. 하지만 그가 행한 '평화주의적 정책'은 국제 분쟁을 전쟁으로 해결하려고 하는 그 시대에는 위험천만한 선택이었다. 그는 군비에는 별로 힘을 쓰지 않았다. 이것이 결국 루이14세의 프랑스군이 네덜란드를 침입하기 쉽게 한 원인이 되었다.

콩데 공작을 군 사령관으로 한 프랑스의 12만 군사는 네덜란드를 침입, 순식간에 위트레흐트를 점령하고 암스테르담으로 밀고 들어왔다. 위트의 체제는 이 국난을 해결할 방법이 없었다. 결국 할 수 없이 22세의 오라니에가(家)의 왕자 빌렘 3세가 군 사령관이 되어서 프랑스군과 대치하게 되었다. 데 로이테르의 함대가 영국 함대를 격파한 것도 네덜란드 국민을 고무시키지 못했다. 반대로 이러한 국난을 초래한 비트 형제에 대한 증오가 거세졌다. 거기에 비트의 정적인 오라니에파와 결탁한 칼뱅파 성직자들이 무지한 민중을 사주하여 반비트 운동을 전개했다. 오라니에파 지지자들은 1672년 6월 비트의 암살을 꾀했다. 하지만 비트는 상처를 입었을 뿐이었다. 이후 그들은 암살의 기회를 노리고 있었다. 2개월 후 8월 20일 비트는 오라니에 공살해 음모 혐의로 감옥에 들어가 있던 형 코르넬리스를 방문해, 성서를 읽어 주고 있었다. 그 때 선동가에게 사주된 민중이 감옥을 부수고 침입했고, 비트 형제는 노상으로 끌려 나왔다. 그리고 차마 눈뜨고 볼 수 없는 무참한 방법으로 학살당했다. 이 살해 현장을 비트파 신사가 마차 위에서 바라보고 있었다. 빌렘 공 3세는 이때 전장에 있었기 때문에 학살에 대해서 모르고 있었다. 하지만 그는 후에 살인자들에게 상을 내렸다. 빌렘 3세의 비트에 대한 증오가 어느 정도인지 보여 주는 대목이다. 빌렘은 20년간 쌓인 증오를 이런 식으로 풀었다.

이 사건만큼 스피노자를 슬프게 한 것은 없었다. 1676년 철학자 라이프니츠가 스피노자를 보기 위해 헤이그를 찾아 왔을 때, 이 일에 관해 스피노자로부터 들었다. '나는 식후 2, 3시간을 스피노자와 함께 보냈다. 그의 말에 따르면 비트 형제가 살해당한 날 밤, 그는 집을 나와서 살해 현장에 〈극악한 야만인〉이라고 적힌 종이를 붙이려 했다. 하지만 그의 집주인이 문을 걸어 잠그고 그가 밖으로 나가지 못하도록 막았다. 그렇게 하지 않으면 스피노자 또한 몸이 갈가리 찢겨서 살해당할 것이 뻔했으니까.' 그는 곧 이 충격에서 벗어났다. 그의 친구가 그것을 경탄했을 때, 스피노자는 '민중이 격정 속에서 무너졌을 경우, 우리들이 스스로 일어설 힘도 없다고 한다면, 지혜는 우리에게 무슨 도움이 된단 말인가'라고 했다고 한다.

하이델베르크 대학에서 초빙

비트 학살이 있고 나서 이듬해 1673년, 스피노자의 일신상에 일어난 일 중에서 반드시 기록해야 할 두 가지 큰 사건이 있었다. 한 가지는 스피노자가 하이델베르크 대학의 정교수로 초빙을 받은 것이고, 또 하나는 네덜란드에 침입한 프랑스군 사령관 콩데 공작을 만나러 간 것이다. 먼저 전자부터 이야기를 시작하도록 하자.

독일 파르츠 선거후(選擧侯) 칼 루드비히는 30년 전쟁으로 황폐해진 자국

하이델베르크 대학교
스피노자는 1673년 하이델베르크 대학교의 철학 교수 자리를 제의받았으나 거절했다. 하이델베르크 대학교는 루프레히트 1세가 창립하고(1386) 교황 우르바노 6세가 인가한 독일에서 가장 오래된 대학교로, 당시에는 이미 유럽 굴지의 대학교로 널리 알려져 있었다.

의 부흥에 전력을 쏟아 붓고 있었다. 그는 무역과 산업을 진흥시키는 한편, 종교 정책에도 신념을 가지고 국가에 유해한 종교적 분열을 어떻게든 극복하려고 했다. 만하임에서 그리스도교 3파 공동 사원인 콩코르디아 사원을 건립함과 동시에, 《신학·정치론》에서 보편적인 신앙에 대해 서술한 스피노자를 자국인 하이델베르크 대학 정교수로 부임시키려 한 것도 그러한 정책의 일환이었다.

이 초빙은 루드비히의 고문관이면서 동시에 하이델베르크 대학 신학 교수인 루드비히 패브리티우스를 통해 이루어졌다. 패브리티우스가 스피노자에게 보낸 편지에 따르면 그 교수직에는 당시 일반 정교수가 받는 연봉이 제공되며, 철학을 하기 위한 최대의 자유가 보장되었다. 하지만 이 자유는 완전히 무조건적인 것은 아니었다. 공인 종교를 혼란시키지 않는 범위에서라는 단서가 붙어 있었다. 이러한 조건이 붙어 있기는 했지만, 그리스도 교도도 아니고 유대 교도도 아닌, 말하자면 무신론자인 스피노자를 대학의 정교수로 초빙하여 철학의 자유를 보증한다고 하는 것은, 당시로서는 아니 오늘날에 와서도 이례적인 것이다. 하지만 스피노자는 이렇게 드물고 또한 매력적인 초빙을 6주 동안 숙고한 끝에 거절했다. 거절 이유는 철학자 스피노자의 본성을 유감없이 보여준다.

'혹시 언젠가 저에게 대학 교수에 종사할 희망이 생기게 된다면, 당신을 통해 파르츠 선거후 각하께서 저에게 권해 주신 대학의 교직만을 원할 것입니다. 특히 더없이 자비로우신 각하께서 승인해 주신 철학의 자유를 위해서 저는 그렇게 할 것이라 생각합니다. 모든 사람이 그 총명함을 찬탄하는 각하의 치하에서 생활하기를 이전부터 바라고 있었다고 지금 말씀드립니다. 그러나 저는 공적으로 교수할 생각은 결코 없었기에, 사정을 장시간 숙고하였으나 이 명예로운 기회를 삼가 받자올 결심에 이르지 못하였습니다.

이렇게 말씀드리는 것은 먼저, 제가 청년들의 교수에 전념하려고 한다면 자신의 철학 성취를 중단할 수밖에 없기 때문입니다. 다음으로 공인된 종교를 혼란시키지 않기 위해서 철학하는 자유의 어떤 한계를 제한하여야 할지 말씀드리기 힘들기 때문입니다.

분명히 종교상의 분열은 격렬한 종교열에서 발생하는 것이 아니라 인간의 다양한 감정에서, 또는 모든 것에 대한, 예를 들면 그것이 정당하게 논술된 것이라 하여도 왜곡하거나 탄핵하려 하는 것에 대한 반발심에서 생기는 것입니다. 그리고 그러한 것을 저는 사적이고 고독한 생활을 하면서 벌써 경험하고 있으므로, 이 명예로운 지위에 올라간 이상 한층 더 많은 것을 두려워해야 하지 않으면 안 됩니다.

각하, 이렇게 저는 좀더 나은 행복에 대한 희망 때문이 아닌, 평화에 대한 사랑을 위해 주저하고 있음을 헤아려 주시리라 믿습니다. 그리고 그 평화는 제가 공적인 강의와 멀어지기만 하면, 유지되는 것이 아닐까 생각합니다. 그리하여 이 건에 관해서 더 숙고하지 않는 것이 저에게 허락될 수 있도록 선거후 각하께 말씀드려, 더없이 자비로우신 각하의 호의를 이 충실한 경애자에게 내리시도록 간절히 부탁드립니다.' ^{(1673년 3월 30일부,} _{《편지》 제48})

스피노자가 하이델베르크 대학의 초빙을 거절한 것은 그 후의 상황의 변화로 보면 현명한 판단이었다. 그 이듬해인 1674년 하이델베르크 대학은 프랑스군의 점령으로 폐쇄되었고, 그의 초빙을 매개했던 패브리티우스는 그후 20년간 유럽 각지를 방황해야 했다. 하지만 설령 이런 일이 없었다고 하더라도 하이델베르크에서의 생활이 헤이그 이상으로 평화롭고 쾌적했을 것이라고는 생각할 수 없다.

프랑스군 사령관의 초대

이 사건이 있고 나서 2, 3개월 후, 네덜란드 점령 프랑스군 사령관 콩데 공작이 스피노자에게 초대장을 보내왔다. 콩데 공작은 명장이면서도 자유주의적 사고방식을 가졌고, 자유사상가와 즐겨 만나는 인물이었다. 그와 같은 자유로운 정신의 소유자인 뢱상부르 공작과 함께 위트레흐트의 군사령부를 궁정풍으로 꾸미고, 전진의 무료함을 지적인 즐거움으로 채우려고 했다. 그 콩데에게, 프랑스군 소속의 스위스 연대장 스튜프 중사가 이 부근에 파문의 철학자 스피노자가 살고 있다는 것을 알린 것이다. 콩데가 《신학·정치론》의 저자와 만나고 싶어진 것은 당연한 일이었다. 서둘러 스튜프를 통해서 초대장과 여권이 보내졌다. 스피노자는 이 초대를 몇 번 망설였으나, 친구의 권유로 1673년 5월 위트레흐트를 향해 출발했다.

하지만 너무 늦었다. 이 때 벌써 콩데는 루이 14세의 명령으로 프랑스로 귀국해서 위트레흐트에 없었기 때문이다. 스피노자를 맞은 것은 뢱상부르 공작과 스튜프 중사였다. 그들은 스피노자를 환대했다. 또한 스피노자도 프랑스군 진영 안의 왕조풍의 예의 작법에 당황하지는 않았다. 오히려 진영 내의 많은 사람들에게 깊은 감명을 주었다. 전 영국 와룬파 교단의 목사였고 네덜란드 종교 사정에 깊은 관심을 가지고 있었던 스튜프는, 종교나 철학에 관해서 스피노자와 토론했다. 그리고 혹시 스피노자가 프랑스에 정주하며 그 최신 저서를 루이 14세에게 헌정한다면, 뢱상부르의 이름으로 연금을 제공하겠다고 제의했다. 하지만 스피노자는 그 유리한 제안 또한 정중하게 거절했다. 이것은 1666년 콜베르의 초청에 따라 네덜란드와의 관계가 험악해져 가는 프랑스로 이주한 크리스찬 호이헨스의 태도와 대비된다. 스피노자는 학자이기 이전에 무엇보다 네덜란드 인이었던 것이다.

스피노자는 이 위트레흐트에 두어 주간 머물렀다. 그 동안 그는 위트레흐트에 체재 중인 2, 3명의 네덜란드 사람과도 만났다. 그것은 스피노자의 《편지》에도 그 이름이 나와 있는 언어학자 그레퓌우스와 데카르트 철학에 밝은 의사 펠트호이젠, 그 밖에 위트레흐트 시의 네덜란드 인 관리이며 비트파 지

콩데 공작

지자였던 뉴란트라고 하는 인물이었다. 그 중에서 펠트호이젠이라고 하는 인물은 스피노자를 일찍부터 무신론자라고 단정지은 인물이며, 스피노자도 이미 그것에 대하여 편지 속에서 강하게 반격한 바 있다. 하지만 실제로 만나서 이야기를 해 본 결과, 이 인물이 훌륭한 인격자라는 것을 스피노자도 알게 되었고, 경의를 표하게 되었다. 하지만 입장 차이가 너무나 커서 두 사람은 끝내 서로를 이해할 수는 없었다.

스피노자는 콩데가 돌아오기를 기다렸으나 돌아오지 않는다는 것을 알았으므로, 서둘러 위트레흐트를 떠나 헤이그로 돌아왔다. 헤이그로 돌아온 스피노자에게 스파이 혐의가 씌워져 예의 그 군중이 그의 하숙집에 쳐들어 왔다. 안절부절 못하는 집주인 스페이크에게 스피노자는 '결코 걱정할 필요 없습니다. 저는 떳떳하지 못한 일은 한 적이 없습니다. 이 나라의 유력한 정치가의 대부분은 제가 왜 위트레흐트에 갔는지 알고 있습니다'라고 했다. 콩데는 진중의 무료함을 달래고자 스피노자를 불렀는지 모르지만, 그것에 응한 스피노자는 그저 자기 자신을 위해서 적국의 진영에 간 것은 아니다. 그는 자신의 지기인 정계의 유력자의 권유로 프랑스와 네덜란드와의 강화를 비공식적으로 타진하기 위해 콩데를 만나러 간 것이다. 그 자신의 일신상 안녕을 위해서였다면 그는 결코 만나러 가지 않았을 것이다. 국가의 안전과 평화를 염원하는 그의 열정이 그로 하여금 콩데를 만나러 가도록 했다.

헤이그에서의 방문자

레인스뷔르흐나 홀부르흐에 있을 때 스피노자에게 방문객이 많았다는 것은 앞에서 이야기했다. 이것은 헤이그에서도 전혀 변함이 없었다. 오히려 스피노자의 이름이 저명해지면서 다른 곳에서도 다수의, 그것도 사회적 지위가 높은 인물, 지식인, 외국인 등이 찾아오기 시작했다. 그중에서 학문적으로 주목할 만한 인물은 치른하우스와 철학자 라이프니츠였다. 1651년생의 독일 귀족 치른하우스는 레이덴 대학에서 17살에 공부했고, 한때 지원병으로 네덜란드를 위해 프랑스군과 싸웠으며, 그 후 다시 수학과 철학 연구를 계속했다. 치른하우스는 단순한 학구파는 아니었다. 당시 기술을 유리그릇이나 도기 제작에 응용한 것으로도 유명하다. 그는 1674년 암스테르담에서 레이덴 대학의 동창생이었던, 스피노자 만년의 제자, 독일인 슈라와 만났고, 스피노자도 알게 되었다. 그는 스피노자의 친구들의 강독회에서 읽히고 있었던 《지성개선론》과 《에티카》의 초고를 슈라를 통해서 손에 넣었고 그것을 연구하기 시작했다. 그해 10월 슈라의 손을 빌려 《에티카》의 난해한 부분을 스피노자에게 질문하고 그 대답을 들을 수 있었으며, 그 해가 저물 무렵 스피노자를 직접 만날 수 있었다. 1675년 봄 그는 런던에 가서 왕립협회를 방문했고, 올덴부르크와 화학자 보일과도 만날 수 있었다. 그때까지 사상적으로 스피노자와 입장을 달리하고 있었기 때문에 편지를 중단하였던 올덴부르크는, 치른하우스에 의해 스피노자에 대한 생각을 바꾸고 스피노자와의 편지를 재개했다. 일단 네덜란드로 돌아온 치른하우스는 스피노자의 소개장을 들고 가서 같은 해 여름 파리의 호이헨스와 알게 되었다. 또한 이 때 치른하우스는 라이프니츠와도 면식이 있게 되었다. 치른하우스는 라이프니츠를 스피노자에게 소개하려고 했다. 그러나 스피노자는 이미 그 전에 편지를 통해 라이프니츠와 알고 있었다.

라이프니츠와의 만남

철학사 중에 항상 스피노자 다음으로 나오는 라이프니츠가 스피노자의 이름을 안 것은 《데카르트 철학원리》에서였다. 1670년 익명의 《신학·정치론》이 나왔다. 즉시 라이프니츠는 그것을 읽었고, 온 몸의 털이 곤두설만큼 불경한 책이라고 결론을 내렸다. 그 후 스피노자도 만난 적 있는 위트레흐트 대학의 언어학 교수 요한 그레피우스에 의해 그 책의 저자가 스피노자라는 것을 알게 된다. 라이프니츠는 스피노자가 불경한 책의 저자라는 것을 알면서도, 1671년 10월 스피노자에게 첫 편지를 보내게 된다. 이 때 라이프니츠

치른하우스

는 편지와 함께 자신의 책, 《고등광학에 관한 비망록》을 보내 스피노자의 비평을 기다렸다. 스피노자를 광학연구의 대가라고 봤기 때문일 것이다. 그것에 비해 스피노자는 라이프니츠가 주장하는 바가 잘 이해가 안 되었던지 비평보다는 오히려 질문을 하고 있다. 이 밖에 라이프니츠에게는 오늘날에는 남아 있지 않지만 《신학·정치론》에 관한 편지가 있었던 것 같다. 이것은 스피노자의 답장에서 명확해진다.

라이프니츠는 치른하우스와 만났을 때 그로부터 《에티카》에 관한 이야기도 듣고 그것이 너무나 읽고 싶어졌다. 하지만 《에티카》의 초고는, 그 당시 스피노자의 허가 없이는 읽을 수 없었다. 라이프니츠는 그 허가를 슈라와 치른하우스를 통해서 얻으려고 했다. 하지만 스피노자는 학자이면서 외교관으로 파리에 체재하고 있는 라이프니츠라고 하는 인물이 잘 이해가 되지 않았기 때문에 라이프니츠의 청을 거절했다. 그러나 이것으로 포기할 라이프니츠가 아니었다. 라이프니츠는 치른하우스의 소개를 구실로, 1676년 파리에서 귀국할 때 네덜란드에 들렀다. 라이프니츠는 네덜란드 체재 중에 피터 도라 쿠르와 레이덴 대학의 현미경학자 안토니 반 레벤후크, 또한 앞서 말했던 후데와 만났다. 하지만 스피노자와 만나기 위해서 슈라 옆에서 그에 대한 예비 지식을 얻을 정도로 신중했다.

드디어 라이프니츠는 스피노자와 만날 수 있었다. 프랑크푸르트의 궁정에서 근무하던 라이프니츠는 초라한 옷차림과 가구에는 경악하고, 책장의 값비싼 서적에는 경이로움을 느꼈을 것이다. 두 사람은 복장이나 행동거지에 있어서도 처음부터 끝까지 대조적이었다. 한 쪽은 30대의 활기에 넘치는 학자이고, 다른 한 쪽은 4개월 후에 죽을 병든 철학자였다. 스피노자는 지금까지의 생애에 만난 많은 사람들, 최근의 일, 특히 비트 형제의 죽음에 대해서 이야기한 후, 드디어 자신의 철학에 대해서 이야기했다. 이때에는 벌써 마음을 열고 무슨 이야기든지 할 수 있었을 것이다. 처음 그는 대표작 《에티카》

의 초고를 라이프니츠에게 보여 주
었다. 이 회담에서 스피노자는 라이
프니츠에게 불신감을 해소하는 것
은 가능했지만, 두 사람 간에 우정
은 생기지 않았다. 왜냐하면 둘의
성격, 신(神)이나 세계에 관한 사
고방식이 너무나 달랐기 때문이다.
　스피노자의 사후, 라이프니츠는
무신론자 스피노자와 교제한 흔적
을 가능한 한 지우려고 했다. 그것
이 불가능하다면 교제한 것이 자신
에게 결점이 되지 않게 하려고 애
를 썼다. 몇 번이고 스피노자에게

라이프니츠

편지를 보냈음에도 불구하고, 그의 편지는 스피노자의 편지집에는 1통밖에
들어가 있지 않다. 하지만 그것도 철학이나 신학에 관한 내용이 아니고 광학
에 관한 내용이었다. 라이프니츠에게 이 무신론자와의 교제 사실이 얼마나
공포였는지 잘 보여 주는 증거이다. 그럼에도 불구하고 라이프니츠는 유고
집 출판 전에 스피노자의 초고를 손에 넣는 것에 실패하여, 유고집 공식 간
행 후 얼른 입수해 열심히 읽고, 그 근본 사랑의 상이점을 인정하면서도 평
가할 부분을 평가하고 있다.

스피노자의 최후

　대표작 《에티카》는 스피노자가 라이프니츠와 만나기 한 해 전, 그러니까
1675년에는 완성되어 있었다. 그해 7월 그는 암스테르담으로 가서 《에티카》
의 출판을 위해 동분서주했으나, 오라니에파의 체제하에서는 《신학·정치론》
의 출판 이래 악명 높은 스피노자의 저작을 공식 간행하는 것은 불가능했다.
결국 출판을 포기하고 빈손으로 헤이그로 돌아왔다. 비트가 무너진 후 자유
로웠던 네덜란드는 빠르게도 과거로 돌아가 버렸다. 그래도 스피노자는 완
전히 펜을 놓지는 않았다. 자연과학적 논문 《무지개에 관한 논문》, 《개연성
의 계산》을 쓰는 한편 정치론의 저작을 쓰기 시작했다. 하지만 의외로 빨리

죽음이 다가왔고 《정치론》은 그만 미완이 되고 말았다.

스피노자가 라이프니츠와 만난 그해 1676년 겨울부터 이듬해 봄에 걸쳐 추위가 예상 외로 혹독했다. 스피노자의 건강은 현저하게 나빠졌다. 1677년 2월 의사인 슈라는 라이프니츠에게 스피노자의 증세가 나날이 악화되어 죽음이 눈앞에 이르렀음을 알렸다. 스피노자도 자신의 죽음을 예감했는지 주변 정리를 시작했다. 그의 주변 정리는 자신의 연구 성과라고 할 수 있는 정신적인 유산에 한정되었다. 이 때 스스로 납득할 수 없었던 성과, 예를 들면 구약성서의 네덜란드 어 번역 같은 것들은 태워 버렸다. 다른 논문은 사후 암스테르담의 친구이며 서점 주인이기도 한 류웰츠에게 보내도록 집주인에게 의뢰했다. 그 외의 다른 물질적인 유산에 대해서는 아무런 지시도 없었다. 죽음을 목전에 두고서도 그의 생활 태도는 평소와 전혀 다름이 없었다. 《에티카》에서 말한 '자유로운 인간'의 생활 태도로 일관했다.

사망 당일, 2월 21일은 일요일이었다. 그는 극도로 쇠약해졌음에도 불구하고 침대에서 일어나 아래층으로 내려가서 주인 부부와 잡담을 하고, 낮에는 암스테르담에서 슈라가 가지고 온 닭고기로 끓인 수프를 맛있게 먹었다. 하지만 주인 부부가 오후에 교회에 갔다가 돌아왔을 때, 스피노자는 슈라에게 기대어 오후 3시쯤 숨을 거두었다는 말을 전해 듣게 되었다.

유고집

집주인 스페이크는 스피노자와의 약속을 충실하게 지켰다. 그는 공증인에게 재산목록을 만들게 하고 봉인했다. 이 재산목록은 그의 생활이 얼마나 알뜰하게 채워져 있었는지를 보여 준다. 침대, 방석, 이불, 모자 두 개, 구두 두 켤레, 속옷, 낡은 여행 가방, 책상, 의자, 체스 도구, 렌즈 연마기, 약간의 렌즈와 작은 초상화, 은 버클 2개, 논문 표지에 자주 찍힌 '조심할 것'이라 쓰인 은 인장 등이었다. 현금은 거의 없었고, 친구들로부터의 연금은 값비싼 책으로 바뀌어 있었다. 귀중한 기록이나 원고가 들어 있던 책은 암스테르담에서 그의 친척이 도착하기 전에 류웰츠에게 옮겨졌다. 암스테르담의 친척은 누나인 레베카와 그의 남편인 카세레스, 그리고 죽은 여동생의 아들 다니엘이었다. 스피노자의 유족은 유산상속의 권리를 주장했으나 유산을 경매한 후, 그 매상금에서 필요경비를 빼면 남는 돈이 거의 없다는 것을 알자유산상속을 포기해 버렸다.

스피노자의 장례식은 1677년 2월 25일에 행해졌고, 스포이의 신교회(新敎會)에 매장되었다. 이것은 과거 비트를 지지했던 사람들의 도움에 의한 것으로 장례에는 이들 명사들이 장례용 마차 6대를 동원하여 관을 뒤따르게 했다.

암스테르담에서는 그의 친구들이 스피노자의 초고를 팔 것인가에 대해서 한때 고민을 했으나, 곧 초고를 책으로 만들어 유고집의 형식으로 세상에 내놓기로 했다. 마이엘이 라틴 어 원문을 교정하고, 이에레스가 네덜란드 어

《유고집 (遺稿集)》의 표지 그림

로 서문을 썼다(이것은 바로 마이엘에 의해, 라틴 어로 번역되었다). 슈라가 편지를 정리하고, 바우메스텔이 라틴 어로 송사를 썼다. 유고집에는 라틴 어판과 네덜란드 어판 2종류가 있고, 전자는 1677년 겨울에, 후자는 그 이듬해에 출판되었다. 이것은 프라제마켈에 의해 라틴 어에서 네덜란드 어로 번역된 것이다.

이에레스의 서문은 스피노자의 주장을 비호하고 그를 무신론자라고 하는 비난에서 지키기 위해, 그의 주장이 그리스도교의 주장과 일치하는 것이라고 강조하고 있다. 하지만 이러한 선의에 넘치는 스피노자에 대한 변호도 그 유고집을 이단의 운명에서 구할 수는 없었다. 신학자와 관헌은 이 유고집을 1678년 6월 25일 금서(禁書)로 지정해 버렸다.

Ⅲ. 스피노자의 사상

저서와 논문

최초 철학적 논문《소논문》

사상에 파고들기 전에 스피노자의 저서에 대해 살펴보자.

스피노자 생전에 간행된 책은《데카르트의 철학원리》와 그 부록《형이상학적 사상》, 그리고《신학·정치론》이었다. 사후에 간행되지 않은 논문으로 남겨진 것은《소논문》,《지성개선론》,《에티카》,《정치론》,《헤브라이어 문법》,《무지개에 대한 논문》,《개연성 계산》들이다. 이들 논문 중에서《지성개선론》,《에티카》,《정치론》,《헤브라이어 문법》이 1677년 11월에 출간된 유고집 중에 실렸다. 그러나《소논문》,《무지개에 대한 논문》,《개연성 계산》은 유고집 출판 당시에는 아직 발견되지 않았었다. 특히《무지개에 대한 논문》은 스피노자에 의해 소각되었다고 생각되었다. 하지만 실제로는 소각되지 않고, 스피노자가 죽고 10년이 지난 1687년에《개연성 계산》과 함께 발견되었다. 또《소논문》은 19세기 후반에 뒤늦게 발견되었다.

《소논문》은 스피노자의 최초의 철학적 논문이고, 그 집필 시기는 그가 레인스뷔르흐에 머물던 1661년경이라고 추정되고 있다. 이 논문은 라틴 어로 썼었다. 이 라틴 어 원고를 그는 암스테르담 친구들에게 보냈다. 그러나 스피노자 친구들 중에는 라틴 어를 읽지 못하는 친구가 있었다. 따라서 이 원고는 스피노자의 친구들에 의해 바로 네덜란드 어로 번역되었다. 현재 우리가 가지고 있는《소논문》은 이 네덜란드 어로 번역된 논문이다. 라틴 어 원고는 출판할 마음이 없었고,《에티카》집필 착수로 끝내 잃어버리고 말았다.

이《소논문》에는 그 후년의《에티카》주요 사상이 거의 모두 들어 있기 때문에《에티카》의 전신이라 볼 수 있고, 그래서〈소에티카〉라고도 한다. 범신론적인 사상, 신에 무한하게 많은 속성이 돌아오는 것, 신은 세계의 초월적 원인이 아니라 내재적 원인인 것, 신의 필연성, 능산적 자연(能産的 自然 : 만물의 생산의 근원력이 되는 자연, 범신론에서 신을 이르는 말)・소산적 자연(所産的自然 : 범신론에서, 신에 대해 자연을 이르는 말)의 구별, 인식의 종류, 자유 의지의 부정, 진정한 의식으로서의 신의 인식과 정신의 영원성, 신에 대한 사랑, 그리고 그것에 근거한 인간의 자유 등 《에티카》에서 볼 수 있는 그의 근본 사상이 다듬어지지 않은 형태이지만 이미 나타나 있다. 1656년 파문 이전부터 서양 철학 사상에 접했다고는 하나 그로부터 몇 년 뒤에 데카르트의 사상을 극복하고, 그의 독창적인 사

《소논문》 사본

상을 전개한 것은 그가 그만큼 역량을 가진 것을 의미한다.

방법론의 《지성개선론》

스피노자는 1662년 비로소 올덴부르크에서 다음과 같은 편지를 썼다. '……어떻게 사물이 존재하기 시작했는지, 어떻게 사물이 첫 번째 원인에 의존하고 있는가에 관해서 나는 이 문제와 또 지성의 개선에 대해 하나의 정리된 저서를 쓰고, 필사(筆寫)와 수정에 들어갔다.' 여기에서 알 수 있듯이 《지성개선론》은 1662년에는 씌어졌다. 그러나 이 논문은 오른쪽 올덴부르크에 대한 편지에서 알 수 있듯이, '지성의 개선'을 문제로 한 인식론과 형이상학을 하나로 한 책으로 완성할 예정이었다. 그러나 이것은 실현되지 않고, 인식론의 부분을 다룬 《지성개선론》만이 미완성 형태로 유고집에 실리어 세상에 나온 것이다.

이 논문에 실린 유고집 편집자의 말에 의하면 스피노자는 이 논문을 완성시키려고 마음먹었지만 죽음으로 결국 완성시키지 못했다고 한다. 이것은 스피노자의 친구 이에리스가 유고집 서문에 이 논문의 완성을 위해 '곤란한

연구와 깊은 성찰과 넓은 학식이 필요해서 늦어졌다'고 말한 것에서도 알 수 있다. 스피노자가 노년에 이르기까지 이 논문 완성에 힘쓴 것은, '미지의 진리 탐구에서 이성을 바르게 인도하는 당신의 방법론'이 언제 완성될지 물었을 때(^{1675년 1월 5일,}_{〈서간〉 제59}), '순서가 바르게 씌어 있지 않으므로 다른 기회로 미루겠다'(^{〈서간〉}_{제60})고 답한 것에서도 알 수 있다. 1679년이라 하면 저서 《에티카》가 완성된 해이다. 그러나 그로부터 2년 뒤 그가 죽음으로써 완성되지 못했다. 만약 이것이 완성되었더라면 현재 우리가 가진 《지성개선론》과는 다른 것이 되었을 것이다.

이 《지성개선론》에는 진정한 최고의 선, 인식의 종류, 진정한 인식, 관념과 대상과의 관계, 인식의 방법으로서의 반성적 인식, 인식의 오해, 정신의 능동성, 지성의 모든 특성, 영원한 사물이라는 《소논문》이나 《에티카》도 논해지고 있다. 하지만 《지성개선론》은 일반적으로는 스피노자의 방법론이라고 할 수 있다. 그가 태어난 17세기는, 베이컨이 《뉴 아틀란티스》를, 데카르가 《방법서설》을 쓰듯, 철학자들이 이 새로운 시대에 학문 연구의 방법을 문제로 한 시대였다. 스피노자는 이 논문을 쓰기 이전에 이미 베이컨과 데카르트를 알고 있었다. 그리고 그가 이 두 방법론에 만족하지 않고 자신의 방법론을 세우려고 했던 것도 이 논문에서 충분히 엿보인다. 그 방법의 특색은 그것이 진리를 구하는 지적탐구의 방법이라기보다 오히려 진실한 선이란 무엇인가 하는 윤리적 동기에 의해 이끌어진 방법이라는 것이다. 이것은 《지성개선론》 앞머리에서 분명해진다.

《데카르트의 철학원리》와 《형이상학적 사상》

《데카르트의 철학원리》와 그 부록 《형이상학적 사상》은 《소논문》과 《지성개선론》과 마찬가지로 그가 레인스뷔르흐에서 머무를 때 정리한 것이다(단 홀부르흐로 이사한 후에 출판되었다). 《데카르트의 철학이론》은 스피노자의 데카르트 철학에 대한 비판서는 아니다. 그것은 데카르트 철학의 충실한 해설을 의도한 것이다. 이미 말했듯이 스피노자는 1662년 겨울에 같이 산 학생 카세아리우스에게 철학을 가르쳐 주었지만, 그 때 그는 자신의 철학에 대해 강의하기보다 당시 네덜란드에서의 추세였던 두 개의 철학, 데카르트 철학과 신스콜라학을 강의하고 필기시켰다. 이 강의록 전자가 《데카르트의 철학이론》이 되고, 후자가 《형이상학적 사상》이 된 것이다.

기하학적 방법에 의해 써진 《데카르트의 철학이론》은 최초 데카르트가 쓴 《철학이론》의 2부와 3부의 일부분을 내용으로 한 것이었다. 스피노자가 이 것과 《형이상학적 사상》을 가지고 1663년 4월 암스테르담에 가서 친구들에 게 이것을 보여 줬을 무렵, 《철학이론》 제1부도 마찬가지 방법으로 쓰기를 간청받아 2주간 그것을 완성했다. 《데카르트의 철학원리》는 제3부 도중에 중단된다. 이것은 스피노자가 그 중단된 무렵에 카세아리우스에 대한 강의 를 그만두었기 때문이다.

《형이상학적 사상》은 당시 신스콜라 학자의 형이상학에 대해 해설한 것이 지만, 단순히 해설에 그치지 않고 스피노자의 사상을 얼마간 갖고 있는 책이 다. 예를 들면 시간, 수, 척도와 사물을 비교할 때 사용하는 사유의 양태에 지나지 않는다는 것^(제1부제1장), 사물과 사물이 자기 상태를 유지하는 노력^(코나투스)과 같다는 것^(제1부제6장), 자연은 유일한 존재라는 것^(제1부제7장), 신은 목적 원인에 따라 사물을 창조하는 것이 아니라 작용 원인에 의해 창조하는 것이라는 것^(제1부제10장) 등, 스피노자의 《에티카》에서 볼 수 있는 사상이 분산된 것이다. 이처럼 《형 이상학적 사상》이 신스콜라학의 단순한 해설서가 아니라 오히려 스피노자 철학의 중요한 개념을 신스콜라학과의 관계에서 이해하는 데다 중요한 문헌 이라는 것이 나타난다.

너무나 참신한 《신학·정치론》

스피노자는 저서 《에티카》를 홀부르흐로 이사하자마자 쓰기 시작했지만, 1665년 중반에 그것을 갑자기 중단하고 《신학·정치론》을 썼다. 《에티카》를 중단하면서까지 이 책을 쓴 이유는 이미 말했기 때문에 반복하지 않는다. 이 책은 그 집필 동기에서 일반적으로 시대의 경향서로 학술서가 아닌 듯한 인 상을 주기 쉽지만, 결코 그런 것은 아니다. 이것은 모두 20장으로 구성되어 있지만, 그 중 15장은 신학을 다루고, 나머지 5장이 정치론을 형성하고 있 다. 신학 부분은 노년의 성서 연구의 성과가 들어 있는 것이고, 획기적이라 고도 할 만한 성서의 비판적 연구에 의해 스피노자는 근대에 있어서 성서의 학문적 연구에 하나의 금자탑을 세운 것이다. 또 책 마지막 4분의 1을 차지 하는 정치론에서 그는 국가의 목적이 자유인 것을 명확히 하고, 그 목적을 이룬 최선의 국가를 민주국가로 간주했다. 그래서 언론과 사상의 자유가 시민의 양보할 수 없는 권리라고 주장했던 것만이 아니라 이 자유가 국가에 있어서도 유익하다고 결론을 내리고 있다. 이 점에서 그의 소설은 오늘날에 있어서도 경청할 만하다.

《신학·정치론》은 1670년 암스테르담에서 발행되었다. 하지만 이 책이 당시에 너무나 참신했다는 것을 알고 있었기 때문에 발행소, 발행인, 저자명을 속여서 발행했다. 하지만 이 책은 잘 팔려서 발행한 해 1년 동안 4쇄까지 나왔다. 그만큼 반향도 컸다. 그러나 그것은 대부분 반대자들의 목소리였다. 하나하나 이름을 드는 것이 부끄러울 정도로, 발행되었던 5월부터 반대자들은 스피노자를 비난했다. 반대자들 중에는 적절한 조치를 취하도록 당국에 고소하는 사람도 있었다. 하지만 얀이 정권을 잡고 있는 동안은 어떤 조치도 취하지 않았고, 오히려 이 책을 팔게끔 배려해 주었다. 그러나 얀이 암살당하고 빌렘 3세가 정권을 잡자 사정이 바뀌어 1674년 7월 19일에는 결국 금서가 되고 말았다. 그 이후 즉 스피노자가 노년이 된 2년 동안은 스피노자에 대한 비난이 특히 심해져 결국 《에티카》도 출판할 수 없게 되고 말았다.

기하학적 서술의 《에티카》

스피노자의 《에티카》는 기하학적 질서에 따라 썼었다. 즉 소수의 정의(定義)와 공리(公理) 뒤에 모든 정리와 그 증명이 이어지듯, 유클리드 기하학 형성에 따라 그의 철학 서술이 정리되고 있다. 이것은 그 사상 자체가 당시에 있어서는 매우 참신한 것으로 역사상 《에티카》와 그 비슷한 책을 찾아볼 수 없을 정도이다. 당시 기하학적 방법으로 생각하고 서술하는 것은 하나의 유행이 되었다. 하지만 이것을 실제로 하는 것은 곤란했다고 보고 많은 사람들은 단순한 시론을 넘을 수 없었다. 그것은 대부분 지적인 놀이가 되었다. 그러나 스피노자는 이것을 본격적으로 자신의 책 서술에 적용했다. 아무리 유행한 시대였다고는 하나 그만이 이것을 책에 관철시켰다. 이것이 《에티카》가 희귀한 커다란 이유이다.

기하학적 방법이 나타나는 엄밀함과 그 몰개성적인 성격은 그의 철학이 노린 것이기도 했다. 이것은 그가 유행에 따른다고 하기보다 오히려 그 정신에 있어서 일치, 즉 기하학적 방법에 의한 저술을 촉구하는 것을 의미한다.

하지만 그가 책을 이처럼 썼기 때문에 일반 독자를 간접적으로 거절하고 있다는 것도 부정할 수 없다. 경향성(傾向性)의 저서로 보였던《신학·정치론》조차 일반 독자를 대상으로 한 것이 아니라, 철학적 독자를 대상으로 하고 있다고 하면《에티카》는 이런 느낌이 강하다.

특히 기하학적인 서술 형식을 엄격하게 지킨《에티카》가, 보통 논문 형식

빌렘 3세의 풍자화

철학서를 읽는데 익숙한 사람들을 당혹하게 한 것은 사실이다. 이 의미에서 《에티카》는 읽기 어려운 책이다. 하지만 매우 중요한 개념을 모든 수식을 빼고 이 이상 간결하게 할 수 없는 형태인《에티카》서두의 정의와 공리, 그리고 모든 정리로 읽을 의욕을 잃게 하지는 않는다. 이 책은 처음 정의부터 순서에 따라 읽지 않아도 된다. 우선 기본적인 용어인 실체, 속성, 양태의 정의를 먼저 보면 다음은 자신이 이해할 수 있는 정리부터 읽으면 된다. 전체는 하나로 연관되어 있기 때문에 자신이 이해할 수 있는 정리를 기점으로서 읽고, 회고하면서 그 이해의 폭을 넓혀 가면 되는 것이다. 그렇게 하면 처음에는 무미건조하다고 생각되는 정의, 정리가 다르게 생각될 것이다.

《에티카》의 완성까지

스피노자가《에티카》를 쓰기 시작한 것은 그가 레인스뷔르흐에 있을 때로, 《지성개선론》을 중단한 뒤라고 추정되고 있다. 그래서 1662년 말에는《에티카》의 주요부분은 완성되고, 제1부는 암스테르담 친구들 손에 들어갔다. 《에티카》집필은《데카르트의 철학이론》출판 때문에 일시 중단되었지만, 그 뒤 다시 진행되어 1665년 3월에는 대부분 완성되었다. 이쯤《에티카》라는 이름

이 붙여졌다. 그러나 완성을 앞에 두고 《신학·정치론》이 1670년에 완성되었기 때문에 약 5년간 《에티카》 집필이 중단되었다. 《신학·정치론》이 출판된 뒤다시 집필하기 시작해서 1675년 7월에 겨우 5부로 《에티카》가 완성되었다.

이미 말했듯이 스피노자는 이 《에티카》 출판을 위해 1675년 7월 암스테르담을 여행하고 있었다. 하지만 당시는 이 책을 출판할 만한 분위기가 되지못했다. 그는 허무하게 헤이그로 돌아왔다. 이처럼 생전에 출판하는 것은 불가능했지만, 그가 죽은 뒤 친구들 손에 의해 1677년 12월에 유고집 중에 실렸다. 이 유고집에는 저자명은 명기되지 않고 단지 머리글자만 있다. 이것은그가 죽기 직전 출판을 친구에게 의뢰했을 때 자신의 이름을 올리지 말라고부탁했기 때문이다. 그 이유는 진리가 만인의 소유이므로 개인의 손에 있어서는 안 된다는 것이었다.

《에티카》라는 이름의 의미는 윤리학이라는 것이다. 따라서 그의 저서는 윤리학만을 다루고 있다는 인상을 주기 쉽다. 하지만 5부로 나누어진 이 책은제1부에서 형이상학, 제2부에서 인식론, 제3부에서 감정론, 제4부에서 윤리학, 제5부에서 인간의 회심(回心)으로서의 자유를 문제로 하고 있다. 하지만 자연철학과 정치철학에 대해서도 조금은 다루고, 철학의 주요한 분야가1권에 실려 있다. 다루어지지 않은 것은 미학 정도이다. 이것은 그에게 가장그 관심에서 엿보인다고 하기보다 진정한 인식, 진리를 구하고자 했던 그에게 만전을 다하지 않은 인식의 추상력에 유래하는 미적 의식의 문제는 그의체계에 차지하는 위치가 없기 때문일 것이다. 또 자신의 철학체계를 나타내는 이 책이 《윤리학》이라 이름 지어진 것은, 그의 철학적 관심이 말하자면안심입명을 구하는 윤리·종교적 문제로 이어지기 때문이다. 그에게 있어서형이상학도, 인식론도 모두 이 목적을 위해 봉사하고 있는 것이다.

미완성 《정치론》

《에티카》가 완성된 뒤 스피노자는 《헤브라이어 문법》, 《무지개에 대한 논문》 등을 썼다. 하지만 그의 노년기의 가장 중요한 저서는 친구의 강한 권유로 쓴 《정치론》이다. 하지만 이 시기 네덜란드는 얀 데 비트 체제가 붕괴하고, 빌렘 3세가 중앙집권적, 군국주의적 체제를 구축하려고 했던 시대이다.이 점에서 《정치론》은 《신학·정치론》이 쓰였던 시대와는 다르다. 따라서 그 정치관에 있어서도 다소 변화를 볼 수 있다. 즉《신학·정치론》에 있어서는 네덜란드의 자유주의를 옹호하는 것에 의해 간접적으로 얀의 체제를 지지한다는 목적이 있었지만, 《정치론》에 있어서는 얀의 죽음에 의한 '공화국의 갑작스런 붕괴'로 네덜란드 국가로서의 취약한 기반에 대한 혹독한 비판이 배경에 있다. 따라서 그의 서술도 냉정하고 또 현실적이기까지 하다. 이 논문에 있어서 그는 국가의 기원, 본질, 권리, 조직, 목적 등을 문제로 하고, 후반에 국가의 세 형태, 즉 군주국가, 귀족국가, 민주국가에 대해 다루고

《에티카》

있다. 하지만 이 논문은 민주국가에 대해 서술하는 도중에 그가 죽음을 당했기 때문에 미완성으로 끝나 버렸다.

신이란 무엇인가

종교의 신과 스피노자의 신

스피노자의 사상은 '신이 곧 자연이다'라는 말에서 나타나듯이 일반적으로 범신론이라고 한다. 이 범신론은 서양 종교에 있어서 전통적이고 초월적인 인격신을 인정하지 않기 때문에 전통을 지키는 사람들로부터 무신론이라 간주되고 있다. 하지만 스피노자가 신의 존재를 완전히 부정했던 것은 아니다. 그는 신에 대해 생각할 때 성서의 신을 고려하지 않았던 것도 아니다. 오히려 크게 고려했던 것은 아닐까? 이것을 단적으로 나타내는 것이《에티카》머리말에 있는 '자기원인'의 정의일 것이다.

자기원인이란 '그 본질이 존재를 포함하고 있는 것, 바꿔 말하면 그 본성이 존재한다고 생각하는 것'(제1부 정의 1)이다. 이것을 말 그대로 이해하려고 하면 그것은 존재 자체이다. 그것은 성서《출애굽기》의 신, 즉 '있는 자'의 철학적 표현이라고 보인다. '있는 자'가 스피노자에게 '있는 것'이 되어 신의 인격성이 사라져서 비인격화가 강하게 나오고 있지만, 이것은 신을 신앙의 입장에서가 아니라 신앙으로부터 완전히 독립된 이성의 입장에서 생각하기 때문에

이렇게 된 것에 지나지 않는다. 이렇게 생각되면 그는 처음부터 성서의 신을 부정한 것이 아니라 이 신으로부터 종교 색을 벗어 합리화하고, 이성의 비판에 참을 수 있는 신의 관념을 만들려고 했던 의도를 엿볼 수 있다.

그에게 종교의 인격신은 존재 그 자체로서의 신을 단순히 인간의 입장에서, 그것도 상상력의 입장에서 본 것에 지나지 않았다. 이것은 만약 삼각형과 사각형이 인간과 마찬가지로 상상력을 가지고 신에 대해 생각한다면 신을 삼각형으로 혹은 사각형으로 보는 것과 마찬가지이다. 스피노자의 이성의 입장은 이러한 상상력의 입장과 다르고, 사물을 단순한 사고에 의해 바라본다. 감각과 경험에 근거하고, 일종의 공상적인 사고에 의해 바라보는 것은 아니다. 그는 감각과 경험에서 떨어진 단순한 사고에 의해 존재 그 자체로서의 신에 대하여 생각했던 것이다. 이 결과 신으로부터 의인적인 것이 사라지게 되었다.

실체의 독자성

'자기원인'의 원인은 단적으로 존재하는 것이 좋다는 것을 나타내고 있다. 이러한 방법으로 존재하는 것은 존재하기 위해 다른 것을 필요로 하지 않는다. 그것은 자신에게 있어서 존재하는 것이다. 스피노자는 이러한 존재를 '실체'라고 한다. 실체란 '그 자신에게 있어서 존재하고, 자신에 의해 생각되는 것'(^{정의})이다. 그가 신으로 간주한 것이 전통적인 신과는 전혀 다른 것이 되어 버리는 것과 마찬가지로 실체라는 말에 있어서도 그는 독자적인 방법을 쓰고 있다.

우리는 자주 일상 생활에서도 실체라는 말을 쓴다. 예를 들면 어느 사항의 실체란 무엇인가. 어느 것에 실체가 있는지 없는지 하는 것 등이다. 이 경우 실체라는 말의 의미는 어느 사항의 본질, 어느 사물의 핵심이나 실질적인 것이라는 의미일 것이다. 이렇게 사용하면 우리들은 일상 생활에서 만나는 어떠한 것에도 실체라는 말을 사용할 수 있다. 하지만 스피노자의 철학에서 실체는 이러한 일상 언어 중에서 이해되는 것은 아니다.

실체라는 말은 또 변화하는 것 중에서 항상 변하지 않는 것이라는 의미에서 사용되어 왔다. 중세 스콜라 철학이 그러하다. 스콜라 철학은 신을 절대적인 실체로 간주한 반면, 다음과 같은 의미에서 신 이외의 것에도 즉 피조물에도 실체라는 말을 적용했다. 근대에 들어 데카르트는 존재하기 위해 다른 것을 필요로 하지 않는 것을 실체로 간주했다. 이 의미에서 정말 실체로 할 만한 것은 신이라 간주된다. 하지만 데카르트는 이 신 외에 정신과 물체를 실체로 간주했다. 물론 그는 이 정신과 물체가 신과 전혀 같은 의미로 간주되는 것은 아니다. 신이 무한실체라 하면 정신과 물체는 유한실체이다.

이처럼 신만이 아니라 피조물조차 실체로 간주되는 것이 스피노자 이전의 철학에서 전통적인 것이었다고 하면, 스피노자에게서의 실체란 이미 말했듯이 존재하는 그 자체로서의 자기원인 즉 신만의 것이다. 그 이외에는 어떠한 의미에서도 실체의 존재를 인정하지 않았다. 따라서 그에게 실체라 하면 데카르트가 말한 무한실체이다. 이 의미에서 실체는 유일할 수밖에 없다. 그러나 철학사에서 스피노자 다음에 나타난 철학자 라이프니츠는 피조물 개체를 실체라 칭했다. 그렇다면 스피노자처럼 신만을 유일한 실체로 인정한 것은 서양 철학의 역사에서 특이한 것이라고 말해야 한다.

'신은 자연이다'

'그 자신에게 존재하는' 실체는 당연하게도 그 존재를 위해 다른 것을 필요로 하지 않는 완전한 자립적 존재였다. 이 실체와 대조적인 것이 그 존재를 위해 다른 것을 필요로 하는 유한한 존재자이다. 유한자는 다른 것으로부터 한정되는 것이라 본다면(정의 2에서) 유한자에게 있어서 다른 것은 자신을 한정하고, 자신과 대립하는 것이라 볼 수 있다. 즉 유한자 상호 관계란 서로 대립하고 한정하는 관계의 것이다. 그렇다면 그 존재를 위해 다른 것을 필요로 하지 않는 실체는 어떠한 의미에서도 스스로 대립하지 않는 절대적 존재로 간주된다. 이 점, 그리스도교 신의 경우 조물주로서의 신은 피조물로서의 세계를 초월한 존재로 보인다. 여기서 신은 세계를 초월하는 것으로 세계와 대립하고 있다. 즉 신과 세계는 피안과 차안처럼 대립하고 있다. 이것은 신이 세계와 대립했다는 의미로 일종의 상대적인 것이 되고, 절대적인 것은 되지 않을 것이다. 따라서 신이 정말 절대적인 것이 되려면 그것이 세계와 대립한다고는 생각할 수 없다. 그러나 스피노자는 '신은 모든 것의 내재적 원인으로 초월적 원인은 아니다'(정리 18)라고 말한다. 신은 그리스도교 신처럼 세계에 초월해서 대립하는 신이 아니라 내재신이 된다. 즉 스피노자의 신은 내재신으로서 세계와 대립하는 일종의 상대성이 있다. 그에 의하면 신이 정말 절대적이 되려면 내재적이어야 했다. 그래서 '신이 유일한 것이라는 것, 바꿔 말하면 자연 중에는 유일한 실체밖에 존재하지 않는다'($^{정리}_{14}$)고 말할 때 자연 중 모든 유한자는 이 실체 중에 존재하게 된다. 신 또는 실체의 유일성, 절대성은 자연과 신과 동일성에 이르게 된다. 유신론 철학에서 혹은 그리스도교 철학에서 자연은 피조물이고 초자연과 대립했지만, 스피노자에 있어서 초자연은 존재하지 않고, 자연만이 존재하게 되고 자연=실체=신(神) 등식이 되어, 신이 바로 자연이라는 그의 철학 특징을 나타내는 말이 생긴 것이다.

신에게 있어서 존재와 힘

스피노자에게 있어서 자기원인으로서의 실체는 무한하지 않을 수 없다. 일반적으로 무한이라는 말은 수학에 사용된다. 스피노자에게도 그 예외는 아니었다. 하지만 그가 철학에서 그 말을 사용할 때, '무한인 것은 그 존재의 절대적 부정이다'($^{정리\ 8}_{의\ 해석}$)이라 하듯이 실체 존재의 방법을 나타내고 있다. 이 경우 '존재'란 그에게 어떠한 의미를 가지고 있는 것일까. 우리는 보통 사물이 존재하는 경우 사물이 단지 공간 속에 존재하거나 혹은 정적으로 존재한다는 의미로 보기 쉽다. 즉 사물의 존재를 그 자체의 활동과 나누어 생각하고 있다. 그러나 스피노자는 사물의 존재를 전적인 것으로서가 아니라 동적인 것으로서 즉, 능력 혹은 힘으로서 이해한다. '존재하지 않는 것은 무능력이다. 이것에 반해 존재할 수 있는 것은 능력이다.'($^{정리}_{증명}$ 11) 따라서 당연하게 신에게 있어서 존재하는 것이 본질인 것과 마찬가지로 '신의 능력은 그 본질 그 자체'($^{정리}_{34}$)인 것이 되고 존재와 능력의 동일성이 확실해진다. 하지만 이 능력은 구체적으로 무엇을 나타내고 있는 것일까?

신의 능력은 신의 필연성

'신은 자기 원인이라 불리는 의미에서 신은 또 모든 것의 원인이라고 주장해야 한다'($^{정리\ 25}_{의\ 해석}$)고 하듯이, 신의 능력은 모든 사물의 원인 혹은 모든 사물을 출산하는 힘으로써 이해된다. 하지만 신의 능력은 그리스도교적인 의미에서 이해되듯이 그 의지에 의해 행하는 '창조'의 힘은 아니다. 이미 말했듯이 스피노자는 신을 의인적으로 보는 사람들의 사고방식에 강하게 반대한다. 즉 '사람들은 신의 능력을 신의 자유의지 및 존재하는 모든 사물에 대한 신의 권리라 해석된다. 따라서 모든 사물은 일반적으로 우연적인 것으로 간주되고 있다고 하는 것은, 그들이 신은 모든 사물을 파괴하고 무(無)로 돌리는 능력을 가지고 있다고 말하고 있기 때문이다. 게다가 그들은 매우 자주 신의 능력과 왕의 능력을 비교한다.'(제2부 정리 3의 해석) 이러한 스피노자의 견해는 신의 능력을 자유로운 의지에 의한 창조 능력으로 보고, 앞으로 신학자들의 의견에 대한 비판이다. 그에 따르면 신학자들은 신의 능력을, 하거나 하지 않거나 하는 인간의 능력과 마찬가지로 생각하고 있다. 이것은 예를 들면 '신이 활동하지 않는다고 생각하는 것은 신의 비존재를 생각하는 것과 마찬가지로 불가능하다'(제2부 정리 3의 해석)고 말해지듯이 스피노자의 존재 즉, 능력의 신에게는 생각할 수 없는 것이었다. 즉 그의 입장에서 보면 신은 단지 존재하는 것이 모든 사물의 원인인 것을 의미하는 것으로 거기에는 어느 것을 하거나 하지 않거나 하는 의미를 개재할 여지는 없다. 존재하는 것이 신의 필연성인 것과 마찬가지로 활동하는 능력도 신의 필연성인 것이다.

이처럼 필연적인 것밖에 생각할 수 없는 신의 능력에 관련해서 '자유'가 문제가 된다. '자유라 하는 것은 스스로 본성에 따라서만 존재하고, 그 자체의 본성에 따라서만 행동하고자 하는 것이다.'(제1부 정의 7) 이 정의에서 보면 그 본성의 필연성에 의해서만 행동하는 신은 당연히 자유라 할 수 있다. 그래서 모든 것의 원인으로도 간주되는 신은 자유원인이라 한다.(정리 17) 물론 스피노자의 반대자들도 즉 의지에 의한 창조를 주장하는 사람들도 신을 자유원인이라 생각하고 있다. 하지만 그들이 말하는 자유원인은 자유의지라 하는 것이고, 스피노자가 말하는 필연으로서의 자유는 다른 것이다. 그는 자유와 자유의지를 엄격히 구별한다. 모든 자유의지란 '신의 능력 중에 있는 것을 신이 만들어내지 않거나 또 출산하지 못하도록 하는 것'(정리 17의 해석)이고, 이것은 사물의 우연적, 자의적 선택을 의미한다. 이러한 것은 필연적 존재로서의 신에게는 결코 인정될 수 없는 것이었다.

순수한 사유의 입장

신으로부터 의인적인 것을 빼는 것은 신에게는 의지도 지성도 없다는 것이다. 만약에 신의 본질에 지성이나 의지가 돌아온다 해도 그것들은 인간의 지성이나 의지와는 전혀 다른 것이다. 즉 그 지성과 의지는 이름만 일치할 뿐 다른 점에서는 어떠한 점도 일치하지 않고, 그것은 '마치 별자리의 개와 현실의 개가 이름만 같은 것과 마찬가지이다.'^(정리 17) 여기에 스피노자가 그 철학사색(哲學思索)의 당초부터 배척해 마지않는 의인적인 신에 대한 부정이 드러난다. 신에게 자유의지도, 창조도, 또 구제도 인정하려고 하지 않는 그의 태도는 전통적인 신학자가 비난하는 것이고, 그가 무신론자로서 매장당하는 것은 당연했다. 하지만 그의 이러한 태도는 '당신은 스스로를 위해 어떠한 신의 모습도 만들어서는 안 된다'는 성서의 말에 충실하지 않았던 것은 아닐까? 신앙과 멀어진 단순한 사유의 입장에 서는 것이 신을 정말 그 자체로서 즉 절대적인 신, 신으로서의 신으로 볼 수 있는 것은 아닐까? 그가 선택한 길은 이러한 길이었다.

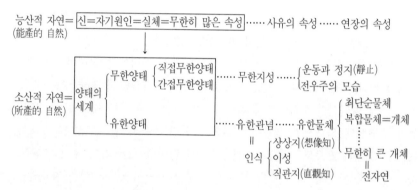

신의 속성이란

스피노자의 신은 그 본성상 필연적으로 존재하고, 필연적으로 만물을 낳는 힘으로밖에 생각할 수 없었다. 이 신의 본질을 질적으로 규제하는 것에 속성이 있다. 속성이라 하면 그리스도교의 신학자들은 신에게 많은 속성을 돌려보냈다. 즉 신은 전지, 전능, 완전, 영원, 무한 등등. 그러나 스피노자에 의하면 이들의 속성은 신의 성질을 나타내는 특성으로 신의 본질을 구성하지는 않았다. 그에게 속성이란 '지성이 실체에 관해 그 본질을 구성하는 것이라고 인정한다'^(정의)는 것이다. 이 속성의 정의 해석을 둘러싸고 지금까지 두 개의 해석이 대립했다. 하나는 '지성이 ……라고 인정한다'^(점점ー인용자)라는 것에 역점을 둔 것이었다. 이 해석에 의하면 신의 속성은 지성에 의해 규정되는 것이 되고, 신 자체 속에 있는 것이라고는 생각할 수 없게 된다. 지성 없이는 신의 속성은 없다. 다른 해석은 속성이 신 그 자체 속에 실재한다는 해석이다. 그러나 오늘날에는 스피노자 자신이 '신의 속성이란 신적인 실체 본질을 실현하는 것으로서 즉, 실체에 속하는 것으로서 이해되어야 한다'^(정리 19의 증명)고 말하고 있듯이, 속성을 신 속에 실재하는 것으로서 해석하는 실제론적인 해석이 유력하다. 그래서 신은 그 절대적인 무한성 때문에 이러한 속성을 무한하게 많이 가지게 된다. 따라서 스피노자는 특히 신을 '그 자체가 영원·무한의 본질을 표현하고, 무한히 많은 속성으로 완성되는 실체'라 정의했다.

신이 이처럼 무한히 많은 속성으로부터 완성되고 있다 해도 스피노자에 의하면 우리들 인간은 그 유한성 때문에 무한히 많은 속성 중에서 사유와 연장(延長 : ^{사물의 공간적인 폭을 나타내는 것})의 두 가지 속성밖에 알 수 없다. 이 사유와 연장은 데카르트에게는 유한실체로서의 정신과 물체 각각의 속성을 나타내는 것이었지만, 스피노자에게는 무한실체로서의 신의 속성이다. 때문에 신은 사유하는 실체이고 연장하는 실체이다. 신이 단순히 이것으로만 머무른다면 신은 인간의 지성에 의해 파악된 것으로서 인간을 위한 신으로 간주된다. 하지만 이미 말했듯이 그의 신은 이러한 좁은 틀 속에 머무르지 않았다. 인간이 인식할 수 없는 무한히 많은 속성을 신이 가진 것 자체, 그것이 비인격적 혹은 초인격적이라는 것의 표시이다. 하지만 인간이 그 중의 두 가지 속성밖에 모른다는 것은 인간의 한계이다. 이 한계는 인간의 유한성을 위해 피할 수 없는 것이고, 이것에 따라 인간에 의한 신의 인식이 만전을 다한 것이라고는 할 수 없다. 예를 들어 두 가지 속성도 그것이 신의 본질을 구성하는 것이라고 간주되는 이상 그 속성을 아는 것은 신의 본질을 인식하는 것이다. 즉 스피노자에 있어서 문제가 되는 신의 인식이란 인간 지성의 한계 내에서 신의 인식이고, 그 이상의 것이 요구되는 것은 아니다.

신의 연장

신이 순수한 정신적 존재인 것은 서양 철학의 전통이 되고 있다. 그러나 스피노자는 연장(延長)을 신의 속성으로 하는 것으로, 신이 폭넓게 가지는 것이라고 주장하는 데 이르렀다. 이것은 당연히 동시대의 많은 사람을 화나게 했다. 말하자면 이것은 사물이 광범위한 공간을 가지는 것은, 당시 사람들에게 사물이 물질적 존재인 것을 의미하고 있기 때문이다. 사물은 물질이라고 간주되는 이상 분할된다. 신의 속성이 연장이라는 것은 신이 물질인 것을 의미하고, 또 그 가능성에 의해 인간과 마찬가지로 신체의 고통을 맛보게 된다. 이것은 당시 경건한 사람들에게 도저히 용인할 수 없는 것이었다.

이러한 반대론이 있는 것을 충분히 알면서 스피노자는 연장하는 실체는 실체인 한 무한하고, 또 그 때문에 분할되는 것은 아니라고 주장한다. 만일 무한이 두 부분으로 분할된다면 그 부분은 유한이거나 무한 중 하나일 것이다. 만약 그것이 유한인 경우에 무한은 유한의 부분에서 성립된 것이 되고 무한은 사라지고 만다. 또 부분이 무한인 경우에는 전체로서의 무한은 부분의 무한보다 두 배나 커진다. 이것도 또 부조리이다. 스피노자는 이렇게 무한 분할에 의해 생기는 부조리 때문에, 무한은 분할되는 것이 아니라고 주장한다.

또 무한의 연장이 분할된다고 생각하는 사람은 그것을 상상지(想像知, imaginatio)의 입장에서 보기 때문이다. 이것은 사물을 피상적으로나 표면적으로 보는 인식에 지나지 않는다. 이러한 인식에 의해 사물을 보는 한 사물은, 말하자면 눈에 비치는 대로 예를 들어 물질은 단순히 분할되는 사물로서 볼 수밖에 없다. 그래서 이것이 우리들 일상 생활에서 인식의 방법이라 하면 스피노자에게는 이러한 인식은 통용되지 않는다. 그는 상상지 입장을 차단하고 지성의 입장에 선다. 이 지성은 사물을 원인에서 이해하는 인식이다. 이러한 인식에 의해 사물을 바라본다면 그때 물질은 단순한 물질로서가 아니라 실체로서 나타난다. 말하자면 동일 물질은 그것을 바라보는 인식의 입장에 따라 다르게 나타난다.

이 무한의 연장하는 실체와 닮은 것으로서 무한 우주라는 것이 스피노자의 시대문제가 되었다. 하지만 그의 연장하는 실체는 이 무한 우주가 아니다. 왜냐하면 무한 우주라는 경우의 무한이란 유한이 없는 연장으로서의 무제한적인 무한을 의미하고, 그 자체에 부분을 포함하는 것이라 생각되기 때문이다. 스피노자의 실체는 부분을 부분으로서가 아니라 양태로서 포함하고 있는 것이다. 부분을 양태로서 포함하는 것으로 전체는 실체로 간주되는 것이다. 사실대로 말하면 연장하는 실체를 상상지의 입장에서 보면, 그것은 부

분으로부터 성립된 무한 우주가
될 것이다. 하지만 그의 입장은
일상적 언어의 입장에 서지 않는
다. 즉 그는 상상지를 부정하는
입장에 선다. 그래서 그의 연장
하는 실체를 단순히 물질세계로
간주하고, 따라서 그가 유물론을
설명했다고 주장하는 사람은 상
상지 입장 혹은 일상적 언어 속
에서밖에 그의 신의 '연장'을 보
지 못했다는 것을 의미한다. 반
대로 물질세계를 그의 지성의 입
장에 서서 본다면 불가분 무한
연장이 나타나는 것이다.

논쟁의 표적
스피노자는 그리스도교 신학에 관한 의견을 늘 확실히
표명했다. 설령 그 의견이 논쟁을 불러일으킬 것으로
예상되더라도 말이다. 그 결과 그는 동시대인들로부터
극악한 무신론자라고 비난받았다.

무한양태와 유한양태

신이 그 능력에 의해 만들었던
모든 것은 양태 혹은 변양(變樣)
이라 한다. 우리가 이 세계 속에서 보기 시작한 모든 것은 그에 의하면 독립
된 존재가 아니라 모든 실체의 양태 혹은 변양이다. 인간이나 책상도 꽃도
모두 연장하는 실체의 양태이다. 양태란 '실체의 변양, 바꿔 말하면 다른 것
중에서 존재하고, 또 다른 것에 의해 생각되는 것'(^{정의})이다. 이 정의에서
'다른 것'은 실체를 가리킨다. 즉 양태란 실체 속에 있고 실체에 의해 생각되
는 것이다. 인간을 포함하여 모든 개체는 실체에 속하는 양태로 간주된다.
이러한 사고방식에 따라 모든 양태는 실체로서의 신에 의해 만들어지면서
신 외의 것이 아니라 신 속에 있다고 생각된다.

양태는 크게 두 종류로 나누어진다. 하나는 무한양태이고, 다른 하나는 유
한양태이다. 전자는 또 다시 두 종류로 나누어진다. 하나는 직접무한양태이
고, 다른 하나는 간접무한양태이다. 직접무한양태는 신의 속성의 절대적 본
성으로 직접 만들어진 것이다. 예를 들면 사유의 속성에 있어서는 절대무한

지성(絕對無限知性)이고, 연장의 속성 아래에서는 운동과 정지이다. 간접무한양태란 '무한히 많이 변화하면서 항상 동일하게 머무는 전 우주의 상'(서간제64)이라고 할 수 있다. 그것은 직접무한양태를 모개로 해서 속성에서 생긴 이른바 사물의 세계를 의미한다. 이 두 종류의 무한양태도 스피노자에 의하면 무한이면서 영원하다. 하지만 그 무한 혹은 영원은, 신 그 자체의 무한 혹은 영원과 마찬가지 의미에서 무한 혹은 영원이 아니라, 신 본성상 무한 혹은 영원에 대해 그 원인으로서의 신 혹은 속성에 의해 무한 혹은 영원이라 하는 것이다.

유한양태는 이 세계에 존재하는 모든 개별적인 것, 즉 개체인 것이다. 개체란 '신의 속성의 변양 혹은 신의 속성을 일정한 방법으로 표현하는 양태이다.'(정리25) '개체란 유한하고 한정된 존재를 가진 것'(제2부정의 7)이다. 이 유한양태는 신으로부터 어떻게 해서 만들어진 것일까. 스피노자에 의하면 모든 것은 신으로부터 만들어진다. 하지만 신의 절대적 본성으로 만들어진 것은 아니다. 무한한 것으로부터 직접 만들어진 것은 무한하고 유한하지는 않다. 유한한 것은 유한한 것으로부터만 만들어진다. 하지만 만약 그렇다면 신이 유한한 개체의 원인이 되는 것은 아닐까. 스피노자는 이 난점을 다음과 같은 방법으로 해결했다.

개체의 인과성

'모든 개체, 또는 유한하고 한정된 존재를 가진 모든 사물은 자신과 마찬가지로 한정된 존재를 가진 다른 원인으로부터 존재나 작용이 결정되어 비로소 존재할 수 있고, 또 작용으로 결정될 수 있다. 게다가 이 원인도 마찬가지로 유한하고 한정된 존재를 가진 다른 원인으로부터 존재와 작용으로 결정되는 것 없이는 존재할 수 없고, 또 작용으로 결정될 수 없다. 이렇게 해서 무한하게 진행된다.'(제1부정리 28)

이 정리에 따라 분명해진 것이 두 개 있다. 하나는 개체가 그것과 같은 다른 개체에 의해 기계론적으로 존재와 작용에 결정된다는 것이다. 다른 하나는 이 경우 개체가 단순한 개체가 아니라는 것이다. 전자는 개체의 인과가 기계론적 결정론에 따라 설명된다는 것을 의미한다. 이것은 스피노자의 철학을 기계론이나 결정론이라고 보는 근거가 된다. 후자는 이 전자보다도 더 중요하다. 즉 스피노자가 여기서 말하는 개체는 '신의 어느 속성이 유한하게 한정된 존재를 가진 양태적인 변양에 양태화한 신 혹은 신의 어느 속성' (제1부 정리의 증명)이고, 단순한 개체가 아니다. 그것은 '……하는 한 신'이다. 따라서 개체의 인과관계는 단순한 기계론에 속하지 않는다. 확실히 그 형식은 기계론이다. 따라서 '자연 중에는 어느 하나 우연한 것은 존재하지 않는다.'(정리 29) 하지만 그 기계론의 배후에 신의 힘이 적용하고 있다. '모든 것은 신의 본성의 필연성으로부터 일정한 방법으로 존재와 작용으로 결정되고 있다.' 스피노자는 같은 시대 자연관에 있어서 우열인 기계론에 대해 충분히 알고 있었지만, 그의 형이상학은 그것을 그대로의 형태로 인정하려고 하지 않았다. 그는 모든 인과에 신의 본성의 필연성이 보인다고 주장하는 것으로 기계론과 형이상학과의 융화를 꾀하고 있다.

능산적 자연과 소산적 자연

신이 바로 자연이라고 말하면 신이 자연이라는 것을 의미하기 때문에 신은 자신이 만든 자연과 맺어져 있다고 생각하기 쉽다. 자연이란 초자연과 구별되는 피조물이라는 생각이 있고, 보통 사람은 대개 이러한 의미에서 자연을 바라본다. 하지만 스피노자는 이러한 자연에서 신이 바로 자연이라고 생각했던 것은 아니다. 만약 그렇다면 모든 것을 만드는 신과 만들어진 자연과의 구별, 즉 원인과 결과의 구별은 없어지고 말 것이다. 그는 원인과 결과의 구별을 명확하게 한다. 이 구별이 능산적 자연과 소산적 자연과의 구별로 나타난다. 능산적 자연이란 '그 자신에게 있어서 존재하고, 그 자신에 의해 생각되는 것, 혹은 영원·무한의 본질을 표현하는 실체의 모든 속성, 즉 자유원인(自由原因)으로서 생각되는 신'이다. 그래서 소산적 자연은 '신 중에 존재하고, 신이 존재하지 않으면 존재하는 것도 생각할 수 없는 것으로 보이는 한, 신의 모든 속성의 모든 양태'(정리 29 의 해석)이다. 이것에 따르면 무한양태도 신 없이는 있을 수 없기 때문에 소산적 자연 속에 포함된다. 이 능산적 자연과 소산적 자연이라는 말은 스피노자에 따라 비로소 사용된 것은 아니다. 중세 철학자 에리우게나나 아베로에스 이후 중세 철학자 및 르네상스 철학자 브루노에 의해 사용되었다. 중세 철학자의 경우 그 의지에 따라 모든 사물을 목적에 맞게 창조하는 신을 능산적 자연이라 하고, 이 신에 의해 창조되는 세계를 소산적 자연이라고 했다. 하지만 신을 초월적인 것으로 생각하는 이상, 그 능산적 자연은 스피노자의 그것과는 전혀 다르다. 스피노자는 스콜라 철학자처럼 신을 목적에 맞게 창조의 원인이라고는 생각하지 않고, 본성의 필연성으로부터 활동하는 자유원인(自由原因)이라 생각했다. 하지만 그 원인은 소산적 자연에 내재하고 있다. 그래서 같은 것이지만 소산적 자연은 신 속에 있다. 신의 활동과 그 소산은 하나가 되는 것이다. 즉 두 개가 구별되는 것은 이론적 혹은 인과적이고 존재의 영역에 있어서는 하나로 통일된다. 이 점이 신이 바로 자연이라는 범신론을 모르게 만드는 것이다.

이미 말했듯이 신과 자연이라 하면 두 개가 서로 바깥에 있다. 즉 자연은 신 바깥에 있는 것이 보통 사람들의 사고방식이다. 그러나 스피노자는 이것을 부정하고 신이 바로 자연이라고 주장했다. 그러나 자연에는 논리적·인과적으로 구분되는 두 가지의 자연이 있고, 두 개는 스콜라 철학자라는 능산적, 소산적 자연과 다르고, 존재에 관해서는 서로 바깥에 있는 것이 아니라 같은 것에 있다. '자연'에 있어서 이 두 가지를 구별하는 것은 상상지의 입장에서는 전혀 불가능하다. 이 경우, 자연은 표면적에서 바라보고 물질적 자연으로밖에 나타나지 않는다. 여기에 두 개의 자연이 논리적·인과적으로밖에 구별되지 않는다는 것에 주목하면, 이미 말했듯이 사물을 원인에서 이해하는 지성의 입장으로밖에 구별되지 않게 된다.

의지의 자유 부정

스피노자에게 모든 사물이 인과적으로 결정되는 것은 연장의 양태 세계에서 뿐만 아니라 정신 세계에 있어서도 마찬가지였다. 이 예로서 의지가 자유인지 아닌지 하는 문제를 들 수 있다. 그에 따르면 의지도 또 실체의 양태로 보이는 이상 필연적인 것으로 보이고 자유로는 보이지 않는다. '의지는 자유원인이 아니라 필연적인 원인으로밖에 불릴 수 없다.'($^{정리}_{91}$) 이처럼 그것은 필연적으로 보인다. 그러나 똑같은 필연이라는 말을 사용해도 본성의 필연이라는 의미는 아니다. 이 본성의 필연은 자유로서의 필연이고, 신의 필연이었다. 그러나 양태에 있어서 필연은 다른 것으로부터의 강제라는 의미에서의 필연이었다.

스피노자에 따른 의지의 자유 부정은 전통적인 자유의지에 근거한 윤리관

자연의 힘
독일 화가 카스파 다비드 프리드리히의 '리젠베비르게의 폐허'(1815~1820). 황량하고 광대한 풍경에서 장엄하며 숭고한 자연의 힘이 느껴진다. 이때 화가의 눈에 비친 것은 인간과 자연의 일체감, 그리고 스피노자 사상의 합리주의적 범신론의 세계였다.

을 부정하는 것이 되고, 전통에 고집하는 사람들에게 큰 물의를 일으키는 것이 된다. 그는 이러한 사람들로부터 부도덕적인 파렴치한으로 보이게 되는 것이다. 모든 사물이 그리고 자발적으로도 보일 수 있는 인간의 의지적 활동을 강제당하는 것이라고 해석하는 그의 설명은 확실히 사람들을 경악시키기에 충분했다. 하지만 이것은 그에 따르면 상식적으로, 표면적으로 그리고 상상력을 교환하면서 사물을 사고하는 사람과 모든 것을 그 원인에서 추구하는 사람, 혹은 전통과 인습을 굳게 지키는 사람과 그것들로부터 자유로운 사람과의 차이를 나타내고 있다.

목적관(目的觀)의 부정

'그러면 내가 여기서 말하고자 하는 모든 편견은 하나에 근거하고 있다. 즉 사람들은 일반적으로 모든 자연물이 자신들과 마찬가지로 목적을 위해 움직이고 있다고 생각하거나, 신 자신이 모든 것은 일정 목적으로 이끄는 것이 확실하다고 주장하는 것이다. 왜냐하면 그들은 신이 모든 것을 인간을 위해 창조하고, 또 신을 숭배하도록 인간을 창조했다고 말하기 때문이다.'^(제1부 부록) 이것이 스피노자의 유명한 목적관(目的觀) 부정(否定)의 말이다. 목적관은 사물에는 어떠한 목적이 있고 그 목적을 겨냥한 것이 활동한다는 설명이고, 고대 아리스토텔레스 이후 중세철학을 통해 지배적인 의견이었다. 그러나 이 목적관은 인간의 편견일 뿐이다. 즉 그것은 인간이 천성적인 것의 원인을 모르는 것, 그래서 누구라도 자신의 이익을 얻으려는 행동을 하고 그것을 의식하고 있는 것으로부터 의도된 것이다.

물체의 원인에 관해 무지한 것은 자신을 행동과 의욕을 몰아붙이는 원인에 관해서도 무지한 것을 의미하고, 그 때문에 자신을 자유롭다고 생각한다. 그래서 인간의 행동은 어떠한 이익, 즉 목적을 노린 행동이라고 생각한다. 따라서 목적만이 문제가 되고, 그 목적이 무엇인지를 들으면 안심하고, 그 목적을 사람으로부터 들을 수 없을 때는 자신을 돌아보고 마음대로 목적을 만들어낸다.

게다가 이 목적은 사물의 본성으로부터 만들어진 것이 아니라 자신에게는, 외적인 목적, 돈, 쾌락, 명예 등이다. 이 목적을 위해 모든 것을 그 목적을 위한 수단으로서 희생하고 만다. 예를 들면 이윤 추구를 위해서는 자연 파괴조차 그 수단이 되어 버린다. 이렇게 해서 인간 이외의 모든 것은 인간의 목적을 위한 수단이 된다. 이러한 사고방식이 제동 없이 높아져서 누군가 절대적인 지배자가 존재해서 이 사람이 인간을 위해 모든 것을 조달했다고 생각하는데 이르렀다. 물론 이 절대적인 지배자는 신, 게다가 인간을 위한 신이다. 모두 신이 인간을 위해 만든다고 한다면 인간이 행하는 자연 파괴조차 신에 의해 시인되는 것으로서 정당화된다. 이처럼 목적관이라는 편견은 인간의 자연 파괴를 당연한 것으로 하는 반면, 신으로부터 무언가 더욱 좋은 것을 얻을 수 있도록 신 숭배의 여러 양식을 인간의 성격으로부터 추측하여 제안하는 데 이르렀다. 이것이 미신의 발생이다. 그래서 인간을 둘러싼 여러 자연 현상 중에서 인간에게 나쁜 것, 예를 들면 폭풍우나 지진, 질병 등이 생기면 이것들은 신에 대한 인간의 경건하지 못한 태도의 보복이라고 생각된다.

가치 관념의 부정

이러한 편견, 즉 모든 것이 인간을 위해 만들어졌다는 목적관, 이것은 일종의 인간중심주의를 의미하는 것이지만 이제부터 사물의 가치 관념도 생겼다. 가치 관념은 인간이 자연의 사건을 그 자체로 혹은 모든 자연과의 연관으로 보는 것이 아니라, 단지 인간의 입장에서만 보기 때문에 생긴 인간의 허구물이다. 인간에게 좋은 것은 중요한 것, 가치 있는 것으로 여겨지고, 그 반대는 멸시되고 무가치한 것으로 생각된다. 선함과 악함, 질서와 혼란, 추위와 더위 등이 그것이다. 그것들은 인간중심주의의 입장에서 인간이 마음대로 만들어 낸 것이다. 과장되게 인간중심주의라 말하지 않아도 인간은 누구라도 그 일상 생활 속에서 자신의 기호에 맞추어 사물의 가치를 정한다. 하지만 이 가치 관념은 사물 안에는 없다. 사물의 필연성을 그 자체 속에서 보려고 하는 사람에게는 가치 관념은 쓸데없고 유해하다.

그러나 자연물 중에는 인간에게 불쾌함을 주는 추악한 것, 혼란, 악, 죄 등이 생긴 것은 왜일까? 스피노자에게 이러한 질문은 무의미했다. 이것은 '사물의 완전성은 그 본성과 능력으로만 평가되어야 하기 때문이다. 따라서 사물이 인간의 감각을 기쁘게 하거나 괴로워하거나 또 인간의 본성에 적합하거나 부적합에 따라 그 완전성은 늘지도 않고 줄지도 않는다.'^(제1부 부록) 즉 인간에게 불쾌함을 주는 것은 결국 인간 자신의 상상력으로부터 생기는 것으로 사물의 본성, 나아가서는 신이 본성으로부터 생긴 것은 아닐까?

인간의 정신에 대해서

관념이란

《에티카》제2부는 '정신의 본성과 기원에 대하여'라는 제목으로 정신의 본성으로서의 인식을 주로 다루고 있다. 스피노자에 따르면 정신도 신체^(혹은 물체)

도 데카르트처럼 실체가 아니라 실체의 양태이다. 전자는 사유의 속성으로부터 만들어지고, 후자는 연장의 속성으로부터 만들어지는 점이 다를 뿐이다. 물체는 '신의 본질이 연장하는 것으로만 보이는 한 신의 본질을 일정 방법으로 표현하는 양태'($^{정의}_1$)로 정의된다. 정신도 이 물체의 정의에 따르면 '신의 본질이 사유하는 것으로 보이는 한 신의 본질을 일정 방법으로 표현하는 양태'로 정의될 것이다. 확실히 형이상학적인 입장에서 본다면 위에서와 같이 정의될 것이다.

하지만 그는 인간정신에 대해서는 특히 정의되지 않고, 그 대신 정신의 움직임을 나타내는 '관념'에 대해서 다음과 같이 정의한다. '관념은 사유하는 것을 본질로 하는 정신이 형성하는 정신의 개념'(^{정의})이다. 우선 그는 이 정의를 설명하고 다음과 같이 말하고 있다. '나는 지각이라 하기보다 오히려 개념이라 말한다. 왜냐하면 지각이라는 말은 정신이 대상으로부터 영향을 받은 것을 나타내고 있듯이 보이지만, 이에 반해 개념은 정신의 능동을 표현하고 있듯이 보이기 때문이다.' 이것은 정신에 대한 형이상학적 규정에 대해 말하기보다도 정신의 실질적 기능인 인식을 중시하고 있는 것을 의미한다.

스피노자에 있어서 사유 속성의 양태인 것은 단순히 인식으로서의 관념만이 아니다. 오히려 사랑과 욕망, 우리들이 감정에 속해 있다고 생각하는 것조차 사유의 양태이다. 하지만 마찬가지로 사유의 양태라 해도 인식으로서의 개념과 감정과는 구별된다. '사랑과 욕망처럼 사유의 양태, 그 외에 감정의 이름으로 불리는 모든 것은 같은 개체 속에서 사랑받고, 욕구되는 것의 개념이 없으면 안 되지만, 개념은 사유의 양태가 없어도 존재할 수 있다.'(^{공리}) 즉 감정이 없는 개념은 존재하지만 개념이 없는 감정은 존재하지 않는다. 이것에 따라 개념을 단순히 사유의 양태로서 정의하지 않았던 이유도 밝혀지게 된다. 또 개념이나 감정이 인간정신에 속한다고 생각한다면 인간정신을 물체의 정의와 마찬가지로 정의하는 것이 곤란하다는 것을 스피노자는 몰랐을 것이다.

심신 관계

인간은 신체와 정신으로부터 완성된다. 정신이라는 비물질적인 것이 이질적인 신체와 어떻게 결합되고 있느냐가 문제가 된다. 스피노자의 선배이기도 하고 스승이기도 한 데카르트는 정신과 신체는 이질적이고, 각각 고유의 원리를 가지고 있기 때문에 양자 간에는 직접적인 관계가 없다고 주장했다. 하지만 일상 경험은 양자 간에 어떠한 관계가 있다는 것을 시사하고 있듯이 보인다. 따라서 데카르트는 엄밀한 심신의 이원론을 관철할 수 없고, 어떠한 형태로 양자가 관계가 있다는 것을 인정해야만 했다. 하지만 양자가 관계가 있다 하더라도 양자의 원리적인 구

데카르트

별 때문에 직접적으로 관계할 수 없다. 그는 이 때문에 인간의 뇌 속에 둘 사이의 관계를 맺어주는 것으로서 송과선(松果腺 : 골윗샘)이 있고, 신체는 자신의 운동을 이 송과선을 통해 정신으로 전달한다고 생각했다. 이것은 둘이 서로 독립하고 있다는 것을 결과적으로 부정하게 되었다.

스피노자는 이 심신 관계를 어떻게 해결했던 것일까. 그는 데카르트와 마찬가지로 정신과 신체와의 사이에는 직접적인 관계가 없다고 주장하고 있다. 하지만 그는 데카르트와 같은 입장에 서서 주장한 것은 아니다. 이것은 데카르트의 경우 정신과 신체는 두 개의 다른 실재라고 생각하는데 반해 스피노자는 이러한 생각을 갖고 있지 않기 때문이다. 이것은 그의 형이상학으로 설명이 된다. 스피노자는 다음과 같이 말하고 있다. '실체의 본질을 구성하고 있으면 무한지성이 지각하는 모든 것은 단지 유일한 실체에 속하고 있다는 것, 따라서 사유하는 실체와 연장하는 실체와는 같은 실체라는 것, 그래서 이것이 있을 때는 이 속성, 또 다른 때에는 저 속성에서 이해되는 것이다.'^(정리 7 의 해석) 사유와 연장은 동일한 실체의 두 가지 측면을 나타내고, 데카르트의 정신과 실체에서처럼 실재적으로 다른 두 개의 실체를 구성하고 있는 것은 아니다. 따라서 사유와 연장 사이에 상호관계가 없다고 해도 그것은 데카르트가 말하는 것과 같은 의미는 아니다. 게다가 스피노자는 이렇게 말한다.

'자연이 연장의 속성으로 생각되거나 사유의 속성으로 생각되든지 우리들은 같은 질서를 혹은 모든 원인의 같은 연결을 …… 발견할 것이다'($\binom{정리 7}{의 해석}$)라고 말하는 것에서부터 연장의 양태로서의 물체($\binom{신}{체}$)도 사유의 양태로서의 관념($\binom{정}{신}$)도 각각 스스로의 속성으로부터 같은 질서, 같은 필연성으로부터 만들어지는 것이다. 즉 '관념의 질서와 연결은 사물의 질서와 연결과 같다'($\binom{정리}{7}$)고 주장되는 것이다. 이것이 유명한 정신과 신체의 평행론 정리이다.

심신평행론

스피노자에 의하면 정신의 본질은 사물을 인식하는 것이다. 이 경우 무엇을 인식의 대상으로 하는 것일까. 우리들의 상식으로 한다면 대상은 우선 우리들의 바깥에 있는 사물 즉 외계의 사물이라 생각하기 쉽다. 이것은 명백한 것이고, 무엇이 인식의 대상이 될 수 있는지 묻는 것은 어리석다. 그러나 스피노자의 경우는 달랐다. 그는 뜻밖에 인식의 대상이 신체라고 주장한다. '신체가 인간정신의 대상이 아니라면 신체의 변양에 대한 모든 관념은 …… 우리들의 정신 속에는 없을 것이다. …… 만약 신체 이외에도 정신의 대상이 있다고 하면 결과가 일어나지 않는 원인은 일어나지 않기 때문에, 필연적으로 그 대상에 대한 관념은 우리들 정신 속에 있어야만 한다. 하지만 그러한 것의 관념은 결코 존재하지 않는다.'($\binom{정리 13}{의 증명}$) 여기서 스피노자에 있어서 인식이란, 우선 신체의 변양 관념 혹은 그 상태를 인식하는 감각적 인식은 아닐까 생각할 수 있다. 하지만 그는 단순히 감각이 인식의 원천이라고 설명하는 경험주의자도 또 감각주의자도 아니었다. 그럼에도 불구하고 그가 신체도 인식의 대상이라 한 것은 어떠한 이유에서일까. 그것은 이미 말했듯이 심신평행론에 유래한다.

그의 심신평행론에 의하면 인간의 정신 중에 일어나는 변화는 신체의 변화와 대응하고 있기 때문이다. 관념의 특징이란 정신의 능동적인 움직임을 나타내는 개념이라는 것을 의미하기 때문에, 신체가 받은 변화를 정신이 인식하는 것이다. 이러한 의미에서 신체가 정신의 인식 대상이 되는 것으로 경험주의자의 의미에서 신체가 인식의 대상이 되는 것은 아니다. 외계의 사물은 어떻게 해서 인식되는 것일까. 신체의 변화는 혼자서 혹은 신체 자신으로부터만 신체 속에 나타나는 것이 아니라 외계의 사물과 신체의 관계에 의해 나타나는 것이다. 신체는 외계의 사물에 영향을 주거나 또는 받거나 한다. 이 것이 신체의 변화, 즉 스피노자의 용어를 사용한다면 신체의 변양이 되어 나타난다. 정신의 인식은 이 변양의 인식에서 시작된다. 그래서 이 인식에 의해 정신은 자신의 신체와 외계의 사물만이 아니라 정신도 인식하는 것이다.

위의 의미에서 스피노자에게 인식은 신체 변양의 인식이다. 하지만 이 인식에도 단지 신체상에 나타난 변화를 관념에 반영시키는 인식, 즉 수동적인 인식과 정신의 적극적인 능동을 나타내는 인식이 있다. 이때 그 대상이 되는 신체의 변양은 어떻게 될까. '사상이나 사물의 관념이 정신 속에서 질서를 잡고, 연결되는 것에 따라 신체의 변양 혹은 사물의 상도 신체 속에서 질서를 잡고 연결된다.'(제5부 정리 1) 혹은 우리들이 사물을 명료하게 인식하는 사이 우리들은 '지성의 인식에 대응하는 질서에 따라 신체의 변양을 바로잡고 연결하는 힘을 가진다.'(제5부 정리 10의 증명) 이처럼 정신이 능동적으로 움직인다면 심신평행론에 의해 정신의 이 변화가 동시에 신체의 변양으로 나타난다.

물체론

인식의 대상이 신체라는 의미에서 신체의 본성에 대해 미리 알지 않았다면 신체에 나타나는 변화를 인식할 수 없다. 따라서 그는 《에티카》의 제2부에서 자신의 인식론을 전개하기 전에 신체가 그 일부분이 되는 물체의 세계에 대해 분명히 말한다. 즉 그는 《에티카》의 제2부에서, 간단하지만 물체론에 대해 말하고 있는 것이다.

스피노자는 물체를 단순물체와 복합물체 두 종류로 나눈다. 단순물체는 '단지 운동과 정지, 속도가 느린지 빠른지에 따라 서로 구별되는 물체'이다. 이것은 당시 생리학에 있어서 문제가 된 입자론을 공간적 연장의 세계에 적용했던 것이다. 또 복합물체에 대해서는 다음과 같이 정의되고 있다. '같거나 혹은 다른 크기를 가진 몇 개의 물체가 다른 물체로부터 서로 접하도록 압력을 줄 때, 혹은 몇 개의 물체가 같거나 혹은 다른 속도로 운동할 때 자신들의 운동을 어느 일정 비율로 서로 전달하듯이 압력을 줄 때 우리들은 그들의 물체가 서로 일치한다고 말하고, 또 모든 물체가 동시에 하나의 물체 혹은 개체를 조직하고 있다고 말한다. 그래서 이 물체 혹은 개체는 모든 물체의 이러한 일치로 다른 물체로부터 구별된다.'(제2부 물체론에 있어서 개체의 정의) 위와 같은 단순

물체와 복합물체로서의 개체의 정의로부터 명확해지듯이 우리들 상식에 있어서 물체로 보이는 것은 복합물체이고, 단순물체는 복합물체를 조직하는 미세한 운동 입자이다.

《에티카》 제2부의 정리 13의 해석 뒤에 전개되고 있는 스피노자의 물체론은 단순물체에 대한 공리가 4개, 보조정리가 3개, 또 복합물체에 대한 공리가 1개, 보조정리 4개와 해석으로 구성된다. 이 물체론에서 스피노자는 데카르트로부터 커다란 영향을 받고, 데카르트의 운동규칙 중 제6 원칙만을 빼고 다른 모든 것을 승인했다. 하지만 데카르트와 크게 다른 것은 운동개념이다. 데카르트의 경우 운동은 단순히 위치의 이동만을 나타냈지만, 스피노자의 경우 위치의 이동만이 아니라 단순물체의 정의에 있어서 분명해지듯이 물체를 구성하는 적극적인 것으로 간주된다. 즉 물체가 물질로 간주되는 점은 데카르트와 같지만, 물질과 운동이 근본적으로 같은 것이라고 간주되고 있는 점이 다르다.

단순물체는 운동만으로 완성되기 때문에(운동과 정지는 데카르트의 경우와 마찬가지로 스피노자에게도 상대적인 것으로 간주된다), 단순물체에 대한 원리와 보조정리는 주로 운동의 기계적인 법칙에 대해 다루고 있다. 또 개체로서의 복합물체는 하나의 조직체이기 때문에 외적인 운동에 관해서는 운동의 기계론적인 법칙에 따르지만, 그 자체의 물체로서의 조직에 관해서는 다른 법칙에 따르고 있다. 이것은 개체가 단순물체의 단순한 집합체 혹은 기계적인 것이 아니라 유기체적인 결합체로 되어 있기 때문이다. 즉 개체는 자신을 조직하는 단순물체의 증감에도 불구하고 전체로서의 운동과 정지의 비율에 어떠한 변화도 일어나지 않는다면 그 물체의 본성을 유지하고 있다고 생각되기 때문이다. 따라서 개체로서의 물체는 '운동과 정지의 관계'로도 규정되고 있다.

물체의 세계

지금까지 말해온 것은 물체계(物體界)를 구성하는 가장 기본적인 물체로서의 단순물체와 단순히 그것들로만 구성된 복합물체에 대해서이다. 그러나 스피노자에 의하면 물체계 조직은 매우 복잡하고, 복합물체에도 그 조직의 복잡함에 무한히 많은 단계가 있다. 이것을 스피노자는 다음과 같이 말하고 있다. '지금까지 우리들은 단순히 운동과 정지, 속도가 느리거나 빠른 것에 의해 서로 구별되는 물체 즉, 단순물체로만 조직된 개체에 대해 생각해 왔다. 하지만 지금 본성이 다른 많은 개체로부터 조직된 다른 물체를 생각하게 되면, 그 물체는 그것만큼 많이 다른 방법으로 움직여지는데도 그 자체의 본성을 여전히 유지하고 있는 것을 알 수 있을 것이다. …… 게다가 두 번째 개체로부터 조직된 세 번째 개체를 생각하면 그 개체는 형태를 바꾸는 것이 아니라 다른 방법으로 움직여지는 것을 볼 수 있을 것이다. 그래서 만약 이렇게 해서 우리가 무한히 나아간다면 모든 자연이 하나의 개체이고, 그 모든 부분 즉 모든 물체는 전체로서의 개체에 어떠한 변화를 초래하는 것 없이 무한히 많은 방법으로 변화하는 것을 우리는 쉽게 이해할 수 있을 것이다.'
_(제2부 물체론의
개체에 대한 해석)

그래서 우주 또는 자연 전체는 운동입자로서의 단순물체를 기본적인 요소로 한 무한히 많은 복합물체의 유기적인 결합체이다. 게다가 그 복합물체에도 그 조직의 복잡함의 정도에 따라 무한히 많은 종류가 있다. 그래서 그들 종류의 다른 물체가 단순한 것부터 복잡한 것으로 계층을 없애지 않고, 그들 물체가 서로 섞여 모든 자연을 유기체로서 조직하고 있다. 이른바 유기체로서의 자연이, 스피노자의 형이상학에 있어서 간접무한양태로서의 '전 우주의 상(相)'인 것이다. 또는 연장의 속성에서 볼 수 있는 소산적 자연도 이러한 것일 것이다.

인식의 종류

이미 말했듯이 스피노자에게 인식은 신체 양태의 관념이다. 그러나 그 관념에는 신체의 변양을 단지 수동적으로 받아들이는 인식과 신체의 변양을 지성의 질서에 맞추어 질서를 잡는 수동적인 인식이 있다. 전자에게 신체의 변양은 논리적인 맥락 없이 차례차례 일어나는 것뿐이다. 하지만 후자에게는 지성의 인식에 대응한 질서가 나타난다. 스피노자는 수동적인 인식을 상상지(이마기나티오)라 하고, 또 능동적인 인식은 이성과 직관지의 두 가지로 나눈다. 상상지는 감각적 인식 또는 막연한 경험적 인식을 가리키고, 또 이성은 공통개념이라 불리는 보편적 인식이다. 또 직관지는 '신의 몇 개의 속성의 형상적 본질에 대한 완전한 인식으로부터 사물의 본질의 완전한 인식으로 나아가는 것이다.'_(정리 40
의 해석 1) 스피노자는 이 세 가지 인식을 다음의 예로 설명한다.

예를 들면 세 가지의 수 a, b, c가 있고, a에 대한 b의 관계와 같은 것을 c에 대한 d로 구할 경우, 상인은 b에 c를 올리고, a로 버리는 것을 사람들에게 증명 없이 듣거나 간단한 수로 경험한다. 이렇게 확실한 근거를 아는 것 없이 단지 사람에게 듣거나 경험으로 인식하는 것이 상상지이다. 이성적인 사람은 이것을 확실한 근거로 두고 예를 들면, 유클리드 기하학의 제7권 원리 19의 증명으로부터 a, b, c, d가 a : b = c : d의 관계에 있다면 ad = bc이라는 것을 알고, bc를 a로 지우는 것으로 d를 얻는다. 이것은 상상지의 경우와 마찬가지 방법이지만, 상상지가 단지 불확실한 방법으로 d를 구하기 위해 오해하기 쉽다. 이것에 반해 이성의 경우 확실한 근거에 논리적으로 이끄는 것이 문제가 된다. 그러나 직관지는 a : b의 관계를 어느 종류의 직관에 의해 알고 그것에 따라 d를 이끄는 것이다. 이 직관지가 그에게 최고의 인식이었다.

상상지 (想像知)

상상지란 감각적인 혹은 막연한 경험의 인식이다. 이 인식은 보통 허위 인식으로 간주된다. 하지만 예를 들면 태양을 보고 그것이 우리들로부터 200피트 떨어진 곳에 있다고 상상해도, 태양으로부터 이렇게 자극된 감각 자체에는 오해가 없다. 그것은 '태양이 신체를 자극하는 것만으로 정신은 태양의 크기를 마음속에 그린다.'(제4부 정리 1의 해석) 그럼에도 불구하고 이 상상지가 오해받는 것은 도대체 어디에 그 원인이 있는 것일까.

이미 말했듯이 외부의 물체와의 상호관계에 있어서 생긴 신체상 변화는 신체의 본성과 동시에 외부 물체의 본성을 포함하고 있다. 따라서 신체 변양의 관념은 당연히 자신의 신체와 외부의 모든 물체의 본성의 관념을 포함한다. 바꿔 말하면 그 관념은 신체의 관념과 외부 물체 관념으로부터 완성된다. 정신의 인식은 신체를 대상으로 하면서 신체 외에 외부 물체를 그 신체 관념 속에 갖게 된다. 여기에 오해가 생기는 것이다. 즉 신체 변양의 관념은 진정한 신체 관념이라고는 말할 수 없기 때문이다. 오해를 없애려면 이 신체 변양의 관념으로부터 외부 물체의 관념을 배제해야만 한다. 그러나 상상지에는 '그 존재를 배제하려는 관념'이 빠져 있다. 따라서 상상지처럼 신체 변양의 관념을 단지 수동적으로 받아들인다면 그 인식은 항상 허위 인식이 되고 만다.

진리의 특징

스피노자는 '진정한 관념은 그 대상과 일치해야 한다'$^{(제1부}_{원리\ 6)}$고 주장한다. 반대로 허위 관념은 상상지 인식에서 밝혀졌듯이 대상으로서의 신체와 일치하지 않는다. 스피노자는 이 관념과 그 대상과의 일치를 진리의 외적특징이라 한다. 보통 감각적인 인식이라 하면 그것은 대상을 그대로 반영하기 위해 대상과의 일치가 가장 잘된 듯이 보인다. 하지만 상상지는 외부의 물체를 인식하는 경우, 외부 물체의 본성보다도 자기 자신의 신체 상태를 가장 잘 반영시킨다. 따라서 대상과의 일치는 상상지의 인식 중에는 볼 수 없다. 스피노자에게는 진리의 외적 특징 외에 그 내적 특징이 있다. '완전한 관념은 관념이 대상과의 관계를 벗어나 그 자신에게 있어서 생각할 수 있는 한 진정한 관념의 모든 특징 혹은 내적인 특징을 가지고 있는 관념의 것이다.' 진정한 관념의 내적인 특징은 상상지에 관련해서 말하면 '그 존재를 배제하려는 관념'을 가진 것이다. 즉 신체의 변양 관념으로부터 신체의 관념과 외부 물체의 관념을 구별하고 분리하는 정신 고유의 작용이다. 이러한 정신의 능동적인 작용이 완전한 관념 속에 즉 이성과 직관지 중에서 볼 수 있는 것이다.

공통개념의 이성

이성은 공통개념이라 할 수 있다. 그것은 자신과 다른 것으로 또는 모든 것에 공통적인 것을 구하려는 인식이기 때문이다. 게다가 그것은 완전한 인식이다. 왜냐하면 '모든 것에 공통으로, 부분 중에도 전체 중에도 마찬가지로 존재하는 것은 완전한 것으로만 생각할 수 있기'$^{(제2부}_{정리\ 38)}$ 때문이다. 이 공통적인 것은 얼마나 인식하는 것일까? 여기서 주의해야 하는 것은 스피노자의 이성이란 전통적인 철학자가 주장하듯이 순수한 정신의, 또는 머리 속에서만 추상적인 인식은 아니라는 것이다. 이것은 다음과 같이 분명해진다. '인간의 신체 및 항상 인간 신체를 자극하는 몇 가지 외부의 물체에서 공통으로 특이한 것'$^{(정리}_{39)}$이나 '신체가 다른 모든 물체와 공통적인 것을 보다 많이 가짐으로써 ……'$^{(정리}_{39)}$라는 표현에서 분명해지듯 그 인식은 상상지와 마찬가지로 신체 변양의 관념이다. 그러나 상상지는 이 변양을 막연하게 표면적, 피상적으로 보는데 지나지 않았다. 그러나 이성은 신체에 생기는 변화 혹은 변양이, 자신의 신체와 외부의 신체에 공통적인 것이라는 것을 알고 있다. 즉 사물이 서로 접촉하고 관계하는 것은 서로 공통적인 것이 있기 때문이다. 모든 물체 혹은 여러 신체에서 공통적인 것은 그들이 연장의 속성을 가지고 있다는 것이고, 그래서 운동과 정지의 관계로 환원된다는 것이다.

그러나 상상지는 모든 사물 혹은 여러 신체의 상호 관계를 인정해도 그 관계가 어떠한 근거로 생기는지 몰랐다. 하지만 이성은 공통적인 것 없이 모든 물체의 상호 관계가 일어나지 않는 것을 알고 있다. 즉 상상지가 신체의 변양을 막연하게 보고 있는데도 이성의 인식은 신체의 변양을 그 원인으로부터 이해하는 인식이라 할 수 있다. 이렇게 사물을 원인에서 인식하는 것은 스피노자에 따르면 사물을 필연적인 것으로 인식하는 것이다.

이성에 의한 신의 인식

그래서 이성은 사물의 필연성의 인식이 되었다. 그러나 이 필연성은 결국 '신의 영원한 본성의 필연성'(정리 44 의 증명)이라 하면, 이성의 인식은 신의 필연성의 인식, 간단히 말하면 신의 인식이 될 것이다. 일반적으로 공통개념의 인식이라 하면 현실에 존재하는 사물 혹은 사실의 보편적인 인식, 즉 과학적 인식이라 간주되고 신의 인식에 다다른 것이라고는 생각할 수 없다. 그러나 스피노자의 경우 이 공통개념의 인식에 있어서 신의 인식이 가능하게 된다. 이 점에서 그의 이성의 인식은 오늘날 과학적 인식 이상의 것이라 할 수 있다. 왜냐하면 과학적 인식은, 사물의 사실 객관적 인식이어서 그 이상의 것이라고는 생각할 수 없기 때문이다. 스피노자는 이 점에 대해 다음과 같이 말하고 있다. '사람이 신에 대해서 공통개념만큼 명료한 인식을 가질 수 있는 이유는 인간이 신을 물체처럼 상상할 수 없는 것, 또 인간이 신의 이름을 익숙해진 상에 결부지어 왔기 때문이다. 이것은 인간이 끊임없이 외부의 물체로부터 자극받았기 때문에 피할 수 없는 것이다.'(정리 27 의 해석) 따라서 그의 신은 어떠한 것인지 이해될 것이다. 사람들은 신을 눈앞에서 볼 수 없기 때문에 어쩔 수 없이 자신들이 늘 보아 오던 상에 결부시켰다. 하지만 스피노자의 경우 신체의 변양을 그 원인으로부터 인식함으로써 신의 인식을 얻을 수 있었다.

스피노자의 이성의 인식으로부터 명확해지는 것은 형이상학에 있어서 신의 내재성은 신이 우리들 근처에 있다는 것, 그래서 사물은 원인으로부터 이해하는 사람에게는 언제라도 그 인식이 가능하다는 것을 의미한다. 즉 이성은 신 없이는 세계의 모든 사물이 존재한다고 생각할 수 없다. 바꿔 말하면 이들 모든 사물의 원인이 신이라는 것을 인식하는 것이다. 그것은 모든 사물을 신의 양태로서 인식하는 것이다. 그래서 이것으로부터 명확해지듯이 신은 신비주의적인 방법으로 간주되는 것은 아니다. 자신과 다른 것이, 그것이 인간이든 동물이든 단순한 것이든 공통의 끈으로 묶여져 있는 것을 의미함으로써 표현되는 신이다. 즉 자타가 서로 대립하는 것으로서가 아니라, 서로 공통된 것을 공유하는 것으로서 인식하는 것이 신의 인식으로 통하는 것이다. 바꿔 말하면 신을 이른바 천상의 세계에 혼자 존재한다고 상상하는 것이 아니라 서로 연결하는 가장 공통된 것, 가장 필연적인 것으로서 인식하는 것이다. 이 필연성의 인식을 '영원의 상'의 인식이라고 말한다. 이것은 이미 말했듯이, 사물을 원인으로부터 인식하는 것이다. 제3 종류의 인식으로서의 직관지는 이 이성의 인식 곧 '모든 것에 공통된 것을 설명하고, 그래서 어떠한 개체의 본질을 설명하지 않는다'는 인식으로부터 생긴 것이다. 바꿔 말하면 직관지는 이성의 보편적, 필연적, 따라서 인과적이고 논리적인 인식을 전제로 하고 있다.

진정한 관념이란

이성의 인식에 의해 진정한 관념이 어떠한 것인지가 분명해진다. 보통 관념은 인식의 형성물로 생각되지만, 스피노자는 결코 그렇게 생각하지 않는다. 그에게 관념은 '화판의 그림처럼 사물을 사유의 양태, 즉 인식 그 자체로 생각되는'(^{정리 43}의 해석) 것이다. 그래서 '진정한 규범으로서, 진정한 관념 이상으로 명료하고 확실한 것일까. 실제 빛이 자신과 암흑을 밝히는 것과 마찬가지로 진리는 진리 자신과 허위의 규범이다.'(^{정리 43}의 해석) 진리는 그에게 진정한 관념이고, 그래서 이것은 사물을 완전히 인식하는 것이라고 하면, 진리는 자주 말해지듯 우리들 완전한 인식 이전에 있는 것은 아니다. 그것은 인식 그 자체이다. '진리는 진리 자신과 허위와의 규범이다'라는 것은 우리들의 인식이 진리와 허위와의 규범이 되는 것을 의미하는 것이고, 만약 진리가 화판의 그림 같다면 혹은 인식하는 우리들과는 다른 곳에 진리가 있고, 우리들이 그것을 탐구하는 식이라면 진리와 허위를 변별하는 것에 우리들은 고민해야 할 것이다. 즉 우리들이 얻은 관념이 진리인지 무엇인지에 대해 의심해야 할 것이다. 그러나 스피노자의 경우, 예를 들면 이성의 인식에 의해 진정한 개념으로서의 신의 인식을 얻었을 때 우리들의 개념이 '우리들 정신의 본질을 구성하는 한'^{(정리 34}
의 중명)</sup> 신의 개념이 된 것을 의미하고, 그것에 대해 의심할 수 없다. 즉 '진정한 관념을 가진 자는 동시에 자신이 진정한 관념을 가지고 있다는 것을 알고, 그 진리에 대해 의심할 수 없다.'^{(정리}
43)</sup> 그래서 스피노자에게는 진리를 발견하기 위해 모든 것을 의심하는 데카르트의 회의 방법은 관계가 없다. 그처럼 진리가 공통개념으로서 자타로 공통된 것으로 파악될 때 회의가 생길 여지는 없다.

데카르트는 모든 것을 의심했다. 하지만 그는 자신이 현재 의심하고 있는 것은 의심할 수 없는 진리라고 간주하면서 우선 우리를 속이는 신의 존재를 상정해야 했다. 그러나 스피노자에게 이러한 사고방식은 없었다. 스피노자에 따르면 자신이 진리에 대해 확실한 것을 얻지 못하기 때문에 회의가 생기는 것이다. 진정한 관념이 최고의 확실성을 가지고, 게다가 '확실성은 무언가 적극적인 것으로 이해되고 회의의 결핍은 이해되지 않는다. 하지만 확실성의 결핍은 허위로 이해된다'^{(정리 29}
의 해석)</sup>는 그의 입장에서는 자신의 완전한 인식 속에 진리의 규범을 갖지 않은 체계, 혹은 진리의 규범이 관념 속에 없고 그것을 초월한 절대적인 존재 속에 있는 체계는 허위 체계밖에 없다. 이 의미에서 전통적인 신학의 체계와 유신론의 체계는 진정한 철학은 아니었다. 여기에서 자신은 최상의 철학이 아니라 진정한 철학을 이해하고 있다고 주장한 스피노자의 자부심이 엿보인다. ^{(서간}
제76)</sup>

인간의 감정에 대하여

감정과 코나투스(conatus)

《에티카》의 제3부는 감정론을 다루고 있다. 감정은 인간의 정신 중에 살아 있는 모든 종류의 마음의 움직임이다. 오래 전부터 이 감정은 인간 본성의 결함으로부터 생긴 것이라고 생각되어 왔다. 따라서 사람들은 이것을 냉정하게 관찰하기보다는 머리에서 그것을 저주하고 멸시하는 것으로 만족해 왔다. 그러나 스피노자는 이 감정을 다른 모든 물체와 마찬가지로 자연의 산물로 생각했다. 이것은 '자연 중에 일어나는 것으로 자연 자체의 결함 때문에 생기는 것은 있을 수 없다. 왜냐하면 자연은 항상 같은 자연이고, 또 자연의 힘과 그 활동하는 힘은 어떠한 곳에서도 같은 것이다. ……따라서 증오, 분노, 질투 등의 감정도 그 자체에 있어서

스피노자 (1671)

고찰된다면 감정 이외의 다른 개체와 마찬가지로 자연의 필연성과 힘으로부터 생기기'$^{(제3부_{예언})}$ 때문이다. 때문에 그는 감정을 기하학에 있어서, 또 물체론에 있어서 모든 물체의 운동이 다루어지는 것과 마찬가지로 학문적으로 다루어질 것이라 보고, 냉정하게 관찰할 것이다.

감정이 무엇보다 자연의 산물인 것은, 그것이 저 경우 철학 혹은 형이상학과의 관계에서 논의되는 것을 의미한다. 이 때문인지 그는 감정론에 있어서 개개의 감정을 다루는 데 앞서 우선 감정을 포함한 자연의 모든 물체가 자신의 존재를 유지하는 노력($^{코나}_{투스}$)을 가지고 있는 것을 논하고 있다. 이 코나투스는 뒤에서 말했듯이 사물의 현실적인 본질로 간주되는 것으로 감정론에서보다도 형이상학적으로 다루어야만 한다. 그러나 그는 그러지 않고 오히려 그것을 감정론의 머리말에서 논했던 것도, 감정이 그의 체계에 특히 형이상학적인 개념에 밀접하게 연결되어 있기 때문일 것이다.

사물의 본질과 존재

스피노자는 그 형이상학($^{(에티카)_{를 가리킨다}}$ 제1부)에서 '신이 만든 사물의 본질은 존재를 포함하지 않는다'$^{(제1부_{정리 24})}$고 말하고 있다. 이것은 '신이 만든 것', 즉 양태 중

에서 특히 유한양태라 불리는 것이다. 실체는 존재하는 것을 본질로 하는 필연적 존재이고, 영원한 존재이면서도 유한자(有限者)의 존재는 유한자 상호의 인과적인 연관 속에서 필연적으로 다른 것에 의해 한정되는, 일정한 시간적인 존재뿐이다. 그러나 유한자의 본질 중에서 존재를 포함하지 않는 본질은 한편으로는 영원이나, 영원의 진리라고 주장되고 있다. 즉 유한자에 있어서 본질은 영원하지만 그 존재는 유한하고 시간적일 수밖에 없다. 유한자에게 있어서 그 본질과 존재는 관계가 없다. 그것도 도리이다. 이것은 스피노자가 여기서 말한 본질이란 사물의 관념적 본질로 현실적 본질은 아니기 때문이다. 그러나 그는 감정론에 있어서 존재하는 힘으로서의 사물의 현실적인 본질에 대해 말하는 유한자가 다른 유한자와의 상호관계에 있어서, 한 쪽이 다른 쪽에 영향을 받거나 반대로 영향을 주는 것은 유한자 자신 중에 자신의 존재에 고집하는 힘이 있고, 그 힘이 다른 것에 영향을 주거나 받거나 한다. 즉 사물의 존재는 사물의 상호 역관계(力關係)에 의해 나타나게 된다.

확실히 사물이 어느 정도 존재할지, 그것이 10년일지 아니면 20년일지는 그 자체로 자신의 존재에 고집하는 힘에 의해서 정해질 수 없다. 그 존재에 고집하는 힘은 무제한 지속을 포함하고, 그 자신에 의해 그 힘이 소멸하는 것은 없기 때문이다. 사물 존재의 지속은, 자신의 존재를 유지하는 힘과 다른 것의 존재를 유지하는 힘과의 상호 관계에 의해 결정되는 것이다. 이 점에서 스피노자의 사고는 역학적이어서 생물학적은 아니다. 어느 사물의 힘이 다른 것의 힘에 비해 약하면 전자의 존재의 지속은 그것만큼 짧다. 이렇게 사물의 코나투스는 직접 그 자신의 존재를 한정하지는 않지만, 존재와 밀접하게 관계한다. 따라서 영원 본질이 관념적 본질이라 하면 사물이 그 존재를 유지하고 그것에 고집하는 힘은 사물의 현실적 본질로 보이는 것이다.

코나투스는 신의 힘

유한자에 있어서 이 코나투스는 어디에서 생긴 것일까. 자신의 존재를 유지하려든지 고집하려고 한 경우 우리들은 보통 거기에 결의라든가 결심이라는 것이 없을까 생각한다. 하지만 스피노자처럼 인간에게 자유의지는 없고 의지라 해도 다른 것에 한정된 것이라 생각하면 코나투스를 결의와 결심의 결과로 볼 수 없다. 만약 그것을 결의의 결과로 볼 경우, 결의가 없으면 코나투스는 발동하지 않을 것이다. 하지만 인간 이외의 것으로 눈을 돌리면 그것은 인간처럼 결의가 없어도 자신의 존재에 고집하는 힘을 가지고 있는 것을 알 수 있다. 그러면 인간을 포함해서 모든 것은 예외 없이 자신의 존재에 고집하려고 하지만 그 힘은 물론 다른 것에 의해 주어진 것도 없고, 또 예를 들면 결의처럼 자신 속에서 만들어진 것도 없다.

'자연물이 존재에 고집하는 것은, 그 자연물 본질로부터 인도되지 않는 것과 마찬가지로 그 물체의 존재의 시작도 그 본질로부터 인도되지 않는다. 오히려 그것이 존재하기 시작하는데 필요한 것과 같은 힘이 존재를 지속하기 위해 필요해진다. 이것들로부터 그것에 의해 자연물이 존재하고, 따라서 활동하는 곳의 힘은 신의 영원한 힘 그 자체밖에 없다는 결론이 내려진다. 왜냐하면 만약 그것이 다른 창조된 힘이라면 그것은 그것 자신을 따라서 자연물을 유지할 수 없고, 오히려 그것이 창조되는 데 필요한, 같은 힘이 존재에 고집하기 때문에 필요하기 때문이다.'$^{(정치론}_{제2장 제2절)}$ '모든 자연물이 그것에 의해 존재하고, 활동하는 힘은 절대적으로 자유로운 신의 힘 그 자체이다.'$^{(제2장}_{제2절)}$ 즉 사물이 그 존재를 유지하는 힘은 신의 힘 그 자체이다. 혹은 '신이 존재하고 활동하는 신 자신의 힘을 어느 일정한 방법으로 표현하는 것'$^{(에티카》제3부}_{정리 6의 증명)}$이다. 그것은 결국 모든 사물이 신의 양태이지만, 그 때문에 가진 신의 힘이다. 이 힘은 사물이 다른 것과 관계할 때 그 존재를 어디까지나 유지하고자 한다. 앞에서 말했듯이 여기서 사물의 상호 역관계가 생기는 것이다. 이때 그 힘은 다른 사물의 힘에 저항하여 자신의 존재를 유지하는 힘은 아니다. 오히려 자신의 존재를 증대시키는 힘이 된다. 이것은 다른 사람과의 힘의 관계에서 자기를 실현시키는 힘이 된다. 즉 코나투스는 자신의 단순한 현상 유지의 힘은 아니다. 오히려 자기 실현의 힘이라 할 수 있다.

코나투스와 선

코나투스는 모든 것, 즉 물체 속에서도 또 정신 속에서도 볼 수 있다. 물체의 경우, 그것은 관성의 법칙에 따라 나타난다. 하지만 인간의 경우 코나투스가 신체에도 또 정신에도 동시에 관계할 때 이 코나투스는 충동이라 불린다. 따라서 코나투스가 사물의 현실적 본질인 것과 마찬가지로 충동은 인간의 본질로 간주된다. 이 충동을 의식한 것이 욕망이라고 불린다. 그래서 그것이 정신에서만 관계할 때 특히 의지라 불린다. 따라서 스피노자의 경우 의지는 어떤 것에 의욕을 갖거나 하지 않거나 하는 능력은 아니다. 오히려 그것은 '정신이 진정한 것, 거짓인 것을 긍정하고 부정하는 능력'$\binom{\text{제2부 정리}}{\text{48의 해석}}$이고, 그것은 '정신 중에는 관념으로서의 관념이 들어 있는 이외의 어떠한 의지작용도 즉 긍정, 부정도 존재하지 않는다.'$\binom{\text{제2부}}{\text{정리 49}}$ 즉 코나투스가 정신에서만 관계되어 의지라 불릴 때, 그것은 정신의 본질로서 인식작용을 나타내는 관념의 다른 이름이다. 그래서 그에게 있어서 의지와 지성은 같은 것으로 보인다. $\binom{\text{제2부}}{\text{정리 49}}$ 바꿔 말하면, 우리들이 욕망에 근거하면 이해되는 의지가 스피노자에게는 존재하지 않는다. 그가 말하는 의지는 우리가 일상 언어로 이해하는 의지와는 전혀 다른 것이다. 이것은 이미 말했던 것이지만, 지금 그 자신의 말 '정신 중에 절대적인 의지 혹은 자유의지는 존재하는 않는다'는 점에서 한층 분명해진다. 즉 의지라 해도 사유의 양태인 이상 다른 것에 한정되어 결코 자유롭지 않기 때문이다.

스피노자는 인간에게 코나투스가 정신만 또는 정신과 신체에 관계되어 그것이 의지나, 충동, 욕망으로 나누어진다고 주장했지만, 이것들은 단지 명칭만 다를 뿐 그 본질은 모두 같다. 즉 그것은 인간이 자신의 존재를 유지하는 힘이고, 그것 없이 인간은 살 수 없다. 게다가 이 힘은 신을 원인으로 하고 신으로부터 받은 것이다. 따라서 이것들로부터 '이상 모든 점에서 그것이 선이라고 판단하기 때문에 그것에 노력하고 의지하고, 충동을 느끼고 바라지 않고 오히려 어떤 것에 노력하고 의지하고, 충동을 느끼고 바라기 때문에 그것이 선이라고 판단한 것이 분명하다.'$\binom{\text{제3부 정리}}{\text{9의 해석}}$ 이것은 선이 자신 외에 말하자면 초월적인 목적으로서가 아니라 자신의 존재를 유지하는 것, 자신을 실현하고 자신의 힘을 증대시키는 것 자체 속에 있다는 것을 의미한다.

세 개의 기본 감정

코나투스는 간단히 말하면 사물의 활동력이다. 이 활동력은 다른 모든 사물과의 관계에서 증대하거나 감소하거나 한다. 증대한다는 것은 그 자체의 실재성, 즉 본질보다 크게 가까운 것, 바꿔 말하면 보다 큰 완전성을 이해하는 것이다. 또 활동력이 감소하는 것은 그것만큼 보다 작은 완전성을 이해하는 것이다. 만약 신체의 활동력이 이렇게 증감하게 되면 심신평행론에 의해 정신에도 그 활동력의 증감이 일어난다. 스피노자는 정신에 있어서 활동력 증대를 기쁨으로, 또 그 감소를 슬픔으로 해석한다. 그래서 이 기쁨과 슬픔과 앞에서 말한 욕망 세 가지를 기본 감정으로 보고, 이 세 개로부터 인간의 정신 속에 생기는 모든 감정을 이끌어 온다.

스피노자의 선배 데카르트는 앞에서 말한 세 가지 감정 외에 경이, 사랑, 증오를 더해 기본감정을 여섯 가지로 했고, 스콜라 철학자들은 공포를 더해 기본감정을 네 가지로 했다. 그래서 스피노자는 데카르트와 스콜라 철학자들과 다르고, 기본감정의 수를 줄이고 그들이 기본감정에 더한 사랑, 증오, 희망, 공포 등을 모두 세 가지 기본감정에 환원한다. 예를 들면 '사랑은 외부의 원인의 개념을 따른 기쁨이고, 또 증오는 외부의 원인 개념을 따른 슬픔이다.'^(제3부 정리 13의 해석) 또 '희망은 그 결과에 대해 의심스러운 미래 또는 과거로부터 일어난 불안정한 기쁨이다. 이해 반해 공포는 역시 의심스러운 일로 생긴 불안정한 슬픔이다.'^(정리 18 의 해석) 이처럼 우리들은 다른 사람들에게 기본감정인 것이 스피노자의 경우 그렇지 않다는 것을 이해할 수 있다. 그것들은 기쁨과 슬픔의 감정에 환원되는 것이다. 게다가 이 기쁨과 슬픔은 바꿔 말하면 신체 활동력의 증감에 의해 나타나는 것이다. 자연 물체계가 질적인 관점에서가 아니라 양적인 관점에서 고찰된다고 하면 정신도 양적인 관점에서 고찰된다. 즉 기본감정의 수를 줄인 것은 자연 고찰의 방법과 관계가 없는 것은 아니라고 할 수 있다.

수동감정과 능동감정

'기쁨, 슬픔, 욕망, 또 이것들로부터 완성된 예를 들면 마음의 방황 같은 모든 감정, 혹은 이 세 가지로부터 이끌려온 것이다. 예를 들면 사랑, 증오, 희망, 공포 등의 모든 감정에는 우리들을 움직이는 대상의 종류만큼 많은 종류가 있다.'^(정리 56) 스피노자에게 기쁨과 슬픔으로 완성된 감정은 수동적이다. 수동적인 것은 우리들의 신체가 외부 물체의 본성으로부터 움직여졌기 때문이다. 그 결과 A라는 대상으로부터 생긴 기쁨은 A의 본성을 갖고 있고, 또 B라는 대상으로부터 생긴 기쁨은 B의 본성을 갖고 있다. 따라서 같은 기쁨의 감정에도 대상이 다른 만큼 다양한 종류가 있게 된다.

스피노자는 많은 감정 속에 특히 드문 것으로 다음 다섯 가지 즉 미식욕(美食欲), 음주욕, 성욕, 탐욕, 명예욕 등을 들고 있다. 이것들은 각각 미식, 음주, 성교, 부, 명예에 대한 과도한 애착, 욕망에 지나지 않는다. 감정에는 기쁨과 사랑에 대해 슬픔과 증오라는 반대감정이 있지만, 이 다섯 가지 감정에는 반대감정은 없다. 예를 들면 절제, 금주, 정조는 미식욕, 음주욕, 성욕 등의 반대감정으로 볼지도 모른다. 하지만 스피노자는 이것들을 감정으로 보지 않고 감정을 이끄는 정신의 능력으로 보고 있다.

우선 스피노자는 다섯 개의 감정 중에서 특히 명예욕에 관해 다음과 같이 말하고 있다. '명예욕은 모든 감정을 가진 강화된 욕망이다. 따라서 이 감정은 거의 정복할 수 없다. 왜냐하면 사람이 무언가의 욕망에 휩싸여 있을 때는 반드시 이 감정에 휩싸이기 때문이다. 키케로는 말한다. 가장 뛰어난 인간도 명예욕에는 지배된다. 명예를 경멸한다고 쓴 철학자의 글에서조차 자신의 이름을 쓰고 있다.'(^{모든 감정의} 정의 44의 설명) 그는 명예욕 혹은 야심에는 제어하기 힘든 힘이 있다는 것을 《정치론》 중에서도 문제로 하고, 인간을 덕행에 몰아붙이려면 명예욕을 자극하는 것이 제일이라고 주장하고 있다. (《정치론》 제7장 제6절)

인간의 신체가 외부의 물체에 의해 움직여지는 것이 정신에 반영되고, 정신은 수동적인 상태에 빠진다. 이때 마음의 움직임을 일반적으로 감정이라 불린다. 즉 그것은 수동적이고 혼란한 관념으로부터 만들어진 것이다. 따라서 그것은 수동적 감정이라고 불린다. 그러나 우리들의 인식에는 완전하지 못한 인식으로서의 상상지 외에 완전한 인식으로서의 이성과 직관지가 있다. 따라서 감정에는 완전한 인식에 근거한 능동감정도 있다. '수동적인 기쁨과 욕망 외에 능동적인 한 우리들과 관계한 다른 기쁨과 욕망의 감정이 있다.' 물론 수동감정 중에도 기쁨의 감정이 있다. 하지만 수동감정의 기쁨은 말하자면 자신의 신체가 외부의 물체 자극을 받아 자신의 활동력을 증대시킬 때의 기쁨으로 그 자신의 본성으로부터 만들어진 기쁨은 아니다. 그러나 능동감정은 정신의 능동적인 움직임으로부터 만들어진 기쁨이고, 이 기쁨이 신체에 반영하여 신체는 외부의 물체에 작용하는 힘이 된다.

용기와 관용

인간은 완전한 인식을 이루려거나 혼란한 인식을 없애려고 할 때 자신의 존재를 유지하려고 노력한다. 이 노력은 충동이고 욕망으로 보인다. 이 욕망은 우리들이 완전한 인식을 이루려고 기쁨의 감정과 완전히 같은 것이 되려고 한다. 이것은 정신의 활동력은 커질 수밖에 없기 때문이다. 그것은 정신이 수동적이 되어 생기는 기쁨과는 다르다. 사람을 이기거나 사람의 불행을 보고 느끼는 은밀한 기쁨이 아니라 오히려 반대로 다른 사람을 적으로 하는 것이 아닌, 자신의 친구로 하는 기쁨이다. 스피노자는 우리들이 완전한 인식을 이루려는 데 안고 있는 모든 감정을 강한 마음에 귀속시켰지만, 이 강한 마음은 이성의 지도에 따라 자신의 존재를 유지하려고 노력하는 욕망(이것을 용기라고 한다)과 또 이성의 지도에 따라 다른 사람들을 도와 우정을 맺으려고 하는 욕망(이것을 관용이라고 한다)으로 나뉜다. 결국 강한 마음은 이성에 따라 자신과 다른 사람의 이익 때문에 적극적으로 움직이려고 하는 욕망이 된다. 즉 완전한 인식에 근거한 기쁨은 강한 마음으로 나타나고, 보통 우리들이 일상 생활에서 느끼는 기쁨과는 다른 것이다.

인간의 예속에 대해서

인간은 감정의 동물

'인간이 자연의 일부분이 아닐 수는 없다. 그것은 불가능하다. 또 인간이 단순히 자신의 본성만 가지고 이해될 정도의 변화, 그리고 그것만이 원인인 변화만 받아들이는 것도 불가능하다.'(제4부 정리 4) 즉 인간은 자연의 일부분인 이상 결코 자연을 자신의 의지대로 주무르는 주인은 될 수 없다는 것이다. 또한 인간 세계에서도 거기에 아무리 강력한 인간이 나타난다고 해도 반드시 그 인간을 압도하는 더 강력한 인간이 또 나타나게 되어 있다. 그야말로 '자연 속에는 그 이외의 것이 존재하지 않을 것 같은, 유능하고 강력한 어떠한 개체도 존재하지 않는다. 오히려 어떠한 것이 닥쳐도 그것을 파괴할 수 있는 좀더 강력한 것이 존재한다.'(동) 여기에서 명확한 것은 인간의 힘이 아무리 강력하다고 해도 다른 것에 영향을 주는 것보다, 다른 것으로부터 영향을 받는 것이 많다는 것이다. 즉 인간은 자연의 일부분인 이상 필연적으로 다른 것의 움직임으로부터 영향을 받게 되어 있다. 그리하여 '인간은 필연적으로 언제나 수동성으로부터 예속되어 있으며, 자연의 공통 질서에 따라 그것에 복종하고 자연이 요구할 때만 자신의 그것을 적응시킬 수 있다.'($^{정리}_{4의 계}$) 인간이 수동으로부터 예속되는 것은 인간의 정신 상태에 있어서도 전적으로 같다. 인간이 수동 감정에 예속되어, 또한 그 감정은 인간의 다른 모든 움직임을 능가하는 것이다.

감정의 억제

인간이 이성적인 존재자인 것보다 감정의 동물이라는 것은, 스피노자의 단순한 확신이었다기보다 그 나름의 근거에 바탕한 이설이었다. 그렇다는 것은 금욕주의자가 주장하는 것과 같은 이성이나 의지에 따른 욕망이나 감정을 억제한다는 생각이 그에게는 없었다는 것을 의미한다. 그렇다고 해도 인간이 어떤 종류의 감정에 휩쓸려서 다른 그 무엇도 안중에 없는 상태가 되어서는 안 된다. 그렇기 때문에 스피노자에게도 감정에의 대책은 그의 윤리학에 있어서 큰 입지를 차지하고 있다. 그는 다음과 같이 말한다. '감정은 그것과 대립적인, 하지만 더욱 강력한 감정이 나타나지 않는 한 억누르거나 제거하는 것은 불가능하다.'($^{정리}_{7}$) 감정도 그에게 있어서는 일종의 힘이다. 그렇기 때문에 그것을 억눌러서 제거하기 위해서는 무력한 관념은 어떤 도움도 안 된다. 힘이 필요하다. 이 경우 그 힘이라는 것은 인간을 그러한 상태로 만든 외부에 그 원인을 두고 제거해야만 한다. 그것에는 그 원인에 대립하면서 그것보다 강력한 다른 외부의 원인이 필요하다. 즉 감정의 역학 관계를 이용하여 감정을 억제하는 방법이다.

감정에 대한 관념이나 이성이 아무런 쓸모가 없다는 것에 인간은 일종의 절망에 빠지게 된다. 그러나 '선과 악의 진실한 인식은, 그것이 진실하다는 것만 가지고는 어떤 감정도 억제할 수 없다'($^{정리}_{14}$)라고 했다. 그 선과 악의 진실한 인식이 감정에 대립하여 그것을 억제하기 위해서는 그 인식 자체가 감정이 되어야 한다. 하지만 그것에도 한계는 있다. 인간은 언제나 수동에 예속되어 있다. 따라서 설령 일종의 감정을 억제하는 것이 가능하다고 해도 '선과 악의 진실한 인식으로부터 생긴 욕망은 우리들을 괴롭히는 모든 감정에서 생긴 다른 욕망에 의해 압도되거나 억제되어 버린다'($^{정리}_{15}$)라고 했다.

결국 스피노자는 자연계에 있는 모든 물체의 물리적인 역학관계와 동일한 관계가 감정 상호간에도 있음을 인정하고 전적으로 역학관계에서 그 제어 방법을 생각한 것이다. 그 경우, 어떤 감정을 제어하여 제거하는 것은 가능해도 인간은 또 다른 감정에 지배된다는 것은 말할 필요도 없다.

코나투스를 이성의 지도 아래

스피노자는 감정에 대한 이성의 무력함을 강조하면서 인간에게 최선의 생활은 이성에 따른 생활일 것을 주장한다. '이성은 자연에 반해서 무엇도 요구하지 않으므로, 각자가 자기 자신을 사랑하고, 자신의 이익에 진정 유용한 것을 찾고, 그리하여 인간을 보다 큰 완전성으로 유도하는 모든 것을 욕구할 것, 일반적으로 말하면 이성은 각자 자기 자신이 할 수 있는 모든 것으로 자신의 존재를 유지하도록 요구한다.'$\binom{정리}{18}$ 이처럼 그의 경우 이성은 자연을 적대시하고 그것을 머리에서 억압하는 것이 아니다. 이성은 자연의 산물인 감정을 억압하는 것이 아니라, 오히려 그 자연의 힘을 인간에게 더없이 유익한 방향으로 유도하여 인간을 더 큰 완전성으로 추앙하기 위한 것임을 의미한다. 자연의 힘에 의해 수동의 상태에 빠진 인간을, 참된 의미로 자신의 존재를 유지하기 위한 능동의 상태로 전환시키는 일이 가능한 것은 인간에게 있어서는 이성밖에 없다.

스피노자는 모든 감정을 욕망, 기쁨, 슬픔, 이 세 개의 기본 감정으로 설명했다. 그리고 그 기본 감정은 요컨대 그에게 있어서 자신의 존재를 유지하는 노력($\binom{코나}{투스}$)에 따른 것이다. 이처럼 스피노자는 《에티카》의 제3부에서 코나투스를 원리로 하여 감정을 설명했다면, 제4부에서는 역시 그 코나투스를 원리로 하여 인간의 윤리생활을 고찰하려고 한다. 그의 윤리학은 코나투스를 원리로 한 자연주의적인 것이었다. 그것은 코나투스를 '인간의 덕 가운데 제일이며 유일한 기초'라고 한 것에 나타난다. 그에게는 '그 원리에 앞서는 그 어떤 원리도 생각할 수 없었고, 또한 그 원리 없이는 그 어떤 덕도 생각할 수 없었기 때문이다.'$\binom{정리}{22의\,계}$ 그리고 행복도 그의 경우 그 덕과 일치한다. 즉, 행복이란 자신의 존재를 유지하는 것이다. 누구라도 자신의 행복에 대해서 생각한다. 그러나 덕이 이 코나투스를 원리로 하는 것은 그의 윤리가 어딘지 모르게 자기 중심주의적인 것인 아닌가 하는 인상을 주기 쉽다. 그의 윤리학은 코나투스를 원리로 한다고는 하지만 그 코나투스에 휩쓸려서 자신이 하고 싶은 것을 한다고 가르치는 것이 아니라, 코나투스를 이성의 지도 아래 두고 어떻게 하면 자신의 존재를 유지, 또는 자기 실현을 진실로 유의의(有意義)한 것으로 만들 것인가를 생각하는 것이다. 확실히 자신의 존재를 유지한다는 것은 자기중심적이다. 우리들이 감정에 지배되어 수동의 상태에 예속되어 있을 때는, 전적으로 그러한 코나투스에 사로잡혀 타인을 적대시하고 자신의 이익만을 갈구했다. 그 결과 타인의 강력한 힘에 의해 압도되고 자기 파멸을 초래했을지도 모른다. 그러나 윤리학은 누구라도 가지고 있는 이 코나투스의 에너지를 이성의 지도 아래에서 사용하는 방법을 가르치는 것이다. 그가 원한 최선의 생활이란 이 코나투스를 그저 자신을 위해서 사용하는 것이 아니라, 자신과 타인을 위해 사용하는 것이며, 이기주의적인 것이 아니다. 덕과 행복의 일치는 우리들이 수동에 예속되어 그저 감정에 지배될 때는 불가능한 것이었으나, 이성에 따른 생활에서는 성취해야만 하는 것이 되었다.

'인간만큼 유익한 것은 없다'

스피노자의 인식론에서 이성이란, 모든 것에서 공통적인 것을 인식하는 것이었다. 그 이성이 인간의 현실적, 사회적 생활에서는 모든 인간에 대한 공통의 선, 또는 공통적인 이익을 구하는 것이 된다. 인간이 그저 감정에 지배될 때는 정치이론에서 '자연 상태'가 되며, 거기에서는 전적으로 자신의 이익만을 갈구하고, 공동의 이익에 대해서 생각할 수 없었다. 여기에서는 홉스가 말한 것과 같이 인간은 인간에게 늑대이기까지 하다. 그러나 인간은 이와 같은 상태가 되어도 완전히 인간 사회에서 탈출할 수는 없다. 인간은 독립하여 살아갈 수 없기 때문이다. 그렇다고 하면 인간이 그 사회에서 어떻게 인간답고 행복하게 살아 갈 수 있는가가 윤리학의 문제가 된다. 그것을 위하여 먼저 문제가 되는 것은 그 인간 사회에서 무엇이 인간에게 진정한 이익이 되는가 하는 것이었다. 스피노자의 이성은 그것이 인간이라고 가르친다. '인간에게서 인간만큼 유익한 것은 없다'(정리 18의 주석)가 그것이다. 모두가 원하는 자신의 이익은 타인을 적대시하는 것이 아니라, 타인과 사이좋게 협력하는 생활을 영위하는 것에 의해 달성되는 것이다. 타인은 적이 아니라 동지라는 견해는 이성적인 것이며, 이기주의적인 이익 추구에서 자타 공통의 이익을 추구한다고 하는 이성적인 것으로 견해를 바꾸는 것만으로 파괴적, 비생산적인 사항에 쏟은 에너지를 건설적, 생산적인 것으로 전환시키는 것이 가능한 것이다. 그리하여 '인간이 자신의 생활을 유지하기 위해 그 이상 가치 있는 것을 원하는 것은 불가능하다고 나는 감히 말한다. 즉, 모든 사람이 모든 점에서 일치하고 그것을 위해 모든 사람의 정신과 신체가 흡사 한 개의 정신, 한 개의 신체를 구성하며, 모든 인간이 동시에 가능한 한 자신의 존재 유지에 힘쓰며, 모든 사람이 동시에 모든 사람에게서 공통의 이익을 추구하는 것이다.'(정리 18의 주석) 이것은 그의 경우 나중에 설명하는 것처럼, 동시에 이성적인 국가 건설의 이념이 된다. 윤리라든지 도덕이 인간에게 진실한 의의를 가질 때는 국가 안에서 생활하는 것이고 그것을 떠나서 인간의 도덕생활은 생각할 수 없다는 것을 의미한다.

현세긍정적 윤리

스피노자는 사람이 자신의 이익을 추구하는 것을 덕이나 경건의 기초가 아니라, 불경건의 기초라고 하는 이들의 주장을 충분히 알고 있었다. 물론 그런 사람들은 당시 교회 관계자들이었다. 그의 입장에서 말하자면 그들은 자기 이익의 추구가 어떤 때에 단순한 이기주의적인 것이 되는지는 모른 채, 자기이익을 추구하는 자체가 이기주의적인 것이라고 하는 편협한 사고를 가진 자들이었다. 지금까지 서술에 따라 명확하게, 스피노자 또한 이기주의적인 것에 대해서는 부정적이었다. 그는 사람들이 협조하는 생활을 영위할 수 있는 사회, 그리고 이성적인 인식에 따른 생활에서 진실한 자기 이익 추구가 가장 잘 된다고 주장하고 있다. 전자, 즉 사회 건설은 정치의 문제이며, 후자 곧 개인의 이성적 생활은 윤리학의 문제이다. 특히 후자에 있어서 그가 설명하는 인간의 이성적 생활이란 현실의 사회생활에서 유리된 것이 아니었다. 오히려 다른 이해, 성격, 사고방식을 가진 사람들의 집단 속에서 이성의 사고를 실천하는 것이었다. '모두가 동시에 존재하고, 활동하고, 생활하는 것, 달리 말하면 현재 존재하는 것을 원하지 않는다면, 행복하고, 선하게 활동하고, 선하게 생활하는 것을 원할 수 없다'(정리 21)와 같이, 일견 고고하고 고독한 생활을 보낸 것으로 보이는 스피노자는 오히려 역으로 사회 속에서 현실 생활의 실천을 무엇보다 중요하게 생각하고 있다.

인간 공통의 이익이란

이성의 지도에 따라 자기 이익을 추구한다고 하는 것은 무엇을 의미하는 것일까. '이성의 지도에 따라 자기 이익을 추구하는 인간들은 다른 인간을 위해서 탐하지 않고 어느 것도 자신들을 위해 탐하지 않는다.'(정리 18 의 주석) '덕을 추구하는 사람은 각자 자신을 위해 갈구하는 선을 타인을 위해서도 갈구할 것이다.'(정리 37) 이러한 가르침은 그리스도교의 가르침 중에서도 나타나는 것이며, 스피노자가 설명하는 윤리가 그리스도교 윤리를 배반하는 것이 아니라, 오히려 일치하고 있다는 것을 나타낸다. 하지만 그가 설명한 것은 그 이상이었다. 그에게 있어서 이성이 가르치는 선이란, 이성의 본성에서 생긴 것이었다. 그 이성의 본성이란 것을 인식하는 것이다. 그리고 이성이 필요 없는 최선의 인식은 신의 인식이었다. 그렇다고 하면 이성의 또는 최고의 선은 신을 인식하는 것이 된다. (정리 28) 이 최고의 선은 모든 인간에게 있어서 공통의 이익을 갈구하는 이성에서 생긴 것이므로 모든 인간 공통의 소유, 모든 인간이 평등하게 즐길 수 있는 것이다. (정리 36) 여기에서 스피노자가 설명하는 이성의 가르침이 그리스도교의 가르침과 일치하는 것처럼 보여도, 본질적으로 그것은 철학자의 가르침이며, 일반의 서민을 대상으로 한 가르침은 아니라는 것이 명확해진다. 그는 일상 생활에서 감정에 예속된 사람들이 상상도 할 수 없을 정도의 덕을 권하고 있기 때문이다. 그러나 그는 벌써 너끈하게 이것을 가르치고 있다. 여기에서 그의 낙천성이 보인다. 그러나 그는 자신이 해내는 일이 누구나 할 수 있는 일이 아니라는 것을 충분히 알고 있었을 것이다. 즉 인간이 자연의 일부분인 한 필연적으로 감정에 지배된다고 말한 이상, 이성의 입장에 서는 것이 얼마나 지난한 일인지는 자명한 것이기 때문이다.

인간 상호의 대립과 일치

이성은 인간이 일치한 생활을 보내는 것을 말한다. 그 일치한 생활은 인간 상호 간에 공통된 것이 있기 때문에 가능한 것이다. 하지만 인간이 상호 일치하는 경우뿐 아니라 반발할 경우도 인간 상호간에 공통된 것이 있기 때문이다. 즉, 인간이 상호 공통의 것을 가지므로 선도 있고 또한 악도 있다고 할 수 있다. 공통된 것이 없으면 인간 사이에 선도 악도 없는 것이다. 그러나 이성의 입장에 선다면 인간에게 있어서 공통된 것은 선밖에 없다.

그러나 이런 공통된 것을 가지면서 왜 인간은 상호 반발하는 것일까. '인간은 수동(受動)에 예속되어 있는 한, 본성상 일치하고 있다고는 말할 수 없다'($정리 \atop 32$)라고 하는 것처럼 인간은 수동 상태에 사로잡혀 있을 때 반발하게 된다. 수동 감정에 예속된 인간, 감정에 치우쳐서 다른 것은 안중에 없는 사람은 자신들이 상호 공통의 것을 가지고 있다는 것을 모르기 때문이다. 그 사람은 모든 것을 피상적으로 인식하고 상상으로 모든 것을 본다. 즉, 그는 각기 상이한 입장,

홉스

성격, 사고방식을 가지고 있다는 것에만 주목하여, 그 근원이 되는 공통된 기초에 대해서는 아무런 고려를 하지 않는다. 그뿐만 아니라 이성은 원인의 인식이다. 그것은 사람들의 상위(相違)나 대립의 근원에 있는 것이 무엇인가, 그것이 결국 뭇사람들에게 있어서 공통된 점일 뿐이라는 것을 가르쳐 사람들이 그 근원으로 돌아가도록 하는 것이다. 이성에 있어서 신의 인식이란 현실 세계의 그들에게 있는 신의 인식이 아니고, 인간이 서로 싸우고 화합하면서 그 생활을 영위해 나가고 있다는, 현실 세계의 인간의 공동 기반이 무엇인가를 인식하는 것에 있다. 그리고 그 공동의 기반을 원점으로 하여 다른 여러 가지 공통의 이익을 구해 간다면 지금까지의 대립 싸움은 해소되어 갈 것이라는 것이 그의 근본적인 사고방식이었다. 그것을 위해서 사람들이 사적인 이해의 입장에서도 보고, 그리고 생각하는 것이 아니라 그러한 입장을 넘어서 자타 모두에게 공통의 입장이 되는 것이 그의 경우, 초미의 급한 일이 된다. 그리고 그 입장이 되었을 때야말로 개인의 진정한 이익이 고려될 수 있는 것이다.

너 자신을 알라

이성의 입장에 서서 자신의 이익을 추구하는 것, 그것은 덕이면서 행복이었다. 하지만 이익도 좋고 선도 좋다. 그것은 단순히 개인적인 것이 아니라 출중한 사회적, 윤리적인 것이었다. 이성의 본성은 사물을 인식하는 것에 있었지만 그 인식이 인간의 현실 생활에 결합한다면 결국 그것은 자신의 진정한 이익이 무엇인지를 아는 것에 도달한다. 그것을 위해서는 먼저 자신이 대체 왜 있는가를 알아야 한다. 그 점, 이성은 자신이 단순히 상대와 대립하는 것이 아니라, 자타의 대립을 넘어선 것, 자타의 근원에 있는 것에 따라 이 세상에 존재하고 있는 것을 말한다. 이성은 크게 말하면 우주 속에서 자신의 위치, 현실의 생활에서 보면 사회 속에서 자신의 위치가 어디인지를 가르친다. 달리 말하면, 우주라든지 사회라고 하는 자신을 포괄하는 입장에서 또는 자타를 연결하는 필연성에서 자신을 재인식하는 것이 이성이다. 그것에서부터 이성의 인식 중 궁극인 신의 인식이 있다면, 이 인식은 결국 우주나 사회 속에서 인간의 자기 인식과 불가분의 관계에 있다고 할 수 있다. 그리하여 다음과 같다고 말할 수 있다. '덕의 제1의 기초는 자신의 존재를 유지하는 것에 있다. 또한 그것은 이성의 유도에 따라 이루어지는 것이다. 그렇기 때문에 자기 자신을 모르는 자는 모든 덕의 기초, 따라서 모든 덕을 모르는 자인 것이다.'^(정리 56 의 증명) 너 자신을 알라는 고대의 잠언이 스피노자에게는 이성의 가르침과 연결된다는 것을 알 수 있다.

감정의 선악과 유용성

스피노자에게 인간 정신 상태의 선악은 그것이 신체의 활동력을 증대시키고 촉진시키는가, 그렇지 않은가에 따라 판정된다. 기쁨의 감정은 자체의 활동을 증대, 촉진시키기 때문에 선으로 간주하고 슬픔은 그 반대로 악으로 간주된다. 그러나 이러한 기준으로 감정의 선악을 판정하는 것은 위험하다. 왜냐하면 타인을 상처 입히고 기뻐하는 감정도 있기 때문이다. 그렇기 때문에 스피노자는 감정의 선악이 이성의 입장에서 행해져야 한다고 주장한다. 그 입장에 설 때 지난날 도덕에서의 선이며 미덕이라고 여겨졌던 것도 스피노자의 입장에서 보면 악으로 간주된다. 연민, 겸손, 후회 같은 것들이 그렇다. '연민은 이성의 유도에 따라 생활하는 사람에게는 그것 자체로 악이며 또한 쓸모가 없다. 왜냐하면 연민은 슬픔이기 때문이다.'(정리 50과 그 증명) '겸손은 덕이 아니다. 또한 이성에서 나온 것도 아니다. 겸손은 인간이 자신의 무능력을 관상하는 것에서 나온 슬픔이다.'(정리 53과 그 증명) '후회는 덕이 아니다. 또한 이성에서 생긴 것도 아니다. 오히려 자신이 한 일을 후회하는 자는 이중으로 불행하거나 무능력하다.'(정리 54) 즉, 이 세 개는 슬픔의 감정에 속하는 것으로서 이성의 입장에서는 악으로 간주되는 것이다.

그러나 이 세 개의 감정이 이성적인 사람에게는 무용하다고 해도 스피노자는 이것들을 완전히 인간에게 불필요하다고는 주장하지 않는다. 예를 들면, 연민에 있어서는 '이성에 따라서도, 연민에 따라서도, 타인을 원조하려는 마음을 먹지 않는 자는 그야말로 죄인이라 불린다. 그리고 그러한 인간은, 인간들이 다른 자 〈또는 모든 인간다운 것을 잃어버린 자〉로 여겨지기 때문이다.'(정리 50 의 주석) 이것은 인간이 수동 감정에 예속되고, 어차피 잘못을 저질러야 한다면 하다못해 인간적이기 위해서 가져야 하는 감정이 있다는 것을 시사하고 있다. '정신이 무능력한 인간이 똑같이 오만하고 또한 어떤 것에도 공포를 가지지 않는다면, 대체 그들을 어떤 줄로 묶어 의무를 지울까. 공포를 모르는 민중은 공포의 대상이 된다. 그렇기 때문에 예언자들이 소수자의 이익이 아니라 공통의 이익을 재어서 겸손, 후회, 공겸을 크게 추천했던 것은 이상한 것이 아니다.'(정리 54 의 주석) '치욕도 또한 덕은 아니지만, 그렇다고 해도 치욕을 느끼는 인간에게는 성실하게 살려는 욕망이 숨어있음을 아는 이상, 선인 것이다.'(정리 58 의 주석) 겸손, 후회, 공경 등의 그리스도교 도덕의 덕목은 이성적인 인간에게는 필요 없는 것으로 치부하지만, 감정에 휩쓸린 사람에게는 유용한 것이라고 주장하는 것이다. 여기에서 종교의 필요성이 문제되는 것이다.

감정적인 사람과 자유로운 사람

우리는 보통 이성적인 사람이라고 하면 만사에 냉정하게 숙고하는 인간이라고 생각하고, 나쁘게 말하면 타산적인, 그리고 냉혹한 인간인 것처럼 생각하기 쉽다. 그러나 감정에 휩쓸리기 쉬운 사람은 그 행동에서 계산을 도외시하는 비합리적인 면이 있음에도 불구하고 인정 많은 인간이라고 생각하기 쉽다. 그렇기 때문에 부탁을 한다면 계산적인 냉혹한 사람보다 인정미, 인간미 넘치는 인간을 선택하기 쉽다. 이 점을 스피노자는 어떻게 보았을까. 그에게 인간미 있는 사람은 수동감정에 예속되기 쉬운 사람이 아니었다. 왜냐하면 그런 사람은 지금까지 설명한 바와 같이 타인을 자신에 대립하는 자, 적대시할 사람으로 간주하기 때문이다. 그렇기 때문에 타인들에게 협조하는 것에서도 자신의 존재를 유지하려고 하는 이성적인 사람 쪽이 그에게는 인간미 있는 사람인 것이다. 그러한 사람은 냉정한 인간이긴 하지만 냉혹하고 타산적인 인간은 아니었다.

스피노자는 감정에 휩쓸리기 쉬운 사람과 이성적인 사람과의 차이를 다음과 같이 나타냈다. 즉, '전자는 원하든 원하지 않든 인간다운 것에는 완전히 무지하고, 후자는 자신 이외의 어떤 인간의 방식에도 따르는 법 없이, 또한 인생에 있어서 가장 근본적으로 인식하는 내용과 그것을 위해서 자신이 가장 원하는 내용만을 행한다. 그래서 나는 전자를 노예, 후자를 자유인이라고 부른다.'(^{정리 66}_{의 주석}) 즉 자유인이란 개성적, 주체적이며, 인간에게 무엇이 중요한 것인가를 이성적으로 판단하고 행동하는 사람을 말하는 것이며, 그 자유는 감정에서의 자유나 사회에서의 자유를 의미하지 않는다. 사회 안에서 가장 적극적으로 행동하는 인간이 자유인이었다.

자유인의 특성

스피노자는 자유인의 생활 방법을 아래와 같이 생각했다. 먼저 자유인이란 얼마나 선하게 살지에 대해 생각하는 사람이다. 그러기 위해서 자유인의 지혜는 '죽음에 대해서의 성찰이 아니라, 삶에 대해서의 성찰이다.'(정리 67) 또한 위험한 상황에 처하여 어떻게 해도 그것을 극복할 수 없을 경우에 무리를 하여 자멸로 가는 것보다도, '전투를 선택할 때와 같은 용기, 또는 침착함을 가지고 도피를 선택한다.'(정리 69 의 계) 자유인은 언제나 신의를 가지고 행동한다.(정리 72) 따라서 자신의 생명을 유지하는 것이 아무리 중요하다고 해도, 배신 행위를 하면서까지 자기 일신의 안전을 꾀하지는 않는다. 만약 그렇다면 인간 사회의 상호 협력이나 법률은 무용지물이 되기 때문이다. (정리 72 주석) 사회 속에서는 무엇보다 그 사회의 법률을 지키는 것이 자유인의 의무이며, 법률에 따르는 그 행위야말로 자유 행위라고 불리기 때문이다.

사회에서 생활하는 사람이 모두 이성적인 사람만 있으면 그렇게 문제는 일어나지 않을 것이다. 그러나 이 세상에는 이성적인 사람보다도 무지한 사람 또는 감정에 휩쓸리기 쉬운 사람들이 많다. 이런 경우 자유인은 어떻게 살아가야 할까. '무지한 사람들의 틈 속에서 생활하는 사람은 가능한 한 그들의 친절을 피하려고 노력한다.'$\binom{정리}{70}$ 왜 '가능한 한'이라고 여기에서 말해야만 했을까. 그것은 '인간은 설령 무지하다고 해도 역시 인간이다. 그들은 만약의 경우에 인간에게 무엇보다도 중요한 원조를 해줄 사람이기 때문이다.' $\binom{정리\ 70}{의\ 주석}$ 무지한 사람들을 경멸하여 감정을 해하거나, 그들이 보수를 요구하는 것을 두려워하는 태도를 드러내지 않고, 어디까지나 성실하게 대처해야만 한다. 그리하여 '이성의 지도에 따라 생활하는 사람은 가능한 한 자신에 대한 타인의 원망, 분노, 경멸을 사랑이나 관용의 마음을 가지고 받아들이려 한다.'$\binom{정리}{46}$ 이 점에 있어서 자유인에 대한 스피노자의 가르침이, 사랑과 관용의 그리스도교의 가르침과 그 정신에 있어서 일치하는 것을 찾을 수 있다. 그러나 스피노자는 그것을 자신의 철학에서, 특히 사랑과 지성의 정의에서 유도해 온 것이지, 기존 종교의 도덕에서 빌려온 것은 아니다. '불법을 증오로 되돌리는 것으로 복수하려고 하는 사람은, 그야말로 비참한 생활을 하는 자이다. 그러나 역으로 증오를 사랑으로 돌려 정복하려고 하는 사람은 확실히 기쁨과 확신을 가지고 싸운다. 그리고 많은 사람을 대하는 것도, 한 사람을 대할 때와 같이 손쉬운 것에 저항하고, 운명의 조력을 거의 필요로 하지 않는다. 실제로 그들이 정복한 사람들은 그를 기꺼이 따른다. 그것은 힘의 결핍 때문이 아니고 힘의 증대 때문이다. 모든 이러한 것들은 사랑이나 지성의 정의로부터 명료하게 유도된 것이며, 그것들을 개별적으로 증명할 필요는 없다.'$\binom{정의\ 46}{의\ 주석}$

인간의 자유에 대하여

정신에 따른 감정 요법

스피노자는 《에티카》 제4부에서 감정 상호(感情相互)의 역학관계에 바탕한 감정 제어와 제거를 문제로 삼았다. 그러나 제5부에서는 감정을 억누르기보다는 오히려 그것을 다른 감정으로 변화시키려고 하는 프로이트류의 서

블리메이션을 화제로 한다. 제4부와 제5부에서 왜 이렇게 감정 처리 방법이 상이한 것일까. 그것은 제4부에서는 감정이 이성의 입장에서 취급되고 있으나, 제5부는 전체적으로 직관지를 인식하는 것이 문제가 되고 있다는 것에서 기인하는 것이다. 즉 제4부에서는 감정의 역학 관계와 그 분석이 문제가 되고, 감정이 신체 활동력의 증감이라고 하는 신체와의 관계에서 고찰되었다. 하지만 제5부에서는 신체와의 관계를 떠나, 오히려 정신 영역만을 문제로 삼아 감정을 취급하고 있기 때문이다. '사상이나 대상에 대한 관념이 정신 속에서 질서잡히고 연결되어 감에 따라 신체의 변화, 또는 대상의 상도 신체 속에서 질서잡히고, 연결된다'라고 하는, 《에티카》 제5부 최초의 정리는 스피노자의 감정 요법의 기초적인 이론이다. 그렇다는 것은 지금까지 심신평행론은 신체의 변화와 같은 질서로 정신 속에서도 변화가 일어나는 것을 나타내었으나, 여기에서는 역으로 정신 쪽에서의 변화가 신체에 반영되는 것을 나타낸다. 이 경우 신체의 변화가 신체 속에서 질서잡힌다고 하는 것은 그것이 완전히 지금까지와는 달라진다기보다, 신체가 지금까지 수동적이었던 것이 능동적으로 바뀌었다는 것을 의미하는 것이다. 그리하여 '혹시 마음의 격정, 또는 감정을 외적 원인인 사상에서 멀리하고, 그것을 다른 사상에 연결한다면 외적인 원인에 대한 사랑이나 증오, 또는 그러한 감정에서 생긴 마음의 동요는 사라질 것이다.'($_2^{정리}$) 그렇다는 것은 결국 그 후속 정리와의 관계로 보았을 때, 감정이라는 것을 명료·판명하게 인식하는 것이다. 그 때의 감정은 수동적이지 않게 된다. (^{정리}) 여기에서 문제가 되는 것은, '우리가 특히 노력해야 하는 것은 각각의 감정을 가능한 한 명료·판명하게 인식하고, 지각한 것, 또는 그것에 완전히 만족할 만한 것을 사유하도록 정신이 감정에 따라 결정되는 것이다. 그에 따라 감정 그것을 외적 원인인 사상에서 떨어뜨리고 진정한 사상과 결합시키는 것이다'($_{의\ 주석}^{정리\ 4}$)라고 한다. 이것은 감정에 관해 우리들이 명료·판명하게 인식한 것에 연결하는 것이다. 수동감정이 능동감정으로 바뀌는 것은 감정에 관한 완전한 인식에서 가능한 것이며, 수동감정에 필요로 했던 만큼의 에너지가 충분한 인식으로부터 생기는 것이다. 즉, '인간이 그것에 따라 활동한다고 여겨지는 충동, 또한 역으로 영향을 받는다고 여겨지는 충동은 동일한 충동이다'에서와 같은 에너지가 다른 장소에서 생기는 것이다. 바꿔 말하면 감정에 관해서 완전한 인식이 정신을 능동화하고, 그것으로부터 능동감정이 생기는 것이다.

예를 들면, 스피노자에 따르면 누구라도 자신의 의지대로 타인의 생활을 조종하고 싶어하지만, 그 욕구는 이성적이지 않은 사람에게는 명예욕이나 오만함이 되나 이성적인 사람에게는 경건이라고 하는 덕이 된다.(정리 4의 주해) 완전한 인식이란 원인에서 인식할 것, 필연성을 인식할 것이다. '정신은 모든 것을 필연적인 것으로 인식하는 한, 감정에 대해서 보다 큰 능력을 가지고 있다. 또는 감정에서 영향을 받는 것이 보다 적다.'(제5부 정리 6) 이 필연성의 인식이 잃어버린 선에 대한 슬픔에 눈을 돌린 경우, 그 슬픔은 또한 슬픔으로 인식하는 것이 아니라, 그것이 어떤 방법으로 보유할 수 없었는지를 인식하는 것이다. 그러한 인식에서 어떤 종류의 체념도, 생김과 더불어 슬픔도 완화될 것이다.

직관지

스피노자에게 최고의 인식이란 직관지(直觀知)이다. 직관지란 신의 본질, 즉 신의 속성을 충분한 관념에 기초하여 사물의 본질을 인식하는 것이다. 즉, 그 사물의 본질을 인식하는 전제로서 신의 본질이라는 속성이 인식되어야만 하는 것이다. 이미 서술한 바와 같이 그 속성의 인식이 이성에 따라 이루어진다고 한다면, 당연하게 발생적으로 그 인식에 기한 직관지는 이성에서 생기는 것이라고 해야 할 것이다. 직관지라고 하는 명칭에서 그 인식이 어딘가 신비주의적인 것으로 여겨지지만 결코 그렇지 않다. 이성에서 생긴 이상, 그것은 합리적이라고 할 수 있다. 그러나 이성이 미치지 못하는 사물의 본질을 꿰뚫어 본다는 점에서 초이성적이라고 할 수 있다. 하지만 신비주의의 반이성적인 것은 포함하지 않는다.

이와 같이 직관지는 사물의 본질을 인식한다고는 하지만, 단순히 그것에서 끝나는 것은 아니다. 혹시 그렇다고 한다면 그의 철학의 의의, 즉, 직관지 최고의 인식이라고 여겨지는 그의 철학의 의의는 전혀 의미 없는 것이 되고 만다. '우리들은 사물을 보다 많이 인식하는 것에 따라, 신을 그만큼 많이 인식한다'(정리 24)라고 한 것과 같이, 그것은 신을 인식하는 것이기도 하다. 즉 사물의 본질을 인식하는 것이면서, 또한 동시에 신을 인식하는 것이기도 하다는 부분에서 이 직관지의 정신적 의의가 있다. 하지만 신을 인식하는 것에 한정하자면, 이성도 또한 신을 인식하는 것이 가능하다. 그리고 이성도 또한 '영원한 상(相)의 기본'으로 인식한다고 하면 직관지도 그렇다. 그렇다고 하면 이성과 직관지에 의한 신의 인식이란 완전히 동일한 것인가, 아니면 다른 것인가. 이성은 모든 것이 그 본질과 존재에 관하여 신에게 의존하고 있다는 것을 일반적인 형태로서밖에 나타내지 못한다. 그러나 직관지는 그 것을 사물의 본질에 두고 구체적으로 나타내고 있는 것이다. '우리들이 신에 의존한다고 여긴 많은 사물의 본질, 그것으로부터 이것을 결론지을 때만큼 우리들의 정신을 감동시키는 것은 없을 것이다.'(정리 37 의 주석) 다시 말하면, 이성은 신의 보편적인 필연성을 인식하나 (이 의미에 따르면 '영원한 상의 기본'으로 인식하는 것이나) 직관지는 사물의 본질에 나타난 신의 구체적, 특수한 필연성을 인식시킨다. 사물이 각각 구체적인 신에 의해 존재하고 신 안에 포함되어, 그리고 그 범위 안에서 신과 하나가 되었다는 것을 그 본질에서 인식하는 것이다. 각각 구체적인 사물의 본질을 인식하는 동안에도 신의 본질에 의해 실존하고 있는 것이라고 생각할 수 있다. 그 결과 신과 실체가 하나가 되어간다는 것을 안다. 인간은 직관지에서 존재의 근원으로써 신과 하나가 되는 것에 따라 자신의 시원(始源)으로 돌아가는 것이 가능하다. '정신이 지금 존재하기 시작한 것과 같이, 또한 실체가 영원의 상 아래에서 지금 처음으로 인식되는 것처럼 고찰되어야 한다'(정리 31 의 주석) 는 것이고 인식에 따른, 이를테면 인간의 회심(回心)이 드러나는 것이다.

정신의 영원성

이성과 직관지는 모두 '영원한 상(相)의 기본'으로서 인식한다. 그러나 이 두 개의 인식이 가지는 함축에는 큰 거리가 있다. 이 거리는 정신의 영원성에 대하여 말할 때 크게 드러난다. '인간의 정신은 신체와 함께 완전히 파괴될 수 없다. 오히려 그 안에 있는 것은 영원한 것이 되어 남는다.'(정리 23) 이 정리는 신체가 없어져도 정신은 불멸이라고 하는 영혼불멸설과는 다르다. 스피노자는 정신의 영원성, 또는 불멸성을 기성의 종교에서 빌려 온 것이 아니다. 즉, 여기에서 영원이라고 해도 사후에 영구히 남는다는 의미가 아니다. 영원이라고 하는 것이 그에게는 무한히 지속되는 것도 아니고, 또한 시간이나 지속에 따라서 설명되는 개념도 아니다. 오히려 그것은 시간과의 관계에서 말하자면 시간을 가지지 않음, 또는 무시간이라는 의미로 나타낼 수 있다. 그리고 정신이 영원하다고 할 때 그 정신은 아무리 신체의 관념이라고 해도, 현실에서 시간적으로 존재하고 있는 신체의 관념은 아니다. 오히려 그 것은 신체의 본질의 관념이다. '신(神) 속에는, 말하자면 그 신체의 본질을 영원한 상의 기본으로 표현하는 관념이 필연적으로 존재한다.'($\frac{정리}{22}$) 이 신체 의 본질의 관념이 직관지인 것이다.

사물의 본질은 일정한 시간과 장소에 관계없이 신(神)의 존재 속에 포함 되고, 신의 필연성에 의해 생겨난 것이라고 생각할 수 있다. 즉, 그것은 영 원한 것으로 간주된다. 이 영원한 본질을 인식하는 직관지는 심신평행론에 따라 당연하게 영원한 것으로 간주된다. 따라서 신체의 본질, 사물의 본질을 인식하는 정신은 그것 자체가 정신의 본질로서, 사물의 본질이 영원하다는 것과 같이 영원한 것이다. 그러니까 '제3종의 인식은 영원한 것 이상의 정신 을 그 형상인(形相因)으로서, 또한 그것에 의존한다'($\frac{정리}{31}$)라고 주장된다. 정 신의 영원성은 정신 그것이 신 속에 포함되어 있다고 하는 의미로 영원이며, 그것은 스피노자가 그의 형이상학에서 영원에 관해 내린 정의, 즉 '영원이 란, 영원한 것의 정의에서 필연적으로 생긴다고 생각되는 존재, 그것이라고 이해된다'($\frac{제1부}{정의 8}$)에 나타나 있다. 또는 그 영원의 정의에서 환원되는 것이다.

'신에의 지적애(知的愛)'

그리하여 '이 종(種)의 인식($^{직관지를\ 말함}_{-인용자}$)에 따라 사물을 인식하는 사람은, 인 간 최고의 완전성에 도달하여'($^{정리\ 27}_{의\ 증명}$), 이를 위하여 정신은 최고의 기쁨을 느 끼며 최고의 만족을 얻을 수 있다. 즉, 이성의 단계에서는 정신은 아직 보다 큰 완전성을 지향했지만, 직관지는 완전성 그것을 달성한 것이다. 그렇다는 것은 이성의 노력이 이 직관지에서 결실을 맺었다는 것을 의미한다. 이 의미 에서 이성은 직관지에 다다르는 과도적 단계이며, 필연적으로 직관지로 이 행해야 하는 것이 된다.

정신이 직관지에서 맛볼 수 있는 최고의 기쁨은 정신이 그 원인으로서 신 의 관념을 이루어낸 행복일 것이다. 그 기쁨이 그의 철학에서 유명한 '신에 의 지적애'이다. 그러나 거기에는 문제가 있다. 스피노자는 사랑을 정의하면 서 '사랑이란, 외부 원인의 관념과 더불어 나타난 기쁨일 뿐이다'라고 했다. 이 사랑의 정의에 따르면 사랑 대상이라고 하는 것은 자신의 밖에 있는 것이다. 보통의 사람이 신에 대한 사랑이라고 할 경우, 그 사랑은 이 경우의 사랑이며, 그것은 '현존적인 것으로서의 상상 가능한 신에 대한 사랑'이다. 다시 말하면 이 경우의 신은 자신의 목전에 있는 것과 같이 상상되는 신이다. 그러나 스피노자가 신에의 지적애라고 한 경우, 그것은 '신을 영원하다고 인식하는 범위 안에서의 신에 대한 사랑'이다. 신을 영원하다고 인식하는 것은 직관지이며, 그 직관지로부터 생겨난 기쁨은 '정신 자체의 관념, 따라서 그 원인은 신의 관념을 동반한 기쁨'(정리 32의 증명)이라고 하는 것처럼, 신의 관념은 외부의 원인이라고 하기보다 내부 원인으로 보고 있다. 다시 말해 정신이 '신 속에 있고, 신에 의해 사고되는'(정리 30)이라고 하는 것처럼, 신은 여기에서는 내재적 원인이다. 따라서 지적애라는 것은 정신이 스스로 인식하는, 말하자면 정신의 눈에 따라 자신의 근원, 또는 진정한 원인으로서 신을 보는 기쁨이다. 그것은 정신의 완전한 인식에서 생긴 기쁨으로서, 그야말로 지적인 기쁨인 것이다. 그리고 보통의 기쁨이 '보다 큰 완전성으로 이행된다고 하면 복에 이른다는 것은 참으로 정신이 완전성, 그것을 소유하는 것이어야 한다'라고 하는 지복(至福)에 대한 기쁨이 지적애의 기쁨인 것이다.

신의 사랑과 인간의 사랑

신은 사유하는 존재이다. 하지만 그 사유는 자신 이외의 것에는 향하지 않는다. 왜냐하면 스피노자의 신은 모두 자신의 안으로 들어가서, 그 외부에는 아무것도 존재하지 않기 때문이다. 따라서 신은 사유할 때 자기 자신의 관념, 즉 자기원인의 관념을 동반한다. 여기에서 신의 자기 자신에 대한 무한한 지적애가 생기는 것이다. (정리 35) 그리고 '신은 자기 자신을 사랑할 수 있는 만큼 인간을 사랑한다'(정리 36의 계)는 것이 된다. 그러나 이 경우 신은, 인간이 상호 사랑을 주고받는 방법으로 인간을 사랑하는 것일까.

스피노자는 신이 기쁨이나 슬픔의 감정에는 동요하지 않는다(정리 17), 그리고 '신은 누구도 사랑하지 않고, 또한 누구도 미워하지 않는다. 왜냐하면 신은 기쁨이나 슬픔이라고 하는 어떠한 인간적인 감정에도 동요하지 않기 때문이다'(정리 17의 계)라고 했다. 신은 보다 큰 완전성에의 이행도, 또한 보다 작은 완전성으로의 이행도 생각하지 않기 때문이다. 즉, 신은 인간이 상호 사랑을 주고받을 수 있는 방법으로, 인간을 사랑하는 것이 아니다. 그러면 어떤 방법으로 신은 인간을 사랑하는 것일까.

스피노자는 신의 자기 자신에 대한 무한한 지적애와 신에 대한 정신의 지적애가 동일하다고 주장한다. 무한한 신의 지적애와 인간 정신의 지적애가 완전히 동일하다고는 생각할 수 없다. 양자는 이를테면 크기에서 무한한 차이가 있다. 그럼에도 불구하고 이 2개의 사랑이 동일하다고 하는 것은 어떠한 이유에서일까. 스피노자는 신에 대한 정신의 지적애라고 할 경우의 신은 무한한 신이 아니라 '인간 정신의 본질에 따라 설명할 수 있는 범위의 신'이기 때문이라 한다. 그렇다고 하면 신에 대한 정신의 지적애라는 것은 '……범위의 신'에 대한 사랑이 된다. 즉 그 지적애는 정신 자신이 '……범위의 신'이 되어서 자기를 사랑하는 것이 된다. 왜냐하면 이미 말한 대로 스피노자의 형이상학에서 '범위의 신'이란 신의 양태이며, 여기에는 직관지가 나타낸 인간 정신을 나타내고 있기 때문이다. 그리하여 여기에서 말하는 인간 정신과는, 인간 정신의 본질에 따라 설명되는 범위의 신 이외에는 해당되지 않는 것이다. 따라서 신에 대한 정신의 지적애란, 정신 자신이 영원한 신의 양태인 것을 의식한 사랑이며, 그러한 범위에서 정신 자신이 신 속에 있고, 신에 의해 사고된다는 것을 기뻐하는 사랑이다. 그리고 이를 위하여 이 사랑은 신, 자기 자신에 대한 무한한 지적애의 일부가 된다. 그리고 이 의미에서 2가지의 지적애는 동일한 것으로 간주된다.

그리하여 정신의 지적애에서 '인간에 대한 신의 사랑과 신에 대한 정신적 지적애는 같은 것'^(정리 37의 계)이 되고, 신과 인간과의 상호애가 현실화한다. 하지만 이 상호애는 이미 말한 것과 같이, 보통 우리들이 일상 생활에서 보는 것과 같은 상호애가 아니다. 원래 신의 사랑이라고 하는 것은 인간적인 것이 아니었다. 사랑했기 때문이라고 하고, 사랑해 주기를 기대할 수 있다는 것이 아니다. 우리들은 인간에 대한 신의 사랑이 신에 대한 정신의 지적애로 실현되는 것을 아는 것에 그친다. 그 사랑에서 우리는 신으로부터 어떤 정보를 찾고자 하는 것이 아니라, '지복(至福)은 덕의 정보가 아니고, 덕 그것이다'^(정리 42)라고 하는 것과 같이 사랑 그것 속에 지복이 있는 것이다. 인간은 신을 그저 스피노자가 말한 것과 같은 의미로, 지적으로 사랑하는 것만으로 지복이 실현되는 것이다.

이성에 따른 구제와 종교

스피노자는 지적애의 사상에 대하여 성서의 종교에 중요한 의미를 가지는 구제라든지 영광(이사야서 6,3)이라는 단어를 집어넣었다.

'지금까지의 내용으로 우리들은 자신들의 구제 또는 지복, 또는 자유가 무엇에 기초하였는가를 명료하게 이해한다. 그리하여 그것은 신에 대한 불변, 영원의 사랑, 또는 인간에 대한 신의 사랑이 그 속에 있음을 안다. 그러나 그 사랑, 또는 지복은 성서에서는 영광이라고 불리고 있으며 이것은 부당한 것이 아니다. 왜냐하면 이 사랑은 신에 관해서도, 또한 정신에 관해서도 그야말로 영혼의 만족이라고 불릴 만한 것이며, 실제로 그것은 영광과 같은 것을 의미하고 있기 때문이다.'(정리 36의 주석)

그러나 위에서 말한 것은 스피노자의 지적애의 사상이 궁극적으로 성서의 종교의 가르침과 완전히 일치하는 것을 의미하지는 않는다. 그에게 있어서 신이 본래적으로 비인격적인 것으로 간주하는 이상, 신의 인간에 대한 사랑도 또한 역으로 신에 대한 사랑도, 성서에서 말하는 종교의 경우와는 다르다고 해석 해야만 한다. 스피노자의 입장에서 보면, 성서의 종교는 요컨대 상상지의 입장에서 가능한 것이다. 그러나 스피노자의 지성, 또는 직관지의 입장은 상상지의 지식을 차단한, 인간이 할 수 있는 최고의 인식이었다. 직관지가 상상지보다 훨씬 뛰어난 인식, 진리의 인식이라는 의미로 그는 지적애의 사상이 성서에 있는 신에 대한 사랑의 사상보다도 훨씬 뛰어나다는 것을 자부하고 있다. 그러나 그렇다고 해도 그는 성서의 종교가 인간에게 무용하다고는 하지 않았다. 오히려 정신의 영원성에 대해서 모르더라도, 인간이 구원이나 행복에 도달할 수 있는 길이 있다는 것을 가르치고 있는 것이다. 그 길이 바로 종교이다.

'설령 우리들은 자신의 정신이 영원하다는 것을 모르더라도, 경건이나 종교, 그리고 일반적으로 말하면 우리들이 제4부에서 용기나 관용에 속하는 것이라고 본 모든 것으로부터 좀더 중요한 것을 생각할 수 있다. 덕, 또는 바른 생활 방법에서 제일, 그리고 단 하나의 기초는 자신의 이익을 추구하는 것일 것이다.

그러나 이성이 무엇을 유익한 것이라고 명령할 것인가를 결정하기 위해서 우리는 정신의 영원성에 대해서 아무것도 생각하지 않았다. 우리들은 정신의 영원성을 제5부에서 처음으로 알게 되었다. 그렇기 때문에 우리들은 그 때 정신이 영원하다는 것을 몰랐지만, 용기나 관용에 속한다는 것을 좀 더 중요한 것이라고 생각했다. 따라서 설령 우리가 그것을 지금에 와서 모른다 하더라도, 우리들은 이성의 이러한 명령을 좀 더 중요한 것이라고 생각할 것이다.'^(정리 51과 그 증명)

스피노자(1883)

이렇게 스피노자는 《에티카》 제4부의 이성의 가르침을 충실히 실천한다면, 인간은 저절로 경건이나 종교가 나아가고자 하는 것과 일치하게 된다고 주장하고 있는 것이다. 역으로 말하면, 성서의 가르침은 스피노자의 입장에서 보자면 겨우 이성의 단계에서의 가르침이고, 그 이상의 것은 아니라는 것을 의미하고 있는 것이다. 이것에서부터 같은 것이지만 성서의 가르침은 몰라도 스피노자의 이성의 가르침을 지킨다면 충분히 경건하고 종교적일 수 있다는 것이다.

'빼어난 것은 드물다'

그런데 스피노자에 따르면 일반 사람들은 이성의 가르침을 모르고, 그저 상상지 인식의 입장에 서서 인식하고, 거기다가 감정에 지배되기 쉬운 환경이기 때문에, 성서의 가르침에 따라 사는 것을 부담으로 느끼고, 가르침에 대한 순종은 어떤 보수를 팔기 위한 희망이 되고, 또한 사후에 받을 죄에 대한 공포 때문에 할 수 없이 고분고분해야 하는 것이다. 그는 이러한 일반인의 태도를 결코 종교적인 것으로는 보지 않았지만, 그들이 가지는 희망이나 공포의 감정을 완전히 무용하다고는 하지 않았다. 이를테면 '혹시 이 희망과 공포가 인간에게 없었다면, 또한 역으로 정신이 신체와 함께 멸하고 그리고 경건이라는 부담에 허덕이는 불쌍한 사람에게는 미래의 생활이 남아 있지 않다고 믿었더라면, 그들은 자기 멋대로의 생각으로 후퇴하고 모든 것을 쾌락에 따라 처리할 것이며, 자기 자신보다 운명에 따를 것이다.'$^{(\text{정리 41}}_{\text{의 주석})}$ 따라서 감정에 휩쓸리고 그리고 그것에 지배된 사람들이 종교심, 그리고 그 종교심에 기댄 희망이나 공포는 본래의 의미로의 종교심은 아니지만, 전혀 그것을 가지지 않고 내키는 대로 방종한 생활을 하는 것 보다는 최저의 인간적인 생활을 하기 위해 필요하다고 주장하는 것이다.

스피노자는 이성의 길을 걸으면, 또는 이성적으로 있기만 한다면 신의 인식은 누구라도 가능하다고 주장한다. 하지만 그는 그것이 가능하다고는 해도 결코 용이하다고는 하지 않았다. 오히려 곤란하다고 하고 있다. 즉, 모든 사람들은 이성적으로 있기보다는 감정에 지배되기 때문이다. 또는 우리들 일상의 인식은 상상지에 근거하여, 그것으로부터 벗어나는 것이 힘들기 때문이기도 하다. 상상지에서 벗어나서, 모든 것을 원인에서부터 보고, 그것을 필연적인 것으로 인식하는 것만도 쉽지는 않다. 하지만 그 곤란에 굽히지 않고 용기를 가지고 그 곤란을 극복할 것을 가르치고 있다. 다음의 《에티카》의 말미에 그의 아름다운 언어가 그것을 증명하고 있다.

'그럼, 내가 여기에 도달하기 위해 제시한 길은 더없이 험준한 것처럼 보이나, 그것을 찾아내는 일은 불가능한 것은 아니다. 실제로 이렇게 좀처럼 찾아내기 힘든 것은 곤란한 것이 분명하다. 왜냐하면 혹시 행복이 가까운 곳에 있고 별다른 노력 없이도 찾을 수 있다면, 어째서 부분의 사람이 그것을 무시할 수 있는 걸까.

어쨌든 빼어난 것은 모두 드물며 힘들다.'$^{(\text{정리 42}}_{\text{의 주석})}$

종교와 정치에 관해서

종교의 유익성
스피노자의 지적애(知的愛)의 사상은 그의 철학이 한 개의 철학적 종교임을 말한다. 그것은 성서를 필요로 하지 않고 이성에서 직관지(直觀知)에의 인식을 통하여, 성서의 종교가 요구하는 이상의 것, 그리하여 신에 대한 단순한 사랑이 아닌 지적애를 성취하려고 하는 것이다. 그러나 이러한 종교는 이성적인 자유인에게는 가능하지만 일반의 사람들에게는 힘든 것이다. 그런 사람들에게는 성서의 종교, 즉 유대교나 그리스도교가 있고, 그들 종교의 교리는 설령 이성적이지 않다고 해도, 인간의 실생활에는 유익한 것이라고 인정하고 있다. 《에티카》 앞에 출판한 《신학·정치론》은 성서의 종교에 관하여 비판적으로 검토하면서도 성서의 유용성을 높이 평가했다.

'지금 다른 것을 논하기 전에, 나는 여기에서 (이미 이야기한 것이기는 하나) 다음의 것을 확실히 주의하고 싶다. 그것은 내가 성서, 또는 계시의 유익성, 필연성에 대해서 대단히 높게 평가하고 있다는 것이다. 왜냐하면 우리들은 단순한 복종이 구원의 길이라는 것을 자연적 광명에 의해 알 수 없고, 신의 특수한 은총은 이성에 의해 이해할 수 없다. 그저 계시에 따라 생겨난다는 것을 가르쳐주기 때문에, 성서는 사람들에게 많은 위안을 준다는 결론에 이르게 된다. 그렇게 절대적으로 복종한다는 것은 모든 사람에게 가능하지만, 덕의 습관을 단순히 이성의 인도에 의해 이해하는 사람은 전 인류의 숫자와 비교할 때 극히 소수일 뿐이다. 그렇기 때문에 우리들은 성서의 그 증언에 기대지 않으면 거의 모든 사람이 구원에 대해 의심할 것이다.' ^(《신학·정치론》 제15장)

편견의 제거를 지향함

스피노자는 《신학·정치론》에서 성서의 학문적 해석 방법을 확립하고, 그 해석에 의하여 신앙이란 대체 무엇인가 하는 것을 밝혔다. 그리고 신앙과 이성, 또는 신학과 철학에는 각각 지켜야 할 고유의 영역이 있고, 양자는 상호 간섭해서는 안 된다는 원칙을 세우며, 사상·언론의 자유를 확립했다. 특히 그 자유의 확립이 주장되기 위해서는 그 당시 네덜란드가 자유 국가임을 주장하면서도 실은 그렇지 않았다는 배경이 있다. 그것은 네덜란드의 지배적 교회의 성직자들, 그러니까 칼뱅파 교회의 목사나 신학자들이 교회의 압도적인 힘을 이용하여 신앙의 영역에 조금의 관용도 없었을 뿐만 아니라, 정치 세계에까지 참견을 했으니 그 뻔뻔함은 눈을 뜨고 볼 수 없을 정도였다. 그 원인은 그들 교회 관계자의 편견이었다. 스피노자는 그 편견이 무엇에서 비롯되는가를 고찰하고, 그것이 그들의 잘못된 성서 해석에 의거한 것이라는 것을 밝혀냈다. 그리하여 그들이 '성서의 이해와 엄밀한 음미에서부터 드디어 밝혀내야 할 것을……최초부터 성서 해석의 규칙으로 내세우고 있다' ^(서문)

고 했다. 스피노자는 성서의 새로운 해석에 의해 신학자의 편견을 제거하려고 한 것이다. 그것은 앞에서 말한 사상·언론의 자유와 함께 《신학·정치론》 저술에 큰 계기가 되었다. 그리하여 그는 '성서에 집착하지 말고, 자유로운 정신에 따라 새롭게 음미하자. 그리고 성서에서 명료하게 알 수 없는 것은 어떤 것도 주장하지 말고, 나아가 그것이 성서에서 가르치려 하는 것이 아니라는 것을 결심했다. 그리하여, 그와 같은 마음가짐이 된 나는 성서의 해석하는 방법을 확립했다.'(섭)

새로운 성서 해석 방법

스피노자는 성서에 관해서 근대적, 역사적, 학문적 해석의 선구자로 불린다. 과연 그는 학문적 해석의 최초 개척자는 아니라고는 해도, 그 해석의 원리를 명료하게 한뜻으로 형성한 최초의 사람이었다. 철학에서 합리주의자였던 그는, 성서 해석에 관해서도 합리적 해석을 하는 것이 아닌가 하는 생각을 하기 쉽다. 그러나 결코 그렇지 않았고 오히려 성서의 말이 이성에 모순된다면, 그것을 비유적으로 해석해야만 했다. 그것은 합리적 해석과는 철저하게 다른 것이었다. 이것은 유대 중세의 합리주의적 철학자, 마이모니데스 비평에서도 나타난다. 스피노자 자신의 성서 해석 방법은 근대의 자연 연구 방법에 견줄 만한 것이었다. 여기에서 그가 성서 해석 방법에 관하여 신기축을 세우려 했던 결심이 보인다. 그 시대의 확실한 학문이라고는 수학적 자연과학뿐이었고, 그 이외의 영역에서 새로운 학문을 수립하기 위해서는 그 수학적 자연과학을 모델로 해야만 했다. 홉스의 정치학이나 데카르트의 철학은 그 좋은 예이다. 그들은 수학적 자연과학을 모델로 하여, 각각 새로운 학문의 선구자가 되었다. 그렇다면 스피노자가 자연 연구 방법을 모델로 하여 새로운 성서 해석 방법을 생각했다는 것은 홉스나 데카르트의 업적에 필적할 정도의 공적이었다고 말 할 수 있다.

스피노자는 성서 해석의 방법이 자연 연구의 방법과 완전히 일치한다고 주장했다. 즉, 자연 연구의 방법이 자연을 자연 이외의 것이 아니라, 자연 그대로 연구하는 것과 같이, 성서의 해석에 있어서도 그 어떤 권위나 초자연적 광명에 기대는 것이 아니라 성서를 성서 그것에서부터, 그의 말을 빌리자면, '성서의 진정한 역사를 추리고 확실히 주어진 것을 원리로 하여 그 역사

부터 성서의 저자들의 정신을 올
바른 귀결로 인도하는 것이 필요
하다.'(제7장)

스피노자에 의하면, 성서는 신
의 가르침을 전 인류에게 전하고
신에게 복종과 경건의 마음을 키
우는 것을 목적으로 한 신앙서이
다. 그것은 학문을 가르치는 책
이 아니다. 설령 그 안에 추상적
인, 꽤 철학적인 것이 문제가 되
었다고 하더라도 그것을 지성에
따라 합리적으로 가르치는 것보
다, 민중의 이해력에 맞추면서,
경험에 따라 구체적인 이야기의
형태로 가르치는 것이 효과적이

《신학·정치론》의 주

다. 그러기 위해서 성서 중에 나타난 신은 결코 철학적 연구의 대상이 되는
신이 아니다. 우리들이 예언자를 통하여 알 수 있는 신의 속성은 인간이 일
정한 생활 방법에 따라 모방할 수 있는 것이다. 성서에는 신은 최고의 정의
자, 자비자, 진실한 생활의 유일한 전형이라고 했다. 성서는 신에 대해서 학
문적인 정의를 내리지 않는다. 신에 대해서 지적인 인식은 신의 본성을 그것
자체에 두고 고찰하는 것이며, 또한 그 본성은 인간이 모방할 수 있다는 것
이 아니다. 그것에서부터 밝혀지는 신의 지적인 인식은 신앙에서는 필요치
않고, 설령 그것이 틀렸다고 하더라도 경건하지 않다고는 말할 수 없는 것이
다.

예수관(觀)

《신학·정치론》은 주로 구약성서를 다루며, 신약성서에 대해서는 거의 다
루지 않는다. 그러나 예수에 대해서는 빠짐없이 다루며, 그 관심의 깊이를
드러내고 있다. 그에 따르면, 신의 가르침은 예수에 대한 말이나 환상에 의
하지 않고 직접 계시받은 것이다. 그 점은 예언자나 모세 등과는 다르다. 그

들은 말이나 무언가 형태에 의해 신의 가르침을 아는 것이고, 예수와 같은 순수한 정신 대 정신으로 신과 교합한 것이 아니다. 그러나 예수의 정신을 통하여 신의 가르침을 사제들에게 전했기 때문에, 예수는 '신의 입'으로 여겨진다.

스피노자는 모세보다도 예수를 높이 평가했다. 이 평가는 그가 그리스도 교회의 설교를 계속 들었기 때문이 아니다. 또한 부정하고 있는 것도 아니다. 오히려 그는 예수에 관한 교회의 설교를 모른다고 고백하고 있다. 그런데 높이 평가했다고 하지만, 예수를 신으로 보지는 않았다. 앞에서 이미 말한 것과 같이 어디까지나 신의 입인 것이다. 예수는 스피노자에게는 어디까지나 인간이었다. 하지만 '신의 지혜, 즉 인간의 지혜를 넘어선 지혜가, 그리스도에게 인간의 본성을 입혔다'(제¹_장)고 했다. 또는 '나는 그리스도 이외의 어떤 인간도 다른 인간을 넘어서 그렇게 완전성에 도달한 것을 알지 못한다'(제¹_장)고 한 것처럼, 스피노자에게 예수는 완전한 인간이지 신은 아니었던 것이다.

신앙과 이성의 분리

《신학·정치론》의 주요한 목적은 신앙을 이성이나 철학에서 분리하는 것이었다. 그러기 위해서는 먼저 신앙이라는 것이 무엇인지 규정하지 않으면 안된다. 성서의 목적은 신에의 복종을 가르치는 것이었다. 그 복종을 위해서 인간은 무엇을 해야 하는가. 그것에 대해서 스피노자는 말한다. '전 율법은 다음과 같이, 즉 옆 사람을 사랑하는 것으로 존재한다. 그렇기 때문에 신의 훈계에 따라 옆 사람을 자기 자신과 같이 사랑하는 자는 실제로 복종하고 있는 자이며, 율법에 따라 행복할 것이다. 반대로 옆 사람을 증오하고 그리고 경멸하는 자는 반역적이며, 순종하고 있지 않는다는 것을 누구라도 부정하지 않을 것이다.'(제¹⁴_장) 신앙이란 결국 옆 사람을 사랑하는 것을 실천하는 것을 통해서 신에게 복종하는 것이다.

신앙의 목적이 그저 복종을 가르치는 것이라고 하는 스피노자의 사고방식은 진리의 탐구를 목적으로 한 종래의 신앙의 사고방식을 뒤엎는 것이었다. 그러면 진리는 어디에서 찾아야 하는 것일까. 그것은 신앙과는 별개의 영역인 이성 또는 철학에서 찾아야 하는 것이다. 그렇다는 것은 '철학의 기초는 공통 개념이며 자연에서 찾아야만 하는 것이지만, 신앙의 기초는 이야기와 말이며 성서와 계시에서만 구할 수 있는 것이다.'(제14장) 그리하여 이성 또는 철학과 신앙 또는 신학은 각각 고유의 영역을 가지고 섞일 수 없다. 그러나 중세를 거치면서 신앙과 이성의 관계는, 어떤 때에는 완전히 이성이 신앙에 예속되거나, 또는 서로를 채워주는 조화 관계라고 여겼다. 그리고 중세 말기에는 신앙과 이성이 각각 독자적인 진리를 구하는 이중진리설이 주장되었다. 그러나 스피노자는 신앙의 목적에서부터 진리를 제거하는 것으로 이중진리설을 타파한 것에 그치지 않고, 양자의 독립성을 주장하는 것으로 조화 관계조차 부정한 것이다. 그렇게 해야 철학은 신앙의 제약을 받는 일 없이 진리의 탐구에 매진할 수 있다. 이성이나 철학·사상의 자유는 확실한 신앙의 자유에 따라서 성취되는 것이다. 그리고 그의 철학적 기반은 이 신앙에서 자유로운 이성이라는 것을 알 수 있다.

국가의 목적

스피노자의 정치관은 《신학·정치론》의 제16장 이후의 장과 《정치론》에서 볼 수 있다. 양자는 그것이 쓰일 당시의 사회적 배경이 달랐기 때문에, 양자 간에는 미묘한 차이가 있다. 하지만 양자 모두가 국가의 목적을 '자유'에 있다고 한 점에서 큰 줄기는 일치한다고 할 수 있다. 그는 《신학·정치론》의 20장에서 국가의 목적에 관해 다음과 같이 말하고 있으나, 그것은 《정치론》에 가서는 완전히 똑같지는 않다.

'국가의 궁극적인 목적은 지배하는 것이 아니고, 또한 인간을 공포로 인해 속박하고 타자의 권리를 빼앗는 것이 아니다. 오히려 반대로 각자를 공포에서 해방하고, 그리고 각자가 가능한 한 안전하게 생활할 수 있도록 하는 것, 다시 말하면 생활과 활동을 위해서 각자의 자연권을 본인 그리고 타인 모두 잃어버리는 일 없이 가장 잘 보유할 수 있도록 하는 것이다. 나는 감히 말한다. 국가의 목적은 인간을 이성적 존재자에서 금수 또는 자동기계로 만드는 것이 아니라 오히려 인간의 정신과 신체가 완전히 그 기능을 다하며, 그 자신이 자유롭게 이성을 행사하고 분함, 노여움, 기만을 가지고 싸우는 일이 없도록, 또한 상호 적의를 품는 일이 없도록 하는 것이다. 그렇기 때문에 국가의 진정한 목적은 자유에 있다.'

현실주의적 의도

스피노자에 의하면 지금까지의 철학자들은 인간의 감정을 악덕으로 보고, 인간의 감정에 관해 있는 그대로 보는 대신에 저주하고 경시하면서, 현실에는 있지도 않은 이상적이고 관념적인 것을 설명해 왔다. 그것이 정치론에도 반영되어 그들의 정치론은 단순한 공상론이 되든지, 아니면 시인이 부른 황금 시대 외에는 통용되지 않았다. 그것이 종래의 정치론이었다고 한다면 스피노자가 그의 《정치론》에서 의도한 것은 경험과 실천이 조화된, 말하자면 도움이 되는 정치론을 적는 것이었다. '그렇기 때문에 나는 정치론에 마음이 기울었을 때, 새롭고 들어 본 적 없는 것이 아닌, 오히려 좀 더 잘 실천할 수 있는 조화된 방법을 확실하고 의심할 것이 없는 방법으로 증명하여, 그리고 그것을 인간의 본성 상태 그것에서부터 이끌어 올 수 있기를 의도하였다.'
(《정치론》
제1장 제4절)

스피노자는 정치론의 영역에서는 이상주의적 철학자로 있기보다는 현실주의자였다고 할 수 있다. 그가 악명 높은 마키아벨리를 높이 평가하는 것도 그가 바로 현실주의자였기 때문이다. 마키아벨리는 《군주론》의 제15장에서 다음과 같이 말하고 있다. '상상의 세계보다도 구체적인 진실을 추구하는 편이 나에게는 도움이 된다고 생각한다. 지금까지 많은 사람들이 본 적도 없고 들은 적도 없는 공화국이나 군주국을 상상 속에서 그리고 있다. ……하지만 사람의 실제 삶의 방식과 어떻게 살아야 하는가 하는 것은 너무나도 차이가 있다'. 이 마키아벨리의 말에 나타나 있는 것처럼 상상의 세계와 사실 세계의 차이, 인간의 실제 삶의 방식과 어떻게 살아야 하느냐 하는 도덕적 삶과의 차이, 그리고 정치에서 상상이나 도덕적인 가치관을 배제하고, 사실에 바탕을 둔 정치론을 쓰고자 한 것은 그대로 스피노자와 맞아 떨어진다.

자연 상태의 국가

이와 같이 인간의 실제 삶의 방식에 대한 고찰에서 국가나 정치의 문제를 논한 스피노자는 어떤 사람을 염두에 두고 있었던 것일까. 그것은 《에티카》에서 나타난 대로, 이성보다도 감정이나 욕망에 지배되는 인간이었다. '인간은 이성에 따르기보다도 맹목적인 욕망에 따르는 일이 많다. 따라서 인간의 자연적 힘 또는 자연권은 이성에 따른 것이 아니라 인간을 행동으로 결정하고, 그리고 자기 보존에의 노력을 하는 부분, 각각의 충동에 따라 규정되어야만 한다.'(정치론 제2장 제5절) 인간이 이와 같은 자연권에 따라 하고 싶은 대로 생활하는 상태가 자연 상태라고 한다. 여기에서는 각자가 자신이 생각하는 대로 선·악을 판단할 뿐만 아니라, 선·악이나 옳고 그름이 없다. 하지만 이렇게 각자가 자기 하고 싶은 대로 행동하면 필연적으로 분쟁이 발생하고 불안이나 생명의 위협이 닥쳐오며, 자유롭게 있으려 하나 결코 자유로울 수가 없다. 즉, 여기에서 인간다운 생활은 불가능하다.

스피노자의 집(헤이그)

자연 상태에서 인간의 비참한 생활은 각자의 자연권이 어떤 제약도 없이, 완전히 멋대로 방치되었기 때문이다. 그렇기 때문에 조금이라도 인간다운 생활을 구축하기 위해서는 인간은 자신의 자연권을 계약에 따라 양도하고 그것을 공동의 권리로 하여, 공동의 의지 아래 생활할 수 있는 사회를 구축해야 한다. 이 사회가 스피노자에 의하면 국가이다. 일단 자신의 권리를 양도한 이상, 개인은 공동의 권리가 인정하는 이외의 권리를 가지는 것은 불가능하다. 여기에서는 자연 상태에서처럼 멋대로 방자하게 생활할 수 없고, 공동의 의지에 따라 명령받은 것을 이행하도록 의무가 지워진다. 이 공동의 권리가 사회 또는 일반 민중에게서 나온 의회에 소속되어 있으면 민주국가라고 불리고, 뽑힌 몇몇 사람들의 의회에 소속되어 있으면 귀족국가라고 불리며, 한 명의 사람에게 소속되어 있으면 군주국가라고 불린다.

최선의 국가

스피노자는 이 세 개의 국가 형태 중에서 최선의 국가는 민주국가라고 보았다. 그 이유는, 그 국가가 '자연이 각자에게 인정한 자유에 가장 근접해 있는'(《신학·정치론》 제16장) 국가이기 때문이다. 국가는 인간이 자연 상태에서는 살 수 없었던 자유, 또는 인간다운 생활을 되찾기 위해서 설립된 것이다. 이 취지로 본다면 각자가 평등하고 자유롭다고 할 수 있는 민주국가야말로 최선의 국가라고 할 수 있다. 절대주의적 국가 또는 군주국가가 지배적이었던 17세기에 민주국가를 국가의 전형이라고 하는 것은 이례적이다. 이것에는 스피노자의 조국, 네덜란드공화국이 염두에 있었다고 생각된다. 물론 네덜란드 공화국은 부유한 대상인층(레헨트층)에 의해 지배된 국가이고, 그 형태는 과두제 귀족국가였다. 그 귀족국가의 폐해를 인정한 스피노자는 자유주의적인 레헨트들의 사고방식에서 한 발 더 나아가, 민주국가의 이념을 세우려고 한 것이다. 네덜란드의 자유주의적 귀족국가에서 자유 민주국가를 생각해 내고, 도시 귀족의 자유를 모든 사람의 자유로 끌어올리려 했다고 여겨진다.

스피노자는 철학에서도 또한 정치론에서도 자유를 문제로 삼았다. 철학에서 자유는 직관지에 기초하며 지적애의 사상에서 성취된다. 하지만 정치론에서 문제가 된 자유는 '자기의 권리 아래에 있다'는 것을 의미하고, 타자에의 예속 또는 '타자의 권리 아래에 있다'는 것에 대치하고 있다. 그러나 민주국가에서 모든 사람이 자신의 자연권을 사회에 양도하는 것으로 다른 그 누구에게도 예속되지 않고 자유로워지며, 모든 사람은 같은 공동의 권리 아래에 있기 위해서 평등해졌다. 물론 모든 사람들이 여기에서 공동의 의지에 복종을 당했다고 해도, 그 공동의 의지가 원래 자신들이 만들어낸 것이라고 한다면, 그 복종은 예속이 아니며 오히려 자유와 같은 것이다. 루소가 《사회계약론》에서 문제로 삼은 '자신이 제정한 법에의 복종'이라고 하는 자유는 스피노자에게서도 그대로 나타난다.

국가의 덕

국가를 말하면서 자유를 문제로 삼은 이상, 스피노자는 군주국가나 귀족국가에서의 그 자유가 어떻게 하면 확보될까 하는 것을 고민했다. 즉, 군주국가나 귀족국가에서는 각각 그 나름의 특유한 제약이 있다고 해도 그 범위 안에서 어떻게 인간, 아니 시민의 자유를 고려할지를 문제로 삼은 것이다. 그는 이것을 《정치론》의 제6장 이하에서 자세하게 논한다.

이것은 그가 말하는 국가의 덕과 무관하지는 않을 것이다. '그 안전이 어떤 사람의 신의에 의존하고 있는 국가, 그리고 그 정무가 그것을 처리하는 사람들의 신의에 기인하여 행동하지 않으면 정당하게 관리되지 않는 국가는 결코 안정된 것이 아닐 것이다. 오히려 국가가 영속되기 위해서는 국사를 관리하는 자가 이성에 의한 감정에 따르지 않고, 신의를 깨거나 사악한 행동을 할 수 없도록 나라 일이 정비되어 있어야 한다. 국가의 안전이란 정무가 바르게 관리되기만 하면 되는 것이고, 정무를 바르게 관리하기 위하여 인간을 어떤 정신에 따라 이끌 것인가 하는 것은 문제가 아니다. 정신의 자유나 또는 강함은 개인의 덕이지만, 국가의 덕은 안전이기 때문이다.'(제1장 제6절) 국가의 안전이 좋은 법률과 바른 관리에서 생긴다고 한다면, 시민의 자유를 좀 더 잘 고려했을 때 처음으로 그 의미를 가질 수 있는 것이다. 그것은 군주국가나 귀족국가, 그 중에서도 귀족국가가 지상에서 시민의 자유를 최대한 발휘할 수 있는 민주국가에 도달하는 과도적인 국가임을 시사한다.

스피노자 연보

1632년　　　　11월24일, 네덜란드 암스테르담에서 부친 미카엘 데 스피노자의 셋째아들로 태어나다.

1637년(5세)　유대인학교 '생명수학교'에 입학한다.

1638년(6세)　생모 데보라가 사망.

1644년(12세)　'율법학교'에 입학한다.

1648년(16세)　성서 연구에 힘쓴다. 중세의 유대 신학자들의 사상을 접한다.

1649년(17세)　형 이삭이 사망, 가업을 돕기로 한다.

1650년(18세)　이 시기부터 멘노파 상인들과 알게 된다.

1951년(19세)　여동생 밀리엄 사망.

1652년(20세)　판 덴 엔덴의 라틴 어 학교 입학, 라틴 어를 통해서 유럽 학문에 접하게 된다.

1654년(22세)　3월 부친 미카엘 사망, 남동생과 함께 가업을 잇는다.

1656년(24세)　무신론자로 고발당해 7월 27일 파문되자 즉시 '변명서'를 쓴다. 가업을 폐업하고, 판 덴 엔덴의 신세를 진다. 이후 60년까지의 일은 불명확하나, 이 시기에 근대 철학·자연과학 연구에서 자신의 사상 체계의 기초를 세운다. 또한 이 시기에 스피노자를 중심으로 한 철학 연구 그룹을 결성한다.

1660년(28세)　일시적으로 암스테르담 교외의 아우엘케르크로 이주하나 곧 레이덴 교외의 레인스뷔르흐로 이주한다. 콜레기안파의 사람들과 교제한다.

1661년(29세)　7월 올덴부르크의 방문을 받는다. 처녀작 《신·인간 그리고 인간의 행복에 관한 짧은 논문》을 쓴다. 그리고 이듬해에 걸쳐 《지성개선론》을 집필한다.

1662년(30세)　4월 올덴부르크를 통해 영국의 화학자 보일과 '초석의 재생'

에 대해 논쟁한다. 그해 겨울부터 레이덴 대학 학생 카세아리우스에게 데카르트 철학과 신스콜라학을 강의한다.

1663년(31세)　4월 헤이그 교외의 홀부르흐로 이주한다. 12월 카세아리우스에게 한 강의록을 《데카르트의 철학원리》, 《형이상학적 사상》으로 출판한다. 그보다 먼저 《에티카》 집필을 시작한다.

1664년(32세)　네덜란드 정·재계의 유력자·학자들과 알게 된다.

1665년(33세)　《에티카》의 집필을 중단, 《신학·정치론》을 시작한다.

1667년(35세)　5월, 친구에게 몸의 이상을 호소, 폐결핵의 전조였다.

1670년(38세)　헤이그로 이주하여 《신학·정치론》 출간한다.

1672년(40세)　얀 데 비트의 사망에도 불구하고 저명인의 방문이 많아진다.

1673년(41세)　2월 하이델베르크 대학에서 정교수로 초빙을 받았으나 거절한다. 5월 프랑스 군 사령관 콩데 공작의 초대로 위트레흐트에 갔으나 만나지 못한다.

1674년(42세)　《신학·정치론》이 금서가 된다.

1675년(43세)　《에리카》가 완성되나 출판은 단념한다. 그 후 《히브리 어의 문법강요》, 《무지개에 관한 논문》, 《개연성의 계산》 등의 논문을 쓰고, 《정치론》 집필에 착수한다.

1676년(44세)　11월 라이프니츠의 방문을 받는다.

1677년(45세)　2월 21일 폐결핵으로 사망. 2월 25일 매장된다. 12월 친구들의 손에 유고집이 출간된다.

1688년　　　네덜란드 어 유고집이 출판. 6월 유고집이 금서가 된다.

옮긴이 추영현(秋泳炫)

서울대학교 사회학과 졸업. 조선일보·한국일보·동서문화 편집위원 역임. 지은책《철학의 첫걸음》옮긴책 야마오카 쇼하치《대망》나카이 히데오《허무에의 제물》등이 있다.

세계사상전집017
Benedictus de Spinoza
ETHICA IN ORDINE GEOMETRICO DEMONSTRATA
TRACTATUS POLITICUS
에티카/정치론
스피노자/추영현 옮김
동서문화사창업60주년특별출판
1판 1쇄 발행/2016. 6. 9
1판 2쇄 발행/2020. 12. 1
발행인 고정일
발행처 동서문화사
창업 1956. 12. 12. 등록 16−3799
서울 중구 마른내로 144(쌍림동)
☎ 546−0331〜6 Fax. 545−0331
www.dongsuhbook.com
＊

사업자등록번호 211−87−75330
ISBN 978−89−497−1425−7 04080
ISBN 978−89−497−1408−0 (세트)